J. L. Lyßmann

Kloster Meding

J. L. Lyßmann

Kloster Meding

ISBN/EAN: 9783743307872

Hergestellt in Europa, USA, Kanada, Australien, Japan

Cover: Foto ©ninafisch / pixelio.de

Manufactured and distributed by brebook publishing software
(www.brebook.com)

J. L. Lyßmann

Kloster Meding

Johann Ludolph Lyßmanns,

gewesenen Predigers zu Closter Meding, und nachherigen
Superintendenten zu Fallersleben,

Historische Nachricht

von dem

Ursprunge, Anwachs und Schicksalen

des

im Lüneburgischen Herzogthum belegenen

Closters Meding,

dessen Pröbsten,
Priorinnen und Abbatißinnen,

auch

fürnehmsten Gebräuchen und Lutherischen Predigern rc.

nebst darzu gehörigen Urkunden und Anmerkungen,

bis auf das Jahr 1769 fortgesetzt.

Mit Kupfern.

HALLE,

bey Joh. Just. Gebauers Wittwe und Johann Jacob Gebauer 1772.

Vorbericht.

as Medingifche Clofter ift im Jahre nach Chrifti Geburt 1228. geftiftet, und hat nunmehro durch göttliche Gnade 540. Jahr gedauret. Vor Alters hieß diefer Ort Zellenfen, und war, wie ihn Probft Chriftianus von den Rittern von Grote kaufte, nur ein geringes Dorf, worinnen etliche wenige Bauren, nebft einem Fürftlichen Voigte wohneten, deffen Jurisdiction fich aber

nicht

nicht weiter, als über einige umher gelegene Fürstliche Hölzungen erstreckte. Wie aber A. 1336. das Closter von Alt-Meding hieher verleget wurde; schaften die damalige Conventualinnen den Namen Zellensen ab, und nannten ihr neu erbautes Closter, mit ausdrücklicher Vergünstigung des Verdischen Bischofs, Neuen-Meding, sowohl zum Andenken ihrer vorigen Wohnung, als vornemlich den Rittern von Meding zu Ehren (*), welche ihnen nicht allein in ihrer ersten Armuth viel gutes erwiesen, sondern ihnen auch ein Closter zu Alt-Meding erbauet hatten, nachdem sie zu Rebeckenstorf, Plate und Bodendorf mancherley Schicksale ausgestanden hatten.

Es stand unser Closter, seit dem es zu Bodendorf angeleget worden, unter der Diöces des Verdischen Bischofs: daher auch derselbe allemal entweder selbst, oder durch seinen General-Vicarium, die hiesigen Pröbste, Abbatißinnen und Pribrinnen confirmiret, Visitationes angestellet, Kirchen, Capellen und Altäre geweyhet, oder durch seine Suffraganeos weyhen lassen, und andere dergleichen zum jure Dioecesano gehörige Dinge verrichtet hat.

Beson-

(*) Man findet davon in einem alten Documento folgende Nachricht: A millitibus de Meding nos nomen accepimus. Deus altissimus origo & auctor hujus operis hoc nomen nobis previdit, quia ad *suum* servitium non conduxit. Die Allusion hierin geht auf das alte Niedersächsische Wort Meyd, welches eine Magd bedeutet, soll also Meyding oder Meding so viel heissen, als ein Aufenthalt der Mägde Christi.

Vorbericht.

Besonders gehörte das Dorf Zellensen vor Zeiten unter den Archidiaconatum Bevensensem, und war zugleich in die daſige Kirche eingepfarret: allein wie dieſes neue Cloſter angebauet werden ſollte; wurde es durch eine ausdrückliche Biſchöfliche Conſtitution nicht allein von dem Kirch-Spiel, ſondern auch von dem Banno des Archidiaconi zu Bevenſen eximiret, daß alſo dieſer Prälat keine Jurisdiction über das neue Cloſter bekam; auſſer daß er das Recht behielt, die hieſigen Vicarios zu confirmiren, und, auf Commißion des Biſchofs, hieſelbſt Viſitationes anzuſtellen ꝛc.   . . .

Die allergröſſeſte und merklichſte Veränderung gieng A. 1529. bey dem Cloſter vor, da die Reformation angefangen, die Probſtey- und Cloſter-Güter eingezogen, der Probſt mit ſeinen Bedienten caßiret, und auf die Probſtey ein Fürſtlicher Hauptmann geſetzet wurde. Von dieſer Zeit an iſt das Cloſter durch Abbatißinnen regieret worden, welches vom Anfange her durch lauter Pröbſte geſchehen war.

Und nach dieſer Haupt-Veränderung läſſet ſich die Hiſtorie des Cloſters füglich in zwey Periodos abtheilen.

Der erſte Periodus von A. 1228. da das Cloſter geſtiftet iſt, bis A. 1529. da die Probſtey eingezogen wurde, begreifet

301. Jahr, während solcher Zeit sind 17. Pröbste bey unserm Closter gewesen.

Der zweyte Periodus von A. 1529. bis zum Schluß des gegenwärtigen 1768ten Jahres, begreift eine Zeit von 239. Jahren, in welcher funfzehn Abbatißinnen dem Closter vorgestanden haben.

Nach dieser Eintheilung soll in dem ersten Theile die Historie des Closters unter den Pröbsten und Abbatißinnen abgehandelt, und nachmals in dem zweyten eine kurze Nachricht von denen fürnehmsten Cäremonien, und anderen Merkwürdigkeiten des Closters beygefüget werden.

Der

Der erste Theil.
Der erste Periodus.
Von den Pröbsten des Closters Meding.

Iohannes.

D ieser Mann ist des Closters Stifter gewesen, und hat Ao. 1228. den ersten Grund geleget. Von Profeßion war er ein Laybruder, der bisher in einem unbekannten Closter sein täglich Brodt mit Handarbeit verdienet hatte. Wie er einst bey seiner Arbeit war: so hörete er eine Stimme, die ihm befahl, zwey grosse Säcke voll Bohnen und Erbsen zu kaufen, mit dem Zusaße: daß, so viel Bohnen und Erbsen in beyden Säcken, so viel geistliche Personen auch in dem neuen Closter, welches er stiften und Gott selbst vollführen würde, seyn sollten. Der gute Bruder wurde über einen so unvermutheten Antrag ziemlich bestürzt, und wandte ein: er sey ja ein armer ungelehrter Mensch, wie es möglich sey, daß er ein so wichtiges Werk ausführen würde? Allein die Stimme gab zur Antwort: es sollte so geschehen, wie es Gott haben wollte.

Von dieser Zeit an fieng der Laybruder Iohannes an, mit Ernst auf die Stiftung eines neuen Closters zu denken; in solcher Absicht machte er sein ganzes Vermögen zu Gelde, und brachte dafür ein Paar Säcke voll Bohnen und Erbsen zusammen. Wie er diese hatte, gieng er zu seinem Abt, eröfnete ihm die göttliche Vocation, so er hätte, ein neues Closter aufzurichten, und bat daher, daß man ihn aus dem Closter dimittiren möchte.

Der Abt überlegte die Sache mit seinem Convent; und ob es gleich anfänglich vielen Widerspruch gab: so drang doch der Bruder Iohannes endlich durch, und erhielt nicht allein seine Dimißion, sondern noch dazu Wagen und Pferde, daß er seine beyden Säcke desto füglicher fortbringen könnte.

Mit

Mit diesem Fuhrwerk reisete er Ao. 1228. von seinem Closter ab, und nahm sein erstes Ablager in dem bekannten magdeburgischen Closter Wolmerstädt a), entdeckte daselbst sein Vorhaben, wie er Willens sey, ein neues Closter anzulegen, und bat deswegen, daß man ihm etliche layschwestern mit auf die Reise geben möchte.

Der wolmerstädtische Convent ließ sich dazu willig finden, und gab ihm vier von dieser Art leuten mit, die mit ihren Namen Clementa, Floria, Antonia und Zacharia hießen. Diese leute waren Cistercienser b) oder Bernhardiner c) Ordens, und hatten den heil. Mauritium d) als den allgemeinen Schutzheiligen e) des magdeburgischen Erzstiftes zu ihrem Patrono.

Nun

a) Wolmerstädt ist der berühmte Ort, allwo der gemeinen Sage nach, Carolus M., da er an die Elbe kommen, ein wenig Ruhe gefunden, und daher von ihm sagt: Wol mir der Stätte! wovon er nachgehends den Namen Wolmerstädt bekommen. Er gehörte damals noch zur Mark Brandenburg, allein Marggraf Woldemarus II. verkaufte ihn Ao. 1320. dem Erzbischof Burchardo zu Magdeburg. Vid. M. Andr. Angeli Annal. Brandenb. p. 128.

b) Dieser Cistercienserorden war damals einer der edelsten seiner Zeit. Den Namen führet er von seiner vornehmsten Abtey Citeaux, latein Cistercium, welche in Burgundien in der Diöces von Chalons, fünf Meilen von der Hauptstadt Dijon in einem großen Walde lieget, und wegen der vielen Cisternen, so allda befindlich, so benennet seyn soll. Er ist von dem Benedictinerorden entsprungen, und seit dem eilften Seculo berühmet, da Robertus, Abt von Molesmo, denselben aus Antrieb strengerer Observanz, der Regul des heil. Benedicti Ao. 1098. in der Wildniß zu Citeaux gestiftet hat. In kurzer Zeit bekam dieser neue Orden einen solchen Zulauf und Ansehen, daß er den größten Theil von Europa einnahm. Die ersten Cistercienserklöster, welche in Deutschland aufgerichtet worden, sind zu Alsfeld und Waldenried rc. Wer ein mehreres von diesem Cistercienserorden lesen will, findet völlige Nachricht davon in des seligen Abtes D. J. A. Schmidts notitia ordinis Cisterciensis.

c) Bernhardiner wurden in jenen Zeiten die Cistercienser genannt, von Bernhardo, Abt zu Clairvaux, welcher Ao. 1113. den Cistercienserorden recht zu Stande gebracht; und da derselbe bald verfallen, so wieder erneuret hat. Ihr Ornat benebabit ist ein weisser Rock mit einem schwarzen Scapulari, dergleichen auch unsere hiesige Conventualinnen vormals getragen haben, wie das Gemählde der vierzehnten Tafel ausweiset.

b) Dieser Mauritius soll im dritten Seculo ein Kriegesoberster unter dem heidnischen Kaiser Marimiano gewesen seyn, und eine Legion commandiret haben, die man von der hauptsächlichen Stadt Theben insgemein die thebanische Legion genennet hat. Man giebt ihn seiner Geburth nach für einen Mohren aus, daher sein Bildniß fast an allen Orten schwarz gemahlet wird; er soll sich aber zum christlichen Glauben bekehret, und seine Legion aus lauter christlichen Soldaten bestanden haben. Als Kaiser Marimianus Ao. 297. nach Gallien gegangen, und seiner ganzen Armee befohlen hat, sich bey den Altären der Götter endlich zu verbinden, daß sie einmüthig wider die Feinde fechten, und die Christen, als Feinde ihrer Götter, vertilgen wollten, der Oberste Mauritius aber sich mit seiner Legion nicht dazu verstehen wollen, sey auf des Kaisers Befehl zu zwey unterschiedlichen malen dem zehenten Manne von dieser Legion der Kopf abgehauen, und wie das noch nicht helfen wollen, habe endlich die ganze Armee auf den Rest dieser Legion losgehen, und alle, auch den Obersten Mauritium selbst niederhauen müssen, wie solches der gelehrte Engeländer, Will. Cave, in seinem ersten Christenthum P. III. cap. 4. p. 714 sqq., aus des lionischen Bischofs Eucherii Martyr. Thebaeae legionis, mit mehreren Umständen erzählet. Was von dieser Geschichte zu halten sey, ist hier der Ort nicht zu untersuchen: indessen ist es gewiß, daß sie fast von allen Protestanten verworfen wird, weil vor dem fünften Sec. nichts davon gemeldet werden, Eusebius und andere Geschichtschreiber derselben nichts gedenken, sondern zu allererst Gregorius Turonensis. Wer eine genauere Prüfung davon verlanget, kann sie in dem berühmten Friderici Spanhemii plenori introductione in hist. eccles. Tom. I. finden.

e) Kaiser Otto M. hatte im zehenten Seculo die Reliquien dieses Heiligen vom Pabst Johanne

Nun hatte Johannes schon Conventualinnen zu seinem neuen Closter, allein es fehlte noch an einem Orte, wo er sich mit ihnen niederlassen und ein Closter bauen konnte. Dazu erwählte er nun anfänglich einen Ort im Brandenburgischen, Redekenstorf genannt, und war entschlossen, sein Closter daselbst anzulegen. Wie er es aber etliche Jahre daselbst versucht hatte, und Armuths halber mit seinen Leuten nicht länger subsistiren konnte; brach er von dannen auf, und zog eine zeitlang von einem Orte zum andern herum, bis ihn endlich die göttliche Vorsehung nach Plate f) führte. Daselbst fand er eine alte adeliche Wittwe, aus dem Geschlechte derer von Plate, welche als eine religieuse und wohlthätige Dame ihn mit seinen vier Jungfrauen aufnahm, und mit benöthigtem Unterhalte, Wohnung und Kleidung versorgte.

Es konnte aber der gute Johannes dieses Wohlstandes nicht lange geniessen, massen er bereits Ao. 1236 zu Plate dieses Zeitliche gesegnete, nachdem er mit der Stiftung seines neuen Closters acht Jahr, obwol vergeblich, zu thun gehabt hatte. In dem folgenden 1237ten Jahre starb auch die adeliche Wittwe von Plate; und nun sahe es wieder sehr schlecht mit den guten vier Jungfrauen aus, nachdem sie zugleich ihres Vorstehers und ihrer grossen Wohlthäterin beraubet waren.

Allein bey solchem ihrem armseligen Zustande nahm sich das Capitul zu Rastede g) im Oldenburgischen ihrer an, und schenkte ihnen Ao. 1237. einen Platz zu Bodendorf, im lüneburgischen, und damals zum Thomasburgischen, jetzo aber zum Alt-Medingischen Kirchspiel gehörend, daß sie sich allda häuslich niederlassen möchten. Diese Donation gab Gelegenheit, daß dies neu gestiftete Closter aus dem Brandenburgischen in das lüneburgische Land transferiret wurde. Der Donationsbrief des Rastedischen Capituls lautet folgendergestalt:

Conradus miseracione divina Rastadensis ecclesie Abbas. cum universali capitulo suo. Omnibus in fidelium communione manentibus. salutem in vero salutari perpetuam. Que geruntur in tempore, re simul cum fuga temporis evanescant et pereant. Litteris solent perhennari. Innotescat igitur tam natis quam nascituris presentem paginam inspecturis, quod nos ob participacionem elemosinarum ac oracionum cenobio in bodenthörpe Cysterciensis Ordinis fundum quem dominus Frethericus miles. h) cognomento. pusteko. a nobis optinuit. de pura liberalitate

A 2   ad

_____

hanne XIII. erhalten, und sie nach Magdeburg gebracht, daher man in den folgenden Zeiten den heil. Mauritium durchgehends als einen allgemeinen Patronum und Schutzheiligen dieses Erzstifts venerirte.

f) Es ist dieses Plate ein Dorf in der alten Mark Brandenburg, jenseit Calbe gelegen.

g) Dieses Rastede ist ein bekanntes Schloß und Amt in der Grafschaft Oldenburg, allwo vor diesem ein berühmtes Benedictinercloster gewesen, so Ao. 1091. von dem oldenburgischen Grafen Hunone glorioso gestiftet worden. In Meibomii rer. Germ. Tom. II. findet man von gedachtem Closter ein ganz besonders Chronicon.

h) Das Wort miles bedeutete in den damaligen Zeiten eigentlich eine adeliche Person, welche in den Ritterstand erhoben, oder denselben von ihrem Vorfahren geerbet hatte. Daher findet man öfters, daß das Wort militia bey den alten Scriptoribus den Ritterstand, und die Redensart militem creare so viel bedeutet, als einen zum Ritter schlagen. Weil aber diese Leute insgemein bey hohen Potentaten engagiret zu seyn pflegten, so wurden auch diejenigen mit der Zeit milites genannt, die in der That keine Ritter waren, sondern nur bey Hofe ansehnliche Stellbedienungen verwalteten. Conf. D. Abb. I. A. Schmidii Lexicon eccles. min. sub d. P. II. p. 113.

ad edificándum in eo oratorium [1] cum ceteris edificiis fibi necessariis et per-
petuo poffidendum contulimus. ut premiorum mereamur fieri participes qui nos
bonorum operum conftituimus adjutores. Ne igitur proceffu temporis cuipiam
hominum calumpniandi feu irritandi noftram donacionem preftetur occaſio. pre-
fentem literam appenſione noftri ſigilli communivimus. ' Datum Raftede Anno gra-
cie M°. CC°. XXXVI'l'.

(L. S.) ·

I.

Helmericus,

Probſt zu Bodendorf.

In welchem Jahr und auf was für Art dieſer Mann Probſt zu Bodendorf worden
ſey, iſt beydes ungewiß, weil es an benöthigten Documentis fehlet. In der
platteutſchen Werſion der Vlten Tafel ſtehet zwar, daß ihn das Cloſter gewählet
habe: allein wenn man den damaligen noch ſehr ſchlechten Zuſtand des Cloſters beden-
ket, ſo ſollte man nicht unbillig an der Richtigkeit dieſer Sache zweifeln; maſſen ja
die vier Layſchweſtern, woraus zu der Zeit noch der ganze Convent beſtanden, eine or-
dentliche Wahl anzuſtellen nicht geſchickt geweſen. Wenigſtens ſcheint es glaublicher,
daß dieſem Helmerico die Fürſorge für das neugeſtiftete Cloſter entweder von dem
raſtediſchen Capitul, oder durch einen innerlichen Beruf, dergleichen in dieſen Zeiten
viele vorzuſchützen pflegten, aufgetragen ſey.

Dieſer Probſt Helmericus brachte Ao. 1237 die vier oben gedachten Jung-
frauen von Plate ins lüneburgiſche Land, und ließ ſich mit ihnen zu Bodendorf in
einem Bauerhauſe nieder, vor allen Dingen ließ er in der daſigen Capelle einen kleinen
Platz beym Altar dazu apriren, daß er mit ſeinen Jungfrauen daſelbſt die Horas hal-
ten könnte. In dem folgenden 1238ſten Jahre bauete er noch dazu ein kleines Häus-
gen, worinnen er mit ihnen, bis auf künftige beſſere Gelegenheit, vors erſte ſeinen Auf-
enthalt haben wollte.

Wie das Gebäude fertig war, ſo deliberirte er mit ſeinen vier Jungfrauen, was
dieſes neue Cloſter für einen Namen haben ſollte; und wie keiner unter ihnen ſogleich
etwas einfallen wollte, nannte er es nur ſchlechthin tho dem Dinge. In dieſem Ge-
bäude hat Probſt Helmericus mit ſeinen Leuten nur ins vierte Jahr gewohnet. Sonſt
war zu der Zeit Bodendorf eine Filia von Thomasburg; weil aber die Einwohner
zu Bodendorf jetzo, da das Cloſter bey ihnen angelegt war, in ihrer Capelle täglich
den Gottesdienſt vor der Thür hatten; hielten ſie ſich mehr zu ihrem Cloſter als zu der
rechten Pfarrkirche, welches hernach, bey der Verlegung des Cloſters nach Alt-Me-
ding, zu vielen Zwiſtigkeiten Anlaß gegeben hat.

Unter-

· [1] Oratorium bedeutet eine kleine Kirche oder
Capelle, zu einem Cloſter gehörig, und iſt in
dem Stücke von einer rechten Kirche unterſchie-
den, daß in dieſer allerley Leute, wes Standes

und Geſchlechts ſie ſeyn, in jener aber nur allein
die Geiſtliche und Ordensleute ihren Gottesdienſt
halten.

Unterdessen hatten die vier Conventualinnen zu Bodendorf noch ziemlich gute Zeit, und wenigstens für Lebensmittel nicht zu sorgen, massen die zu Alt-Meding damals angesessene Ritter von Meding ihnen alles, was zu ihrem Unterhalte nöthig, fournirten; daher auch Probst Helmericus wöchentlich etlichemal von Bodendorf nach Alt-Meding, eine gute Meilweges, zu gehen, und für seine Jungfrauen allerley Lebensmittel in Körben und Flaschen von da abzuholen pflegte.

Ueber solchem Liebeswerke aber kam endlich der arme Helmericus elendiglich ums Leben; denn wie er Ao. 1240. den 10ten December, seiner Gewohnheit nach, von Alt-Meding wieder zurück kam, und mit einem Kober voll Victualien durch das nahe vor Bodendorf belegene Holz gieng, ward er von etlichen bodendorfischen Bauren, welche noch von den ehemaligen Wenden herstammten, mördlich überfallen, und mit einem Stiche durch die Kinnbacken und Kehle ums Leben gebracht, nachdem er dem Closter zu Bodendorf nur ins vierte Jahr vorgestanden.

Als diese Mordthat ruchbar wurde, inquirirten die beyden Ritter, Gebhard und Werner von Meding, fleißig nach den Thätern, brachten auch dieselben leicht heraus, und übergaben sie in der Jungfrauen Gewalt, daß sie nach ihrem Gutbefinden ein Urtheil über sie fällen sollten. Die Mörder, wie sie den Jungfrauen vorgestellet wurden, riefen selbst aus Desperation: Wir sind in eurer Gewalt! laßt uns nur todt schlagen! Allein weil den frommen Kindern mit dieser Bösewichter Blut wenig gedienet war, und sie daher selbst für sie intercedirten: thaten endlich die Ritter den Ausspruch: daß die Mörder mit allen ihren Nachkommen dem Closter auf ewig leibeigen seyn, und mit aller benöthigten Handarbeit dienen sollten; welches denn diese Maleficanten mit Freuden annahmen, und dadurch das Leben erhielten.

Unterdessen waren die guten Jungfrauen durch den unglücklichen Tod Helmerici wieder verlassene Waysen worden, und wußten nicht, wie sie ihre Sachen ferner einrichten sollten. Diesen ihren mitleidenswürdigen Zustand ließ sich absonderlich Fr. Margaretha, Herrn Gebhardi junioris von Meding Eheliebste, dergestalt zu Herzen gehen, daß sie ihrem Eheherrn täglich anlag, sich dieser armen verlassenen Kinder anzunehmen.

Dieses fruchtete so viel, daß gedachter Ritter ihnen nachdrückliche Assistence erzeigte, und ihnen vors erste den Zehenden zu Eddelstorf, nebst einer beträchtlichen Summe Geldes, und bald hernach eine wüste Hofstätte in Alt-Meding, nebst allen dazu gehörigen liegenden Gütern schenkte.

Der eigentlich zu Alt-Meding angesessene Herr Werner von Meding, erzeigte ihnen gleichfalls viele Güte und Wohlthaten; denn er gab ihnen von seinen adelichen Gütern den Zehenden von Babendorf, eine jährliche Aufnahme an reinem Rocken, nebst einem ebenmäßig ansehnlichen Capitale an barem Gelde. Ja endlich fieng er, mit Zuziehung seiner beyder Brüder, Herrn Friderici und Jordani, in Gottes Namen an, ihnen zu Alt-Meding auf dem vom Gebhardo juniore geschenkten Platze ein eigenes besseres und geräumigeres Closter zu bauen. Ao. 1241. wurde dasselbe fertig, und da ließ dieser wohlthätige Ritter die Conventualinnen ungesäumt von Bodendorf mit aller ihrer Haabe abholen, und in dieses neue Closter einführen; zugleich gab er ihnen die Alt-Medingische Kirche mit ein, in welcher er bereits einen besondern Chor für sie verfertigen lassen. Wie alles seine Richtigkeit hatte, wurde von

gedachten

gedachten Rittern, am Tage der Himmelfahrt Mariae, eine Zuſammenkunft in der Kirche angeſtellet, und mit denen neuangekommenen Conventualinnen, im Beyſeyn verſchiedener Zeugen, ein und anderes verabredet, auch endlich wegen dieſer Stiftung in perpetuam rei memoriam nachfolgendes Inſtrument aufgerichtet:

Notum ſit omnibus ſcripti hujus inſpectoribus quod ego Wernerus de medinge & fratres mei Fredericus et Iordanus. cum conſenſu matris noſtre Mecktildis & omnium puerorum noſtrorum, & heredum proprietatem ecclefie noſtre in Medinge ad honorem Dei & beate Marie virginis. Ancillis chriſti. chriſto inibi ſub-regula famulantibus. liberam ab advocatia & ab omni exactione contulimus & in eadem et in bonis que Gevehardus juvenis a Gevehardo ſeniore quadam pecunie ſumma comparavit & eisdem famulabus Chriſti dedit. Cenobium conſtruximus & eis fecimus manſionem. nihil omnino juris nobis in omnibus bonis que nunc tenent vel amplius conſequentur vendicantes. Sed divinam exinde retribucionem exſpectantes. Hujus facti teſtimonium litera prefens perhibet & ſigillum. Factum eſt autem hoc in die Aſſumtionis beate virginis in predicta ecclefia Medinge. ubi tunc omnes conveneramus ad explendum idem negocium. Anno dominice Incarnationis M°. CC° XLI°. Teſtibus prefentibus jam dicto Gevehardo juvene Hermanno Schucken & multis aliis promiſcui ſexus hominibus bonis et honeſtis.

(L. S.)   (L. S.)

Bald nachher am Tage des Apoſtels Bartholomäi [f]) wurde dieſes neue Kloſter, und zugleich die Kirche nebſt dem Kirchhof, von einem dazu abgeſchickten biſchöflichen Commiſſario ſolenniter eingeweyhet, ſo daß nunmehro unſer Convent nach mancherley Schickſalen endlich zu Alt-Meding eine rechte Geſtalt zu gewinnen begunte.

2.
Nicolaus,
Erſter Probſt zu Alt-Meding, von 1241 bis 1287.

Nachdem jetztgedachter maſſen das neue Cloſter zu Alt-Meding fertig war; wurde dieſer Mann noch in demſelben 1241ten Jahre darinnen zum Probſte angenommen. In einer alten Urkunde findet man, daß die oftgedachten Ritter von Meding dieſen Nicolaum zum Probſt präſentiret haben [l]). Wenn dieſes ſeine Richtigkeit hat, ſo läſt ſich daraus nicht unwahrſcheinlich ſchlieſſen, daß die Familie derer von Meding das Ius Patronatus über die Pröbſte unſers Cloſters, ſo lange es zu Alt-Meding geſtanden, gehabt haben. Wegen der Wahl dieſes Probſtes giebt es keinen Zweifel, maſſen ausdrücklich in der achten Tafel geſagt wird: daß ſie von der Jungferl. Verſammlung geſchehen ſey; und was die Confirmation betrift: ſo läſſet es ſich ebenmäßig leiche

---

f) Siehe davon unten in der Conſtitution des verdichen General-Vicarii Hrn. Petri van dem Hope wegen Feyrung des Kirchweyhungsfeſtes, p. 171 ſeqq.

l) So viel ſollen ohne Zweifel die Worte heiſſen: Wernerus et fratres ſui dicti de Me-

ding *confituerunt* virginibus prepoſitum Nycholaum. Denn daß dadurch keine völlige Einſetzung zu verſtehen ſey, ſiehet man aus Collation der achten Tafel, allwo ausdrücklich geſaget wird: Tunc *elexit ſibi conventus* dominum Nycolaum.

leicht erweiſen, daß ſie dieſelbe von dem damaligen verdiſchen Biſchof Gerhardo geſche-
hen ſey, zumalen Probſt Nicolaus in dem von ihm ſelbſt aufgeſetzten Verlauf ſeines
lebens davon eine untriegliche Machricht giebt, wenn er unter andern von ſich ſchreibet:
Anno domini Milleſimo ducenteſimo quadrageſimo primo Ego Nycolaus a capitulo
cenobii Medinge in prepoſitum electus & a venerabili domino Gerhardo ecclefie ver-
denſis epiſcopo canonice et rationabiliter inſtitutus curam animarum et rerum munda-
narum curas acceptavi etc. Aus welchem allen denn erhellet, daß es mit der Einſetzung
dieſes Probſtes ſchon damals eben ſo, als nachher in den neuern Zeiten zugegangen ſey,
ob man gleich von den älteſten Zeiten die wirklichen Documenta davon nicht mehr vor-
zeigen kann.

Zu dieſes Probſtes Zeiten nun kam das Cloſter zu Alt-Meding ſchon ziem-
lich in Aufnahme, wozu die reichen Donationes adelicher und anderer angeſehenen Per-
ſonen das meiſte beytrugen. Den Anfang damit machte der brandenburgiſche Mark-
graf Johannes, welcher zu Vergebung ſeiner und ſeiner Vorfahren Sünden Ao. 1241.
dem Alt-Medingiſchen Cloſter fünf Höfe zu Bodendorf ſchenkte, von welcher Dona-
tion noch folgendes Diploma in Originali vorhanden iſt:

Iohannes dei gratia Marchio Brandenburgenſis omnibus preſens ſcriptum in-
ſpecturis ſalutem. Univerſa moderni temporis negocia ne revocentur in irritum. So-
lent vocibus teſtium & ſcripti memoria perhennari. ꞌ Sciant igitur tam preſentes quam
poſteri, quod nos dei inſtinctu tam in remiſſionem noſtrorum predeceſſorum pecca-
minum quam noſtrorum peccatorum. ecclefie ſancte Marie in Medinghe ad utilitatem
conventus ejusdem loci contulimus quinque manſos ſitos in villa que vocatur Boden-
dorp. cum omni jure perpetuo ac libere poſſidendos. Sed ne aliqua in poſterum ca-
lumpnie poſſit ſuboriri. Sigilli noſtri appenſione et teſtium conſcriptione preſentem
paginam fecimus roborari. Quorum nomina funt hec. Wernerus de Medinge. Ghe-
vehardus de Maldeſem. Wernerus & frater ſuus Bodo de Soltwedel. Thidericus
de Woſtow et alii complures. Datum Ulſen Anno Domini Mᵒ. CCᵒ XIᵒI. VII Idus
Novembris.

(L. S.)

Auf dem Siegel zeiget ſich ein geharniſchter Mann, welcher in der rechten eine
Fahne, in der linken ein Schild, worauf ein Adler, hält, mit der Umſchrift: Sigil-
lum Iohannis Brandenburgenſis Marchionis.

Dieſe Donation gab Gelegenheit, daß das Alt-Medingiſche Cloſter endlich
das ganze Dorf Bodendorf, mit allem ſeinen Zubehör, in Beſitz bekam, denn da vor-
jetzo niemand weiter Antheil daran hatte, als das Capitul zu Raſtede, ſo brachte es der
wohlthätige Ritter, Werner von Meding, durch ſeine Interpoſition und Abtretung
anderer liegender Güter dahin, daß vorgedachtes Capitul alles mit einander völlig an
unſer Cloſter abtrat. Die deswegen errichtete Stiftung iſt noch in Originali vorhan-
den, und lautet folgendergeſtalt:

Lambertus. Dei gratia. abbas ſancte Marie ſemper virginis in Raſtede. omni-
bus preſentem paginam inſpecturis. Salutem in vero ſalutari. Que geruntur ſub teſti-
monio bonorum hominum, vt in longa vivant poſteritatis memoria. perhennari de-
bent & voce, teſtium & teſtimonio litterarum. Sciant igitur tam preſentes quam po-
　　　　　　　　　　　　　　　　　　　　　　　　　　　　　　　　　　　ſteri.

steri. quod nos de communi confensu noftri capituli. Dedimus ecclefie medinge proprietatem omnium bonorum que in villa Bodendorpe habuimus. in agris. filuis. & pafcuis. in pratis. in aquis. aquarumque decurfibus ficut dominus Arnoldus & fratres fui. & Dominus Fredericus pusteko a nobis habuerunt. cum omni iure iam dicte ecclefie contulimus. Recipientes in concambium a Domino Wernero de Medinge proprietatem cuiusdam predii quod fitum eft in villa Northtorpe. quod eidem cum aliis bonis que a nobis habet in pheudo porreximus. Ne autem aliquis fuccefforum noftrorum tam follempne factum noftrum aliquo modo poffit immutare. prefentem litteram. figilli noftri munimine duximus Roborandam. Huius rei teftes funt, qui affuerunt. D. Hermannus cluning. Dominus Alvericus. Frater ipfius. Dominus Hermannus Scukko. Dominus Helmericus de Holtelenboftele. Dominus Otricus de reineftorpe. Hermannus de everinge. Iohannes de Aken. Segebandus advocatus, Nicolaus aries. Everardus de Odeme. & alii quamplures. Acta funt hec prima dominica poft feftum S. Michahelis in pomerio abbatis in Lüneborg. Anno gratie M°. CC°. XL°. VI'I'I'I'.

(L. S.)

Gleichwie nun Probft Nicolaus mit der Eigenthümlichkeit des Dorfes Bodendorf feinem Clofter merklich geholfen fahe; fo wandte er alle mögliche Sorgfalt und Koften an, noch mehr dergleichen liegende Güter an das Clofter zu bringen. Ao. 1251. hielt Bifchof Luderus von Verden zu Bevenfen Vifitation, wie er nun ohnedem bey diefem Bifchof in ziemlichen Gnaden ftand; fo brachte er es dahin, daß derfelbe unferm Clofter den ganzen Zehenden zu Alt-Meding, als ein bifchöfliches Lehn, conferirte; über welche Donation ein befonderes Inftrument aufgerichtet wurde, fo noch jetzo vorhanden ift.

Ao. 1253. hatte unfer Clofter zu Alt-Meding das Glück, daß es von dem zur Zeit des großen Interregni aufgeworfenen Kayfer Wilhelmo, einem gebohrnen Grafen aus Holland, in Schutz und Protection genommen wurde; denn wie diefer Herre in gedachtem Jahre fich einft zu Lüneburg aufhielt, fo interefirten fich etliche Standesperfonen bey demfelben für unfer Clofter, und wirkten von ihm nachfolgenden Schutzbrief aus:

Wilhelmus dei gracia Romanorum Rex femper auguftus. Univerfis facri Imperii fidelibus prefentes litteras infpecturis graciam fuam & omne bonum. Cum in laudem et gloriam cedat creatoris omnium quicquid locis piis ac divinis dicatis cultibus commoditatis et utilitatis cuius libet procuratur. Nos amorem divini nominis atque cultum facre religionis quem puro cordo amplectimur cupientes ferenis affectibus & benignis effectibus operum indiciis declarare. Monafterium Sanctimonialium in Medinge cyftercienfis ordinis verdenfis diocefis in noftram et imperii protectionem recipimus & tutelam. Bona que idem monafterium in prefenti poffidet aut in futurum iuftis modis poffidebit. Auctoritate noftri regalis culminis tenore prefentium eidem monafterio confirmantes. Prohibemus itaque ne quis dictum monafterium in bonis fuis turbare prefumat aliquantulum vel gravare. Quod qui prefumferit attemptare, gravam noftre celfitudinis offenfam fe noverit incurfurum. Datum Luneborg III° nonas Februarii Anno Domini M°. CC°. quinquagefimo tertio.

(L. S.)

Ohn-

Ohngefehr um dieſe Zeit kaufte der Probſt Nicolaus für ſein Cloſter den Zehenden zu Seckeldorf von den beyden Grafen Henrico und Ottone von Lüchow; bald hernach Ao. 1262. den Zehenden zu Zifkendorf von Hrn. Hermanno von Hodenhagen, und noch in demſelben Jahre die beyden Zehenden von Vorwerk und Hoſſel von Guncelino, Grafen zu Schwerin. Weil aber alle dieſe Güter von dem Werdiſchen Stifte zu Lehn rührten, ſo that er desfalls eine Reiſe nach Werben, und ſollicitirte bey dem damaligen Biſchof Gerhardo um die Confirmation und Belehnung, welche ihm denn auch durch nachfolgendes Diploma ertheilet ward:

Gerhardus Dei gratia verdenſis Eccleſie Epiſcopus. B. prepoſitus. M. Decanus, Totumque eiusdem eccleſie Capitulum omnibus prefens ſcriptum viſuris Salutem in Domino. Tenore prefencium innoteſcere cupimus univerſis, quod facta in manibus noſtris libera reſignatione decimarum villarum de vorwerke & haſle a Comite Gunzelino & filiis ſuis de Zwerin & ville Sekerthorpe a Comite Heinrico & Ottone de Lüghowe & ville yevekenthorpe a Domino Hermanno Hodenhagen & filiis ſuis & villarum Edelleſtorpe & babenthorpe a Domino Wernero de Medigge. quas a nobis & eccleſia verdenſi loco & iure homagii tenuerunt, dilectis nobis in Chriſto prepoſito & Capitulo monaſterii de medigge proprietatem ipſarum decimarum donamus perpetuo poſſidendam. Nos quoque in huius facti evidentiam & memoriam perhennem prefens ſcriptum ſigillorum noſtrorum appenſione duximus roborandum, ut predicta donacio legitime facta tam a nobis, quam a noſtris qui pro tempore fuerint ſucceſſoribus inviolabiliter obſervetur. Teſtes autem qui predicte donacioni interfuerunt ſunt hi. Borchardus prepoſitus maior. Meinricus Decanus. Ludolf Cellerarius. Geradus Scholaſticus. Iohannes de monte. Heinricus de holterminne. canonicus. Heinricus de Etzene. Wulfardus de Etzene. Iohannes de grafie. milites. Datum verde. Anno Domini M°. CC°. LX°I°I°. tercio nonas marcii. Pontificatus noſtri anno decimo.

(L. S.)

Wie dieſes alles zur Richtigkeit gebracht war, ſo fuhr Probſt Nicolaus von neuem fort, einige andere liegende Güter an ſein Cloſter zu bringen.

Ao. 1264. bekam er von den beyden Grafen Bernhardo und Adolpho von Dannenberg den Zehenden zu Hohnstorf, und von dem Werdiſchen Biſchof Gerhardo I. die Belehnung darüber.

Ao. 1266. vermachte ein Zöllner zu Hitzacker, Udo genannt, dem Cloſter zu Alt-Medling einen Wiechhimten Roggen jährlicher Einkünfte aus Ebendorf zu heben, worüber Graf Guncelinus von Schwerin die Confirmation gab.

Ao. 1268. bekam das Cloſter von dem Ritter Wernero von Medling einen Vorhof und zwey Koten in Alt-Medling, und noch in demſelben Jahre vom Ritter Dieterico von Hitzacker einen Hof in Römſtedt.

Ao. 1269. legirte der Ritter Hippolt von Dove, Caſtellan in Lüneburg, unſerm Cloſter einen Wiechhimten Roggen aus der Mühle zu Heſebeck jährlich zu heben, wovon die Coventualinnen allemahl auf Petri Pauli Tag eine Refection haben ſollten.

Ao. 1271. verkauften die Ritter Hippolt und Johannes von Dove unſerm Cloſter den Zehenden von Cote.

B   Ao. 1278.

Ao. 1278. kaufte unser Closter von dem Ritter Dieterico von Hitzacker den Zehenden zu Römstedt, worüber Burchardus, Graf von Welpa, als damaliger lehns-herr, die Confirmation und Belehnung ertheilte.

Ao. 1281. bekam Probst Nicolaus für sein Closter den Zehenden über vier Höfe zu Bertzcamp von Graf Bernhardo zu Dannenberg, und endlich

Ao. 1285. das ganze Dorf Cote von den Rittern Wernero von Schwerin, Georgio, Henrico, Gebharbo und Johanne von Groten.

Endlich ist auch dieses noch vom Probst Nicolao zu merken, daß er dem Closter zu Alt-Meding, bey täglichem Anwachs der Conventualinnen, zu allererst eine Priorin vorgesetzet hat. Er wählte dazu seiner Mutter Schwester, Immam, eine fromme, vernünftige und reiche Person, die sich bishero in dem Closter Dam-beck *) als Conventualin aufgehalten hatte. Dieser gab er so viel gute Worte, daß sie Ao. 1263. sich anhero verfügte, und die ihr aufgetragene Charge einer Priorin über sich nahm, wie solches unten in der 8ten Tafel erzählet wird. Nun waren un-sere Closter-Jungfrauen, wie bereits oben angemerkt, der neuen Reformation Bern-hardi zugethan, trugen auch dahero weissen Habit; diese neue Priorin hingegen war noch von den alten Benedictern, und trug, ihrem Orden gemäß, grauen Habit; da-mit nun aber dieser Unterscheid keine Irrungen verursachen möchte; ward gleich an-fangs verabredet, daß die neue Priorin zwar für sich bey ihrem alten Habit und Regul bleiben, aber auch die Conventualinnen bey ihrer weissen Kleidung und neuen Refor-mation lassen sollte. Zugleich wurde auch wegen des heil. Mauritii beschlossen, weil die ersten Conventualinnen, Clementa, Floria, Antonia und Zacharia denselben von Wolmerstädt mitgebracht, daß dieser Heilige forthin beständig unsers Closters Patro-nus bleiben sollte.

Nachdem nun Probst Nicolaus das Closter auf solche Art in gute Verfas-sung gesetzet hatte: starb er endlich Ao. 1287. den 6ten November, nachdem er die Pröbsten zu Alt-Medingen 46 Jahr und etliche Monate mit grossem Nutzen geführet hatte. Ihm ist jährlich auf den Tag seines Absterbens eine solenne Memorie in un-serm Closter gehalten worden.

3.
Hartwicus von der Sültze,
Probst zu Alt-Meding von Ao. 1287 bis 1311.

Dieser Mann war aus Lüneburg bürtig, von dem alten Geschlecht derer de Sa-lina, oder von der Sülze, und besaß ein Canonicat zu Bardowick. Er wurde nach Abgange des vorigen von dem Alt-Medingischen Convent, vermuthlich auf geschehene Präsentation der Herren von Meding, erwählet, und nachmals von dem Verdischen Bischof Conrado I. confirmiret.

In

---

m) Dieses Closter hat Ao. 1254. Graf Jo-hannes von Dannenberg gestiftet, und sind seine drey Töchter Oda, Adelheid und Cunigunda dar-in die ersten Abbatißinnen gewesen. Jetzo ist es ein Closteramt, und gehöret zum Joachimstha-lischen Gymnasio in Berlin.

In allen alten Urkunden wird diesem Probst Hartwico der Ruhm beygeleget, daß er seinem Convent nach allem Vermögen Gutes gethan habe. Gleich nach Antretung seines Amtes belegte er ein gewisses Capital, dessen jährlich auftommende Renten die Conventualinnen zum Behuf ihrer Kleidung einheben sollten. Desgleichen ob schon eine jede Conventualin damals ihre eigene Menage für sich hatte, so ließ er ihnen doch öfters eine Refection auf seine Kosten geben, ja auch dann und wann das Essen aus seiner Küche, und Bier aus seinem Keller reichen; welche Freygebigkeit, nach den Umständen der damaligen Zeiten, schon ziemlich important war.

Zu seiner Zeit hat das Closter wiederum merklich an liegenden Gütern und jährlichen Revenüen zugenommen. Ao. 1287. ließ Herzog Otto strenuus dem Closter die Gerichte über Hassel gegen etliche Höfe zu Wendisch-Evering und Pattensen über, wovon die alte Constitution noch vorhanden ist. In dem folgenden 1288ten Jahr trat der Abt Luderg zu St. Michaelis in Lüneburg unserm Closter einen Hof in Bruchdorp ab, wofür er ein anderweitiges Aequivalent bekam.

Ao. 1290. hatte hochgedachter Herzog Otto strenuus die Gnade für unser Closter, daß er demselben das Privilegium ertheilte, alle Tage ein Fuder Holz aus den Fürstlichen Hölzungen zu ihrem Behuf einholen zu lassen. Das darüber ertheilte Diploma ist noch in Originali vorhanden, und lautet folgendergestalt:

Otto Dei gratia dux de Bruneswic & dominus in Lüneborch universis Christi fidelibus Salutem in Domino, qui est vera salus. Quia necessarium est, ut beneficia & donaciones que a presentibus ob salutem & consolacionem animarum ecclesiis & maxime cenobiis religiosorum largiuntur, ne a posteris calumniose valeant irritari. Igitur notum esse volumus tam presentibus quam futuris, quod ecclesie in medhinge consensu dilecte uxoris nostre mechthildis hanc libertatem & donacionem propter salutem anime nostre & nostrorum progenitorum ad peticionem prepositi Hartwici libere donavimus ex gratia speciale, silicet secandi colligendi ad necessitatem & utilitatem ecclesie in silvis Wibeke Westede & aliis in dominio nostro adiacentibus infructuosa & sicca ligna, quantum singulis diebus ad claustrum mehdinge duci poterit uno curru. & hanc libertatem extendi volumus in perpetuum. Si vero prepositus qui ibidem fuerit pro tempore ligna utilia necessario habuerit ad structuram, nobis vel successoribus nostris requisitis in talibus lignis secandis gratiam misericorditer studebimus impertiri. Hec donacio facta est cum consensu omnium qui aliquid iuris habent in silvis prenotatis. Igitur ne hoc graciosum factum a nobis advocatis & successoribus nostris ausu temerario valeat enervari, sigillum nostrum ad presentem litteram duximus apponendum. Datum Luneborch. anno Domini M°. CC°LXXXX°. in conuersione beati Pauli.

(L. S.)

Ao. 1292. schenkte ein gewisser Ritter, Dietericus von dem Berge, unserm Closter zwey Höfe zu Wendisch Evering, mit der Bedingung, daß dafür ihm und seiner Eheliebsten alle Jahr eine Memorie sollte gehalten werden.

Ao. 1296. conferirte Ludolphus, Abt zu St. Michaelis in Lüneburg, unserm Closter 5 Höfe zu Edelstorf, welche Ritter Werner von Meding bisher von ihm zu lehn getragen. In eben demselben Jahr kaufte Probst Hartwicus auch für dasselbe von den Rittern Werner und Gevehardo von Schwerin alle deren Güter in Vor-

　werk,

werk, samt allem Zubehör, die Advocatia oder Schußgerechtigkeit aber wurde erst Ao. 1302. von den beyden Grafen Nicolco und Guncelino darüber ertheilet.

Ao. 1297. erhandelte er von den Rittern Wernero und Ottone von Meding alle ihre liegende Güter zu Jelmestorf, und Graf Guncelinus von Schwerin gab dem Closter in demselben Jahre die Advocatiam über selbiges Dorf dazu. Das Diploma davon, um auch von dieser Art eine Probe zu geben, wollen wir aus dem Originali mitnehmen, alwo es folgendergestalt lautet:

Universis presencia visuris Guncellinus Dei gratia comes zverinensis salutem. Ne ea que sub tempore fiunt digna memorie simul cum tempore defluant expedit ut eis scripture remedio succurratur. Volumus igitur vobis omnibus ac singulis notum esse, quod nos ac patruus noster dilectus Nycholaus una ex communi consensu et voluntate pro reverencia divina & pro salute animarum nostrarum contulimus ecclesie Medinghe Advocatiam super villa Jelmestorpe cum pleno iure ac omni derivamine quod inde provenire poterit perpetuis temporibus possidendam. Ne igitur ista nostra legitima donacio malorum versucia valeat in posterum irritari, presens scriptum nostri Sigilli munimine fecimus communiri. Testes huius sunt dominus Otto decanus Zverinensis. Nycholaus domicellus de Dannenberghe noster Avunculus. Otto dictus Barwot et Ghevehardus de doren milites et complures alii fide digni. Datum Boyceneborg. Anno Domini M°. CC°. LXXXXVII. die beati Martini episcopi et confessoris.

(L. S.)

Nach der Hand kaufte Probst Hartwicus für sein Closter noch die Zehenden zu Ebendorf, Niendorf, welches von der Fürstl. landesherrschaft zu lehn rührte, und Werle: und wie er alles dieses zusammen hatte; so nahm er der Gelegenheit wahr, als der Verdische Bischof Conradus I. Ao. 1298. einst zu Alt-Medingen Visitation hielt, und wirkte bey demselben über alle des Closters Zehenden eine bischöfliche Confirmation aus, welche folgendergestalt lautete:

In nomine Domini nostri Jhesu Christi Amen. Conradus Dei gratia verdensis Ecclesie Episcopus Universis Cristi fidelibus presentis pagine inspectoribus sive auditoribus. Salutem in domino sempiternam. Hys que ad incrementa utilitatem & profectum Ecclesiarum nostre sollicitudini creditarum. pervenire poterint. nostre approbacionis robur libenti animo adjicimus. ut eo minus cavillationi subjaceant. quo nostre fuerint confirmationis beneficio solidate. Igitur noticie cunctorum tam presencium quam futurorum duximus explicandum. quod nos Emptiones decimarum infra scriptarum a devotis in cristo perposito et conventu Monasterii in Medingh. Ad effectum perductas. & donationes earundem ipsis a quibuscunque factas, nec non ipsarum decimarum proprietates preposito et monasterio memoratis. A venerabilibus fratribus. predecessoribus nostris. beate memorie. Ludero & Gerhardo. quondam Episcopis verdensibus. liberaliter & perpetuo rite collatas. prout ex literis eorundem super hoc confectis liquido apparet ratificamus. approbamus denuo donamus. nostras presentes & memoratas donationes nostrorum predecessorum jam dictorum nostre confirmationis Munere presentis scripti patrocinio mediante firmiter stabilimus. Decime sunt hec. Hunstorpe. Edenthorpe. Babenthorpe & Edelestorpe. Cote. Medingh. Hasle. Jevekenthorpe. Remstede. Niendorpe. Sekerthorpe. Vorwerch et Virle. Justo emptio-
nis

nis feu donationis titulo comparate.   Ut igitur fepe fatarum emptiones feu donaciones
decimarum. proprietatum largiciones earundem. a predeceſſoribus noſtris ſicut preſeri-
bitur faɛte. noſtrarum donationum innovationes ſuperadditionesve. nec non emptio-
num. donationum & largitionum univerſarum noſtre confirmationes robur perpetue
firmitatis nancifcantur. prefentem literam in omnium prefcriptorum evidens Teſtimo-
nium noſtro mandavimus Sigillo roborari.   Datum et Aɛtum Medingh.   Anno Domini
M°. CC°. LXXXXVIII°.   Nonas Novembris.

(L. S.)

Hieraus erhellet, daß das Cloſter ſchon zu der Zeit 13 ziemlich einträgliche
Zehenden im Beſitz gehabt, und folglich ſchon ein ziemliches vor ſich gebracht habe.
Probſt Hartwicus fuhr auch noch immer fort, mehr liegende Güter an das Cloſter
zu kaufen, wie er denn, nach ſolcher Confirmation, noch den Zehenden zu Drögen-
Nottorf von den Rittern von Meding, und die Belehnung darüber von Werden bekam.
Bald hernach erhielt er von den Rittern Wernero und Geverhardo von Schwerin das
ganze Dorf Retzendorf, und die Belehnung darüber von den oftgedachten Grafen Ni-
colao und Guncelino von Schwerin.   Nach der Hand fielen ihm noch zwen Höfe zu
Maſſen-Nottorf und drey zu Fahrendorf zu, welche er gleichfalls dem Cloſter eigen-
thümlich machte.

Wie er es nun aber im Zeitlichen ſo weit gebracht, ſo war er auch ferner ge-
fliſſen, ſein Cloſter mit geiſtlichen Beneficiis zu verſorgen.   In ſolcher Abſicht addreßirte
er ſich an Hrn. Ottonem, damaligen Decanum zu Schwerin, welcher denn auf ſein
emſiges Anhalten ihm ein Paar Indulgenz-Briefe für ſeine Kirche und Cloſter ver-
ſchafte.   Den erſten ertheilte der damalige Rigiſche Erzbiſchof Johannes Ao. 1299.
in nachfolgenden Formalibus:

Johannes miſeratione divina fanɛte Rigenſis ecclefie Archiepifcopus, omnibus
Chriſti fidelibus prefentes litteras infpeɛturis feu audituris; ſalutem in domino ſempi-
ternam, quoniam ut ait apoſtolus, omnes ſtabimus ante tribunal Chriſti, recepturi
prout in corpore geſſimus, five bonum fuerit five malum, oportet nos diem meſſionis
extreme, mifericordie operibus prevenire, ac eternorum intuitu feminare in terris,
quod reddente domino cum multiplicato fruɛtu recolligere valeamus in celis, firmam
ſpem fiduciamque tenentes, quod qui parce feminat parce & metet, & qui feminat in
benediɛtionibus de benediɛtionibus & metet vitam eternam.   Cupientes igitur fidelis
chriſti ad complacendum ſibi, quaſi quibusdam alleɛtivis muneribus indulgentiis videli-
cet & remiſſionibus invitare, vt exinde reddantur divine gratie aptiores, omnibus vere
penitentibus & confeſſis qui ad ecclefiam in Medinghe verdenfis dyocefis cum devocio-
ne acceſſerint divine propicitationis graciam petituri & devote dicendo dominicam ora-
tionem feu alias orationes pro fidelibus defunɛtis vel vivis Cimiterium ejusdem ecclefie
circuierint, XL dies de injunɛta ſibi penitencia, dum tamen venerabilis patris domini
verdenfis epifcopi confenfu acceſſerit, de omnipotentis Dei mifericordia, & beatorum
apoſtolorum eius Petri & pauli meritis & interceſſine, ac ea auɛtoritate, qua Deo au-
ɛtore fungimur, confiſi, in Domino mifericorditer relaxamus, Datum Zuerin Ad de-
votam inſtanciam Honorabilis viri domini Ottonis Decani ecelefie Zuerinenfis, Anno
Domini Milleſimo ducenteſimo. Nonageſimonono. Quinto ydus Novembris.

(L. S.)

Den

Den andern Indulgenz-Brief ertheilte einige Wochen nachher der Schwerini-
ſche Biſchof Gottfried der I. ein gebohrner Herr von Bülow, in folgenden Formalibus:

> Nos Gotfridus, Dei gratia episcopus Zuerinenſis cupientes ut ecclesia in Me-
> dinghe verdenſis dyocesis a fidelibus chriſti congruis honoribus frequentetur, omnibus
> vere penitentibus qui ad ipſam oraturi acceſſerint vel cymiterium circueuntes pro de-
> functis orationes Deo fuderint, quadraginta dies ſi dyocesanus conſerit de iniuncta eis
> penitentia miſericorditer relaxamus.   Ad quod Honorabilis viri domini Ottonis decani
> Zuerinenſis nos devota petitio invitavit.   Datum Zverin Kalendas Januarii Anno Do-
> mini, M°. tricenteſimo,

(L. S.)

Ao. 1303. gerieth das Cloſter in Streit mit dem Herrn von Grote wegen
der Maſtung in dem bey Bruchdorf belegenen Büchenholze, ſo damals Brutzemholz
hieß; die Sache wurde zu Lüneburg von Herzog Ottone und ſeinen Räthen unterſuchet,
und das Cloſter durch nachfolgendes Reſcript bey ſeiner Poſſeßion geſchützet:

> Nos Dei gracia Ottho Dux de brunſwich & de Luneburch.   Recognoſcimus
> preſentibus literis et publice proteſtamur. quod inter litis & controverſie materiam
> que fluctuabat inter honeſtum virum Hartwicum prepoſitum de Medinghe & ſuum
> Monaſterium ex parte una. et Otthonem magnum n) noſtrum fidelem & ſuos germanos
> ex parte altera. ſuper paſchuis & paſtura que vulgariter Maſte dicitur in ſilva & ne-
> more brutſemcholte pertinente ad villam Bruedorpe & Cenſu quatuor Solidorum ibi-
> dem in agnis & piſcariis. nobis ſuper hoc judicio Luneburch preſidentibus coram no-
> ſtris militibus & vaſallis, Idem prepoſitus & ſuum monaſterium obtinuerunt ſecundum
> ſententiam a noſtris fidelibus tunc editam & ab omnibus communiter approbatam, ſe
> habere jus ad prenotatum cenſum, & ad paſturam in ſilva ſeu nemore jam predicto.
> Teſtes hujus ſunt. noſtri fideles. Cutoldus de Eſcherte. Bertoldus de Reytem. Gheve-
> hardus de monte noſter pincerna & Henricus frater ſuus. Conradus de Eſtorp. Was-
> modus de Knesbeke. Iohennes de Lobeke. Iohannes de Bodendike. Wernerus de
> Berghe. Henricus Ribo. Iordanus de Hidſakere. Wernerus & frater ſuus Ottho.
> dicti de Medinghe. milites. & alii complures. de Luneborch. de Horeborch. & de
> aliis locis noſtri milites & famuli o).   In premiſſorum evidens teſtimonium noſtrum
> Sigillum apponi fecimus huic ſcripto.   Datum Luneborch. Anno Dni. M°. CCC°. III°.
> feria IIIIta ante feſtum omnium Sanctorum.

(L. S)

So viele Weitläuftigkeit hatte damals Probſt Hartwicus mit gedachtem
Ritter von Grote über das ſogenannte Brutzemholz; es daurete aber kaum 20 Jahr,
ſo kam nicht allein dies ſtreitige Holz, ſondern noch dazu das ganze Dorf Zellenſen,
nebſt

---

n) Iſt allhier ein nomen proprium, und
heißt ſo viel als Grote, wie denn dieſer Magno-
rum auf Teutſch der Magnuſchen, oder Groten
Familie, ſchon zu dieſer Zeit, und bereits lange
vorher floriret hat. Vid. Angel. Chron. Holſ.
lib. I. cap. 21. et Danckwert. Chorograph.
Sleſ. et Holſat. p.

o) Man bemerke allhier den Unterſcheid, wel-
chen man ehemals zwiſchen den Adelichen, ſo zu-
gleich Ritter, und andern ordinairen Adelichen
gemacht. Jene wurden allezeit milites, dieſe
aber Famuli, Servi Principis, Adeliſchalchi,
ſive Servi nobiles, und zu Teutſch edele Knech-
te oder Knapen genannt.

nebst benen übrigen dazu gehörigen Gütern, eigenthümlich an unser Closter, wie in dem Lebenslauf des folgenden Probsts Christiani zu ersehen ist.

Ao. 1306. legirte ein gewisser Ritter Hippolt von dem Berge unserm Closter zwölf Hbt. Roggen jährlicher Aufkünfte, aus der Mühle zu Hesebeck einzuheben, wofür die Conventualinnen jährlich an St. Michaelisfeste eine Refection haben sollten.

Sonst ist zum Beschluß noch dieses vom Probst Hartwico zu merken, daß er zuerst die Verordnung gemacht hat, daß alle Nacht auf dem Schlafhause in unserm Closter Licht gebrannt werden solle, welches noch bis auf den heutigen Tag allhier gebräuchlich ist. Es starb endlich dieser Mann im Jahr Christi 1311. den 25sten Jan. im vier und zwanzigsten Jahr seines mit grossem Nutzen geführten Amtes, und das Closter hat von der Zeit an den Tag seines Absterbens allemal mit Memorien und Seelmessen feyerlich begangen.

4.
Christianus,
Probst zu Alt Meding, von 1311 bis 1326.

Nach tödtlichem Abgange Probstes Hartwici gelangete dieser Christianus Ao. 1311. zur Alt-Medingischen Probstey, wie solches in der 9ten von den unten angeführten Tafeln erzählet wird   Wie er mit seinem Zunamen geheissen, und von wannen er bürtig gewesen, davon findet man in den alten Documentis gar keine Nachricht; oder desto mehrere und ausnehmlichere Proben hat man allenthalben von der grossen Treue und Sorgfalt, damit er seinem Closter vorgestanden.   Gleich in dem andern Jahr seines Amtes schenkte er dem Closter ein gewisses Sülzgut, von dessen jährlichen Einkünften die Conventualinnen eine Beyhülfe zu ihrer Kleidung haben sollten.

Ao. 1313. stiftete er mit einem Choro talis eine vierfache Memorie, so jährlich zu gewissen Zeiten in hiesigem Closter mit Seelmessen sollte begangen werden, als nemlich: Die erste für Hrn. Gerhardum, Decanum zu Werden, am Tage Gertrudis. Die zweyte für seine, des Probstes Mutter, am Tage Tiburtii und Valeriani. Die dritte für seinen Vater, am Tage der beyden Apostel Philippi und Jacobi, und die vierte für seine eigene Seele, an dem Tage, da er dieß Zeitliche segnen würde; welches alles bis auf die Zeit der Reformation genau beobachtet worden, wie das alte Memorienbuch des hiesigen Closters ausweiset.   In eben diesem 1313ten Jahr nahm Probst Christianus zuerst etliche Laischwestern oder gemeine Mägde in seinem Closter an, dergleichen man vorher noch nicht gehabt hatte; ihre meiste Function bestand damals in Wartung und Verpflegung der Kranken, welche von den Conventualinnen selbst, wegen anderweitige Geschäfte, nicht füglich geschehen konnte.

Ao. 1316. hatte Probst Christianus einen nachdenklichen Traum, wie ihm nemlich die Jungfrau Maria erschiene, und ihm einen güldenen Ring zeigte, mit dem Befehl, daß er sein anvertrautes Closter so vest verschliessen sollte, als dieser Ring zugeschlossen wäre. Der Probst, welcher diesen Traum für eine göttliche Eingebung hielt, ließ sogleich des folgenden Morgens seine Conventualinnen zusammen berufen, und trug ihnen vor, was er diese Nacht für eine sonderliche Offenbarung gehabt, und wie er daher gesonnen sey, das Closter zu verschliessen.   Nun wandten zwar etliche

dawider

dawider ein, daß sie auf solche Art grossen Abbruch an ihrer Nahrung würden leiden müssen, wenn sie forthin keinen Handel und Umgang mit den benachbarten Bauers-leuten führen könnten; allein weil die Fr. Priorin Jmma II. nebst dem größten Theil des Conbents einwilligte, so wurde die Verschliessung des Closters von dem Probste, ohne weitere Säumniß vollzogen.

Der Nutzen, welchen diese Verschliessung nach sich zog, bestand darin, daß die benachbarten Ritter, adeliche Geschlechter in Lüneburg, und andere angesehene wol-habende leute desto mehr Hochachtung vor das Closter bekamen, und sich ein Ver-gnügen daraus machten, wenn sie eine Tochter in dasselbe bringen konnten, welche denn selten mit leeren Händen kam, sondern insgemein feine Sültz oder andere liegende Güter zur Ausstewer mitbrachte, die auf solche Art endlich dem Closter heimfielen. Diese Verschliessung des Alt-Medingischen Closters geschahe zwantzig Jahr vor dem Auszuge aus Alt-Medingen, wie davon in der 9ten Tafel Nachricht zu finden ist.

Als Probst Christianus diese Sache zu Stande gebracht hatte, bekam er bald darauf etwas wichtigers zu thun, das ihm mehr Mühe und Arbeit kostete. Denn ob zwar zu seiner Zeit das Alt-Medingsche Closter, so viel dessen Verfassung und Revenüen betraf, sich merklich gebessert hatte; so fanden sich doch annoch auf allen Seiten mancherley Beschwerungen, die den guten Jungfrauen ungemein lästig waren. Denn einmal ging zu Alt-Meding mitten durch den Closterhof eine offenbare Heer-strasse, daher sie Tag und Nacht für die durchreisende leute zwey Thore offen halten mußten. Hiernächst hatten sie grossen Mangel an Holtze, und konnten nicht so viel davon zusammen bringen, als zu ihrer Oekonomie nöthig war, weil das Holtz Reisinge mehr, damals ihnen noch nicht eigenthümlich zugehörte. Ferner hatten sie keine Mühle auf der Nachbarschaft, sondern mußten wöchentlich dreymal eine halbe Meile weges darnach fahren. Und endlich, welches noch das schlimmste, waren sie zu Alt-Medingen von allen Seiten mit den barbarischen Wenden umgeben, welche ihnen allerley Hertzeleid anthaten, und wenn sie darüber von der Obrigkeit gestraft wurden, sich mit Mord und Brand an dem Closter zu rächen droheten; daher die guten leute wegen dieser brutalen und unruhigen Köpfe manche Furcht ausstehen mußten. Alle diese Umstände machten dem Probst Christian manche schlaflose Nacht. Wie er aber endlich wol sahe, daß der Sache nicht anders würde abzuhelfen seyn, als daß das Closter an einen andern Ort transferiret würde; so fing er von der Zeit an bey sich zu überlegen, ob und wie solches am füglichsten geschehen könnte. In solcher Absicht that er eine eigene Reise nach Rom, ohne jemanden sein wahres Vorhaben zu entde-cken, und stellete sich, als ob er sonst etwas für sein Closter zu suchen hätte: wie er denn auch wirklich damals für sein Closter das Privilegium, (laut einer alten Urkun-de) bey dem päbstlichen Hofe ausgewirket haben soll, daß seinen Conbentualinnen lin-nene Hembder zu tragen und auf Betten zu schlafen erlaubt seyn solte p), da sie bisher wollene oder härene Kleider auf der blossen Haut tragen, und auf Matten schlafen müssen. Seine Hauptabsicht aber war keine andere, als daß er zu Transferirung sei-nes Closters bey dem Päbstlichen Stuhl Concession suchte. Wie er nun dieselbe mit

leichter

---

p) In dem alten Documento lautet es also: Prepositus *Christianus* porrexit romam, & impetravit relaxari subtunicas, & tunc de- dit eis primam camisiam, & licentiam dor-miendi in lectis.

leichter Mühe erhalten hatte, kam er ganz vergnügt wieder nach Hause, und sahe sich nunmehro nur nach einem bequemen Orte um, dahin er sein Closter transferiren könnte. Zu allem Glück resolvirten sich Ao. 1323. die beyden Ritter Gebhard und Werner von Grote, als die ehemaligen Eigenthumsherren, dieses unsers Ortes, das ganze Dorf hieselbst, so ehemals Zellensen hieß, nebst der vorbeyfliessenden Ilmenaw, ehemals Punsedal genannt q), auch der zu diesem Ort gehörigen Ländereyen und anderen liegenden Gründen, (den Riessel allein ausgenommen, welcher nicht ihnen, sondern dem St. Michaelis-Closter in Lüneburg gehörete) zu verkaufen.

Dieses war nun für den Probst Christian eine erwünschte Gelegenheit, die er so viel lieber annahm, je wol gelegener ihm dieser Ort zu Anbauung seines neuen Closters vorkam. Er ließ sich dannenhero ohne Verzug deswegen mit den Herren von Grote in Handel ein, und verglich sich endlich mit ihnen auf eine Summe von 1150 Mark Lüneburger Pfenninge, welches nach unserer Münze etwan 383 Thaler 8 Groschen austrägt; dafür wurde ihm das Dorf Zellensen mit allen seinen Pertinentien zugeschlagen, und zur Bekräftigung dieses Handels ein förmlicher Kaufbrief in Gegenwart vieler ansehnlichen Zeugen aufgerichtet, welcher aus dem noch vorhandenen Originali folgendergestalt lautet:

Universis Christi fidelibus, presens scriptum visuris sive audituris, Wernerus & Ghevehardus, milites & fratres Dicti Grothe, Ghevehardus & Gotfridus, patrui ipsorum, filii quondam Ottonis Militis, dicti Grothe famuli, salutem in domino sempiternam, Actiones quas mundos ordinat, sere delet temporum successus, nisi firmentur firmo Karactere literarum, Hinc est quod scire volumus Christi fideles tam posteros quam presentes, quod nos unanimi consilio, & consensu, omnium legitimorum heredum nostrorum, masculorum & feminarum, quorum intererat vel, interesse poterat, vendidimus Honorabili viro, domino Christiano preposito, Yumme Priorisse Totique Conventui Monasterii in Medinghe, Totam villam Tzelnsen cum Molendino, cum attenenciis suis omnibus, cum nemore dicto Brudzemeholte, cum perpetuo & hereditario dominio ejusdem nemoris, quod Ewebolt herscap dicitur, cum venationibus cum pascuis porcorum, aquis, piscariis, agris, censibus, & cum omni jure, & proprietate, sicut nos & nostri progenitores, ipsam villam a retroactis libere possedimus temporibus, pro Mille, & Centum & Quinquaginta marcis Denariorum Luneburgensium r), nobis integraliter persolutis perpetuo libere possidendam, nichil juris nobis & nostris heredibus quibuscumque reservantes

penitus

q) In einer alten Urkunde findet man davon folgende Worte: Locus iste antea vocabatur Tzellensen, et aqua punsedal. Und in der alten plattdeutschen Version der funfzehn Tafeln, Tab. X. wird ebenmäßig bekräftiget, daß dieser Ort ehemals Zellensen, und das Wasser Punsedal geheissen habe.

r) Was es mit diesen marcis denariorum Luneburgensium, oder Lüneburgischen Mark-pfenningen eigentlich für eine Bewandtniß gehabt habe, und wie viel dieselben ehemals gegolten, darüber ist schon lange und vielfältig gestritten worden, und meines Wissens noch kein solches decisum gefunden, das allen und jeden gefallen könnte. Meines Erachtens ist eine Mark Pfennige nichts anders, als eine gängs und gebige currante Mark Lübisch gewesen, weil bekannter maassen die Niedersächsischen Städte, Lübeck, Hamburg, Lüneburg in alten Zeiten mehrentheils einerley Münzsorten gepräget, ausser daß dieselben dann und wann Ratione des Gehalts und der Güte des Korns oder Silbers

einigers

C

penitus in eadem, Pro *) warandia vero dictorum bonorum stare debemus & volumus, prout warandia propriorum & liberorum bonorum solet de jure observari, ut autem presens contractus in sua maneat duratione, nec a quoquam heredum nostrorum irritari & infringi queat aliquatinus in posterum, Nos Wernerus & Ghevehardus milites Ghevehardus & Gotfridus, famuli, predicti & nostri compromissores infra scripti, Georgius longus, Jordanus, fratres dicti de Hidzacker, Seghebandus de Wittorpe, Wasmodus Kint, Wernerus de Medinghe, Johannes de Tune, Gotfridus de Odeme, milites Thidericus de Szverin, Luderus de Hidzacker, Gherhardus Kint, Hildemarus de Odeme, Ecbertus de Medinghe, Nicolaus bere, famuli, fidem eidem domino preposito & ad manus suas & conventus, predicti Monasterii, Inclitis Ducibus Ottoni, seniori, & filiis ejus, Domicellis, Ottoni & Wilhelmo de Brunswich & de Luneborch, Sighebando de Wittorpe, Wasmodo Kint, Wernero de Medinghe, Gotfrido de Odeme, militibus, internos numeratis, Gherberto magistro putei, Alberto de Molendino, Nicolao de Schiltsten, & Johanni de Appenborch, Burgensibus †) in Lüneborch, prestitimus & in hys scriptis prestamus in solidum corporalem, verum si predicti Dominus Christanus, vel qui fuerit pro tempore prepositus & Conventus dicti Monasterii, quod absit, impedimentum aut obstaculum a quocumque forsitan pateretur in predictis bonis, Extunc nos Wernerus & Ghevehardus, Ghevehardus & Gotfridus, principales & nos compromissores predicti, milites & famuli, muros Civitatis Luneborch, omnes & singuli intrabimus ad jacendum, inde nequaquam egressuri, nisi prius dictis, domino preposito, Conventui & Monasterio, de universis impedimentis & obstaculis fuerit plenarie satisfactum, In premissorum noticiam & evidens testimonium, nos omnes & singuli, milites & famuli predicti, nostra sigilla presentibus literis duximus apponenda. Datum Luneborch Anno Domini M°. CCC°. XXIII°. In vigilia beati Thome apostoli.

Unter

einigermaaffen differiret haben; daher man auch in den alten Obligationen vielfältig die expressiones findet, e. g. an Hamborgischer Witt und Wichte, an Lüneborglicher Witt und Wichte ꝛc. Man findet zwar auch noch alte Münten, auf welchen die Worte stehen: Status Marcae Lubecensis, und die sind dem Werthe nach wenigstens 18 bis 20 Ggr. Allein es ist noch nicht ausgemacht, ob solches teurere Gelder, und ob es eben eine Mark Pfenninge gewesen. Wir machen noch heute zu Tage einen Unterscheid unter einer Mark und einem Markstück, davon dieses das duplum ist; also kann jene Münze vielleicht auch das duplum einer Mark Pfenninge gewesen seyn. Es lässet sich, wie gesagt, hier von nichts gewisses determiniren, unterdessen würden die allhier in dem Kaufbriefe benennete 1150 Mark Lüneburgenfischer Pfenninge nach unserer Hypothesi eine Summe von 383 Rthlr. und 8 Ggr. unsers Geldes betragen.

*) Das Wort Warandia bedeutet in den alten Schriften entweder überhaupt eine jede Art des Schutzes, so ein Oberer dem geringern leistet, oder auch in specie, wenn es bey Käufern, Schenkungen und andern dergleichen Erklärungen vorkommt, eine Versicherung, daß dasjenige, was beyde Theile geschlossen, beständig und gültig bleiben solle. Einige derivtren dieses Wort von dem Niedersächsischen verbo wahren, aber andere mit besserem Grunde von dem Französischen Worte guarantis, daher die unlateinischen Wörter guarandare, guarandia, guarantur, oder warandare, warandia, warandus, ohne Zweifel ihren Ursprung genommen haben.

†) Das Wort Burgensis, ein Bürger, kommt von dem alten Wort Burgus oder Burgum her, welches bald einen offenen Flecken, bald ein Schloß oder eine Burg bedeutet. Conf. Cluveri Germ. antiqu. I. I. c. 14. Ob nun gleich auf solche Art das Wort Burgensis eigentlich einen Einwohner eines offenen Fleckens oder festen Schlosses anzeigen sollte, so wird es doch bey denen Scriptoribus medii aevi insgemein von einem Bürger, eben wie das Französische Bourgeois gebrauchet.

Unter dieſem Briefe ſind ſiebzehn Siegel, ſowol der Principalen, als der Compromiſſarien angehänget.

Dieſer zwiſchen denen Rittern von Grote und unſerm Cloſter aufgerichtete Kaufcontract nun wurde ſogleich von dem regirenden Landesherrn Hertzog Otto, durch nachfolgendes Diploma confirmirt:

Nos Dei Gracia Otto, Dux de Brunswich & de Lüneborgh, & Otto, & Wilhelmus, filii ejus Domicelli, eadem gracia Duces ibidem, tenore preſencium recognoſcimus literarum, & publice proteſtamur, quod fideles noſtri, Wernerus & Ghevehardus, milites & fratres, dicti Grothe, Ghevehardus & Gotfridus, filii quondam Ottonis, dicti Grothe, cum conſilio & communi conſenſu omnium legitimorum heredum ſuorum nobis preſentibus vendiderunt Honorabili viro Chriſtiano prepoſito, Ymme priorisſe, Totique Conventui ſanctimonialium in Medinghe Totam villam Tzelnſen, cum Molendino & Nemore Brudzemeholt & perpetuo hereditario dominio ejuſdem Nemoris, quod Ervehohlerſcap dicitur, cum proprietate & libertate, eo jure, quo ipſi & ipſorum progenitores ab antiquis temporibus poſſederunt, perpetuo libere poſſidendum. In hujus rei teſtimonium noſtra ſigilla preſentibus literis ſunt appenſa. Datum Luneborgh Anno Domini M°. CCC°. XXIII°. In vigilia beati Thome apoſtoli.

"(L.S.) (L.S.) (L.S.)

Wie es nun alſo mit dieſem Kaufe ſeine Richtigkeit hatte, ſo breitete ſich bald nachher ein Gerücht aus, als ob ſich Johannes der Täufer hieſiges Orts ſehen lieſſe, und einen Platz zurechte machte, darauf künftig ein Cloſter ſtehen ſolte. Ohne Zweifel ließ Probſt Chriſtianus dieſe Zeitung deswegen ausſprengen, damit jederman glauben mögte, daß die göttliche Vorſehung ihm dieſen Ort ſelbſt angewieſen hätte, ſein Cloſter dahin zu verlegen. Er fing noch wirklich an ſich zu Ausführung dieſes wichtigen Werkes anzuſchicken; allein ſeine baufällige Leibesconſtitution verhinderte ihn dergeſtalt, daß er nicht im Stande war, etwas rechtes dabey auszurichten. Weil er aber doch gleichwol den Bau des neuen Cloſters, ſo viel möglich gern beſchleuniget wiſſen wollte, ſo entſchloß er ſich endlich, ſein Amt niederzulegen, und die Veranſtaltung dieſes Werkes einem geſchickten Succeſſori aufzutragen. Dazu erwählte er, nach reifer Ueberlegung, den folgenden Hrn. Probſt, Ludolphum von Lüneburg, einen Mann, von welchem er verſichert war, daß er, auſſer andern Qualitäten, auch deswegen dem Cloſter ſehr nützlich ſeyn konnte, weil er mit der damals regirenden hohen Landesherrſchaft in einer genauen Connexion ſtand. Es reſignirte Probſt Chriſtian Ao. 1326. am Tage St. Barbarä, die hieſige Probſtey, welche er ins ſechzehnte Jahr rühmlich verwaltet, und während der Zeit das ganze Dorf Zellenſen, das Dorf Zolckſtorf, ingleichen vier Höfe nebſt eine Kothe und Wieſe zu Römſtedt, drey Höfe zu Berßcamp, zwey zu Bodendorf, zwey zu Eddelſtorf und einen Hof zu Höber, eigenthümlich an das Cloſter gebracht hatte. Bald nach ſeiner Reſignation ſegnete er vollends dieſes Zeitliche, den 3ten April des folgenden 1327ſten Jahrs, an welchem Tage man ihm hernach jährlich eine ſolenne Memorie gehalten hat.

5. Ludol-

5.

Ludolphus von Lüneburg,
Probst und Stifter des Closters zu neuen Meding,
erwählt 1326. starb 1355.

Auf was für Art er zur hiesigen Probsten gelanget sey, davon ist bereits einige Nachricht ertheilet worden. Es war sonst dieser Mann von hoher Ankunft, denn sein Herr Vater war der Durchl. Fürst, Herzog Otto zu Braunschweig und Lüneburg; seine Mutter aber eine von Adel, Namens Gertrud von Winsen; diese ließ ihn nach ihrem Bruder, Ludolphus, nennen, und Herzog Otto ertheilte ihm dazu den Beynamen von Lüneburg. An seiner Erziehung wurde von seiner Mutter und ihrem Bruder, Herrn Ludolpho von Winsen, nichts gesparet; und wie er ein männliches Alter erreichet und zum geistlichen Stande Lust hatte, so bekam er von der Herrschaft eine Präbende an der Capelle St. Lamberti in Lüneburg, und bald nachhero noch dazu ein Canonicat zu Bardewick. Endlich Ao. 1326. nahm ihn Probst Christianus, wie gedacht, zu seinem Successore an, und der gesammte Jungfräul. Convent willigte um so viel lieber darein, weil er, als ein Mignon der hohen Herrschaft, zur Erbauung des neuen Closters viel nützliches auswirken konnte, bey welchen Umständen ihm auch der damalige Verdische Bischof Nicolaus die Confirmation willig ertheilte.

Bey dem Antritt der hiesigen Probsten fand er das Closter in ziemlich schlechtem Zustande: und zu allem Unglück kam, gleich in seinem ersten Jahre, noch dazu ein solches Sterben unter das Vieh, daß das Feld nicht mehr bestellet werden konnte. Bey solchen Umständen sahe sich denn Probst Ludolphus genöthiget, bey fünf hundert Mark Geldes von dem Seinigen vorzuschießen, damit der Ackerbau im Gange erhalten werden möchte.

Ao. 1330. um Ostern hielt der Verdische Bischof zu Alt-Meding Visitation. Bey dieser Gelegenheit schenkte der Probst Ludolphus seiner Kirche einige Sültzgüter, und stiftete zugleich für sich eine Memorie mit einem Choro salis, welche das Closter künftig alle Jahr am Tage seines Absterbens halten sollte. Bey der damaligen Gegenwart des Bischofs wurde auch die Streitsache wegen des Dorfes Bodendorf vorgenommen, als an welches Dorf die Pastores zu Thomasburg, in deren Kirchspiel es ehemals gehöret, seit der Zeit, daß das Closter von da nach Alt-Meding verleget worden, wieder angefangen hatten Prätension zu machen. Es wurde aber die Sache zum Besten des Closters entschieden, und dem Plebano zu Thomasburg ein Aequivalent gegeben, das Dorf aber zur Alt-Medingischen Closterkirche gelegt, und über solchen Vergleich ein besonderes Instrument aufgerichtet, welches der Abt zu Rastede, als der ehemalige Eigenthumsherr, mit Unterschrift und Siegel bekräftigte, worüber der Bischof die Confirmation ertheilte.

Der Transact, welchen der Abt und das Capitul zu Rastede darüber aufrichteten, lautet in dem Original folgendergestalt:

In Nomine Domini. Amen. Omnibus presentia visuris vel audituris Johannes Dei gratia Abbas. Hermannus prior. Totusque Conventus Monasterii Sanctae Mariae in Rastede ordinis Sanctae Benedicti, salutem in omnium salvatore.

Pietate

Pietate multiplici nos movente, tam ut divine exuberantia, que in villa Bodendorpe hactenus, heu debito varior viguerat, amplius per inveſtionem ſacerdotis proprii propagetur, Tum ut affectus favoris & gratie quo locum ſcilicet Bodendorpe ſemper ſanctimoniales in Medinge amplexate ſunt, invaleſcat, ut pote ubi exordium ceperat earum conventus ecclefia primitiva, Inſuper, in Todemannesborch, qui pro hujus ville incolis ut paſtor pius pro ovibus viſitandis, communicandis, aut etiam alias ut oportebat conſolandis, ſepe per nemora & ſaltus horribiles timoroſe tranſierat, ſecuritatem, de formidine, commodum de incommodo reportaret, Ceterum quod ponderoſius eſt, ut rancor & fomes controverſie que jam dudum verſa eſt inter nos ex una, & Honorabilem virum dominum Ludolfum Prepoſitum in Medinge parte ex altera, ratione capelle ibidem ſcilicet Bodendorpe fundate, noſtris temporibus ſedaretur, ad concedendum & permittendum exſecutionem ſubſequentium ſerventius invitamur, ut dicta villa Bodendorpe cum ſua Capella quoad curam ſpiritualem ſcil. ecclefiaſticorum ſacramentorum receptionem, cum cenſu qui dicitur Sankkoro, prebendis, oblationibus, ceterisque omnibus, que Rectori dicte ecclefie in Todemannesborch jure parochiali ibidem poterant derivari, ſubſit & adhereat ecclefie in Medinge, quaſi a dicta parochia Todemannesborch, noſtre collationi ſubdita, perpetue ſequeſtrata, recipientes loco dicte ville a dictis Prepoſito et Conventu in Medinge bona ipſorum, que habent in villa Reyſtorpe, videlicet curiam unam cum omnibus ſuis attinenciis, quam nunc temporis incolit Arnoldus, ſolventem annuatim pro cenſu quatuor quadrantes ſiliginis, qui vulgariter dicuntur Wichemeten unum porcum valentem octo ſolidos, tres ſolidos, qui dicuntur Crucefchult, duas ſimellas, triticeas & quatuor pullos, ac caſam unam cum ſuis attinenciis omnibus, ſolventem annuatim decem ſolidos cum duobus pullis. Ita videlicet ut dicta Ecclefia in Todemannesborch dicta bona libere cum advocatia ſerviciis conſuetis & omni utilitate ac jure proprietatis perpetuis temporibus poſſideat, ſicut predictum Monaſterium in Medinge a multis retroactis temporibus ſine preſcriptionis interruptione tenuit & poſſedit. Preterea ſuperaddiderunt dicti Prepoſitus & Conventus in Medinge viginti marcas denariorum Lüneburgenſium, cum quibus comparati ſunt duo quadrantes ſigilinis ad uſus rectoris dicte ecclefie in Todemannesborch, ſicut in litteris ſuper hac emptione confectis plenius conſtituitur. Teſtes hujus ordinationis ſunt domini. Petrus in Netze. Johannes in Berſcampe. Gregorius in Dallenborch. Hermannus in Blekede ecclefiarum rectores & plures alii fide digni. Datum Raſſede Anno Comini M°. CCC°. XXX°. Decima Kalendas Novembris.

(L. S.)   (L. S.)

Die Biſchöfliche Confirmation darüber lautet folgendergeſtalt:

In Nomine Domini. Amen. Nicolaus dei gratia Verdenſis Ecclefie Epiſcopus, omnibus preſentia viſuris vel audituris ſalutem in Domino ſempiternam. Cum propter loci diſtantiam incolis ville in Bodendorpe ad ecclefiam Thodemannesborch ambulare & pro Sacramentis ecclefiaſticis tranſire, ſit nimis laborioſum, de conſenſu dilectorum nobis in Chriſto diſcretorum virorum, Dominorum Heynrici Archidiaconi in Modeſtorpe, Ludolfi prepoſiti in Medinge ac Ottonis rectoris ecclefie in Thodemannesborch predictorum, ordinamus & ſtatuimus, ut deinceps perpetuis

tem-

temporibus omnes habitantes in villa Bodendorpe ſequeſtrati ſint & pro ſequeſtratis habeantur ab ecclesia eorum parochiali Thodemannesborch, & adhereant cum jurisdictione ſpirituali, ac omnium eccleſiaſticorum ſacramentorum receptione & ſepultura, ipſi parochie in Medinge, facturi ibi omnem juſtitiam in prebendis, oblationibus, & cenſu qui dicitur Sankkorn, & ceteris omnibus que conſueverunt dare vel ſolvere rectori ecclesie & ipſi ecclesie in Thodemannesborch, cum in recompenſam jam dicte ecclesie in Thodemannesborch deputata ſint equivalentia bona ſita in villa Reyneſtorpe, nec non alibi duo quadrantes ſigilinis annue penſionis, per antedictos in Medinge prepoſitum & Conventum, ſicut in litteris ſuper hoc confectis plenius continetur. In cujus rei teſtimonium noſtrum, dictorumque Archidiaconi & Rectoris ſigilla preſentibus litteris pro perhenni teſtimonio ſunt appenſa. Datum Medinge. Anno Domini M°.CCC°.XXX°. Feria ſecunda diei Paſche.

    (L. S.)   (L. S.)   (L. S.)
    Ep.   Archid.   Rector.

Sonſten hat Probſt Ludolphus in den zehn Jahren, ſo lange das Cloſter noch bey ſeiner Zeit zu Alt-Meding geſtanden, verſchiedene liegende Güter an daſſelbe gebracht, namentlich die Zehenden zu Jareſtorf, Detzendorf, Golſtede, Weſte, Scheſtedorf, Berchdorf und Ollenſen, desgleichen zwey Meyerhöfe zu Bruchdorf, zwey zu Jelmſtorf, zwey zu Höber, vier zu Havecoſt, einen zu Heſebeck und einen zu Hanſtede, nebſt etlichen Wieſen an der Elmenaw; überdem ließ Ao. 1332. das Cloſter zu Reinuade im Braunſchweigiſchen unſerm Cloſter alle ſeine Güter über, die es zu Bardowick beſeſſen, nebſt dem Jure patronatus über die daſige Kirche zu St. Wilhadi auch den übrigen Revenüen, ſo ſie bisher aus dem Kirchſpiel St. Dionys gehoben.

Endlich Ao. 1333. begunte ſich Probſt Ludolphus mit rechtem Ernſt zu dem ſchon lange decretirten Bau des hieſigen neuen Cloſters anzuſchicken. Bevor er aber das Werk ſelbſt angrif, bewarb er ſich vor allen Dingen erſt bey ſeinem Biſchof um die benöthigte Conceßion, ſein Cloſter von Alt-Meding anhero zu verlegen; dieſe nun erhielt er um ſo viel leichter, weil der Biſchof ohnedem ſchon genugſam benachrichtiget war, wie viele Beſchwerden ſich zu Alt-Meding hervorthäten, und wiewol hingegen dieſer Ort zu Anbauung eines Cloſters gelegen ſey; dieſerwegen wurde ihm ohn Bedenken die begehrte Vollmacht ertheilet, und zugleich angemacht, daß dieſer Ort hinfüro nicht mehr Zellenſen, ſondern von dem neuen Cloſter, Meding heiſſen, auch nicht mehr, wie vormals, unter dem Archidiacono zu Bevenſen ſtehen ſollte; anbey ertheilte der Biſchof ihm und allen ſeinen Succeſſoribus die Jura parochialia, daß ſie nicht allein bey ihren Cloſterleuten, ſondern auch bey denen übrigen Einwohnern dieſes Orts die Curam animarum und Actus Miniſteriales zu exerciren Freyheit haben ſollten.

Weil aber hiedurch denen Hrn. Paſtoribus zu Bevenſen Abbruch geſchahe als in deren Kirchſpiel das Dorf Zellenſen von Alters her eingepfarret war, auch überdem der daſige Archi-Diaconus u) erſtlich mit drum wiſſen mußte, ehe in ſeinem Gebiet ein

---

u) Ein Archi-Diaconus war ehemals eine anſehnliche geiſtliche Perſon, welche auch wol Archilevita und Vicarius Epiſcopi pflegte genennet zu werden. Eines ſolchen Archi-Diaconi Amt beſtand fürnemlich darin, daß er in etlichen Stücken des Biſchofs Vices vertre- ten,

ein neues Closter durfte angeleget werden; so wurde Probst Ludolphus von dem Bischof beordert, mit diesen beyden geistlichen Herren erstlich des neuzuerbauenden Closters halben, einen Vergleich zu treffen. Dieserwegen verfügte sich der Probst zuförderst zu dem Bevenser Archi-Diacono, Hrn. Conrado de Henwica, und holte von demselben die gebührende Vergünstigung des Baues ein; nachmals versuchte ers auch mit dem damaligen Pastore zu Bevensen, Hrn. Ditmaro, und vermochte ihn dahin, daß er eine gewisse Aufnahme an jährlichen Renten für den Abgang seiner Intraten aus dem Dorfe Zellensen annahm. Wie alles damit seine Richtigkeit hatte, erschienen diese drey geistliche Herren vor dem Bischoffe, da denn ein jeder nochmals um seine Meynung befraget, und endlich eine völlige Confirmation über alle vorgeschriebene Puncte ertheilet ward, in nachfolgenden Formalibus:

In Nomine Domini. Amen. Johannes Dei gracia Episcopus, Johannes Decanus, Totumque Capitulum Ecclesie Verdensis, Omnibus presens scriptum visuris vel audituris, Salutem in eo, qui est omnium vera salus. Cum nostra Verdensis Ecclesia sit mater omnium Monasteriorum & Ecclesiarum totius nostre dyocesis & magistra, merito filiarum intendat utilitatibus, gravatarum scilicet ecclesiarum, Et maxime quod locorum religiosorum penurias relevet ac reformet. Sane cum monasterium Sanctimonialium in Medinghe, dicte nostre dyocesis, per prepositum solitum gubernari, Aquarum decursibus ac molendinorum commodis careat, Et insuper, quod gravius est omni parte predonum invasionibus pateat & nocturnis flavorum incendiis, sicut fide dignorum nobis patefecit relatio, pregravetur, Adeo quod pre hujusmodi sollicitudinibus incommodis & dampnis, secundum sancte sue religionis propositum, divinum cultum ea qua decet reverencia in dicto loco Medinghe nequeant consummare Quapropter piis precibus inclinati, consideratisque utilitatibus dicti Monasterii & ut periculis predictis divina favente clemencia cicius obvietur, Tenore presencium Honorabili viro domino Ludulfo preposito - - Priorisse & Conventui dicti Monasterii Medinghe predictum Monasterium in locum qui dicitur Tzellensen supra flumen Elmenowe transferendi, Ac ibidem Monasterium de novo construendi, ac omnia & singula faciendi, que in premissis eisdem necessaria fuerint, damus & concedimus plenam & liberam facultatem, Ipsum Monasterium Medinghe, & Conventum, una cum Parrochia, ac omnibus privilegiis, indulgenciis, libertatibus ac juribus quibuscumque, sibi qualitercumque competentibus, ac communiter, vel divisim concessis eisdem, una cum nomine nichilominus transferentes. Ita quod in dicto loco, quondam Tzellensen nunc autem Medinghe nuncupato, per nos ex causis supra dictis & infra scriptis ab Archidiaconatu & ecclesia Bevensen diviso, communiter sacramenta ecclesiastica ministrare, defunctos sepelire, oblationes recipere, ac alia quecumque facere, que cura exigit animorum, sine prejudicio tamen Rectoris Ecclesie in Bevensen, predicte, libere exercere valeant prepositi qui pro tempore fuerint, vel eorum vices gerentes, temporibus affuturis. In recompensam vero hujusmodi Sequestracionis & divisionis incompetenti situ, dicti
Preno-

ten, Vicarios, Capellanos, und dergleichen geringere Geistliche confirmiren, den Bischof auf Visitationen begleiten, auch wol zuweilen selbst visitiren mußte; daneben hat er auch an etlichen Orten einige Jurisdiction gehabt. Vid Casp. Ziegler de diaconis vet. ecclef.

Solche Archi-Diaconi sind zu Bevensen bis auf die Zeit der Reformation gewesen.

Prepoſitus & Conventus Rectori Eccleſie in Bevenſen predicte, qui pro tempore fuerit, duorum talentorum cenſum perpetuis percipiendum temporibus ordinabunt. Acta ſunt hec de conſenſu Honorabilis viri Domini Conradi de Heinwida Archidyaconi, & dilecti nobis Thytmari Rectoris Eccleſie in Bevenſen ſepedicte, quorum ſigilla una cum noſtris in premiſſorum firmitatem & teſtimonium preſentibus ſunt appenſa.   Actum & datum Anno Domini Milleſimo Tricenteſiomo Triceſimo tertio.   Quinto Kalendas Novembris.
(Sig. Epiſc. Verd.) (Sig. Decani Verd.) (Sig. Archi-Diac. Bevenſ.) (Sig. Paſt. Bevenſ.)

Nachdem nun die Sache in ſo weit zur Richtigkeit gebracht war, ſo ſtellete Probſt Ludolphus zu Alt-Meding ordentliche Betſtunden um glücklichen Fortgang dieſes wichtigen Vornehmens an; zugleich aber ſupplicirte er auch bey denen damals regierenden beyden Landesherren, Herzog Ottone und Wilhelmo, um gnädige Mithülfe und Beyſtand, welcher ihm auch ganz willig verſprochen ward.

Darauf gieng nun noch in demſelben 1333ſten Jahr, wiewol bey ziemlich ſpäter Jahreszeit, der Bau des neuen Cloſters in Gottes Namen vor ſich, und kam Ao. 1334. innerhalb Jahresfriſt zu Stande, weil derſelbe von allen Seiten her kräftig ſecundiret wurde; gleich darauf nahm Probſt Ludolphus den Bau der Cloſterkirche vor, und brachte denſelben gleichfalls Ao. 1336. innerhalb zwey Jahren, durch Gottes Beyſtand, zur Perfection.   Wie fleißig die heil. Engel des Nachts an dieſem Bau geholfen haben ſollen, damit alles fein bald fertig würde, davon wird unten in der 11ten Tafel ein mehreres erzählet.   Nachdem nun Ao. 1336. das neue Gebäude unſers Cloſters nicht allein fertig, ſondern auch alle Zimmer bereits zur Wohnung aptiret waren, ſo wurden noch in demſelben Jahre, am Sonnabend vor Cantate, etliche von den jüngeren Conventualinnen aus dem Alt-Medingiſchen Cloſter anhero geſchicket, daß ſie die Schränke, und anderes Hausgeräth, vor Ankunft des ſämmtlichen Convents allhier in dem neuen Cloſter in Ordnung bringen ſollten.   Darauf am Donnerſtage vor Vocem Jucunditatis ging der völlige Aufbruch und Abzug von Alt-Meding vor ſich.   Die alten Conventualinnen hatten ſich dabey ſehr übel, weineten und wehklagten, daß ſie vor ihrem Ende noch an einen fremden Ort ziehen, und ihre alten Lehrmeiſterinnen und Geſpielinnen, zu Alt-Medingen begraben, verlaſſen ſollten.   Der Hr. Probſt Ludolphus aber tröſtete ſie aufs beſte mit der Wolgelegenheit des hieſigen neuen Cloſters, verſprach ihnen auch zugleich, daß ſie alle Jahr einmal wieder nach Bodendorf und Alt-Meding gehen ſollten, daſelbſt für ihre verſtorbenen Vorfahrinnen Seelmeſſen zu halten, und zugleich die dortigen Baumfrüchte einzuſaminlen.   Auch ſollten ſie zu gewiſſen Zeiten Freyheit haben, in den beyden nahe bey dem Cloſter belegenen Cämpen ſpaziren zu gehen; und was dergleichen Verſprechen mehr waren, wodurch ſie damals merklich getröſtet und aufgemuntert wurden.   Wie ſie ſich nun dieſem unſern Orte zu nähern begunten, kamen die veran geſchickten jüngern Conventualinnen ihnen mit Fahnen, Bildern und ihrem Patronen in einer ſolennen Proceßion entgegen, und führten ſie unter Geſang und Läutung der Glocken in das hieſige neue Cloſter ein, da ſie denn, nächſt vorher gehaltenem Gottesdienſte ſämmtlich die ihnen angewieſene Zimmer bezogen.   Nachdem nun das neue Cloſter auf ſolche Art zu Stande gebracht war; ſo bemühete ſich Probſt Ludolphus vor allen Dingen, daſſelbe
durch

durch allerhand geistliche Privilegia und Indulgentien vor andern ansehnlich und berühmt
zu machen. Dieserwegen wandte er sich an den päbstlichen Hof, welcher sich damals
zu Avignon in Franckreich befand, und weil ihm nicht unbewust war, daß bey demsel-
ben sich insgemein viele Prälaten aufzuhalten pflegten, welche, weil sie zum Theil
schlecht mit Einkünften versehen, durch Ertheilung allerley Indulgentien gern ein Bi-
bale verdienten; so sprach er dieserwegen einen Erzbischof und zwölf Bischöfe f) an,
welche denn mit diesem Verdienste gerne vorlieb nahmen, und dem hiesigen neuen Klo-
ster einen grossen ansehnlichen Indulgenzbrief ertheilten, worinnen allen denen, welche
zu gewissen Zeiten in demselben ihre Devotion haben, den Kirchenornat unterhalten
und vermehren, oder in ihren Testamenten der Kirche und dem Closter etwas verma-
chen würden, vierzig Tage Ablaß versprochen ward. Das Diploma ist noch vorhan-
den, und folgendes Inhalts:

Universis Sanctae Matris ecclesiae filiis ad quos presentes litere pervenerint.
Nos miseracione divina franciscus Wosprensis ⁹) archiepiscopus. Iohannes bergerensis.
Ricardus Cerceonensis. dominicus perensis. Raphael Nebiensis ¹). Iacobus Valo-
nensis ²). Paulus fulginensis ᵇ). Bernardus diagorganensis Raymundus Catarensis ᶜ).
Almanus suanensis ᵈ). philippus salonensis ᵉ). Guilielmus taurisinus f). & Ricardus
Ossorensis episcopi salutem in domino sempiternam. Splendor paterni luminis qui
sua mundum ineffabili illuminat claritate pia vota fidelium in sua clementi majestate
Sperancium tunc precipue benigno favore persequitur cum ipsorum devota humilitas
sanctorum suorum meritis & precibus adjuvatur. Cupientes igitur ut Monasterium
sancti Mauricii ordinis Cisteriensis in Medinghe. Verdensis diocesis congruis hono-
ribus frequentetur & a christi fidelibus jugiter veneretur omnibus vere penitentibus &
confessis qui ad dictum monasterium in Omnibus festis sui patroni & in dedicacione
ejusdem ac in aliis festis infrascriptis videlicet Natalis domini Circumcisionis. Epipha-
niae. parasceves. pasche. Ascensionis. pentecostes. Trinitatis. Corporis Christi. In-
vencio-

---

s) Die meisten unter diesen Prälaten scheinen
nur blosse Titularbischöfe, in partibus, wie
man sie zu nennen pflegt, gewesen zu seyn, de-
ren Dignität allein im Titul bestanden.

v) Soll etwa Vosprenensis heissen, denn
ein solches Erzbisthum ist ehemals auf der In-
sul Creta gewesen, darunter der cephelienische,
matrehensische und cirsonensische Bischof gehöret
haben. Vid. Gerh. Mercatoris Atlas.

f) Nebium, eine bischöfliche Stadt auf der
Insul Corsica. Dieser Raphael, mit dem Zu-
namen Spinula, Ordinis Minor., ist daselbst
von Ao. 1331 bis 1346. Bischof gewesen.

a) Valona oder Aulon, eine Stadt in Alba-
nien, wovon dieser Bischof wol nicht viel mehr,
als den blossen Titul, mag gehabt haben.

b) Fuligno, lateinisch Fulginium, eine bi-
schöfliche Stadt in Umbria oder Spoleto. Die-
ser Paulus mit dem Zunamen Nalli, ist daselbst
von Ao. 1325 bis 1363 Bischof gewesen.

c) Catharum, Cattaro, oder Cattara, eine
bischöfliche Stadt in Dalmatia.

b) Suma, eine bischöfliche Stadt in floren-
tinischen Gebiete, unter dem Erzbischof zu Siena
gehörig. Dieser Alemannus, mit dem Zuna-
men de Donatis, aus Florenz bürtig, aus dem
Orden derer Fratrum minorum, ist daselbst von
Ao. 1330 bis 1342 Bischof gewesen.

e) Salona, eine Stadt in Livadia, am Ufer
des Golfo di Lepante, oder Sinus Corinthiaci,
belegen. Dieser Philippus ist daselbst um die
Zeit Bischof, und zugleich des athenienßischen
Erzbischofs Suffraganeus gewesen.

f) Taurisinus soll etwa Tarvisinus heissen,
denn die Stadt, Trevigo, lateinisch Tarvi-
sium, der Republik Venedig gehörend, hat von
Ao. 1337 bis 1348. einen Bischof gehabt, wel-
cher Wilhelmus geheissen.

D

vencionis et Exaltacionis Sancte crucis. In omnibus feſtis beate Marie virginis. In feſtis fanctl Iohannis baptiſte. Ac Petri & Pauli & omnium apoſtolorum & evangeliſtarum. Sanctorumque Stephani laurencii Mauricii Martini Nicholai. Gregorii. Auguſtini. Ambroſii Ieronimi Benedicti Sanctarum Marie magdalene Katelinc Margarete. Cecilie lucie Agathe Agnetis & undecim millium virginum. In commemoratione omnium ſanctorum & animarum ſcilicet per octavas **g**) dictarum feſtivitatum octavas habencium ſingulisque diebus dominicis. cauſa devocionis oracionis ant peregrinacionis accefferint ſeu qui miſſis predicacionibus matutinis veſperis aut aliis quibuscunque divinis officiis ibidem interfuerint. Aut corpus chriſti vel oleum ſacrum cum infirmis portentur fecuti fuerint. Seu in ſerotina pulſacione campane fecundum modum curie romane genibus flexis ter ave maria dixerint **b**). Nec non qui ad fabricam luminaria ornamenta aut quevis alia dicto monaſterio neceſſaria manus porrexerint adjutrices. Vel qui in eorum teſtamentis aurum argentum veſtimentum aut aliquod aliud caritativum ſubſidium dicto monaſterio donaverint legaverint aut procuraverint ſeu qui dictum monaſterium & ejus cymiterium exorando circumierint vel ibidem ſepulturam elegerint & pro dicti monaſterii benefactoribus oraverint. Quocienscunque premiſſa vel aliquid premiſſorum devote fecerint de omnipotentis dei miſericordia & beatorum petri & pauli apoſtolorum ejus auctoritate confiſi ſinguli noſtrum quadraginta dies indulgenciarum de injunctis eis penitenciis miſericorditer in domino relaxamus. Dummodo dioceſani voluntas ad id acceſſerit & conſenſus In cujus rei teſtimonium preſentes litteras ſigillorum noſtrorum juſſimus appenſione muniri. Datum Avinione XV die Menſis Maji. Anno domini. M°. CCC°. XXXVI°. pontificatus domini Benedicti pape XII. Anno ſecundo.

Et nos Iohannes Dei gracia Epiſcopus verdenſis indulgencias hujusmodi prenarratas quantum de jure poſſumus approbamus & in perpetuum ratificamus. Ac de omnipotentis dei miſericordia Meritisque beatorum Petri & Pauli Apoſtolorum ejus & beate Cecilie virginis addimus & concedimus Quadraginta dies indulgenciarum In forma preſcripta Monaſterio prenotato Sigillo noſtro preſentibus appoſito. In teſtimonium omnium & ſingulorum premiſſorum Datum Avinioni Anno menſe pontificatu predictis die XVI. menſis Maji.

Die Siegel der obbenannten breyzehn Prälaten ſind unten angehänget.

Nun-

---

g) Octava heißt in der römiſchen Kirche der achte Tag nach einem Sonn- oder Feſttage eines Heiligen, mit welchem die Solennität beſchloſſen wird, daher auch bey den Griechen der Name ἀπόλυσις entſtanden iſt, und wie man am Feſttage ſelbſt ſich der ſeligen Himmelsfahrt eines jeden Heiligen zu erinnern pfleget, ſo ſoll die Octava deſſen zukünftige Auferſtehung andeutern.

Es haben aber nicht alle Feyertage dergleichen Octavas, ſondern nur gewiſſe dem Herrn Chriſto und der Jungfrau Maria gewidmete Feſte, des-gleichen die Gedächtniſtage der Apoſtel Petri und Pauli, Johannis des Täufers, Johannis des Evangeliſten, Stephani, Laurentii und etlicher andern, entweder allgemeinen, oder ge-

wiſſen Ländern, Städten, Kirchen und Clöſtern gewidmeter Patronorum, wie denn abſonderlich der Gedächtniſtag St. Mauritii, als unſers Cloſters Patroni, hirſiges Orts mit einer Octava hat pflegen gefeyret zu werden. Es iſt ein eigenes Buch, unter dem Titul: Octavarium Romanum, bekannt, darin von dieſen Octavis, und deren an denſelben zu thun gewöhnlichen officiis ſacris eigentlich gehandelt wird.

b) Pabſt Johannes XXII. hatte kurz vorher um das Jahr 1325. die Verordnung gemacht, daß die Betglocke täglich dreymal angeſchlagen, und jedermal das Ave Maria dabey gebetet werden ſollte.

Nunmehro gefiel es unsern Conventualinnen allhier an ihrem neuen Orte recht wohl; nur dies einzige war ihnen doch verdrießlich, daß sie allhier fast mitten im Nieselholze wohneten, und doch daran keinen Antheil hatten. Dieserwegen handelte Probst Ludolphus vielfältig mit dem Closter zu St. Michaelis in Lüneburg, welchem der Niessel damals zugehörte, und brachte es endlich dahin, daß in dem oft gedachten 1336ten Jahr in hoher Gegenwart der beyden regierenden Landesherren Ottonis und Wilhelmi zwischen beyden Partheyen zu Lüneburg ein Tausch getroffen, und jenem Closter von diesem gegen einen Theil des Niesels, die Zehenden zu Schetzedorp, Ollensen und der halbe Zehende zu Berchdorf, abgetreten wurden. Der Abt und das Closter zu St. Michaelis stelleten über diesen Tausch nachfolgende Versicherung von sich.

In nomine domini Amen. Nos Wernerus dei gracia abbas. Otthrauen Prior Totusque conventus Monasterii sancti Michaelis in castro Luneborch. Ordinis sancti Benedicti. publice recognoscimus in hys scriptis. Quod cum silva nostra juxta villam Sedorpe sita in tres partes distincta sit & divisa. scilicet in partem que dicitur vulgariter Sunder. & in partem que dicitur Westerholt. & in partem que dicitur Ryshe. que extendit se juxta villam Bevensen. De hac ipsa tertia parte que Ryshe dicitur partem aliquam per nos distinctam dimisimus & dimittimus in his scriptis Honorabili viro domino Ludolfo Preposito. Priorisse. Totique conventui in Medinghe cum omnibus fructibus. utilitatibus. proventibus, proprietatibus ac fundo & penitus cum omni jure ad predictam partem silve partinentibus. sicut possedimus in hunc diem. Ipsum quoque prepositum Totumque conventum in Medinghe. secundum jura & consuetudinem terre volumus warandare Et nullus in ejusdem parte silve quicquid juris optinebit. Pro decimis in villis Schetzendorpe & Ollensen tam majoribus quam minutis & pro dimidia decima in Berehdorpe tam majore quam minuta [1]) cum omnibus fructibus utilitatibus ac proventibus. & penitus cum omni jure ac proprietate, sicut predictus dominus Ludolfus prepositus. Priorissa. Totusque conventus sanctimonialium in Medinghe hactenus libere possidebant. In quorum testimonium ac notitiam pleniorem Sigilla nostra presentibus patenter sunt appensa. Datum Anno Domini M°. CCC°. XXX°. sexto. In festo sancti Odalrici confessoris.

(L. S. Abbatis.)   (L. S. Conventus.)

Die beyden anwesenden Landesherren confirmirten diesen Tausch mit nachfolgender Schrift:

Nos Dei gratia Otto & Wilhelmus. duces de Brunesvich & Luneburg. fratres Coram universis presens scriptum visuris & audituris publice recognoscimus & lucide protestamur. Quod facta est permutatio per honorabiles viros. Dominum Wernerum Abbatem Monasterii sancti Michahelis in Luneborch & Dominum Ludolfum Prepositum in Medinghe hinc inde de bonis suis infra scriptis videlicet de decimis villarum Schetsendorpe & Ollensen. ac dimidia decima ville Berchdorpe ex una & qua-

D 2   dam

---

[1]) Decima major heißt der Zehende, welcher von Feld- und dergleichen Früchten, decima minor oder minuta, aber deutsch Schmahl-Zehen- be, was von Vieh, Schaafen, Rindern und dergleichen gegeben wird.

dam parte ſilve que Ryſne dicitur. qoe per Dominum Abbatem Prediĉtum diviſa eſt & diſtinĉta. prout ſignis ejusdem diviſionis declaratur parte ex altera in hunc modum Quod Abbas & conventus diĉti Monaſterii duas Decimas cum dimidia ſupradiĉtas. Prepoſitus vero & Conventus in Medinghe prenotatam partem ſilve Ryſne ex nunc perpetuo poſſidebunt. Cui permutationi coram nobis ſaĉte nos preſentibus conſentimus ſigillis noſtris in premiſſorum evidenciam ſigillatis. Datum & Aĉtum Luneborch. Anno domini M°. CCC°. XXX° ſexto. In oĉtava beatorum Petri & Pauli Apoſtolorum.

$$\left(\begin{matrix} \text{L. S.} \\ \text{Otton. Duc.} \end{matrix}\right) \qquad \left(\begin{matrix} \text{L. S.} \\ \text{Duc. Wilhelmi.} \end{matrix}\right)$$

Nachdem dieſe Sache nun auf ſolche Art verhandelt war, ſo begunte man ſich hieſiges Orts mit der Zeit zu der bevorſtehenden Einweihung der neuen Kirche anzuſchicken, welche bis Dato noch nicht hatte geſchehen können. Der verdiſche Biſchof Johannes ſetzte dazu den Tag des Apoſtels Bartholomäi an, welcher damals eben auf einen Sontag einfiel, und ſchickte auf gedachten Termin ſeinen Suffraganeum, Herrn Henricum, Biſchof zu Labach in Crayn, anhero, welcher die Kirche nebſt dem hohen Altar und den beyden kleinern zur Seite der hell. Jfr. Maria, Mauritio und ſeinen Geſellen, wie auch St. Petro, Paulo und den übrigen Apoſteln mit vieler Solennität bedeirte. Damals wurde auch zugleich verabredet, daß das Gedächtnisfeſt dieſer Kirchweyhung allemal auf den Tag Bartholomäi, wenn derſelbe auf einen Sontag fiele, wo aber nicht, alsdenn den nächſten Sontag nachhero ſolte geſenret werden; wobey es auch bis auf unſere Zeiten geblieben iſt: denn ob zwar dann und wann ein und anderer Probſt eine Aenderung darin vorgenommen, ſo iſt doch von dem Succeſſore gemeiniglich alles ſogleich wieder auf den vorigen Fuß geſetzet.

Wie nun alſo der Herr Probſt Ludolphus alles zur Richtigkeit gebracht hatte, ſo wandte er ſeine übrige Sorge dazu an, nach dem Exempel ſeiner Vorfahren, durch Ankaufung verſchiedener liegender Güter die Cloſter-Revenüen zu verbeſſern. Das Importanteſte, ſo er eigenthümlich an ſein Cloſter brachte, war der Zehende zu Seedorf, die Mühle zu Röbbelſtorf, und das ganze Derf Gollern, welches er Ao. 1241. nebſt allem Zubehör f) dem Iure patronatus über die Kirche, auch dem daſelbſt ehemals gelegenen adelichen Schloß von Herrn Diterico von Hitzacker kaufte.

Ao. 1342. hatte der Probſt Ludolphus das Unglück, daß er öffentlich von einer päbſtlichen Commiſſion in den Bann gethan ward. Die Sache trug ſich folgendergeſtalt zu: Er war mit einem ſeiner Herren Collegen, einem Canonico zu Bardowick, in Streit gerathen, welcher die Sache ſofort an den päbſtlichen Hof gelangen ließ. Dieſer ernannte zwey Commiſſarios, welche die Sache unterſuchen, und Ludolphum

f) In dem Kaufbriefe lautet es folgendergeſtalt davon: · · · vendidimus Honorabili viro Domino Ludolfo prepoſito Mechtildi prioriſſe, torique conventui Sanĉtimonialium in Medinge Caſtrum noſtrum, & totam villam ghollerden cum decima minuta ejusdem ville, nec non cum decima nove culture, que dicitur Rodeland ibidem, & ſilvam diĉtam wulfhagen, cum omni jure &

pertinentiis ſuis qoibuscunque in Campis, ſilvis, pratis, pascuis, aquis & piſcinis, eo ipſo jure perpetuis temporibus poſſidendam, quo parentes noſtri & nos poſſedimus usque in diem hodiernum. Ita etiam, quod juspatronatus eccleſie in Ghollerden ad monaſterium Medinghe prediĉtum tranſeat cum bonis memoratis etc.

bulphum über gewiſſe Puncte verhören ſollten. Wie aber der gute Mann etliche Cita-
tiones aus der Acht geſchlagen, und ob ihm gleich bey Strafe b..s Bannes ſeine Sache
auszuführen anbefohlen worden, dennoch ſolches verabſäumet hatte, ſo waren endlich
die;Herren Commiſſarii mit der witklichen Strafe des Bannes hinter ihn her, und
ſagten ihm daburch ein ſolches Schrecken ein, daß er gern zu Creuße kroch, und um
ſchön Wetter bat; wodurch denn auch dieſe Herren ſich bewegen lieſſen, ihn wieder zu
abſolviren, und in den Schooß der Kirche von neuem aufzunehmen. Die ſchriftliche
Declaration, welche ſie deswegen an alle Geiſtliche des bremiſchen, verdiſchen, raße-
burgiſchen und lübeckiſchen Stifts abgehen lieſſen, war folgendes Inhalts:

Nycolaus. miſeracione divina Abbas Monaſterii ſanĉti Marie virginis prope-
muros Stadenſes. Ordinis ſanĉti Benedicti Bremenſis dyoceſis. Iudex. ad infra ſcripta.
a ſede apoſtolica delegatus ac Iohannes. prepoſitus monaſterii celi porte ejusdem dyo-
ceſis judex ab Honorabili viro. Domino Theſaurario [1] Bremenſi Iudice ab eadem.
Sede apoſtolica delegato ſub delegatus Univerſis ac ſingulis prepoſitis. decanis. archi-
dyaconis. Ebdomedariis [m] vicariis. Ecclefiarum & Cappelarum Reĉtoribus. per Bre-
menſem. verdenſem. Raceburgenſem. Lubicenſem. Civitates & dioceſes ac alias
ubilibet Conſtitutis ſalutem in domino. Noveritis. quod accedens. ad noſtram pre-
ſenciam. Honlis vir Magiſter Iohannes Boyeyn Canonicus ſanĉti Cyriaci extra mu-
ros Brunſwicenſes. Hildenſemenſis dyoceſis. procurator Honorabilis viri Domini
prepoſiti in Medinghe. Canonici ecclefie Bardewicenſis. verdenſis dyoceſis nomine ſuo
propoſuit coram nobis quod idem dominus prepoſitus. paratus eſſet & vellet obedire.
mandatis apoſtolicis atque noſtris. Quare humiliter peciit eundem Dominum Ludol-
phum. & ſe ſuo nomine. abſolvi ad cautelam. ab excommunicacionis ſententia. ſ
quam inciderat ex eo quod citatus pluries peremptorie ad reſpondendum plene & ple-
nius. policionibus & articulis. datis pro parte. Domini Henrici advocati [n]. Sleswi-
cenſis ecclefie Canonici. ac ejusdem Bardewicenſis Ecclefie ut aſſeritur. Ac eciam quia
Dominus Iohannes verle. procurator ſuus juſſus & monitus ſub pena excommunica-
cionis. ad reſpondendum. dictis policionibus & articulis reſpondere non curavit ſed
contumaciter receſſit. nulla cauſa probili propoſita vel oſtenſa. Nos igitur attenden-
tes. quod ecclefia non claudit gremium redeundi. Dominum Ludolphum Canonicum
Bardowicenſem predictum in perſonam Procuratoris ſui & ſupradictum Magiſtrum
Iohannem Boyeyn. procuratorem in perſonam ſui Domini. de voluntate & conſenſu.

D 3 Domiui

[l] Theſaurarii wurden biejenigen Canonici ge-
nannt, die der Cathedral- oder Domkirche Schäße
und Güter in Verwahrung hatten.

[m] Hebdomadarii ſind Mönche, die ihre
Officia in der Woche zu verrichten hatten, der-
gleichen waren die Hebdomadarii Cantores,
Sacerdotes etc.

[n] Advocati ecclefiarum waren vor Zeiten
angeſehene Männer weltlichen Standes, welche
entweder von der hohen Landesherrſchaft, oder
vom Pabſte geſeßet, oder von Biſchöfen und Aeb-
ten erwehlet, oder auf andere Art dazu verpflich-
tet waren, daß ſie in öffentlichen Gerichten ihrer
anvertrauten Kirchen und Clöſter Sache führen,
an ſtatt der Geiſtlichen Eyde ablegen, zum Ver-
kauf oder Alienirung der geiſtlichen Güter erſt
ihren Conſens ertheilen, Donationes und Re-
ſtitutiones, ſo den Kirchen geſchehen, ratificl-
ren, die Kirchen- und Cloſtergüter vor allem Au-
lauf ſchüßen, und endlich den Aebten in wichti-
gen Verfällen Conſilia ertheilen muſten. Vid.
Chriſt. Franc Paulini Exercit. de advocatis
monaſticis. Nach dem Unterſchied dieſer Functio-
nen wurden die Advocati auch wol Defenſores,
Cauſidici, Mundiburdii, Tutores, Aĉtores
und Paſtores laici genannt.

Domini Henrici Advocati prediễti prefentis. ab excommunicacionis fententia. ſi quam ex premiſſis inciderat in hys ſcriptis abſolvimus ad cautelam. Mandantes igitur vobis univerſis ac ſingulis Qvatinus eundem. Dominum Ludolphum prepoſitum in Medinghe. Canonicum Bardowicenſem prediễtum abſolutum fore. in Eccleſiis & Capellis veſtris publice nuncietis. Datum ſub anno domini M°. CCC°. XL°. ſecundo. In vigilia *) aſſumpcionis virginis glorioſe. noſtris ſub ſigillis.

(L. S.)   (L. S.)

  Um dieſe Zeit florirte abſonderlich das Commercium zwiſchen den beyden Städten Lüneburg und Uelzen, wobey eine ziemlich ſtarke Schiffahrt auf der Elmenaw unterhalten ward, die unſerm Cloſter ebenmäßig ſehr profitabel ſeyn konnte, weil die Paſſage hieſelbſt vorbey gieng. Der Herr Probſt Ludolphus muſte ſich auch dieſe Sache ſehr wohl zu Nuß zu machen, denn als er Ao. 1343. der Stadt Lüneburg die drey Mühlen zu Wichmannßburg, Bruchdorf und Nottorf, nebſt aller dazu gehöriger Gerechtigkeit, zum Behuf ihrer Schiffahrt käuflich überlaſſen hätte; ſo richtete er zugleich mit beſagter Stadt den Vergleich auf, daß unſer Cloſter hieſelbſt zu ewigen Zeiten ein Fährgibat oder Zugbrücke halten ſollte, die Schiffe dadurch paſſ- und repaſſiren zu laſſen, wogegen ein jedes Schif dem Cloſter einen gewiſſen Wegzoll entrichten ſollte. Die Sache wurde von beyden Seiten beliebet, und von hieſigem Cloſter nachfolgendes Inſtrument darüber aufgerichtet:

  Wy Ludolff en Proveſt der *) Mettike en Priorinne und al de ſamminghe des Cloſters to nyen medyngh bekennet und betüget openbar in deſſen breve, dat wy witlifen mit endracht vorkofft und laten hebbet und ſynt betalet dem Rade und der menhent der Stadt tho lüneborgh unſſe dre mlenſtat tho Wichmanßborgh to Brüchdorpp und to nortdorppe, myt allem rechte alß wy ſe hadden und beſeten hebbet myt allem anſchote *) alſo dat man baten nach lbt water upp und nedder, ſunder hinder, oder al uſen anſchot velich treylen *) deß ſcholle wy myt al den uſſen en vorder und nen hynder weſſen. Ock ſcholle wy en ewich verghat *) holden myt lüden, myt wynden und Repen hir to nyen medynghe, alſo dat de Schep mögen upp und nedder myt laſt und leddig baren, hir weder ſchal man üs geheten van dem Varmen holts dre pennynghe, van der laſt

---

o) Vigilia wurde der heilige Abend vor einem Feſte genannt, weil man in der alten Kirche denſelben in der Verſammlung mit Beten, Leſen und Singen die ganze Nacht hindurch zuzubringen pflegte, daher auch Hieronymus ep. 7. ad Laetam ſolche vigilias ſolennes pernoctationes nennet. Sie ſind heutiges Tages meiſt abgeſchaffet, und nur noch in etlichen Stiftern und Clöſtern gebräuchlich.

p) Das Wort der, (alias vor oder veru:) bedeutet ſo viel als Frau, und iſt ein Ehrentitul, den die geiſtlichen Dames in alten Zeiten geführet haben.

q) Anſchot heiſſet das Ufer, ſo am Fluß anſchleſſet, oder das am Fluß gelegene Land, darauf

die Schiffer gehen und das Schif treylen oder ziehen können.

r) Treylen, oder Troyſen, heißt ſo viel als anziehen, trecken, wenn die Schifleute den Strohm aufwärts fahren, und alſo das Schif ziehen müſſen.

s) Verghat heißt ein Loch in einer über den Strohm gebaueten Brücke, dadurch die Schiffe mit dem Maſtbaum kommen können, dergleichen zu Bardewick, Oldershuſen und bey Laßbanu an denen über die Elmenau gelegten Brücken zu ſehen, daran das ſo genannte verghat mit einer Aufzugbrücke verwahret iſt, damit wenn ein Schif geſegelt kommt, ſolches Verghat aufgezogen werden, und alſo das Schif dadurch paſſiren kann.

faſth Swares VI pennynghe, wat gud dat ſy, dat ledig Schep opwart VI penn ner derwert nycht, van dem balken enen pennyng, van Iwen Sparen enen pennyngh, van breden na dem vatmen holte we legget denn den breden vort to ener hude und en Kamp, dat men over vare, dat dit allet ewich blyve, ſo henge Wy unſſer beder Ingeſſegel to deſſen breve, und iſ eſchen nha gades bort Duſſent Drehuudert Jar an dem XLIII Jare an Sunt laurentii avent.

$$\left(\begin{array}{c}\text{L. S.}\\ \text{Praepoſ.}\end{array}\right) \qquad \left(\begin{array}{c}\text{L. S.}\\ \text{Monaſter.}\end{array}\right)$$

Dieſes verghat iſt abgeredter maſſen eine geraume Zeit hieſelbſt gehalten, und von den vorbeyfahrenden Schiffen der oben angeſetzte Zoll dem Cloſter allemal entrichtet worden, bis endlich mit der Zeit dieſe Schiffahrt gar mit einander ins Stecken gerathen iſt. Unterdeſſen hat unſer Cloſter doch in den folgenden Zeiten allemal einen Ever mit Maſt und Segel gehalten, welches noch bis auf den heutigen Tag geſchiehet, und ſoll derſelbe ohne Zweifel die ehemahlige freye Schiffahrt und Zollgerechtigkeit des Cloſters über die Elmenau andeuten.

Ao. 1344. nahm der Probſt ludolphus, des damaligen Burgermeiſters zu lüneburg, Herrn Nicolai Honkens beyde Söhne, Sygfridum und Nicolaum, zu ſich, und ertheilte ihnen zwey praebendas [t] ſacerdotales, wofür der Vater dem Cloſter einen halben Chorum Salis und zehn Wichhimbten Roggen, ſo ohngefehr drey Wiſpel alter Maaſſe, und noch etwas drüber, austragen, ſchenkte, welche er jährlich aus dem Cloſter einzuheben gehabt hatte. Was dieſe und andere dergleichen eingenommene lehrfinder für ein Tractament in hieſigem Cloſter zu genieſſen gehabt, davon ſoll unten in dem IIten Theile von den Gebräuchen des Cloſters mit mehreren gehandelt werden.

Ao. 1346. ſtiftete ein gewiſſer Bürger aus Hamburg hieſelbſt ein neues Vicariat zu dem Altar St. Catharinä, welcher ehemals unten in der Kirche zur Seite des hohen Altars gelegen; und in eben demſelben Jahre legte Herr Albertus von der Mühlen, Rathsherr in lüneburg, daſelbſt noch eines bey dem Altare Petri und Pauli an. In eben demſelben 1346ten Jahre kaufte Probſt ludolphus von den Herren von lobeck das Dorf Golckeſtorf, im Reyſemore belegen.

Ao. 1353. ſchenkte der holſteiniſche Graf Johannes III., von der kieliſchen linie, dem Kloſter, zum Beſten ſeiner Seele, einen Meyerhof zu Mottorf, über welche Donation er nachfolgende ſchriftliche Erklärung von ſich ſtellete:

Johannes Dei gracia Comes holtzazie & Stormarie Coram univerſis chriſti fidelibus tam preſentibus quam futuris recognoſcimus ac per preſentem paginam publice proteſtamur. Quod conſenſu & voluntate quorum intereſt vel intereſſe poterit in futurum Devotis & dileĉtis in chriſto domino Ludolfo prepoſito Elyzabeth prioriſſe totique conventui in Medinge ob remedium anime noſtre & ſalutem proprietatem unius Curie ſita in villa northdorppe cum omni jure donavimus & preſentibus donamus dicto manaſterio appropriando libere & in perpetuum poſſidendam ſimpliciter & pie propter
deum

---

[t] Praebenda war eigentlich eine gewiſſe Portion an Speiſe und Trank, welche den Canonicis, Mönchen und andern Geiſtlichen gereichet wurde. Nach der Hand wurde zwar die gemeine Speiſung hin und wieder abgeſchaffet; es blieb aber doch der Name praebenda, und bedeutete damals die jährlichen Revenüen, ſo ſie einzuheben hatten.

deum quam quidem Curiam Heyno filius Robeken famulus a nobis jure pheodali poſſidebat.   In hujus rei efficacius teſtimonium noſtrum ſigillum duximus appendendum Datum ſub anno domini M°. CCC°. quinquageſimo tercio in die ſanſti Dyoniſii & ſociorum ejus glorioſiſſimorum martirum.

(L. S.)

Noch in demſelben 1353ten Jahr, als dieſe Donation geſchehen war, befiel den Probſt Ludolphum eine ſchwere Krankheit, die zwey ganzer Jahre beſtändig anhielt, ſo daß er währender Zeit faſt immer das Bette hüten muſte.   Abſonderlich nahm dieſe Schwachheit Ao. 1355. mit Anfange des Sommers ſo heftig zu, daß er leichtlich merkte, ſein Ende ſey vorhanden, dannenhero bat er Hrn. Ottonem zu Scharmbeck, Hrn. Nicolaum, einen Adelichen von Remſlede und Hrn. Friedericum, damaligen Prediger zu Alt-Meding, zu ſich, und ließ am 16ten Junii einige von denen älteſten Conventualinnen, ſamt zweenen von ſeinen Vicariis dazu berufen, in derer aller Gegenwart er ſeinen letzten Willen folgendes Inhalts aufſetzte:

Anno domini M°. CCC°. quinquageſimo quinto ſequenti die ſanſti viti martiris Ego Ludolfus prepoſitus in medinghe compos mentis & racionis coram Conventu & dno. Ottone de Schermbeke & dno. Wedekindo & dno. Hinrico vicariis & dno. Frederico rectore u) eccleſie in antiquo Medinghe & dno. Nicolao de remſtede juniore diſpono & ordino meum teſtamentum in hunc modum.   Primo volo & ordino ut ſynodalia x) domino Epiſcopo verdenſi laudabiliter velut juris eſt preſententur Item quandam bibliam quam cum propria pecunia comparavi que domino Ludolfo in Ulleſſen debet preſentari de qua memoriam meam faciet annualem & unum cyphum argenteum eidem domino volo preſentari Item Conrado ſcolari meo diurnalem y) meum.   Item XII ulnas de bruchgen pauperibus ſacerdotibus.   Item novam tunicam domino Ludolfo aſſigno Item lineum pannum Dno. Ludolfo in Ulleſſen.   Ego Ludolfus teneor ricmoro coco 2 marcas & 2 ſolidos.

Debitores clauſtri noſtri ſunt Primo Otto grote tenetur Centum marcas quas de meis expoſui has aſſigno dominabus z).   Waſmodus Kint XXX marcas.   Dominus Hermannus de Medingh Stüven marcas.   Item III wichemtones ſiliginis.   Item dnus. thidericus de hidzakere IV marcas & IV wichemtones ſiliginis.   Item filii Johannis grevingh V marcas.   Item wernerus de Todendorpe IV marcas.   Item dnus. Johannes rybe II wichemtones ſiliginis.   Dnus. Seghebandus de monte tenetur exponere XX marcas quas perſolvet octo dies poſt ſanſti Michael pro quibus pincerna fide juſſit.   Item algeydis de hardeſtorp V marcas in feſto michahel pro quibus magiſter curie fidejuſſit.   Item redditus duorum wiſpel debent dividi inter ſacerdotes beneficiarios a) hujus clauſtri

u) Die Paſtores und Seelſorger wurden in den damaligen Zeiten insgemein Rectores, Curatores oder Curati eccleſiae, auch wol Parochi oder Plebani genannt.

x) Synodalia, ſoll etwan ſo viel heiſſen, als Synodatica oder Synodica, dieſes aber waren gewiſſe Gelder, welche die Geiſtlichen dem Biſchof entrichten muſten, wenn er einen Synodum gehalten.

y) Subintellige ſcyphum, den Becher, welchen er, der Hr. Probſt, täglich auf dem Tiſche gebrauchet hatte.

z) Zu denen Zeiten wurden insgemein alle Conventualinnen Dominae genennet, welchen Ehrentitul man aber hernach nur allein ihren Vorſteherinnen und Abbatiſſen beygeleget hat.

a) Beneficium hieß in jenen Zeiten eben ſo viel als praebenda, und die ſolche zu genieſſen hatten,

ſtri & capellanos noſtros.   Item thidemannus wulfhagen tenetur mihi & clauſtro XXI marcas cum IV ſolidis.   Item III marcas Johannes daghevorde & VIII annulos aureos.
    Summa ſunt ducente marce - -
    Das übrige iſt abgeriſſen.

Nach dieſem lebte Probſt **Ludolphus** ohngefehr noch bis in die 10te Woche in gröſter Schwachheit, bis er endlich Ao. 1355. den 24ten Auguſti, am Tage des Apoſtels Bartholomäi, gegen Abend, dieſes Zeitliche geſegnete, nachdem er dem Cloſter ins 3cte Jahr vorgeſtanden, und 5 Prißrinnen bey demſelben erlebet hatte.   Sein Begräbniß geſchahe mit ziemlichem Gepränge, und wurde ſein Cörper in der Kirche nahe vor den Altar geleget, allwo man auf ſeinem Leichſteine nachfolgende Inſcription lieſet:
    Anno. domini. m. ccc Iv. obilt. in. die. bartholomei. dominus. ludolffus. hujus. ecclesie. prepositus. & constructor. anima. ejus. requiescat. in pace.

Seine Memorie iſt in den folgenden Zeiten allemahl den 24ſten Auguſti gehalten worden.

6.
Dietericus Bromes,
von 1355 bis 1356.

Er war von Lüneburg bürtig, aus dem bekannten Geſchlechte derer Brömſen, und war vorhin Rector oder Paſtor der Capelle des heil. Geiſtes in Lüneburg, Protonotarius E. E. Raths daſelbſt, wie auch Canonicus zu Bardowick, wozu er endlich noch die hieſige Pröbſten bekam, und von dem Verdiſchen Biſchof confirmiret ward. Er war ſehr ſchwächlicher Conſtitution, reiſete auch deswegen bald nach Antretung der hieſigen Pröbſten nach Lüneburg, um ſich guten Raths zu gebrauchen, wurde aber daſelbſt mit einer ſchweren Krankheit befallen, woran er Ao. 1356. den 11ten Novembr. ſtarb, und auch allda begraben wurde, nachdem er die hieſige Pröbſten nur etwas über ein Jahr geführet, und in ſolcher kurzen Zeit doch noch etliche Güter, abſonderlich den Bünſtorfer Zehenden von dem Herrn von Römſted erkauft, und dem Cloſter eigenthümlich gemacht hatte.   Seine Memorie iſt allemahl den 11ten Nov. gehalten worden.

7.
Dietericus von Langling,
von 1356 bis 1363.

Er wird in den alten Documentis bald **Langling**, bald **Langhelghe** genennet, und war zuvor Canonicus zu Rameleloh und Proviſor b), nachgehends aber Paſtor der dortigen Kirche zu St. Cyriaci.   Er ward, nach geſchehener ordentlichen Präſentation und Wahl, Ao. 1356. von dem Verdiſchen Biſchof **Rudolpho** II. in der hieſigen

hattenBeneficiarii, oder beſſer Beneficiati. Es werden aber dieſe Leute allhier von den Capellanis unterſchieden, weil ſie in der Hauptkirche den Gottesdienſt verrichteten, da jene, ordentlicher

Weiſe, nur mit ihren angewieſenen Capellen zu thun hatten.
    b) Proviſores wurden in Clöſtern diejenigen genannt, welche die Cloſtergelder unter Händen hatten,

E

figen Pröbsten confirmiret, und Ao. 1357. am Dienstage vor Judica von einem bi-schöpfichen Officiali solenniter introduciret. Bey seiner Ankunft gieng ihm der ganze jungfräuliche Convent in einer feyerlichen Procession entgegen, für welche Höflichkeit ihnen der neue Hr. Probst eine kleine Gasterey anrichtete, welches hernachmals zur Gewohnheit worden, und bey Ankunft eines neuen Probstes allemal geschehen ist. So bald nun Herr Dietericus von Langling die hiesige Pröbsten angetreten hatte, so ließ er gleich Anfangs die ganze Versammlung zusammen beruffen, und sahe in ihrer Gegenwart die Closter-Rechnungen durch, da sich denn fand, daß dasselbe nicht allein wenig in Vorrath, sondern noch dazu einige Schulden auf sich hatte. Diesem Uebel nun abzuhelfen, schoß der Hr. Probst gleich ein Ziemliches von dem Seinigen her, daß das Closter sich dafür Getraide, Vieh und andere Nothdurft anschaffen konnte, und nachgehends brachte er es durch seine ordentliche Haushaltung dahin, daß die auf dem Closter haftende Schulden nach und nach abgetragen, und die zum Theil verpfändete Güter wieder eingelöset wurden. Ja in etlichen Jahren hatte er schon so viel zusammen gesparet, daß er das Closter nicht allein hie und da an Gebäuden, sondern auch fürnemlich an Einkünften ziemlich verbessern konnte. Wie er denn auch Ao. 1360. einen grossen Hof in Ueltzen, wozu verschiedene Gebäute, nebst einträglichem Feldlande und Wiesenwachs gehörig für sein Closter kaufte; bald hernach erhandelte er von dem regierenden Landesfürsten, Herzog Wilhelmo, das ganze Dorf Wichmansburg, samt allem dazu gehörigen Feldlande, Wiesen, Zehenden, Gericht und andern Gerechtig-keiten; und gleich darauf bekam er das ehemals bey besagtem Dorf belegene grosse [*] die Klepe [a]) genannt, von Henrico, einem Ritter von Swerin, gegen billige Bezah-lung. In dem folgenden Jahre both ihm ein gewisser Ritter, Wasmodus von Me-bing, das ehemalige Dorf Reysedemore [b]) nebst dem dabey gelegenen Walde, gleiches Nahmens, zu feilem Kauf an. Weil nun unserm Herrn Probst mit dergleichen sehr wohl gedienet war, so gab er ein ziemlich Geld dafür hin, und ließ über den geschlosse-nen Kauf ein förmlich Instrument aufrichten. Wie er aber davon Possession nehmen wollte, so erfuhr er mit vielem Verdruß, daß der größte Theil dieser Güter dem Lüne-burgischen Closter zu St. Michaelis zuständig, und daß ihm folglich von gedachtem Ritter nicht viel mehr, als die blosse Prätension auf das Dorf und Holz verkauft sey, welches er gleichwol, da es vor der Hand nicht zu ändern, gedultig verschmerzte. Sonst hat dieser Probst dem Archidiacono zu Bevensen das Juspatronatus über die Römstedtische Pfarre [c]) für 30 Mrk. Geldes abgehandelt, man findet aber nicht, daß dasselbe eher, als Ao. 1392. vom Hrn. Dieterico von Brand exerciret sey; davon un-ten. Endlich verdienet auch das noch von ihm gemerket zu werden, daß er unter allen hiesigen

hatten, dafür benöthigte Victualien und derglei-chen Dinge einkauften, und sonsten andere, ab-sonderlich zur Haushaltung gehörige Geschäfte zu verrichten hatten.

[a]) Eine alte Urkunde zeuget davon folgender gestalt. Insuper emit de Heynrico de Zuerin saltum & Silvam que vulgariter dicitur Kle-pe, & adjacet predicte ville wichmans-borgh, pro triginta marcis.

[b]) Dieses jetzo nicht mehr vorhandenen Dor-fes Reysedemore wird öfters in den alten docu-mentis gedacht.

[c]) Man findet in den alten Documentis satt-same Nachricht, daß nicht allein die Römstedti-sche, sondern auch die mehrsten umher gelegenen Pfarr-Kirchen vor Alters Filiae von Bevensen ge-wesen sind, und daß der basige Archi-Diaconus, ausser seiner andern Jurisdiction, auch das Jus Patronatus über sie samtlich exerciret habe.

hiesigen Pröbsten der erste gewesen, von welchem man findet, daß er der Päbstlichen Cammer die so genannten Annaten oder Einkünfte des ersten Jahrs entrichtet habe. Ein Päbstlicher Nuntius, Wilhelmus Horburg, nahm dieselbe Ao. 1362. von ihm in Empfang, und ertheilte darüber folgende Quitung:

Universis presentes literas inspecturis Wilhelmus Horborch prepositus sancti Andree verdensis. Sedis Apostolice nuntius. & in diocesi verdensi Collector fructuum & cum auctoritate apostolica deputatus. Cupimus fore notum. Quod Honorabilis & discretus vir dnus. Hinricus de langeleghe prepositus Monasterii sanctimonialium in Cune verdensis diocesi. frater germanus honorabilis viri domini Thiderici de langeleghe prepositi Monasterii sanctimonialiam in Medinghe dicte verdensis diocesis absentis tanquam presentis persona. undecim florenos auri f) pro quondam domino Thiderico Bromesen predecessore suo ratione medietatis fructuum prime annate s) dicte prepositure Camere apostolice debitis & nobis ejusdem Camere nomine recipiendis die dato prestencium nomine & ex parte dicti domini thiderici fratris sui solvit tradidit & assignavit. de quibus XI florenis sic ut premittitur solutis traditis & assignatis. Et in formatione plena prius prehabita de valore. dictum dominum thidericum suosque veros heredes & successores ac eorum bona auctoritate nobis in hac parte commissa tenore presencium Absolvimus liberamus & quitamus. In cujus rei testimonium presentes literas fieri fecimus & Sigilli nostri appensione communiri. Datum Hamborch. Die vicesima sexta Mensis Januarii. Anno dni. Millesimo CCCmo Sexagesimo secundo Indictione XVta Pontificatus sanctissimi in Xto patris & domini domini Innocentii divina providentia pape Sexti Anno decimo. (L. S.)

Ao. 1363. wurde endlich Probst Dietericus von Langling mit einer schweren Krankheit befallen, die zuletzt auf ein hitziges Fieber hinauslief, woran er am 5ten Aprilis dieses Zeitliche gesegnete, nachdem er dem Closter ins 7te Jahr vorgestanden hatte. Seine Memorie ist nicht auf den Tag seines Absterbens, sondern allemahl den 8ten Nov. gehalten worden.

8.
Iohannes Ostermann,
von 1363 bis 1380.

Er wurde nach tödtlichem Hintritt des Probsts von Langling von dem Jungfräulichen Convent einhellig erwählet. Anfänglich zwar hatte er schlechte Lust, diese Dignität anzunehmen, aber endlich, auf beständiges Anhalten des Closters und Zureden guter Freunde ließ er sich doch dazu bewegen. Die Confirmation wurde von dem

E 2 dama-

f) Für diesmal hat die Päbstliche Cammer von der hiesigen vacanten Probstey nicht die völligen Einkünfte, sondern an deren statt nur etwas gewisses genommen.

g) Man pfleget sonst insgemein Pabst Bonifacium IX. für den ersten Stifter der Annaten zu halten, allein auch aus diesem Document kann man erweisen, daß dieselben schon vor seiner Zeit,

wiewol nur dann und wann, von etlichen Päbsten sind eingefodert worden, und daß also Jonifacius Ao. 1389. nur zum ersten ein allgemeines Gesetz daraus gemacht habe. Solche Annatae oder Einkünfte des ersten Jahrs, bey vorfallenden Vacantien, musten entweder selbst, oder etwas gewisses dafür nach Rom geliefert werden. Weitläuftiger kann man davon nachlesen Sept. Decret. L. 2. tit. 3.

damaligen Verdischen Bischof Rudopho II. ertheilet, wofür ihn der neue Hr. Probst ex propriis contentirte. Gleich den Tag nachhero, als die Confirmation bey ihm eingelaufen war, übersandte er dem Closter. allen seinen Vorrath an Getraide, absonderlich eine ziemliche Quantität Maltz, womit dem Closter recht wohl gedienet war. Bald nachher wurde die Introduction bey einer ansehnlichen Versammlung verschiedener Prälaten vorgenommen, auch zugleich dem fremden Herrn und dem gesammten Convent eine Gasterey auf des neuen Probstes Unkosten gegeben. Bey dem Antritt seiner Prälatur fand er, weil er einen haushälterischen Antecessorem gehabt hatte, das Closter in ziemlichem Zustande, welches er sich denn dergestalt zu Nutz machte, daß in weniger Zeit dem Closter die Scheuren und Boden zu Auffschüttung des Korns zu enge wurden, und vieles anderwärts zur Verwahrung muste ausgethan werden.

Doch dieser Wohlstand daurete nicht lange; denn als Ao. 1368. nach dem Tode Hertzogs Wilhelmi von Lüneburg, der landverderbliche Streit zwischen dessen beyden Schwiegersöhnen, Hertzog Alberto von Sachsen und Hertzog Magno torquato von Braunschweig über das Hertzogthinn Lüneburg seinen Anfang nahm; so konnte das Closter in vielen Jahren von seinen jährlichen Revenüen aus der Sültze nicht das geringste bekommen; ja dieser gute Probst hat seine gantze Lebenszeit über, wegen der damaligen Troublen, diese Intraden kein eintzigesmahl völlig einheben können. Ueber dem wurden die ans Closter gehörige Dorffschaften und Meyerhöfe durch die herumstreifenden feindlichen Partheyen dergestalt ruiniret, daß das Closter auch davon nichts bekommen konnte; im Gegentheil muste dasselbe manchetmahl seine pretiosa, Kirchenschmuck und dergleichen zu Gelde machen, daß die abgebrannten Closteruntertthanen wiederum konnten etabliret, und die Gefangene ranzioniret werden. Er, der Probst Ostermann selbst, gab alles hin, was er nur hatte, damit bey diesen unglücklichen Läuften die Höfe nicht gar möchten wüste und die Einwohner derselben ruiniret werden. Wenn etwa jemand kam und anmeldete, daß dieses oder jenes Dorf abgebrannt, das Vieh weggetrieben und die Leute gefangen weggeführt wären, so ließ der gute Mann öfters Essen und Trinken stehen, machte zu Gelde, was er konnte, gieng den feindlichen Trouppen mit Leibes- und Lebensgefahr nach, litte dabey Hunger und Durst, Frost und Kälte, und bemühete sich, die gefangenen Bauersleute wieder los zu machen. Ja endlich kam es gar dahin, daß die braunschweigischen Trouppen droheten, das Closter zu plündern und in Brand zu stecken. Da war nun freylich guter Rath theuer; doch resolvirte sich endlich der wohlgeplagte Probst Ostermann, sein Leben noch ferner zu wagen, und dem nahe stehenden Feinde Brandschatzung anzubieten. Dadurch nun schaffte er zwar dem Closter eine Zeitlang Friede, aber es daurete nicht lange, so geschahen schon von neuem wieder Anfoderungen, und solches währete so lange, bis endlich alle Kleinodien, Gold und Silber gäntzlich dahin waren.

Wie nun der Probst nichts mehr an Gelde zu geben hatte, fieng er an gantze Körbe voll Victualien auf seinem Rücken in das feindliche Lager zu tragen, wofür aber dieses insgemein sein Lohn war, daß er eine Zeitlang von den muthwilligen Soldaten spöttlich gehalten, mit blossem Degen und aufgezogenem Gewehr beängstiget, und zuletzt mit einer wichtigen Tracht Schläge wieder nach Hause gewiesen wurde, da er denn manche Nacht in dem miserabelsten Zustande unter freyem Himmel aushalten müssen.

Diese

Diese viele Strapazen matteten endlich den guten Mann so ab, daß er in eine schwere Kranckheit fiel, wobey das Closter wenig Hofnung zu seiner Genesung mehr hatte. Er wurde aber doch diesmal noch wieder restituiret, wozu wol ohne Zweifel die längstgewünschte Aufhebung der bisherigen landverderblichen Unruhe, welche Ao. 1373. durch den Todt Hertzogs Magni torquati geschahe, das meiste beytrug. Sogleich nach seiner Genesung bemühete er sich mit allem Fleisse, das fast gantz ruinirte Closter wieder in guten Stand zu setzen. Den Anfang dazu machte er mit Ausbesserung der Gebäude, Scheuren, Kornboden, welche währender Kriegsläufte sehr verfallen waren, auch ließ er die hiesige Mühle gantz von neuem wieder auffführen. Hiernächst lösete er etliche Dörfer und Sültzgüter wieder ein, die er bey den bisherigen Brandschatzungen aus Noth versetzen müssen; er hatte auch sonst noch mehr Gutes vor, welches er aber wegen seiner von neuem antretenden Leibesschwachheit nicht ausführen konnte.

Ao. 1380. wie er wohl merkte, daß sein Leben nicht lange mehr dauern würde, machte er mit seiner zeitlichen Verlassenschaft Richtigkeit: absonderlich stiftete er für sich eine jährliche Memorie mit einem plaustro salis, und ließ den 11ten Febr. des gedachten 1380sten Jahrs durch Notarium und Zeugen ein ordentliches Instrument darüber aufrichten, welches noch vorhanden, und folgendes Inhalts ist:

In nomine domini amen. Anno nativitatis ejusdem Millesimo Trecentesimo Octuagesimo Indictione b) tercia die Februarii mensis XIa Hora quasi terciarum I) pontificatus Sanctissimi in cristo patris & domini nostri domini Urbani divina providenciæ pape sexti anno secundo. In mei notarii publici ac testium subscriptorum presencia Constitutus Venerabilis vir dominus Johannes Osterman prepositus Monasterii in Medinghe ordinis sancti Benedicti Verdensis diocesis quandam cedulam papiraceam in manibus suis tenuit in qua memoriam quandam perpetuam in predicto Monasterio instaurandam commisit & ordinavit, Cujus cedule tenor sequitur in hec verba.

Ego Johannes Osterman prepositus Monasterii in Medinghe ordinis sancti Benedicti Verdensis diocesis desiderans memoriam meam in eodem Monasterio habere perpetuam, ad eam instaurandam & perpetuandam assigno & deputo. Centum & septuaginta marcas denariorum. quas habeo apud dominum Sanderum Schellepeper consulem Luneburgensem. cum quibus volo. Quod venerabilis dni Otto in hilghendalc & Johannes in Lune Monasteriorum prepositi, Nec non dominus Hinricus de eytzen & dnus. Sanderus Schellepeper predictus quibus hoc committo, si ego ipse non perfecero, ut meum plaustrum salis comparare debeant. ad huiusmodi memoriam meam in predicto Monasterio in Medinghe perpetuis temporibus infra scripto modo peragendam. Volo eciam quod postquam hoc plaustrum salis fuerit comparatum Priorissa predicti Monasterii in Medinghe que fuerit pro tempore Annuam ejus perpetuis temporibus colligere debeat & distribuere in hunc modum. Ipsa Priorissa presentabit preposito qui fuerit pro tempore in anniversario meo. Octo solidos denariorum quos presbiteris

C 3

---

b) Indictio bedeutet eine Zahl von 15 Jahren, welche man zu den Jahren Christi hinzuzusetzen pflegte, um den etwa besorglichen Irrthum in der Zeitrechnung vorzubauen. Man hat deren dreyerley, unter welchen aber die Indictio Romana die gewöhnlichste ist, welche von dem ersten Januarii anfänget. Conf. Beda de rat. temp. c. 48. K. Dionys. Petavius in Rationar. Temp.

I) Des Morgens früh um 6 Uhr, da man die Tertiam zu singen pflegte.

biteris ſcolari & campanario dividet. duobus ſolidis ſibi reſervatis. Item miniſtrabit Lucie ſilie Hinrlci Holthuſen Moniali eiusdem Monaſterii ſingulis annis in feſto Michaelis duas marcas denariorum: quamdiu ipſa, Laetaſyrldeiſrin uſus ſuos convertendas. Reſiduum vero de eodem plauſtro proveniens. ac eciam duas marcas poſt mortem prediſte Lucie. Ipſa prioriſſa. conventui iuxta morem ipſius Monaſterii dividet pro anniverſario meo annis ſingulis in vigiliis [*] & miſſe peragendo. Requirent te Arnoldum de Bardewick notarium infra ſcriptum ut ſub teſtimonio dominorum hic preſencium ſuper hys michi conſicias publicum inſtrumentum. quod eciam volo ſigillo meo conſignare. Datum & aſtum Luneborg In domo habitacionis diſti domini Johannis Oſtermann prepoſiti in Medinghe Anno Indiſtione Menſe die hora & pontificatu quibus ſupra. preſentibus diſcretis viris dominis Frederleo peper Cellerario [†] eccleſie verdenſis. Frederieo Honſtorp canonico eccleſie Bardewicenſis nec non Johanne Croghere reſtore eccleſie parochialis in Emſen teſtibus ad premiſſa vocatis ſpecialiter & rogatis.

(Loc. Sig Notar.) Et ego Arnoldus de Bardewik clericus Verdenſis Dioceſis publicus Imperiali auſtoritate notarius. Quia predicte pecunie aſſignacioni & deputacioni commiſſioni. memorie prediſte inſtauracioni. ordinacioni & voluntati. Nec non aliis prediſtis omnibus & ſingulis dum ſicut premittitur agerentur & fierent. Una cum prenotatis teſtibus preſens ſui. Ideoque preſens publicum inſtrumentum exinde confeci & in hanc puplicam formam ſigillo prediſti domini prepoſiti ſigillatum redegi. quam ſigna meis & nomine ſolitis ſignavi rogatus in teſtimonium omnium premiſſorum.

(Sig. Praepoſiti.)

Auf des Herrn Probſtes Inſiegel ſtehet der heil. Mauritius geharniſcht mit Spieß und Schild: nebſt der Umſchrift: Sigillum Johannis prepoſiti in Medinghe.

Nachdem alſo die Sache zu Stande gebracht war, ſo ſchickte ſich der Herr Probſt Oſtermann immer mehr zu ſeinem Ende an, welches denn auch endlich in gedachtem 1380ten Jahre und zwar am 3ten Oſter-feyertage erfolgete, nachdem er dem Cloſter ins 17te Jahr vorgeſtanden. Seine Exequien wurden mit ziemlichem Pomp gehalten, wie denn auf ſeinem Sarge ein koſtbares güldenes Crucifix gelegen hat, welches nachmals zu ſeinem Andenken auf ein Meßgewand geſetzet iſt. Sonſten ſoll dieſer Mann öfters verſichert und mit Gott bezeuget haben, daß er bey Verwaltung der hieſigen Probſtey bey 6000 Mck. von dem Seinigen habe zuſetzen müſſen. Sein entſeelter Cörper liegt bey den andern Probſten unten in der Kirche auf dem Chor begraben, allwo man auf ſeinem Leichſteine folgende Inſcription lieſet:

Anno: domini: m: ccc: lxxx: feria: tertia: feſto: paſche: obiit: honorabilis: vir: dominus: Johannes: Oſterman: hujus: monaſterii: prepoſitus: cujus: anima: requiescat:

9. *Dicte-*

---

[*] Alſo werden noch heutiges Tages in der Römiſchen Kirche die Officia ſacra genannt, welche man für die Verſtorbenen zu verrichten pflegt.

[†] Cellerarius vel Cellarius, auf Teutſch Kellner oder Kellermeiſter, wurde vor Zeiten in Stiften und Clöſtern derjenige genennet, welcher über Küche und Keller Aufſicht hatte. In der Regula S. Benedicti handelt das 31ſte Cap. von dieſem Amte des Cellarii, woſelbſt man mehrere Nachricht finden kann.

9.
Dietericus von Brand,
von 1380 bis 1396.

Er war aus dem alten adelichen Geschlecht derer von Brand bürtig, und wurde von dem regierenden Landesherrn, Herzog Alberto nebst noch etlichen präsentiret, von dem Closter erwählet, von dem Verdischen Bischof Johanne II. confirmiret, und von dessen Officiali in Gegenwart vieler Prälaten, Ritter und Rathsverwandten aus Lüneburg introduciret, wie eine alte lateinische Urkunde davon einige Nachricht giebet m). Bey dem Antritt seiner Probstey fand er bey dem Closter einen ziemlichen Vorrath, absonderlich von Getraide, dessen sein sparsamer Antecessor so viel aufgehoben hatte, daß das Closter etliche Jahre damit auskommen konnte.

Wie nun der Hr. von Brand ein vortreflicher Haushalter war; so mußte er dieses so wol zu menagiren, daß endlich die Scheuren und Kornböden zu enge wurden, und er ein neues Gebäude zur Verwahrung des Getraides aufbauen lassen mußte. Allein bey dieser seiner Sparsamkeit lief auch vieles vom Geitze mit unter, denn gleich im ersten Jahre fieng er an denen Conventualinnen hie und da etwas abzuzwacken, welches er so lange practicirte, bis endlich der heilige Mauritius, als Patronus des Closters sich der Sache annahm, und dem guten Probst Ao. 1380. in der Christnacht unter der Messe mit blossem Degen zu Leibe gieng, wie solches in der dreyzehnten Tafel erzählet wird.

Diese scharfe Attaque von gedachtem Heiligen brachte den Hrn. Probst auf andere Gedanken, daß er einem jeden das Seinige ungekürzet gab, und dagegen andere zulässigere Mittel hervor suchte, seine Scheuren und Kornböden zu füllen; denn er ließ zuförderst das Feldland von den vielen grossen Steinen säubern, und auf allen Seiten neues Land aus der Heyde brechen, wo er nur ichtens meynte, daß der Boden zum Ackerbau tüchtig wäre. Wie er auch sahe, daß er die beyden Cämpe allhier in Meding sonst nicht sonderlich nutzen konnte, ließ er Eicheln hinein säen und Baumhöfe daraus machen. In den ersten Jahren seiner Probstey verlor das Closter ein Ziemliches durch eine unvermuthete Feuersbrunst, welche auf folgende Art entstanden war: Es hatten sich die in des Hrn. Probstes Hause wohnende Scholares untereinander gezanket, und einem aus ihrem Mittel die Haut voll geschlagen; wie nun der Probst diesem Menschen die verlangte Satisfaction von seinen Beleidigern nicht verschaffte; legte dieser Bösewicht zur Rache in dem Clostervorwerke Feuer an, welches denn in Kurzen so heftig überhand nahm, daß das ganze Viehhaus, nebst etlichen dreyßig Stücken Horn- und noch mehreren kleinen Vieh zu Pulver verbrannte. Dieser Schade schmerzte den Probst ungemein, absonderlich als er die Ursache dieses Unglücks erfuhr; weil er aber seine Sachen wol einzurichten mußte, brachte er in Vierteljahresfrist das Viehhaus wieder zu Stande, und kaufte noch mehr Vieh wieder, als vor dem

m) Daß absonderlich die Präsentation von Herzog Alberto geschehen sey, beweisen nachfolgende Worte des angezogenen Documenti: Hic (Thydericus Brand) accessit ducem Albertum, virum justum & expertum, et favo-rem sibi certum hunc confidens attentius. Qui gavisus consulebat, mox favorem promittebat &c. und bald hernach heißt es: Et sic princeps gloriosus huic terre commodius Thydericum introduxerat.

dem Brande im Vorwerke gewesen war.   Hiernächst fieng er an, eine ganz steinerne Mauer um den Closterhof zu ziehen, womit er drey Jahr zubrachte, aber wegen der gar zu grossen dabey anflaufenden Unkosten mitten in der Arbeit aufhörete, welchen Rest lange nachher der Hr. Probst von Bülow vollends hinzugethan hat; davon unten.   Sonsten hatte unser Hr. Probst Dieterich von Brand wenig Jahre nach seinem Antrit viel Verdrießlichkeit mit einem gewissen Ritter Hermann von Spörcken, welcher zu Bevensen ohngefähr Ao. 1380. ein Schloß bauen ließ, und an des Clost.rs Güter allerley Prätensiones machte, auch dabey durch seine Bedienten viel Zudrang und Insolentien verüben ließ.   Wollte nun der Hr. Probst davon befreyet seyn, so mußte er mit ihm auf eine gewisse Summe Geldes accordiren, daß er seine Prätensions dagegen fallen und das Closter in Ruhe ließ.   Ao. 1385. nach dem Tode Herzogs Alberti von Sachsen ging der unglückliche Succeßionsstreit wegen des Herzogthums Lüneburg zwischen Herzogs Alberti Vatern Bruder Wenceslao, Churfürsten in Sachsen, und dem Herzoglichen Hause Braunschweig von neuem wieder an, und da mußte unser liebes Closter abermals herhalten, und seine Unterthanen von allen Seiten ruiniret sehen.   Doch der Probst faßte endlich eine Resolution, eben wie sein Vorfahr, in das feindliche Lager zu gehen, und sowol dem Closter, als dessen angehörigen Bauersleuten Friede und Sicherheit zu erkaufen.   Die damals von ihm gefoderte Geldsumme war zwar ziemlich groß: allein er accordirte auf dreyhundert und funfzig Mck. , und bezahlte dieselbe unverzüglich, wodurch das Closter und dessen Angehörige Schutz und Friede erlangten.   Bey diesem verwirrten Zustande des lüneburgischen Landes hatte das Closter auch noch anderweitige Verdrießlichkeit ; denn Ao. 1386. thaten etliche Bürger in Lüneburg einen gewaltsamen Eingrif in die dasigen Sültzgüter, wobey fast alles, was dem hiesigen und andern Clöstern zuständig, verloren gieng.   Unser Probst mußte solches zwar damals geschehen lassen; allein wie endlich Ao. 1388. durch den plötzlichen Todt des Churfürsten Wenceslai der Krieg zu Ende, und das wolgeplagte Lüneburger Land wieder zur Ruhe kam; gewann die Sache bald ein anderes Ansehen: denn es war dieses das erste, daß unser Closter sich wiederum in die Posseßion seiner Sültzgüter setzte, worinnen es auch von der hohen und andern Obrigkeiten, wie billig, unterstützet wurde.   Nunmehr begunte unser Probst auch seine noch übrigen Mittel zu Ankaufung liegender Güter anzuwenden.   Das erstere so er bekam, war das bekannte Dorf Ergherden a), beym Reysingmohr belegen, nebst allem dazu gehörigen Lande, Wiesen und anderer Gerechtigkeit.   Hiernächst kaufte er das Dorf Reisedemor nebst einem Theil der dabey gelegenen Holzung aufs neue, und entrichtete dem Closter zu St. Michaelis ein hundert und funfzig Mck. dafür, massen; sein Antecessor, Dietericus von Langling, ehemals sein Geld dafür unnütz angewandt hatte.   Ferner kaufte er für das Closter das Dorf Maßbrock, mit dem dazu gehörigen Feldlande und Holzung, der Brammersick genannt, und endlich auch das Dorf Bünstorf, samt dem noch jetzo dem Closter gehörigen Meyerhofe zu Niendorf.   So genau auch sonsten der Hr. von Brand anfänglich gewesen war, so freygebig erwies er sich aufs letzte gegen seinen Convent: denn er machte die Verfügung, daß den Jungfrauen jährlich am Tage der Empfängniß Mariä *) drey Essen aus seiner Küche sollten gereichet werden;

des-

---

a) Vulgo Alljerm.

*) Diese Fest fällt, wie bekannt, auf den 8ten December, und ist Ao. 1441. von den

Baselschen Concilio, der unbefleckten Empfängniß und Geburt Mariä zu Ehren, vest gesetzet und confirmiret worden.

desgleichen vermachte er ihnen jährlich am Tage Mariä Magdalenä einer jeden drey Mck., und in der Fastenzeit jeder ein Pfund Oel. Ao. 1392. hatte dieser Probst zum erstenmal Gelegenheit, das Juspatronatus über die Römstedtische Pfarre zu exerciren, welches Jus ehemals Hr. Dietericus von langling für das Closter erkauft hatte P). Denn als der damalige Römstedtische Prediger Hr. ludolphus verstorben war; präsentirte unser Hr. Probst einen Studiosum, Hrn. Johannem von Boistel; welcher auch von dem damaligen Archi-Diacono zu Bevensen, Hrn. Volckmaro Sack, die Confirmation erhielt, und von dessen Commissario introduciret ward. Noch in demselben Jahre schenkte Ritter Otto von Schwerin unserm Closter auch das Juspatronatus über Wichmansburg.

Ao. 1393. bot das Jungfräuliche Closter zu Arntsee in der Alten Mark Brandenburg, drey Meilen von Saltzwedel belegen, unserm hiesigen Closter eine geistliche Schwesterschaft, nebst völligem Antheil an einem ohnlängst vom Pabst erhaltenen Ablaß, und allen ihren guten Werken und Gottesdiensten an. Die deswegen anhero gesandte Zuschrift ist darum so viel merkwürdiger, weil sie von allen damals in unserm Closter befindlichen Personen eine accurate Specification giebt. Es wird daher nicht überflüßig seyn, dieses, obgleich etwas weitläuftige Document, aus dem Originali anher zu setzen, allwo es folgendes Inhalts ist:

Venerabili viro Thyderico Brandis preposito In Medinge nec non Elyzabed Priorisse Monialibus fratribus & sororibus q) Monasterii sancti Mauricii & sociorum ejus Ordinis Sancti Benedicti Verdensis dyocesis Alheydis Priorissa Totusque Conventus Monasterii Sancte Marie Virginis In Arnse Ordinis & dyocesis predictorum Beate perhennitatis premia feliciter promereri. Sincere Karitatis affectus quem ad Nos & Nostrum Monasterium predictum actenus devote jacistis digne promeretur. Ut ea que ad Salutem animarum vestrarum cedere poterint devotis studiis prosequamur. Sane nuper Sanctissimus in christo pater ac dominus noster dominus Bonifacius pape nomu sub Anno Domini M°. CCC°. nonagesimo secundo. Certas nobis literas suas apostolicas graciose concessit quarum tenor sequitur in hec verba.

Bonifacius Episcopus servus servorum Dei. Dilectis in cristo filiabus priorisse & Conventui ac conversis r) nec non dilectis filiis confratribus Monasterii Sancte Marie

p) Siehe davon weiter oben.
q) Den Laybrüdern und Layschwestern, oder wie man in den damaligen Zeiten zu reden pflegte den Erddern und Güstern.
r) Das Wort Conversus hat bey den Scriptoribus medii aevi eine zwiefache Bedeutung. 1) In weitläuftigem Verstande werden darunter überhaupt solche Personen angedeutet, die sich nicht von Jugend auf zum Closterleben gewidmet, sondern bey erwachsenen Jahren erstlich sich der Welt entschlagen, und um Gott desto süglicher zu dienen den Orden angenommen haben. Vid. Conc. Araufis I can 22. Arelat. II. can. 43. Agath. I. can. 16. Conf. Beda

Lib. IV. Hist. Eccles. cap. 5. Diese Art von Conversis wurde in jenen Zeiten den Nutritis entgegen gesetzet, welches solche Ordensleute bedeutete, die von Jugend auf im Closter gewesen und darin erzogen waren. 2) In engerem Verstande bedeutet das Wort Conversus einen schlechten simplen Layen, der gar keine Studia, noch andere zum Mönchestande erforderte Qualitäten gehabt, sondern nur etwa ein Handwerk verstanden, oder gemeine Handarbeit zu treiben geschickt gewesen, aber entweder aus besonderer Andacht, oder um Lohns und Brodtes willen sich ins Closter begeben und darin gedienet. Dergleichen Leute wurden mit in die horas Canonicas

Marie in Arnſe Ordinis Sancti Benedicti per prioriſſam ſoliti gubernari. Verdenſis dyoceſis. Salutem & Apoſtolicam benedictionem. Provenit ex veſtre devotionis affectu quo Nos & Eccleſiam Romanam reveremini. Ut peticiones veſtras illas preſertim que animarum veſtrarum ſalutem reſpiciunt, ad exauditionis graciam admittamus. Hinc eſt Quod Nos Veſtris ſupplicacionibus inclinati. Ut Confeſſor quem quilibet veſtrum, nec non qui dicti Monaſterii Confraternitatem usque ad biennium a data preſencium computandum intraverint, duxerit ſeu duxerint eligendum. Omnium peccatorum veſtrorum ſeu ipſorum de quibus corde contriti & ore confeſſi fueritis ſeu fuerint ſemel tantum in mortis articulo plenam remiſſionem vobis & eisdem in ſinceritate fidei. Unitate Sancte Romane Eccleſie ac obediencia & devocione noſtra vel ſucceſſorum Noſtrorum Romani pontificis canonice inſtituti perſiſtentibus. Auctoritate apoſtolica concedere valebit devocioni Veſtre ac ipſorum tenore preſencium indulgemus. Sic tamen quod idem Confeſſor de hys de quibus fuerit alteri ſatisfactio impendenda. Eam vobis & eisdem per vos & eosdem ſi ſuper vixeritis vel ſuper vixerint. Vel per alios ſi tunc forte tranſieritis ſeu tranſierint faciendam injungat quem vos vel illi facere teneamini ut prefertur. Et ne quod abſit propter hujusmodi gratias reddamini ſeu reddantur procliviores, ad illicita impoſterum committenda. Volumus quod ſi ex confidencia remiſſionis hujusmodi aliquid forte committeretis ſeu committerent quo ad illa predicta Remiſſio vobis & eisdem nullatenus ſuffragetur. Nulli omnino ergo hominum liceat hanc paginam noſtre conceſſionis & voluntatis infringere vel ei auſu temerario contraire. Si quis autem attemptare preſumpſerit Indignacionem omnipotentis dei & Beatorum Petri & Pauli Apoſtolorum ejus ſe noverit incurſurum. Datum Rome apud Sanctum Petrum decimo ſeptimo Kalendas Junii pontificatis Noſtri Anno tercio.

Unde vos dominum Thydericum Brandis prepoſitum. Dompnam Elyzabet de Boxtehude †) prioriſſam prenominatos. Gertrudim tempeſtede. Walburgim & Mechtildim wulvis. Ghertrudim ſwanes. Elyzabeth hogers. Conegundim etzendorpes. Ghertrudim timme. Elyzabet dovels. Alheygdim buremeſtern. Ghertrudim toden. Rickardim de lobeke. Ermegard im moltzen. Mechtyldim elſterlo. Mechtyldim de boldenſtede. Margaretam nyeburs. Alheygdim ſchillings. Ermegardim wytten. Walburgim toden. Ghertrudim hodes Walburgim edendorpes. Margaretam langen. Ermegardim dannenberge. Ghertrudim penſen. Margaretam nyeburs. Drudem & Hillegundim dagevörden. Elyzabet wulfhagen. Ermegardim hockmaſten. Elyzabet Rammekendorpes. Ghertrudim & Walburgim garlop. Alheygdim de boldenſen. Margaretam lubeken. Ghertrudim de verden. Mechtildim & Wycburgim ſemmelbekers. Margaretam Roſche. Gher-

___

nicas genommen, und auf gewiſſe Art eingeſtellet, wie man denn findet, daß in den alten Urkunden zum öftern der Mäntel und Steikens als eines Habits gedacht wird, welchen die Converſae getragen. Sie werden ſonſt insgemein Fratres oder Sorores, Laybrüder und Layſchweſtern Monachi laici, Oblati und Donati, und nach dem Niederſächſiſchen Dialecto Bröddere und Süſtern genennet. Vid. Carol. du Fresn Gloſſar. ſub dicta voce. In unſerm Cloſter, wo man dergleichen Converſus beſtändig gehalten, ſind noch etliche Zimmer bekannt, ſo von ihnen vormals den Namen bekommen, e. g. die Süſternſtube, das Süſternſchlapbues, u. d. gl.

†) Sie wird allhier nach ihrem Geburtsort Eliſabeth de Boxtehude genannt, ihr rechter Zuname war ſonſt Langendorps.

Ghertrudim lüberstede. Mechtildim stollen. Elyzabet brandes. Ceciliam de
monte. Ghertrudim & Margaretam de molendino. Johannam hoken. Alheyg-
dim vyfskule. Elyzabet Kernebaken. Bertam vos. Ghertrudim stones. Luciam
holthusen. Ghertrudim procen. Johannam bodekers. Elyzabet de hansen.
Ghudelim groten. Alheygdim de molendino. Elyzabet & Alheydim Stötero-
gen. Ghertrudim semmelbeckers. Alburgim langendorpes. Idam hoymans.
Elyzabet & Margaretam de monte. Walburgim de molendino. Elyzabet elvers.
Mechtyldim Spöreken. Mechtyldim Ranames. Margaretam Schelpepers. Ely-
zabet remslede. Elyzabet elsters. Meymburgim de berghen. Alheygdim de
estorpe. Elyzabet langendorpes. Margaretam de mirica. Walburgim bodekers.
Mechtyldim Eysen. Margaretam Pyrsen. Hillegundim Spöreken. Katherinam
de Loo. Elyzabet münters. Margaretam spöreken. Ghertrudim edendorpe.
Empam de Loo: Ghertrudim & Margaretam hogheherten. Elyzabet gulstede.
Ghertrudim jelmestorpe. Mechtyldim roden. Wycburgim haghemans. Nec
non dominum Hermannum prebendarium. Nicolaum Sacerdotes. Insuper Wer-
nerum de berchtorpe uxorem suam ghertrudim. Wychertum uxorem suam alhey-
dim. Johannem hobermanne uxorem suam alheydim. Thydericum borcherdes
uxorem suam Dylken. Godfridum uxorem suam ghertrudim. Ditmarum & uxo-
rem suam wympen. Olricum de nortdorpe. Conradum pistorem Johannem
Jelmestorpen. Johannem stadorpen. Meygnardum schimen. Johannem sedor-
pen. Johannem Kulenhetere. Hermannum in stabulo. Nycolaum in stabulo.
Meygnardum de sekerdorpe. Nec non sororem Alheygdim villicam. Sororem
wympen. Sororem ghertrudim de weygude. Sororem gebeken. Sororem Al-
heydim de sekerdorpe. Sororem Alheydim de eysen. Sororem ghertrudim de
Ebbekestorpe. Sororem Wynnegundim. Margaretam de Jastorpe. Elyzabet
morantem in angulo. Graciose hujusmodi concessionis cupientes esse participes.
Nobis humiliter supplicastis. Ut vobis Confraternitatem nostram dare & concedere &
vos ad ipsam graciose recipere dignaremur. Vestris igitur supplicacionibus favorabiliter
annuentes. Vobis confraternitatem nostram spiritualem & Communicacionem omnium
missarum oracionum & divinorum obsequiorum nec non Vigiliarum Jejuniorum
castigacionum & omnium bonorum operum que per nos & succedentes nobis. In
predicto nostro Monasterio ad laudem & gloriam Alme majestatis in perpetuum
celebrari fieri & exerceri gracia divina concesserit. Nec non Indulgenciarum &
gracie benefactoribus nostris per sedem apostolicam noviter concessarum participa-
cionem propter hoc Cappittulariter congregate cum psalmis & oracionibus consuetis
tam in vita quam in morte presentibus damus & concedimus Vosque ad dictam Con-
fraternitatem nostram hodie recipimus. Ita videlicet ut dicte remissionis plene in
mortis articulo. Nec non aliorum premissorum omnium per graciam dei Juxta
Apostolicam concessionem predictam plenarie participes esse valeatis. Memoriam
insuper Cujuslibet vestrum Cum nobis decessus uniuscujusque vestrum innotuerit
more nostro perpetuis temporibus peragemus. Datum Arnse in Nostro Loco
Capitulari sub Anno Domini Millesimo Tricentesimo Nonagesimo tercio domi-
nica Trinitatis.

(L. S.)

Wofern

Wofern alle zu Anfang in diesem Diplomate specificirte Personen wirklich eingekleidete Conventualinnen gewesen sind, wie man denn fast nicht zweifeln sollte, weil bey deren Specificatio nirgendswo einiger Absatz oder Unterscheid gemacht wird, so hat sich die Anzahl derselben zu des Hrn. Probstes von Brand Zeiten auf neun und achtzig Personen belaufen. Zum wenigsten ist das gewiß, daß ehemals, absonderlich vor der Reformation, weit mehr Conventualinnen in unserm Closter, als jetzo, gewesen seyn, weil in allen Documentis, darinnen man eine Specification derselben findet, insgemein etliche achtzig bis neunzig, und zuweilen noch wol mehr hergerechnet werden, und sollten gleich des Closters eingeschriebene und lehrkinder mit darunter gezählet seyn, so siehet man doch leicht an den Ständen oben auf dem Chor, derer an der Zahl zusammen über hundert sind, daß nothwendig vor Zeiten mehr Conventualinnen und lehrkinder als heutiges Tages in hiesigem Closter gewesen. Sonsten waren in jenen Zeiten dergleichen geistliche Complimente und Offerten der Operum supererogativorum zwischen den Clöstern gar etwas gewöhnliches, wie denn unser Closter ehemals eben dergleichen gegen andere Clöster, e. g. Wienhusen, Derneburg, Ebstorff, lüne rc gethan hat.

Nach Verlauf dieser Dinge neigete es sich endlich mit unserm Hrn. Probst von Brand zum Ende; denn da er sonst Zeit lebens wenig gekranket hatte, fing er nun an ziemlich schwach und baufällig zu werden. Er nahm zwar dem ungeachtet noch den Bau eines neuen Siechenhauses und Kellers im Closter vor, mußte ihn aber leibesschwachheit halber angeben, und die Ausführung solches Werks seinem Successori anheim stellen; worauf er denn endlich Ao. 1396. am Freytage vor Quasimodogeniti dieses Zeitliche gesegnete, nachdem er die hiesige Probstey sechzehn Jahr lang mit grossem Nutzen geführet hatte.

Er hinterließ das Closter in gutem Zustande, massen nicht allein auf demselben keine Schulden, sondern vielmehr alle Boden, Küchen und Keller voll waren, welches die Conventualinnen seiner klugen und accuraten Oeconomie zu danken hatten. Dem Closter zu Dienst unterhielt er zehn gemeine Mägde oder layschwestern, und auf der Probstey hatte er zwey Capellanos, vier Scholares, einen Koch, einen Kulenheitzer, zwey Stallknechte und einen Vogt.

Sonst hatte dieser Mann, nach dem damaligen rüden aevo noch ziemliche Studia, liebte dabey die Accuratesse ungemein, und konnte nicht böser werden, als wenn etwa der Lector auf dem Chor, bey Ablesung der lateinischen Texte, ein Wort verstümmelte, oder den Accent unrecht setzte; deswegen nahm er sich selbst die Mühe, und setzte allenthalben, wo es nöthig fand, die Quantität über die zweifelhaftigen Wörter, ließ auch insgemein seine Herren Capelläne erst zu Hause fein fleißig durchsehen und herbeten, was sie in der Kirche vorlesen sollten.

Von Statur war er ziemlich groß und ansehnlich, hatte aber in seinen jungen Jahren, man weiß nicht durch welchen Zufall, ein Auge verloren. Seine jährliche Memorie ist in hiesigem Closter allemal den Sonnabend vor Quasimodogeniti mit Seelmessen feyerlich begangen worden.

Sein leichnam liegt bey den andern Pröbsten in der Kirche gegen dem Altar zu, begraben, allwo man auf seinem leichenstein folgende Inscription lieset:

Anno. domini. M°. CCC°. XCVI°. Feria. VI. palche. obiit. venerabilis. vir. dominus. Tytericus. brand. hujus. monasterii. XVI. annis. prepositus. orate. pro. eo.

10. *Johan-*

10.
Johannes Meyer,
von 1396 bis 1416.

Er wird auf seinem Leichstcine Meyer, aber in andern Documentis insgemein Meygering genannt, und ist aus Zelle bürtig gewesen. Vorhin war er Pastor zu Gerdow, und wurde darauf Ao. 1396. den Sonnabend vor Quasimodogeniti von dem Jungfräulichen Convent einhellig zum Probst erwählet. Die Confirmation erhielt er von dem damaligen Verdischen Bischof Theodorico II. von Niem, dessen Officialis ihn auch hieselbst am Tage Philippi und Jacobi introducirte. Bey seinem Antrit fand er einen schönen Vorrath an Korn und Victuallen, dessen sein ökonomischer Antecessor viel zusammen gesparet hatte; allein an baarem Gelde war nicht viel vorhanden, weil der Probst Brand die Sültzgefälle meistens zu Ankaufung benöthigter Baumaterialien angewandt hatte. Von den ans Closter gehörigen Dorfschaften und Meyerhöfen kam auch wenig ein, weil sich die armen Bauersleute von den bisher ausgestandenen Kriegesplackereyen so bald nicht wieder erholen konnten. Gleichwol aber war dem Closter baar Geld zur Reparirung verschiedener Gebäude vonnöthen, deswegen mußte der Probst Meyer sein Capitälchen, welches er zu Gerdow ersparet, ohngefehr vier hundert Mck. austragend, angreifen, und damit den Anfang zum Bau machen. Das erste, so er vornahm, war die Reparation des Siechenhauses und Closterkellers, welche ihm sein Antecessor im Testament aufgetragen und funfzig Mck. dazu hinterlassen hatte. Wie er damit fertig war, ließ er bald hernach das alte baufällige Schlafhaus nach dem Kirchhofe zu, abbrechen, und ganz neu aufführen, auch zugleich unter demselben einen Creutzgang mit schönen Schwibbogen anlegen. Nach diesem nahm er den Bau des Brauhauses vor, und ließ dasselbe von lauter Steinen recht gut und standhaft aufführen. Wie auch zu seiner Zeit das Viehhaus zum andern mal abbrannte, schafte er ohnverzüglich Rath, daß dasselbe wieder zu Stande gebracht wurde.

Zu dieses Probstes Zeiten Ao. 1410. nahm unser Closter zwey Herren von Meding in ihre geistliche Brüderschaft auf, daß sie künftig im Closter sollten begraben, und ihr Jahrgedächtniß mit Vigilien und Seelmessen feyerlich begangen werden, wofür gedachte beyde Edelleute unserm Closter die Gerichte über Alt-Meding schenkten. Der deswegen aufgerichtete Contract ist noch in Originali vorhanden, und lautet folgendergestalt:

Wy Jorden und Machories, Vedderen geheten van Meding, Knapen. Bekennen openbaer in dessem Brede vor alle den Jennen de den seen edder hören lesen, dat wy mit wolbedachtem mode umme unser selen salichkeit und guder bechtnisse willen und Innigis bedes to gode hopen delhaftig to werdende, geboren hebbet unse graft, wan wy van beter werelde scheiden moten, in der Kerken des Closters to Medingen, also dat men uns dar benne graven und began schal, na wontlicker Wonheit des sülven Closters, und na der tyd wan unse Jartyd kumpt aver began mit vigilien und selemissen alse dat ock benne wontlick is. Hir vor hebbe wy ghegeven und gheantwerdet mit vulborth unser erven und alle der Jennen den dat Jenigheryts mede anbören mach

F 3   in

in oraft des Breves, dem provefte und dem gantzen Convente des vorbenomeden Clo-
fters Medingen unfe gerichte dat wy hebben in dem dorppe to Olden-Medingen in ere
hebbenden Were und Brukinge mit aller rechtlicheit und muith alfe uns dat unfe elderen
gheervet, und wy dat ock alfus lange gehat und befeten hebbet, und wulln en des ock
rechte warnde wefen wor und wan en des nod und befuf werd. Wero ock dat jement
van unfen rechten erven, wan wy van bodes weghen raten fint den erganten Provefte
und Convente umme dat vorbenante richte tofpreke, alfo dat fee dat en in vorfcrevener
wife nicht laten wollen, fo fcholden fe den fulven Provefte und Convente gheven und
betalen Seftig marck luneburger penninge. Anders en fcholden fe dat ergenandte gerichte
uth des Provestes und Conventes weten nicht bringen noch Jenigerleyewys bringen laten,
de vorbenante fumme pennen en fy en genßliken und bered betalet funder Wertog und ane
eten fchaden. Vor de fulven fumme penninge fcholde men denne alle Jare in der vorbe-
nanten Kercken des Clofters Medingen nha Clofterliker Wonheyt unfe dechtniße hebben
und fammentliken beghan mit vigilien und Selemißen to ewygen tyden. Alle deße vor-
fchreven ftucke und en jewelf. befundern love wy vorbenannte Jorden und Machories
vor uns und unfe erven den erbenomeden Provefte und gantzen Convente des Clofters
Medingen in guden truwen ftede vaft und unverbrocken to holdende, und hebben des
to befantniße und merer vorwarings unfe Ingefegele witlicken und mit guden willen
gehenget an deßen Bref. Gheven nha godes bord Vertteynhundert Jar darna in dem
teynden Jare in funte Gregoriidage des hilgen Pavestes.

(L. S.)   (L. S.)

    Sonften ift noch von diefem Probfte zu merken, daß er zu Anfange des vier-
zehnten Seculi die hiefige Kirche, welche größtentheils eingefallen, mit Hülfe der Lan-
desherrfchaft, wieder hat aufrichten, und hier und da mit neuen und ftärkeren Ge-
wölben unterftützen laffen.

    Von liegenden Gütern hat er abfonderlich den Zehenden zu Safendorf, und
fonft noch verfchiedene Wiefen und ländereyen an das Clofter gebracht.

    Er ftarb endlich Ao. 1416. am Abend vor St. Barbard ganz unvermuthet
am Schlage, nachdem er die hiefige Probftey ins ein und zwanzigfte Jahr verwaltet
hatte. Sein Cörper wurde unten in der Kirche, gegen den Altar zu, beygefetzet,
allwo man noch jetzo folgendes auf feinem Leichenftein liefet:

Anno domini. M. CCCC. XVI. ia provefto †) barbare virginis obiit venerabilis
    dominus Johannes meyer. hujus monafterii prepofitus. orate pro eo.

    Einer von des Clofters damaligen Capellanis hat feinen Lebenslauf in nachfol-
gende Werfe verfaffet:

Recommendatio venerabilis domini Johannis meygering. per metra compilata:
    Anno milleno ter centeno nonageno
    Annalibus fuperis bis ter quoque revolutis,
    Johannes vixit Gerdow templum meyger rexit,
    De tzellis natus clara ftirpe procreatus;

Qui

---

†) Das Wort Profeftum bedeutet den nächften Tag, der vor einem Fefte hergehet. Conf. Car.
du Fresne Gloffar.

Qui meritis suis ac sacri flaminis donis
Festo pasce sabbati ante modogeniti quasi *)
Per officiales ') in Meding sanctimoniales
In administratorem ac prepositure rectorem
Postulatus F) dignus. sollicitus fuit, benignus,
Festo namque jacobi cepit ingredi atque philippi,
Ac secum portavit bona que Deus donavit,
Argentum, aurum, equos, oves, boves quoque thaurum,
Que pro domo expendit; patrem pauperum se ostendit.
Has sanctimoniales rexit subditosque protexit,
Quibus intercepta sui struxit monasterii.
Ambitum giravit muro excelso ornavit,
Sub quo proteguntur virgines que Christum sequuntur.
Hic struxit cellaria sacris sponsisque vinaria,
Que per tristegas v) commodose distinxit diversas.
Domum infirmarie templum rutumque medinge
Antique restauravit, rutos domos sublimavit.
Hic ultra bis dena pastor correxerat annos,
In quibus horrea monasterii collegit plena.
Qui tandem festo barbare, cujus memor esto,
Migravit ad Christum. Mortuum diligimus istum.
Nunc tibi sit, Christe, dignus prepositus iste,
Vivat & in coelis meyger Johan ipse fidelis!

II. *Ludi-*

---

u) Ist eine ziemlich starke licentia poetica, für Quasimodogeniti.

v) Officiales heissen diejenigen Conventualinnen, welche im Closter gewisse Aemter bedienen. Daß nun durch dieselben allemal hiesiges Orts die Wahl per Compromissum geschehen sey, davon stehe unten im zweyten Theil, von den Gebräuchen unsers Closters, von der Erwählung eines Probstes.

s) Postulatio ist sonst eigentlich eine solche Wahl, da entweder der Clerus und die Gemeine der Leyen zugleich einstimmig wählet, oder da eine Person erwählet wird, die in einem andern Sprengel stehet, oder die auch für sich selbst, nach den Canonibus, zu einer geistlichen Würde ungeschickt ist, und nicht anders, als aus specialer Concession der Superiorum dazu gelangen kann. Daß nun etwas dergleichen bey der Erwählung des Hrn. Meyers sich gefunden, davon hat man keine Nachricht; vermuthlich hat

der gute Autor des Carminis die Worte wol eben so gar genau nicht genommen.

p) Tristega vel tristegum, graecè τρίστεγον bedeutet eigentlich das dritte Stockwerk eines Hauses, es wird aber am meisten von einem Hause, Keller oder anderm Gebäude gebraucht, das in drey Theile abgesondert ist, es mögen dieselben über einander, oder neben und hinter einander liegen. Hieronymus in Ezech. cap. 41. nennet dasselbe aedificium constans tribus tabulatis contignationibus vel coenaculia. Joh. de Janua & Will. Britto in Vocab. it. Auctor Mamotrecti: Tristegum dicitur locus tricameratus. Papias: Tristega, tricamerata, a trino tegmine, vel tribus tectis. Gloss lat. Gall. Tristegum, maison a trois ordres de Sieges &c. Mehrere, aber hieher nicht gehörige Notiones dieses Worts führet Carolus du Fresne an in seinem Lexico mediae & infimae latinit. sub dicta voce col. 1324.

II.
Ludigerus Tölner,
von 1416 bis 1446.

Er war vorhin Probst zu Walsrode, und wurde Ao. 1416. nach Abgange des Hrn. Mayers von dem jungfräul. Convent wieder erwählet. Das Instrumentum electionis, welches man an ihn abfertigte, lautet folgender Gestalt:

Venerabili viro domino Ludgero tolners preposito in Walfrode. Druda priorissa Totusque Conventus Monasterii sancti Mauricii in Medinghe ordinis sancti Benedicti Verdensis dyocesis oraciones in Christo sedulas & devotas. Vacante monasterio nostro per mortem bone memorie domini Johannis de Gherdow. Ultimi prepositi dicti Monasterii. Nos in loco capitulari ipsius monasterii ad hoc capitulariter congregate. Unanimiter & concorditer nulla prorsus discrepante in Vos direximus Vota nostra Vosque in nostrum & nostri Monasterii prepositum elegimus & pastorem. Ideoque humiliter supplicamus quatenus ad Monasterium nostrum quando citius personaliter accedere predicte & electioni consentire & confirmationem petere ac ipsius regimen suscipere dignemini, laboris premium ab eo qui cuncta bona remuneratur recepturus. Datum & actum in Medinghe Anno domini Millesimo quadringentesimo decimo sexto. ipso die sancte barbare virginis & martiris gloriose. Presentibus venerabilibus dominis domino Ludolpho in veteri Uellessen abbatibus & domino Hinrico in Lune preposito ac honestis viris & circumspectis Hinrico Beren proconsule 1). Johanne Schellepepere & Ludolpho de Wynsen consulibus civitatis lüneborg, & aliis pluribus fide dignis, & in testimonium presencium Sigillo conventus nostri munivimus presens scriptum.

(L. S.)

Mit dieser Vocationsschrift wurde ohnverzüglich einer von den hiesigen Vicariis nach Walsrode abgeschicket, um selbige dem Hrn. Tölner zu insinuiren; und wie er, nach etlichen Complimenten, diesen Beruf angenommen, kam er etliche Zeit nachher selbst über, und verglich sich mit denen Conventualinnen, gewöhnlicher massen, über gewisse Puncte, die er künftig bey seinem Amte zu beobachten habe. Wie alles zur Richtigkeit war, setzte endlich das Closter die gewöhnliche Supplique an den Bischof auf, welche der Hr. Tölner zu sich nehmen und damit die Confirmation auswirken muste. Es lautete dieselbe folgender gestalt:

Reverendo in Christo Patri ac domino Hinrico Episcopo ecclesie verdensis. vel ejus in Spiritualibus Vicario a) Druda priorissa totusque Conventus Monasterii sancti Mauricii in Meding Ordinis Cysterciencis verdensis dyocesis oraciones in cristo devotas. Vacante nuper prepositura predicti nostri Monasterii per obitum bone memorie

---

1) Das Wort Proconsul bedeutete in den damaligen Zeiten einen Bürgermeister, und Consul hingegen einen Rathsherrn. Conf. Petri Lambec. Rer. Hamburg. Lib. II. p.

a) Vicarius generalis, welcher allhier nur Vicarius genennet wird, ist der oberste unter allen bischöflichen Vicariis, welchem die Sorge für die ganze Diöces mit anvertrauet, das her er auch bey dem Bischof zu residiren pfleget.

morie domini Johannis de Gherdow quondam ultimi ipfius Monafterii prepofiti &
ipfius eorpore ecclefiaftice tradito fepulture in loco capitulari ejusdem Monafterii vo-
catis omnibus que fuerant evocante omnes pariter congregate nulla prorfus abfente
que debuit potuit & voluit eleΩioni futuri prepofiti intereffe mox & ineontinenti fpi-
ritus fanΩi gracia ut firmiter credimus infpirante nulla prorfus difcrepante unanimiter
concorditer & una voce Honorabilem virum dominum Ludegerum tolner prepófitum
in Walfrode Myndenfis dyocefis elegimus in noftrum & prediΩi noftri Monafterii pre-
pofitum atque patrem. virum utique providum maturum & difcretum in facerdotio
conftitutum in temporalibus & fpiritualibus circumfpeΩum & variis virtutum meritis
multipliciter commendatum. Ac eleΩionem ipfam prefato domino Ludegero prefen-
tari & ipfum humiliter requiri fecimus ut eleΩioni de fe faΩe confentiret qui aliquot
dierum fpacium pro deliberacione receptum Tandem noftris viΩus precibus & in-
ftanciis eleΩioni confenfit fupradiΩe. Qvocirca Reverencie veftre devotis preeibus
fupplicamus Quatenus prediΩam noftram eleΩionem confirmare & alia tam circa
eleΩum quam eleΩionem prediΩos quomodolibet neceffaria facere dignemini graciofe.
firmam etiam fiduciam in domino gerimus quod idem nofter eleΩus auxiliante deo no-
bis & Monafterio noftro utiliter preeffe poterit & prodeffe. Et in fignum unanimis
& concordis eleΩionis noftre prediΩe prefens decretum eleΩionis fanΩe paternitati ve-
ftre dirigimus Sigillo Conventus noftri figillatum fub teftimonio Venerabilium patrum
& dominorum in ipfa eleΩione prefentium Odalrici in luneborg Ludolphi in veteri
Ulfen Abbatum & Hinrici prepofiti in Lune Hinrici Beren proconfulis Johannis Schel-
lepepere Ludolphi de Wynfen confulum civitatis de Luneborg. AΩa & faΩa fcilicet
in loco eapitulari Monafterii in Medinge Anno domini Millefimo Quadringentefimo
decimo fexto in die fanΩe Conceptionis Marie gloriofe virginis.

(L. S.)

Die Confirmation ertheilte ein Commiffarius des Verdifchen Bifchofs Her-
mannus von Brake genannt, in folgenden Terminis:

Hormannus de Brake Reverendi in crifto patris ae domini Hinrici Epifcopi
Verdenfis commiffarius ad infra fcripta fpecialiter deputatus Univerfis & fingulis crifti
fidelibus prefencia vifuris feu audituris, aut quos infra fcriptum tangit negocium feu
tangere poterit quomodolibet in futurum & Prefertim Religiofis in chrifto devotis
Prioriffe & conventui fingulisque SanΩimonialibus Monafterii in Medinghe ordinis
Cifterciensfis Verdenfis diocefis Salutem in domino fempiternam & prefentibus fidem
indubiam adhibere. Pridem Reverendus pater dominus Hinricus Epifcopus prelibatus
per certi tenoris literas fuas nobis dedit in mandatis quantenus de & fuper negocio con-
firmacionis cujusdam domini Ludingeri tolners eleΩi ut afferitur in prepofitum Monafterii
in Medinghe prediΩi procedere de decreto eleΩionis inveftigare, quo habito & diligen-
ter examinato auΩoritate fua eonfirmare & auΩorifare ceteraque facere dignaremur circa
premiffa neceffaria & oportuna. Idcirco citato & compareente in judico coram nobis
Honorabili viro domino Ludingero Tolners presbitero Hildenfemenfi prediΩo con-
eors de fui perfona decretum eleΩionis per Prioriffam & conventum Monafterii in
Medinghe memorati in quo ipfam in prepofitum & paftorem unanimiter poftu-
                                                                                    larunt

larunt b) & elegerunt produxit Nobisque humiliter ſupplicavit quatenus hujusmodi po-
ſtulacionem & electionem ratificare & approbare ipſumque in prepoſitum confirmare &
alia facere & implere circa hujusmodi confirmacionem de Jure conſvetudine qvomo-
dolibet neceſſaria dignaremur gracioſe. Nos igitur Hermannus Commiſſarius ante-
dictus juſtis precibus inclinati diligenter inſpectis & examinatis decreto electionis ut
prefertur ac preſentacione & ſupplicacione de perſona dicti domini Ludengeri concor-
diter factis omnia & ſingula ſic ut perfertur per Prioriſſam & Conventum Monaſterii
in Medinghe predicti factam, auctoritate nobis in hac parte commiſſa ratificavimus appro-
bavimus auctoriſavimus & confirmavimus nec non ratificamus approbamus auctoriſamus
& confirmamus per preſentes memeratumque dominum Ludingerum Tolners in prepoſi-
tum preficiendo confirmamus & paſtorem, regimen Monaſterii antedicti & Sanctimonia-
lium ejusdem ſibi committendo Mandantes igitur univerſis & ſingulis ſupradictis & ſpecia-
liter Prioriſſe & Sanctimonialibus antedictis quatenus ſepe dictum dominum Lundingerum
in prepoſitum paſtorem & rectorem dicti Monaſterii recipiatis & admittatis recipique &
admitti ab aliis faciatis debitum obedieneie & alia prout Juris & moris eſt humiliter
exhibendo nec non de univerſis & ſingulis Juribus fructibus redditibus proventibus &
obvencionibus integre reſpondeatis & faciatis reſponderi. Contrarium facientes ex-
communicacionis ſententiam quam in nomine domini ferimus in hiis ſcriptis volumus
incurrere ipſo facto. In quorum omnium & ſingulorum evidens teſtimonium pre-
ſentes confirmacionis literas noſtras ſigilli noſtri juſſimus appenſione communiri. Da-
tum & actum Lüneborg Anno domini Milleſimo Qvadringenteſimo Decimo ſexto
Menſis Decembris die decimonono.

(L. S.)

Nach ausgefertigter ſolcher Confirmation wurde Herr Tölner bald darauf von
dem verdiſchen Generalvicario, im Beyſeyn mehrerer Prälaten, wie auch Rathsde-
putirten aus Lüneburg, mit den dabey gewöhnlichen Solennitäten introducitet. So
bald er nun die hieſige Pröbſten angetreten hatte, gieng ſeine erſte Sorge dahin, den
Gottesdienſt in hieſigem Cloſter, ſo viel möglich, den Conventualinnen angenehm,
und bey der auswärtigen Gemeine anſehnlich zu machen. Dazu gebrauchte er, als ein
bequemes Mittel, die Muſic, von welcher er ohnedem ein groſſer Liebhaber war; da-
her ließ er gleich zu Anfang ein Poſitiv auf den Jungfrauenchor ſetzen, und die groſſe
Orgel in der Kirche mit etlichen neuen Stimmen vermehren, hielt daneben etliche von
den jüngern Conventualinnen und alle ſeine Capellanos zur Muſic an, und brachte es
ſo weit damit, daß ſie hernach an den Feſt- und Apoſteltagen ſowol bey dem öffentli-
chen Gottesdienſte, als unter ihren Horis eine angenehme Muſic machen konnten.
Wie es denn ebenfalls von ihm herkommt, daß noch bis auf den heutigen Tag an den
Feſt- und Apoſteltagen, auch ſonſt zu gewiſſen Zeiten, die Orgel unter der Cherſtunde
geſpielet wird. Nächſt dieſem war er auch um die äuſſerliche Zierde ſeines Cloſters be-
müht; denn er ließ zuförderſt auf den Jungfrauenchor ſchöne neue Fenſter ſetzen, eine
poſtba-

---

b) Poſtulari bedeutet noch etwas mehreres, | Lexicon Ecclef. mini. P. II. p. ſub voce
als eligere, und wird dieſes Wort abſonderlich | Poſtulatio.
von einer ſolchen Wahl gebrauchet, vermöge deren | Alia war auch allhier eine Poſtulation, weil
ein Geiſtlicher aus einem Sprengel in den an- | Herr Tölner von Walfrede aus der arnsbiſchen
dern vociret wird. Conf. D. J. A. Schmidii | in die verdiſche Dioeceſis vociret wurde.

kostbare vergüldete Tafel in den Altar, güldene Monstranzen, einen reichlich mit Edel-
gesteinen versetzten Kelch, ein silbern Rauchfaß, auch etliche Chorkappen und Ca-
suln c) auf seine Unkosten verfertigen, und schenkte dieselben an das Closter, wovon
noch heutiges Tages ein und anderes vorhanden ist.

Die Conventualinnen selbst bedachte er nicht weniger reichlich, denn wie er
dieselbst in etlichen Jahren ziemlich viel vor sich gebracht hatte, setzte er ein Capital von
etlichen 1000 Mark nieder, wovon das Closter alle Jahr die Renten geniessen sollte.
Deergleichen kaufte er zwey halbe Pfannen in der Sülze zu Lüneburg, davon er die eine
der Pröbsten, die andere dem Closter schenkte, mit der Bedingung, daß man ihm
jährlich an jedem Tage seines Absterbens eine Memorie dafür halten und Seelmessen für
ihn lesen sollte.

Zu dieses Probstes Zeit, und noch lange vorher, hatten die Verdischen Bischöfe
einen freyen adelichen Sattelhof in Bevensen, welcher nicht allein mit Gericht, Zehen-
den, Hofdiensten und andern Gerechtigkeiten, sondern auch mit vielen liegenden Gü-
tern reichlich versehen war. Als aber der damalige Bischof Johannes III. einst Geld
nöthig hatte, verkaufte er erstlich die Gerichte und Gerechtigkeiten dieses Hofes an ei-
nen Rathsherrn in Lüneburg, Herrn Fridericum Hoghetten, und kurz hernach Ao. 1428.
den Hof selbst mit allen Pertinentien an unser hiesiges Closter, welches auch denselben
so lange ruhig in Besitz behalten, bis einer von den folgenden Bischöfen den Hof wie-
der eingelöset, und einen eigenen inquilinum darauf gesetzt, die Gerichte und Gerech-
tigkeiten aber den Verdischen Bischöfen wieder vindiciret hat.

Der Inhaber dieses Hofes ist noch bis jetzo von den Oneribus der übrigen Be-
venser Bauleute exemt, und hat noch vor nicht gar langer Zeit alle seine Abgisten nach
Werden entrichten müssen.

Sonst hat dieser Probst, Herr Tölner, auch wegen des Festes der hiesigen
Kirchwenhung einige Mühe gehabt. Denn einer von seinen Antecessoribus, dessen
Namen man nicht angemerkt findet, hatte aus gewissen Ursachen das Kirchwenhungs-
fest von dem gewöhnlichen Termino auf den Sontag Trinitatis verlegt, und dazu von
dem damaligen verdischen Officiali schriftlichen Consens erhalten. Dieses gefiel un-
serm Probst Tölner nicht allerdings, deswegen that er dieser Sache halber ein und an-
dere Vorstellung am verdischen Hofe, welches denn so guten Ingreß fand, daß die
vorhin geschehene Veränderung Ao. 1435. aufgehoben, und gedachtes Fest wiederum
auf den Sontag nach Bartholomäi, als den ersten und rechtmäßigen Termin, gesetzt
wurde. Der damalige Vicarius generalis des verdischen Bischofs, Petrus vom Hope,
ließ über diese Veränderung nachfolgendes Ausschreiben ergehen:

Petrus van dem hope Reverendi in christo patris ac Domini Domini Johan-
nis Electi Verdensis & Confirmati Episcopi in spiritualibus vicarius generalis. Uni-
versis & singulis quos infra scriptum tangit negocium seu tangere poterit in futurum
sinceram in domino caritatem. Reprehensibile non est Judicandum si secundum
temporum varietatem statuta quoque variantur humana & presertim cum ingens neces-
sitas aut evidens utilitas id exposcat. Cum igitur ex primeva & antiqua institutione

G 2 solempni-

---

c) Casulen waren priesterliche Kleider, welche
so groß, daß sie einen ganzen Menschen vom
Haupt bis zu den Füssen bedeckten, so daß es

fast schien, als ob ein damit bekleideter Priester
eine kleine Casam oder Hütte um sich hätte.
Conf. Isidor. orig. L. 19. c.

ſolempnitas dedicationis monaſterii tam veteris quam novi Medinghe *) Ordinis Ci-
ſtercienſis Verdenſis Dioceſis fuerit celebrata ſolempniter & devote ſequinti die domi-
nico poſt feſtum beati Bartholomaei.   Tamen ex poſt ob quorundam opiniones licet
inconvenientes ad diem trinitatis auctoritate predeceſſorum noſtrorum fuerit reducta.
Tamen venerabilis vir dominus Ludingherus prelibati monaſterii prepoſitus conſide-
rans ex prenarrata ejus dedicationis transductione propter feſtum trinitatis & precioſi
corporis criſti multipliciter indulgenclis dictata & privilegiata inconveniencias quam plu-
res evenire.   Supplicans igitur quod valenciores & racionabiliores cauſe id expoſcant
celebracionem dedicacionis hujusmodi ad priſtinum & primevum celebracionis diem
reduci.   Nos igitur juſtis & honeſtis prefati domini prepoſiti precibus annuentis cele-
bracionem dedicacionis predicte ad priſtinum diem in nomine domini auctoritate no-
bis in hac parte commiſſa reducimus per preſentes.   Mandantes omnibus & ſingulis
criſti fidelibus quatenus ſolempnia dedicacionis in hujusmodi proxima die dominica
poſt feſtum beati Bartholomei apoſtoli prout in primevo fuerunt obſervata ſolempni-
ter celebrent peragant & obſervent.   Datum Lüneborg Anno domini milleſimo
CCCC°. XXXV°. ipſa die ſolempni aſſenſionis domini vicariatus noſtri ſub ſigillo pre-
ſentibus ſub appenſo.

(L. S.)

Auf dem Siegel ſtehet die Umſchrift: Sigillum vicariatus eccleſie verdenſis.

Bey herannahendem Alter begunte endlich unſer Probſt Tölner ſehr ſchwäch-
lich zu werden, wie er denn abſonderlich Ao. 1446. ein ganzes Viertel Jahr, von
Weyhnachten bis Oſtern, beſtändig zu Bette liegen mußte. Dieſe langwierige Krank-
heit brachte ihn zu der Reſolution, daß er ſich vornahm, ſein Amt niederzulegen. Sol-
ches ſein Vorhaben entdeckte er noch vor Oſtern den ſämmtlichen Conventualinnen,
welche denn, da es nicht zu ändern war, wiewol mit Betrübniß, darin willigen
muſten. Die wirkliche Reſignation geſchahe am 9ten Maji des gedachten 1446:en
Jahrs von Herrn Bernhard von Indern, Vicario an der St. Johanniskirche in Lüne-
burg, als Commiſſerio, gegen dem verdiſchen Biſchof Johannem III. Da denn zu-
gleich ausgemacht wurde, daß der Emeritus, Herr Tölner, Zeit lebens die beyden
halben Pfannen in der Sülze zu Lüneburg, ſo er vor Zeiten ſelbſt gekauft, nebſt zwey
Choris ſalis, ſo von Alters her zu des Probſtes Tiſch und Haushaltung gelegt, ge-
nieſſen, ſeine Wohnung auf der Pröbſtey behalten, und zur Aufwartung zwey Diener
und eine Magd haben ſollte, welche von der Pröbſtey wegen mit Lohn und Brod ſollten
verſorget werden.

Alle dieſe Puncte wurden von gedachtem Biſchof Johanne III. bewilliget, und
darüber nachfolgende Confirmation ertheilet:

IOHANNES Dei & apoſtolice ſedis gracia Epiſcopus Verdenſis Dilecto
nobis in criſto domino Ludingero olim Prepoſito monaſterii ſanctimonialium in Me-
dinge noſtre dioceſis Salutem & ſinceram in domino caritatem.   Perſonam tuam no-
bis gratam atque devotam, paterna benivolencia proſequentes, Illam tibi libenter
conce-

---

b) Die Kirche und Cloſter zu Alten: ſowol als Neuen-Medinge ſind beyde am Tage des Apoſtels
Bartholomäi eingeweyhet worden. Vid. p. etc.

concedimus graciam, quam pro tuis infirmitatibus fenio & morbis commodius fup-portandis fore confpicimus oportunam. Cum itaque hodie Regimen dicte prepofi-ture & Ecclefie parochialis in Medinge eciam ante dicte noftre diocefis quibus tunc prefueras in manibus noftris fponte & libere, per Honorabilem virum dominum Bernhardum de Lydern perpetuum in Ecclefia parochiali fancti Johannis in Luneborch ejusdem noftre diocefis Vicarium & procuratorem tuum ad hoc legitime conftitutum prout die ipfius procurationis mandato nobis legitimis conftat documentis, cefferis, Nosque ceffionem ipfam eidem tuo procuratori inftanti & petenti, duxerimus ad mit-tendam, Nos tibi ne occafione ceffionis hujusmodi nimium peciaris difpendium & ad tenendum ftatum, & confervandum corpus tuum juxta decentiam, facultatibus carcas oportunis, de alicujus fubvencionis auxilio providere, fpecialemque graciam facere volentes, Tibi ufufructum duarum dimidiarum Sartaginum, quas ut afferis per te promptis tuis pecuniis comparaveras, quas ad certum ufum dicti monafterii deputave-ras, & duorum Chororum falis in falina in Luneborch predicte noftre diocefis fitorum, ad menfam dicte prepofiture fpectancium & pertinencium cum omnibus Juribus & per-tinenciis fuis, Nec non ufum domus prepofiture in Medinge predicte quam nunc in-habitas, pro te, nec non duobus fervitoribus & una ancilla cum expenfis predicte prepofiture, quoad vixeris, Venerabilium & religiofarum dominarum Prioriffe & to-tius Conventus dicti Monafterii in Medinge expreffo ad id accedente confenfu, aucto-ritate noftra duximus refervandum & tenore prefencium refervamus concedimus & af-fignamus Volentes & eadem noftra auctoritate ftatuentes. Quod tu ufufructum pre-dictum percipere levare & exigere ac de illo tibi refponderi facere, Ipfumque in ufus tuos convertere, libere & licite valeas & poffis, prout & quemadmodum illum ante ceffionem hujusmodi percipere confueveras. Ac decernentes quafcunque perfonas cujusvis ftatus gradus dignitatis aut condicionis exiftant, quas hujusmodi ufufructus folutio per tempora facienda contingit, ad illam integre tibi faciendam & nulli alteri, Juxta refervationem & affignationem predictarum tenores fore efficaciter obligatas, Omnibus & fingulis dicti monafterii prepofitis pro tempore exiftentibus, diftricte precipiendo mandamus quatenus fub excommunicacionis pena, quam contra-facientes canonica monitione previa incurrere volumus ipfo facto, fine contradictione qualibet eidem domino Ludingero Ufufructum predictum quandiu in humanis ege-rit folvi levare & fublevare permittatis, Volumus tamen quod poft obitum tuum ufufructus predictarum duarum dimidiarum Sartaginum ad ufum predictum per te ut premittitur deputatum, & duorum chororum falis, ac ufus domus prepofiture predictorum ad menfam prepofiti dicti monafterii pro tempore prout antea pertinere confueverant, revertantur & plenarie fpectent. In quorum omnium & fingulorum fidem & teftimonium premifforum prefentes noftras literas exinde fieri & per Nota-rium publicum Scribamque noftrum infrafcriptum fubfcribi & publicari mandavimus noftrique Sigilli juffimus & fecimus appenfione communiri Datum Luneborch in Curia & aula noftra Epifcopali ibidem Sub Anno a nativitate domini Milfefimo quadringentefimo quadragefimo fexto Indictione Nona die vero Nona menfis Maji, Pontificatus Sanctiffimi in crifto patris & domini noftri domini Eugenii divina providencia pape Quarti Anno decimofexto. Prefentibus ibidem venerabili in crifto patre domino Alberto mona-fterii veteris ulffen pretacte noftri diocefis Abbate & Spectabilibus viris dominis Jo-

hanne

hanne Schellepeper Procunſule Hinrico langen & Brandano Tzerſtede Conſulibus opidi
Luneborch predicti teſtibus ad premiſſa vocatis.

(Loc. Sig.) Et quia ego Hinricus Louwe clericus Bremenſis diocefis, publicus
(Notar.) Imperiali auctoritate Notárius, prefatique Reveerendi in criſto patris
& domini domini Johannis Episcopi Verdenſis Scriba, Quia premiſſis omnibus
& ſingulis dum ſic ut premittitur fierint & agerentur una cum prenominatis teſti-
bus prefens interfui, Eaque ſic fieri vidi & audivi Ideoque prefentes refervatio-
nis literas ſive prefens publicum Inſtrumentum per me in notam receptum exin-
de confeci ſcripſi ſubſcripſi Signoque & nomine meis ſolitis & conſuetis unacum
dicti domini Episcopi verdenſis Sigilli appenſione de ipſius mandata ſignavi & ſigil-
lavi in fidem omnium premiſſorum.

(L. S.)
(Episcop.)

Nachdem nun Herr Tölner die hieſige Probſtey auf vorbeſchriebene Art re-
ſigniret hatte, ſchritten die Conventualinnen ohnverzüglich zur Wahl eines neuen Prob-
ſtes, da denn, ſonderlich auf Recommendation des alten Probſtes, Hr. ludolphus
lützken, damaliger Probſt zu Dannenberg, per plurima vota erwählet, von dem Bi-
ſchof confirmiret, und noch bey lebzeiten des alten Tölners introduciret ward. Es
hatte aber dieſer neue Probſt kaum etliche Tage die Probſtey geführet, als ihm der alte
Emeritus Raum machte, maſſen derſelbe ſogleich nach Pfingſten, am Tage der Jung-
frau Potentianae dieſes Zeitliche geſegnete, nachdem er dem hieſigen Cloſter ins 30ſte
Jahr vorgeſtanden, und nur in die 4te Woche als Emeritus gelebet hatte. Seine
Memorie hat man allemahl, wie gewöhnlich, am Tage ſeines Abſterbens gehalten.
Sein Cörper liegt bey den andern Pröbſten unten in der Kirche gegen bey Altar zu be-
graben, und lieſet man daſelbſt auf ſeinem Grabſteine nachfolgende Umſchrift:

Anno. domini. m. cccc. xlvi. feria. quarta. ipſa. die. potenciane. virginis.
obiit. venerabilis. dominus. ludigerus. tolner de tzell. hujus. monaſterii. pre-
poſitus. cujus. anima. requieſcat. in. pace.

12.
Ludolphus Lützken,
von 1446 bis 1464.

Er war vormals Probſt zu Dannenberg, und wurde nach der freywilligen Reſigna-
tion Herrn ludigeri Tölners von dem geſammten Jungfräul. Convent einhellig
zum Probſt erwählet, wie davon bereits oben gedacht iſt. Dieſe Wahl geſchahe
Ao. 1446. den Dienſtag nach Cantate, und wurde zugleich an demſelben Tage die Vo-
cation an Hrn. lützken abgeſchicket in folgenden terminis.

Venerabili viro domino Ludolpho Lutzeken prepoſito in Dannenberge Ely-
zabeth prioriſſa totusque Conventus monaſterii ſanĉti Mauricii in Medinge Ordinis
ſanĉti Benediĉti Verdenſis diocefis Orationes in chriſto ſedulas & devotas. Vacante
prepoſitura monaſterii noſtri per liberam refignacionem venerabilis Domini Ludingeri
Tolners ultimi prepoſiti diĉti monaſterii ut per patentes literas Sigillatas Rever.d in
Chriſto

Christo patris & Domini domini Johannis Episcopi Verdensis accepimus Nos in loco capitulari ipsius monasterii ad hoc capitulariter congregate unanimiter & concorditer nulla prorsus discrepante in vos direximus vota nostra Invocata ad hoc gratia spiritus sancti Vosque in nostrum & nostri monasterii prepositum elegimus & pastorem. Ideoque humiliter supplicamus Quatenus ad monasterium nostrum quanto cielus personaliter accedere predicte electioni consentire, & confirmacionem petere ac ipsius regimen suscipere dignemini. laboris premium ab eo qui cuncta bona remuneretur recepturus. Datum & actum in Medinge Anno domini millesimo quadringentesimo quadragesimo sexto seria secunda post dominicam Cantate presentibus venerabilibus & discretis viris dominis Alberto de vetere Uelleßen Abbate dominis Johanne Lindbom & Friderico de Lidern vicariis in Medinge Circumspectis viris dominis Johanne Schellepeper pro Consule Henrico Langen & Brandano Tzerstcden Consulibus in Luneborg & aliis pluribus fide dignis & in testimonium presencium Sigillo Conventus nostri munivimus presens scriptum.

(L. S.)

Zu gleicher Zeit wurde auch vom Closter eine supplique an den Bischof aufgesetzet, und um Confirmation der geschehenen Wahl Ansuchung gethan, welche Schrift, weil sie in der bischöflichen Confirmation von Wort zu Wort enthalten, allhier anzuführen unnöthig ist. Die Confirmation selbst wurde vom Bischof Johanne den 24sten Maji des gedachten 1446sten Jahrs zu Rotenburg ertheilet, in nachfolgenden Formalibus:

Universis & singulis, Illique seu illis quorum interest vel intererit quosque infra scriptum tangit negocium seu tangere poterit quomodolibet in futurum Nec non venerabili domino Johanni de Alten officiali nostro generali Johannes Dei & apostolice sedis gracia Episcopus Verdensis Salutem in Domino & presentibus fidem indubiam adhibere. Literas Electionis venerabilium & Religiosarum dominarum Prioriße & totius Conventus monasterii sanctimonialium in Medinge nostre diocesis de persona venerabilis domini Ludolphi Lützke prepositi in Dannenberghe ejusdem nostre diocesis ad preposituram in Medinge per liberam resignacionem honorabilis domini Bernhardi de Lyderen perpetui in Ecclesia sancti Johannis in Luneborch pretacte nostre diocesos vicarii procuratoris & procuratorio nomine quondam Domini Ludingeri Tolners, tunc dicti monasterii in Medinge prepositi in manibus nostris sponte factam & per nos admissam vacantem facte & per eundem dominum Ludolphum Electum nobis presentatas recepimus hujusmodi sub tenore Reverendo in Christo patri ac Domino domino Johanni Episcopo Verdensi vel ejus in spiritualibus vicario Elyzabeth prioriße, Totusque Conventus monasterii sancti Mauricii in Medinge Ordinis Cisterciensis Verdensis diocesis Oraciones in christo devotas. Vacante nuper prepositura predicti nostri monasterii per liberam resignacionem Venerabilis Domini Ludingeri Tölners, Ultimi ipsius monasterii prepositi, Nos in loco capitulari ejusdem monasterii &c. *). Hujusmodi namque literis sic per cum presentatis & per nos receptis dicto domino Ludolpho Electo instanti & petenti literas proclamationis contra omnes & singulos qui sua in hujusmodi Electiones negocio putaverint intereße, Ad dicendum & opponendum quicquid verbo vel in scriptis, contra formam

Electio-

Electionis & ipſius fie ut premittitur Electi perſonam dicere five opponere vellent, Nec non ad videndum & audiendum dictum Dominum Electum per nos confirmari, aliaque que circa eandem Electionem expedirent fieri, decrevimus & conceſſimus ad certum peremptorium terminum competentem, diem videlicet & horam infra ſcriptas, Quibus advenientibus & venerabili Domino Wernero de Azel Thezaurario ecclefie noſtre Verdenſis domini Ludolphi Electi procuratore, prout de ſue procurationis mandato nobis legitime conſtat, coram nobis in judicio comparente Ac prefactas proclamationis literas cum ſuis executionibus debite ut apparuit factis reproducente, Contumaciamque omnium & ſingulorum inibi contentorum non comparencium Neque termino ipſis inibi aſſignato in aliquo ſatisfacere curantium accuſante Ac ipſos & eorum quemlibet per nos contumaces reputati, Nec non & prefatum Dominum Ludolphum Electum principalem ſuum ac ſe in perſonam ipſius juxta vim formam & tenorem literarum Electionis nobis & per nos preſentatarum & receptarum confirmari & ad dictam prepoſituram in Medinge inſtitui & Inveſtiri debita cum inſtancia petente, Nos vero Johannes Episcopus antedictus, ſupradictos citatos non comparentes neque hujuſmodi diei termino in aliquo ſatis facere curantes licet ſufficienter exſpectatos reputavimus merito prout erat juſticia exingente contumaces, Et in eorum contumaciam attendentes hujuſmodi peticionem fore juſtam & conſonam rationi Quodque nullus legitimus oppoſitor ſeu contradictor in hujuſmodi Electionis comparuit, Electionem ut premittitur factam dicto domino Wernero procuratori inſtanti & petenti & eo nomine confirmandam duximus & confirmamus, Ipſumque procuratorem & eo nomine flexis genibus coram nobis conſtitutum, & ad juſtam & rationabilem ipſius peticionem in perſonam dicti domini Ludolphi Electi & per nos confirmati, inſtituendum & inveſtiendum duximus Inſtituimus & Inveſtimus per preſentes per anuli noſtri tradicionem & digiti ſui Impoſitionem f) de eadem, Curam Regimen & adminiſtracionem dicti monaſterii eidem plenarie committendo, Quocirca Vobis domino Johanni Officiali noſtro antedicto committimus & mandamus quatenus dictum dominum Ludolphum Lützken prepoſitum predictum in & ad realem corporalem & actualem poſſeſſionem dicti monaſterii Juriumque & pertinenciarum omnium earundem, noſtra auctoritate inducatis inductumque defendatis, Facientesque ſibi obedienciam reverenciam & honorem debitum per Venerabiles & Religioſas Sanctimoniales dicti monaſterii ac alios ad quos pertinet exhiberi, Nec non de fructibus redditibus proventibus & obventionibus univerſis integre reſponderi, Contradictores per cenſuram eccleſiaſticam eadem noſtra auctoritate ſi opus fuerit compellendo. In quorum omnium & ſingulorum fidem & in teſtimonium premiſſorum preſentes noſtras confirmationis literas exinde fieri & per Notarium publicum ſcribamque noſtrum infra ſcriptum ſubſcribi & publicari mandavimus noſtrique Sigilli juſſimus & fecimus appenſione communiri. . Datum & actum in Caſtro noſtro Rodenborch & in aula noſtra ibidem, nobis inibi hora veſperarum conſueta, Ad jura reddendum pro tribunali ſedentibus Anno a Nativitate domini Milleſimo quadringete-

---

f) Es iſt von Alters her in der Römiſchen Kirche gebräuchlich, daß die geiſtlichen Aemter mit Uebergebung eines güldenen mit einem koſtbaren Edelgeſtein verſehten Ringes conferiret werden, zum Zeichen der geiſtlichen Vermählung eines Prälaten mit ſeiner Kirche und Gemeine. Dieſen Ring trägt man auf dem Zeigefinger der rechten Hand, bey Amtsverrichtungen aber am Goldfinger. Vid. D. Ab. I. A. Schmidii. C. E. minus P. I. p. m.

getesimo quadragesimo sexto Indictione Nona die vero Martis, vicesima quarta mensis Maji Pontificatus sanctissimi in christo patris ac domini nostri domini Eugenii divina providencia Pape Quarti Anno decimo sexto Presentibus ibidem discretis viris Johanne de Hoenhorste Cubiculario 9) & Gerlaco Luderi familiari nostris laicis Bremensis & Hildensemensis diocesis Testibus ad premissa vocatis specialiter & rogatis.

(Sig. Notar.) Et quia ego Hinricus Louwe clericus Bremensis diocesis publicus Imperiali auctoritate Notarius prefatique Reverendi, in Christo patris & domini domini Johannis Episcopi Verdensis Scriba Hujusmodi teterarum Electionis presentacioni & receptioni proclamationis peticioni & decreto Ejusque reproductioni, Confirmationi Institutioni Investiture & commissioni Omnibusque aliis & singulis premissis dum sic ut premittitur coram dicto domino Episcopo Verdensi & per eum fierent & agerentur Unacum prenominatis testibus presens interfui Eaque sic fieri vidi & audivi Ideoque presentes literas sive presens publicum Instrumentum per me in notam receptum exinde confeci scripsi subscripsi Signoque & nomine meis solitis & consuetis una cum dicti domini Verdensis Sigilli appensione de ipsius mandato signavi & sigillavi Rogatus & requisitus in fidem omnium premissorum.

(L. S. Episcop.)

Tax. ad ccxx fl.

Joh'es dei gra Eps: vdenf.

Kurz nach Erhaltung dieser Confirmation geschahe die Introduction von des Bischofs damaligen Officiali, Hrn. Johanne von Alten, da denn die ganze Jungfräuliche Versammlung ihrem neuen Probste in einer feyerlichen Procession entgegen gieng, und ihn mit Music und Läutung der Glocken einholete, auch dafür denselben Tag auf seine Unkosten prächtig tractiret wurde. Wie er nun auf solche Art die hiesige Probstey angetreten hatte; sorgete er mit gleichem Fleiß, als seine Vorfahren, für die Aufnahme des Closters, und konnte fast kein grösseres Vergnügen haben, als wenn er Gelegenheit fand, demselben Gutes zu thun. Gleich bey seinem Antritt schenkte er dem Closter eine schöne güldene Monstranze von hohem Werthe, die noch jetzo zu gewissen Zeiten, unter anderm Kirchenschmuck, auf dem Jungfrauen-Chor mit ausgesetzet wird. Bald hernach kaufte er dem E. Rath zu Lüneburg die Mühle zu Emmendorf wieder ab, welche ehemals Hr. Ludolphus von Lüneburg Ao. 1343. zum Behuf der Schiffarth auf der Ilmenau dahin verkauft hatte, wovon oben mit mehrerem gehandelt worden.

Ao. 1450. streckte der Hr. Probst Lütken dem Verdischen Bischof Johanni von des Closters Baarschaften eine Summe Geldes von 1800 Reinischen Gülden, und bald hernach noch 850 Mark lüb. vor, für welche Gelder dem Closter das ganze Weichbild Bevensen, als ein damaliges bischöfliches Tafelgut, hypotheciret ward. Nach der Hand ist gedachtes Weichbild vollends durch rechtmäßigen Kauf als ein Eigenthum an das Closter gekommen, davon gehörigen Orts ein mehrers gemeldet werden soll. Das Vernehmste, so dieser Probst hieselbst verrichtet hat, ist die Erbauung der Capelle unten in der Kirche zur Seite des Altars, welche zu den Zeiten des Pabsthums allemal

mal

mal in gutem Stande gewesen, und von eigenen Vicariis verwaltet, nachgehends aber in den neuern Zeiten zur Sacristey für die Herren Prediger, und endlich vor wenig Jahren von der damaligen Fr. Abbatißin von Lüneburg zu einem Begräbniß-Gewölbe gemacht worden Diese Capelle erbauete der Hr. Probst Lütken Ao. 1453. mit ziemlichen Kosten, und ließ darinnen zwey Altäre, und in jeden Altar einen bleyernen Kasten mit Reliquien setzen. Wie das Gebäude fertig war, schickte der damalige Verdische Bischof Johannes seinen Suffraganeum, Theodoricam, einen Titulair-Bischof von Cäsarien, anhero, daß er die Einweihung der neuen Capelle verrichten sollte.

Diese Solennität gieng in gedachtem 1453sten Jahr, und zwar am Sonntage nach Bartholomäi vor sich, da ohnedem das Fest der Kirchweyhung einfiel, und wurde an selbigem Tage die neue Capelle zur Ehre Gottes, der Jfr. Mariä und Johannis des Täufers geweyhet. Der erste Altar in derselben ward allen heil. Engeln und Erzengeln, allen heil. Aposteln, St. Mauritio und seinen Cameraden, St. Vito, Cyriaco, Benedicto, S. Apollonia, Ursula und ihren Gespielen; der andere Altar St. Stephano, Laurentio, Nicolao, Antonio, S. Catharina, Cäcilia, Anna und Mariä Magdalena dediciret, und dabey die Verordnung gemacht, daß das Gedächtnißfest dieser Einweyhung der Capelle und des höchsten Altars darin, jährlich am Sonntage Bartholomäi, die Einweihung der kleinern Altars aber jährlich auf den Tag S. Stephani sollte gefeyret werden. Bey dieser neuen Capelle legte der Hr. Probst auch ein beständig Vicariat an, und gab eine Portion jährlicher Einkünfte von den Probsteygütern dazu her. Dem Vicario, der allemal auch zugleich des Closters Beichtvater mit seyn sollte, wurde eine eigene Wohnung ausserhalb der Probstey eingegeben, weil aber die Einkünfte bey diesem Vicariat noch nicht so stark waren, daß er a part für sich davon leben konnte, so sollte er mit den übrigen Capellanis an des Probstes Tisch gehen.

Ueber alle diese Dinge, die Stiftung der neuen Capelle und des dabey angelegten Vicariats betreffend, ließ der Hr. Probst Lütken durch Notarium und Zeugen ein förmliches Instrument aufrichten, welches noch in Originali vorhanden ist, und folgendergestalt lautet:

In deme namen der hilgen unde ungheveilden drevoldicheyt, des Vaders unde des sones unde des hilgen gheystes. Amen. Nademe dat alle dyngh de hyr scheen in desser vorghenclifen tyd verghan unde vorgheten werden myt der tyd, So is des nod dat men de bevestige unde vorware myt warhafftigen scrifften Breven unde Ingesegelen. Hyrumme wy Iudeleff Lützke Provest to Medynghe unde Dannenberghe, beke Iagendorppes Priorend unde de gantze Sammelinghe der ghenstliken Juncfrauwen beghreven in deme Klostere to Medynghe, bekennet openbare in dessem Breve unde Fundacien vor uns und unse nakomelinge unde vor alsweme, dat ic Iudeleff Lützke Provest vorgescreven myt wyllen unde Vulbord der Priorende und der gantzen sammelinghe vorgheröret deme Almechtigen Gode vom Hymmelricke, Marien siner leven moder unde allem hymmelschen Here to eren, uns, unsen Elderen, al unsen vründen unde woldederen unde ock allen Kristenen Zelen to hulpe troste unde salicheyt hebbe ghebuwet, gheleckt unde maken laten an den Kerken unde dat Münster des Closters to Medynghe an dat süden eyne nyge Cappelle, unde dar yn twe alter, Unde de Capellen myt dem högesten Altar ghewyghen laten in de ere des almechtigen Godes, syner leven moder Marien, unde aller Godes hylghen, Sunderliken in dere Säme Johannis Baptisten, Aller hilgen enghele,

Aller

Aller hilgen Apostele, Sünte Mauricii myt siner selschopp, Sünte Vitt, Sünte Cyriaci mit syner selschopp, Sünte Benedicti, Sünte Apollonien unde Sünte Ursulen mit erer selschopp, des sülven Altars Patronen unde Hövedheren. To deme sülven Altar hebbe ich ghelecht unde legghe eyne vicarie deme Bychteghere der Juncfrouwen in deme vorscrevenen Kloster to Medynghe, de ich beghifftige, berenthe unde bewedeme von des Klosters wegen erghescreven myt einer guden bequemen Wonynghe Huse unde hove unde myt der vrygen Kost unde tafelen des Provestes, alze dar deme Bygtigher to Medynghe wontlich is. Vorder van goblifer leve myner unde ock anderer vromer lüde anherdinghe hefft her Clawes Gherstede, Kerkhere to Wychmansborch to troste syner unde ock syner elderen unde vründe Zelen de sülven vicarie beterd unde beghifftiget myt ses marken tüneborgher pennynghe Jarliker ewigher renthe, de uthgheven schal de sülve her Clawes syne erven ebber de hebber des Breves uppe de gubere de he Kofft hefft by dem Kloster to Medyngh Alze utwyset de beseghelde breff den de erbenomede Her Clawes dem Provefte unde der Sammelinghe darsülves uppgegeven had. Ock hefft de sülve erghescreven her Clawes ghesecht unde lovet in myner jegenwardicheyt, hern Hinrikes Kerrewebel hern Johannis Bügemanns, hern Johannis Dryborgh, herrn Johannis Hoyemanns, unde Hern Johannis to, alze vor eynem notario darto gheeschet, dat he in synem testamente ebber syne testamentaril na synem Dode von synem vedesten güderen wil effte schullen, noch maken twe marck der vorscrevenen werynghe Jarliker ewyger renthe to befter sülven vorscreven vicarie. Ock van goblifer leve unde anwynsinghe vromerlüde myt Wyschopp unde myner vulbord hefft Heyne Detmars, achtefwanne Kellermann unde nur tor tyd müller, syner Zele to troste unde synet elderen ghegeven to der sülven vicarie dre marck lübscher pennynghe Jarliker unde ewyger renthe, de ghekofft synd vor vefftig marck lübescher pennynghe in vuller renthe, bede saliger Dechtnisse Albert Tjerstede belecht hefft uppe der sülten to lüneborch in enner halven pannen in dem Huse to Grevinghe, van syner süster wegen Alheyde Tjersteden begheven in dem Kloster to Medinghe, myt syner Dochter Wobbeken Tjersteden ock begheven darsülves, unde noch anderen renthen van Alheydes wegen, alze utwyset syn beseghelde breff, den he Alheyde darupp ghegeven hefft, dar he ynne lovet unde lovet hefft vor sick unde syne erven vor dat gheld, so lange dat he ebber syne erven eynen beseghelden breff darupp bearbeyden by dem Rade to lüneborgh. van defsen dren marken schal de vicarius tügen unde holden twe lichte uppe dat altar, unde eyn lycht, dat men bernet achter deme prester. Wes dar over blifft schal he vor sick beholden, unde bydden vlitliken vor den verscreven Heynen unde syne elderen in allen synen myffen. Ock van gudet menynghe unde goblifer leve hefft her Johan Hoyemans to troste syner, syner elderen, syner vründe, und aller de sick ome bevalen hebben unde ock bevalen syn, unde allen Kristenen Zelen ghebeterd unde beghifftiget de sülven vorscreven vicarien myt enner mark Jarliker pennynghe tüneborger werynge, de ich lubeleff lüsteke von ome unde synet wegen uppgheynomen hebbe. Unde mit teyn marken hebbe ich ghekofft van Gerde grevingh Hermens seligen sone eyne marck ghelbes Jarliker renthe in Helmeken boden huse unde hove, belegen in deme dorppe to Barem, twyschen Heynen hosange, anders ghebeten Papman, unde Tyteken hövövele, de de sülve Helmeke ebber de dat gud bewoned, vruchted ebber brukeb, deme vicario upp Sünte Michaelis dach to wissen gheven unde betalen schal, alze utwyset de breff, den de vorscreven Gerd grevingh vor sick unde synen vebbern

Seghe

Seghebande unde ere erven myt eren Jngheßegeln verseghelet my darupp ghegeven hab. De anderen viff marck hebbe ick ghekevet in des Closters beste und unde behoff. Hyrum wan de marck webber affghekofft werd van dem verscreven hove unde gübern vor de reyn marck So wil ick ebber myn Nakomeling schal dar to dan vlff marck der vorscrevenen pennynghe unde dem vicario webber beleggen in eynen hupen de vffteyn marck vor eine marck geldes Jarlicker renthe.   Worde deßer renthe welck affgekofft, so schal de vicarius to handes mit Wytschopp rode unde hülpe des Provestes tho Medyngh dat gheld web-ber beleggen unde de summen nicht vorspilden.   Ock schal deße vicarius unde alle syne nakomelinge to Medynghe wonhaft syn unde bliven, unde neyn ander lehn vortwaren, Unde schal der vicarie unde buchterige trubeliken vorstan, Also dat he syck darna schicke unde syn levend presterliken regere, dat he ane hynderniße der buchterige ebber anderer rebeliket sake syne mißen nicht vorsüme, dar ick mede besware syne egene conscientien unde sammittycheyt.   Doch schal he to dem ringesten eyns in der Weken bybben in sy-ner mißen vor den funbatorem unde alle dejennen, de to dem Klenade unde behoff des ornates to der vicarie ghëven hebben, noch ghëven ebber ghëvende werdet, unde lesen denne in der mißen de Collecten Omnipotens sempiterne Deus, qvi vivorum et mortu-orum etc.   Unde ock eyns vor alle Kristene Zelen ffidelium unde vor alle wolvedere, Deus cujus misericordie non est etc. vorsümet he dat in der eynen weken, so hale he dat na in der anderen, ebber wan he erften Kan.   Vorder schal deße vicarius unde syne nakome-linge deme vorscreven Proveste unde synen nakomeligen in allen rebeliken temeliken unde göblicken Saken to willen unde unberbanich syn, rechte alze de andern vicarii na syner mbghelicheyt, doch schal he nicht vorbunden syn to singende de bromißen ebber de ho-mißen, dat en sy denne dat de Provest nicht to huß sy, ebber nicht singen kunne van unlebicheyt ebber unmacht wegen, so schal he singen in de stede des Provestes, alze dat dem Brchtiger wontlick is.   Ock schal he dat vigilien geld unde andere wontlike upfome hebben alze de andern vicarii.   Wer et ock dat deße backenscreven vicarius to olb worde, ebber in sodane Kranckheyt belle, dat he van unmacht ebber unbeqwemlicheyt wegen der Brchterige nicht vorstan Konde unde mochte, so schal sick de Provest vorseen, dat he Kryge eynen bromen prester, de dat ambt vortfegen könne, deme schal he eyne wonynghe schicken, unde de brygen Kost ghëven unde den vicarium nicht priveven umme syner un-macht willen.   Doch schal de vicarius deme prester ghëven van den vorscreven renthen alle verdendel jars eyne marck lübesch, uppe dat de probst eme nicht börve lonen.   To deßer vorscreven vicarie presentere ick Iudeleff lützeke probst vorgescreven alse eyn sunba-tor in Krafft deßes Brewes herrn Johan Hoyemans ock vorgescreven, un tor tyd Buch-teger der vorbenomedrn ghenstliken Jungfrauwen alze eynem ewygen vicarium to Me-dinghe.   Na synem Dode schal de provefte to Medinghe to der tyd de vicarie vorlenen eynem bromen prester, unde den presenteren den brouwen, de alle Dyngh holden schal alse vorghescreven is.   To bullenkomener Wißenheit unde nothafftiger tüchniße alle der vorscreven stücke tosemmende unde eynes gewelden besundern hebbe wy Iudeleff lützeke Provest to Medynghe unde Dannenberge, Beke Iagendorpes Priorend unde de gantze sammelinghe der beghevenen ghenstliken Juncfrauwen in dem Kloster to Medynghe vor uns unde unse nakomelinge mit gubem willen unde Wytschopp unse Jnghesegele ghe-henget heten an deßen Breff, de ghëven is na cristi unsres Herrn Godes bord verteynhun-
dert

derc' jar barna in dem achte unde vesstigesten jate, in deme Dage Sünte Johannis Baptisten syner berd to midden sommer des allerhilligesten martelers.

(L. S.)   (L. S.)

Sonsten gab die Stiftung und Einwenhung dieser neuen Capelle abermals Anlaß zu Verlegung des Kirchwenhungsfestes; denn weil die Capelle eben am Sontage nach Bartholomäi, als dem gewöhnlichen Kirchwenhungs-Tage, consecriret, und zu gleich ben dieser Gelegenheit die Kirche nebst dem Kirchhof, das Closter, und absonder= lich die Reventer nebst dem Schlafhause von neuem gewenhet worden, so besorgete der Probst Lützken, daß ben den Nachkommen diese benden Einwenhungen in eines gezo= gen, und seiner Capelle gar darüber vergessen werden möchte. Diesem vorzubauen, hielt er ben dem Wenhbischof an, daß das Einwenhungsfest der neuen Capelle auf den oben angeführten Termin möchte festgesehet, die Kirchwenhe aber auf eine andere Zeit verleget werden. Der Wenhbischof consentirte auch darein, und sehte den Sontag Exaudi pro termino, an welchem das Kirchwenhungsfest künftig allemal gefenret wer= den sollte. Und um dieser Veränderung so viel mehr Kraft zu geben, sehte er deswe= gen eine schriftliche Constitution in nachfolgenden Formalibus auf:

Theodoricus dei & apostolice sedis gracia Episcopus Cesariensis Reverendi in cristo patris ac domini domini Johannis Episcopi verdensis In pontificalibus vicarius Universis cristi fidelibus presens scriptum intuentibus Salutem sempiternam. Splendor paterne glorie que sua mundum illuminat ineffabili claritate pia vota fidelium de ipsius clemencia summa benignitate & majestate sperancium. tunc precipue benigno favore prosequitur cum devota ipsorum humilitas precibus sanctorum & meritis adjuvatur. Cupientes igitur ut ecclesia In nova Medinge Ordinis Cisterciensium verdensis diocesis. que consecrata est ad honorem dei omnipotentis. sanctissime ejusdemque dei genitricis & virginis matris. & sanctorum Mauricii sociorumque ejus fundata. Cujus dedicatio fuerit reducta & celebrata sequenti die dominico post festum beati bartolomei apostoli. Tamen venerabilis vir dominus Ludolphus Lutzeken prelibati monasterii prepositus. considerans quam plura inconveniencia & mundanas occupaciones eum ad hoc moven= tia. Sic quod solennitas dedicationis prefate ecclesie & totius monasterii. quoad vi= tam contemplativam. Ita quod non gravaret consciencias. & pro anime esset salute. digne & laudabiliter ut decuit potuit celebrari. Sic prefatus dominus prepositus eo= dem die dominico Immediate post festum beati bartolomei prenarrato per nos Cappel= lam annexam pretacte ecclesie cum duobus altaribus fecit consecrari. In honorem dei omnipotentis ejusdem dei sanctissime genitricis & virginis marie sancti Johannis baptiste. Cujus patroni summi & primi altaris ejusdem Cappelle sunt Stus: Johannes baptista. Omnes sancti angeli atque archangeli Omnes sancti apostoli. Mauricius cum sociis. S. vitus S. Cyriacus cum sociis. S. benedictus abbas. Sta: Appollonia. S. Ursula cum sodalibus. Cujus dedicatio cum horis & officiis prefato die dominico solen= niter debet celebrari. Et patroni secundi altaris S. Stephanus. S. Laurencius. S Ny= colaus. S. Anthonius. Quatuor doctores. Sta: Katherina. S. Cecilia. S. maria mag= dalena. Et S. Anna. Cujus dedicatio annuatim debet celebrari ipso die Inven= cionis S. Stephani. Et cum hoc totum claustrum cum singulis suis attinenciis re=

H 2

sectoriis *) dormitoriis Cemiteriis qualitercunque sint nichil excipiendo est reconsilia-
tum *). Nos igitur justis & honestis presati domini prepositi precibus annuentes cele-
bracionem dedicationis presate ecclesie ad diem dominicum inmediate ante sestum pen-
thecostes Qua cantatur in ecclesia dei hoc officium Exaudi. In nomine domini Aucto-
ritate nobis in hac parte commissa. Stabilimus sic imperpetuum sine aliqua mutacione
permanendum. Simili modo propter vicinium sesti paschalis & majorem devocionem
cum horis officiis & communione ob remissionem peccaminum & salutem anime debet
celebrari. Quia valenciores & racionabiliores cause id exposcant. que omnes propter
prolixitatem non sunt enarrande. Omnibus vere penitentibus confessis & contritis,
Qui ad predictam ecclesiam Cappellas vel Claustrum intraverint. Ibique domino pre-
ces pura mentis intencione suderint Et precipue in quadragesima. die palmarum. die
parasceves. pasce. diebus vel die dedicacionis penthecostes. die assumptionis. Et sin-
gulis sestis beate marie virginis. Utriusque crucis *). singulis sestis apostolorum. die
patronorum. causa devocionis accesserint. Cimiterium pro defunctis exoranda circue-
rint. Corpus cristi vel oleum sanctum cum ad infirmos deportatur secuti suerint. seu
qui ad structuram ejusdem claustri ecclesie vel Capelle Vel ad lumina & clenodia manus
porrexerint adjutrices. De omnipotentis dei misericordia. & beatorum petri & pauli
apostolorum eius confisi suffragiis. Nec non auctoritate predicti domini domini Jo-
hannis verdensis Episcopi. Et a quolibet nostrum XL dies cum Karena *) indulgencia-
rum misericorditer in domino relaxamus. Datum Anno domini Millesimo quadrin-
gentesimo quinquagesimo tertio dominica die post bartholomei.

(L. S)

Diese neue Verordnung wegen des Kirchwenhungsfestes blieb zwar zu den Zei-
ten dieses Probstes und seines Nachfolgers, Hrn. Mahlers, beständig in ihrer Kraft:
allein der darauf folgende Probst von Bavenstedt stieß alles wieder um, und wirkte beh
dem Bischof aus, daß dieses Fest wieder auf den alten Termin gesetzet ward, wobeh es
denn hernachmals bis auf unsere Zeiten beständig verblieben ist. Der gute Probst
Lütgken kam endlich auf eine elende Art ums leben. Denn wie er Ao. 1464. beh dem
Antrit der Fasten sich vorgenommen hatte, den Closterjungfrauen zur Recreation am
Sontage Esto Mihi eine Gasterey zu geben, und aber eben desselben Tages eine strenge
Kälte war, ließ er unter dem Reventer (welcher, wie vor Alters gebräuchlich, von
unten geheitzet werden muste) ein ziemlich starkes Feuer anlegen. Wie nun der gute
                                                                                       Mann

g) Refectorium heißt in einem Closter der
Ort, wo die Conventuales zu speisen pflegen,
aus welchem Worte der Teutsche Nahme Resen-
ter oder Reventer entstanden ist. Dergleichen
Reventer sind vor Zeiten in unserm Closter zwey
gewesen, auf deren einem die Conventualinnen,
auf dem andern vermuthlich die Lehrkinder und
Lahschwestern gespeiset haben.

h) Das Wort reconciliare, wenn es von
Kirchen, Clöstern u. d. g. gebrauchet wird, heis-
set sonst eigentlich einen solchen heiligen Ort, nach-
dem er vorher etwa durch eine öffentliche Uebel-
that entweyhet, oder eine Zeitlang von Heyden,
Türken, Ketzern ꝛc. in Besitz gehalten worden,

von neuem wieder einwenhen. Allein einen sol-
chen Sensum kann dieses Wort allhier nicht füg-
lich haben, weil man von keiner Profanation
weiß, die dem Closter damals sollte begegnet seyn;
es wird also dadurch wol nichts mehr, als nur
eine wiederholte Einwenhung angedeutet.

i) Die benden Feste der Creutzerfindung und
Erhöhung.

k) Carena oder Quadragena ist eine 40tägige
Busse, welche man in der Römischen Kirche de-
nen Leuten für eine begangene Todsünde aufznie-
gen pfleget. Siehe davon mit mehrerm Conr.
Sittardi Rosarium Mariae c. p. m.

Mann gegen Mittag hinein gieng, auf dem Reventer zu der vorhabenden Gasterey einige Anstalt zu machen, sahe er mit grossem Schrecken das Feuer hie und da von unten durch den Boden hervor schlagen, weswegen er seinen Schreiber herbeyrief, und nebst ihm hinunter gehen wollte, das Feuer zu löschen. Allein in der Angst und Confusion verweilten sich die guten Leute zu lange auf dem Zimmer, denn ehe sie sich dessen versahen, fiel der Boden ein, und der Probst samt seinem Schreiber hinunter in die Gluth, und zwar so unglücklich, daß sie vor den auf sie fallenden Steinen sich nicht regen konnten. Es kamen zwar sogleich Leute herbey, welche sie noch lebendig wieder herauszogen, sie waren aber unterdessen beyde, sowol von dem Falle, als der Gluth so heftig beschädiget, daß der Schreiber noch denselben Abend, der Probst aber den dritten Tag darauf, als am Tage des Märtyrers S. Valentini, unter vielen Thränen der Jungfräulichen Versammlung, seinen Geist aufgab, nachdem er dem hiesigen Closter 18 Jahr löblich vorgestanden hatte.

Sein entseelter Cörper wurde unten in der Kirche auf dem Chor neben den andern Pröbsten begraben, sein Leichstein aber ist nicht mehr vorhanden; vermuthlich hat man in den neuern Zeiten denselben hinweg nehmen, und einen andern an dessen Stelle legen lassen. Sonst ist diesem Probste Lützken allemal am Tage St. Valentini eine solenne Memorie von unserm Jungfräulichen Convente gehalten worden.

13.
Iohannes Mahler,
von 1464 bis 1467.

Er war aus Stade bürtig, ein Doctor Juris, und Herzogs Bernhardi Rath, auch zugleich Syndicus in Lüneburg gewesen, ein Mann von grosser Wissenschaft und gutem Exterieur, aber dabey ein unchristlicher Politicus. Herzog Bernhard hatte ihn, nur einen Raum auszufüllen, mit auf die Präsentation gesetzet, und wol nimmer gedacht, daß das Closter mit seiner Wahl auf ihn fallen würde; wie er aber gleichwol erfuhr, daß solches geschehen sey, so ließ er den Jungfrauen, aus landesväterlicher Fürsorge und Treue, unter der Hand zu wissen thun, daß sie mit diesem Mann eben nicht gar zu wohl beraten seyn würden, sollten sie daher die geschehene Wahl cassiren, und in der Stille einen andern erwählen. Dem Closter war dieses, wie leicht zu gedenken, keine angenehme Nachricht, weil es aber gleichwol noch immer das Beste hoffete, auch überdem die Vocation schon abgeschicket war; ließ sich die Sache nicht füglich wieder ändern. Herr Mahler säumte sich auch nicht lange, die Confirmation von Verden einzuholen, welche ihm denn, nach vorgängiger Proclamation, in den gewöhnlichen Formalibus ertheilet, und die Introduction bald hernach von einem bischöflichen Officiali verrichtet ward. Wie nun Herr Mahler sich auf solche Art in der hiesigen Probsten feste gesetzet hatte; so erfolgte dasjenige nur gar zu bald, was der Herzog besorget hatte; denn es fieng dieser Mann an, die Clostergüter mehrentheils zu seinem eigenen Nutzen zu gebrauchen, und wuste unterdessen seinen Conventualinnen so viel Gutes vorzusagen, daß sie das gröste und völligste Vertrauen auf seine Person setzten. Aber dabey blieb es nicht, sondern Herr Mahler fieng gar an etliche Closter-

güter

güter zu verpfänden, und Capitalia, so seine Vorfahren ehemals dem Closter zu gute niedergesetzet, ohne jemandes Vorwissen einzuheben; wo er dagegen etwas an Victualien oder dergleichen für das Closter anschaffen mußte, bergete er solches mehrentheils auf. Ja er machte noch ärgere Umschläge, um Geld zu sammlen; denn einsten kündigte er öffentlich ab, daß er von dem Päbstlichen Hofe einen völligen Ablaß für sein Closter erhalten hätte, ließ zugleich einen verschlossenen Kasten in der Kirche setzen, und vermahnte die Leute aufs beweglichste, zum Besten ihrer Seelen nach allem Vermögen einzulegen. Wie nun die fromme Einfalt von allen Seiten her reichlich beygesteuret hatte, und ein ziemlich Capital in dem Kasten war; nahm er das Geld, unter dem Vorwande heraus, als ob er dasselbe nach Rom schicken wollte, welches er aber wol niemals im Sinne gehabt hatte.

Weil er aber leicht gedenken konnte, daß seine interessirte Aufführung in die länge nicht würde verborgen bleiben können, nahm er sich vor, das Closter zu verlassen und wieder nach Lüneburg zu gehen. Damit er aber auch diesem seinen Vornehmen einen guten Schein geben möchte; foderte er auf einen gewissen Tag alle Conventualinnen zusammen aufs Capittelhaus, stellete denselben die Armuth des Closters gar beweglich vor, welche freylich durch seine üble Haushaltung groß genug geworden war, zeigte ihnen dabey eine grosse weitläuftige Rechnung von des Closters Einnahme und Ausgabe, da denn allezeit mit Schuld und Resto geschlossen ward, begehrte dabey an die Conventualinnen, daß eine jede jährlich etwas von ihren Intraden sich sollte decourtiren lassen, damit die Probstey und das Closter wiederum zu Mitteln kommen möchten; wo nicht, so sähe er sich gezwungen, sein Amt niederzulegen. Nun war dieses wol eine lautere Unmöglichkeit, daß die Jungfrauen etwas von dem Ihrigen entbehren konnten; weil die Intraden dazumal ohnedem eben nicht gar zu beträchtlich waren, deswegen bekam er abschlägige Antwort, welche ihn denn dergestalt in den Harnisch jagte, daß er sich öffentlich vernehmen ließ; er gedenke auf solche Art die Probstey nicht länger zu behalten. Die Closterjungfrauen hielten dieß zwar anfänglich nur für leere Drohworte, allein Hr. Mahler machte Ernst daraus; denn, ehe sie sichs versahen, packte er heimlich seinen Hausrath und was er sonst von Gold, Silber, und andern zur Probstey gehörigen Pretiosis bey der Hand hatte, zusammen, und gieng damit, ohne jemandes Vermuthen, zurück nach Lüneburg, wo er hergekommen war. Die guten Conventualinnen machten, wie leicht zu gedenken, grosse Augen, als der Abzug ihres Probstes bekannt wurde; am allermeisten aber wurden sie bestürzt, als sie mit der Zeit seine interessirte Aufführung merkten. Denn wenn das Closter hie und da seine von langen Jahren her gewöhnlich eingehobene Renten abfodern wollte, lief von den meisten Orten die Antwort ein: daß die Capitalia bereits von Hr. Mahlern aufgenommen seyn; ja überdem wurden noch von vielen Orten Schuldfoderungen von baarem Gelde, oder Victualien eingeschickt, so dieser Mann in des Closters Namen aufgenommen hatte.

Nun ließ sich zwar das Closter deswegen mit ihm in weitläuftigen Schriftwechsel ein, und verlangte, daß er die gemachten Schulden bezahlen, und die eingenommene Capitalia restituiren sollte; allein er hatte zu keinem von beyden Lust, und behauptete dagegen, daß er vielmehr noch etwas von dem Closter zu fodern habe. Die Sache wurde zwar vor E. E. Rath in Lüneburg, als Hrn. Mahlers damaliger

Obrig-

Obrigkeit, anhängig gemacht; allein weil er sich wol zu verantworten, und mit gutem
Schein zu zeigen wußte, wie er die aufgenommenen Capitalia in der Probsten und des
Closters Angelegenheiten verbraucht, und noch dazu von dem Seinigen ein und anders
vorgesch..fen hätte; so lief die Klage an Seiten des Closters fruchtlos ab, weil dasselbe
von der Probsten und des Closters Einnahme und Ausgabe keine zulängliche Kundschaft
hatte, und folglich seine aufgesetzte Rechnung paßiren lassen mußte. Dieses machte
Hr. Mahlern so muthig, daß er die Sache endlich gar an den Bischof gelangen ließ,
welcher denn vollends seine ganze Conduite rechtfertigte, dem Closter hingegen abfiel,
und demselben noch dazu in einem ausdrücklichen und ernstlichen Befehle, bey Strafe
des Bannes, auferlegte, Hrn. Mahlern innerhalb einer angesetzten gewissen Frist
seine Foderung richtig abzutragen; welches alles das gute Closter, um weitere Ver-
drießlichkeit zu vermeiden, geduldig verschmerzen mußte. Der Abzug dieses Probstes geschahe Ao. 1467. im Anfange des Octobers,
nachdem er die hiesige Probsten drey und ein halb Jahr mit des Closters schlechtem Nu-
tzen verwaltet hatte. Er wird in der nachfolgenden Confirmation Hr. Tilemanni von
Bavenstedt von Verdischen Bischof praepositus in Sebusen genennet. Ob er aber diese
Probsten vor seiner Anherokunft schon gehabt, oder nach seiner Resignation erst bekom-
men habe, davon lässet sich nichts gewisses sagen; das aber ist unterdessen gewiß, daß
er Ao. 1472. sein voriges Syndicat zu Lüneburg wieder bekommen habe.

14.
Tilemannus von Bavenstedt,
von 1467 bis 1497.

Dieser Mann war zu Hildesheim aus einem vornehmen adelichen Geschlecht ent-
sprossen, und bekleidete schon, ehe er zu der hiesigen Probsten gelangete, ver-
schiedene wichtige und ansehnliche Ehrenämter; denn er war bereits unter Herzog
Bernhardo, Fürstlicher Secretarius, und nachmals Herzog Ottonis Magnanimi Rath;
wie nun Ao. 1467. durch Resignation Johann Mahlers, die hiesige Probsten erledi-
get wurde; so präsentirte gedachter Herzog Otto unter andern auch den Rath von
Bavenstedt mit zur Probsten, und wurde derselbe darauf per plurima vota vom
Closter erwählet. Wie nun ihm die Vocation insinuiret und selbige von ihm ange-
nommen war; so supplicirte das Closter an den Bischof, um die gewöhnliche Confir-
mation, mit welcher Bittschrift der Herr von Bavenstedt, den damaligen Probst
zu Schnege, Hrn. Arnoldum Rest, in seinem Namen nach Rotenburg schickte, und
denselben bey dem Bischof die gewöhnlichen Praestanda prästiren ließ. Worauf denn
innerhalb zwölf Tagen die Confirmation ertheilet ward, in nachfolgenden Formalibus:

Universis Et singulis presentes literas visuris seu auditoris & presertim divi-
norum Rectoribus ac aliis ecclesiasticis & secularibus personis Beneficiatis & non be-
neficiatis in & sub prepositura Monasterii Sanctimonialium in Medingh Nostre dio-
cesis ceterisve clericis Notariis & Tabellinibus publice per eandem Nostram diocesin
ubilibet constitutis Ac ille seu illis quorum interest intererit seu interesse poterit quo-
modolibet in futurum quibuscumque nominibus censeantur *Johannes* Dei & Apostolice

J   sedis

ſedis gracia Epiſcopus Verdenſis Salutem & ſinceram in domino caritatem. Pridie an-
tedicta prepoſitura in Mediagh per liberam reſignacionem Egregii viri domini Johannis
Maler prepoſiti in Sehuſen prenarrate Noſtre dioceſſis Ultimi & Immidiati poſſeſſoris
ejusdem factam ac per nos receptam & admiſſam vacante, fuerunt Nobis pro parte
Venerabilum & Religioſarum dominarum Mechtildis Prioriſſe & Conventus ejusdem
Monaſterii certe patentes Electionis earundem de perſona honorabilis domini Tilemanni
de Bavenſtede Illuſtris principis domini Ottonis Brunſwyk & Luneborch Ducis Se-
cretarii ipſius pro parte facte litere ac ipſarum dominarum ſigillo appendente Sigil-
late preſentate Hujusmodi ſub tenore. *Reverendo* in criſto patri & domino. do-
mino Johanni Dei & Apoſtolice ſedis gracia Epiſcopo Verdenſi Mechtildis Prioriſſa
& Conventus Monaſterii Sanctimonialium in Medingh Ordinis Sancti Benedicti
veſtre dioceſis. Oraciones in criſto tam ſedulas quam devotas. Reverende pater
menſis fere duobus pronunc elapſis Venerabilis dominus Johannes Maler olim pre-
poſitus noſtri Monaſterii ſupradicti ſe ab ipſo Monaſterio quo animo nobis ignoran-
tibus abſentavit Quem diu admodum reverſurum anxie preſtolate fuimus Tandem
paucis diebus elapſis literis ſuis nobis ac aliis noſtris fautoribus & amicis ſignificavit.
quoniam onera ſive adminiſtracionem circa Monaſterium antedictum ferre non poſ-
ſet ab eodem ſe velle protinus exonerare. pro ut eciam literis ſuis finaliter ſe exone-
ravit. Quibus receptis & plurimis negligenciis & incommodis maxime illo in tem-
pore quo communis proviſio fuerat pro cura noſtra domeſtica facienda 1) ex abſen-
cia predicta commiſſis debite recenſitis Cicius de alterius miniſterio & preſidencia
providere compulſe fuimus & coacte. Hinc venerabilem virum dominum Tile-
mannum de Bavenſtede In etate ſufficienti & ſacerdotio conſtitutum apud nos de vita
laudabili Bonis moribus & providencia tam in ſpiritualibus quam temporalibus mul-
tipliciter commendatum auxilio divino Invocato in prepoſitum ac ad curam & admi-
niſtracionem antedictas duximus eligendum ac Veſtre Reverende Paternitati preſen-
tandum Quem eciam tenore preſencium preſentamus Cum obſecratione petentes
eidem domino Tilemanno per nos ſic electo, & ad onus hujusmodi ſuſcipiendum
ac noſtre huic electioni conſentiendum per nos interpellato precibus oportunis
Curam & regimen animarum ac Sacramentorum eccleſiaſticorum adminiſtracionem
Monaſterii & Perſonarum ejusdem ſupradicti committi & impartiri de gracia ſpeciali
dignemini. In cujus rei teſtimonium has literas fieri & Conventus noſtri Sigilli
Fecimus appenſione communiri. Datum Medingh in Monaſterio memorato Sub
Anno a nativitate Domini Milleſimo quadringenteſimo ſexageſimo ſeptimo die vero
tercia menſis decembris.

Quibusquidem literis Electionis Nobis per Venerabilem virum dominum
Arnoldum Reſt prepoſitum in Snegbe noſtre dioceſis antedicte nomine ipſius domini
Tilemanni electi preſentatis & per Nos benigne receptis viſis & intellectis .uerimus
pro parte dicti Domini Tilemanni electi inſtanter rogati ut Hujusmodi decretum
electionis ratum gratum ac firmum habere ac ididem approbare & confirmare digna-
remur Nos igitur Johannes antedictus attendentes hujusmodi Peticionem fore juſtam
& conſonam ratione Idcirco electionem ſupradictam ut & tanquam rite & Canonice

factam

---

1) Es war eben um die Zeit, da man einzuſchlachten, und ſich auf den Winter zu verprovian-
tiren pflegt.

factam Ratificandam duximus & Ratificamus per presentes Nec non eundem Dominum Tilemannum Ravenstede electum & Nobis ut premittitur presentatum ut & tanquam habilem & ydoneum in & ad dictam prepofituram Auctoritate Nostra Approbandum & Confirmandum duximus Approbamus & Confirmamus in hys scriptis Curam animarum Regimen & Adminiftracionem ejusdem prepofiture tam in Spiritualibus quam temporalibus ipfi domino Tilemanno predicta Nostra Auctoritate committendo Quocirca vobis omnibus & fingulis fupradictis in virtute fancte obediencie & fub excommunicationis pena diftricti precipiendo mandamus Quatenus dum pro parte ejusdem domini Tilemanni prepofiti vigore prefencium fueritis requifiti feu alter veftrum fuerit requifitus Ipfum vel ejus legitimum procuratorem pro eo & ejus nomine in & ad corporalem realem & actualem poffeffionem pretacte prepofiture Juriumque & pertinenciarum omnium ejusdem Dicta Noftra Auctoritate ponatis & inducatis feu alter veftrum ponat & inducat Vobisque divinorum Rectoribus ac aliis ecclefiafticis perfonis & fecularibus. intra eandem prepofituram conftitutis. modo & forma premiffis ac fub fimili excommunicationis pena quam in vos & veftrum quemlibet forfan contrafacientem trium tamen dierum canonica monicione premiffa ferimus in hys scriptis diftricte precipiendo mandantes quatenus prenominato domino Tilemanno ut & tanquam vero dicte prepofiture prepofito pareatis obeadiatis & Intendatis ac quilibet veftrum pareat obediat & Intendat Sibique aut procuratori fuo legitimo pro eo de universis & fingulis fructibus redditibus proventibus Juribus & obventionibus ejusdem prepofiture quantum in nobis fuerit faciatis & quilibet veftrum faciat Integre refponderi. In quorum omnium & fingulorum fidem & teftimonium premifforum prefentes Noftras literas fieri ac per Notarium publicum Scribamque Noftrum infrafcriptum fubfcribi & publicari Sigilliique Noftri appenfione juffimus communiri. Datum Rodemborch in Aula noftra Epifcopali Hora vefperarumvel quafi Sub Anno Domini Millefimo quadringentefimo fexagefimo feptimo Indictione Quintadecima die vero Martis quintadecima Menfis Decembris Pontificatus fanctiffimi in crifto patris & domini noftri domini Pauli divina providencia pape fecundi Anno quarto Prefentibus ibidem Venerabilibus & Circumfpectis viris dominis Bartholdo Hardemberch & Olrico de Azel Canonicis ecclefie verdenfis teftibus ad premiffa vocatis fpecialiter & rogatis.

$\left(\begin{smallmatrix} \text{L. S.} \\ \text{Not.} \end{smallmatrix}\right)$ Et ego Johannes oldewaghen clericus Bremenfis publicus facra Imperiali auctoritate Notarius dictique reverendi in crifto patris ac domini domini Johannis Epifcopi Verdenfis coram eo Scriba. Quia hujusmodi Inftrumenti refignacionis prefentacioni Receptioni Admiffioni Decreti electionis prefentacioni receptioni peticioni Ratihabicioni Approbationi Confirmacioni Commiffioni & Decreto dumtaxat fierent & agerentur unacun prenominatis teftibus prefens fui Ideoque prefens publicum Inftrumentum per me fideliter confcriptum exinde confeci publicavi & in hanc publicam formam redegi Signoque & nomine meis folitis & confvetis fignavi unacum dicti domini Epifcopi Verdenfis Sigilli appenfione de mandato ejusdem corroboravi in fidem & teftimonium omnium & fingulorum premifforum.

$\left(\begin{smallmatrix} \text{L. S.} \\ \text{Epifc.} \end{smallmatrix}\right)$

Wie

Wie die jetzt angeführte Confirmation solchergestalt von dem Bischof ertheilet war, so wurde zugleich ein terminus zu des Hrn. von Bavenstedts Introduction angesetzet, und dieselbe noch vor Endigung des 1467sten Jahrs von einem Bischöflichen Officiali in Gegenwart mehrerer Prälaten und etlicher Raths-Deputirten aus Lüneburg solenniter vollzogen.

Nachdem nun dieser Mann auf solche Art in der hiesigen Probsten bestätiget war; zog er alsofort von denen Umständen unsers Closters völlige Kundschaft ein; fand aber, zu seiner äussersten Betrübniß, nichts als Schulden: absonderlich schmerzte ihn nichts mehr, als daß er noch dazu seinem ungerechten Antecessori, der das Closter in so verwirrte Umstände gesetzet, ein und andere Geldsummen nachbezahlen sollte. Er fieng daher von neuem wieder mit ihm an zu rechten, bekam aber von dem Bischof keine andere Resolution, als daß er, bey Strafe des Bannes, Hr. Mahlern gegen den gesetzten Termin contentiren sollte, weswegen der gute Mann sich mit Gedult fassen, und zur Bezahlung je eher je lieber Rath schaffen mußte. Jedoch was der ehrliche Mann in in diesem Stück aufwandte, das ersetzte ihm die göttliche Vorsehung an andern Orten reichlich wieder. Denn der alte lüneburgische Herzog Fridericus Pius hegte eine besondere Gnade vor unsern Hrn. von Bavenstedt, und grif ihm den seinem mühseligen Zustande nachdrücklich unter die Arme. So lange dieser berühmte Fürst noch in dem Zellischen Closter lebte, bekam unser Hr. Probst allerley zwar kleine, aber doch ziemlich einträgliche geistliche Präbenden von Ihm, als nemlich kurz nach Antretung der hiesigen Probsten die Präbende an der St. Mauritlikirche vor der Stadt Hildesheim, und Ao. 1470. ein Vicariat zu Danneberg. Wie aber der alte Herzog Fridericus Ao. 1471. aus dem Closter wieder auf den Thron gesetzet wurde; so nahm er sich des Probstes von Bavenstedt noch nachdrücklicher an, denn da verhalf er ihm Ao. 1473. zu der Dompropstey an dem Capitul St. Blasii in Braunschweig, und Ao. 1478. schenkte er ihm noch dazu die Pfarre zu St. Albani in Göttingen, ausser welchem allen er gleichwol seine jährliche Pension als Fürstlicher Rath noch dazu genoß. Ein so grosser und reicher Prälat wurde in kurzem aus diesem Manne; allein die Grösse seines Verstandes und andere Gemüthsgaben verdieneten wol dergestalt hervorgezogen zu werden. Denn ausser seiner geschickten Aufführung, Frömmigkeit und andern Tugenden, war er absonderlich eines so treuen und ehrlichen Gemüths, daß er lieber, mit Hindansetzung seiner Gesundheit und Kräfte, Tag und Nacht arbeiten, als seine vielfältige wichtige Aemter ohne Nachen führen wollte. Unsers Closters damalige Armuth machte ihm absonderlich manche schlaflose Nacht; daher er sich auch hieselbst am meisten aufhielt, und immerzu auf Mittel sann, demselben wieder so viel möglich aufzuhelfen. Dieses zu bewerkstelligen fand er nirgend einen bequemern und leichtern Weg, als die Einführung einer allgemeinen Speisung und gänzlichen Gemeinschaft der Güter; daher fieng er ohnverzüglich an, sowol für sich, als mit Zuziehung anderer Prälaten, zu überlegen, wie dieselbe wol am füglichsten einzuführen sey. Bevor er aber noch jemanden von den Conventualinnen sein Vorhaben merken ließ, so machte er bereits Ao. 1477. einige Anstalten, welche zu der gemeinen Speisung nöthig, damit das Werk nicht etwa dadurch künftig gehindert werden möchte. Denn er ließ ein und anders auf dem Reventer ändern, die grosse Küche neu aufführen, Keller und Speisekammern repariren und in dem Closterhofe einen Brunnen graben.

graben. Ao. 1478. stellete er endlich dem damaligen Werdischen Bischof Bertholdo von Landsberg den schlechten Zustand des hiesigen Closters vor, und wie demselben auf keine andere Weise, als durch Einführung der gemeinen Speisung abzuhelfen sey. Er habe dazu schon unvermerkt alle benöthigte Anstalt gemacht, bäte daher, daß der Bischof das Werk durch seine hohe Auctorität vollends ausführen, und einst in unserm Closter eine Reformation anstellen wollte.

Der Bischof ließ sich die Sache gefallen, und kam Ao. 1479. am Tage St. Blasii nebst Hrn. Alberto, Abt zu St. Michaelis in Lüneburg, Hrn. Meinharbo, Abt zu Scharmbeck, Hrn. Matthia, Pröbste zu Ebstorf, und noch mehreren Prälaten, auch Bürgermeistern und Ratsverwandten aus Lüneburg anhero in unser Closter, ließ sogleich die ganze Jungfräuliche Versammlung zusammen aufs Capittelhaus berufen, und hielt eine lateinische Rede an sie, worinnen er ihnen die Gemeinschaft der Güter sehr anpries, als ein Mittel zur Seligkeit und nothwendiges Requisitum eines wol eingerichteten Closters; wobey er sich auf das Exempel Christi und seiner Aposteln berief, die auf Erden nichts eigenes, und der ersten Christen, die alle Güter unter sich gemein gehabt. Wie diese Anrede geendiget war, so gab er allen anwesenden Layen und weltlichen Personen Befehl, sich von dem Capitulhause hinweg zu machen. Wie nun der Convent allein vor dem Bischof und seinen Prälaten war; so erinnerte der Bischof sie sämtlich, daß wenn etwa jemand unter ihnen etwas zu klagen hätte, oder wenn einer und der andern Fehler und Misbräuche bekannt wären, die entweder das Closter überhaupt, oder nur einzelne Personen angingen, daß sie solches bey ihrem Gewissen und in Kraft des heiligen Gehorsams aussagen sollten. Darauf wurde der Versammlung abzutreten befohlen, und hingegen vier Notarii herein berufen, in deren Gegenwart erstlich der Hr. Probst von Bavenstedt über etliche Puncte vom Bischof befraget wurde, fürnemlich was es mit seinem Closter für eine Bewandtniß habe, und was er wegen der Reformation zu thun bedacht sey? Worauf der Hr. Probst kürzlich antwortete, daß die Umstände des Closters freylich noch ziemlich schlecht, maßen sein Antecessor Hr. Mahler dasselbige dergestalt ruiniret, daß er mit aller seiner Mühe und Arbeit demselben noch nicht wieder habe empor helfen können. Er hoffe aber, daß durch die vorhabende Reformation und Einführung der Gemeinschaft aller Güter sich vieles werde in bessern Stand setzen lassen, er wolle deswegen alle seine Kräfte anwenden, dieselbe je eher je lieber zu Stande zu bringen. Hiernächst wurden auch die Conventualinnen, eine jede besonders, nach einander herein gefodert, und gleichmäßig über gewisse Puncte befraget; worauf sie denn allesammt einhellig geantwortet, daß sie nichts zu klagen oder zu denuntiiren hätten, und wegen der vorhabenden Reformation sich alles wollten gefallen lassen, was ihre Obern und geistlichen Väter für gut erkennen würden. Welches denn Bischof Bertholdo dergestalt gefallen, daß er die Verfassung unsers Closters öffentlich gerühmet und sich dabey vernehmen lassen: er hätte noch nicht leicht in einem, absonderlich so stark besetztem Closter eine so durchgängige Harmonie und Eintracht gefunden.

Nachdem diese Untersuchung im Closter geendiget war, nahm der Bischof noch von ein und andern Dingen Kundschaft, und reisete des folgenden Tages mit seinem Comitat wieder von hinnen, nachdem er zuvor eine Chartam visitationis, unter

J 3

seiner

seiner eigenhändigen Unterschrift und Insiegel, hinterlassen, auch sonst die gütige Versprechung gethan hatte, unserm Closter und der Probstey auf alle mögliche Art hülflich und förderlich zu seyn.

Von dieser Zeit fieng nun der Hr. Probst von Bavenstedt an, das angefangene Reformationswerk mit rechtem Ernste zu treiben, und lag insonderheit den beyden Abbatißinnen von Wienhusen und Derneburg, aus dem Hildesheimischen (welche auch Cistercienserordens waren) fleißig an, daß sie ihm dazu Rath und Beystand ertheilen möchten. Auf welches Ansuchen diese beyden Damen, nebst drey ihrer Conventualinnen und etlichen Conversen oder Laischwestern, den Dienstag vor Reminiscere selbst anhero kamen, mit dem Hrn. Probst Abrede nahmen, und darauf sich einige Zeit in unserm Closter aufhielten; da sie denn unterdessen (weil absonderlich die hiesige Priörin, Fr. Mechtildis von Remstede eben damals bettlägerig war,) den Convent völlig gouvernirten, mit allerhand klugen Persuasionibus und nachdrücklichen Vorstellungen die Sache trieben, und es endlich so weit brachten, daß die sämmtlichen Conventualinnen sich entschlossen, eine Gemeinschaft der Güter unter sich aufzurichten, und zusammen an einem Tische zu speisen.

Nach ihrem Abzuge continuirte die hieselbst als eine Vicepriörin zurückgelassene Jungfer Margareta Puffen das angefangene Reformationswerk mit so gutem Success, daß in gedachtem 1479sten Jahre, den Freytag vor Mittfasten im Namen Gottes mit der gemeinschaftlichen Speisung der Anfang gemacht wurde. Am nächstfolgenden Sonnabend vor Lätare wurde auch zugleich die Verläugnung alles Eigenthums und Gemeinschaft der Güter eingeführet, indem die sämmtliche Conventualinnen ihrer Vicepriörin die Schlüssel zu allem ihren Geräthe, auch alles, was sie bisher an baarem Gelde, Kleinodien, Gold und Silber besessen, willig einhändigten, und dabey aus frommer Einfalt mit Petro sagten, daß sie nunmehr alles verlassen hätten, und Christo nachgefolget wären.

Und so war denn nun durch die kluge Veranstaltung des Hrn. Probstes von Bavenstedt und der neuen Frau Priörin eine Sache zu Stande gebracht, welche Anfangs zwar grosse Schwierigkeiten, aber hernachmals desto grösseren Nutzen hatte, indem das Closter dadurch ziemliche Mittel in die Hände bekam, sich aus seiner bisherigen Armuth los zu machen. Man giebt auch dabey in den alten Traditionen vor: daß sich sogleich nach dieser Reformation der göttliche Segen augenscheinlich gezeiget habe, so daß nicht allein die Felder, Gärten und Bäume ungewöhnlich wol zugetragen, sondern auch alle Früchte einen Monat eher, als sonsten reif worden und schon um das Fest der Himmelfahrt Mariä sämmtlich eingeerndtet seyn. Was von dieser Reformation in der Natur zu halten, stelle zu des G. lesers Nachdenken, unterdessen ist gewiß, daß von dieser Zeit an, da absonderlich die Schliessung des Closters zugleich von neuem mit größter Strenge beobachtet wurde, die hiesigen Conventualinnen ein recht strenges und von der Welt ganz abgesondertes Leben geführet haben.

Es hat diese gemeinschaftliche Speisung noch lange nach Lutheri Reformation, bis Ao. 1698. gedauret, die Gemeinschaft der Güter aber ist bald hernach, bey den vielfältigen Religionstroublen im sechzehnten Seculo, aufgehoben worden.

Wie

Wie nun also die gemeine Speisung in unserm Closter völlig eingeführet war, ließ der Hr. Probst von Bavenstedt durch die Closterlehrmeisterin die Cistercienser-ordensreguln, und durch seinen obersten Vicariun etliche legendas sanctorum vitas patrum und andere geistliche Tractätgen zusammen schreiben, zu dem Ende, daß alle-mal unter der Mahlzeit ein Stück daraus öffentlich vorgelesen werden sollte, welches den jüngsten Conventualinnen aufgetragen ward, die es auch eine lange Zeit hindurch allemal nach der Ordnung, wie dieselbe sie traf, verrichtet haben.

Nunmehro fieng das Closter zwar an, sich einigermaassen wieder zu erholen; allein die von Hrn. Mahlern geschehene Aufnehmung ihrer Capitalien, davon sie jähr-lich die Renten genossen hatten, that ihnen noch immer so viel Schaden, daß sie mit ihrer Einnahme kein einzig Jahr völlig auskommen konnten, sondern jederzeit Schul-den machen mußten.   Dieses hatte Bischof Bertholdus bey der letztgehaltenen Visi-tation wahrgenommen, dannenher schickte er Ao. 1481. die oftgedachten Commissa-rios nebst etlichen E. E. Raths Deputirten hieher, die Sache, mit Zuziehung des hiesigen Probstes, genauer zu untersuchen. Diese Herren sahen nun alle Rechnungen des Closters mit Fleiß durch, und fanden endlich, daß dasselbe alle Jahr bey sechs hun-dert Mck. mehr auszugeben, als einzunehmen hatte, wodurch es nothwendig immer tiefer in Schulden und Abnahme gerathen müssen.

Diesem Uebel abzuhelfen wurden vielfältige Deliberationes gehalten, welche aber allesammt fruchtlos abgingen, daher endlich der treue Hr. von Bavenstedt sich erbot, wenn sonst kein Expediens zu finden, daß er lieber jährlich besagte Summe von seinen eigenen Probst-Intraden sich decortiren; und zu des Closters Nutzen verwenden lassen wollte. Ueber dieses grosse Erbieten verwunderten sich die Herren Commissarii nicht wenig, und berichteten, auf Erfordern des Hrn. Probstes, davon an den Bi-schof; welcher denn dasselbe mit Freuden annahm, und dabey die Verfügung that, daß es nicht allein jetzo, sondern auch ins künftige davon verbleiben, und besagte sechs hundert Mck. aus gewissen der Probsten gehörigen Sültzgütern so lange eingehoben wer-den sollten, bis das Closter wiederum so viel jährliche Einkünfte aufs neue vor sich gebracht hätte.   Jedoch ward dabey diese Bedingung hinzugesetzet: Wenn etwa bey wolfeilen Jahren diese Gelder nicht alle anzuwenden nöthig seyn möchten, daß alsdenn der Ueberfluß davon nicht dem Closter, sondern der Probstey wieder heimfallen sollte. Ueber solchen Vergleich wurde sofort ein förmliches Instrument aufgerichtet, und ein Exemplar davon im Closter, daß andere auf der Probstey das dritte in E. E. Raths zu Lüneburg Archiv verwahrlich beygeleget.

In eben diesem 1481sten Jahre bekam unser Closter einen schönen Ablaßbrief von einem Päbstlichen dazu ausgeschickten Commissario, denn wie damals der Türkische Kaiser Mahometh II. zwey grosse Feldzüge gegen Italien und die Insul Rhodus vor-nahm; hatte der Römische Stuhl Geld nöthig. Zu dem Ende ließ Pabst Sixtus IV. in der ganzen Christenheit das Creutz predigen und Ablaß verkaufen.   Der Brief, welchen unser Closter diesmal erhandelte, ist uns so viel merkwürdiger, weil er von den damaligen Conventualinnen, Lehrkindern und Layschwestern, eine vollständige Nach-richt giebt, daher es nicht überflüßig seyn wird, denselben aus dem Originali herzu-setzen, wo er folgendermaassen lautet:

Frater

Frater Johannes de Cardona Ordinis hospitalis sancti Johannis Jerosolimitani bajulivus majorcensis ᵐ) Reverendissimi domini magistri ⁿ) & sacri conventus rodi locumtenens ac commissarius. A sanctissimo in Christo patre & domino nostro, domino Sixto, divina providencia papa quarto Vigore literarum suarum pro expedicione contra perfidos turchos Christiani nominis hostes in defencionem insule Rodi & fidei catholice facta & facienda per universum orbem concessarum. Ad infra scripta deputatus. Dilectis nobis in Christo. Margarethe pnssen Priorisse. Ermegardi Schellepepere Subpriorisse. Elyzabeth lutterlo. Anne de wesere. Johanne remsteden. Katherine buringen. Albeydi de lö. Elyzabeth sporcken. Mechtilde remsteden. Margarete buringen. Alheydi Krusen. Gertrudi rubowe. Gertrudi groninge. Elyzabeth rolffstorpe. Ermegardi Schellepepere. Wynheydi dusterhope. Gertrudi sanckenslede. Walburgi ollensen. Gertrudi riben. Wicburgi riben. Anne rolfstorpe. Elyzabeth langen. Mechtildi langen. Mechtildi schomakern. Beate tohinge. Gertrudi semmelbeckern. Walburgi tzersteden. Gertrudi elveren. Alburgi vischer. Wynheydi de wynsen. Margarete heytman. Wynsidi grawerock. Gertrudi de ehze. Gertrudi hertzevelte. Tibburgi tobinge. Lutgardi schomakern. Gerburgi semmelbeckern. Tibburgi remsteden. Elyzabeth dusterhope. Gertrndi symean. Walburgi slöteroggen. Elyzabeth de hegen. Elyzabeth de wynsen. Margarete de Kampe. Barbare hertzevelte. Tibburgi wyticke. Elyzabeth stroten. Margarete sperlinge. Margarete sanckenslede. Mechtildi brewitzen. Gertrudi langen. Gerburgi tobinge. Katerine scomakern. Elyzabeth grawerocke. Elyzabeth schellepepere. Mechtildi lewerdinge. Alheydi semelbekere. Gerburgi wyticke. Gertrudi slöteroggen. Ide scomakern. Tibburgi schellepepere. Gertrudi doringe. Elyzabeth doringe. Anne remsteden. Alheydi wyticke. Gertrudi wyticke. Hemburgi elebcken. Elyzabeth sanckenslede. Beate doringe. Mechtildi dasseleu & Katerine langen. provessis ᵒ) in monasterio medinge. Ac pnellis coronatis ᵖ) ibidem

m) Das Wort Bajulivus, wovon das frantzösische Baillif, heisset so viel als Praefectus, ein Gouverneur eines gewissen Districts, oder ein Amtmann; denn es ist bekannt, daß die vormaligen Rhodiser, nunmehro Maltheserritter gewisse Balleyen oder, wenn man es so nennen darf, Amtmannschaften unter sich haben, worüber die Ritter gesetzet sind, und davon sie ihren Unterhalt geniessen: also sind noch die Balley Sachsen, die Balley Thüringen rc. in Deutschland vorhanden. Ist also dieser Bajulivus majorcensis, ein Ritter gewesen, der über die Bauern auf der Insel Majorca zu commandiren gehabt. Was übrigens den Unterschied zwischen den Bajulivis conventualibus und Capitularibus, desgleichen die Aemter, Magnus Commendatarius, Mareschallus, Hospitalarius, Admiratus, Draperius, Turcopolerius, Magnus, Bajulivus und Cancellarius anbetrifft, davon siehe mit mehrerem Carol. du Fresne Glossar. Tom. I. col.

n) Magister ist der Vornehmste des Ordens, welche den Rittern die Ordens=Insignia, als den Gürtel und Schubjack austheilet, vulgo der Ordensmeister.

o) Virgines professae wurden die wirklichen Closter=Jungfrauen genannt, nachdem sie das dreyfache Votum obedientiae, castitatis und paupertatis abgeleget hatten; deren werden alhie ein und siebzig hergezählet.

p) Puellae coronatae sind des Closters Halb=geistliche und Lehrkinder, welchen, wenn sie bey den annis discretionis im geistlichen Stande zu bleiben resolvirten, mit einem Scheermesser oben auf dem Haupte die Haare abgeschnitten wurden, - so daß unten herum nur ein klein Strich sitzen blieb; welchen Crantz von Haaren man

Ibidem scilicet Elyzabeth visculen. Mechtildi remsteden. Gertrudi dusterhope. Barbare visculen. Mechtildi elebecken. Tibburgi elebecken. Anne langen. Anne werner. Lucie brewytzen. Katerine sanckenstede. Anne semelbekeren. Elyzabeth elebecken. Mechtildi dusterhope & Elyzabeth buringe. Nec non & conversis 4) ejusdem monasterii. Gertrudi Smedes. Tibburgi alvercken. Ymme cassuben. Margarete wyben. Johanne wysen. Wycburgi vischern. Margarete groten. Jutte de hagen. Margarete hasselhorste. Elyzabeth meyers. Anne greninge. & Wunsidi pentzhorne. Salutem in domino sempiternam. Provenit ex vestre devocionis affectu quo Romanam ecclesiam reverentis ac huic sancte & necessarie expedicioni gratum redditis & liberale. ut peticiones vestras illas presertim que conscienciarum pacem & animarum vestrarum salutem respiciunt ad exaudicionis graciam admittamus. Hinc est qvod nos vestris devotis supplicacionibus inclinati vobis ut aliquem idoneum & discretum presbyterum secularem vel cujusvis ordinis regularem in vestrum possitis eligere confessorem qui confessionibus vestris diligenter auditis pro commissis per vos qvibusvis criminibus excessibus & delictis qvantumcunque gravibus & enormibus. eciamsi talia fuerint propter qve sedes apostolica sit qvovis modo merito consulenda. Injectionis manuum in episcopum vel superiorem. ac libertatis ecclesiastice offense, seu conspiracionis in personas ac statum Romani pontificis vel cujusvis offense Inobediencie ac rebellionis ejusdem sedis ac presbitericidii casibus duntaxat exceptis. Inreservatis semel tantum, in aliis vero non reservatis tociens quociens durante vita vestra fuerit opportunum. Debitam absolucionem impendere & penitencias salutares injungere ac omnium peccatorum vestrorum de qvibus corde contriti & ore confessi fueritis semel in vita & semel in mortis articulo plenariam remissionem & indulgenciam omnimoda auctoritate apostolica vobis concedere possit dicta auctoritate qua per ipsius literas sufficienti facultate muniti fungimur in hac parte indulgemus. In quorum fidem has nostras literas sigilli nostri qvo in talibus utimur impressione munitas fieri jussimus atque mandavimus. Datum die vicesimo septimo mensis Julii. Anno Domini Millesimo qvadringentesimo octuagesimo primo.

Forma absolucionis.

Misereatur tui etc. Dominus noster Ihesus Christus per suam piissimam misericordiam te absolvat. & ego auctoritate ejusdem & beatorum Petri & Pauli apostolorum ejus ac sanctissimi domini nostri pape mihi commissa & tibi concessa absolvo te ab omni vinculo excommunicacionis & a Simonie labe ac censuris quas inde incurristi & dispenso super irregularitatibus incursis, abolendo a te omnem inabilitatem, infamie maculam inde seqvutam, ac alias censuras ecclesiasticas si incidisti. Ab omnibus quoque peccatis tuis criminibus excessibus & delictis quantumcunque gravibus & enormibus eciam sedi Apostolice reservatis juxta Apostolici indulti tenorem. Dando
tibi

man coronam, und die, so denselben trugen coronatos und coronatas ju nennen pflegte. Solcher geistlichen Kinder werden allhie vierzehn namhaft gemacht.

4) Von den Conversis siehe weiter oben. Solcher Conversarum sind, laut dieses Documents, damals zwölfe in unserm Closter gewesen.

K

tibi plenariam remiſſionem omnium peccatorum tuorum & reſtituo te gremio & unioni ſanſte matris ecclefie & ejusdem ſacramentis. In nomine patris & filii & ſpiritus ſanſti Amen.

Et nota, quod in mortis articulo adjungenda eſt haec clauſula.

Si tamen ab hac egritudine non deceſſeris, plenariam remiſſionem indulgenciarum eadem auſtoritate in mortis articulo tibi conferendam reſervo In nomine patris & filii & ſpiritus ſanſti Amen.

(L. S.)

Ao. 1483. nahm ter Herr Probſt von Babenſtebt einen ziemlich koſtbaren Bau mit tem Jungfrauenchor vor die Hand, maſſen er tenſelben nicht allein oben hie und da ausbeſſren, ſondern auch abſonderlich unten, mit einem ſchönen ſtarken Gewölbe verwahren ließ, welche Arbeit noch bis auf den heutigen Tag in gutem Stande iſt. Wie er damit fertig war, bekam er bald hernach etwas neues zu thun; denn weil der verbiſche Biſchof Bertholdus bey der Ao. 1479. hieſelbſt angeſtellten Reformation ein beſonderes ſtrenges Reglement wegen der Verſchloſſenhaltung unſers Cloſters gemacht, die biſchöflichen Viſitatores aber nachhero einigen Mangel daran verſpühret hatten, maſſen oft nahe Verwandte und Angehörige die Ihrigen hieſelbſt in nothwendigen Angelegenheiten zu ſprechen hatten; ſo bezeugte der Biſchof in einem beſondern Sendſchreiben an den Probſt von Babenſtebt darob ſein Mißfallen, und befahl demſelben, ſo bald es thunlich, hieſelbſt ein Gaſthauß anzulegen, damit die Fremden darin bewirthet, und zu gewiſſer Zeit in das Sprachhauß zur Unterredung mit den Ihrigen gelaſſen werden könnten. Seine deswegen ergangene Ordre iſt noch in Originali vorhanden, und lautet folgender Geſtalt:

Bartold van godesgnaden Biſchop tho Hilbenſen Und Abminiſtrator der Kercken tho Verben.

Unnſen günſtigen unnd guden Willen thovorn Werdige leve andechtige unnd getrunve. So alſſe Unnſe Viſitatores Inwes Cloſters inter alia hebben georbinert, dat men truwelifen ſchulle waren clauſuram Jurta diſpoſicionem Juris canonici ꝛc. So will dat ſo nicht ſyn, dat willen wol weltlife perſonen Komen, der geiſtlifen fründe hierumme will tho dante ſyn, dat men dar eyn geſihreß hebbe dar ſodane weltlife perſonen geheget unnd huſet werden mögen. Iß derhalven Unnſe gütlige fründlife bede und begher gy by Inwe Kloſter upp eyne leghelife Stede ſodane gaſthueß myt den erſten, alſſe gy bequemelifeſt mögen willen vorſchaffen unnd buwen laten, upp dat ſo dane clauſura beſthe truwelifer möge geholden werden. Dar doen gy unns negeſt godes lene behegelichent anne, unnd vorſchuldent gerne, vorlaten uns dar oc ſo genßlichen tho Gegeven tho Robenborgh, unter Unnſem Ingeſſegel am ffrydage in der octaven Aſſumpcionis Marie Anno ꝛc. LXXXIII.

(L. S.)

Die Aufſchrift lautet folgender Geſtalt: Dem Werdigen Heren Tylen Provſte tho Mebingh Unnſem leven Undechtigen unnd getruwen.

Jn

In eben demselben 1483ten Jahr ließ gedachter Bischof noch einen strengern Befehl an das gesammte Closter abgehen, darinn er ihnen ganz und gar allen Umgang mit weltlichen Personen untersagte, und so gar bey Strafe des Bannes verbot, daß sie keine weltliche Kinder, auch nicht einst weiblichen Geschlechtes, in ihre Information nehmen, oder auch nur zu sich sollten ins Closter kommen lassen; es wäre denn, daß sie lebenslang darin zu bleiben, oder wenigstens bis zu den annis discretionis darin auszuhalten gedächten. Seine desfalls ertheilte Ordre lautet folgender massen:

Bartoldus Dei & apostolice sedis gracia Episcopus Hildensemensis nec non Verdensis ecclesie perpetuus Administrator, Venerabilibus preposito & priorisse Monasterii Sanctimonialium in Medinge, ordinis Cisterciensis, nostre Verdensis diocesis Salutem in domino. Vobis in virtute sancte obediencie, & sub excommunicacionis pena districte Inhibemus, ut nullas eciam honestas personas intra vestrum Monasterium nisi ex causis a Iure permissis ingredi, neve moniales dictimonasterii aliquas virgines sive Juveneculas laicas penes se in ipso Monasterio eciam gracia instruendi in artibus manualibus ac virgines ac Juveneculas honestas spectantibus, aut moribus erudiendis, sive qvalibet alia causa retinere aut ibi morari presumatis quemadmodum idídem a canonicis sanctionibus vobis districte Inhibetur, Scientes si contra seceritis, quod nos extunc seu nostri in hac parte speciales visitatores contra vos ad Inobediencie & communicacionis pene declarationem & executionem rite procedemus seu dicti nostri Visitatores procedent. Datum Sturwoldis *) Anno domini Millesimoquadringentesimo Octuagesimo tercio. Die vero Lune. vicesima septima Mensis octobris nostro sub Sigillo presentibus sub impresso.

(L. S.)

Diese beyden bischöfflichen Rescripte wirketen so viel aus, daß der Probst von Babenstedt sich allen Fleisses angelegen seyn ließ, das begehrte Gasthauß, so bald es möglich, zu Stande zu bringen. Ao. 1484. wurde damit der Anfang gemacht, und von aussen nach dem Platze zu ein doppelter Flügel an das Closter gebauet, von welchem der eine Theil beym Eintrite zur linken Hand belegen, zum Gasthause, der andere zur Rechten aber zum Sprachhause aptiret ward. Dieses Gebäude ist noch vor wenig Zeiten im Stande gewesen, nach der Hand aber hat man aus dem obersten Theil neue Stuben für die Conventualinnen, und aus dem untersten einen Eingang ins Closter gemacht.

Wie dieses Werk damals in Ordnung gebracht war, so fieng unser Probst an, noch mehr benöthigte Gebäude aufzuführen. Ao. 1485. reparirte er das Brauhauß, Ao. 1486. das Siechenhauß, Keller, Schlafhaus, Reventer, und was sonst nur zum Nutzen des Closters dienen konnte, daran sparte er niemals Zeit und Kosten. Am meisten beweiß er seine Sorgfalt für dasselbe durch Ankaufung verschiedener liegender Güter. Unter solchen war das vornehmste der Flecken Bevensen, auf welches

K 2　　　　　　　　　　　　　　　sein

---

*) Dieses Sturwoldis oder Steuerwald ist ein altes Schloß, ohnweit Hildesheim belegen, allwo sich Bischof Bertholdus, als zugleich des hildesheimischen Stiftes Bischof, eben damals aufhielt. Das Schloß ist Ao. 1313. vom Bischof Siegfrido erbauet, um der Gewalt einiger unruhigen Städte dadurch zu steuren, daher er es auch Sturgewalt nennen lassen. Diese aber haben sich dadurch so wenig schrecken lassen, daß sie es nur insgemein die Ahltenborg geheissen.

fein Prae-Antecessor, ludolphus lützken, dem verdischen Bischof Johanni Ao. 1450. bereits eine Summe von 2225. reinischen Gülten vorgestrecket hatte. Weil nun Ao. 1489. der damalige verdische Bischof Bertholdus wiederum Geldes benöthiget war, so schoß der Probst von Bavenstedt wieder so viel her, daß die ganze Summe des ausgelegten Geldes 2600. Rein. Gülden, oder 1799. Rthlr. betrug. Für dieses Capital wurde unserm Closter das ganze Weichbild Bevensen mit allen seinen Gerechtigkeiten, Gütern, Zehenden, Zinsen, Gerichten, Feld- und Wiesenlande, und sonst andern Zubehör, käuflich überlassen, und von dem Bischof Bertholdo darüber folgendes Diploma ertheilet:

Wy Bertold von Godes gnaden Bischop to Hildensen und Abministrator der Kerken to Werden Bekennen und betügen opembar vor uns, alle unse Nakomen Bißchöppe Jm stichte to Werden und alß weme dat wy upp eynen rechten Wedderkop unse Wickbelde to Bevensen, myt allen synen Gerechticheyten Güderen Korntegeden Smalen tegeden tynsen Gerichten Grase Wißchen und anderen tobehöringen, alse sodann unse Wickbelde uns und unser Bißchöplichen tavelen tostendich und to behörich, allene den Sadelhof do Bevensen, und de tegeden und Meygerhof to Barum to Woldeßborgh und to Piperhoven uthbescheden, frig leddich und loß vor söß und twintich hundert guder vulwichtiger Rinsche gülden den Werdigen und inuigen Provesse Priorinne und ganzen Samlinge des Junckvrouwen Closters to Medingk und to trumer hand den ersamen und Vorsichtigen Borgemester und Rade der Stadt lüneborgh recht und redeliken myt weten willen und fulborde unser besundertt leven Andechtigen des Capittels unser Kercken to Werden verkofft, Soban Söß und twintich hundert Rinsche gülden Unser Zaliger Vorfar Bißchopp Johan, dem God gnedich sy, achteyn hundert Rinsche gülden und Negede halff hundert lübesche marck lüneborger weringe by synem levenn, Und wy darna tweehundert und vifff und vertich Rinsche gülden to fuller genöge entfangen, de wy und unser Zaliger vorfare forder in unses stichtes to verden openbahren Muth und vromen gekehret und gewant, Darumb unser Zaliger vorfare Bißchopp Johan to voren im Jare alse men schreff Vertenn hundert und Negen und söstich, Inbolt breve und segel dem closter to Medingk gegeven, de wy geseyn und wedderumb van dem closter entfangen, alse wy eck itzund jegenwordich in und myt crafft düsses unses nyen Breves den genanten Provest Priorinne und ganzen Samlinge des obgenanten closters in rouweliken gebruk und nuzam gewer unses Wickbeldes entgenant mit allen ertalben güderen und gerechticheyten, in gestalt alse de hir boven vortalt, gesast hebben, Sodanes Wickbeldes tobehörige güder, und deren rouweliken gewer Wy her Bartold bischop tc. und alle unse Nakomen Jm stichte to Werden, dem Provest, Pribrinne und ganzen Samlinge des closters to Medingk rouweliken ane alle vorhinderinge to genetten und to brukende gestaden willen und schullen, ane alle argelist und geverde, So lange wy, unse Nafolger edder unse Capittel obgenant sodane unse Wickbelde wedderumb dorch eynen rechten Wedderkopp van dem genanten Provesse Priorinne und ganzen Samlinge vill genant to frigende und to lösende beraden werden. Und wan wy her Barthold Bißchopp tc. Unse Nakomen edder unse Capittel der Kercken to verden Jnsampt edder besundern en sodan Wedderkop to tonde gesinnet werden, so mögen und schollen wy sodanen Wedderkop ellene und Unse Bißchopp tavelen und Nemande anders to gude und fromen dan, und de Wedderkop alß den, und nicht anders in dem twölff Nachten na

ben

vor hilligen Winachten erst folgende dem Proveste Pribrinne und gantzen Samlinge vorwitliken und vorkündigen, und darna schollen und willen wy her Bartold Bißchopp rc. Unse Nafolger edder unse Capittel sodan hövet sunne Seß und twintich hundert Rinsche gülden In barem golde dem Proveste Priörinne und Samlinge boven genant bynnen der Stat lüneborgh unbekümmert gewßliges edder wertliges gerichtt vernögen, reden geven, oder antworten und betalen. Und wan sodane vorkündinge des Webbesfores myt sampt der betalinge alse hir boven ertalt geschegn is, Alßden van stund an sd ollen sich de Provest, Priörinne und Samlinge des Closters to Medlngt des Wickbeldes to Bevensen und der to behörigen güder förder nicht underston, Sunder uns Unsen Nakomen Bißchoppen edder unsen Capittel sodane Wickbeld myt allen gerechticheyden genßliken offtreden, und fürder ane vorhinderet Alse unses Bißchplikes tafel gudes vorwesliken folgen geneten und gebruken laten, und also fort so schal aleven düsse unse breff machtloß und unbündig syn und vor en sodanen geholden werden, ane alle ar ge list und geverde. Aller vorgescreven stücke puncte und artikel insampt und besundern to fürder sikerheyt und warer orkunde hebben wy her Bartold Bißchop vilgenant an dessen unsen Breff Unse Ingesegel witliken hengen laten. Und wy Otto Domdeken, Wilke Senior, und Capittel der Kerken to werden bekennen, dat sodan alles, wo hyr vor vertalt, myt unßem weten willen und vulborde geschen is. Sodans tor bewisinge hebben wy unser Kerken Ingesegel by des upgenanten unses gnedigen Hern Ingesegel witliken heten hengen an dessen Breff, de gegeven is Na der bort Christi unses heren Dusend verhundert darna In dem negen und Achtentigesten Jare am Sondage Misericordia Domini.

(Sig. Episc. Verd.)   (Sig. Ecclef. Cathedr. Verd.)

Dieses Flecken Bevensen hat unser Closter einige Zeit in ruhigem Besitz gehabt, bis es endlich zu den Zeiten der Reformation der hohen Landesherrschaft heimgefallen ist. Sonsten erhandelte der Probst von Bavenstedt bey dem damaligen Wohlstande des Closters noch mehr importante Güter. Denn Ao. 1492. kaufte er von Herzog Henrico juniore aus dem mittlern lüneburgischen Hause das gantze Dorf Bostel Wiebeck mit allem Zubehör für 400. Rthlr. Desgleichen Ao. 1493. zwey Höfe zu Harmstorf, zwey zu Dörmpte, vier Höfe und sechs Kothen zu Oeße, vier Höfe und eine Kothe zu Klein Hesebeck, zwey Höfe zu Elringen, und endlich auch den Teich zur Roggenmühle. Er würde auch ohne Zweifel dem Closter noch mehr Nutzen geschaffet haben, wenn er nicht mitten unter seinen rühmwürdigen Verrichtungen vom Tode wäre übereilet worden. Allein Ao. 1494. zu Anfange des Aprilis befiel diesen grossen Prälaten gantz unvermuthet eine schwere Krankheit. Anfänglich zwar schien es damit eben keine sonderliche Gefahr zu haben; allein in etlichen Tagen nahm das Uebel dergestalt überhand, daß er leicht vermerken konnte, es werde ohne Zweifel seines Lebens Ende vorhanden seyn. Dieserwegen ließ er, auf unablößiges Anhalten des gesammten Convents, den 18ten April des gedachten Jahrs einen Notarium nebst etlichen Zeugen vor sich kommen, und seinen letzten Willen schriftlich entwerfen.

In solchem seinem Testamente disponirte er seine hinterbleibende Güter folgender Gestalt:

Zuvor

Zuvörderst vermachte er seinem Bischof, Herrn Bertholdo, zu Hildesheim und Werden, drey ungarische Ducaten zu einem geringen Andenken.

Dem bischöflich-verdischen General-Officiali, Herrn Henningo Wilden, einen ungarischen Ducaten.

Seinem Amanuensi und Vicario, Herrn Johann Heynen, zwanzig reinische Gülden.

Des Closters Beichtvater und Capellano, Herrn Christian Lotter, acht reinische fl.

Denen drey übrigen Capellanis, namentlich Herrn Conrad Fischer, Bernhard Lenzen und Heinrich Becklingen, jedem vier rein. fl.

Einem aus seiner Verwandschaft, Mag. Tilemanno von Bavenstedt, hundert fl.

Einem Scholari, der vielleicht des Herrn Probstes Diener gewesen, zwanzig fl. und ein Reitpferd, so er in des Herrn Probstes Diensten bisher geritten.

Zween andern Scholaribus jedem zehen fl.

Seinem Fuhrknechte drey fl.

Seinem Koch und einem andern Hausknechte jedem vier fl.

Dem damaligen Küster Barthold Börger einen rein. fl.

Einem gewissen armen Studioso alle Einkünfte seiner bisher besessenen Präbenden, welche tempore vacantiae fallen würden, weswegen er schon vormals mit dem Bischof Abrede genommen. —

Der damaligen Kalands-Brüderschaft zu Bevensen *) etliche Schulden, so er noch von seinem Dannenbergischen Vicariat zu fodern.

Seinen Herren Successoribus, den künftigen Pröbsten zu Meding, etliche liegende Güter, so er ehemals nur schlechthin de Güder to Bevenhusen zu nennen pflegte.

Denen sämmtlichen Conventualinnen des hiesigen Closters vermachte er alle seine Kleinodien und Silber-Service, nebst noch zwey Höfen zu Niendorf, zwey zu Seckeldorf, einem Hofe zu Sasendorf, und ein Capital von sechs hundert fl. an baarem Gelde.

Herrn Conrad Langen, damaligen Bürgermeister in Lüneburg, der in verschiedenen Vorfällen dem Closter ungemeine Dienste gethan, vermachte er zwey Pfannen in der Sülze zu Lüneburg, die er schon eine Zeitlang des Closters wegen im Besitz gehabt, noch auf zehn Jahre frey und ohne Entgeld zu gebrauchen.

Darin bestand kürzlich des Probstes von Bavenstedt letzter Wille. Damit nun aber derselbe desto genauer beobachtet würde, ernannte er sechs Testamentarios, nemlich in Lüneburg jetzt ermeldten Bürgermeister Conrad Langen, und Nicolaum Schomacker, Probsten zu Lüne; in Braunschweig Ditmarum Becker und Johannem Pattmer, beyde Canonicos zu St. Blasii, und endlich zu Hildesheim Henricum

---

*) Von dieser ehemaligen Kalands-Brüderschaft in Bevensen findet man zum öftern in den alten Documentis unsers Closters, daß bald ein hiesiger Probst, bald eine Conventualin derselben etwas im Testamente vermacht habe. Sonsten war vor Zeiten dieser Kaland ziemlich important, und gehörten dazu verschiedene liegende Gründe, welche man de Kalands-Güder to Bevensen zu nennen pflegte.

cum Volckhagen und Egebertum von Eynům, Canonicos zu St. Maurltil auſſerhalb der Stadt Hildesheim. Dieſen Männern trug er ſämmtlich die Fürſorge auf, ſeinen letzten Willen in allen vorgeſchriebenen Stücken zur Erfüllung zu bringen. Worauf denn dieſer angeſehene Prälat gleich des folgenden Tages, als den 19ten April, das Zeitliche geſegnete, nachdem er unſerm Cloſter ſieben und zwanzig Jahr als Probſt vorgeſtanden. Sogleich nach ſeinem Abſterben reiſete der vorerwähnte Herr Burgermeiſter Lange zurück nach Lüneburg, und ließ daſelbſt am 24ſten Aprilis, als am fünften Tage nach des Herrn von Bavenſtedt Abſterben, deſſen Teſtament durch den biſchöflichen General-Officialem, Herrn Henningum Wilden, wie gewöhnlich confirmiren, vor welcher Confirmation die Begräbnß den 21ten April mit den gewöhnlichen Solennitäten von dem Herrn Abt aus Oldenſtadt hieſelbſt angeſtellet, und der entſeelte Cörper in der Kirche auf dem Chore hinter dem Taufſtein beerdiget wurde, allwo man noch jetzo auf ſeinem Leichenſtein folgende Umſchrift lieſet:

Anno. domini. M. CCCC°. XCIIII°. XIX°. aprilis. obiit. venerabilis. dominus. tilemannus. de. bavenſtedt. præpofitus. hujus. monaſterii. qui. hic. bene. rexit. & multa. bona. fecit. cujus anima. in. pace. requiefcat.

Unter allen ſowol geiſtlichen als weltlichen Bedienten, welche dieſer Mann hieſelbſt gehalten, verdienet noch fürnemlich deſſen Amanuenfis, Johann Heyne, bemerkt zu werden, welcher unter allen Vicariis der vornehmſte geweſen, und mit dem letzten jederzeit den Titul eines Vice-Praepofiti des Cloſters Meding geführet hat. Dieſer Mann ſtreckte nach Abſterben des Herrn von Bavenſtedt dem hieſigen Kloſter vier hundert fl. vor, wovon er zwar jährlich, ſo lange er lebte, die Renten zu genieſſen ſich bedung, nach ſeinem Abſterben aber das ganze Capital dem Cloſter vermachte. Für dieſes Geld wurde während der Vacance der ziemlich importante Zehende von Barum an unſer Cloſter gekauft.

15.
Ulricus von Bülow,
von 1494 bis 1516.

Dieſer Mann war eben wie ſein Antecefſor ein fürſtlicher Rath, und wurde dem Cloſter Ao. 1494. nebſt etlichen andern angeſehenen Männern präſentiret, aber zugleich von dem damals regierenden Landesherrn Herzog Henrico, welcher ſelbſt mit ihm ſich anhero verfügte, ſo nachdrücklich recommendiret, daß das Cloſter denſelben nothwendig erwählen muſte. Weil aber dadurch des Cloſters Wahlfreyheit einiger maſſen eingeſchränket wurde, ſtellete die hohe Herrſchaft eine ſchriftliche Erklärung von ſich, daß dieſe Wayl ſo en ſaveur des Landesherrn geſchehen, den Gerechtigkeiten des Cloſters künftig nicht präjudicirlich ſeyn ſollte. Alſo wurde denn den 30ſten April im Namen Gottes zur Wahl geſchritten, und der Herr von Bülow zum Probſt unſers Cloſters erwählet, zugleich aber an gedachtem Tage hochgedachter Herzog Henricus nebſt dem Electo anhero ins Kloſter erbeten, woſelbſt in Gegenwart der ganzen Verſammlung auch Notarii und Zeugen dem neuerwählten Herrn Probſte von der damaligen

ligen Fr. Priörin Margaretha Puffen gewiffe Puncte und Conditiones schrifftlich über-
geben und öffentlich vorgelesen wurden, die er künftig bey seiner Prälatur zu beobachten
angeloben muste. Es wurde über diesen Vergleich ein förmliches Instrument folgen-
des Inhalts aufgerichtet:

In deme Namen Unses Heren. Amen. So men scriff na syner menschli-
cken Gebordt Dusent veerhundert Inn deme veer und negensten Jare, In der twölfften
indictien Upp den Midweken bede was de drüttigeste Dach des manthes Aprilis to
negen Uren edder umme den trende Inn deme pawestedom des allerhilligsten In gud
Vaders unn Heren Hern Alexanders van göttliker gnaden Pawestes des sessten In synen
andern Jare In Jegenwardichent des Jrlüchtigen und Hochgebohrnen Fürsten und
Heren Herrn Hinrickes Zeligen Hertogen Ottens son To Brunswick und Lüneborg Her-
togen Und des gestrengen Düchtigen Ridders Heren Barteld van Oberghe vor my van
Kanserlike gewalt apenparen Notariesse unnd tügen hyr na beschreven dar to geeschet
unnd gebeden persönliken erschenen De Werdingen unnd Innighen gheistliken vrome
unnd Juncfrowen Marghareta Prioriffa, Subprioriffa Cellerario und de andern Of-
ficiatrices des Closters To Medinge Sünte Bernhardi Ordens Veerdeßchen Stifftes
unnd de gantze sammelinge dar sülves upp ene Unnd de Werdige unnd düchtige Hr.
Olrick van Bülow Clerick Veerdeßchen Stifftes of ander sydenn unnd de genannte
Marghareta prioriffa alß eyn hovet der gemeldten Juncfrowen heft apenbar mit vor-
stendiger stemm, sso see best Konde unnd mochte, vorgegeven vorluden laten unnd
gesecht Wo see unnd de genanndte gansse sammelinge eres Closters den gemelten Eren
Olrick von Bülauw dorch den Dod Zeligen Tilen van Bavenstedte eres Closters pro-
vesten mit samptliken enbrachtliken stemmen in eres Capittels steden Na sseden unnd
Wonhent Angeropen de hülpe gades Wedder in enen provest gekaren hebben unnd Koren
noch Jegenwardich sso sülves Unnd gaf Itlike na beschreven stücke unnd artikele in ener
Cedulen van papir in eren handen entholdende apenbar lesende In den steden eres wer-
beschuß denne genannten Hern Olrick na erer Wonheit sso se ssede to erkennende unnd to
vorlubende Welker punce unnd artikele in der sülven Cedulen gescreven unnd gelesen van
worden to worden hyr nha folgen In besser frome unnd wisse.

So alsse nha dem Willen des almechtigen gades de Werdige Her Tile van
Bavenstedt provest unsses Closters To Medinge in gad verstorven is unnd wy nenes
Vorwesers entberen mögen esste können Angeropen darto de hülpe gades unnd guder
tovorsicht unnd Rade des Hochgebornen Fürsten unnd Hern Hern Hinrickes Zeligen
Hertzogen Otten sons To Brunswick unnd Lüneborg Hertoge unsses gnedigen leven Heern
hebben wy samptliken mit enbrachtliker stemme in unsses Capittels steden gekaren vor
enen provest den werdigen Hern Olrik van Bülauw unnd vor umme nakamenden Un-
willen unnd Twedracht des Hern provestes unnd unser Sammelinge des Closters scha-
den unnd Vorderff to bedenckende hebben wy beramet Itlike punte na sseden unnd
Wonheit unsses Closters vor to gerende deme Werdigen Herrn Olricke de he gütliken
wolde Ingan Vulborden unnd bele ven Welcker lude allsuß is.

Int erste dat de Werdige Here unse provest uns in nenen stücke esste artikele
entjegen sy Dede unse Reformation Unsse Regulen unnd unsfen orden andrepende
syn Sundern in alle dem dat unsfen Observancien mach vorvelich syn wil behülpe-
lich wesen.

Item

Item dat he mit allem Flyte sick wille bewisen in deme Denste gades Unnd dat nicht vorminndern unnd noch vormindert werde by süner tyd An den fest dagen sül= ves misse to holden Unnd wes eme to doude behört to deme gades denste nha unsses Clo= sters wise unnd Wonheyt.

Item ock etliche brame Capellan to holden bede ock Blitich syn in deme denste gades unnd ene ock na Provestlicker werdicheyt ehre unnd redelichheit to bewisende.

Item wen wy enen bramen götliken Confessoren hebben de uns wol denet to salicheit unser selen unnd bequemen dar to is dat he den götliken holde unnd mit eme in willen unnd Breden stan Ock swedderumme offte wy enen hedden de uns nich bequem were dat he den wedder unssen willen hyr nicht entholde.

Item dat he nene Kinder effte Conversen anneheme In unsse Closter to bege= vende sunder unsse Weten unnd Wißschapp.

Item wan de vorgenannte unse Werdige Herr provest van Hand schal unnd nicht tor steden is dat he den te slötel to dem Closter der Dompne antworde sso lange wente he wedder to huß kumpt.

Item dat nen dat Werve Binster unsses Closters den armen lüden na der maltyd eppslute unnd openlate wente to der Vespertyd ene de almissen umme god mede to behelen nha sette unsses Ordens.

Item effte uns den Wörber des avendes ebbes des morgens Blische unnd Egger effte anders wes worde gebracht to unser behoff Edder Jement wat to werven hadde dat men den to Hand dar vor late.

Item dat ock de Werdige Here Unse provest nicht Köstliker mit state to oбren Noch mit Natoch vründen Edder gastebaden unsse Closter to besweren Man mit dreen edder Beher Knechten to ridende sso syne vorvaren gadan hebben.

Item dat he unsses Closters güder wille verbetere unnd nicht vorminndern Noch to vorsettende effte to verpendende Effte vorpendet gud to entfangen sunder unssen willen unnd mederweten Ock alle Jar Rekenschop to donde vann unsses closters güderen.

Item dat he unsse armen lüde unnd landgüter beschütten beschermen unnd vorbegedinge unnd hülpe bewisen gelick synen undersathen.

Item dat he syne Denste dar tho gevve unnd holde dat sse uns to willen unnd to hülpe syn wor wy des bederven.

Item dat uns noch Wagen edder perde nicht entwenett werden wur unnd wo vaken unß des behoff is Ock enen ridenden boden to vorsendende wen uns des nod is nicht to wenern.

Item dat de velgenante Her Provest darvor sy dat vor uns gud begelik brod werde gebacken unnd unß des so vele geven alß wy des bederven.

Idem offte wy bedervende Bische effte anders wes vor unsse Krancken dat he uns dar mede dage des geliken wille wy in andern Dingen hen wedder von uns synent willen.

Item holt to unser Köken unnd to unsere Ovenn unnd enen Knecht dar to holden de tenn Ovenn anhitte van der tyd an dat it Kolt werd Wente nha Philippi et Jacobi dat dat wedder warm werd unnd dem sülven Knecht lonen.

Item de werdige Her unsse provest mit unsen getrüwen vorstender dem Ersamen Heren Cord langen Borgemester to lüneburg Unnd deme ganzen Ersamen

l

Rade

Nabe darſülves Unſſer Sammelinge guden günners In willen unnd guden Werde will ſtan.

Item dat he unſſen Sülffmeſters be pannen unſſes Cloſters nicht annehmne Id ſy denn dat ſie qwade betalinge deden Dck deſülven pannen nemende vorſeggett eſſte nehemte ſunter unſem willen unnd medeweten.

Item dat he uns hyr bynnen Cloſters buwen late Jo ehr jo lever wur uns des nod unnd behoff iß Beſunders ock unſſe vorwerck wille maken laten mit den erſten mit aller tobehöringe na unſſer beqwemicheyt to beſtendlicheit unſſer Reformation Unnd dat he den jennen de uns darinne dienet vor ſyne Köcken und Keller ghan late.

Item noch beweringe Uthneminge Ebder derley Wiſſe büſſen vorbenanten ſtücken unnd artikelen allen andern nicht ſchollen ſchedelick ſyn.

Dar nha hefft de genante Marghareta Prioriſſa ſo dan genente artikele unnd punte grod unnd klene na ſeben unnd Wonheyt eres Cloſters van dem gemelten Ere Olricke geſornen proveſte antonemende ſehere othmödigen gedeben ſie unnd dres Clo ſters güder dorch god in Nüden unnd Nöden nha vormögenheit to beſchermen unnd to beſchedende Unnd ſodans one vor my gemeynen apenbaren Notario und erſchreven to lavende vaſt to holdende Des to de ergedachte Her Olrick unlauges mit beradedem mode der genanten Prioriſſen unnd ganſſen ſamminlinge geantworde unnd ſtede dat he ſſo dans vorgenent punte unnd Artikele ſſo berört iß In aller mathe annehmen wolde unnd hol den unnd annehmende ſſo Jegenwardigen Unnd dachte dren Cloſter to vorſtande mit ſynen Wetten unnd mogenheiden An neuer Rechticheyt noch vorniddelt ſick edder an dern perſonen to vorkrenken Men ſtedes meher in vorbeteringe wolde to laten. Unnd dat allens alſo berört iß hefft de upgedachte Ern Olrick my gemeynen unnd openbahren Notario hyr nedderſchreven alſſe enne löffwerdigen perſonen In deß genanten Jrlüchti gen unnd Hochgebornen Fürſten Hern Hinricke van Brunſwick unnd lüneborg Hertogen unnd des Strengen Düchtigen Ern Bartelt Oberghe Jegenwardicheyden mit Hande unnd Munde püntlicken unnd unvorbraken gelavet to holdende Unnd up allen deſſen ſſo bevört iß hebben de genannte Marghareta Prioriſſa unnd Her Olrik ſampt unnd beſunders my under beſchrevenen Notaries geeſchet unnd reqviret Unnd ene dar upp ene eſſte meher apenbar edder apenbare Inſtrument eſſte Inſtrumenta to gevende unnd to makende gedeven. Dat is geſchen To Medinge Ju der ſtede verbetört in dem Jar Indiction Dage Manthe Stunde unnd Paxeſtrom vorgeſchreven In Jegenwar dicheyd Chriſtiano Botter Preſter Verbeßchen Stifftes unnd Jürgen van Bülouw Hinrick Daverde Curd van velrenn leyenn Düchtigen Knapen und laudſathen des Her tegedoms des landes To lüneborg vorgenannten Stifftes Tügen to deſſen vorgeſchreven ſtücken geeſchet unnd gedeven.

(Loc. Sig. Notar.) Unde ick Bernhard lenſſe Elcrick Verbeßchen Stifftes van Kayſer licker gewalt vegen ein gemeyn apenbar Notaries hebb in allen vorſchre venen ſtücken unnd punten ſſo alß vorgerört iſt geſchehen unnd gedan mit den vorgeſchreven tügen mede an unnd ober geweſen de alle ſſo handelen geſeen und gehört unnd hebb darumme dyt gemeyn apenbar Inſtrument mit myn egen hand geſchreven darupp gemaket und beſchreven geopenbart unnd in deſſen open formen getogen Dck mit mynen wontliken ſignete Namen Tonamen geſigneret. Des in euen Bullenkomen loven unnd tüchniſſe darto geeſchet unnd gedeven. —

Nachdem

Nachdem sie sich nun über jetzt angeführte Bedingungen verglichen hatten, so ließ unser Convent den jetztgedachten 30sten April ein Schreiben an den Verdischen Bischof Bertholdum abgehen, notificirte darin die geschehene Wahl, und supplicirte um derselben Confirmation; welche denn auch, nachdem der Herr von Bülow daselbst praestanda prästiret, am 4ten May ausgefertiget wurde, in nachfolgenden Formalibus:

Bartoldus Dei & apostolice sedis gracia Episcopus Hildensemensis & Verdensis ecclesiarum perpetuus Administrator Universis & singulis divinorum & ecclesiarum rectoribus vice rectoribus presbiteris clericis Notariis & Tabellionibus publicis quibuscunque per Civitatem & dyocesim nostram Verdensem ubilibet constitutis presentibus requisitis Salutem in domino & mandatis nostris hujusmodi firmiter obedire.

Noveritis quod prepositura Monasterii sanctimonialium in Medinge Ordinis Cisterciensis nostre verdensis dyocesis per obitum Venerabilis domini Tilemanni de bavenstede ultimi & immediati possessoris ejusdem vacante, Venerabilis Religiose & devote Domina Margareta tunc priorissa & electa in abbatissam nuc vero abbatissa, totusque Conventus sanctimonialium dicti Monasterii Venerabilem virum dominum Ulricum de Büloww clericum Verdensis dyocesis virum vtique in spiritualibus commendatum & in temporalibus circumspectum tanquam abilem & ydoneum in suum & dicti Monasterii prepositum canonice & concorditer elegerint prout ex decreto electionis desuper confecto, ac sigillo dicti Monasterii sigillato nobis presentato fidem recepimus creditivam Cujus tenor sequitur & est talis. Reverendo in cristo patris & domino Domino Bartoldo dei & apostolice sedis gracia Hildensemensi Episcopo & Verdensis ecclesie Administratori perpetuo Humilis cristi famula Margareta in Medynge Monasterio priorissa Totusque conventus ibidem Ordinis sancti Bernhardi vestre dyocesis Orationes in cristo sedulas quam devotas, Reverende in cristo pater & domine graciose, Vestre sistat gratie propalatum nos divina concedente clementia habuisse per sex viginti annos pro preposito Venerabilem dominum Tilemannum de Bavenstede qui huic domui nostre ineffabiliter exstitit per utilis ac multa sollicitudine presuit nobis, Quem nunc dominus deus vocavit & debitum universe carnis beato fine persolvit Quare citius de alterius ministerio & presidencia providere compulse sumus Hinc venerabilem ac magne discretionis virum dominum Olricum de Buloww dei existens gratia vita & morum honestate conspicuus zelum dei habens & insigne lucens doctrine & sagacitatis ac apud nos de vita laudabili & prudentia tam in spiritualibus quam temporalibus multipliciter commendatum, Auxilio divino Invocato in preposi um ac ad curiam & administrationem duximus eligendum ac vestre reverende paternitati presentandum Quem etiam tenore presentium presentamus eundem, cum obsecratione petentes eundem dominum Olricum per nos sic unanimi & concordi consensu electum & ad onus hujusmodi suscipiendum, ac nostre huic electioni consentiendum per vos interpellato precibus oportunis auctoritate ordinaria roborare confirmare electionemque nostram in domino cum plenitudine Juris canonici approbare ac curam sacramentorum ecclesiasticorum impartire dignemini In cujus rei testimonium Has literas fieri & conventus nostri Sigilli fecimus appensione communiri. Datum Medingk Monasterio memorato sub anno partus salutiferi Millesimo quadringentesimo nonagesimo quarto die Mercurii in profesto apostolorum Philippi & Jacobi. Unde pro parte dicti Conventus nobis fuit humiliter supplicatum Quatenus electionem hujusmodi admittere & approbare, Eun-

demque

demque dominum Olricum electum in prepoſitum confirmare, ac omnia & ſingula in
hujuſmodi negotio quomodolibet oportuna facere dignaremur, Nos vero Bartoldus
Epiſcopus & Adminiſtrator antedictus juxta doctrinam apoſtoli Nemini manus de facili
imponere volentes prefatam electionem cum debita diligentia examinavimus Et quia
ipſam rite & canonice factam comperimus Eandem ut talem auctoritate noſtra ordina-
ria admiſimus & approbavimus ac admittimus & approbamus, Electam ipſum confir-
mamus approbamus & admittimus per preſentes, ſibique regimen & adminiſtrationem
ejuſdem prepoſiture in ſpiritualibus & temporalibus ac curam animarum auctoritate no-
ſtra ordinaria committentes Vobis nichilominus divinorum rectoribus ceteriſque ſupra-
dictis preſentibus requiſitis in virtute ſancte obediencie & ſub excommunicationis pena
diſtricti precipiendo mandamus Quatenus accedatis quo ob id merito fuerit acceden-
dum & eundem dominum Olricum electum ac per nos confirmatum in & ad realem
actualem & corporalem poſſeſſionem & Adminiſtrationem dicti prepoſiture inducatis
Sibique de redditibus & proventibus dicte prepoſiture integre reſpondeatis, & quantum
in vobis eſt ab aliis integre reſponderi faciatis, Perſonasque eccleſiaſticas & ſeculares
ſub dicta prepoſitura degentes dicto prepoſito parere & fideliter intendere faciatis &
auctoritate noſtra ad parendum & debitum Honorem obedientiam & reverentiam ex-
hibendum diſtrictius compellatis auctoritate noſtra ordinaria & cenſura t) mediante,
Iure tamen & prerogativa abbatiſſe in ſingulis ſemper ſalvis. In quorum omnium &
ſingulorum fidem & teſtimonium premiſſorum preſentes noſtras literas fieri Noſtrique
ſigilli juſſimus & fecimus appenſione communiri. Datum in arce noſtra Rodemborch
Die Solis, quarta Menſis Maji Anno domini Milleſimo quadringenteſimo nonageſi-
mo quarto.

(L. S.)

Es iſt hieben als etwas ungewöhnliches zu bemerken, daß das Cloſter mit der
Election bis in den 9ten Tag verzogen, welches vor dem noch nie geſchehen war.
Die Urſache aber dieſes Verzuges war diesmal die Promotion der Frau Priorin Mar-
gareta Puſſen, welche tempore vacantiae zur Abbatißin declaritet und von dem Biſchof
darin confirmiret wurde. Dieſe Confirmation wartete der Convent erſtlich ab, ehe er
weiter um Confirmation des neuen Probſtes anhalten wolte, wie aber die erſtere den
29ſten Aprilis des gedachten 1494ſten Jahres von dem Biſchof ertheilet ward, ſo
wurde ſogleich des folgenden Tages zur Wahl des neuen Probſtes geſchritten, und die
Supplique für den Herrn von Bülow an den Biſchof übergeben, darauf die jetzt ange-
führte Confirmation den 4ten May erfolgte. Einige Wochen nach derſelben Ausferti-
gung ſandte der Biſchof ſeinen zu Lüneburg ſitzenden Officialem anhero, welcher die In-
troduction mit den gewöhnlichen Solennitäten in einer Verſammlung von verſchiedenen
Prälaten und E. E. Raths der Stadt Lüneburg Deputirten verrichtete.

Wie nun Herr Ullrich von Bülow die hieſige Probſten auf ſolche Art ange-
treten hatte, ſo erfüllete er, ſo viel inſonderheit die Reparation des Cloſters betraf,
was er ben ſeiner Annehmung verſprochen hatte. Damit brachte er etliche Jahre zu,
das Fürnehmſte aber wurde Ao. 1499. vorgenommen, da der Hr. Probſt das ſoge-
nannte

---

t) Cenſura Eccleſiaſtica heißt die Strafe,   cio ſuspendiret, oder excommuniciret, oder allge-
welche der Biſchof in ſeiner Diöces zu dictiren   meine Interdicta ergehen läſſet.
pflegt, da er gewiſſe Perſonen entweder ab offi-

nannte Haus der Frau Aebtißin gantz abbrechen und von Grund auf neu bauen ließ. Bey dieser Gelegenheit ließ er zugleich die vornehmsten Fata unsers Closters seit seiner Stifftung bis auf die damaligen Zeiten in XV Bildern abmahlen, die Historie lateinisch darunter setzen, und diese Gemählde Tafelnweise in dem untersten Saal in der Frau Abbatißin Hause zum Zierath anhefften, welche Bilder noch jetzo in gutem Stande sind, und von den ältesten Zeiten die meiste Nachricht geben müssen. Wir werden dieselben unten zum Beschluß dieses ersten Theiles mit mehrerem anführen.

Ao. 1502. erbauete der Probst von Bülow an der Südseite der Kirche eine neue Capelle, welche heutiges Tages ein Eingang zur Kirchen, und im Closter noch unter dem Nahmen der Bülowen-Capelle einigermassen bekannt ist; diese ließ er in eben demselben Jahr mit vielen Solennitäten durch einen Werbischen Suffraganeum einweyhen, und der Jfr. Mariä und St. Annä bediciren. Zugleich legte er dabey ein neues Vicariat an, dessen Administratori er einen freyen Tisch auf der Probsten, eine commode Wohnung in dem Hause der Capellanorum, und 20 Mrk. jährlicher Einkünffte vermachte, wozu er selbst und sein Amanuensis, Hr. Johan Henne, dessen bereits oben gedacht worden, gewisse Capitalia von ihren eigenen Mitteln niedersetzten. Dieser Vicarius sollte, der gemachten Stifftung nach, wöchentlich 4 Messen in der neuen Capelle lesen, als nemlich 1) ordentlich auf alle Sonn- und Festtage, 2) des Montags für die Verstorbenen, so bey hiesigem Closter ehemals engagirt gewesen. 3) Des Dienstages zur Ehre der heil. Annä, und 4) des Sonnabends zur Ehre der heil. Jfr. Mariä. Ausser welchen Amtsverrichtungen ihm auch zugleich die Chorstunden zu besuchen, und bey Abgang eines Capellani dessen Function ad interim zu verwalten mit aufgetragen wurde.

In dem nächstfolgenden 1503ten Jahre, als eben damals ein päbstlicher Legatus a latere sich zu Hamburg aufhielt, bewarb sich unser Hr. Probst um eine Confirmation und Indulgenz für seine neuerbaute Capelle, welche ihm auch ertheilet ward in folgenden Terminis.

Raymundus Miseratione divina Sacrosanctae Romanae Ecclesiae & Sanctae Mariae novae Presbyter Cardinalis *). Ad universam Germaniam Daciam Sueciam Norwegiam Frisiam Prussiam Omnesque & singulas Illarum Provincias Civitates Terras & loca etiam sacro Romano Imperio In ipsa Germania subjecta ac eis adjacentia Apostolicae sedis a latere Legatus ꝧ). Ad perpetuam rei memoriam. Ad singula quae ad dei Laudem & sanctorum venerationem tendere videntur ex injuncto nobis ab Apostolica sede legationis Officio libenter intendimus & illis quae propterea provide facta fuisse dinoscuntur cum a nobis petitur favoris nostri dona Impartimur. Ac cunctos cristi

ᶠ 3 sti

---

u) Es giebet in der Römischen Kirche dreyerley Gattungen von Cardinälen, welche Pabst Paulus II. aufgebracht: denn die ersten 6 werden Cardinales Episcopi, oder Cardinal-Bischöfe genannt: darauf folgen über 50 Cardinales Presbyteri, und die übrigen alle sind Cardinales Diaconi vid Casal de vet. sacr. Christ. rit. c. 81.

ꝧ) Legatus a latere ist ein ansehnlicher Gesandter, welchen der Pabst in öffentlichen Angelegenheiten der Kirche, oder sonst in hochwichtigen Verrichtungen an hohe Potentaten abzuschicken pfleget, und wird ein solcher deswegen Legatus a latere genannt, weil er dem Pabst zur Seiten unter dessen Baldachim stehend seine Instruktion mit vielen Solennitäten zu bekommen pfleget. Zu dieser Dignität gelangen insgemein Cardinäle, und wird ihnen alsdenn auf ihrer Gesandtschaft eben solche Ehre, als dem Pabst selbst, erwiesen.

sti fideles ad caritatis & alia salutis opera exercenda frequenter Invitamus ut per ea salutem ipsam ab omnibus desideratam Auctore domino felicius valeant adipisci. Ex parte itaque Dilecti nobis in Christo Nobilis Ulrici de Bülow Prepositi Monasterii sanctimonialium in Medinge Ordinis Cisterciensis Verdensis Diocesis nobis exhibita petitio continebat, quod olim ipse piae devotionis Zelo accensus de propria salute recogitans ac temporalia in spiritualia & transitoria in aeterna felici commercio commutare, cupiens pro divini cultus augmento quandam Capellam dicto Monasterio contiguam In laudem omnipotentis dei & beatissimae Annae gloriosissimae virginis Mariae genitricis & aliorum sanctorum Honorem fundari construi & aedificari fecit atque in eadem Capella quandam perpetuam Vicariam una cum decentibus & honestis ornamentis ecclesiasticis ob divini cultus augmentum Laudabiliter Instituit & de propriis sibi a Deo collatis bonis competenter dotavit ꝟ). Et sicut eadem subjungebat petitio si premissa omnia & singula cum aliquarum Indulgentiarum elargitione confirmarentur & hoc profecto christi fideles ipsi ad majorem devotionem invitarentur & divinus cultus non modicum sumeret Incrementum Quare pro parte ejusdem Ulrici Prepositi nobis fuit humiliter supplicatum quatenus fundationem dotationem & Institutionem predictas pro Illarum subsistentia firmiori Confirmare Approbare & Ratificare benigne dignaremur Nos igitur qui divini cultus augmentum summis desideramus affectibus & Christi fidelium devotionem quantum possumus libenter procuramus dicti ulrici Prepositi devota in hac parte supplicatione Inclinati fundationem Institutionem & dotationem predictas desuper quoque rite confectas Literas earumque tenores presentibus pro expresso habentes Ac omnia & singula in eis contenta & inde secuta quaecunque Auctoritate Legationis nostrae qua fungimur in hac parte tenore presentium Confirmamus Approbamus & Ratificamus ac praesentis scripti patrocinio communimus, supplemusque Omnes & singulos tam Juris quam facti defectus si qui forsan intervenerint in eisdem et nichilominus cupientes ut Ecclesia Monasterii predicti congruis Frequentetur honoribus & a Christi fidelibus jugiter veneretur ac in suis structuris & aedificiis debite restauretur, conservetur & manuteneatur Librisque Calicibus Luminaribus & aliis ornamentis ecclesiasticis pro divino cultu necessariis decenter fulciatur & muniatur In ea quoque cultus augmentetur divinus Et ut Christi fideles ipsi eo libentius devotionis causa confluant ad eandem & ad illius restaurationem conservationem manutentionem & fulcimentum aliaque premissa manus promtius porrigant adjutrices quo ex hoc Ibidem dono coelestis gratiae uberius conspexerint se refectos Dilectarum nobis in Christo Abbatisse ac universarum sanctimonialium Monasterii predicti devotis in hac parte supplicationibus Inclinati Omnibus Christi fidelibus vere poenitentibus & confessis qui Ecclesiam predictam in singulis videlicet Nativitatis Resurrectionis Ascensionis & Circumcisionis domini nostri

Jhesu

ꝟ) Dotare ecclesiam hieß in jenen Zeiten so viel, als einem neuen Gotteshause etwas gewisses an liegenden Gütern und jährlichen Einkünften vermachen. Denn wenn jemand etwa eine Kirche, oder Capelle, oder auch nur einen Altar Gott zu Ehren stiften wollte, so war es gehalten, vor der Erbauung, oder wenigstens vor der Einweyhung eines solchen neuen Gebäudes so viel an gewissen Einkünsten zu vermachen, daß davon

dem Bischof sein jährliches Gehalt abgetragen, geistliche Personen zum Gottesdienst unterhalten, Lichter und andre Kirchengeräthe angeschaffet, und auch den Armen davon Gutes gethan werden konnte, welche Stiftung alsdenn durch Notarium und Zeugen schriftlich aufgesetzet und eine Dotation genennet wurde. Conf. Conc. Aurelian. IV. c. 8. de consecrat. dist. I.

Jhesu Christi Omnibus Sanctissimae virginis Mariae Penthecostes sanctorum Johannis Baptistae Omnium Apostolorum & Ewangelistarum Michaelis Archangeli Omnium sanctorum Commemorationis animarum sanctarum Margaretae Barbarae Geertrudis Ursulae cum sodalibus virginum ac dictae ecclesiae dedicationis Festivitatibus & diebus A primis vesperis usque ad premissa manus ut profertur porrexerint adjutrices pro singulis festivitatum diebus predictis Centum Qui vero ante Imaginem sanctae Annae [1]) in dicta ecclesia pretiosissimae sculpturae artificio exsculpta semel orationem dominicam & Salutationem angelicam dixerint & oraverint devote quociens id fecerint pro singulis diebus similiter Centum dies de Injunctis eis poenitentiis misericorditer in domino relaxamus presentibus perpetuis futuris temporibus duraturis. In quorum fidem presentes literas fieri nostrique Sigilli jussimus appensione communiri. Datum Hamburg Bremensis dioecesis. Anno incarnationis dominicae Millesimo quingentesimo tertio Idus Maji Pontificatus sanctissimi in Christo patris & domini nostri domini Alexandri divina providentia papae sexti Anno undecimo.

(L. S.)

Den noch übrigen Theil dieses 1503ten und das ganze folgende 1504te Jahr brachte unser Prebst mit Bauen zu, wie denn absonderlich zu dieser Zeit das sogenannte Siechenhaus im Closter ganz neu aufgeführet ward. Dabey aber verabsäumete er auch nicht, wo er Gelegenheit hatte, das Closter durch Ankaufung liegender Gründe zu bereichern, wie denn unter andern etliche Meyerhöfe zu Hermestorp und Ristebe zu Anfange dieses XVIten Seculi durch seine Fürsorge an dasselbe gekommen sind.

Ao. 1505. wandte unser Closter abermals ein Stück Geldes an den damals beynahe aufs höchste gestiegenen Päbstlichen Ablaßhandel. Pabst Alexander VI. hatte bey Gelegenheit des Ao. 1500. gehaltenen Jubiläi seine Ablaßkrämer vielfältig ausgeschickt, und dadurch die apostolische Schatzkammer ziemlich bereichert. Dieser modus acquirendi gefiel seinem Successori Pabst Julio II. so wohl, daß er damit continuirte, und absonderlich Ao. 1505. ein Paar Ablaßkrämer mit ihrer geistlichen Waare nach Lüneburg schickte. Weil nun das Closter sich in solchem Handel nicht gerne säumig finden ließ; nahm es auch vorjetzo der Gelegenheit wahr, und erhandelte sich einen grossen Ablaßbrief, welchen, weil abermals alle zu der Zeit im Closter befindliche Personen darin specificiret werden, wir aus dem Originali anher setzen wollen, almo er folgendes Inhaltes ist:

Universis & singulis presentes literas inspecturis Everhardus Szelle doctor in Bartynghe & Cristianus Bomhower in Rinen locorum Rigensis & Tarbatensis [a]) dioecesis parochialium ecclesiarum Rectores Sanctissimi in Christo patris & domini nostri domini Julii divina providencia papae secundi accoliti [b]) Cappellani & ejusdem ac sedis

Sanctae

---

[1]) Dieses Bild der heil. Anna ist zu den Zeiten der Lutherischen Reformation, da diese Capelle nicht mehr gebraucht worden, herausgenommen, und, damit es denen Einfältigen nicht weiter zum Anstoß dienen möchte, auf die Seite geschaffet worden.

[a]) Rectius Terpatensis, ist das Stift Derpt, lat. Terpatum oder Dorpatum in Liefland.

[b]) Accoliti oder Acolyti, besser Acoluthi, von dem Griechischen ἀκόλουθοι, war vor Zeiten eine Secte von den vier untersten Orden der Kirchenbedienten, deren Function fürnemlich darin bestund, daß sie den Bischof begleiten, Wachslichter bey dem Gottesdienste herbringen und anzünden, und sonst andere Handreichung thun musten. Von der letzteren Amtsverrichtung nennet sie

Sanctae apostolicae ad Magdeburgensem bremensem Rigensem provincias Illarumque & Pomeranie nec non Livonie civitates diocesês opida terras ac dominia Etiam stagnales & de hensa ᵉ) nuncupatas Nuncii ᵇ) & Commissarii specialiter & quilibet in solidum constituti & deputati Salutem in domino. Notum facimus quod Sanctissimus dominus noster presatus pro potioris cautele remedio sacratissimas Jubilei & ᶜ) Cruciate ᶠ) plenissimas indulgentias cum non nullis aliis facultatibus gratiis & clausulis per quondam selicis recordationis dominum Alexandrum papam Sextum ad effectum pie ac necessarie subventionis hujusmodi datas & concessas. prout litere desuper consecte clarius continere videntur suis redintegratoriis literis revalidando ac firmissime Innovando denuo largiens Cunctis utriusque sexus Cristi fidelibus qui pro necessario Livonie predicte subsidio in ortodoxe nostre fidei defensionem contra Ruthenos hereticos & scismaticos ac Tartaros infideles eis adhaerentes ejusdem fidei crudelissimos inimicos juxta debitam nostram ordinationem per se vel alium manus porrexerint adjutrices ultra plenissimas indulgentias & alias gratias prenarratas quas cristi fideles hujusmodi consequuntur prout in literis apostolicis desuper consectis plenius continetur misericorditer concessit. ut aliquem ydoneum presbiterum secularem vel cujusvis ordinis regularem in suum possint eligere confessorem qui vita eis comite in casibus dicte sedi reservatis, preterquam offense ecclesiastice libertatis Criminum heresis & rebelionis aut conspirationis in personam vel statum Romani pontificis seu sedem predictam, falsitatis literarum apostolicarum Supplicationis Commissionis invasionis depredationis occupationis & devastationis terrarum & maris Romane ecclesie mediate & immediate subjectorum, offense personalis in Episcopum vel alium prelatum prohibitionis devolutionis causarum ad Romanam Curiam delationis armorum & aliorum prohibitorum ad pártes infidelium semel dunta-

---

sic Isidorus lib. VII. Orig. c. 12. auch Ceroserarios, wenn er schreibet; Acolyti graecè, latinè Ceroferarii dicuntur, a deportandis cereis, quando Evangelium legendum est, aut sacrificium offerendum; tunc enim accenduntur luminaria ab eis et deportantur. Andere derivieren dieses Wort von dem d privative und κωλύω, veto, quasi a sacris minime prohibiti, allein diese Derivation scheinet wenig guten Grund zu haben. In der Römischen Kirche giebt es drey Arten von solchen Acoluthis; etliche werden *Palatini* genennet, und warten dem Pabst auf, andere heissen *Stationarii*, und dienen in den sogenannten Ecclesiis stationum; andere heissen *Regionarii*, und sind denen Diaconis in den 7 Regionibus der Stadt Rom als Gehülfen zugeordnet.

ᵉ) Sind die bekannten Hanserstädte, deren Benennung man von dem alten Wort Hansa, welches ein Bündniß bedeutet, herzuleiten pfleget.

ᵇ) Nuncii werden diejenigen päbstlichen Abgesandten genannt, welche in auswärtigen Staaten residiren, des Pabstes Interesse daselbst zu befördern.

ᶜ) Pabst Paulus II. und sein Nachfolger Sixtus IV. haben es zuerst in der Römischen Kirche aufgebracht, daß das Jubelfest alle 25 Jahr gehalten wird, und weil ihre sämtlichen Herren Successores gemerket, daß ihnen die dabey gewöhnliche Verlaufung des Ablasses einen ungemeinen Profit eintrüge, so haben sie es allemal unverändertlich dabey gelassen. Weil aber abste Pabst Julius II. Ao. 1503. erstlich zur Regierung kam, da sein Vorfahr Alexander VI. schon die Intraden des Iubilaei vor ihm weggezogen hatte, so prolongirte er durch eine besondere Bulle das von jenem ausgeschriebene Iubilaeum, und ließ auch für sich durch seine Ablaßkrämer noch eine Nachlese halten.

ᶠ) Cruciatae wurden vormals die heil. Züge wider die Saracenen, Ketzer und andere Feinde der Kirche genannt, weil diejenigen Soldaten, welche solchen Expeditionen beywohnten, das Zeichen des Creutzes an ihren Kleidern tragen mußten. Diese Mode hat Pabst Urbanus II. auf dem Ao. 1095. wegen des vorhabenden heiligen Krieges zu Clermont in Frankreich gehaltenen Concilio zuerst aufgebracht.

dundaxat in vita, In aliis vero quotiens fuerit oportunum Confessionibus eorum diligenter auditis pro commissis sibi debitam absolutionem impendat & injungat penitentiam salutarem Nec non vota quecumque Ultramarino liminum apostolorum petri & pauli sancti. Jacobi in Compostella ac Castitatis & Religionis votis duntaxet exceptis in alia pietatis opera commutare valeat Quodque confessor idem quem quilibet eorum duxerit eligendum omnium peccatorum suorum de quibus corde contriti & ore confessi fuerint etiam semel in vita & in mortis articolo plenariam remissionem eis in sinceritate fidei & unitate dicte Romane ecclesie ac obedientia & devotione persistentibus auctoritate apostolica impartiri possit. Indulsit quoque Idem dominus noster Sanctissimus omnes & singulos Cristi fideles predictos & eorum parentes & benefactores defunctos qui cum caritate decesserint in omnibus precibus suffragiis elemosinis Jejuniis orationibus missis horis canonicis disciplinis peregrinationibus & ceteris omnibus spiritualibus bonis que fiunt aut fieri poterunt in tota universali sacrosancta Cristi ecclesia militante & omnibus membris ejusdem imperpetuum fieri participes. Et quia devote in Cristo domine Margaretha Abbatissa, Wunnegundis priorissa, Alheydis Subpriorissa, Drudi Breyde, Elyzabeth Langhe, Mechtildis Langhe, Alburgis Vischers, Gertrudis Eltzen, Gertrudis Hertzevelth, Lutgardis Schomakers, Tibburgis Remstede, Gertrudis Symens, Walburgis Stöterogghe, Ida Schomakers, Tibburgis Schelpepers, Elizabeth Doringes, Anna Zestede, Mechtildis Vrese, Tibburgis Wytick, Gerburgis Tobing, Catherina Schomakers, Elizabeth Grawerocks, Elizabeth Hesse, Gertrudis Stöterogghe, Alheydis Wytick, Gertrudis Wytick, Heinburgis Elebecke, Elizabeth Sanckenstede, Mechtildis van Dassel, Catherina Langhe, Elizabeth Viskule, Mechtildis Elebeke, Gertrudis Düsterhop, Barbara Vischknle, Mechtildis Remstede, Tibburgis Elebeke, Anna Langhe, Anna Werners, Lucia Brewitzen, Catherina Sanckenstede, Anna Semmelbeckers, Elzabeth Elebeke, Mechtildis Dusterhop, Anna Bavenstede, Agnes Langhe, Anna Sottrum, Catherina Schomakers, Elizabeth Elvers, Barbara Puffhe, Lucia Eltzen, Anna Hogreve, Agnes Fflöbow, Anna Schomakers, Cecilia Werners, Margareta Stufers, Clara Stüfers, Gertrudis Walmans, Mechtildis de Bülow, Margareta Hopes, Zacharias de Hitzeker, Catherina Sanckenstede, Anna Wytzendorps, Elisabeth Wytzendorps, Alheydis Wytick, Conegundis de Monte, Tibburgis Wytzendorps, Salome Tobinges, Gertrudis Semmelbeckers, Gertrudis Elvers, Gertrudis Schomakers, Beate Schele, Anna Vocke, Anna Wormes, Katherina Stöterogghe, Catherina Wytick, Margareta Stöterogghe, Catherina de Bülow, Elizabeth Schomakers, Mechtildis Tobinges, Gertrudis van Dassel, Anna Adendorps, Cecilia Prüls, Mechtildis Moltzan, Gertrudus de Dannenberghe, Catherina Schomakers §), Imma Cassube, Margareta Wyben, Anna Wysen, Meyburgis Vysschers, Margareta Grote, Jutta Hagens, Elizabeth Meyers, Margareta Hasselhorst, Anna Grevingh, Wunnegundis Pentzehorn, Gertrudis Hencke, Hildeburgis Bavenstede, Gertrudis

Rode-

---

§) Von dieser Imma Cassuben muß man die Laystchwestern zu zählen anfangen, weil die letztere, Catharina Schomackers, aus einem alten Lüneburgischen Patricier-Geschlecht hersstammet. Diese Imma Cassuben aber nebst den neun folgenden schon in dem oben angeführten Diplomate de Ao. 1481. unter die Conversas gezählet wird.

M

Rodewolt, Mechtildis Meyers, Reymodis Möllers, Anna Meyers, Hildeburgis Kyncken, Catherina, Havemeſters, Mechtildis Reyncken, Anna Strote, Gertrudis Luders, Mechtildis Huppe, Hildeburgis Bödekers. Ad ipſius fidei piam ſubventionem juxta pretactam Sanctiſſimi Domini noſtri intentionem & noſtram ordinationem debitam De bonis ſuis contribuendo ſe gratas exhibuerunt & liberales prout per preſentes literas in hujusmodi Teſtimonium a nobis ſibi traditas approbamus Ideo eadem auctoritate apoſtolica nobis commiſſa & qua fungimur in hac parte ipſis ut dictis gratiis & indulgentiis uti & eisdem gaudere poſſint & valeant merito conſtat eſſe conceſſum. Datum Lüneburg Sub Sigillo per nos ad hec ordinato, Die mercurii octava Menſis octobris Anno Domini Milleſimo quingenteſimo quinto,

Forma abſolutionis in Vita totiens quotiens.

Miſeratur tui &c. Dominus noſter Jheſus Criſtus per meritum ſue paſſionis te abſolvat auctoritate cujus & apoſtolica mihi in hac parte commiſſa ac tibi conceſſa Ego te abſolvo ab omnibus peccatis tuis In nomine patris & filii & ſpiritus ſancti.

Forma abſolucionis & pleniſſimae Remiſſionis ſemel in Vita & in mortis articulo.

Miſeratur tui &c. Dominus noſter Jheſus Criſtus per ſue paſſionis merita te ab ſolvat Et ego auctoritate ipſius & apoſtolica mihi in hac parte commiſſa & tibi conceſſa te abſolvo ab omni ſententia Excommunicationis majoris vel minoris ſi quam incurriſti deinde ab omnibus peccatis tuis, Conferendo tibi pleniſſimam omnium peccatorum tuorum Remiſſionem Remittendo tibi penas purgatorii inquantum claves ſancte matris eccleſie ſe extendunt. In nomine patris & filii & ſpirituſſancti Amen.

(L. S.)

In dieſem Ablaßbriefe werden zuſammen ein hundert und neun Perſonen hergezählet, die zu den Zeiten des Hrn. Probſtes von Bülow im Cloſter geleßet haben. Es wird zwar allhie keine Diſtinction unter wirklich eingekleideten Conventualinnen, Lehrkindern und Lanſchweſtern gemacht; allein man kann dennoch ohngefehr den Ueberſchlag machen, wie viel der eigentlichen Conventualinnen müſſen geweſen ſeyn. Denn wenn man bey der Nota 9) von der Imma Caſſuben an zu zählen fänget, findet man erſtlich vier und zwanzig Lanſchweſtern, wenn man ferner noch etliche zwölf Lehrkinder abrechnet, (wie denn in alten Zeiten ſelten viel mehr geweſen ſind) ſo bleibet praeter propter noch eine Zahl von drey und ſiebenzig Jungfrauen übrig, welcher Calculus mit dem oben angeführten auch ziemlich wol überein kommt.

Der Probſt von Bülow fieng in den folgenden Zeiten wieder an das Cloſter mit ein und andern neuen Gebäuden zu zieren, abſonderlich ließ er Ao. 1507. einen neuen Glockenthurm, von der Kirchen abgeſondert, aufführen, welcher aber bey der Reformation abgebrochen worden iſt.

Ao. 1508. hatte der regierende Landesherr, Herzog Henricus junior die Gnade für unſer Cloſter, daß er alle liegende Ritter- und andere Güter, ſo von der hohen Landesherrſchaft zu Lehn rühreten, aber zum Theil ohne derſelben Vorwiſſen ans Cloſter
gekauft

gekauft waren, demſelben von neuem conferirte, und ſelbiges in deren Poſſeßion beſtä-
tigte, durch nachfolgende Schriſt:

Von godes gnaben Wy Hinrick de Jünger Hertoge to Brunßwig und lüne-
borg, Zaligen Hertogen Otten ſohn, bekennen und don Kundt vor alßwem, dat wy
uth ſunderliker gnediger toneginge, mannigvoldiger Dienſte und othmodiger bede wil-
len, den werdigen Innigen und geiſtliken Unſen Rade leven Andechtigen und getruwen
Hern Olricke van Bülow Provste, Margareten Ebbdlſchen und ganßen Vorſammel-
linge des Cloſters to Medingen düſen gnedigen willen gedan und ertoget hebben, Nem-
lik, wes ſe, ebber ire Vorfaren ehrmals, von Ribbergüdern, de von unß und un-
ſem Fürſtendomme to lehne vöhrden, mit dren rechtigheyden und todebhbringen, wente
up hüte dato düſſes Breves ſunder Bekantniſſe und Vorwilliginge der Herſchaft up einen
Wedderkop an dat Cloſter gekoft und gebracht hebben, dat wy dne ſodane Köpe und
Wedderköpe nuhe alle gentzlick vorwilligt und togelaten hebben, Vorwilligen und tola-
ten de ſülften Jegenwerdigen, In der beſten Forme, Wyſe und mate, alße tovorn
ſcholde und mochte geſchein ſyn, In und mit Kraft düſes Breves, vor uns und unſe
erven und nakomen, ock alſo iſt derſülven welck uns jßunds verledigt woren eſte noch-
mals würden, dat wy nemandes darmidde belehnen ebber begnaden willen und ſchullen,
dat genante Cloſter ſy van erſten ſodans Geldes, alſe ſe na uthwiſinge drer vorſchrvin-
ge daranne hebben, beger all und wol to dancke betalet und vornbget worden. Welck
wy obgemelte Fürſte dem gnanten Cloſter vor uns und unſe erven verſpreken, ſunder
alle behelp argeliſt und gewerbe vaſt und unvorbroken wol to holbende. To orkunde
mit unſem anhangenden Ingeſegell witlick beſegelt, Anno Domini Veſteinhundert
und achte Jar, Mibbewekens na Converſienis pauli.

(L. S.)

In dem nachfolgenden 1511ten Jahe legte ein hieſiger Fürſtlicher Vogt,
Hans Strancke genannt, hieſelbſt ein neues Vicariat mit einem gewiſſen Capital, von
deſſen jährlichen Renten der zeitige Vicarius ſollte unterhalten werden. Es hat aber
dieſelbe nicht lange gedauret, maaſſen Ao. 1529, als der hieſige Probſt nebſt ſeinen Ca-
pellanis ihr Cuſtement bekamen, auch dieſer Vicarius zugleich mit abziehen mußte.

Ao. 1514. wandte unſer Hr. Probſt von Bülow abermals ziemliche Geld-
ſummen zu des Cloſters Nußen an, wofür er allerley ſchöne ländereyn und Wieſen
bekam. In eben demſelben Jahre belehnte Herzog Henricus ihn und ſeine Succeſſo-
res mit der Jagd auf dem Wiebecke, welches Dorf, an ſich ſelbſt nebſt dem Feldlande
ſchon ſeit einiger Zeit dem Cloſter gehöret hatte. Zugleich wurden ihm die ſämmtli-
chen Intraden der gedachten Forſt zugelegt, und nachfolgendes Inſtrument darüber
von höchſtgedachtem Herzog ertheilet:

Wann gots gnadenn Wy Hinrick Hertog to Brunſwig unnd lüneborch Zell-
gen Hertogenn Otten Sone bokennen opembar vor Unns unſe ervern Nakomen unnd
alßweme, dat wy deme Werdigenn Unſen Rath levenn Andechtigen und getruwen
Hern Olrick van Bülouw provſte to Medinge de tit aver ſines levendes uth vor-
wantniß unnd fürſtliker toneginge begnadet hebbenn unnd begnadenn öne ſo ſülves
Jegenwardigen In unnd mit Kraft düßes brevet nüt der Jacht up deme Wydenbecke,
unnd bokennen dat wy dann genannten provvſte veſtich marck lübſch tor nöge unnd wol

M 2   to to bancke entfangen hebbenn, dat vor ſoŋ ene unnd ſinen Makomen pröveſten to eŋnem Underpande geſettet unnd ſettenn Jegenwordich alle nüttinge unnd tobehöringe eb ſŋ ann Haveren, Höneren, Elgeren, Bröth unnd allent wat vam legher der ſülven Jagt thom Wŋnbenbecke Kumpt unnd wat de jenne von olders her darto gegeven, dat ſülve ſchal genante proveſt unnd ſŋne Makomelinge ſo lange Upuhemen unnd toulich gebruken Umbehindert unnd umbekümmert vor alŋwerne, beth ſo lange dat Wŋ ebber unſe medebeſchreven deme genanten proveſte unnd ſŋnen Makomelingen ſodane befrich marck löbſch webberummb betalet hebben unnd nicht ehr, alles ane geverde. To orkunde hebben wŋ düſſen breff mit unſem fürſtlickenn Jngeſegel unden Angehanget beſegeln laten. Na chriſti geborth Veſteŋn Hundert unnd Verteŋn Jar Sondags na oſwaldi regis.

(L. S.)

Bis auf dieſe Zeit war unſer hieſiges Cloſter und Probſten noch nicht vbllig mit Mauren unŋzogen, denn obgleich ehemals der öconomiſche Probſt Hr. Ditericus von Brand den Anfang damit gemacht hatte; war doch das Werk, wegen der dazu erforderten groſſen Koſten, kaum bis an die Helfte auẽgeführet worden. Dieſerwegen reſolvirte ſich der Probſt von Bülow, den Reſt vollends hinzuzuthun, und zugleich die beŋden ſo genannten Cämpe nebſt des Cloſters Vorwerk in die Mauer mit einzuſchlieſſen. Allein, um die Koſten zu erſparen, ließ er erſtlich eine hölzerne Wand aufrichten, und die Fächer nachmals mit Steinen ausmauren, woran man ſeine, von des Probſtes von Brands, Arbeit leicht unterſcheiden kann, als welche von lauter Steinen ungleich ſtärker und beſtändiger aufgeführet iſt. Dieſer Maurenbau gieng ziemlich langſam fort, und kam nicht einmal beŋ Lebzeiten des Probſtes von Bülow völlig zu Stande, ſein Succeſſor ſtarb ebenmäßig drüber hin; ſo daß der letzte Probſt, Hr. von Marenholt erſtlich das Werk zu ſeiner Vollkommenheit bringen mußte.

Uebrigens iſt noch dieſes beŋ dem Lebenslauf Hrn. Ulrici von Bülow zu bemerken, daß zu ſeiner Zeit die Ablaßkrämereŋ Pabſt Leonis X. den höchſten Grad vor ihrem Fall erreichet hat; wie denn abſonderlich Ao. 1515. der bekannte Pöbſtliche Negotiante, Johannes Angelus Arcimboldus, ſich zu Hamburg mit einer ganzen Boutique voll gedruckter Ablaßbriefe aufhielt, darein er, als wie in einen Paß, nur die Namen und Umſtände einer jeden Perſon ſchrieb, und alſo, ohne viele Weitläuftigkeit, Geld machen konnte. Von dieſem Arcimboldo holte unſer Hr. Probſt Ao. 1515. und die Frau Abbatißin Eliſabeth Elvers Ao. 1516. einen völligen Ablaßbrief, welche beŋde faſt gleiches Lauts ſind, auſſer daß der letztere hie und da noch etwas verm ehrter und völliger als der erſtere iſt, daher wir vorjetzo, um Weitläuftigkeit zu vermeiden, dieſen mit Stillſchweigen übergehen, jenen aber unten beŋ dem Lebenslauf der gedachten Abbatißin anführen wollen.

Mit dem Ausgange dieſes 1515ten Jahres wurde der Probſt von Bülow ſehr ſchwächlich und kränklich; abſonderlich wurde er öfters von der Colique und faſt beſtändig mit Steinſchmerzen geplaget. Ao. 1516. lag er einſt ſo gefährlich an gedachten Krankheiten darnieder, daß man an ſeiner Aufkunft zweifelte, daher er auch bereits Dispoſition machte, wie man es beŋ ſeinem etwan erfolgenden Abſterben mit ein und anderen Dingen halten ſollte. Nun kam er zwar dießmal noch wieder auf, allein er
blieb

blieb doch von der Zeit an immer kränklich, daher er endlich in gedachtem 1516ten Jahre, den 23sten September seinen letzten Willen durch Notarium und Zeugen aufsetzen ließ, und sich damit zu seinem Ende gefaßt machte. Das Testament ist noch in Originali vorhanden, und folgendes Inhalts:

In Nomine Domini. Amen. Anno a nativitate ejusdem Millesimo quingentesimo decimo sexto. Indictione quarta die vero Martis vicesima tercia mensis Septembris hora terciarum b) vel quasi Pontificatus sanctissimi in christo patris & domini nostri domini Leonis divina providencia pape decimi anno quarto. In mei Notarii publiceastiumque infra scriptorum ad hoc specialiter vocatorum & rogatorum presencia personaliter constitutus Venerabilis vir dominus Ulricus de Bülow prepositus monasterii Medinge verdensis diocesis aliqualiter debilis corpore Compos tamen mentis & rationis, Animadvertens quod nichil sit certius morte & nichil incertius hora ejusdem Eventum hujusmodi hore timens Volendo eundem prevenire. Nolensqne Intestatus ab hac luce decedere, sed saluti anime sue providere Ne post obitum suum super bonis suis per eum derelinquendis aliqua discordia valeat exoriri. Omnibus melioribus modo via Jure causa & forma quibus melius & efficacius potuit & debuit, suum Testamentum sive ultimam suam voluntatem Innovavit edidit condidit & ordinavit, aliasque & alia fecit prout & quemadmodum in quadam papiri cedula hic inserta, quam michi Notario publico infra scripto apertam & sigillatam i) exhibuit & presentavit, Cujus tenor sequitur de verbo ad verbum & est talis.

In deme namen des Heren amen. Ick Olrick vann Bülow praveft to Medinge Betrachte dat upp Erden nichts wißer is wente de Dodt unde nicht unwißers wente des Dodeßstunde. Upp dat my denne de Dodt nicht vorsnelle sunder schickinge myner güder So Innovere sette unnd make Ick düth myn testament unnd latesten willenn. Dat ick in mate wo na berhrt is so na mynem Dode will geholden hebben.

Int erste unnde vor allen Dingen Bevele ick myne Zele in de Hande des almechtigen godes In vorbiddunge Marien syner benedyeden moder unde alles hemmelschen heres Unde begere mynen licham nha christliker tucht tor erden to bestedigende, Dar nha so geve ick mynem gnedigen heren van Bremen und Werden umme früntliker leve willen de Ick to synen gnaden brage vor enne clene gave mynen gülden ringk mit dem elpenbenen, früntliken biddende denfülven vor eyn clene geschencke gnedich upptoneinende myner darby to gedenckende, Bidde ock syne gnade myner armen Junckfrouwen dre gnedige here wesen wille, Fürder geve ick syner gnaden officiale ock to eyner früntliken bekantniße twe rinsche gülden,

Item Ißliken van mynen schöleren unnd beneren geve ick eynen rinschen gülben Unde Nicolao assignere Ick Söß rinsche gülden.

M 3   Item

b) Ist so viel, als des Morgends ohngefehr um 6 Uhr, weil man um diese Zeit in den Clöstern die Tertias zu singen pflegte.

i) Man pflegte vor Zeiten dergleichen Stiftungen, und andere importante Briefe, wenn sie auf Pergament geschrieben, mit einem Sigillo pensili, welches an einer seidenen Schnur unten angehänget wurde, zu verwahren; wofern aber die Schrift nur auf gemeinem Papier war, so drückte man ein kleineres Siegel unter, zur Seiten der Unterschrift, welches auch allhie geschehen.

Item geve Ick Iſliken van mynen praſteren upp dem have to Medinge we=
ſende twe rinſche gülden,

Item geve ick mynem ſtalknechte einen rinſchen gülden und eine cledinge.

Item mynen beyden Vögeben Iſliken twe rinſche gülden unde eyne cledinge.
Item Jochimme mynen Jegenwardigen Jungen geve ick ver rinſche gülden unnd eyne
cledinge. Item mynem Koke geve Ick twe rinſche gülden Mynet Intſampt tor eve
godes darby to gedenkende,

Item mynes broders Kinderen der dre ſyn Iſliken eynen ſülvern beker myn
darby to gedenkende,

Item Beaten mynet ſüſter to Helmeſtede im cloſter geve ick ver rinſche gülden,

Item dem Kalande to Beventzen toſchede Ick teyn marck penninge lüneborger
wetinge Hir to hebbe Ick noch by my to dem Kalande teyn marck in vorwaringe van
mynes broders wegen de men ock dem Kalande ſchall laten volgen,

Den brödderen to unſer leven Frouwen [1] In lüneborch geve ick twe rinſche
gülden tom burve.

Der Brödderſchapp tom Tonnigeshave twe rimſche gülden, Der Brödderſchapp
to ſünte Brigitten vor Malcken twe rinſche gülden,

Item Corde Hanſledten mynen dener de my lange gedenet heſſt geve Ick ver=
tich gülden und eyne cledinge. Dar to heſſt he by my in golde to truer Hant geleche
Twe unde Vertich gülden Unde ver gülden ſöß ſchillinge in meckelenborgerein gelde,
de ſchall men öme wedder geven Und dat perdt ſo he rydt Is ſyn eighen.

So denn Zelige Her Johan Heyne unnde Ick ſamptliken funderet hebben eyne
Vicarie hyr to Medinge [1] In unner Capelle lelegen Inholt der Fundatien unnd Con=
firmatien daraver gegeven Begere Ick de ſülve Vicarie in örem weſende werde geholden
Unnd dat dat huß dar nu tor tydt Martinus bewonet by derſülven Vicarie, ſo ick dat
dar to deputeret hebbe to ewigen tyden möge blyven De vicarius ock mit der ſryen ta=
felen, mit ſöringe lichten unde anderer nottroſft gelick den anderen preſteren dorch den
Hern provest to tyden weſende to ewigen tyden möge werden beſorget,

So myne Junckfrouwen unnd Ick ock dat dorpp Boteuſen mit verhundert
gülden ſamtliken hebben gewedket Suß kamen my dar van to Trvehundert gülden de
ſülven ſchal men upp wiße rente belegen Unde hyr van unnd van allen wolbaden de
Ick by meynnem cloſter bewnſet hebbe Schölen myne Junckfrouwen unde öre nakomen
my des Jars twölff memorien naholden, Nameliken alle mante eyne memorien ver=
middelſt allen preſteren unnd ſchöleren upp dem have to tyden weſende Dha wiße unnd
wronheyt öres cloſters God den Herrn vor myne, mynet leven bideren unnd ſründe
ſelen

---

[1] Dieſe Brüderſchaft, ſo ehemals in Lüne:
burg ſloriret, wird ſonſt insgemein St. Ma=
riengilde genennet. Sie beſtand mehrentheils
aus lauter weltlichen Perſonen, welche zu gewiſ=
ſer Zeit im Jahre zuſammen kamen, für die
Verſtorbenen Seelmeſſen zu halten. Wenn denn
der Gottesdienſt vorbey, ſo machten ſich die Hrn.
Brüder und Schweſtern luſtig, und ſchickten

denen Abweſenden Kranken Ihre Portion ins
Haus. Insgemein haben die Handwerksgilden
ſolche Fraternitates gehalten, z. E. die Draner
St. Jodoci, die Mültzer St. Jacobi, die Schu=
ſter St. Crispiniani, die Schiffer St. Nicola,
die Ackerleute St. Georgii, u. d. gl.

[1] Siehe von der Anlegung dieſes Vicariats
weiter oben.

felen Wlitigen to biddende to ewigen tyden Wes denne dar overich iß, dat ſülve ſchollen ſe to behoeff dres cloſters beholden,

Will ock unnd begere dat de Werdige Domina myne clevere den preſteren unnd Deneren des cloſters, eynem Jderen na langkheyt des Denſtes ſchal delen Na drem gutdúncfenbt, dat ick ör in beſundernheyt ſo Bevalen. Jedoch Hern Nicolao Hern Bartelde Hern Marco und Conrado dem Köſter Malckem eynen van den beſten,

Unnd wes ick hyr enbaven. In innewande, Vlaſe, Bedden, laken, Decken, Klenoden, Huſsgerade unnd ſüs anders in redeſchapp nhalatende warde, Wo men dat Jennige wiß benömen mach, dat ſülve alle ſchal by mynen Junckfrouwen unnd cloſter blyven God den Heren vor my Wlitigen to biddende,

Wolde Jck ock noch hyr baven ichtes wes in ſchrifften eſte ſüs anders under mynem Jngeſegel vorgeven eſte hyr inne wes voränderen, des wil ick mechtig weſen unnd dat ſchal mit mynem Teſtament glike vulle macht hebben,

Dúch is myn Teſtament dat ick ſo nha mynem Dode wil geholden hebben Unnd keſe unnde ſette in myne Teſtamentarien de Erſamen Herun Hartich Stöteroggen Hern Diederick elver Hern lüteken van Daſiel Borgermeſtere to lüneborg unnd Clemenß van Búlouw mynen Weddern Biddende dúch myn teſtament mit ſampt der Ebbediſchen mynes cloſters to exequerende In maten wo vorſcreven, Dat ſon van god dar vor to nemende So ick öne des to truwe Unnd mynen Junckfrouwen in dren anliggenden nöden byſtant to donde Unnde aſsignere eynem Jderen van öne to eynem frúntliken Jrkantniße eynen ungetſchen gúlden.

To merer orkunde hebbe Jck dúch mit mynem Jngeſegel hyr benedden underbrúcket vorſegele Unnd Hern ludeleff Schlichten, dem Jck ock uth ſünderger gunſt tayn gúlden aſsignere, alſe eynen gemeynen Notarium hyr upp Requireret unnd geben hyr upp eyn eſte mehre Jnſtrumente to makende unnd to gevende. Geven unnd geſchen Na criſti bordt Veſſteynhundert unde ſoſteyn Jar am avende Mauricii et ſocia ruin ejus under mynem Jngeſegel vorſegelt.

Deinde dictis dominus Teſtator proteſtatus fuit quod ſi hujusmodi teſtamentum non valeret Jure teſtamenti quod tamen valere debeat Jure codicilli ſive Jure & ſecundum unius cujusque hominis ultimam voluntatem Super quibus omnibus & ſingulis premiſsis prelibatus dominus Teſtator me Notarium Infra ſcriptum debita cum Inſtancia requiſivit ac petiit quatenus ſibi ſuper premiſsis unum vel plura publicum ſeu publica conficerem & traderem Inſtrumentum & Inſtrumenta. Acta ſunt hec in aula prepoſiture In Medinge Ibidem Sub Anno Indictione die menſe hora & pontificatu quibus ſupra Preſentibus Ibidem honorabilibus viris dominis Marco Jeger presbitero Nicolao holſtenlandt clerico & Valido Conrado hanſteden layco *) Ratzeburgenſis Verdenſis & Mindenſis dioceſis Teſtibus ad premiſsa vocatis pariter atque rogatis.

(L. S.) (Not.) Et ego Ludolphus Sliehte clericus Mindenſis publicus Imperiali auctoritate Notarius. Quia hujusmodi teſtamenti ordinationi & diſpoſitioni ac teſtamen-

m) Die beyden erſteren ſind des hieſigen Cloſters damalige Vicarii der letzere aber des Hrn. Probſts Diener geweſen, derer auch in dem vorhergehenden Teſtament gedacht worden.

teſtamentariorum electioni & proteſtationi omnibusque aliis & ſingulis premiſſis dum ſic ut premittitur fierent & agerentur unacum prenominatis teſtibus preſens interfui Eaque omnia & ſingula ſic fieri vidi & audivi Ideoque hoc preſens inſtrumentum publ cum manu alterius fideliter conſcriptum exinde confeci ſupſcripſi publicavi & in hanc publicam formam redegi Signoque nomine & cognomine meis ſolitis & conſvetis ſignavi In fidem & teſtimonium omnium & ſingulorum premiſſorum rogatus & requiſitus.

$$\left(\begin{array}{c} \text{L. S.} \\ \text{Praep.} \end{array}\right)$$

Wie nun der Hr. Probſt von Bülow auf ſolche Art wegen ſeiner zeitlichen Verlaſſenſchaft benöthigte Veranſtaltung gemacht hatte, lebte er von der Zeit an noch bis in den dreyzehnten Tag, wiewol in groſſer Schwachheit und heftigen Steinſchmerzen, daran er auch endlich den 5ten October des gedachten 1516ten Jahrs ſeinen Geiſt aufgab, nachdem er dem hieſigen Cloſter zwey und zwanzig Jahr mit gutem Nutzen vorgeſtanden war. Seine Exequien wurden bald darauf mit ziemlichem Gepränge gehalten, wobey, auſſer andern geiſtlichen Herrn und Prälaten, abſonderlich Herr Balduin, Abt zu St. Michaelis in Lüneburg, und Hr. Henno, Abt zu Alten-Uelſſen, oder Oldenſtadt, mit zugegen waren. Sein Leichnam wurde, wie gewöhnlich, auf dem Chor, etwas weiter nach der Canzel zu, begraben, und um ſeinen Leichſtein nachfolgende Umſchrift geſetzet:

Anno domini M°. CCCCC°. XVI°. Feria quarta Remigii obiit venerabilis dominus Ulric de bulovhujus monaſterii prepoſitus qui hic bene rexit & multa bona fecit cujus anima requieſcat in pace.

Nach ſeinem Abſterben verzog das Cloſter über die Gewohnheit mit der Wahl eines neuen Probſtes, welche ſonſt von Alters her allemal an dem Begräbnistage des letztverſtorbenen Probſtes zu geſchehen pflegte; es war aber an dieſem Verzug die Abweſenheit des damaligen Landesherrn, Herzog Henrici Urſach davon wir bald etwas mehreres hören werden.

Den 24ſten October, als den neunzehnten Tag nach des Hrn. von Bülow Abſterben, erhielten deſſen eingeſetzte Teſtamentarii allererſt die Confirmation ſeines Teſtaments, welche der damalige Biſchöfliche Officialis Hr. Burchardus Reſſe durch einen Notarium auf die andere Seite des obenangeführten Teſtaments ſchreiben ließ, in nachfolgenden Terminis:

In Nomine Domini Amen. Anno a nativitate ejusdem Milleſimo quingenteſimo ſexto decimo Indictione Quarta die vero Veneris viceſima quarta Menſis Octobris Pontificatus Sanctiſſimi in chriſto patris & domini noſtri domini Leonis divina providencia pape Decimi Anno Quarto Coram venerabili Viro domino & Magiſtro Borchardo Reſs Curie Verdenſis Officiali generali In meique Notarii publici teſtiumque Infra ſcriptorum ad hoc vocatorum atque Rogatorum preſentia perſonaliter Conſtituti Spectabiles viri domini Hartwicus Stötterogge Teodoricus Elver & Ludolphus de Daſſell proconſules opidi Luneburgenſis Verdenſis dioceſis pro ſe & Nomine conteſtamentariorum ſuorum ſuper & retro nominatorum ac quondam Venerabilis Viri domini Ulrici de Bülow prepoſiti Monaſterii Medinge Verdenſis

dioce-

dioceſis Teſtatoris pie in domino defunĉti Teſtamentarii ſive ejuſdem ultimi voluntatis executores & bonorum ſuorum per Ipſum dereliĉtorum diſpoſitores. In retroſcripto Teſtamento eleĉti conſtituti & nominati diĉtumque retroſcriptum Teſtamentum unacum omnibus & ſingulis ſuis punĉtis & clauſulis eidem domino officiali produĉtum & exhibitum. Qvatenus id auĉtoritate Ordinaria approbare confirmare & admittere etc. defeĉtus ſi qvi commiſſi fuerint. In eodem ſupplere dignaretur poſtularunt ac debita cum inſtancia petierunt. Qvi qvidem dominus Officialis prefatis prediĉtorum Teſtamentariorum ſupplicationibus favorabiliter inclinatus retroſcriptum Teſtamentum cum omnibus ſuis conditionibus Articulis aliiſque inde ſecutis Auĉtoritate Ordinaria ſibi commiſſa Confirmavit approbavit & ratificavit. Supplens omnes & ſingulos defeĉtus ſi qvi forſan In premiſſis interveniſſent. Deditque eiſdem dominis Teſtamentariis plenam auĉtoritatem & facultatem Omnia & ſingula qve eis per dominum Teſtatorem injunĉta fuerunt exeqvenda & diſponenda Infra terminum eis a Iure ſtatutum prefixum & aſſignatum Inhibens omnibus & ſingulis eidem domino Officiali ſubjeĉtos. Ne eoſdem Teſtamentarios prefatos In hujuſmodi executionis negotio eis commiſſo qvoqvam modo ſub excommunicationis ſentencie pena Impedire preſumant. Et eidem domino Officiali de bonis per prefatum Dominum Ulricum de Bülow prepoſitum Monaſterii Medinge Teſtatorem dereliĉtis ac executione Teſtamenti ejuſdem effeĉtualiter & integraliter faĉta ſufficientem & debitam fecerunt rationem Propterea Idem dominus Officialis prefatus Diĉtos Speĉtabiles dominos Hartwicum Stöteroggen Theodoricum Elver & Ludolphum de Daſſell proconſules diĉti opidi Luneburgenſis & alios conteſtamentarios retro & ſupra Nominatos & contentos licet preſentes abſolvit qvitavit & qvitos liberos & abſolutos ob onere Teſtamenti eſſe pronunciavit & Inſuper literas preſentes iſdem deſuper neceſſarias & oportunas conceſſit & decrevit ac Me Notarium publicum Infra ſcriptum ad hoc ſpecialiter vocavit ac reqviſivit. In cujus rei evidens teſtimonium diĉtus dominus Officialis Teſtamentum hujuſmodi Sigilli Officialatus ſui appenſione communiri voluit pariter atque mandavit. Datum & aĉtum Lüneburgh In Curia Epiſcopali Sub Anno Indiĉtione die menſe Pontificatu qvibus ſupra preſentibus Ibidem Honorabilibus & Diſcretis viris dominis Lamberto Aleman presbitero & Bernhardo Viſcher Clerico Verdenſis dioceſis teſtibus ad premiſſa vocatis ſpecialiter atque Rogatis.

(Loc. Sig.)   Et ego Iohannes Ebell Clericus Verdenſis dioceſis Sacris
   Not.   Apoſtolica & Imperiali Auĉtoritatibus Notarius publicus. Qvia hujuſmodi teſtamenti approbationi & abſolutionis petitioni Omnibusque aliis & ſingulis premiſſis dum ſic ut premittitur fierent & agerentur unacum prenominatis teſtibus preſens Interfui Eaque omnia & ſingula ſic fieri vidi & audivi Ideoque preſens publicum Inſtrumentum manu propria conſcriptum exinde confeci ſubſcripſi publicavi & in hanc publicam formam redegi Etiam Signo Nomine & cognomine meis ſolitis & Conſuetis Unacum diĉti officialatus Sigilli appenſione ſignavi In fidem & evidens teſtimonium omnium & ſingulorum premiſſorum Rogatus pariterque reqviſitus.

(L. S.)

            Auf

Auf dem unten angehängten Siegel stehen die Worte : Sigillum Officialatus curie verdensis.

Was sich sonst nach des Hrn. von Bülow Absterben tempore vacantiæ zugetragen, davon wird unter dem Herrn von Alten ein mehreres gedacht werden.

16.
Bruno von Alten,
von 1516. bis 1518.

Bey der Erwählung und Bestätigung dieses Probstes gab es ungemein viele Weitläuftigkeit. Wir haben bereits oben einigermassen angemerket, auch bey etlichen Pröbsten, wenn sich davon Nachricht gefunden, angeführet, daß die hohe landesherrschaft das Ius praesentandi auf die hiesige Pröbsten von langer Zeit her gehabt und exerciret habe. Nun trug sichs eben zu, wie der Herr Probst von Bülow dieses Zeitliche gesegnete, daß die hohe landesherrschaft verreiset und ausserhalb landes war; weil aber das Closter nicht gern langwierige Vacanzen zu statuiren pflegte, so besorgte man am Hofe, daß die Conventualinnen, ohne Herzogs Henrici Wiederkunft zu erwarten, eigenmächtiger Weise zur Wahl schreiten, und der Fürstlichen Gerechtsame dadurch Eingriffe geschehen möchten. Diesersvegen rescribirte die Fürstliche Frau Gemahlin, Margaretha, eigenhändig an unser Closter, wie der Herr von Bülow eben in letzten Zügen lag, daß, wenn etwa gedachter Probst an dieser Krankheit versterben sollte, das Closter sich ja nicht mit der Wahl übereilen, sondern der Wiederkunft des landesherrn geduldig erwarten mögte. Wie auch bald darauf bey Hofe Zeitung einlief, daß der Hr. von Bülow wirklich dieses Zeitliche gesegnet; so wiederholte hochgedachte Herzogliche Gemahlin, Frau Margaretha, ihre Erinnerung nochmals, und schickte den Fürstlichen Rath und Probst von Ebstorf, Herrn Heynonem, von dem Werder anhero, welcher dem Closter deswegen nachdrückliche Propositiones thun muste. Das Closter ließ auch dieselben in so weit statt finden, daß es sich erbot eine Zeitlang Gebuld zu tragen; aber wo die Wiederkunft des landesherrn gar zu lange währen würde, könnte man leicht ermessen, daß solches dem Closter zu grossem Nachtheil gereichen würde. Dieser Resolution gemäß wartete man dem Closter etliche Tage mit äusserstem Verlangen auf die Ankunft des Herzogs; weil aber dieselbe sich noch verzog, so wurde schon ein Tag zur Wahl eines neuen Probstes angesetzet. Aber zu gutem Glück kamen noch eben des Abends vorher etliche Fürstliche Räthe anhero, und disponirten den Jungfräulichen Convent von neuem dahin, daß derselbe sich resolvirte die Wahl noch weiter hinaus zu setzen. Die Herzogin that auch dabey das Ihre, und ermahnte das Closter nochmals in einem besondern Sendschreiben, die Wahl bis zur Retour des Herzogs einzustellen.

Allein es währte nicht lange, so gewonnen die Sachen ein ganz anderes Ansehen; denn weil die Wiederkunft des Herzogs gar zu langweilig fiel, und es indessen nicht an leuten fehlte, die aufs nachdrücklichste zur Beschleunigung der Wahl riethen, auch von Anfang her die Wahl eines neuen Probstes allemal sogleich nach Beerdigung des vorigen geschehen war, und überdem zu besorgen stand, daß bey so langwieriger Vacanz jemand die Pröbsten vom päbstlichen Stuhl, zum Präjudiz der Herrschaft sowol,

als

als des Closters, erhalten mögte; wurde endlich die Jungfräuliche Versammlung des Wartens müde, und schritte den 13ten October zur Wahl, da denn der Halberstädtische Dohm-Dechant, Herr Johann von Marenholt, (welchen der letztverstorbene Herr Probst von Bülöw auf seinem Todtbette nachdrücklich empfohlen hatte) per plurima vota erwählet wurde. An demselben Tage wurde die Vocation und Supplike an den Bischof aufgesetzet, und an den Electum abgefertiget, zugleich auch durch Notarium und Zeugen ein Instrument aufgerichtet, daß die Wahl diesmal aus Noth ohne herrschaftliche Präsentation geschehen müssen; künftig aber der Herzoglichen Gerechtsame unschädlich seyn sollte; welches Instrument sie nebst einem submissen Entschuldigungsschreiben der Herzogin insinuiren liessen. Der Halberstädtische Dohm-Dechant ließ sich die erhaltene Vocation ganz wohl gefallen, und verfügte sich unverzüglich nach Rotenburg, um die Confirmation von dem Bischof einzuholen. Den Tag vor Martini ward die Execution, wie gewöhnlich, an die hiesige Kirchthür genagelt, und in derselben den benachbarten Clöstern und Pfarrkirchen, absonderlich in der Stadt Lüneburg, Order ertheilet, den Herrn von Marenholt, als einen Candidatum der Medingischen Pröbsten öffentlich zu proclamiren, ob jemand auf sein Leben und Wandel etwas erhebliches zu sagen wüste, deswegen ihm die aufgetragene Prälatur nicht könnte conferiret werden.

Wie diese Sache bey Hofe eclatirte, so rescribirte die Herzogin noch einst an das Closter, und warnete dasselbe nochmals vor allen besorglichen bösen Consequenzen, so diese Wahl etwa künftig nach sich ziehen mögte; allein auch diese Zuschrift erreichte die gesuchte Wirkung nicht, weil die Marenholtische Familie das Closter immer vertröstete, daß sie bey der Rückkunft des Herzogs schon alles zu entschuldigen und gut zu machen wissen wollte.

Dabey blieb es nun eine Zeitlang: allein ehe der Herr von Marenholt noch die Confirmation vom Bischof erhalten hatte, kam Herzog Henricus wiederum ins Land, und da war ihm kaum von der hieselbst geschehenen Wahl Nachricht gegeben, als er sogleich zwey seiner Räthe, Herrn Leopold von Stöcken und D. Ludewig Förstern mit einem Comitat von 42 Pferden am Sonntage nach Martini anhero sandte, welche auf des Closters Unkosten allhier 10 Tage lagen, und sogleich nach ihrer Anherokunft die Frau Abbatißin nebst den ältesten Conventualinnen in das Sprachhaus fordern liessen, allwo sie ihnen nachfolgende drey Puncte zu beantworten vorgaben.

1) Daß Seine Fürstl. Gnaden sich zu ihnen nimmer versehen hätten, daß sie, ohngeachtet aller Warnung und Vorstellung von der Landesfürstin geschehen, sich unterstanden hätten, der Landesfürstlichen Gerechtigkeit zum Nachtheil, eigenmächtiger Weise einen neuen Probst zu wählen. Da aber dennoch solches geschehen, als begehrten Se. Fürstl. Gnaden, bey Vermeidung fernerer Ungnade, die geschehene Wahl für null und nichtig zu erklären, S. Fürstl. Gn. für den geschehenen Eingriff Satisfaction zu geben, und alsdenn von demselben erstlich die gewöhnliche Nomination zu erwarten.

2) Begehrten S. Fürstl. Gnaden, daß die Conventualinnen alle diejenigen, so etwa um die hiesige Pröbsten sich beworben, oder durch andere sich dazu antragen lassen, namkündig machen, und ein schriftliches Verzeichniß davon einschicken sollen. Würde man sich dessen weigern, oder etwa künftig ein und anderer, ohne des Closters

Noti-

Notification, der Herrschaft kund werden; sollte es ohne die empfindlichste Strafe nicht abgehen.

3) Wofern die Jungfräuliche Versammlung in diesen vorgeschriebenen Stücken nicht völligen Gehorsam leisten würde; wären S. Fürstl. Gnaden bedacht, ihnen, ohne ihr Vorwissen, aus landesfürstlicher Macht, einen Probst vorzusetzen, und sie ins künftige von der Wahl gänzlich zu depossediren; ob solches denn Closter zuträglich seyn würde, stelle man zu ihrem Bedenken.

Dieser Antrag setzte die guten Jungfrauen in grosse Verlegenheit; absonderlich da man von ihnen begehrte, die Antwort auf diese drey Puncte schriftlich von sich zu stellen. Alles nun, was sie darauf vorbrachten, bestand in lauter Entschuldigungen, Bitten und submissen Vorstellungen; hingegen in dem vornehmsten Punct, wegen Revocirung der geschehenen Wahl, konten sie sich noch zu nichts entschliessen, vielmehr suchten sie alle ersinnliche Mittel und Wege hervor, ihren einmal erwählten Probst zu unterstützen. Zuerst versuchten sie es bey des Herzoges Frau Gemahlin, Frau Margaretha, und supplicirten an dieselbe aufs beweglichste, für sie bey Dero Hochfürstl. Gemahl gnädigst zu intercediren. Allein weil dieselbe ebenmäßig eine Ungnade wider das Closter gefasset hatte, bestand Ihre Antwort in nichts anders, als in Vorwürfen, daß sie Dero vielfältige Erinnerungen nicht statt finden noch sich warnen lassen wollen. Dieserwegen wendete sich das Closter an einen ansehnlichen Rath und Vertrauten des Herzogs Henrici, Herrn Clementem von Bülow, einen nahen Anverwandten des letzt verstorbenen Probstes von Bülow; diesen baten sie inständigst, sich der Sache anzunehmen, und S. Fürstl. Gnaden dahin zu disponiren, daß die geschehene Wahl nicht retractiret werden dörfte. Nun gab er sich zwar beßfalls alle Mühe; allein er konnte gleichwol keine andere als diese Resolution auswirken: daß zwar S. Fürstl. Gnaden die bisherige Ungnade gegen das Closter fallen lassen wollte; allein die Wahl sollte und müßte durchaus umgestossen werden, es möge das Closter Lust dazu haben, oder nicht.

Wie diese Entschliessung des Herzogs den Conventualinnen notificiret wurde, baten sie sich einige Bedenkzeit aus, um diese wichtige Sache erstlich mit ihre geistlichen Obern reiflich zu überlegen. Unterdessen hielten sie beweglich an, um Hinwegnehmung der vielen Leute und Pferde, welche bisher auf des Closters Unkosten allhie gelegen hatten. Allein anstatt einer gewierigen Resolution, kam Herzog Henricus, am Tage Clementis, selbst in hoher Person, nebst einem Comitat von 50 Pferden anher, also daß nunmehro 92 Pferde auf dem Closterhofe stunden. Da fieng man erst recht mit Ernst an diese intricate Sache zu treiben. Sogleich nach der Ankunft hochgedachten Herzogs, nach eingenommenem Mittagsmahle, sandte Derselbe den Abt von Oldenstadt und den Probst von Lüne ins Closter, mit dem Bescheide: entweder die geschehene Wahl zu revociren, oder zu gewärtigen, daß S. Fürstl. Gnaden ihnen potestative einen Advocatum oder weltlichen Befehlshaber vorsetze, der ihnen vielleicht nicht gar zu angenehm seyn möchte. Ueberdies wurden noch mehrere Bedrohungen hinzugesetzet, wovon sie aber gleichwol das wenigste verstunden, weil derjenige, so das Wort führte, von Geburt ein Hesse, und dessen Sprache ihnen, als die des Niedersächsischen damals noch gewohnt, unbekannt war. Allein so viel vermerkten sie leichtlich aus dem, was ihnen vorgetragen wurde, daß es hohe Zeit sey, sich der hohen landesherrschaft zu unterwerfen. Dieserwegen setzten sie ohnverzüglich eine schriftliche Erklärung auf, und liessen

dieselbe

dieselbe des andern Tages dem Herzoge überreichen, des Innhalts: daß sie, wie in andern Sachen, also auch fürnemlich in diesem Stück der geschehenen Wahl halber, schuldig und willig wären, sich dem Befehl S. Fürstl. Gnaden gehorsamlich zu unterwerffen: allein sie bedaureten nur dabey, daß sie dem guten Herrn von Marenholt einen solchen Schimpf verursachen müsten, sähen auch schon vorher, wie ungnädig es der Bischof nehmen würde, daß er seine Confirmation vergeblich an den Herrn von Marenholt sollte ausgegeben haben. Bäten sie dahero ihnen eine 14 tägige Frist zu vergönnen, während welcher Zeit sie dem Herrn Dohm-Dechanten, was allhie vorgegangen, notificiren, um Zurücksendung der Vocation bitten, und seine Entschliessung darauf erwarten wollten. Allein damit war der Herzog nicht zufrieden; sondern ließ sogleich durch den Probst zu Iühe ein Revocations-Formular aufsetzen, darin das Closter seine geschehene Wahl als null und nichtig zurücknehmen muste, und zwar wurde solche Schrift sogleich durch einen expressen Boten an Herrn Johann von Marenholt abgeschickt. Wie nun derselbe eine so unvermuthete Zeitung bekam, gerieth er in die äuserste Bestürzung über einen so schimpflichen Ausschlag seiner Sachen, und suchte alle nur ersinnliche Mittel hervor, den Herzog zu einem andern Entschlusse zu bringen. Zugleich beantwortete er des Closters Revocationsschreiben, ohngefähr in nachfolgenden Terminis: Er könne nicht begreifen, womit er bey der hohen Landesherrschaft so grosse Ungnade, und um das Closter eine solche Beschimpfung verdienet, als ihm mit Retractirung der Wahl widerfahren sey. Der Bischof habe ihn ja, nach Gewohnheit, öffentlich proclamiren lassen, warum sich denn damals keine Contradiction gefunden? Die bischöfliche Confirmation habe er bereits in Händen; man möge bedenken, ob sich dieselbe so zurücksetzen lasse? Es sey ihm an der Pröbstey selbst eben nicht viel gelegen, weil er ohnedem schon in einem grössern Ehrenstande und reicheren Einkünften sitze; nur allein die Beschimpfung seiner Person sey ihm unerträglich. Das Instrumentum electionis wieder zurück zu geben, könne er sich nicht entschliessen, weil ihm solches ohne sein Suchen, durch eine freye ordentliche Wahl zu Theil worden sey rc.

Diese Antwort des Herrn von Marenholt setzte nun das Closter, wie leicht zu erachten, in neue Bekümmerniß, so daß die guten Leute nicht viel Rath mehr wusten, wie die Sache anzugreifen sey; absonderlich furchten sie sich vor der Ungnade des Bischofs, womit ihnen der Herr von Marenholt in seinem Schreiben nicht undeutlich gedrohet hatte. Herzog Henricus aber kehrte sich nichts daran, sondern fuhr dem allen ohngeachtet fort, das angefangene Werk mit allem Ernst zu treiben, ließ auch zu dem Ende nachfolgendes eigenhändige Rescript dem Closter insinuiren, welches noch in Originali vorhanden ist:

Werdige Innigen leve Domina und Jungfern eck byn Juwes antwordes berichtet und hope gy werden dorch be billigen Dresoldichent vorlüchtet werden dat gy to same gripen und van Juwen erdoine (de Ju doch to swar syn wolde uth to börende) treden, wen so dans geschüt so schullen gy alwege trost und toslucht to meck hebben, den gy mögen vorwar geloven dat gar neyn torn edder wedderwille by meck to Juwen personen gewest is, sunder ane metcklick vorbündcent bin eck nicht gewrst dat gy so scholden in güden geloven alse de Reynen unschuldigen Kinderken umgeförd und bedrogen werden. van den dar gy edder eck des nicht verwachten to des ock vor gode nümmer verantwordcn können, men mach se wol dem Wulve ge-
liken

liken ben gbsen in ber Kappen prediget, vorwat truwe unb gelowe Is selten, Wer scholde Juwe boch billiker unb lever bat beste raben ben Juwe lantfhrste Wenne gilt bat mer ben Ju unb meck, eck wil ju aver ersacken vortellen bat gy boch wer len worumme Er Johan van marneholte hir nichte vor eynen provest benet,

Erstlig Is be Kore nicht na older gewonheyt geschen ben gy hebben be Fürstliken hergebrochten gerechticheyt alse be nominacien vor by gegan unb strack ge koren, bat eck Ju ebber Juwes gelifen nümmer tolaten kan ebber wil,

tho bem anbern weth eck wol wen eck gestaben scholde bat twe Bröber un ber ben sc prelaten In mynem Rabe weren *) wat bat gubes Inbringen wolbe, ben be stebe geven meck bes exempel be gestaben nicht bat twe Bröber Borgermeister wer ben, bar vel vorkleringe (wor borch so bans nicht to vorhengen) van to bunbe were,

Vor bat bribbe Wolbe Her Johan be meisten tit up syner hogesten wer blicheyt Resibert hebben nicht alle kleinen nabel ber herschop unb bes Closters,

Der Werben orsake willt meck nicht vorbencken to melbende, be Is boven be anbern alle, he is mit tüchten milb Wif unb Velen Kinberen belaben, bat sick nicht gebören will he In sobanen schine over Juwe billige Reynicheyt rabe rc.

Düsse unb vel mer anbere orsake hebben büssen Kor totolatenbe nichte unbil lig vorhinbert, unb kan meck nicht vorwunbern wat sia boch etlicke lübe unterstan hebben Ju enntsolbigen Kinber gobes so to beswerenbe, be Ju raben unb unberwie sen willen unb holben bren eigen orben unb Regelen nicht, se bebencken ock myne löffte unb erbe barmebe se bem Fürstenbome vorwant syn rc. bes eck van bne so vel openbares schines hebbe bat bes nenner wibern brage behovet, Eck versta van bem provesste van Lüne bat he Ju etlicke genant hefft be eck bom bese wol mebe In be nominacien setten mochte, bar gevet Ju mebe to Wreben eck wil Ju mit ber hülpe gots uth benen unb anberen etlicke vorstellen be bem Closter erlig unb mütte syn schullen, bar gy wol eynen Framen man utherwelen kunnen, so braben eck bes ock vorstenbiget bat gy ben bingen In gehorsam nakomen willen, so will eck Ju be na men bar uth gy eligeren schullen mit bem ersten oversenben unb am Dinsbage na Concepcionis marie hir webber erschienen ebber myne Rebe schicken bat ben bes mib weken morgens be electio geschehe mit hülpe bes allmechtigen, Wo gy averst alse ban avermals ungehorsam erschinen so wil eck up ben Bote hir eynen setten vor ey nen Vorweser Isset gy benne ock hir namals webber to Juwen Kore gestabet wer ben Is nicht seker, bar gy wol willen to vorbacht syn unb büsse forte vermanyng, In guber getruwen mennyng (bes gut nyn getlich sy) to synne nemen, bat wert Ju In geistliken unb titliken Dingen to tragen, hir up wil eck Ju bem almechtigen be felen unb morgen mit alle mynen Deueren bat Closter verlichten unb mynen Wech Reisen.

Eck

---

n) Aus besen Worten lässet sich nicht ohne Wahrscheinlichkeit schliessen, baß mit bem letz ten hin bie hiesigen Pröbste auch allemal zu gleich Fürstl. Räthe gewesen seyn, unb biese Dignität zugleich mit ber hiesigen Prälatur be kommen haben. Zum wenigsten ist bas gewiß, baß bie 4 letzten Pröbste beybe Aemter zu gleich besessen.

Eck wolle Ju düsser und anderer Dinge mer to gesprocken hebben so hebbe eck gefrüchtet gy mochten Ju in Jumer bekümmerniffe vor meck entsetten, darum willet meck nicht hir Inne vorbencken, den wo gy willen schullen gy de Dage mynnes levendes eynen getruwen Voget an meck hebben, Datum medingen mit myner hant am uvende Katherine anno ꝛc. 16.

Hinrick

Hertog to B. und L. ꝛc.

Ift de Vader na gelegen Dingen de Kinder underwilen mit der Rode strafset, dat geschüt um' mynes hates willen sunder den Kindern to dem besten, Wele arsten maken Vule wunden.

Diese gnädige Zuschrift Hertzogs Henrici wirkte so viel bey unsern Conventuaslinnen, daß sie von nun an sich fest resolvirten, weil es doch nicht anders seyn könte, von Herrn Marenholt abzulassen, und eine neue Wahl vorzunehmen. In solcher Entschliessung wurden sie noch so viel mehr gestärket, als der Hertzog den 26ten November, wie er eben mit seinen leuten von hinnen reisen wolte, zuvor noch eine schriftliche Ermahnung un sie abgehen ließ, folgendes Innhalts:

Werdige leve Domina In deme gy na mynem Rade (be Ju nümmer vorleiden schal) to eyner nigen electien trachten so Is alle Ding In gudem Vrede, und gelovet vorwar eck wil mit der hülpe gots so dar Inne Raden dat Ju genögen schal, darum dancket Gode dat gy In den Dingen vorlöset syn, demsülven eck uns allen befele, ylende myn hant.

Hinrick

Hertog to Br. und L

Wie bieses Rescript der Fr. Abbatißin eingehändiget war; brach Hertzog Henricus gleich darauf mit seinem ganzen Comitat auf, und reisete auf einige Tage von hir, schickte aber bald nachher, versprochener maßen, eine eigenhändige Verzeichniß etlicher Personen anher, wovon einer zum Probst erwählet werden solte. Das Original davon ist noch vorhanden, folgenden Innhalts:

Uth düssen na folgenden schal eligirt werden.

Doctor mathias meyer Jk be mynn wort plecht to holbende, 'enn man van groter ieve Wisheit und Frömickeit, hefft vaste vel lene, olt by xl Jare.

Doctor mathias van Jagaw, Is van Fromen eldern guder gebort van velen Vründen, Rike In Vederlikem erve, wat he van lenen hefft Is meck nicht willig, olt by xxviii Jaren.

Her Diederick van Hardenberge, hefft ock vel guder Frünt, heft ock etlike gude lehn, ock wat Ju Vederlikem arve, olt by xlvi Jaren.

Her Brun van alten, ock van guden Vründen, heft ock gude lehn, olt by xxvi Jaren.

Her Ernst van Bothmer, gederdes son, heft gude geistlike lehn, olt by xxx Jaren.

Her

Her Hinrick van Dageforde lamberdes ſone heft gude lehn, olt by xxiiii
Jaer.

Magiſter Eckbertus nitert myner ſone meſter.

Ern Jochim Ruwe myn Secretarius, hebben beyde ock etlike lehn, ſyn
beyde from und wol vordent.

Uth büſſen achten keyſet In deme namen gots de ſülve geve Ju und der
Herſchop den nütteſten.

　　　　　　　　　　　　　　　　　myn hant.

Den nächſtfolgenden 9ten December, als am Dienſtage nach dem Feſt der
Empfängniß Mariä, kam Herzog Henricus, nebſt obbemeldeten ſeinen Räthen wieder
anhero, da denn ſogleich des folgenden Tages zur Wahl geſchritten, und unter allen
Praeſentatis Herr Bruno von Alten, bisheriger Canonicus zu Hildesheim, per
plurima vota von der Jungfräulichen Verſammlung erwählet wurde. Wie das ge-
ſchehen war, ſo wurde dem Probſt von Ebſtorf, Herrn Heynoni von dem Werder,
als Fürſtlichem Rathe, von dem Herzog Commiſſion ertheilet, über alles, was bishero
in der ganzen Sache paſſiret, ein förmlich Inſtrument aufzurichten: welches denn auch
noch denſelben Tag durch Notarium und Zeugen verfertiget, und zum Andenken in des
Cloſters Archiv beygeleget wurde. Wornächſt endlich Herrſchaft und Räthe wieder-
um ihren Abſchied nahmen, und das Cloſter für das übrige ſorgen lieſſen. Den fol-
genden 11ten December, als am Tage nach der Election, ward dem Herrn Brunoni
von Alten, die gewöhnliche Vocation zugeſchickt, in nachfolgenden Formalibus:

Unſe Innige Gebeth Werdige leve here. Wy habben in vorſchenen tyden
na dothlikem affgange unſes leven Hern provestes zeligen. Hern Olrickes van Bülouw
deme de alwoldige gnade erföge unde bewiſe den Werdigen Heren Domdeken to Hal-
verſtadt Heren Johan van Marenholte vor eynen proveſt erwelt, So denne unſe gne-
dige leve Here van lüneborg in ſo dane unſe Electien nicht fulborden noch willen dar to
geven wolde, derhalven ſyn wy bewogen to eyner nygen Electien hebben de gedaen na
gebärliket formen unde juwe perſonen eligeret uth Ingeſinge des hülgen ghenſtes Blo-
den Juw umme gabes willen ſodane proveſtie antonemende unde uns vortoſtande alſe
wy des unſe getruwen und hopen genzlick to juw ſtellen, dat willen wy mit unſem
Innigen gebede gerne vordenen Geſchreven under unſes Conventes Ingeſegel am Don-
nerdage na Concepcionis Marie Anno Domini ꝛc. xvi.

　　　　　　　　　　　　Eliſabet Abbatiſſa
　　　　　　　　und gantze Sammelinge to inedinge.

In bleſen Brief wurde noch ein a partes Zettelchen loco Poſtſcripti eingeſchloſſen,
folgendes Innhalts:

Ock werdige leve Here Senden wy Juwer werde by büſſem unſem boden de-
cretum electionis unde ock ene Copien daruth werden gy wol vorſtan dat wy de Electien
up Hern Johan van marnholte Revoceret und Ju endrechtigen eligert hebben, Bidden
früntlick Juw werde willen ſick to unſem gnedigen Hern van Werden umme de Confir-
matien vöghen Wo ſyn forſtlike gnade Juw vorholden wörde dat ſyn gnade Hern Jo-
han van marnholte al up unſe Kloſter vor eynen proveſt beſtediget hedde, So wille gy
　　　　　　　　　　　　　　　　　　　　　　　　　　ut

ni der Copien wol so viele vormercken dat gy unses Closters gherechtichent hanthaven und vorbedigen werden denne düsse dinghe hebben sick sundet unses Closters nnerglicken nabell und schaden nicht anders schicken willen, Ramet mede des besten Datum rc.

Und auf solche Art war denn nun endlich diese so intricate Sache, bis auf die bischöfliche Confirmation, zur Richtigkeit gebracht, allein mit dieser gab es abermals neue Schwierigkeit. Jedoch Herzog Henricus ließ sich dies alles nicht irren, und wie der Bischof viele Einwendungen machen wollte; ertheilte er selbst dem neuerwählten Probste die Confirmation und ließ ihn in Gottes Namen durch einen Fürstlichen Commissarium introduciren.

Allein das Schicksal vergönnete dem guten Herrn Probst von Alten nicht lange diese neuerlangte Ehrenstelle zu bekleiden; denn A. 1518. als er einsten eine Reise nach Hildesheim, wegen seines dasigen Canonicats, vor hatte, so gerieth er am 10ten December unterwegens, bey anbrechender Nacht, mit seinem Pferde ins Wasser, und kam darin, ehe ihn seine Bediente retten konten, elendiglich ums Leben, nachdem er die hiesige Pröbsten noch nicht völlig 2 Jahr verwaltet, und sein ganzes Alter auf 28 Jahr gebracht hatte.

Sein Jahrgedächtniß ist nachmals in unserm Closter allezeit den 16ten December mit Seelmessen feyerlich begangen worden; als an welchem Tage er A. 1516. alhie zum Probst erwählet und A. 1518. gestorben ist. Sein Leichnam aber wird ohne Zweifel zu Hildesheim beerdiget worden seyn, weil man hiesiges Orts von seinem Begräbniß nichts aufzuweisen hat.

Sonst ist doch dieses von dem Probst von Alten zu mercken, daß der Archidiaconus zu Bevensen, aus Commißion des bischöflichen Officialis, so gleich nach seinem Absterben, alle seine Verlassenschaft versiegeln und mit Arrest belegen lassen, und zwar darum, weil der gute Mann der Päbstlichen Cammer die gewöhnlichen Annaten oder Einkünfte des ersten Jahrs noch nicht entrichtet hatte. Wollten nun die Erben zur Theilung seiner hinterlassenen Güter schreiten, so musten sie dieserwegen erstlich Richtigkeit machen, und nachmals dem Archidiacono um Relaxirung des Arrestes gute Worte geben.

17.
Iohannes von Marenholt,
von 1519. bis 1529.

Nach dem tödtlichen Hintritt Herrn Brunonis von Alten war freylich keiner näher zu der hiesigen Pröbsten, als der Halberstädtsche Dohm-Dechant, Herr Johann von Marenholt, maßen derselbe schon vor 2 Jahren die wirkliche Confirmation von dem verdischen Bischofe erhalten hatte. Denn wie A. 1516. die Wahl auf ihn gefallen war, so supplicirte das Closter schon damals an den Bischof in nachfolgenden Terminis:

Reverendissimo in Christo Patri ac Illustri & altigenito Principi & Domino Domino Cristoforo sanctæ Metropolitanæ Bremensis & Verdensis Ecclesiarum Administratori confirmato Brunswiccensis & Luneborgensis Ducatuum Duci Domino nostro gracio-

gracioſo aut ejus Ad infra ſcripta Commiſſario Eliſabeth Abbatiſſa totuſque Conventus
Monaſterii in Medinge ordinis Ciſtercienſis Verdenſis dioceſis Orationes in Chriſto
Devotas. Vacaute nuper prepoſitura dicti noſtri Monaſterii per obitum bone Memo-
rie Ulrici de Bulow, ultimi ipſius Munaſterii prepoſiti Nos in loco capitulari ejuſdem
noſtri Monaſterii vocatis omnibus qve fuerant vocande, omnes pariter congregate
nulla prorſus abſente, qve debuit electioni futuri prepoſiti Intereſſe, Mox & in con-
tineati ſpiritus ſancti gracia inſpirante, nulla diſcrepante, unanimiter concorditer &
una voce venerabilem virum Dominum Iohannem de Marnholt Ecclſie Halberſtaden-
ſis Decanum virum probum maturum ac diſcretum In ſpiritualibus ac temporalibus
circumſpectum virtutum meritis multipliciter commendatum In noſtrum ac predicti
noſtri Monaſterii prepoſitum atque patrem elegimus ac ipſam electionem eidem preſen-
tari & humiliter reqviri fecimus ut hujuſmodi electioni conſentiret qvi noſtris preci-
bus & Inſtanciis victus electioni conſenſit ſupradicte Qvocirca Reverencie veſtre pre-
cibus devotis ſupplicamus qvatenus predictam noſtram electionem confirmare, ac alia
tam circa electum qvam electionem predictos qvomodolibet neceſſaria facere Dignemi-
ni gracioſe, firmam fidem in Domino gerentes qvod idem noſter electus auxiliante
Domino nobis & Monaſterio noſtro utiliter preeſſe poterit & prodeſſe. Et in ſignum
unanimis & concordis electionis noſtre predicte preſens Decretum electionis paternitati
veſtre Dirigimus Sigillo conventus noſtri ſigillatum Anno A nativitate Domini Milleſi-
moqvingenteſimodecimoſexto feria qvarta poſt Dyoniſii.

(L. S.)

Auf ſolche vom Cloſter erhaltene Bittſchrift ertheilte Biſchof Chriſtophorus
damals dem Herrn von Marenholt die Confirmation auf hieſige Probſtey in nach-
folgenden Formalibus:

Chriſtofferus dei & apoſtolice ſedis gratia, Sancte Metropolitane Bremenſis,
ac Cathedralis Verdenſis eccleſiarum confirmatus Adminiſtrator, Ducatuum Brunſwi-
cenſis ac Luneburgenſis dux, univerſis & ſingulis dominis divinorum & eccleſiarum
rectoribus, vice rectoribus, ſeu locumtenentibus earundem, ceteriſque presbiteris,
clericis, Notariis, tabellionibuſque publicis, qvibuſcumque In & per civitatem &
dioceſin noſtram Verdenſem ubilibet conſtitutis Salutem in domino, & noſtris hujuf-
modi firmiter obedire mandatis, Noveritis qvod prepoſitura ſanctimonialium in Me-
dingen, ordinis Ciſtercienſis, noſtre Verdenſis dioceſis, per obitum venerabilis viri
domini Udalrici de Buſauw ultimi ac immediati poſſeſſoris ejuſdem, nuper vacante
Venerabilis ac Religioſe domina abbatiſſa prioriſſa ſubprioriſſa totuſque Conventus
ſanctimonialium ibidem, Venerabilem virum dominum & magiſtrum Iohannem de
Marnholke, eccleſie Halberſtadenſis Decanum, tamqvam abilem & ydoneum, In ſpi-
ritualibus & temporalibus multipliciter circumſpectum, In prepoſitum dicti Monaſterii
canonice degerunt, prout ex decreto electionis deſuper confecto, ac Sigillo dicti mo-
naſterii ſeu Conventus ſigillato, nobis preſentato, fidem recepimus creditivam, Unde
pro parte dicti Conventus nobis fuit humiliter ſupplicatum, qvatenus electionem hu-
juſmodi admittere & approbare, Eundemque dominum Iohannem confirmare, ac
omnia & ſingula in hujuſmodi negocio qvomodolibet oportuna & neceſſaria facere
dignaremur. Nos igitur Chriſtofferus Adminiſtrator antedictus, iuxta doctrinam ap-

poſtoli

postoli nemini manus de facili imponere volentes, prefatam electionem diligenter exa-
minavimus & post exactam examinationem ipsam rite & canonice factam, comperi-
mus, eandemque ut talem auctoritate nostra ordinaria admisimus & approbavimus ac
admittimus & approbamus, atque electionem ipsam confirmavimus & confirmamus
dei nomine per presentes, dicto domino magistro Iohanni de Marnholte, curam, re-
gimen, & administracionem ejusdem Monasterii, In spiritualibus & temporalibus
plenarie committentes, Vobis nihilominus divinorum rectoribus ceterisque supradictis
presentibus reqvisitis, In virtute sancte obedientie & sub excommunicationis pena,
districte precipientes mandamus, qvatenus accedatis, qvo ob id merito fuerit accedem-
dum eundemque electum & confirmatum, sive ejus procuratorem, ejus nomine pro'
eo, in & ad realem actualem & corporalem administrationem, & ejus prepositure re-
giminis possessionem inducatis, sibique a Conventu ceterisque dicti Monasterii dona-
tis *) & conversis, ut vero suo prepasito & legitimo, obedientiam debitam ac con-
suetam, & Honorem faciatis exhiberi, auctoritate nostra, & censura qva convenit
mediante, etiam accessum altaris & curam animarum ejusdem Monasterii sibi ut pre-
fertur committentes, prout nos eidem, auctoritate nostra ordinaria, committimus
per presentes, In qvorum omnium & singulorum fidem & testimonium premissorum,
presentes nostras confirmacionis literas exinde fieri, nostrique jussimus ac fecimus Si-
gilli appensione communiri, Datum & actum Rodenborch Anno a Nativitate domini
millesimoqvingentesimo decimosexto die vero Mercurii decima nona mensis novem-
bris presentibus ibidem Iohanne Brossen & Bottholto Stalknecht laicis Bremensis &
Myndensis diocesis testibus.

Ad mandatum proprium domini Reverendissimi Administratoris

Bartoldus Resse
ejusdem Cancellarius manu propria subscripsit.

(Loc. Sig.)
Episc.

Wie aber, ungeachtet solcher bischöflichen Confirmation, der Hr. von Ma-
renholt dennoch zu diesemmal die hiesige Pröbsten nicht erlangen konte, vielmehr an
deren statt vom Closter eine Revocation der geschehenen Wahl annehmen muste; gab
er sich endlich damals zufrieden, und zwar um so viel leichter, weil er ohnedem bereits
in grösseren Ehren und besseren Einkünften saß.   Jetzo aber, da die Pröbsten von
neuem vacant war, bezeugete er wieder einige Lust, den wirklichen Effect von der ge-
schehenen Wahl und bischöflichen Confirmation zu sehen.   Weil er aber schon zuvor
merkte, daß er in seinem Vorhaben auch diesmal nicht glücklich seyn würde, wofern er
nicht von der hohen Landesherrschaft mit in die Nomination gesetzet würde, so ließ er
durch seine guten Freunde dieses unter der Hand incaminiren, weilen er leicht gedenken
konte:

*) Donati wurden ehemals diejenigen genannt,   sie sich gewidmet dem Closter Lebenslang mit ge-
welche sich aus dem weltlichen Stande mit allen   meiner Handarbeit zu dienen.   Siehe davon ein
ihren Gütern ins Closter begeben, entweder also,   mehrers in des Caroli du Fresne Gloss. sub vo-
daß sie zugleich den Mönchstand ergriffen und   ce Donati, it. s. v. Oblati.
das dreyfache Gelübde abgelegt, oder auch, daß

konte: wo ihn der Herzog präsentirte, daß sodann ohne Zweifel alle Vota des Closters auf ihn fallen würden. Mittlerweile er sich nun deswegen bemühete, lief während der Zeit nachfolgendes eigenhändige Rescript von Herzog Henrico an unser Closter ein, welches aus dem noch vorhandenen Originale folgendes Inhalts ist:

Hinrich
Hertog to Brunswig etc.

Werdige lewe Domina Innigen lewen Jungfruwen Wy erfarn den dötliken afgang des Werdigen unses Rades und lewen andechtigen Een Bruns van alten provestes tho medingen dem got gnade, welcke doch uns van harten leth, Is darum unse beger gy willen Ju mit dem Kore wo lest geschen, nicht vorgripen, sunder wy willen, so braden gy willen, de nominacien don, dat gy ock tho ener sunderliken personen gesynnet, de van dem adel des Fürstendomes were, ebber nicht van adel sunder In unsem Denste, de sülven personen willet uns namkündich In geheyme maken, dat uns dat denne Jümmer ldelig, so willen wy dene, Ju thom troste nicht uth pliche, mede In te nominacien setten, und dat twischen Ju und uns In geheyme laten, dat alle hebben wy Ju gnediger günstiger meynung nicht verholden wollen, Datum Harborch mit unser hant am dinstage na Lucie Virginis anno etc. 18.

Nachdem das Closter dieses gnädige Schreiben von dem Herzog erhalten: ließ es sich darauf nicht undeutlich merken, daß es zu dem Hrn. von Marenholt wol die größte Neigung hätte. Unterdessen hatte dieser kluge Mann auch so viel durch seine Freunde b. y Hofe ausgewirket, daß auf seine Person von der Herrschaft nicht reflectiret ward, wie denn bald nach dem ersteren Rescripte des Herzogs ein anderes anhero gesandt wurde, in welchem unserm Closter 15 Personen präsentiret wurden, worunter, zu dessen größten Freude, der Dohm-Dechant von Marenholt fast oben an stumb. Die desfalls unter Herzogs Henrici eigener Hand an das Closter ergangene Präsentation ist noch in Originali vorhanden, und folgendes Inhalts:

Uth düssen na folgenden schal elligert werden.

Doctor Mathias van Jagow.

Her Johan van marnholte Dombeken to halverstat.

Her Cort van marnholte Domher.

Her Diderick van Handenberge ⎤

Her Jost van Steinberge   ⎟

Her Iudelef van Welten   ⎟

Her Ernst van Bochmer   ⎬ Domherrn to Hildensem.

Her Hinrich van Dageforde   ⎟

Her Berchert van oberge   ⎦

Her Jochim van plata Raboden sone.

Her Jochim Ruwe.

Egbertus mitert magister.

Her Cordt Rock.

Her Niclas gisefen.

Her Symen Reyneken.

Das

Dar men ock to eyner anderen personen Im Dom Capittel tho Hildensem be
hir nicht vortekent geneget, Is men wol tevedelig, doch dat so dans mit Rade der pre-
laten des Fürstendomes de de personen kennen gesche,

Hinrick
Hertog to Brunswig rc.
m. p.

Eine kurze Zeit nachhero lief noch ein ander Rescript vom Herzog ein, fol-
gendes Inhalts.

Werdige leve Domina, Wo wol Ju xv personen ock eyn ganz Capittel to
Hildensem angetekent, so begere ick doch uth düssen teynen hir Inne vortekent to kesende,
bidde dück by Ju und etliken personen hemlig to bliven, wolde my anders to vorwite
und Ju to neyner baße kamen, myn hant.

Hinrick
Hertog to Brunswig rc.

In einer kleinen eingeschlossenen Beylage waren nachfolgende Personen spe-
cificirt:

Doctor mathias van Jagow.
Her Johan van Marnholte.
Her Cort van marnholte.
Her Ernst van Bothmer.
Her Hinrick van Dogeforde.
Her Borchert van oberge.
Her Jochim van plate.
Her Cordt Kock.
Her Niklas Elseken.
Her Symen Reyneken.

Bald darauf, nachdem man alles vorgeschriebener Gestalt verhandelt hatte,
wurde die wirkliche Wahl von den Conventualinnen, in Beyseyn verschiedener Präla-
ten vorgenommen, da denn, wie wol zu vermuthen, alle Vota einmüthig auf den vorhin
schon erwählten Hrn. Dohm-Dechanten Johann von Marenholt fielen. Solche
Wahl wurde denn auch diesmal von dem Herzoge approbiret, und gelangte er also doch
endlich zu der ihm schon vor etlichen Jahren zugedachten Pröbstey. Kurz nach seiner
abermaligen Erwählung ward er auf einen angesetzten Termin anhero erbeten, da denn
die damalige Abbatißin, Fr. Elisabeth Elvers, ihm die oben bey Hrn. Ulrichs von
Bülow Bestätigung angeführte Puncte und Conditiones überreichte, welche er aufs
genaueste zu beobachten der Jungfräulichen Versammlung angelobte. Ob er nach-
gehends die bischöfliche Confirmation noch einst eingeholet, oder die bereits vor 2 Jah-
ren erhaltene von neuem wieder ratificiren lassen, davon findet man keine Nachricht.
Dies aber ist gewiß, daß seine Introduction zu Anfange des 1519ten Jahres von ei-
nem Fürstl. Commissario in einer ansehnlichen Versammlung verschiedener Prälaten
und E. E. Raths aus lüneburg Deputirten geschehen ist. Und so hatte denn nun das

D 3   Closter

Cloſter vorjetzo faſt unvermuthlich erhalten, was es vor etlichen Jahren mit ſo vieler Mühe vergeblich geſuchet hatte. Es hatte aber daſſelbe ſich dieſes Probſtes halber wol um ſo vielmehr zu freuen, weil es an ihm einen Mann bekam, der bereits verſchiedene wichtige Ehrenämter bekleidete, und mit zeitlichen Gütern reichlich geſegnet war. Denn zuerſt bekam er die ehemals ziemlich beträchtliche Dohm-Pröbſtey im Stifte Walbeck im Magdeburgiſchen belegen, woſelbſt er noch deswegen berühmt iſt, daß er A. 1494. vorgehabt, aus dem gedachten Stifte ein Mönch-Cloſter Ciſtercienſer-Ordens zu machen. Nachmals erhielt er das Decanat um Dohme zu Halberſtadt, und endlich, wie gedacht, die hieſige Pröbſtey.

Das erſte wichtige Werk, das er hieſelbſt verrichtete, war die Auswirkung eines anſehnlichen Indulgenz-Briefes, welchen der damalige groſſe und weltberühmte Mayniſche Churfürſt Albertus I. A. 1519. für unſere hieſige Kirche und Cloſter ertheilte, in nachfolgenden Formalibus:

Albertus Miſeratione divina Sacroſanĉte Romane eccleſie tituli [v]) divi Chriſogoni Preſbiter Cardinalis Sanĉtarum Magdeburgenſis eccleſie ac Moguntine ſedis Archiepiſcopus Primas & ſacri Romani Imperii in Germania Archicancellarius Princeps elector & Halberſtadenſis Adminiſtrator Marchio Brandenburgenſis Stetinenſis Pomeranie Caſſuborum Slavorumque Dux, Burggravius Nurembergenſis ac Rugie Princeps. Univerſis & ſingulis Chriſti fidelibus preſentes literas inſpecturis Salutem in domino ſempiternam. Gratum atque pium aldiſſimo totiens impendere credimus obſeqvium qvociens Chriſtifidelium mentes ad devocionis opera allectivis indulgenciarum muneribus propenſius excitamus. Cupientes igitur ut eccleſia Monaſterii ordinis ſancti Bernhardi Ciſtercienſis in Meddingen Verdenſis diocesis noſtre Moguntinenſis provincie congruis gaudeat honoribus piiſque ac devotis freqventerur acceſſibus ac in ſuis ſtructuris & ornamentis eccleſiaſticis commode reſtauretur conſervetur & manuteneatur. Omnibus & ſingulis vere penitentibus & confeſſis hominibus Chriſti fidelibus qvi in Nativitatis Chriſti: Paraſceves: Paſce: Penthecoſtes: & Aſſumptionis Marie diebus Ducentos & qvadraginta dies ratione Cardinalatus noſtri. Qui vero in ſingulis aliis beate Marie virginis & omnium apoſtolorum & ſancti Mauricii feſtivitatibus & per earundem feſtivitatum Octavas Nec non Dominica in albis & ſancti Bernhardi diebus prefatam eccleſiam devotionis & orationis cauſa viſitaverint divinis officiis interfuerint vel pro conſervatione edificiorum & ornamentorum eccleſiaſticorum manus porrexerint adjutrices de omnipotentis dei miſericordia. Nec non beatorum Petri & Pauli apoſtolorum auctoritate ac Sanctorum Mauricii & ſociorum ejus Martini atque Steffani noſtrorum patronorum meritis confiſi tociens qvociens id fecerint auctoritate noſtra ordinaria & ex ſpeciali indulto apoſtolico Centum & qvadraginta Indulgenciarum dies de injunctis eis penitenciis miſericorditer in domino relaxamus. In

qvorum

---

v) Das Wort Titulus bedeutete vor Alters die Hauptkirche in einer Stadt, da hingegen die andern kleinern Kirchen, Hoſpitäler und Capellen zum Unterſcheide Diaconiæ oder auch Oratoria genennet wurden. Nach der Hand hat man angefangen diejenigen Kirchen insbeſondere Titulos zu nennen, welche von Cardinal-Presbiteris adminiſtriret werden. Woher dieſe Benennung entſtanden ſey, darüber giebt es unter den Gelehrten mancherley Meinungen. vid. D. I. A. Schmidii Lexicon Eccleſ. min. lib. III. p.

qvorum fidém Sigillum noftri Cardina latus prefeutibus eft appenfum. Datum In aula noftra Epifcopali Halberftadenfi Anno a nativitate domini Millefimo Qvingentefimo Decimo Nono Die Mercurii Nona menfis Novembris Etatis tricefimo, Cardinalatus Secundo, Pontificatus vero noftri Sexto annis.

(L. S.)

Dieſer Indulgenz-Brief war zwar ziemlich favorabel vor unſer Cloſter eingerichtet, allein der darauf erfolgende Nutzen war nicht ſo groß, als ſich der Probſt von Marenholt wol mochte eingebildet haben; denn weil bey der eben damals angehenden Reformation des ſel. lutheri den Leuten die Augen immer mehr und mehr aufgingen, daß ſie gegen die Opera meritoria der Ordens-Leute, und gegen den bey ihnen zu erhaltenden Ablaß eben keine ſo groſſe Achtung mehr hatten; ſo fanden ſich auch ſo viele nicht mehr, die ihre Devotion hieſelbſt hielten, und das Cloſter mit allerhand Donationen verſahen, wie wol vor Zeiten die Indulgenz-Briefe dergleichen Effect gehabt hatten. Jedoch das beſte hiebey war, daß das Cloſter ſich bereits zuvor nach und nach ſo viele Güter geſammlet hatte, daß von deſſen jährlichen Einkünften etliche 70 bis 80 Conventualinnen ihren ehrlichen Unterhalt haben konten, daher es eben keiner neuen Schenkungen ſo groß benöthiget war.

Unterbeſſen befand ſich das Cloſter zu dem mal; anderer Urſachen halber, in ziemlich ſchlechten Zuſtande, und der Probſt von Marenholt muſte die ganze Zeit ſeines Hieſeyns über bey demſelben unſägliche Verdrießlichkeiten und Unruhen ausſtehen. Der Anfang davon zeigte ſich gleich A. 1519. in dem erſten Jahre ſeiner hieſigen Prälatur: denn da in gedachtem Jahre Biſchof Iohannes zu Hildesheim um Urſachen halber mit den beyden Braunſchweigiſchen Fürſten, Herzog Erico Seniore zu Calenberg und Henrico zu Wolfenbüttel einen blutigen Krieg anfieng, wobey unſer lüneburgiſcher Landesherr, Herzog Henricus, des Biſchofs Parthey hielt, ſo kam das ganze lüneburgiſche Land, und insbeſondere auch unſer Cloſter, ziemlich ins Gedränge. Abſonderlich war guter Rath theuer, als die Braunſchweigiſchen Truppen, kurz vor der bekannten Soltauiſchen Schlacht, bey 7000 ſtark ins lüneburgiſche einfielen, und ihr Hauptlager bey den Alten-Uſſen, oder Oldenſtadt aufſchlugen. Bey dieſen gefährlichen laufen kam es einſt gar dahin, daß die hieſigen Conventualinnen das Cloſter gänzlich verlieſſen, und ſich ſämmtlich nach lüneburg retirirten. Dieſe Flucht geſchahe A. 1519. in der Woche nach Trinitatis, durch folgenden Zufall: Es hatte der Probſt von Marenholt ſich reſolviret mit der damaligen Fr. Abbatißin Eliſabeth Elvers und ihrer Capellanin, Ifr. Agnes langen nach Oldenſtadt in der Brüder Cloſter zu reiſen, und den Braunſchweigiſchen Truppen Brandſchatzung zu geben. Weil Sie aber bey ihrer Abreiſe nicht wiſſen konten, wie ſie von den feindlichen Truppen möchten angelaſſen werden, ließ die Fr. Abbatißin Ordre zurück: wenn ſie denſelben Abend nicht wieder zu Hauſe käme, daß ſodann die Jungfrauen ſich des andern Tages ohnverzüglich nach lüneburg ſalviren ſollten. Nun wurde aber die Fr. Abbatißin damals verhindert, daß ſie denſelben Tag unmöglich wieder kommen konte: daraus ſchloſſen die Conventualinnen, daß es vor ſie nicht Wartens Zeit ſey; machten

sich

sich daher des folgenden Morgens mit anbrechendem Tage sämmtlich auf den Weg nach Lüneburg, und nahmen (weil sie zu Fuße giengen) in der Eile und Confusion nichts mit sich, als etwa jedwede ihren besten Ordenshabit und ein täglich Gesang-buch. Die Fr. Abbatißin hatte solches wol besorget, und dannenhero noch in der Nacht den Voigt von Altenstadt anhero abgeschicket, welcher dem Closter von ihrem Zustande Nachricht bringen und sie von der Flucht zurück halten sollte. Es kam aber derselbe zu spät, wie sie schon allesammt aufgebrochen, und beynahe eine halbe Meile fortgewandert waren. Dieserwegen setzte er ihnen unverzüglich nach, und brachte die Ordre von der Fr. Abbatißin an sie, daß sie nur getrost umkehren und wieder ins Closter gehen sollten, weil sie mit den feindlichen Truppen schon einen Vergleich ge-troffen. Allein die guten Leute waren viel zu furchtsam und bestürzt, als daß sie sol-nen Vorstellungen hätten glauben sollen; giengen daher immerfort, wiewol mit ziem-licher Beschwerlichkeit, sonderlich der ältesten Jungfrauen, und erreichten endlich noch desselbigen Tages das Dorf Hohnstorf, allwo sie, Müdigkeit halber, einkehreten, und die Nacht über ausruheten. Unterdessen hatte E. E. Rath in Lüneburg diese ihre Re-tirade aus dem Closter vernommen, schickte ihnen daher des andern Morgens Wagen und Pferde entgegen und ließ sie nach Lüneburg einholen, allwo sie sich sämmtlich in das noch jetzo vorhandene Medingische Closterhaus einquartirten, und bey 8 Tage lang darinnen aufhielten, bis sie endlich zuversichtliche Nachricht bekamen, daß die feindlichen Truppen von Oldenstadt aufgebrochen, und sich anderswo hin begeben hät-ten, da sie denn mit Freuden wieder zurück nach ihrem Closter kehreten.

Bis auf diese Zeit hatte die hohe Landesherrschaft wie in andern, also für-nemlich in unserm Closter alle Jahr zu gewissen Zeiten das so genannte Fastenlager gehalten; indem sie mit einem Nachzuge von Reutern, Jägern, Pferden und Hun-den sich auf etliche Tage anher verfügt, die Closter-Unterthanen zur Jagd gebrau-chet, und sich von dem Closter alle Nothdurft, auch an Speise und Trank reichen lassen; als welche althergebrachte Gewohnheit*) zum Iure Patronatus über die Clöster gehörte. Weil nun aber, wie leicht zu vermuthen, bey solchen Fastenlägern dem Closter viel aufzugehen pflegte, so hatte Herzog Henricus die Gnade vor dasselbe, daß er A. 1521. eine Summe von 700 Gülden annahm, und dafür das Closter von der-gleichen Fastenlagern und auch zugleich dessen Unterthanen von den dabey zu leistenden Tagediensten ein für allemal frey erklärte.

Die schriftliche Versicherung, welche hochgedachter Herzog deßhalben von sich gab, ist noch in Originall vorhanden, und lautet folgender Gestalt:

Van goddes gnadenn Wy Hinrick Hertoge tho Brunßwigk unnd Lüneborg etc. tögenn Ottenn Sjone bekennen openbar vor uns unse ervenn unnd alßwerne, daß wil mit willenn wetenn unnd fulborde der Hochgebornen Fürstenn unser fründlikem levenn Söhne Herrn Ottenn unnd Herrn Ernsten ock Hertogen tho Brunßwigk unnd Lüneborg upp eynen rechten fulstendigen wedderkop vorkofft unnd vorschrevenn hebbenn vorkopen unnd vorschrivenn In Krafft düsses breves den werdigen unsen levenn Andech-

tigen

---

tigen Rabe unnd getruwen Herrn Johanne von Marnholte Provefte Elyzabeth Ebbe-
dissen Agneten Priorissen und ganten Convente des Closters Medingen Cistercienn-
ordens und eren nakomen unse fürstlike fastenlager r) myt den Ruteren Jegeren yu-
den und hundert alse wy darsülves Jarlikes hebben Unnd uth fürstliker overtichent s)
plegen tho holdende ock süß allerley dageleistingen unse manschopp effte andere dantyp
vorschrivende dat Closter und se dorch uns unnd de unsen mit sodanem Vastenlager
und dageleistingen nicht tho beswerende unnd hebben one sodane lager unnd dageleistin-
ge vorkofft vor Söven Hundert fulwichtige Rinsche Golde gülden ic. Na cristi ge-
bordt vefftein hundert unnd im ein unnd twintigsten Jare.

(L. S.)

Kaum war dieser Sache halber zwischen Herzog Henrico und unserm Closter
A. 1521. Richtigkeit getroffen, als diesem Fürsten das Unglück zustieß, daß er we-
gen der mit Braunschweig gehabten Händel vom Kayser in die Acht erkläret wurde,
da er denn hieselbst die Regierung niederlegen und sich nach Frankreich retiriren muste.
Bey solchen Umständen fiel das Zellische Antheil dessen mittlerem Prinzen, Herzog
Ernesto Pio zu, einem Fürsten der ehemals zu Wittenberg studiret, und daselbst von
dem bekannten Georgio Spalatino die wahre Gottesfurcht und gründliche Gelehrsam-
keit, von dem seligen D. Luthero aber den Eifer für die wahre Religion gelernet hatte.
Diese Succeßion nun verursachte, wie im ganzen lüneburgischen Landen, also abson-
derlich auch bey unserm Closter viele Veränderungen: denn dieser Fromme und weise
Fürst fieng nunmehr an die lutherische lehre in seinen landen auszubreiten, und schick-
te deßhalben auch ein Exemplar von der durch lutherum übersetzten Bibel anher ins
Closter, daß die Conventualinnen dieselbe mit Fleiß durchlesen, und daraus den Weg
der Wahrheit sollten erkennen lernen. Allein weil die guten leute damals noch einen
viel zu starken Haß wider den sel. lutherum hatten; wurde dieses Buch sehr schlecht
aufgenommen, und endlich gar von der hiesigen Fr. Abbatißin Elvers ins Feuer ge-
worfen. Nun sahe Herzog Ernestus leicht vorher, daß es bey der damaligen Ver-
faßung unsers Closters sehr schwer fallen würde, die lutherische Religion in daßelbe
einzuführen: in solchen Gedanken wurde er noch so vielmehr gestärket, als er Nach-
richt von dem wider das heil. Bibelbuch bezeigten blinden Eifer bekam. Dieserwegen
fieng er an das Werk auf eine andere Art anzugreifen, und resolvirte zuförderst, die
Pröbsten von unserm Closter hinweg zu nehmen, weil die viele zu derselben gehörigen
Capellani und Vicarii bey denen Conventualinnen die Päbstlichen Mißbräuche auf
alle mögliche Art zu unterstützen, und hingegen die reine Evangelische lehre zu ver-
kleinern und niederzudrücken suchten. Ueberdem fehlte es auch bey Hofe nicht an

Politi-

---

r) Der Name Fastenlager kommt daher, weil
solche Einkehrung in die Clöster insgemein zur
Fastenzeit zu geschehen pflegte.

s) Diese Worte bekräftigen, was wir oben
gesagt haben, daß das Fastenlager denen Patro-
nis und Oberherrrn der Clöster nach Gefallen zu
halten vergönnet gewesen sey.

Politicis, welche dem Herzoge zum öftern vorſtelleten, daß die hieſige Prdbſten viel unnüße Leute ernähret, und faſt ſo viel Einkünfte, als das Cloſter ſelbſt beſäße.· Alle dieſe Umſtände brachten endlich Herzog Erneſtum dahin, daß er A. 1529. unſern Probſt Johann von Marenholt zu ſich nach Zelle beru: fen ließ, und demſelben auferlegte, alles auf das genaueſte zu ſpecificiren, was das Cloſter ſowol als die Prdbſten an liegenden und andern Gütern in Beſiß habe. Wie das geſchehen war, wurden alle dieſe Güter bis auf weitere Ordre fürs erſte von der Herrſchaft in Beſchlag genommen, und zugleich dem Probſt von Marenholt ſeine Dimißion ertheilet; welcher denn auch der erhaltenen Ordre gemäß in dem gedachten 1529ten Jahr nebſt allen ſeinen Capellanis, Vi: cariis und andern Bedienten die Prdbſten, zu des Cloſters äußerſter Bekümmer: niß, räumen muſte, welche er 10 Jahr lang verwaltet hatte. Ein einziger Beichtvater nebſt einem etwas gelehrten Capellano wurden dem Cloſter noch, bis auf weitern Beſcheid, gelaſſen, der caßirte Herr von Marenholt aber zog nach ſeiner Dimißion wieder gen Halberſtadt zu ſeinem Dohm·Decanat. Alles dieſes geſchahe A. 1529, wie unſer Cloſter eben ſein 301tes Jahr nach der erſten Stiftung erreichet hatte.

Der zweyte Periodus.
Von den Priorissinnen und Abbatissinnen des Closters Meding.

Nachdem jetztgedachter massen die hiesige Pröbsten A. 1529. vom Herzog Ernesto Pio durch Caßirung des letzten Probstes, Johannis von Marenholt, eingezogen worden, beruhete nunmehro die ganze Last der Direction unsers Closters auf den Abbatissinnen; daher wir die noch übrigen Fata des Klosters, von der Reformation an, bis auf unsere Zeiten, nicht füglicher, als nach dem Lebenslauf einer jeden Abbatißin werden abhandeln können.

Bevor wir aber damit den Anfang machen, wird es nicht überflüßig seyn, wenn wir erstlich die ehemaligen Priorissas unsers Closters zugleich allhie mitnehmen, und zwar um so viel mehr, weil ihre Function vor diesem mit dem Amte einer Abbatißin viele Aehnlichkeit gehabt hat, so daß ein Probst hieselbst im Closter fast nichts importantes, ohne ihr Mitwissen, vornehmen dürfen.

Solcher Priorinnen sind an der Zahl 17 gewesen, und hat diese Dignität von dem Anfange des Alt-Medingischen Closters bis A. 1494 gedauret, als in welchem Jahre man die damalige Fr. Priorin, Margaretha Puffen, solenniter zur ersten Abbatißin declariret, wozu auch der Werdische Bischoff Bertholdus seinen Consens und die gewöhnliche Confirmation ertheilet hat.

Nach der Zeit sind ausser diesen Abbatissinnen auch noch besondere Priorinnen beliebet worden, welche aber keine so grosse und weitläuftige Function mehr, als die ehemaligen Priorissae, da noch keine Abbatissinnen waren, gehabt, sondern nur hauptsächlich mit Dirigirung der Chorstunden zu thun gehabt haben; da hingegen alle andere in- und auswärtige Affairen des Closters, so lange die Pröbsten noch im Stande war, von dem Probste und der Abbatißin gemeinschaftlich, nun nach Einziehung der Pröbsten von der letztern allein sind dirigiret worden.

Wir wollen die ehemaligen Priorissas kürzlich specificiren, nachmals zu den Abbatissinnen schreiten, und endlich bey dem 1529sten Jahr die Historie des Closters selbst weiter fortsetzen.

Die Priorinnen.

I.
Imma I.
erwählt 1263. starb 1284. dem Closter vorgestanden 21 Jahr.

Sie war des Alt-Medingischen Probstes Nicolai Mutter Schwester, und hatte sich bishero in dem Dambeckischen Closter als Conventualin aufgehalten; weil oder jetzt gedachter Probst Nicolaus ihr so viel gute Worte gab, daß sie es ihr endlich zugefallen, daß sie ihr Closter verließ, und A. 1263 zu Alt-Meding die Station einer Priorin annahm. Sie war sonst des alten Benedictiner-Ordens, daher sie auch bey ihrer Ankunft St. Benedicti Regul mit brachte, und dieselbe nebst dem grauen Benedictiner-Habit für sich Zeitlebens behielt. Hingegen ließ sie doch die Conventualinnen des Closters bey ihrem neuen Bernhardiner-Orden, und dem dazu gehörigen weissen Habit, nahm auch den hieselbst einmal eingeführten Schutzheiligen Mauritium zu ihrem patrono mit an, wie davon bereits oben unter dem Probst Nicolao Erwähnung geschehen ist.

Sie ist A. 1284. den 17ten Jun. zu Alt-Medingen verstorben auch daselbst begraben, wiewol man von ihrem Monument dasiges Orts heut zu Tage nichts mehr aufzuweisen hat.

2.
Imma II.

erwählt 1284. stirbt 1315. dem Closter vorgestanden 31 Jahr.

Ihrer wird A. 1311. bey der Verschliessung des Alt-Medingischen Closters gedacht, daß sie, wie der Herr Probst Christianus die Sache aufs Tapet gebracht, so gleich darin gewilliget habe. Siehe davon die 9te von den unten angeführten Tafeln.

3.
Imma III.

erwählt 1315. stirbt 1323. dem Closter vorgestanden 8 Jahr.

4.
Imma IV. Ruffen.

erwählt 1323. starb 1327. dem Closter vorgestanden 4 Jahr.

Sie war aus Lüneburg bürtig, allwo ihr Vater, Herr Dieterich Ruffe ein vornehmer Patricius war, welcher auch unserm Closter noch etliche Sültzgüter vermacht hat. Dieser Immae wird in dem zwischen unserm Closter und den Rittern von Grote A. 1323. errichtetem Kaufbriefe gedacht. Sie hat A. 1327. den 14ten August zu Alt-Meding dies Zeitliche gesegnet.

5.
Wicburgis.

erwählt 1327. stirbt in eben demselben Jahre.

6. Ger-

6.
Gerburgis Langen.

erwählt 1327. stirbt 1333. den 21sten Jun. - dem Closter
vorgestanden 6 Jahr.

Sie war aus Lüneburg bürtig, und wird von etlichen Gerburgis, von andern Mein-
burgis genannt.

7.
Mechtildis von Meding.

erwählt 1333. stirbt 1343. den 6ten Sept. dem Closter
vorgestanden 10 Jahr.

Sie hat zu den Zeiten des Probstes Ludolphi von Lüneburg gelebet, und ist A. 1336.
mit ihrem gesammten Convent von Alten-Meding aus in das hiesige neuerbaute
Closter gezogen. Ihrer wird noch A. 1343. in dem zwischen unserm Closter und E. E.
Rath in Lüneburg damals aufgerichteten Contract wegen der Schiffahrt auf der Ilme-
nau und des allhie zu haltenden Fähr-Gats gedacht.

8.
Elisabeth *I.* Gernow.

erwählt 1343. stirbt 1367. dem Closter vorgestanden 24 Jahr.

Man findet ein Diploma von ihr de A. 1361.

9.
Alburgis von dem Sande.

erwählt 1367. stirbt 1376. den 21sten März. dem Closter
vorgestanden 9 Jahr.

10.
Elisabeth *II.*

erwählt 1376. stirbt 1379. den 25sten März. dem Closter
vorgestanden 3 Jahr.

P 3

11. Elis

11.
Elisabeth III.

erwählt 1379. stirbt 1399. den 3ten April. dem Closter
vorgestanden 20 Jahr.

Sie war aus Bortehude bürtig, und daher kommt es, daß sie in etlichen alten Do-
cumentis zum öftern Elisabeth de Bortehude genannt wird, wie z. E. in dem
Sendschreiben des Closters Arentsee an unsern Convent, welches A. 1393. abgefasset
und oben angeführet ist.

12.
Druda von Dagevörde.

erwählt 1399. stirbt 1428. den 4ten Jun. dem Closter
vorgestanden 29 Jahr.

Sie hat A. 1416. den Herrn Probst Tölner mit erwählen helfen, wovon die Di-
plomata oben angeführet sind.

13.
Mechtildis II. Semmelbeckers.

erwählt 1428. stirbt 1435. dem Closter vorgestanden 7 Jahr.

14.
Caecilia von dem Berge.

erwählt 1435. stirbt 1445. den 25sten Jul. dem Closter
vorgestanden 10 Jahr.

15.
Elisabeth IV. Langendorps.

erwählt 1445. stirbt 1464. den 10ten Febr. dem Closter
vorgestanden ins 19te Jahr.

Sie hat A. 1446. den Herrn Probst Ludolph lützken mit erwählet, wovon die Do-
cumenta oben zu finden. Ihrer wird auch bey der Stiftung der neuen lützki-
schen Capelle A. 1458. gedacht.

16. Mech-

16.
Mechtildis III. von Remstede.
erwählt 1464. stirbt 1479. den 3ten Aug. dem Closter
vorgestanden ins 16te Jahr.

Zu ihrer Zeit gieng der ungetreue Probst Johannes Mahler heimlich davon, und setzte das Closter dadurch in einen verwirrten Zustand. Diese Fr. Priörin ließ sich deswegen mit ihm in einen weitläuftigen Schriftwechsel ein, und prätendirte absonderlich von ihm, daß er die veralienirten Clostergüter wieder herbeyschaffen sollte; allein was sie mit aller ihrer Mühe ausgerichtet, ist bereits oben unter des Probsten Mahlers Lebenslauf erzählet worden. Anno 1467. half sie den Herren Probst von Bavenstedt erwählen, wovon die Documenta nachzulesen. Anno 1479. wurde die Haushaltungs-Reformation und Einführung der gemeinschaftlichen Speisung angefangen, sie konnte aber ihres Orts nichts dazu contribuiren, weil sie hohes Alters und grosser Leibesschwachheit halber immer bettlägerig und zu allen Verrichtungen incapable war, daher wurde ihr die nachfolgende Jungfr. Margaretha Puffen, als eine Vicepriörin gesetzet. Sie lebte zwar noch völliger Ausführung des angefangenen Reformationswerkes noch etliche Monate, aber nur als eine Emerita.

17.
Margaretha Puffen.
erwählt 1479. zur Abbatissin erkläret Anno 1494. dem
Closter als Priörin vorgestanden 15 Jahr.

Durch was Gelegenheit sie allhie zur Priörin erwählet worden, davon ist bereits oben bey der Haushaltungs-Reformirung unter dem Herrn Probst von Bavenstedt einige Nachricht gegeben worden. Sie war aus Dannenberg bürtig, und ihr Vater hieß Otto Puffe, der sie in dem Closter zu Wienhusen einschreiben und erziehen lassen, worauf sie hernach, bey herankommenden Jahren, in gedachtem Closter als eine Conventualin völlig eingekleidet und aufgenommen worden.

Daselbst hatte sie sich bey ihrer Abbatißin, Jr. Susanna Borstock, so wol insinuiret, daß diese sie, als ihre Vertrauteste, allezeit um und bey sich hatte. Wie nun gedachte Fr. Abbatißin Ao. 1479. auf unsers Herrn Probstes von Bavenstedt fleißiges Ansuchen, von Wienhusen anhero kam, um die hieselbst angefangene Haushaltungs-Reforme zu Stande bringen zu helfen; nahm sie nebst etlichen andern auch ihre geliebte Jfr. Margaretha Puffen, als eine Gefährtin, mit, welche damals eben ihr 27stes Jahr erreichet hatte. Nun war in der Zeit ihres hieseyns die damalige Priörin Mechtildis von Remstede krank und bettlägerig, daß sie sich überall in keine Affairen melieren konnte, gleichwol aber war dem Closter, bey einer so wichtigen Sache, eine Vorsteherin höchst benöthigt, dieserwegen, wie die beyden fremden Abbatissinnen wieder von hier reisen wollten, ward unser Closter Raths, eine von ihren mitgebrach-
ten

ten Jungfrauen, die sämmtlich der gemeinen Speisung schon gewohnt, zu erwählen, und dieselbe, so lange die alte Emerita lebte, als eine Vicepriörin hieselbst zu behalten. Diese Wahl traf die Jfr. Margaretha Puffen, welche denn auch dazu von ihrer Abbatißin die benöthigte Vergünstigung bekam.

Wie sie nun, nach Abzug der beyden Abbatißinnen, die Diréction unsers Closters allein in Händen hatte, bearbeitete sie sich aus allen Kräften, die gemeinschaftliche Speisung und Gemeinschaft der Güter völlig einzuführen; sie war auch darinnen so glücklich, daß in kurzer Zeit, mit völliger Einwilligung aller Conventualinnen, beydes zu Stande gebracht ward. Wie alles damit seine Richtigkeit hatte, und der Probst von Bavenstedt deswegen an den Bischoff Bericht erstattete, auch zugleich das kluge Betragen der Vicepriörin Puffen gebührender maßen lobte; so gefiel solches dem Bischoff sowol, daß er, wie die alte Fr. Priörin von Remstede den 3ten Aug. des gedachten 1479sten Jahrs dieses Zeitliche gesegnete, die Jfr. Margaretha Puffen zu einer wirklichen Priörin unsers Closters ernannte, und sie bald hernach solenniter introduciren ließ. Bey solchen Umständen sollicitirte sie denn bey ihrer ehemaligen Fr. Abbatißin zu Wienhusen um ihre völlige Erlassung aus dem dasigen Closter, welche ihr auch noch vor der völligen Introduction in nachfolgenden Terminis ertheilet ward.

Wy Susanna Eldlsche unnd gantze sammelinge des Klosters Wynhußen Enbbeden Juw Werdighen Innigen unnd gheystlicken Herrn Ellen proveste vor margareten Priorinne unnd gantzen samlinge to medinge unse Innige beth In god unnd wes wy gudes vermögen. So alse wy Juw vor margareten Priorinne darsülves eyn gnedige vorlovinge umme bede willen unser Herrn unnd Fründe eyne tydt langt darsülves Im Kloster to medinge vor eyne priorinnen alse dat genante Kloster Kortes in de Reformacien komen Is tho synde ghedan hebben unnd nu de Erwerdige In gode Vader unnd her her Bartolt Bißchop to Verden Juw vorgenannte Vor margareten umme sake willen de sin gnade dar Inne bewerghen unnd upp dat dat gude angehaven werk deste bestenteger dat so bliven möghe vor eyne priörinnen de tyd Juwes levendes dar to Medinge to blivende perpetuett hefft, so sin wy des wol to freden unnd fulborden so dans wu vor bebört mede unnd in Krafft desses Brevbes dat wy Juw also vor uns unnd unse nakommelinge vorloven In deffen unsen Brevbe, gy vor margarete vor eyne priörinne, de wyle gy dat van Olders wegghen vorstan konnen unnd de Juncfrowen darsülves de rechte Reformacien holden lerende tyd Juwes levendes dar to blivende Und heben des to bekantnisse unses Klosters Ingesegel benedden an düssen Breff ghe hengen heten. Na cristi gebort veerteyn hundert unnd Innn negen und seventigesten jare Amm midwekenn na Sünte Dionisii daghe.

(Sigillum conventus
in Wynhusen.)

E. E. Rath der Stadt Lüneburg war auch über die neue Verfassung unsers Closters so wol vergnügt, daß derselbe der neuerwählten Fr. Priörin Puffen und dem gesamten Convent in einem freundlichen Sendschreiben bey vorfallenden Angelegenheiten alle mögliche Assistence und Förderung zu leisten versprach. Die Zuschrift an sich selbst lautet folgender gestalt:

Wy

We Borgermeſtere und Rabmanne to Lüneborg bekennen openwbar In deſſem unſern Breve vor uns und unſe nakomelinge Und von Juw vor Margareten Pribrinnen und gantzen ſammelinge des Cloſters Medinge weren Alſe be Erwerdige In gobe vader und her her Bartold Biſichepp to Werden Unſe gnedige leve her Juw vor Margareten darſülves In Cloſter to Medinge vor eyne Pribrinne umme Sacke wiſſen beſyne gnade darto bewegen be tyd Juwes levendes to ſittende und blyvende perpetuert heſſt, Geſünde ſick nu dat Juw Juwen Cloſter der gantzen ſammelinge und nakomelingen, Sacke dar to gy unſes Rades und Dades behuf hebben, under ogen ſtünden dat Inne roy Juwer mechtlich weren, wiſſen wy Juw de gantzen ſammelinge und Nakomelinge So vacken dat ſcheghe und uns dat von Juw worde vermiddelt nicht nalaten Sundern Juw des na unſem vermögen byſtendich ſyn, dat wy Juw alſo wol to holbende In deſſem ſülven unſem breve loven und to ſcriven Und hebben des to bekantniſſe unſer Stad Seeret wittliken bemedden an deſſen Breff heten hengen Na Criſti gebordt Dertein hundert und In negen und Söbentigſten Jaren Am Sonnavende na Sünte Dyoniſil Dage.

(Secretum civitatis)
Lüneborg.

Eine Zeitlang nachhero in bem folgenben 1480ſten Jahr bot das Cloſter zu Derneburg im Hildesheimiſchen, beſſen Abbatißin unſer Cloſter mit reformiten helfen, ben hieſigen Conventualinnen, als die nunmehro mit ihnen in gleicher Verfaſſung ſtunben, eine geiſtliche Schweſterſchaft und völligen Antheil an oßen ihren guten Werken an, in nachfolgendem Senbſchreiben:

Nos Sophia Abbatiſſa, Anna Prioriſſa, Totuſque Conventus monaſterii glorioſiſſime virginis Marie in Derneborch Ordinis ciſtercienſis Hildenſemenſis dyoceſis Dilectis nobis in chriſto Domine prioriſſe totique Conventui chriſti preſentibus et futuris monaſterii in Medinge Verdenſis dyoceſis. Salutem et virtutum incrementa et devotarum oracionum ſuffragia Vitam et gloriam conſequi ſempiternam. Divine karitatis ignità connexio ſpirituſſancti gratia per fidelium mentes diffuſa Illas precipue annectit intimius qvi intra celeſtis regni palacium chriſto familiarius obſeqvuntur qvo ſit ut uberius ſibi convincant ſpiritalia dona celeſti largicione conceſſa Vobis igitur qvas dignitas obſeqvii divini clarificat et affectus dilectionis et devocionis monaſterio noſtro proprie glutine karitatis annectit digna volentes viciſſitudine pro dilectione reſpondere Concedimus omnium miſſarum, Jejuniorum, vigiliarum, abſtinenciarum, laborum, Ceterorumqve bonorum communionem, qve per nos et poſteras noſtras divina clementia dignabitur operari Addentes inſuper de gratia ſpeciali qvod cum obitus veſtri alicujus, qvem Deus felicem ſaciat et beatum, nobis per literas fuerit denunciatus, pro vobis et cuilibet veſtrum ſaciemus ac ſieri ordinabimus Miſſas, vigilias, oraciones et ſuffragia ſicuti pro amicis noſtris kariſſimis facere conſvevimus ut per viſcera miſericordie et ex multiplici ſuffragiorum preſidio et hic a malis protegi Et in ſuturo mereamini in eterna tabernacula introduci. In cujus conceſſionis teſtimonium Sigillum Conventus duximus appendendum, Anno domini M° CCCC° LXXX° In die beati barnabe apoſtoli.

(L. S.)

Ω   Alle

Alle dieſe Dinge waren lauter Wirkungen der eingeführten Reformation, als wodurch unſer Cloſter in eine zu den Zeiten recht heilige und regulmäßige Verfaſſung geſetzet war, daher auch jedermann für daſſelbe ſo viel gröſſere Achtung bezeigte. Ob aber gleich die gute Fr. Priörin Puſſen zu dem mahl viele Mühe angewandt hatte, alles in völlig guten Stand zu ſetzen, ſo begunten ſich doch bereits in den erſten Jahren bey der gemeinſchaftlichen Speiſung ein und andere Unordnungen hervor zu thun. Abſonderlich fanden ſich etliche Jungfrauen, die wegen des gar zu viel vorfallenden Faſtens und Enthaltens vom Fleiſch-Eſſen ungedultig waren, auch ſolches ſich nicht undeutlich gegen die Fr. Priörin merken lieſſen. Dieſe, aus Beyſorge, daß die kürzlich introducirte Reformation dadurch wieder zu Grunde gehen mögte, berichtete von der Sache an den Biſchof, und bat um Unterricht, wie ſie ſich hierinnen zu verhalten habe. Der Biſchof, welcher durch unzeitige Strenge die Gemüther nicht noch ſchwieriger wider die Reformation machen wollte, ſchrieb an die Fr. Priörin, daß ſie in der Sache behutſam verfahren, um denjenigen, ſo auf ihre Vorſtellung ſich des Fleiſch-Eſſens nicht enthalten wollten, lieber in einem beſondern Reventer Fleiſch zu eſſen geben, und ſo oft es ihr gut dünke, aus biſchöflicher Vollmacht im Faſten diſpenſiren ſollte. Das biſchöfliche Reſcript, ſo Ao. 1483 am Abend Simonis und Iudae dieſer Sache halber anhero geſchickt wurde, iſt folgendes Lauts:

Bartoldus dei & apoſtolice ſedis gratia Epiſcopus Hildenſemenſis nec non Verdenſis perpetuus Adminiſtrator Venerabili & Religioſe domine Margarete prioriſſe monialium monaſterii In medingh ordinis Ciſtercienſis noſtre verdenſis diœceſis Salutem in domino & preſentibus fidem indubiam adhibere. Vobis ut cum monialibus conjunctim & diviſim dicti monaſterii in Medingh & preſertim illis que bonis perſuaſionibus & rationibus induci non valeant abſtinere ab eſu carnium poſſitis & valeatis noſtra ordinaria & Epiſcopali auctoritate diſpenſare ut in ſpeciali refectorio ad hoc ſpecialiter deputato & ordinato ex diſpenſacionibus veſtris tociens quociens vobis expedire viſum fuerit carnibus veſcantur. Et inſuper ut diebus feſtivis apoſtolorumque & ſollempnioribus feſtis in organis tempore divinorum ut apud Vos ſolitum fuit cantent per unam ex eiſdem monialibus ad hoc inſtructam et edoctam preſentibus uſque ad ſpecialem noſtram revocationem a nobis ſive noſtra auctoritate ſpirituali vobis factam et inſinuatam valituris gratioſe concedimus. Datum in caſtro noſtro Sturwold ſub anno domini Milleſimo quadringenteſimo octuageſimo tercio In vigilia Simonis & Iude apoſtolorum noſtro ſub Sigillo preſentibus ſub impreſſo.

(L. S.)

Der letztere Theil dieſes biſchöflichen Reſcripts hält ebenfalls etwas merkwürdiges in ſich, nemlich wie es künftig mit Spielung der Orgel ſolle gehalten werden. Es hatte, wie wir bereits oben angemerket haben, der Herr Probſt Tölner zu allererſt hieſelbſt die Muſic beym Gottesdienſt einführen, und abſonderlich in ſolcher Abſicht die groſſe Orgel ſehr ſchön repariren und verſtärken laſſen. Damit wurde zu ſeiner Zeit zum öftern unter dem öffentlichen Gottesdienſt, und abſonderlich unter den Chorſtunden muſiciret. Weil aber nach ſeiner Zeit etliche von den folgenden Pröbſten eben keine ſonderliche Liebhaber der Muſic waren, wurde das Orgelſpielen zum öftern eingeſtellet, oder doch nicht allemahl ordentlich und zur gewiſſen Zeit beobachtet. Auch dieſerwegen

hatte

hatte nun zugleich die Priorin Margareta Puffen an den Bischof geschrieben, und erhielt darauf, wie aus angeführtem Diplomate zu ersehen, die Antwort, daß die Orgel von einer dazu geschickten Conventualin an den hohen Fest- und Aposteltagen allemahl unter der Chorstunde sollte gespielet werden, welches denn in folgenden Zeiten auch beobachtet worden. Daher kommt es, daß dieselbe noch heutiges Tages zu gewissen Zeiten unter der Chorstunde von dem Organisten gerühret wird.

Ao. 1494. den 26sten April wurde endlich Fr. Margareta Puffen von dem Convent solenniter zur Abbatißin erwählet, daher wir nun mit ihr die Ordnung der Abbatißinnen anfangen.

Die Abbatissinnen.

I.

Margareta Puffen.

Zur Abbatissin erwählt 1494. starb 1513. dem Closter als Abbatissin vorgestanden 19 Jahr.

Ao. 1494. als die damalige Fr. Priorin Puffen dem Closter bereits 15 Jahr als Priorin vorgestanden, bekam die Jungfräuliche Versammlung unsers Closters allmählig Lust, eine Abbatißin zum Oberhaupte über sich zu haben, und zwar fürnemlich darum, weil in allen Clöstern, wo die gemeinschaftliche Speisung üblich, zugleich eine Abbatißin und Priorin die Direction zu führen pflegten. Dieserwegen consultirten sie unter der Hand etliche Prälaten und benachbarte Clöster, welche denn durchgehends die Sache für gut und thunlich ansahen. Nur allein schien es, als ob der damalige Herr Probst von Bavenstedt nicht allerdings damit zufrieden seyn würde (1), deswegen ward das Werk, aus Consideration gegen ihn, und weil es ohnedem bereits alt und schwach war, so lange aufgeschoben, bis er im gedachten 1494sten Jahre, den 19ten Apr. dieses Zeitliche gesegnete. Als aber dieser verstorben und die Pröbsten vacant war, wurde unverzüglich auf dem Capitulhause eine Versammlung gehalten, und von derselben die Fr. Margareta Puffen den 26sten April solenniter zur ersten Abbatißin unsers Closters erkläret, auch sogleich (2) eine Supplic an den Bischof aufgesetzet, und um die Confirmation Ansuchung gethan. Weil nun Bischof Bertholdus viel Gnade, sowol insgemein für unser Closter, als auch absonderlich für die bisherige Fr. Priorin Puffen

Q 2

hatte;

---

(1) Weil bey dem Regimente einer Abbatißin der Probst nothwendig viel von seiner vorhin gehabten Dignität hätte verlieren müssen.

(2) Daß sie die Confirmation mit aller möglichen Eilfertigkeit suchen sollten, war ihnen schon vor der Wahl von vielen gerathen worden. Unter andern hatte der bekannte Lüneburgische Burgermeister, Herr Conrad Lange, ihnen solches in einer besondern Zuschrift mit folgenden Worten empfohlen: Item Mothe gi Jo bartho trachten, Gi de Dominam confirmeren laten mit den ersten, und stracks bi enen Jewelken de Juw der wegen wes ten oren kriegen wolde, und dem npen provefte Zeggende worde, It ome to na were, Zeggen, Gi hedden na Suwes Closters und Ordens woonheyd gecoren eyne abbatissam de de Hr Bischopp ock confirmiret hedde, dat wolde gi stracks bi bliven, welckes ock unses hern Bischopps und unser aller Rad so is etc.

hatte, ließ er sich alles ganz wohl gefallen, und confirmirte dieselbe zur Abbatißin durch nachfolgende Schrift:

Bartoldus dei & apostolice sedis gratia Episcopus Hildensemensis & Verdensis Administrator ecclesiarum Dilectis nobis in cristo Religiosis Domine Priorisse & sororibus totique Conventui monasterii sanctimonialium in Medingen ordinis Cisterciensis nostre verdensis dyocesis Nec non omnibus & aliis singulis quorum interest quosque infra scriptum tangit negocium seu tangere poterit quomodolibet in futurum Salutem & sinceram in domino caritatem Quia hodie literas vestras sigillo vestri conventus ut apparuit sigillatas & confectas, super decreto electionis Venerabilis & Religiose domine Margarete pussen sanctimonialis professe & aliquandiu priorisse dicti nostri Monasterii in Abbatissam ejusdem vestri monasterii concorditer rite et legittime per vos electe recepimus hujusmodi sub tenore Reverendo in cristo patri & domino domino Bertoldo dei gracia Episcopo Hildensemensis & Administratori verdensis ecclesie Domino & patri nostro prestantissimo Quicquid poterimus reverencie & honoris cum instancia oracionum ad deum tam supplici quam devota, Reverende in christo pater. Postquam regularis observancia de mandato paternitatis vestre, laus deo, ad Monasterium nostrum novissime introducta per nos hactenus citra lactantiam loquendo est rigorose observata & radicata, & quoad omnia & singula substancialia religionis statuta & ceremonias nostri ordinis cisterciensis, debita et strictissima clausura, abdicatione proprietatis & officio divino diligenter continuata absque aliqua repugnancia temeritate aut inobediencia prout etiam juxta omnem possibilitatem & debitum professionis nostre humiliter observaturas in omnibus & per omnia Nos obedientissime filie vestre interim quod spiritus hos alit artus & vita comes fuerit & successores nostre perpetuis futuris temporibus, devotissime pollicemur, Unum tamen est Reverende in cristo pater, quod huic tam pio desiderio vestro atque nostro, atque reformationi & observancie supradicte non modicam hactenus prestitit nocumentum, contra consuetudinem & statuta ordinis nostri supradicti, quod abbatissa caruimus tamquam acephale & orbate prelata que tamen in omnibus fere domibus & conventibus nostri ordinis maxime no, formatis esse & preesse debet & consuevit, Unde defectui tali sub gracia confirmacionis & approbacionis reverende paternitatis vestre, duximus nunc & futuris perpetuis temporibus salubriter providere, ne propter diuturnam vacationem loci abbatisse Monasterium nostrum & persone inibi Deo famulantes diutius vacationis incommoda deplorent & majora dispendia in spiritualibus & temporalibus propterea patiantur, maxime quia similiter etiam preposito nostro proxime nunc defuncto ad celerem electionem novi prepositi etiam necessitas & utilitas nos impellet, ad cujus electionem vtilem & fructuosam dicta abbatissa veluti domina & prelata nostra ad presens & in posterum speratur utilis & fructuosa, Quapropter nos priorissa et persone provecte omnes & singule totusque conventus monasterii supradicti Hodie die sabati Vicesimasexta Mensis Aprilis Dato presencium, spiritus sancti gracia prius Invocata Omnes concorditer & singulariter singule nemine discrepante unanimiter Venerabilem & religiosam dominam Margaretam pussen olim & hactenus priorissam dicti monasterii atque nostram tamquam dignam abilem & ydoneam in nostram & dicti Monasterii abbatissam rite & legittime elegimus & eligimus per presentes, sperantes & in domino fiduciam gerentes, quod dicta domina per nos taliter in Abbatissam electa utiliter nobis preesse

possit

possit & valeat similiter & prodesse, si & in quantum per reverendam paternitatem vestram dicta nostra electio & persona electa fuerit confirmata & approbata, Quam vestram paternalem confirmationem & approbationem nos humillime & devota fille vestre una cum prefata domina electa vestris pedibus humiliter proftrate debita cum instancia propter Deum petimus. Humiliter & devote dicti electe graciose impendi, & Administrationem & regimen dicte abbacie committi, & in possessionem per nos induci demandari in meliori forma, Assistentibus nobis & presentibus Religiose patre domino Hartmanno professo in Schermbeke loco abbatis ibidem ordinis nostri & Honorabili domino Cristiano presbitero Verdensis dyocesis nostro confessore, & provido viro domino Conrado Langen proconsule Luneburgensi amicis nostris & personis fide dignis testibus ad hoc requisitis In cujus rei signum sigillum nostri Conventus presentibus est appensum, Datum in conventu nostro dicta die sabati vicesima sexta Mensis Aprilis que fuit altera Marci evangeliste Anno domini Millesimo quadringentesimo nonagesimo quarto.

Post quarum quidem literarum predictarum per nos ut premittitur receptionem fuimus pro parte prefate prioriffe conventus ac dicte domine Margarete electe, debita cum inftancia requisiti, Quatenus electionem predictam ratam & gratam habere, Ipsamque auctoritate nostra ordinaria confirmare dignaremur Nos vero attendentes requisitionem predictam fuisse & esse luftam & rationi consonam, & per diligentem inquisitionem, electionem predictam rite & canonice celebratam, personamque electam ydoneam ac dignam comperimus, Ideoque sepedictam electionem servatis servandis solum Deum pro oculis habentes auctoritate nostra confirmandam duximus, & in Dei nomine confirmauimus ac confirmamus in hys scriptis, Sibique de dicta abbacia sic ut premittitur vacante providimus & providemus, Administrationem ac regimen prefati Monasterii, prout moris est sibi plenarie committendo, Quocirea universis & singulis supradictis tenore presentium ad hoc requisitarum virtute fancte obedience & sub excommunicacionis sentencie pena quam in vos & quemlibet vestrum trium tamen dierum canonica monicione premissa in l ys scriptis districte precipiendo mandamus Quatenus predictam dominam Margaretam electam & confirmatam in ipsius abbacie luriumque & pertinenciarum omnium ac in corporalem realem & actualem possessionem ejusdem inducatis ac inductam defendatis, Vosque domina priorissa Moniales & Conventus eidem abbatisse tamquam prelate vestre Humiliter inteadatis & pareatis, Exhibentes sibi secundum regularem obseruanciam reverenciam & obedienciam (¹) debitas & devotas, Contradictores vero per censuram ecclesiasticam auctoritate nostra ordinaria decernimus compellendos. In quorum omnium & singulorum

Q 3 . premif-

(3) Vormals ehe noch die Dignität einer Abbatissin hieselbst eingeführet war, musten die Conventualinnen bey ihrer Einkleidung vor dem Hrn. Probste das votum obedientiae ablegen; nun mehr aber, da die Fr. Margareta Puffen zur Abbatissin ernannt und confirmiret war, wurden die Conventualinnen an dieselbe verwiesen. Schon vor der Wahl hatte Bischof Bertholdus sich deswegen gegen E. E. Raths in Lüneburg Deputirte vernehmen lassen, wovon der Herr Bürgermeister Cord Lange dem Closter folgende Relation abstattet: Item hadde de Bischorp gesecht, wset Zick so mit der abbatissen geboren wolde Jum de to hebbende, Id wolde ever dem provefte zer offbragen In siner herlicheyd, dar umme of Jn siner confirmacien be he ome gevende wolde, he ome van neuem horsame van Jume to nemende befelen eider macht geven wolde, Sunder gi scholden bertvegen bi der Dominam bliven, und dichf dem provefte mer na dißer tid etc.

premiſſorum evidens teſtimonium preſentes noſtras literas fieri Noſtrique Sigilli Iuſſi-mus & fecimus appenſione communiri.   Datum in Arce noſtra Rodemborch Anno Domini Milleſimo quadringenteſimo nonageſimo quarto Die Martis Penultima Meu-ſis Aprilis.

(L. S.)

Auf dem Siegel ſtehet die Umſchrift: Sigillum bertoldi episcopi hildenſemenſis adminiſtratoris verdenſis

Ihre wirkliche Einwenhung und Inveſtitur geſchahe erſt den 2ten Jul. als am Feſte der Heimſuchung Mariä, wovon in der 15ten Tafel Nachricht zu finden, wo man zugleich aus dem bengefügten Bilde ſchlieſſen ſollte, daß Biſchof Bertholdus damals ſelbſt zugegen geweſen ſey, und dieſen ſolennen Actum in eigener hoher Perſon verrichtet habe, wiewol man ſonſt davon keine weitere Nachricht hat.

Von nun an unterzog ſich die Fr. Abbatißin Puſſen mehreren Geſchäften, als vorhin, und führte die ganze Direction unſers Cloſters mit dem Probſt von Bülow ge-meinſchaftlich.   Das erſte wichtige Werk, welches ſie bende zuſammen ausführten, war der Bau des ſo genannten Hauſes der Abbatißin, welches ſie Ao. 1499. von Grund auf neu errichteten, und zugleich mit den unten angeführten Tafeln auszierten, auch am Ende derſelben ihrer benber Wapen und Nahmen, der Nachwelt zum Gedächtniſſe, hinzuſetzen lieſſen, welches artige Denkmahl gewißlich vielen Ruhm verdienet.

Ao. 1500. beging Pabſt Alexander VI. das Iubilaeum, und ſchickte bald nach-her ſeine Ablaßkrämer allenthalben aus, allen denjenigen Vergebung der Sünden, ge-gen baare Bezahlung, zu ertheilen, die benm Iubilaeo nicht ſelbſt in Perſon nach Rom kommen können.   Ao. 1502. kam einer aus dieſer ehrbaren Krämer-Gilde, Raymun-dus de Peirandi, ein Cardinal und Biſchof zu Gurck, mit ſeinem Ablaßkaſten nach Hamburg, und das Cloſter war, aus frommer Einfalt, abermals nicht ſäumig, ſein Geld an dergleichen Waare zu wenden.   Der Ablaßbrief, ſo ihnen damals ertheilet wurde, ſiehet einem Paſſe nicht unähnlich, weil nichts als Nahmen und Datum hin-eingeſchrieben, das übrige aber alles gedruckt iſt.   Er iſt folgendes Inhalts:

Raymundus Miſeratione divina Tituli (*) ſanĉte Marie nove: ſanĉte Romane ecclefie prefbiter Cardinalis Gurcenſis Ad univerſam Germaniam Daciam Suetiam Nor-wegiam Friſiam Prufſiam omneſque & ſingulas illarum provincias, civitates, terras & loca. etiam ſacro Romano imperio in ipſa Germania ſubjeĉta. & eis adgacentia Apo-ſtolice ſedis de latere legatus. Univerſis & ſingulis preſentes literas inſpeĉuris Sala-tem in domino. Notum facimus quod ſanĉtiſſimus in chriſto pater & dominus noſter dominus Alexander divina providentia papa ſextus & modernus conceſſit omnibus & ſingulis utriuſque ſexus criſti fidelibus pro tuitione orthodoxe fidei contra Turcos (')‚ ejuſdem fidei inimicos juxta ordinationem noſtram manus adjutrices porrigentibus pre-ter jobileum & alias indulgentias gratias & facultates quas chriſti fideles ipſi obtinere poſſunt viſitando eccleſias per nos aut commiſſarios noſtros deputandas. ac ſi viſitaſſent

baſſli-

---

(4) Von der Bedeutung des Worts Titulus ſiehe oben p. 110. Not. (p).

(5) Es hatten um dieſe Zeit die Türken, auf Verhetzung des Mapländiſchen Herzogs Ludo-uici Sfortiae, mit den Venetianern gebrochen, und auf der Inſul Morea verſchiedene Plätze weggenommen.

basilicas urbis tempore Iubilei (^{6}) prout in literis apostolicis defuper confecis plenius continetur. quod possint eligere confessorem idoneum secularem vel regularem qui eis semel in vita ab omnibus & singulis peccatis. excessibus. criminibus & delictis etiam sedi apostolice generali.er vel specialiter refervatis exceptis contentis in literis que in die cene domini legi confueverunt (^{7}), absolutionem pleniffimam, impendere. Ab aliis vero eidem sedi non refervatis vita eis comite totiens quotiens eos absolvere & in mortis articulo. ac etiam totiens quotiens de eorum morte dubitatur. etiam si tunc eos decedere non contingat pleniffimam omnium peccatorum fuorum remiffionem eis impertiri valeat. Indulfit etiam sanctiffimus dominus nofter motu fuo proprio omnes & fingulos chrifti fideles, hujufmodi ac eorum parentes & benefactores defunctos qui cum caritate decefferint in omnibus precibus. suffragiis. miffis. elemofinis. jejuniis. orationibus. difciplinis. & ceteris omnibus fpiritualibus bonis que fiunt & fieri poterunt in tota univerfali facrofancta chrifti ecclefia militante. & omnibus membris ejufdem imperpetuum participes fieri. Et ne fuper premiffis a quoquam verti poffit in dubium. Voluit ipfe fanctiffimus dominus nofter quod prefentibus noftris literis tanta adhibeatur fides quanta adhiberetur fi fub bulla fua plumbea (^{8}) expedite forent Nec non eafdem fub quibufcunque generalibus vel fpecialibus de fimilibus gratiis & facultatibus forfan emanandis revocationibus & fufpenfionibus nullatenus comprehendi debere. Et quia devot e in chrifto *Retrodefignate Prioriffa & Conventus* ad ipfius fidei piam fubventionem & defenfionem juxta fummi Pontificis intentionem & noftram ordinationem prout per prefentes literas fibi in hujufmodi teftimonium a nobis traditas approbamus de fuis bonis contulerit. Ideo auctoritate Apoftolica nobis commiffa ipfis ut dictis gratiis & indulgentiis uti & gaudere poffit & valeat concedimus pariter & indulgemus per prefentes. Datum fub figillo noftro ad hoc ordinato. Die *Veneris Vicefima fecunda* Menfis *Iulii* Anno Domini M. CCCCC. fecundo.

Forma abfolutionis in vita totiens quotiens.

Mifereatur tui &c. Dominus nofter jhefus chriftus per meritum fue paffionis te abfolvat. auctoritate cujus & Apoftolica mihi in hac parte commiffa & tibi conceffa ego te abfolvo ab omnibus tuis peccatis. In nomine patris & filii & fpirituffancti Amen.

Forma

(^{6}) Was für groffe Privilegia und Indulgentien beym Iubilaeo in Rom ausgetheilet werden, fan man nach der Länge in des Pabftes Bonifacii Bulle, fo fich anhebet: Antiquorum und in Extravag. l. f. de poenitentiis & remiffionibus befindlich ift, desgleichen aus der Bulla Sixti IV. l. c. cap. Quemadmodum nachlefen. Conf. Cafalius de veter. facr. Chrift. ritib. c 93.

(^{7}) Es ift bekannt, daß in der Römifchen Kirche jährlich am grünen Donnerftag die fo genannte Bulla in coena Domini abgelefen wird, darin ein General-Proceß über alle Ketzereyen und andere öffentliche Sünden gehalten, und felbige mit dem Bann beleget werden. Der letzte Cardinal-Diaconus liefet denfelben öffentlich mit lauter Stimme her, und ift dabey der Pabft nebft

andern Cardinälen und Bifchöffen zugegen, welcher nach geendigter Verlefung eine angezündete Wachskertze herunter auf die Gaffe wirft, den Nachdruck folches Bannes damit anzuzeigen.

(^{8}) Das Wort bulla bedeutet entweder die Päbftlichen Diplomata felbft, oder auch das Siegel, damit diefelben beftätiget find. Diefe Siegel ftellen auf einer Seite des Pabftes Nahmen, auf der andern die Bildniffe der beyden Apoftel Petri und Pauli vor, und find entweder gülben oder bleyern. Die bullae aureae wurden abfonderlich vor Zeiten bey der Confirmation greffer Potentaten, die bullae plumbeae aber werden in geringeren Angelegenheiten gebraucht, und geben dem Diplomati eine folche Kraft, daß fich kein Menfch darüber etwas einzuwenden gelüften laffen darf.

Forma abſolutionis & pleniſſime remiſſionis ſemel in vita & in mortis articulo.

Miſereatur tui &c. Dominus noſter Jheſus chriſtus per meritum ſue paſſionis te abſolvat. et ego auctoritate ipſius & Apoſtolica mihi in hac parte commiſſa. & tibi conceſſa te abſolvo. Primo ab omni ſententia excommunicationis majoris vel minoris ſi quam incurriſti. Deinde ab omnibus peccatis tuis contritis confeſſis & oblitis. Conferendo tibi pleniſſimam omnium peccatorum tuorum remiſſionem remittendo tibi penas purgatorii in quantum claves ſancte matris eccleſie ſe extendunt. In nomine patris & filii & ſpirituſſancti. Amen.

(L. S.)

Auf der andern Seite ſtehet: Margareta Puſſen Abbatiſſa & totus Conventus Monaſterii ſancti Mauricii in Medynghen Verdenſis dioceſis ordinis Ciſtercienſis pronunc viventes.

Mit ſolchen, abſonderlich gedruckten, Ablaßbriefen wurde zu dieſer Zeit ein ungemein ſtarker Handel getrieben, wie wir denn noch ein und andere von ſolcher Art bey Gelegenheit mit anführen wollen.

Ao. 1506. ließ unſere Fr. Abbatißin Puſſen des heil. Mauritii, als des hieſigen Schutz-Heiligen, Bildniß aus Silber verfertigen, daſſelbe ſtark übergülden, und folgende Worte zum Andenken darauf ſtechen:

Anno Domini 1506. Veneranda Domina Margareta Abbatiſſa Medingenſis me ſecit fieri. Ad laudem domini ſacrum maneat.

Ohne Zweifel hat man in den Päbſtiſchen Zeiten dieſes Bild bey der ſo genannten Vertrauung neuer Conventualinnen gebrauchet, und iſt daſſelbe noch heutiges Tages, unter andern Antiquitäten, in dem Cloſter zu ſehen.

Ao. 1512. wurde auf ihre vielfältige bey dem Hrn. Probſt von Bülow gethane Vorſtellungen mit Erbauung einer völligen Mauer um den ganzen Cloſterhof der Anfang gemacht; ſie erlebte aber deren Vollendung nicht, ſondern wurde in dem folgenden 1513ten Jahre bettlägerig, und geſegnete den 13ten Julii, als am Tage St. Margaretae, dieſes Zeitliche, nachdem ſie 61 Jahr gelebet, und unſerm Cloſter 15 Jahr als Priorin, und 19 Jahr als Abbatißin, zuſammen 34 Jahr vorgeſtanden. Ihr entſeelter Cörper wurde im Cloſter, und zwar im Creutzgange, gerade vor dem Eingange in die Capelle begraben, und iſt daſelbſt folgendes auf ihrem Grabſteine zu leſen:

Hic cubat exanimis Margrete Puſſe reparatrix,

Prima abatiſſa hujus ordinis atque domus

Mille quingenteno conjecto uno duodeno

Nomen quae tribuit detulit ipſa dies (y).

2. Eliſa-

(y) Sie war am Tage Margaretae gebohren, und geſegnete an eben demſelben Tage dieſes Zeitliche.

Elisabeth von Elvern.

erwählt 1513. starb 1524.
dem Closter vorgestanden 11. Jahr.

Nachdem die Fr. Abbatißin Puffen, wie vorgedacht, dieses Zeitliche gesegnet hatte, wurde innerhalb 8 Tagen die Wahl einer neuen Abbatißin in Gegenwart Herrn Heynonis, Abtes zu Oldenstadt, und Fr. Catharinae, Abbatißin von Wienhusen, vorgenommen, da denn die meisten Vota auf diese Fr. Elisabeth von Elvern, Herrn Dieterici von Elvers, Patritii und Bürgermeisters in Lüneburg Tochter fielen. Wie nun alles seine Richtigkeit hatte, so supplicirte das Closter, wie gewöhnlich, um die Confirmation, welche Schrift, weil sie viel artige Umstände in sich hält, wir von Wort zu Wort aus dem Originali hersetzen wollen, folgendes Inhalts:

Reverendissimo in christo Patri Illustri altique genito Principi & Domino Domino Cristoforo Bremensis ecclesie Archiepiscopo Nec non ecclesie verdensis administratori Brunswich & Luneburgh Duci &c.

Domino nostro graciosissimo Aut venerabili Domino Iohanni Iseken suo officiali sive in spiritualibus vicario Wynsidis priorissa, Ida Celleraria, Ghertrudis sacrista, Totusque Conventus Cenobii Medingh Ordinis Cisterciensis Reverendissime paternitatis aut venerabilitatis vestre filie cum humili reverencia oracionum nostrarum suffragium.

Quia altissimo disponente Venerabilis ac Religiosa domina Margareta dicti Monasterii abbatissa diem extremum per mortis debitum clausit In die beate Margarete virginis ac martiris Cujus anima in domino ffeliciter requiescat Qua propter prefixum nostrum cenobium infra octo dierum terminum sue viduitatis incommodum pertulit, Ne igitur per diuturnam hujusce prelature vacacionem Idem monasterium nostrum gravem in temporalibus & spiritualibus iesuram pateretur Sed ut eo melius provideri possit Nos graciosissime vestre paternitatis seu venerabilitatis filie Per venerabilis domini nostri prepositi promotionem matura deliberacione prehabita ad eleccionis nostre negocium Dignas ac devote celebrandum vocari duximus Reverendum in christo patrem ac dominum Heynonem abbatem veteris Ultzen Cenobii velut dignum promotorem Nec non venerabilem dominam Katherinam abbatissam Claustri wynhusen uti fidam cooperatricem non metu ducte humano aut aliquo circumvente sive perverso Sed dumtaxat dei ad honorem animarumve salutem unanimi concordique assensu ad eligendam providendam seu substituendam Domui nostre dignam pastricem Premissis nichilominus orationibus ac spiritus sancti gracia cum missarum solempniis prout devotius & honestius decuit invocata, proposito divino verbo literaque Sancti patris nostri Benedicti regule lectione De abbatis ordinacione Ad dei quoque omnipotentis Glorieseque virginis Marie honorem nec non sancti Mauricii martiris Patroni nostri Monasterii cujus negotium agitur, Omnes nemine discrepante concorditer per certas personas compro-

                                                                                        missamiffarias (¹) e noſtra congregatione deputatas vota omnium in venerabilem ac religioſam perſonam Nomine Elizabeth Elvers Prefati noſtri monaſterii profeſſam tamquam abilem ydoneam atque Maturam in temporalibus quidem & in ſpiritualibus plurimum circumſpeƐam, eſt laudabilis vite etatis legitime & competentis literature Quam ad abbaciatus officium in ſingulis neceſſariis & oneribus Monaſterio noſtro incumbentibus fideliter regendum & preeſſendum concorditer emiſimus Ipſam quoque pronunciavimus prout eligimus pronunciamus & publicamus reverendiſſime paternitati Seu venerabilitati veſtre preſentium per tenorem ſperantes divino adjutorio ſepe diƐum Monaſterium noſtrum ab ipſa in ſpiritualibus & temporalibus ſalubriter regendum & gubernandum Prælibata eciam venerabilis eleƐa Elizabeth elvers votis noſtris in eleƐione rite & canonice celebrata Dei amore ſanƐeque religionis profeƐu humiliter timide ac devote aſſenſum prebuit Hanc eleƐionem ſic laudabiliter faƐam approbantes Te Deum laudamus ſollempniter decantavimus in organis, campanis omnibus ſimul conſonantibus, Qua propter reverendiſſime In chriſto pater & domine graciofiſſime Aut venerabilis Domine domine officialis ſupplicantes Humillime eandem eleƐionem modo premiſſo rite celebratam auƐoritate Reverendiſſime paternitatis aut venerabilitatis veſtre dignemini graciofe confirmare ac eidem noſtre eleƐe Munus benediƐionis favorabiliter impertiri ac regimen noſtri ſepefati Cenobii curam animarum adminiſtrationemque in ſpiritualibus ac temporalibus plenarie committere ut deo auƐore nobis & eidem Monaſterio velut paſtrix bona preeſſe valeat ac prodeſſe, Prefens etiam noſtre eleƐionis decretum noſtri conventus ſigilli appencione fecimus communiri, AƐa ſunt hec Anno Domini Milleſimo quingenteſimo tercio decimo Die Mercurii viceſimo menſis Iulii.

(L. S.)

Dieſe des Cloſters Bittſchrift wurde nach Lüneburg an Hrn. Ludolphum Schlichten, damaligen Vicarium zu St. Iohannis, geſchicket, und demſelben committirt, die Confirmation bey dem daſelbſt ſubſiſtirenden Verdiſchen General-Officiali, Herrn Johann Iſeken, zu ſuchen. Welcher denn auch im Nahmen der Candidatin, Fr. Eliſabeth Elvers, praeſtanda präſtirte, und nachfolgende Confirmation auswirkete:

Iohannes Iſekens Eccleſie Beatorum petri & pauli Bardewicenſis verdenſis dioceſis Canonicus Reverendiſſimique in chriſto ac Illuſtris & Akigeniti principis domini domini Criſtoferi dei & apoſtolice ſedis gracia SanƐe metropolitane Bremenſis nec non Cathedralis verdenſis Eccleſiarum Adminiſtratoris Confirmati Brunſwicenſis & Luneburgenſis ducatuum Ducis &c. In Spiritualibus per verdenſem diocefim vicarius Ejuſque Curie cauſarum Officialis generalis Venerabilibus & Religiofis dominabus Wynſidi prioriſſe Ide Cellerarie Gerdrudi Sachriſte ceterifque perſonis monaſterii & Conventus SanƐimonialium in Medinge Ciſtertienſis ordinis diƐe verdenſis dioceſis Salutem & Sinceram in domino charitatem. In noſtra noſtrique notarii ac teſtium Infra ſcriptorum prefentia perſonaliter Conſtitutus Commendabilis vir dominus & magiſter Ludolphus Slichte eccleſie SanƐi Iohannis Baptiſte Luneburgenſis perpetuus vicarius

Quod-

---

(1) Compromiſſariae werden alſo diejenigen Conventualinnen genannt, welche auc der ganzen Verſammlung ausgeſucht und mit der Vollmacht, eine Abbatiſſin zu erwählen, von denen übrigen inſtruiret wurden, da ſie denn vorhero ſich mit einem Eyde verpflichten muſten, ohne einige Nebenabſicht, anſtatt aller, eine tüchtige Perſon zu erwählen.

Quoddam decretum electionis Sigillo vestri conventus oblongo In cera rubra alba circumdata In pessulo pergameno subappendente Ut prima facie apparuit Sigillatum nobis presentavit Quo continetur Quod Margareta quondam vestra Abbatissa viam universe carnis sit Ingressa. Vosque dominam Elizabeth elvers vestri conventus professam In Abbatissam vestram concorditer & unanimiter elegistis Qua propter dictus dominus Ludolphus Slichte nomine vestri & vestri conventus nos Instanter petiit ut electionem Ipsam rite factam approbare & confirmare dignaremur, Nos igitur de Idoneitate sciencia & morum honestate sufficientia & maturitate nobis facta fide servatisque In hac parte rite servandis electionem de dicta Elisabeth per vos factam auctoritate nostra Ordinaria approbamus & per presentes confirmamus Ac administrationem spiritualium & temporalium dicti monasterii vestri & conventus eidem committimus presencium per tenorem Universitati vestre atque singulis conventus vestri personis In virtute sancte obediencie districte precipiendo mandamus Quatenus dicte Elizabeth Abbatisse obedientiam & reverentiam debitam & consuetam Impendatis & quelibet vestrum Impendat Et In omnibus & singulis Iuxta regulam & laudabilem consuetudinem ejusdem vestri monasterii & conventus Eidem Elisabeth obediatis pareatis & Intendatis.

In quorum omnium & singulorum fidem & testimonium premissorum presentes nostras literas hujusmodi approbationem & confirmationem In se continentes exinde fieri & per Notarium publicum Scribamque nostrum Infrascriptum Subscribi Sigillique nostri Officialatus Iussimus & fecimus appensione communiri. Datum & actum Luneburgh. In domo habitationis Spectabilis viri domini Theoderici Elvers proconsulis Luneburgensis Sub Anno a nativitate domini Millesimo quingentesimo tercio decimo Indictione prima die vero martis vigesima sexta mensis Iulii pontificatus Sanctissimi In christo patris & domini nostri domini Leonis divina providencia pape decimi Anno, primo presentibus Ibidem Discreto & provido viris Bernhardo galemann & Theoderico harstrick Clerico & lacio Havelbergensis & verdensis diocesis testibus ad premissa vocatis atque Rogatis.

Ad mandatum supramentionatum domini Iohannis Vicarii & Officialis proprium & speciale

(Sig. Officialatus
curie verdensis.)

Iohannes Schonevelth
Notarius ad premissa Requisitus Manu
propria pro fide subscripsit.

Bald hernach wurde auch die Inveſtitur von einem biſchöfflichen Commiſſario in einer anſehnlichen Verſammlung verſchiedener Prälaten und Herren verrichtet, und war alſo die Jungfräuliche Verſammlung wieder mit einem neuen Oberhaupte verſehen.

Eben um dieſe Zeit gieng die Antichriſtiſche Ablaßkrämerey des Pabſtes Leonis X. am ſtärkſten im Schwange, wie unſere neue Fr. Abbatiſin Elvern eine ungemein eifrige Anhängerin des Pabſtthums war, ſo wandte ſie die ganze Zeit ihres Amtes über von des Cloſters Geldern ziemliche Summen an dieſe nichtige Waare, und brachte ſolcher Indulgenzbriefe einen ziemlichen Vorrath zuſammen.

Wir wollen aber, um Weitläuftigkeit zu vermeiden, aus allen nur einen, und zwar den vollſtändigſten, darin die Sache aufs höchſte getrieben wird, auslesen,

und

und dem geneigten Leſer mittheilen. Es iſt derſelbe Ao. 1516. von dem bekannten Ab-
laßkrämer Arcimboldo ertheilet, und nur eines und andere von ihm hineingeſchrieben,
das übrige aber alles gedruckt, ſonſt aber nicht auf eine einzelne Perſon, ſondern auf
eine ganze Familie eingerichtet, daher auch darunter ſtehet: indultum pro patre fami-
lias. Er lautet folgendergeſtalt:

Ioannes angelus Arcimboldus Iuris utriuſque doctor. Prepoſitus de Arciſate.
Sedis apoſtolice Prothonotarius. ac ſanctiſſimi in Chriſto patris & domini noſtri domini
Leonis divina providentia pape decimi Referendarius (¹). Nec non in Colonienſi.
Treverenſi. Saltzburgenſi. Bremenſi. Biſuntinenſi & Upſilenſi provinciis Earumque
& in Cameracenſi. Tornacenſi. Morinenſi. Attrebatenſi. Caminenſi & Miſnenſi Civi-
tatibus & dioceſibus pro fabrica Baſilici principis apoſtolorum de Urbe Nuncius &
Commiſſarius *Venerabili viro ac domino prepoſito In medinck atque domine Abbatiſſe
Prioriſſe cum omnibus aliis virginibus promanc in eodem Cenobio exiſtentibus* Salutem
in domino ſempiternam. Syncera fervenſque devotio. quam ad ſanctam Romanam
eccleſiam & ſedem apoſtolicam ac dictam fabricam immenſi operis baſilice ſancti Petri
de urbe (ad cujus commodum commiſſionis officium in negocio ſacratiſſimarum indul-
gentiarum pro ea conceſſarum exercemus) gerere comprobatis. ex quo iuxta ordina-
tionem per nos factam ex pinguedine charitatis ad illius reparationem contribuiſtis me-
rito nos excitat & inducit. ut illa *vobis* pie concedamus, per quae depoſita peccami-
num ſarcina & delictorum mole. conſcientie pacem & anime *veſtre* ſalutem deo pro-
pitio conſequi valea*tis* nec non humilibus votis. illis preſertim que ex devotionis fer-
vore prodire conſpicimus favorabiliter annuamus. Hinc eſt quod nos *veſtris* ſupplica-
tionibus inclinati. ut aliquem preſbiterum ſecularem vel cujuſvis etiam mendicantium
ordinis regularem in *veſtrum* poſſi*tis* eligere confeſſorem. qui confeſſione *veſtra* dili-
genter audita pro commiſſis per *vos* exceſſibus. criminibus. delictis. atque peccatis,
quantumcunque gravibus & enormibus. etiam predicte ſedi apoſtolice reſervatis. Etiam
ſi talia forent propter que ſedes apoſtolica eſſet merito conſulenda Ac cenſuris eccleſia-
ſticis etiam ab homine ad alicujus inſtantiam latis de conſenſu partium. etiam ratione
interdicti (²) incurſis & quorum abſolutio dicte ſedi eſſet reſervata. preterquam machi-
nationis in perſonam ſummi pontificis. occiſionis epiſcoporum & aliorum ſuperiorum
prelatorum & injectionis manuum violentarum in illos & alios prelatos. falſificationis
bullarum & literarum apoſtolicarum. delationis armorum & aliorum prohibitorum ad
partes infidelium. & ſententiarum ac cenſurarum occaſione aluminum ſancte matris ec-
cleſie de partibus infidelium ad fideles contra prohibitionem apoſtolicam delatorum in-
curſarum. ſemel in vita. & in non reſervatis caſibus totiens quotiens id petieri*tis* &
in mortis articulo omnium peccatorum *plenariam* indulgentiam & remiſſionem impen-
dere. ac *vos* ab his debite abſolvere & penitentiam ſalutarem injungere. Nec non
euchar-

[margin] Confeſſiona-
le in forma.

---

(1) Referendarius iſt in der Römiſchen Kir-
che ein Prälat, der alte Streitſachen dem Pabſt
überbringen, unterſuchen und ſein Videtur dar-
über ertheilen muß. Unter ſolchen Referendariis
werden die 12 Älteſten Votantes genennet. Vid.
D. Ab. I. A. Schmidii Lexicon Eccleſ. min.
R. II.

(3) Interdictum bedeutet eine General-Ex-
communication, ſo entweder über eine ganze Pro-
vinz, oder Stadt, oder andern Ort ergehet, bey
welcher Excommunication die Tücher von den Al-
tären genommen, Crucifixe und Reliquien auf
die Erde gelegt, und die Kirche mit andern der-
gleichen Trauerzeichen erfüllet werde.

eucharistie sacramentum (preterquam in die pascatis .& in mortis articulo) aliis anni temporibus ministrare. Et emissa per *vos* vota quecunque (ultramarino. ingressus religionis & castitatis votis duntaxat exceptis) in alia pia opera commutare possit & valeat. Et insuper ut liceat *vobis* quoad vixeritis habere altare portatile (+) cum debitis reverentia & honore. super quo in locis ad hoc congruentibus, aptis & honestis. etiam quovis anni tempore. preterquam in pascate. Etiam .in locis ecclesiastico interdicto. ordinaria auctoritate suppositis. cum *vos* occasionem interdicto hujusmodi non dederitis januis clausis. excommunicatis & interdictis exclusis non pulsatis campanis. & cum qualitas negotiorum pro tempore ingruentium id exegerit. etiam antequam illucescat dies. circa tamen diurnam lucem. Ita quod id nec *vobis* nec sacerdoti taliter celebranti ad culpam valeat imputari. per *vestrum* vel alium sacerdotem idoneum secularem. vel cujusvis ordinis regularem etiam in familiarium *vestrorum* domesticorum presentia. dummodo illi seu quilibet eorum hujusmodi interdicto causam non dederit missam *celebrare vel* celebrari facere possitis. Preterea vobis ut liceat quamdiu vixeritis una cum hospitibus & familia *vestra* pro tempore existente quadragesimalibus usque ad dominicam Palmarum. & aliis diebus quibus lacticiniorum usus est prohibitus (cum ut accepimus in partibus *vestris* oleum olivarum non crescat) butyro & caseo absque alicujus licentia. & cum consensu utriusque medici tempore infirmitatis in septimana sancta lacticiniis hujusmodi. ac etiam tunc ac quocunque tempore prohibito. ovis & carnibus vesci. Quodque *vos* aliquam vel aliquos ecclesiam vel ecclesias. ad hoc per *vos* eligendam vel eligendas. devote singulis quadragesimalibus & aliis diebus. quibus ecclesie urbis & extra eam. per christi fideles pro consequendis indulgentiis stationum (') urbis visitari solent. similiter quoad vixeritis visitando. tot & similes indulgentias & peccatorum remissiones consequi *valeatis* & *possitis* quas consequeremini si singulis diebus eisdem. dictas ecclesias personaliter *visitaretis*. Et *vestra* corpora etiam cum funerali pompa tempore interdicti prefata ordinaria & Apostolica auctoritate apposita. si hujusmodi interdicto causam non dederitis ecclesiastice sepulture tradi licite possit & valeat. auctoritate apostolica qua ad premissa omnia specialiter sufficienti facultate muniti fungimur in hac parte tenore presentium concedimus pariter & indulgemus. Nec non *vobis* & parentibus *vestris* defunctis. qui in synceritate fidei & unitate sancte matris ecclesie decesserunt. omnium & singularum missarum. orationum Divi-

R 3 norum

Ministratio eucharistie quocunque tempore.

Votorum commutatio.

Altare portatile etiam cum clam ante diem ad vitam.

Esus lacticiniorum tempore prohibito ad vitam.

Indulgentia stationum urbis ad vitam.

Quod corpora mortuorum tempore interdicti ecclesiastice sepulture tradi possint.

Participatio omnium

(4) Altare portatile ist ein kleiner Stein, der von einem Bischof eingeweyhet und von solcher Breite und Länge seyn muß, daß der Fuß eines Kelches nebst einer geweyheten Hostie darauf liegen kann. Er wird meistens auf der Reise gebraucht, wo man sonst auf der Nähe keinen rechten Altar haben kann, daher auch öfters viaticum und tabula itineraria heisset. Ohne des Pabstes besondere Dispensation aber ist es selbnem, als nur den Ertz, und andern Bischöffen, erlaubt, sich eines solchen Altars zu bedienen. Vid. D. Ab. L. A. Schmidii Lex. Eccl. min. P. I.

(5) Statio heißt eigentlich in der Römischen Kirche, wenn der Pabst an gewissen Tagen in der Stadt Rom Procession hält, und dabey bald in dieser, bald in jener Kirche stehen bleibet und Messe hält. Von diesem Stillstehen der Procession haben mit der Zeit diejenigen Kirchen, wo solches zu geschehen pflegt, selbst den Nahmen Stationes bekommen, und weil dieselben mit grossen Privilegiis und Indulgentien nach und nach von etlichen Päbsten versehen sind, so geschiehet jährlich ungemein viel Wallfahrtens dahin, diese Indulgentias Stationum zu erlangen.

bonorum ſpiritualium & oratio- num quæ fiunt in uni- verſali ec- cleſia.

norum officiorum. jejuniorum. diſciplinarum. ſtationum (⁶). elemoſynarum ſuffra- giorum (⁷) omniumque aliorum bonorum ſpiritualium. que fiunt & fient in perpetuum in univerſali ſacroſancta militante eccleſia & membris ejus. eadem auctoritate apoſto- lica harum ſerie participationem impartimur.   Proviſo quod parce hujuſmodi induleo ante diem celebrandi utamini.   Quia cum in altaris officio immoletur dominus noſter jeſus chriſtus dei filius. qui candor eſt lucis eterne. congruit id non nocte in tenebris fieri ſed in luce.   Non obſtantibus omnibus in contrarium facientibus, que prelibatus dominus noſter papa. in literis facultatum noſtrarum voluit & decrevit non obſtare. In quorum fidem preſentes fieri & figilli. quo in talibus utimur. fecimus appenſione muniri.   Datum Hamborch Anno M.CCCC.XVI. Die Undecima Menſis Decembris Pontificatus prefati Sanctiſſimi domini Noſtri Anno Quarto.

Miſereatur tui &c. Dominus noſter Jeſus Chriſtus per meritum &c.
Indultum pro patresfamilias.

Forma abſolutionis plenarie.

Miſereatur tui &c. Dominus noſter jheſus chriſtus per merita ſue ſanctiſſime paſſionis. te abſolvat & ego auctoritate ipſius & beatorum Petri & Pauli apoſtolorum. ejus. ac ſanctiſſimi domini noſtri pape tibi conceſſa & in hac parte mihi commiſſa te abſolvo primo ab omnibus cenſuris eccleſiaſticis per te quomodolibet incurſis.   Dein- de ab omnibus peccatis & exceſſibus tuis hactenus per te commiſſis quantumcunque enormibus etiam ſedi apoſtolice reſervatis.   Faciendo te participem omnium bonorum ſpiritualium que in militanti eccleſia & in omnibus membris ejus fiunt & fieri poterunt quomodolibet in futurum Conferendo tibi omnium peccatorum tuorum plenariam in- dulgentiam ac omnes & ſingulas indulgentias & peccatorum remiſſiones que ex viſita- tione eccleſiarum urbis & extra Stationibus predictis acquiruntur ſive acquiri poſſunt Nec non remittendo tibi omnem penam in hac vita ſive in purgatorio pro commiſſis debitam & reſtituo te ſanctis ſacramentis eccleſie & unitati fidelium ac puritati & inno- centie in qua eras quando baptiſatus fuiſti Ita quod tibi decenti clauſe ſint porte pena- rum & aperte janue paradiſi delitiarum & nihilominus iſta gratia in mortis articulo ſal- va ſit ſemper & reſervata.   In nomine Patris & Filii & ſpirituſſancti. Amen.
(L. S.)

Nicolaus Francke
Notarius ſubſcripſit.

Auf dem anhängenden Siegel ſtehet die Umſchrift: Sigillum fabrice baſilice ſancti Petri de urbe.

In dieſem Indulgenzbriefe kann man faſt nicht ohne Betrübniß anſehen, wie groß damals der Römiſchen Päbſte Gewalt, und der armen verführten Seelen Einfalt geweſen

---

(6) Das Wort Statio ſcheinet alhier nicht ſo- wol die Indulgentien, welche in den jetzt gebach- ten Stationibus verdienet werden, als vielmehr das Faſten zu gewiſſen Zeiten (Statutis tempo- ribus) zu bedeuten, weil alhie von guten Wer- ken die Rede iſt, und das Wort jejunium gleich vorhergehet, welches ein freywilliges und ſelbſt

erwähltes Faſten bedeutet.   Daß aber das Wort Statio auch dieſe Bedeutung habe, beweiſet Iſi- dorus in ſeinem Orig. l. 6. c. ult. inſonderheit Rabanus de inſt. cler. l. 1. c. 18.

(7) Suffragia heiſſen in der Römiſchen Kirche die Gebete deswegen, weil damit Gottes und der Heiligen Hülfe oder Suffragium angeruffen wird.

gewesen sey. Gott sey herzlich gelobet, daß er endlich den seeligen Lutherum erwecket, dieser aufs höchste gestiegenen Simonie herzhaft zu widersprechen.

Sonsten hatte unsere Fr. Abbatißin Elvern in eben diesem 1516ten Jahre, worin gedachter Ablaßbrief dem Closter ertheilet worden, viele Verdrießlichkeit wegen der mit einiger Uebereilung geschehenen Wahl des halberstädtischen Domdechanten, Herrn Iohannis von Marenholt, wobey gewißlich das Closter zuletzt übel würde gefahren seyn, wofern es sich nicht bey Zeiten eines bessern besonnen. Alles was bey dieser Sache vorgelaufen, ist oben bey dem Lebenslauf Herrn Brunonis von Alten mit völligen Umständen erzählet.

Kaum war diese innerliche Unruhe beygelegt; so hätte das Closter bald darauf wieder seine Noth wegen der vorhergehenden äusserlichen Krieges-Troublen; denn wie Ao. 1519. der landverderbliche Streit zwischen dem hildesheimischen Bischof Iohanne und den beyden Braunschweigischen Fürsten angieng, und beyde Armeen sich allhier ins lüneburgische zogen; kam das Closter dabey ziemlich ins Gedränge, daher die Abbatißin Elvern sich einst muste gefallen lassen, mit dem Probst von Marenholt und ihrer Capellanin nach Oldenstadt, wo damals die feindlichen Truppen stunden, zu gehen, und für das Closter Brandschatzung zu geben. Was sich dabey zugetragen, und wie unter der Zeit ihres Abwesens alle Conventualinnen und andere zum Closter gehörige Personen sich auf der Flucht nach lüneburg begeben, und das Closter folglich über 8 Tage ganz ledig gestanden, davon ist bereits oben umständliche Nachricht ertheilet.

Sonst fieng auch endlich zu ihrer Zeit die evangelische Wahrheit an, durch die von Luthero angefangene Reformation allmählig an das Licht zu kommen, wiewohl sie für ihre Person derselben jederzeit bis auf ihre letzte Stunde abhold gewesen ist. Der weltgepriesene Fürst Ernestus Pius gab sich zwar alle Mühe, die evangelische Reformation wie in seinem ganzen Lande, also auch besonders in unserm Closter einzuführen, schickte auch Ao. 1524, um erstlich einen Grund dazu zu legen, die im vorigen Jahre von dem seel. Luthero verfertigte und zu Wittenberg gedruckte Uebersetzung des neuen Testaments in niedersächsischer Sprache hieher, um darinnen sowol für sich, als öffentlich über Tische zu lesen. Allein der blosse Nahme Lutheri war schon genug, ihr das ganze Buch verhaßt zu machen; daher sie ohne langes Bedenken damit zum Brauhause gieng, und es in das allda angelegte Feuer warf.

Nun hätte der Herzog wol freylich die gerechteste Ursach gehabt, wegen dieses übereilten Verfahrens eine Ungnade auf sie zu werfen: allein er hatte, als ein christlicher Fürst, vielmehr ein Mittleiden mit ihrer geistlichen Blindheit und dem daraus herrührenden Eifer, und ließ sich dadurch noch um so vielmehr bewegen, die Reformation in unserm Closter mit nächstem vorzunehmen. Sie verstarb aber Ao. 1524. am Frohnleichnamstage, den sie den Anfang gemacht wurde, nachdem sie unter mancherley widrigen Schicksalen dem Closter 11 Jahr vorgestanden. Ihr entseelter Cörper wurde bald hernach mit mancherley Cärimonien unten im Creutzgange beerdiget, und nachfolgende Inscription, in Mauersteine gehauen, um ihre Grabstäte gesetzet:

Anno. domini. M.CCCCC.XXIII. die. venerabilis. Eucharistie. (ist ausgetreten) — abbatissa. Elisabet. Elvers. secunda. hic. in reformatione. cujus. animi. requiescat.

Gleich

Gleich daneben zur Seite ſtehet ihr Epitaphium, auf welchem ſie in ihrem Ordensbabit mit dem Biſchofsſtabe kniend zu ſehen, und folgende Inſcription darunter geſetzet iſt:

Anno. domini. 1524. die. ven. Euchariſtie. obiit. ven. abbatiſſa. eliſa Elvers. e. a. r. in pace.

3.
Margareta von Stöteroggen.
erwählt 1524. ſtirbt 1567. dem Cloſter vorgeſtanden 43 Jahr.

Dieſe Fr. Abbatißin iſt unter allen um ſo viel merkwürdiger, je gröſſere und wichtigere Dinge unter ihrer ziemlich langen Regierung vorgegangen ſind. Sie war aus Lüneburg bürtig von dem bekannten vornehmen Edlen Geſchlechte derer von Stöteroggen, und hatte ſchon einige Zeit hieſelbſt in unſerm Cloſter, zuerſt als ein Lehrkind, und nachgehends als Conventualin, gelebet. Wie nun Ao. 1524. die Fr. Abbatißin Elvern dieſes Zeitliche geſegnet hatte; wurde ſie in gedachtem Jahr, und zwar den 15ten Jun. im 31ſten Jahr ihres Alters, an deren Stelle zur Abbatißin erwählet. Der Abt Henricus von Scharmbecke war, aus Commißion des Verdiſchen General-Vicarii, bey der Wahl zugegen, und dirigirte dieſelbe, referirte auch nachmals im Nahmen unſers Cloſters davon an den Biſchof, und that um die Confirmation gebührende Anſuchung, welche Bittſchrift, weil ſie noch in Originall vorhanden iſt, und viel merkwürdige Sachen in ſich hält, wir, ob ſie gleich etwas weitläuftig iſt, mit hieher ſetzen wollen. Sie lautet folgender geſtalt:

Reverendiſſimo in chriſto patri & domino domino Chriſtophero Dei & apoſtolice ſedis gracia Eccleſiarum Sancte Bremenſis Archipreſuli vigilantiſſimo, atque verdenſis perpetuo adminiſtratori Principique ac duci de Brunſwig & Luneborg Illuſtri, vel venerabili viro domino & magiſtro Theodorico Beren, ejuſdem Reverendiſſime paternitatis Officiali atque in ſpiritualibus per verdenſem dioceſim vicario Frater Hinricus Dei ſola patientia Abbas monaſterii Rivi ſancte Marie: alias Scharmbeke (¹): ordinis Ciſterienſis ejuſdem Verdenſis dioceſis, poſt humillimum ſui Ipſius recommendationem preces ad deum devotas. Quoniam quidem hujus noſtre miſerabilis vite in hoc potiſſimum cardo verſatur, quod ex ſua natura quotide ad mortis deſcendat occaſum, Hinc eſt quod poſt exceſſum Venerabilis in chriſto Domine Elizabet Elvers abbatiſſe quondam in Medinge prefati Ciſterienſis ordinis Verdenſis dioceſis (que deo vocante nuper ſeptimo Kalendas Iunii die videlicet ſacroſanctiſſimi corporis domini noſtri Ieſu Chriſti, poſt diuturnos morborum cruciatus finem vivendi fecit). Ne idem monaſterium ſua jam Rectrice deſtitutum jacturam aliquam tum temporalium tum ſpiritualium rerum pateretur, Domina Prioriſſa Totuſque Conventus Ibidem nobis humiliter & Inſtantiſſime ſupplicarunt, quo pro nova Inſtituenda Abbatiſſa, Iuxta ordinis noſtri morem paternam ſollicitudinem ſuſtipere dignaremur. Verum Imprimis
ob

(1) Hieraus ſiehet man, daß dieſes ehemalige berühmte Cloſter und jetzige Churfürſtl. Lüneburgiſche Amt eigentlich St. Marien-Beck heiſſe, welches nachgehends in die Kürze gezogen, und daraus der Nahme Scharmbeck entſtanden iſt.

ob caufas nominabiles abnuimus, Id oneris aliis delegandum tutius arbitrantes, Tandem dicti Venerabilis viri domini & magistri Theoderici Beren Officialis tum commiffione tum confensu accedente, nomine Reverendiffimi domini Archiepifcopi, ad laudem & honorem altiffimi, gloriofeque matris dei marie virginis Intemerate, atque divi Mauritii fociorumque ejus beatorum, loci ejufdem patroni, fupradicti conventus precibus ceffimus munus Electionis ibidem celebrande cenfentes affumendum. Anno igitur virginei partus fupra millequingentos vigefimo quarto, In vigilia divi Viti martiris, cum duobus fratribus ex noftro Conventu, Cantore videlicet ac Succentore ad Monafterium Medinge venimus, moxque fequenti die miffa de Spiritu fancto, pro ejus gratia Impetranda, a nobis folemniter decantata, atque fub eadem miffa corpori dominico toto communicato Conventu, Capitularem locum omnibus Ibidem congregatis que habebant Intereffe, noftris cum fratribus Intravimus noftram caufam adventus eis Iam exploratiffimam perpaucis declarantes Dehinc ex more noftri ordinis Capitulum ex regula divi patris Benedicti, de ordinando Abbate, cum ceteris capitulis ex papalibus privilegiis ordinifque ftatutis, de Electionibus in ordine fiendis, fecimus coram omnibus recitari, hiisque fufficienter expofitis, habitoque per nos fermone Exhortatorio fuper Electione facienda, Dominam Prioriffam interrogavimus, an de idoneis Electricibus jam cum Conventu convenifffet, Ipfaque mox furgens venit in medium, dicens fefe jam in fcedula quam manu tenebat Electrices habere confcriptas, quas ad Id officii voluntate conventus concordi & affenfu defignatas affirmabat Legitque domina Prioriffa in fcedula Electricis quindecim fubfequentes videlicet Agnem Prioriffam, Claram Stimers, Subprioriffam, Idam Schomakers Cellerariam, Hemburgim Elbeken, Gertrudim Dufterhop Sacriftam, Mechtildim Remfteden Inffirmariam, Catherinam Sanckenfteden magiftram converfarum, Annam Semmelbeckers, Elizabet Elbeken Portariam, Barbaram puffen Capellanam, Luciam van Eltzen Supportariam, Annam Hogreven, Catherinam Sanckenfteden, Margaretam vam Hope Cantricem (²) & Margaretam Stöteroggen.

Quibus vocatis & aftantibus quefivimus feriofe a ceteris de conventu, an in ipfas Electrices tamquam Idoneas omnes confentirent, aut fi quippiam haberent Electricibus illis vel alicui earum objicere, qui minus effe poffint abiles ad eligendum, Id jam coram nobis libera fronte proponerent, ne factam Electionem contingeret poftmodum Irritari, Infuper an in perfonam ab Electricibus illis Eligendam effent confenfure Eamque habere Abbatiffam, Ullifque in hec omnia confentientibus, Electricibus jam crebro memoratis auctoritate paterna, in virtute fancte obedientie fub atteftatione divini Iudicii diftricti precepimus, Inque fuorum peccaminum remiffionem publice Injunximus Quatenus omni invidia, rancore, carnali favore, omnique inordinata affectione pofthabitis, divini nominis timorem & amorem pre oculis folum habentes, Eam in fuam futuram eligerent abbatiffam, quam verifimiliter crederent fecundum fuarum dictamen confcientiarum In regendis temporalibus & fpiritualibus monafterio fuo fore meliorem & utiliorem. His itaque peractis, electionis locum cum noftris Intravimus, ad quem Electrices prenominate fecundum ordinem venientes figillatim, nobis Iuramentum de eligendo fideliter fingule preftiterunt, Votumfique fuum una poft aliam edicen-

(a) Von diefen Aemtern fiehe untern Part. II.   e

adicentes, major pars & fanior dictarum Electricium fua Vota direxerunt in Venerabilem & Religiofam dominam Margaretam Stöteroggen, Inter ipfas Electrices noviffime nominatam fingulari providentia & difcretione confpicuam, Vite morumque gravitate decenter ornatam, regularibus obfervantiis atque monafticis difciplinis Inftitutam & exercitatam, etatis legitime, competentis litterature, atque In rerum temporalium & fpiritualium peritia fufficienter expertam, Ipfam in fuam & fui monafterii matrem & abbatiffam eligentes.   Nofque dehinc ad Capitulum regreffi, ad requifitionem domine priorifte ex parte totius Conventus, dominam Margaretam unanimi votorum confenfu Ipfarum Electricium Canonice fic electam, veram Abbatiffam ejufdem monafterii nominavimus & declaravimus.   Quam vocantes in medium, licet Imprimis plurimum renitentem tandem ad confentiendum electioni perfuafimus.   Quo prestito confenfu, Electam dominam ad Ecclefiam cum conventu deduximus, atque Ibidem Cantico Te deum laudamus pro gratiarum actione follemniter ex more decantato Iterum Capitulum repetentes a noviter Electa Iuramentum fidelitatis accepimus Eamque per traditionem libri regule Sigillique abbacialis domine pie defuncte, Apoftolica, Reverendiffimi domini Archiepifcopi, ordinis noftri, noftraque paterna auctoritatibus in Abbatiffam ordinavimus, animarum curam eidem committentes.   Infuper ipfa domina Abbatiffa Ipfoque conventu exhortatione noftra diligenter inftructit, quo illa fideliter preeffe ftudeat, Ipfeque fubeffe humiliter, Electam dominam ad domum abbadialem fequentibus nos Electricibus deduximus, Ibique per clavium traditionem ftatum Monafterii regendum Intus & extra tam in temporalibus quam fpiritualibus eidem commifimus, Aliaque Iuxta ordinis noftri confuetudinem fieri folita auxiliante nos deo complentes.   Ea propter humillima ut decet fubjectione pro & cum ipfo Conventu de Medinge fupplicamus, hanc Electionem fic ut prefertur deo nos Iuvante Canonice celebratam, Veftra Reverencia per fe, vel dominum Officialem prememoratum comprobare ratificare atque auctoritate ordinaria confirmare dignetur Omnefque defectus fi qui interciderunt ex paterna ingenti pietate clementius fuplere.   In quorum omnium teftimonium & robur firmitatis prefens electionis decretum nos frater Hinricus Abbas Rivi fancte marie antedictus noftri Abbatialis figilli appenfione fecimus communiri.   Et nos Soror. Agnes Prioriffa Totifque Conventus Monafteril Medinghe fepedicti poft Sigillum abbatis Monafterii Rivi fancte Marie In noftre voluntatis & confenfus teftimonium noftrum Conventus Sigillum prefentibus fimiliter duximus appendendum.   Sub anno die ac aliis fupra fpecificatis atque defignatis.

(L. S)   (L. S.)

Den nächftfolgenden 25ften Jun. wurde von dem bifchöflichen Vicario, Hrn. Dieterico Bären, die Confirmation ertheilet, in nachfolgenden Terminis:

Theodericus Bere Ecclefie Collegiate Sancte Crucis Hildenfemenfis Canonicus Reverendiffimique in chrifto patris ac Illuftris principis & domini Domini Criftoffari dei & apoftolice Sedis gratia Sancte Metropolitane Breemenfis Archiepifcopi ac Verdenfis ecclefiarum adminiftratoris perpetui Brunfwicenfis & Luneburgenfis ducatuum ducis &c.   In Spiritualibus Vicarius ejufque curie verdenfis in Luneborch Officialis generalis Univerfis & fingulis divinorum parochialiumque ecclefiarum Rectoribus ceterifque

rifque presbiteris clericis Notariis & tabellionibus publicis quibufcunque in & per di-
ctum nostrum diftrictum ac alias ubilibet conftitutis prefentibus requifitis Salutem &
finceram in domino charitatem. Noveritis quod Abbatia Monafterii Sanctimonialium
In Medinge per obitum Reverende domine Elizabet Elvers ibidem Abbatiffe Nuper
vacante venerabiles ac Religiofe domine prioriffa Subprioriffa totufque Conventus ibi-
dem Venerabilem & Religiofam dominam Margaretam Stoteroggen Inibi profeffam
tamquam abilem & Idoneam in fpiritualibus multipliciter commendatam In Abbatiffam
dicti Monafterii Canonice elegerunt prout ex-decreto Electionis defuper confecto ac
figillo dicti Monafterii feu Conventus figillato nobis prefentato fidem recepimus credi-
tivam Unde ex parte dicti Conventus nobis humiliter fuit fupplicatum, Quatenus ele-
ctionem hujufmodi admittere & approbare Eandemque dominam Margaretam Stöte-
roggen electam Confirmare ac omnia & fingula in negotio hujufmodi oportuna & ne-
ceffaria facere dignaremur. Nos igitur Theodericus vicarius antedictus Iuxta doctri-
nam Apoftoli Nemini cito manus Imponere volentes prefatam electionem diligenter
examinavimus & poft exactam examinationem Ipfam rite & canonice factam comperi-
mus eandemque ut talem auctoritate ordinaria admitimus & approbavimus Ipfamque
dominam Margaretam electam confirmavimus & confirmamus dei nomine per prefen-
tes Dicteque domine Margarete electe Curam regimen & adminiftrationem ejufdem
Monafterii In Spiritualibus & temporalibus committimus vobis nichilominus divinorum
Rectoribus ceterifque fupradictis prefentibus requifitis In virtute Sancte obedientie &
fub excommunicationis pena diftricte precipiendo Mandamus quatenus accedatis quo
ob Id merito fuerit accedendum eandemque dominam electam & Confirmatam In &
ad realem actualem & corporalem adminiftrationem & ejufdem Abbatie regiminis pof-
feffionem Inducatis fibique ab Ipfo Conventu ejufque Donatis & converfis ut vere fue
Abbatiffe obedientiam debitam & confuetam honorem atque Reverentiam faciatis ex-
hiberi auctoritate noftra & cenfura qua convenerit mediante Curamque ejufdem Mona-
fterii Abbatiffe concernentem fibi committendo prout Nos eidem auctoritate noftra
ordinaria committimus per prefentes. In quorum omnium & fingulorum fidem & te-
ftimonium premifforum prefentes noftras approbationis & confirmationis literas fieri &
per Notarium publicum Infra fcriptum fubfcribi & publicari mandavimus Sigillique
noftri Offitialatus Iuffimus & fecimus appenfione communiri. Datum & actum Lune-
borch in Curia Epifcopali verdenfi Sub Anno a Nativitate domini Millefimo quingen-
tefimo vigefimo quarto Indictione duodecima die vero Sabati vigefima quinta Menfis
Iunii Prefentibus ibidem provido ac difcreto viris Ludero Schellepeper & Hermanno
Rodes Laico & clerico Verdenfis & Mindenfis diocefis teftibus ad premiffa vocatis
atque rogatis.

Ad Mandatum prelibati Venerabilis viri domini & ma-
giftri Theoderici Beren Offitialis & Iudicis Ordinarii.

(L. S.)   Hermannus Nigeman
              Notarius fft.

Wie nun alfo die Fr. Margareta von Stöterogg durch diefe Schrift von dem
bifchöflichen Officiali in ihrer neuen Dignität confirmiret, und nachmals folenniter ein-
geführet war, fo bezeigte fie gleich Anfangs mit ihrer Aufführung, daß fie, eben wie
            S 2   ihre

ihre Vorfahren, noch eine eifrige Anhängerin des Pabstthums sey. Denn da um diese Zeit die reine evangelische Lehre, durch Gottes Gnade, hie und da in unserm Lüneburgischen Lande empor zu kommen anfieng; wandte sie hergegen alle ersinnliche Mühe an, derselben in ihrem anvertrauten Closter den Eintritt zu verwehren; in welchem Vorhaben sie denn auch von dem Hrn. Probst von Marenholt und dessen Vicariis und Capellanis nach allem Vermögen unterstützet wurde. Weil aber der gottselige Herzog Ernestus Pius sich einmahl entschlossen hatte, das Closter zur evangelischen Religion zu bringen, auch damit bereits zu der Fr. Abbatißin Elvern Zeiten einigen Anfang gemacht; so fuhr er in Gottes Nahmen damit fort, und suchte anfänglich durch allerley gütige und gelinde Mittel seine heilsame Intention zu erreichen. Allein wie dieses nicht zureichen wollte, und er zugleich merkte, daß der hiesige Probst von Marenholt mit seinen Capellanis dieses Werks Fortgang am meisten hinderte; ließ er denselben Ao. 1529. zu sich nach Zelle berufen, erkundigte sich bey ihm nach dem Zustande des hiesigen Closters, nahm auch zugleich ein schriftliches Verzeichniß aller Güter von ihm, die er bishero in Administration gehabt: und weil der größte Theil derselben zur Unterhaltung der Pröbsten war angewandt worden, wurde auf einmahl alles mit einander von der Landesherrschaft eingezogen, und zugleich dem Probste nebst seinen Vicariis und Capellanis, ausser zweenen, welche man noch vors erste dem Closter ließ, sämtlich ihr Abschied gegeben. Noch in demselben Jahre kam Herzog Ernestus in hoher Person dahin, es meynte die Fr. Abbatißin Ihn durch allerley demüthige Vorstellungen und Bitten auf gnädigere Gedanken zu bringen; allein der Herzog blieb einmahl wie das andere bey der gefaßten Resolution, und setzte, ehe es sich jemand vermuthete, einen aus seinem bey sich habenden Comitat, Hrn. Thomam von Göhrden, den 11ten Julii des 1529sten Jahrs, hieselbst zum Hauptmann, gab ihm auch zugleich die von allen Geistlichen verlassene Pröbsten zur Wohnung ein, wodurch denen unserm Closter alle Hofnung, jemals wieder einen Probst zu bekommen, völlig benommen ward. Zu gleicher Zeit wurde auch ein lutherischer Prediger von dem Herzog hieher gesetzet, mit ausdrücklichem Befehl, daß alle zum Closter gehörige Personen wöchentlich zweymahl sich auf dem Jungfrauen-Chor versammlen, und dessen Predigten und Catechismus-Uebungen anhören sollten. Endlich schafte auch der Herzog aus dem Closter 4 Mägde und 6 Knechte ab, die er für überflüßig achtete, und reisete darauf wieder zurück nach Zelle, da er unterdessen die fernere Sorge für die Reformation dem hiesigen Hauptmanne und Prediger ernstlich anbefahl. Nun hatten sich zwar die Conventualinnen währender Anwesenheit des Herzogs ziemlich gelassen aufgeführet; allein wie er nur kaum den Rücken gewandt hatte, fiengen sie an, sich der fürstlichen Verordnung öffentlich zu widersetzen, und absonderlich dem lutherischen Prediger allen ersinnlichen Tort zu thun, welche Feindschaft wol hauptsächlich daher kam, daß der gute Mann beym Anfange der Reformation das Closterleben, worinnen er seine vorige Zeit im Pabstthume zugebracht, verlassen, und sich an eine Person von gleichen Umständen verheyrathet hatte. Daran ärgerten sich die Conventualinnen unsers Closters dergestalt, daß sie einen recht bittern Haß auf ihn warfen, und ihm nicht allein zum öftern mit schimpflichen Worten begegneten; sondern auch manchesmahl, wenn er Gottesdienst halten wolte, Kirche und Chor vor ihm zu schlossen. Allein dem ungeachtet arbeitete der fromme Mann treulich, und ließ sich durch alle Feindschaft, so er zum Lohne bekam, in seinem aufgetragenen Amte nicht klein-

kleinmüthig machen. Unterdessen wirkte der Hauptmann bey dem Herzog einen Befehl aus, Kraft dessen denen Conventualinnen nochmals ernstlich anbefohlen ward, den hieher gesetzten Prediger zu hören; mithin wurde ihnen wöchentlich nicht mehr als eine Messe von den catholischen Capellanis zu hören verstattet, die mehresten Feste und Gedächtnißtage der Heiligen zu begehen verboten, auch sonst verschiedene hergebrachte Mißbräuche und abergläubische Ceremonien abzuschaffen befohlen. Dieses fruchtete so viel, daß sie doch endlich sich zu den Predigten des evangelischen Lehrers fleißiger einfinden, und dieselben zum wenigsten äusserlich anhören musten; obgleich das Herz wol manchesmahl weit davon entfernet war. Dieses aber geschahe aus keiner andern Ursach, als nur, daß sie denen in gedachtem Befehl ihnen aufgegebenen Puncten nicht ganz und gar zuwider leben, sondern doch zum wenigsten etwas davon beobachten wollten. Sie versprachen zwar auch, bey ihren Horis ein und andere abergläubische Collecten und Gebeter zu den Heiligen wegzulassen, allein in der That geschahe solches nicht eher, als bis ihnen, auf herrschaftlichen Befehl, ihre Kirchen- und Chorbücher weggenommen wurden, da sie doch gleichwol wieder etliche alte aus allen Winkeln hervorsuchten, und, so viel sie konnten, in ihrer alten Gewohnheit fortfuhren. Die beyde papistische Capellane waren unterdessen nicht weniger geschäftig, ihre alten Kirchengebräuche zu unterhalten: denn bald stelleten sie öffentliche Processionen an; bald hatten sie andere dergleichen Dinge vor, ja Ao. 1530. auf Lichtmessen kamen sie einst mit einer ganzen Parthen Lichter in die Kirche, und wollten dieselbe, wie wol vor Zeiten geschehen, solenniter einweyhen, als sie aber vor dasmahl durch den lutherischen Prediger verhindert wurden; kamen sie in der folgenden Osterwoche noch einst wieder damit aufgezogen, welches denn den fürstl. Hauptmann dahin bewog, daß er ihnen endlich überhaupt alle Haltung des öffentlichen Gottesdienstes verbot, auch sie einst mit Gewalt aus der Kirche treiben ließ. Wie sie nun also nicht mehr in die Kirche kommen, und daselbst ihren Gottesdienst öffentlich halten durften, nahmen die Conventualinnen sie beyde zu sich ins Closter, gaben ihnen eine Wohnung auf dem Closterspeicher ein, und versorgten sie darauf mit Essen und Trinken; währender Zeit sie daselbst wohneten, stelleten die Jungfrauen ihre Zusammenkünfte auf dem Kornboden an, höreten daselbst ihre Predigten und Messen, und liessen sich durch ein dazu verfertigtes Gitter absolviren. Alles dieses muste sowol der Hauptmann, als der lutherische Prediger eine Zeitlang gedultig ansehen, weil Herzog Ernestus eben damals mit wichtigern Religionsgeschäften überhäuffet war, und in dem gedachten 1530sten Jahre persönlich nach Augspurg reisete, um die lutherische Confeßion dem Kaiser daselbst auf dem Reichstage mit übergeben zu helfen. Diese Umstände verursachten so viel, daß die Reformation in unserm Closter etliche Jahre hindurch nicht mit genugsamem Nachdruck konnte fortgesetzet werden. Allein wie hochgedachter Herzog endlich, nach dieser hochwichtigen Verrichtung, glücklich wieder zu Hause kam, so fieng er das hieselbst ziemlich wieder verfallene Reformationswerk von neuem an mit vorigem Eifer zu treiben. Denn so bald er Nachricht von der beständigen Reniteuß der hiesigen Conventualinnen, und dem bishero noch immer heimlich getriebenen papistischen Gottesdienste bekam, so rescribirte er deswegen in sehr nachdrücklichen Terminis an die Fr. Abbatißin von Sderoggen und den gesammten Convent; ließ auch nicht lange nachher an den hiesigen Herrn Hauptmann von Göhrden Befehl ergehen, wie er sich auf allen Fall fernerer Widersetzlichkeit gegen das Clo-

S 3

ster

ster bezeigen solte.   Das fürstliche Rescript an den Hauptmann lautet folgen-
der gestalt:

Von gottes gnaden Ernst Herzog 2c.

- lieber getreuwer. Demnach wir nu etliche Jar her vielfaltige anregung ge-
than und in allen gnaden bey den ordensspersonen unsers Closters medingk gefodert und
begehrt haben, das götlich wordt zu trost Irer selen predigen zu hören, sie aber des
nicht gewurtig, sunder das wordt veracht, und also got zu ungehorsam und uns zu wie-
der gelebt, und uns hinfürder one verletzung christlichen gewissens nicht gepüren wil,
solches lenger zu verhengen, und wir amptswegen durch got und sein wordt dar hin ge-
trungen werden, des Ernstlicher Einsehns zu haben, darmit unser sele irent halber niche
beschwert und andere unser Unterttanen nicht verfürt und geergert werden, Begeren
hirumme ernstlich und wollen, du angesehen dieses unsers bevelchs die Jungkfrauen un-
sers Closters medingk von unsertwegen antebest nochmals in Irer aller Gegenwartigkeyt,
damit sie die wochen 4 malen durch Unsern verordneten predicanten uff dem chor das
wordt In christlicher Zucht und andacht predigen hören mögen.   Dar sie aber sich des
weigern würden; so gepieten wir dir und wollen, du von stunt an und one allen verzug
vorschaffest, daß auß und von allen Klocken die Knüppel außgenommen und die stricke
abgehauen werden, so daß sie von dem Tag an schirfkünfftig hin surt keine nicht mehr
zu leuten geweltich sein mögen, Und Jnen dar beneben ansagest, das wir der gepür
nach und so balde wir anderer unser geschefft entledigt ferner Insehns haben müssen,
dar mit sie das wordt zu hören angehalten werden.

Ohne deß wissen und wollen Wir uns aller gepür aus christlichem Mitleyden ke-
gen sie in gnaden erzeigen.   Und wollen dir hirmit abermals bei vermeydung unser un-
gnad befolen haben, dich one weigerung und verzugk nach diessem unserm bevelch zu ach-
ten, und deme in allen nachzukommen.   Datum Tzelle, Donnerstages nach lucie
anno &c. 33.

Ernst HzBut.

Dieser ziemlich ernstliche Befehl des Herzoges wurde dem Closter sogleich von
dem Hauptmann communiciret, und dabey zugleich die Anfoderung gethan, es solten
die Conventualinnen den lutherischen Prediger entweder zu sich aufs Chor kommen,
oder ihm wenigstens eine neue Canzel bauen lassen, und zwar von solcher Höhe, daß er
von dar den ganzen Jungfrauen-Chor übersehen und acht haben könnte, ob auch nie-
mand von ihnen zurücke bliebe. Ueber diesen Antrag entstunden wiederum neue Miß-
helligkeiten, denn die Fr. Abbatißin hielt dieses ihrem Convent für schimpflich, und er-
bot sich, ohnedem schon dahin zu sehen, daß keine Conventualin, ohne dringende Noth,
die lutherischen Predigten versäumen solte. Allein damit war weder der Hauptmann,
noch der Prediger zufriden. Wie sie aber gleichwol keine andere Resolution erhalten
konnten, so begunte endlich der Hauptmann das Rauhe hervor zu kehren, und ließ,
aus fürstlichem Befehl, die Klöppel aus den Glocken nehmen und die Stricke davon
abschneiden, auch zugleich Thor und Pforten auf dem Closterhofe zerschlagen und auf
dem Jungfrauen-Chor ein grosses loch durch die Mauer brechen, so daß die Conven-
tualinnen darauf kaum mehr vor Wind und Regen sicher seyn konnten: und, welches
dem Closter dabey das empfindlichste war; so wurden zu solcher Arbeit insgemein des
                                                                            Closters

Closters eigene Bediente gebraucht. Dieses erregte bey den Conventualinnen eine solche Verbitterung, daß sie dem Hauptmann dafür, so oft sie nur Gelegenheit hatten, allen ersinnlichen Tort anthaten; welches denn endlich den Herrn Hauptmann von Göhrden so verdrießlich machte, daß er Ao. 1535. zu Zelle um seine Dimißion anhielt, welche ihm auch ertheilet ward, nachdem er seine hiesige Function noch nicht völlig 6 Jahr geführet hatte. Seine Stelle wurde sogleich mit einem andern, Nahmens Cord Küsel, besetzet, welcher zwar eben die Macht und Jurisdiction, welche sein Antecessor gehabt, bekam, gleichwol aber sich niemals einen Hauptmann, sondern immer einen Pröbste, Verwalter zu Meding (³) nennen ließ. So bald nun dieser Mann hieher kommen war, muste unverzüglich einer von den noch hieselbst subsistirenden Capellanis ihm seine Wohnung einräumen, obgleich die Fr. Abbatißin ihm remonstriren ließ, daß er ja, wie sein Vorfahr, die Pröbstey beziehen könnte. Kurz nachher kam dieser neue Verwalter mit dem lutherischen Prediger ins Closter, und wollte den Convent mit guten Worten zu Annehmung der augspurgischen Confeßion disponiren; allein wie alle ihre Vorstellungen gar kein Gehör fanden; wurde er dadurch so erbittert, daß er ein ziemliches Theil der Mauer um das Closter niederreißen ließ. Wie nun Herzog Ernestus von diesem schlechten Succeß des hieselbst angefangenen Reformationswerkes Nachricht bekam; verfügte er sich mit seinem Hofprediger und Generalsuperintendenten, Hrn. D. Urbano Regio, Ao. 1536. selbst dahin, und ließ diesen grossen Theologum täglich auf dem Chor in Gegenwart der ganzen Jungfräul. Versammlung predigen und catechisiren, wobey aber insgemein, wenn die papistischen Irrthümer und Mißbräuche verworfen und widerleget wurden, ziemlich finstere Gesichter vorfielen. Dem ohngeachtet fuhr hochgedachter Herzog fleißig damit fort, und kam in diesem und den beyden folgenden Jahren mit jetztgedachtem seinem Hofprediger, und noch mehr geschickten Theologis, oft persönlich hieher, ließ dieselben täglich etliche mahl wechselsweise vor der Versammlung predigen, wobey denn dieser gottselige Fürst insgemein selbst zugegen war, und in der Fr. Abbatißin Stuhle die ganze Zeit über zu sitzen pflegte. Ueberdies ließ er auch zum öftern den Convent aufs Capitulhaus zusammen beruffen, und unterredete sich je zuweilen selbst mit ihnen, zuweilen ließ er auch durch seine Bedienten allerley propositiones wegen der Communion sub utraque und anderer wichtigen Religionssachen thun, stellete ihnen auch das Exempel anderer Clöster vor, welche sich bereits zur evangelischen Religion bekannt, als nemlich des Closters Walßrode und Isernhagen, wobey er allemahl die nachdrücklichsten Ermahnungen hinzu that, daß sie doch diesen löblichen Beyspielen nachfolgen möchten. Allein wie alles helfen wollte, so resolvirte er endlich, das hiesige Closter einen rechten Ernst sehen zu lassen. Diesemnach schafte er Ao. 1539. vor allen Dingen die beyden papistischen Capellanos ab, welche bisher noch hieselbst geduldet waren, zugleich ließ er eine Capelle an der Kirche nebst 7 Altären, so allerhand Heiligen gewidmet, niederbrechen, und alle Glocken, bis auf eine noch, vom Thurm herunter nehmen und hinweg führen. In dem folgenden 1540sten Jahr ließ er das von dem Herrn von Bavenstedt erbaute Gasthaus, nebst dem 3ten Theil des Closters, worin das Capittul- und Schlafhaus, nebst 30 Cellen und 6 Amtstuben begriffen, niederreissen,

(³) Eben diesen Titul findet man auch auf seinem hieselbst in der Kirche liegenden Leichstein, da er *hujus praepositurae provisor* genennet wird. Die Conventualinnen unsers Closters aber haben ihn insgemein nur den Schriver Cord geheissen.

betreiſſen, wobey zugleich ein ziemlich Stück von der Mauer um den Kirch= und Clo=
ſterhof verlohren gieng. Das geſchahe den Conventualinnen eine Furcht einzujagen,
wie ſich denn die fürſtliche Bedienten ausdrücklich dabey vernehmen lieſſen: wofern ſie
noch weiter mit ihrem Ungehorſam fortfahren würden, alsdenn das Cloſter ganz, ſo
wie jetzo der Anfang gemacht worden, niedergeriſſen werden ſolle. In eben demſelben
Jahre ließ der Verwalter Küſel eine gewaltige Menge Bäume aus des Cloſters Cäm=
pen und andern Hölzungen abhauen, und dieſelben zum Bau aptiren, ohne daß noch
zur Zeit jemand begreifen konnte, was des Herzogs Abſicht dabey ſeyn möchte.

In dem folgenden 1541ſten Jahr wurde der von dem Herrn Probſt von Bü=
low auf dem Kirchhofe erbauete Glockenthurm ganz niedergeriſſen, desgleichen der Thurm
nebſt einem ziemlichen Theile der Pröbſten: bald hernach die Capellaney, die unten in
des Probſtes Garten nach dem Waſſer zu belegen war, nebſt einem zur Pröbſtey gehö=
rigen Pferdeſtalle und Pforthauſe. Die Rudera von dieſen Gebäuden wurden nach
Zelle geſchaffet, und zugleich in dieſem Jahre mit den vielen gefällten Bäumen der An=
fang zu Erbauung des noch jetzo hieſelbſt ſtehenden Herrenhauſes gemacht, welches Her=
zog Erneſtus ſeiner Fr. Gemahlin Sophia zu einem künftigen Wittwengehalte deſtiniren
wollte (4): weil aber dieſelbe noch in eben demſelben 1541ſten Jahre dieſes Zeitliche
geſegnete, ehe das Gebäude noch aufgerichtet war; vermachte er daſſelbe, wie es fertig,
ſeiner 3ten Prinzeßin Tochter Catharinae, welche es auch ſogleich nach ſeinem Abſter=
ben bezogen und bis an das Ende ihres Lebens darauf gewohnet hat.

In dem folgenden 1542ſten Jahre zog endlich Herzog Erneſtus alle zum Clo=
ſter gehörige Güter und Revenüen ein, ſchnitte demſelben alle Communication und
Handlung mit den benachbarten Dorfleuten ab, und verbot ſogar allen Angehörigen
und Verwandten des Cloſters, die Ihrigen hieſelbſt nicht mehr zu beſuchen. Zugleich
citirte er die Fr. Abbatißin von Stöterogg nach Zelle, mit dem Befehl, daß ſie das
ganze Archiv des Cloſters, nebſt allen deſſen vorhandenen Baarſchaften und pretioſis
mitbringen ſolle. Weil ihr aber bey dieſer Citation nichts Gutes ahnnete, und ſie
nichts anders vermuthen konnte, als daß es ihr zu Zelle eben wie vormals dem Herrn
Probſt von Marenholt ergehen möchte; faßte ſie die Reſolution, ſowol ihre Perſon,
als das Cloſter=Archiv an einen ſichern Ort zu ſalviren. Dieſerwegen packte ſie alle
Brieffſchaften und pretioſa des Cloſters, die ſie in Verwahrung hatte, zuſammen, und
retirirte ſich damit unverzüglich nach Hildesheim; worauf auch nicht wenige von denen
Conventualinnen aus dem Cloſter giengen, und bey ſo verwirrten Umſtänden wieder
zu den Ihrigen zurücke kehrten.

Dieſe unvermuthete Retirade der Fr. Abbatißin nun, ſammt der darauf erfolg=
ten Zerſtreuung der Conventualinnen, vermehrte die Ungnade noch um ein merkliches,
welche Herzog Erneſtus ohnedem ſchon wider unſer Cloſter gefaßt hatte. Es daurete
auch nicht lange, ſo wurde die Citation der Fr. Abbatißin noch einſt wiederholet, mit
dem Zuſatz, daß S. Fürſtl. Gnaden ſie nimmermehr wieder im Lüneburgiſchen Lande
wiſſen oder dulden wollte, wofern ſie nicht gegen den angeſetzten Termin mit dem ver=
langten Archive ſich einſtellen würde. Allein die Fr. Abbatißin getrauete ſich nicht
nach Zelle zu kommen, und erwählte lieber zu Hildesheim die dem Cloſter noch
bevor=

(4) Man ſiehet deswegen ihrer beyder Wapen und Bruſtbilder an der Mauer dieſes Hauſes
künſtlich in Stein gehauen.

bevorstehende Schicksale von ferne anzusehen, als ihre Person bey so gefährlichen Umständen mehrerer Verdrüßlichkeit aus zu sehen.

Bis auf diese Zeit hatte der Werdische Bischoff Christophorus zu allem still geschwiegen, was bißhero in unserm Closter, bey dessen vorhabender Reformation, vorgegangen war: allein nun schien es, als ob er auch endlich sich in die Sache mischen und seiner geistlichen Kinder annehmen wollte, absonderlich da auch von andern Clöstern eben dergleichen Klagen einliessen. Dieses bewog ihn, daß er Ao. 1542. an die Clöster unsers landes Circularbriefe herum schickte, und dieselben zur Standhaftigkeit hin diesen verwirreten läufften ermahnete, auch zugleich versprach, ihnen entweder beym Pabst, oder bey Kayserlicher Majestät, oder auch bey beyden zugleich Hülffe und Schutz zu verschaffen.

Das Circularschreiben, welches er dießmahl an die 3 Clöster Mebing, Elstorff und lüne abgehen ließ, ist noch bey unserm Closter in Originali vorhanden, und lautet folgender gestalt:

Christopherus divina providentia Archiepiscopus Bremensis etc.

Gratiam nostram & pacem, Dilecte filie. Quanta vestras Litteras suscepimus lætitia Haud facile dixerimus, videntes vestram in fide & religione constantiam In persecutione pacientiam Hoc profecto nobis jucundissimum est quod videmus vestras devotiones multis barbaris & bellicosis viris in hac christiana militia fortiores. Gratiose itaque cupimus vos in tanta tribulationum multitudine non deficere, que vobis a pravis & perversis hominibus passim instiguntur Scientes Si socii passionum fuerimus & resurrectionis erimus Si compatimur & conregnabimus, Patientibus persecutionem propter justitiam regnum celorum promittitur Matth. 5. Et iterum Cum maledixerint vobis homines & persecuti vos fuerint, & dixerint omne malum adversus vos, mentientes propter me gaudete et exultate quoniam merces vestra copiosa est in celis, Non enim sunt condigne passiones hujus temporis ad futuram gloriam que revelabitur in nobis, Omne itaque gaudium existimate, cum in variastemptationes incideritis ut probatio fidei vestre multo pretiosior sit auro, quod per ignem probatur. Gratiose itaque cupimus vos esse patientes in omnibus adversis. Nos interim dabimus operam Si quid consolationis vobis aut apud Cesaream Majestatem obtinere poterimus, Nam Consilium in foribus: pariter & Comitie principum sunt (¹) in quibus solent tales tempestates dimoveri. Speramus quod tandem Deus optimus maximus miserebitur nostri Nos enim semper boni pastoris ofitio sumus functuri erga vestras devotiones tam in spiritualibus: quam in corporalibus. Si autem vobis in victualibus quicquid defuerit: nobis significare gratiose cupimus, sumus enim vobis gratiose subventuri in quantum nobis vires suppetunt, novit Christus Ihesus dominus noster, cui vestras devotiones in vera fide atque dilectione & religionis observantia perpetue commendamus. Datum ex arce Rodenborch Sexto Februarii Anno etc. XLII.

Christo-

(5) Das Concilium hatte zwar Pabst Paulus II. damahls zu Trident zu halten vor, allein mit dem Reichstage war es noch so nahe nicht, und gleichwol gab die eitele Hoffnung auf dessen Ausspruch dem hiesigen Reformationswerk die meiste Hinderniß, wie davon unten ein mehrers vorkommen wird.

T

Cristophorus.

M ppria.

Die Auffschrift dieses Circularschreibens war folgende: Venerabilibus devotisque & nobis in Christo Jhesu dilectis virginibus conventuum nostrorum in Medinck Ebestorpe & Lüene conjunctim & divisim.

Dieses Bischöffliche Rescript richtete die noch hieselbst im Closter gebliebene Conventuallinnen nicht wenig auf, absonderlich da dasselbe ihnen zu einem bevorsten den General Concilio und Reichstage Hofnung machte, auch sonsten ihnen Versicherung gab, daß der Bischof nicht allein beym käyserlichen und päbstlichen Hofe ihr Bestes suchen, sondern auch, da ihnen alle ihre Einkünfte entzogen, sie auf andere Art, nach Vermögen, mit benöthigtem Unterhalt zu versorgen bemühen würde.

Es gab sich auch der Bischof in der That deswegen viele Mühe, und versuchte es erstlich am päbstlichen Hofe, welchem er den schlechten Zustand seiner anvertrauten Clöster in beweglichen Terminis vorstellete. Allein weil der heil. Vater eben damahls mit den allgemeinen Religionstroublen durch die gantze Christenheit ohnedem schon Sorge und Arbeit genug hatte, so wurde der Bischof mit seinem Anbringen auf das bevorstehende Tridentinische Concilium verwiesen.

Während der Zeit fuhr Hertzog Ernestus immer fort die hiesigen Conventuallinnen, so viel ihrer noch übrig waren, vollends in die Enge zu treiben. Denn wie er in gedachtem 1542ten Jahr, nach dem Abzuge der Fr. Abbatißin, noch einst durch seine Deputirten allerley Propositiones wegen Annehmung der Augspurgischen Confession hatte thun lassen, dieselben aber von unserm Convent einmahl wie das andere waren verworffen worden; ließ Hochgedachter Hertzog bald nachhero an alle Conventuallinnen unsers Closters den endlichen Befehl ergehen, daß sie innerhalb einer gewissen Zeit sämtlich das Closter räumen, oder gewärtig seyn sollten, daß sie mit Gewalt daraus deloginret, und andere ihnen etwa nicht gar zu bequeme Oerter verschickt werden sollten. In solcher Noth suchte das Closter wiederum Hülfe bey seinem Bischof, welcher den endlich resolvirte die Sache an das Käyserliche Cammergericht gelangen zu lassen. Weil aber nicht lange säumens Zeit war, so rescribirte er an das Closter, daß selbiges unverzüglich alle sein Gravamina aufsetzen und ihm zuschicken sollte. Diesem Befehl zu Folge setzte das Closter verschiedene Klagpuncte auf, aus welchen wir aber, Weitläuftigkeit zu vermelden, nur die vornehmsten mitnehmen wollen, folgendes Inhalts:

Int erste son uns doch unsen Gnedigen Hern nnge statuta nah Martinsser wise vorgegeven tho holdende, und regularia, dar wy unse löffte unnd Ede upp gevan, genslicken vorboven dar von nichts mher to holdende.

Item syn wil aller kristliken Sacramente unnd gobbesdenstes in allen beroveth, werden dar ock to gedwungen, sub utraqve specie tho communicirende.

Item syn uns gebroken Eyn Cappelle, Seven Altar myt der Döpe In unser Kerden Ock weggenhomen Twe der grötsten unnd besten Klocken.

Item hir enboven Is uns myt gewalth, ane unser aller vulborth gebroken de Verde del unses Closters, darinne entholden weren Capitolium Dormitorium Trilginta cellarum myt Seß amtes hüsen unnd den Werden del des crüeerganges myt der muren umb den Kerckhof unnd Closterhof nicht ein steyn noch In dem funda mente

mente noch dar buten Ock nicht eyn Balcke noch ſpar uns tho latende Sunder alle tho
water wha Tzelle geſchappet tho eyner veſtinge der Stath, villichte uth orſacke wil tho
nene buwinge ſcholden wedder komen. Welckes buwetes fundamenth was der Achte
mans Wote unnd ſo vel vote breth, De lenge des huſes myt der muren Seſtig unnd
ſevenbehalve mans Wote langk, de wyde Seß unnd drüttich mans Wote de höge ein
unnd ſeſtich mans Wote. De Piler Elven Wote breth der balcken des huſes weren viſ-
unnd twintich ſpar Der grote wern Achte in die lenge unnd negen in de wyde.

Item hebben ſe up unſem Cloſterhove De pröveſtige myt Kellern Korinebbney
unnd andern nottrofftigen buweten gelick eyner Borgh upp dat allerfynſte und ſchönſte
myt uthſluchtem, Bogen unnd Thorne gebuweth ſampt der Caplanie Perbeſtal unnd
Dorthus dat gebroſen trouwen uns ock noch dachlickes alle andere butrete ſo wy de
noch hebben bynnen unnd buten Cloſters ock dath gantze Cloſter tho breſende.

Item were wy alle unſer Goydere bewechlick uud unbewechlick wu de uns thor
ere gobbes ge geven Römptlick Tegeden Tyntzen Sültegoyderen unnd der gelick genß-
licken entwoldigeth, dat van wy nicht dat elder, geryngſte krigen ock nichtes mher uns
dar van tho gevende.

Item hefft ſyn Snade Anno tricesimo Secunto von uns geeſcket verhundert
gülden an gölde bynnen Achte dagen uth tho gevende dath uns armen Kyndern uncriſt-
lick unnd unmögellick was tho donde.

Item do wy bynnen Achte dagen dath gelt nicht Konden upbringen, beſwer-
den ſe uns noch myt dem viſſten hunderde uth tho gevende tho ſchadegelde Ock beſetten
ſe uns unſe Beeth groth unnd Kleyn alſe wy dath Im forwercke hadden Sio dath Id
bynnen dren Dagen nicht uth der höt moſte gan des wy nicht eyn geringen ſchaden
ohernuen.

Item hefft unſe Gnedige Her Officium prepoſiture genßlicken an ſick genomen,
Uns armen Kyndern doch leyder gobbe geklageth gantz unbatlick Ock In der anneinynge
des Officii eyne vor Segelinge gemaket uns nichts mehr myt alle tho gevende. Suß
Sitte wy ane Jennigen troſt unnd hülpe hebben ock nicht eynen mynſken an tho ſpre-
kende wen Id uns in de noth geyth Sunder moten dathſülve in egner perſonen In
Sne unnd Regan began unnd beſtüren rath uns den nicht eyn geringe vorſtöringe der
Geyſtlichent anbringende is.

Item ſyn wy von alle unſes Cloſters goyderen genßliken gewiſeth, dar nichtes
mher upp tho ſalende noch der tho breſende tho unſes Cloſters nück unnd behuff.

Item ſprickt unſe Gn. Her an unſes Cloſters Segel unnd Breve ock alle an-
dere goydere vor ſyn eggen erffguth ſeth ock alle de Tegeden unnd Tyntze unnd anderes
wha Tzelle fören unnd bringen vor ſick tho breſende vorgiſt unnd vorgelth de ock an-
dern unnd buth de uth tho vorkopende tho egen unnd Erve.

Item hebben ſe uns in unſen Sunderen eyn vorbentzh ghedan darinne nicht
eyn holt noch Spon tho houwende Sunder vorgeven unnd vorkopen daruth andern uns
tho grotem nadeyl.

Item hebben wy unſe werdige Domina uth grotem angſte unnd frochten uns
dachlikes van unſem Gn. Herrn ock unſers Cloſters deneren gemaket myt Drouw, worden
br tho donde gelick dem Prior tho Bübbecke geſcheyn, den ſe ock unnd örer Seegel unnd
breve willen hatten in den Keller geſettet unnd gedödeth, uth unßem Cloſter eyne tyd

langk

langk tho Hildensiem geschicket, Der orsake ock wy Segel unnd Breve bynnen Closters nicht hebben, Noch unse werdige Domina nicht wedder ab monasterium komen, will de sülve ock nümmermher In dem Closter wetten noch ihn lüneborger Lande; So sy den se de upgenanten unse Seggel unnd Breve sampt des Closters Clenode wedder in unse Closter edder syner gnade fürstendom bringe De sülven In egener personen sampt der Sampninge to beslutende.

Darin bestanden kürtzlich die vornehmsten Klagpuncten, welche unser Closter auf Erfordern des Verdischen Bischofs Christophori einsandte. So bald nun aber gedachter Bischof dieselben erhalten, fügte er denenselben eine förmliche Klagschrifft bey, und schickte beydes in das Kayserliche Cammergericht zu Speyer, stellte zugleich den damahligen zerrütteten Zustand des Medingschen Closters in den nachdrücklichsten Terminis vor, und bat für dasselbe um Kayserlichen Schutz und Sicherheit. Dieses wirkte so viel, daß Ao. 1544. den 29ten Febr. ein Kayserliches Mandat an Herzog Ernestum zu Zelle abgefertiget ward, das Closter künftig in Ruhe zu lassen, welches Mandat weil es viel merkwürdiges in sich hält, alhier billig einen Platz verdienet. Es lautete dasselbe folgender gestalt:

Mandatum poenale In Sachen Herrn Christoff Ertzbischofs zu Bremen ꝛc. Contra Herrn Ernsten Herzogen zu Braunschweig und Lüneburg.

Wir Karl der fünft von Gottes gnaden, Römischer Kayser, zu allen Zeiten Merer des Reichs, in Germanien, zu Hispanien, baider Sicilien, Jherusalem, Hungarn, Dalmatien, Croatien ꝛc. König, Erzherzog zu Oesterreich, Herzog zu Burgundien ꝛc. Grave zu Habspurg, Flandern und Tyrol. Entbieten dem Hochgebornen Ernsten Herzog zu Braunschweig und zu Lüneburg, unserm lieben Ohem und Fürsten, unser Gnad und alles gut, Hochgeborner lieber Ohem und Fürst, Unserm Kayserlichen Cammergericht hat der Erwürdig Christof Ertzbischof zu Bremen, Administrator des stifts Verden unser fürst und lieber andechtiger klagend fürbracht, Wie dein lieb sampt Iren Rechen hiebor In dem verlauffen Neun und zwantzigsten Jahr der mindern Jahr Zal Christi unnsers Hern, über unnd wieder fürsehung unnd verbott gemainer unnser unnd des Reichs Rechten, Ordnung, satzungen unnd offen außgkekunden landtfrydens, seiner andacht an unnd zugehörigen Jungkfraw Closters Meding georddenen unnd bestetigten proßst, den Ersamen unsern lieben andechtigen Johann von Marnhold abgesetzt, airen außgeloffen münnich in solch Kloster, unnd demselben, der Domina auch andern Jungkfrauwen darinn, luterische verpotne verdampte neue lere zu predigen geschafft, darauff weiter von tag zu tage solchem gotshauß unnd dessen ergeben Gaistlichen Jungkfrawen ye mer unleidliche bezwangknüß unnd betrangknüs zugefügget, Die Kirchen, Thurn und etliche Mauren desselben abzuprechen verordnet unnd bestelt, Solch gotshauß oder Kirchen so von altersherr ye unnd allwegen verschlossen gewest, geplündert, unnd über der Jungkfrawen willenn gezmürtt, zugesuchter ergernüs, verkerung unnd Versüerung derselben geöffnet, die Glogken darvon hinweg nemen unnd füeren lassen, Inen auch zu noch höhern beschwerung Ires gemürts, alle Christenliche ordnungt, sonderlich die Hailig Meß unnd Sacrament, nach gebräuch unnd löblichen langhergebrachten Christenlichen satzungen, nit mer darinn zu halten, raichen oder üben, sondern darvon abzustehen, unnd

sich

ſich, der zu enthalten anſagen, und ſolches auch über das alles weitter Jt newlicher Zeit
nit allein obberürten Rechten, ſatzungen und ordnungen, ſondern auch Jüngſts unnſers,
unnd des Reichs zu Regenſpurg uffgerichts abſchids, darinn under anderm außtruckhen-
lich verordent unnd geſetzt, das nun hinfürter, auch Jn der Religion unnd glaubensſa-
chen, keiner den andern belaubigen, vergwelttigen, Auch die Cloſter unnd Kirchen un-
zerbrochen unnd unabgethan, dergleichen den Gaiſtlichen Jre Renth, Zins, unnd
einkhommen on auffgehalten werden ſollen ꝛc. unbedacht unnd unerwogen von berüer-
tem Jrem Cloſterlichem leben, unnd biſher gepflegtem ordnung und Religion noch-
mals abzuſteen, ſich auch Jn die weltlichhait zu begeben, bey vermeidung hoher unnd
ſchwerenn ſtraffenn ernſtlichen gepietenn unnd verpieten laſſen, mit dem Anhang, Ob
ſy ſolchem deiner lieb bevelch unnd gebott nit nachkhommen oder gehorſam unnd volg
thun würden, Daß dieſelb dein lieb entſchloſſen auch entlichs willens were, alsdann
gegen Jnen mit ernſtlicher ſtraff zu handlen, unnd berüert Gotshaus, zuſampt deſſen
einkhommen zu Jren Handen unnd gewalt zu nemen, Auch ſy die Domina, ſampt
den andern Jungfrawenn allen an ain andern unbeqwem hochbeſchwerlichen ortt zu-
thun unnd verſchicken, Dardurch ſy die Domina, unnd Cloſterlichen Jungkfrawen,
über alle obgezelte Handlung, entſetzung, und beſchwerung nummer ſiler unnd ſüer
Jn großen ſorgen bekaldts Jnfals, verjagung, unnd noch weitterer gewaltſamen
thaten, Verhinderungen unnd Jrrungen, Jres heerprachten Chriſtlichen Weſens,
außreutten, verderben, nachtail unnd ſchaden, wo dem mit fürkhummen würde,
ſteen unnd leben müeſſen, alles frevenlicher, gewaltſamer, aigengewaltiger verpott-
ner weiſe.

Darumb dann ſein andacht zu abſtellung auch beſchützung unnd verhüetung
ſolcher thätlichen, ungebürlichen Handlungen, fürnemen unnd betraiwungen Unnſer
Kayſerlichen ünnd Rechtlichen Hilff, nottürfftig ſein ſolle. Und darauff umb ſolche
Hilff unnd Mandat ſeiner andacht gegen Deiner lieb zu erkhennen und mitzutailen
empſige Vlenß antrueffen unnd bitten laſſen.

Diewenl wir dann menigklich vor aigengewaltſamen thaten unnd bey obbe-
rüerten unnſern unnd des Reichs Rechten, Satzung, Ordnungen, unnd abſchieden,
zu Handthaben ſchuldig unnd genaigt ſeyen, ſeiner andacht auch volgender maßen,
Mandat erkhannt worden iſt,

Darum ſo gebieten wir Deiner lieb, von Römiſcher Kayſerlicher macht,
auch gerichts unnd Rechtswegen, bey Vermeldung der pœnen Jn obberürten ſatz-
ungen, ordnungen, lanndtsfrieden, und abſchiden begriffen, Unnd ſonderlich Unſer
und des H. Reichs Acht, hiemit ernſtlich unnd wollen, das dieſelb dein lieb als balde
nach überantwurtung oder verkhündung dieſes Brieffes, von obangezogenen gegen
gedachten Cloſter unnd deſſelben ergeben perſonen angehörigen unnd verwandten, ge-
faßten unwillen, gewaltſamen vorhabens und fürnemens, gänzlich wiederumb abſte-
hen, auch ſy dieſelben perſonen, noch Jre angehörigen unnd verwandten, verner aigen
gewaltſamer weys, berſietten ſatzungen, ordnungen, uud abſchiden zuwleder, nit be-
trübe, Jrre oder belaidige, ſelbs noch durch andere, haimlich oder öffenlich, Jn
khainerlay weis oder wege, ſondern ſy bey gemeltem Jrem gaiſtlichenn Jungtfräw-
lichenn Cloſterlichenn ſtandt, unnd altenn waren heerprachten Chriſtlichen Religion
unnd weſenn, nach angezogenen Unnſern unnd des Reichsordnung, ſatzung, unnd

T 3   abſchiden,

abschiden, byß zu ainem khünfftigen Concilio, oder aber ander Unnser unnd des Reichs gemainen stennde fürsehung unnd verordnung geruehigklich bleiben lasse,   Auch hierin= nit ungehorsam seie, noch sich darinne anderst gegen Inen halte, oder erzaige, damit Im Fall Ires Ungehorsams zu erclerung vorberüeter peenen, oder sonst rechtlicher ord= nung, und der gebüer nach verner gegen derselben deiner liebe zu Handeln unnd proce= diren nit not werde,   Davon thuet Dein lieb Unser ernstlich meynung,   Geben in Unnser unnd des Reichs Statt Speir, am Neun unnd Zwaintzigsten tag des Monats Februarii, Nach Christi Unnsers Herren gepurt, funfftzehenhundert unnd Im Vier unnd viertzigsten Unnserer Reich des Römischen Im fünff unnd Zwaintzigsten,   Unnd der andern aller Im Neun unnd Zwaintzigsten Jaren.

Ad mandatum Domini Imperatoris proprium

Johann Ling Doctor, Verwalter rc. Sst.

Caspar Hammerstetter, Iudicii Cameræ
Imperialis prothonotarius.

Sst.

So bald nun dieses Kayserliche Mandat ergangen und an den Verdischen Bi= schof Christophorum abgeschicket war, so übersandte derselbe unserm Closter unverzüge= lich eine Abschrift davon, und ermahnte selbiges zugleich in einem beygefügten Rescript zur Standhaftigkeit in ihrer alten Religion und Orden,   wodurch denn so viel ausge= richtet ward, daß die Conventualinnen unsers Closters von neuem anfiengen, sich der heilsamen Intention ihres gottseligen Landesfürsten zu wiedersetzen.   Eben zu dieser Zeit kam auch die Fr. Abbatißin von von Sibterogg mit des Closters Archiv, auf des Bischofs Einrathen, wieder anhero,   nachdem sie damit über Jahr und Tag ausser= halb landes gewesen war ;   zugleich stelleten sich auch etliche von denen ausgeflüchteten Conventualinnen wieder ein, die meisten aber blieben aus, weil sie entweder ihre übri= ge Lebenszeit lieber bey den ihrigen zubringen wollten, oder bereits die Augspurgische Confeßion, während ihrer Abwesenheit aus dem Closter, angenommen hatten.

Unterdessen nahm sich der Verdische Bischof Christophorus seiner hiesigen geistlichen Kinder noch weiter nachdrücklich an, denn als um diese Zeit, gegen Aus= gang des Schmalkaldischen Bundes, die Reichs= und Religionsaffairen ein ziemlich weit= läuftiges Aussehen zu gewinnen begunten, so wirkte er bey dem Kayserliche Hofe, aus besonderer Fürsorge, wie für andere in seiner dioeces, also absonderlich für die 3 Clö= ster zu Ebstorf, Lüne und alhie zu Medting einen Schutzbrief aus, vermöge dessen alle Personen, Gebäude und Güter derselben von dem Kayser in Schutz und Protection genommen wurden.

Diese Kayserliche Salve guarde, welche mit Ausgänge des 1544ten Jahrs ertheilet wurde, insinuirte er zu Anfange des folgenden 1545ten Jahrs den gedachten 3 Clöstern, und begleitete dieselbe mit nachfolgendem Circularschreiben :

Wonn

Wonn gotesgnaden Chriſtofer Ertzebiſchoff zu Bremen, Adminiſtrator des Stiffts Werden, Hertzog zu Braunſchweig und leuneburgk ꝛc.

Unnſernn günſtigenn willenn zuvor Wirdigenn unnd Geiſtlichen liebenn Andechtigen, Auß merglichen urſach unnd ſchulden unnſers Ampts, haben wir verſchiemer tage, zu behuf unſer Clöſter unnd Geiſtlichen, ſo unnß unnd unnſerm Stifft Werdenn underworffen, und zugehörig, ein Kapſerlich Mandat, daß gmelte Clöſtere unnd geiſtliche, an allenn unnd Jden Jren Renden, Unſern, uffkünften, löblichen und alther, gebrachten Ceremonienn, unnd Chriſtlichen Gotsdinſten, unbehinnert und ungemeleſtirt pleiben ſollen ꝛc. Wonn Römiſcher Kapſerl. Mapeſt. unnſerm allergnedigſten Herrn, awßgebracht, Dieweill nun Jr, neben andernn, unnd gnentes unnſers Stiffts Werden geiſtlichem gerichtsſchwange unterwurffen, euch allwege, wie gehorſame erteigt, unnd in angezogenem Kapſerlichen Mandate mit benent unnd verfaſſet ſeina, Derhalben wollen wir euch, in berürtenn ewern althergebrachtenn löblichen Ceremonien unnd Gotsdinſten, fulhertig zu pleibenn, davon nit zu weichen noch abſchrecken zu laſſen, ſo wihl an unnß hiemit gnediglich ermanet unnd von euch begeret habenn, Damit Jr, ſampt gemeiner Chriſtenheyd, künftiger Veränderunge, unnd beſſerung Itziger geſchwinder leufte unnd zepte, durch hilfe deß Almächtigen, balde gewertig ſepnn mügen, Qui enim perſeveraverit uſqve ad finem, ſalvus erit, Et nullus coronabitur, niſi qvi legitime certaverit, Qve ſunt apud homines Impoſſibilia, ſunt Deo optimo maximo poſſibilia, qvi etiam in ſe ſperantes non derelinqvit, Tirannorum crudelitas non erit perpetua, etiam Dominus Deus facit, cum tentatione proventum, ut poſſimus ſuſtinere. Daß wir euch alſo, den wir mit ſondern gnaden genelgt, gnediger unnd tröſtlicher mepnung, nit verhalten wollen, Datum Werde den 7 Januarii, Anno ꝛc. XLV.

Chriſtopherus
M. ppria.

Der eingeſchloſſene Kapſerliche Schutzbrief für gedachte 3 Clöſter lautet folgender geſtalt:

CAROLUS divina favente elementia Romanorum Imperator ſemper Auguſtus ac Germanie Hiſpanorum utriuſque Cicilie Ieruſalem &c. Rex Archidux auſtrie, Dux Burgundie Brabantie &c. Comes Habſpurgi, Flandrie, Thyrolis &c. Notum facimus tenore preſentium Univerſis Qvod Nos Honorabiles Religioſas devotas nobis dilectas, prepoſitos, Abbatiſſas Prioriſſas & conventus Monialium Ebbeſtorp Lünde Medingh territorii Luneburgenſis Ordinis Sancti benedicti Verdenſis dioceſis Dignis ad hoc moti reſpectibus ſingulari favore proſeqvi cupientes, ex certa ſcientia, animo deliberato, conſulto Et auctoritate noſtra Romano Ceſarea eoſdem prepoſitos nec non Abbatiſſas Prioriſſas & Conventus dictorum Monaſteriorum cum omnibus & ſingulis ſuis ſeu ipſorum Monaſteriorum rebus ac bonis Mobilibus & immobilius, omnibus ſervitiis Iuribus, hominibus & reliqvis quocumque nomine nuncupatis, tam nunc poſſeſſis, qvam in futurum acqvirendis & poſſidendis in noſtram & ſacri Imperii protectionem, tuitionem & ſalviguardiam recepimus & aſſumpſimus ac tenore preſentium recipimus & aſſumimus, Ita ut deinceps ſint tueantur & eſſe debeant
ſalvi

salvi protecti & securi seu salve protecte & secure a qvocumqve gravamine & oppres-
sione, ac omnibus & sngulis privilegiis, gratiis, libertatibus & prorogativis frui de-
beant & gaudere, qvibus alii sub simili protectione & salviguardia nostra & Imperii
sacri constituti gaudent & fruuntur consuetudine vel de Iure, Mandates Universis &
singulis Principibus tam Ecclesiasticis qvam secularibus. Duelbus, Marchionibus,
Baronibus, Nobilibus, Melitibus, Militaribus, Vasalis, Capitaneis, Prefectis, Tri-
bunis, Magistratibus, Civitatibus, Communitatibus & Officialibus quibuseumqve,
ceterisqve, nec non & Imperii sacri subditis ac fidelibus dilectis cujuscumqve etatis
gradus, dignitatis seu preeminentie fuerint, Qvatenus predictos prepositos, Abbatis-
sas & Conventus Monialium Monasteriorum Ebbestorp Lünde Medingh territorii
Luneburgensis cum omnibus & siugulis eorum bonis mobilibus & immobilibus; Ho-
minibus, Iuribus rebusqve antedictis in hac Nostra protectione tuitione & salviguar-
dia integre conservent & manuteneant, manuteneriqve & conservari faciant, nec ad-
versus dictos prepositos, Abbatissas, & conventus Monialium in personis sive bonis
molestent, perturpent aut inqvietent, seu damnum inferant, quovis modo directe
vel indirecte, Imo tueantur & defendant, & ab aliis defendi eurent, in quantum gra-
tiam Nostram charam habeant, & nostram & Imperii sacrii indignationém gravissi-
mam & penam viginti marcarum auri puri, pro medietate fisco nostro Cesareo, reli-
qva vero parte injuriam passuris usibus irremissibiliter applicandam maluerint evitare,
Harum testimonio litterarum Sigilli nostri appensione munitarum. Datum in Civi-
tate nostra Imperiali Spier die prima decembris, Anno domini Millesimo qvingen-
tesimo quadragesimo qvarto Imperii Nostri anno viecsimoqvinto regnorum vero
Nostrorum vicesimo nono.

Ad mandatum Romane Cesaree
majestatis propriun.

(L. S.)

Iohannes Lintz, Doctor.
Est.

Von diesen beyden kayserlichen Mandatis schöpfte das Closter anfänglich eine
gemein grosse Hofnung: allein der Muth entfiel ihnen gar bald wieder, als die pro-
testirenden Stände um diese Zeit die Waffen wieder den Kayser ergriffen; denn da
konnten sie leicht die Rechnung machen, daß Hertzog Ernestus bey dergleichen Umstän-
den sich durch gedachte kayserliche Mandate die Hände schwerlich würde binden lassen.
Es lief auch, derselben ohngeachtet, von hochgedachtem Hertzog ohnverzüglich an den
hiesigen Hauptmann, Cord Küsel, neue Ordre ein, zu Beförderung der Reformation
in hiesigem Closter ferner alle mögliche Anstalt vorzukehren. Gleichwol aber gefiel es
der göttlichen Vorsehung nicht, durch diese beyde Werckzeuge die Reformation unsers
Closters völlig zu Stande zu bringen, massen hochgedachter glorwürdige Fürst, Her-
zog Ernestus Pius, den 11ten Jan. des 1546ten Jahrs dieses Zeitliche gesegnete, der
Hauptmann Küsel aber den 2ten Julii jetzt gedachten Jahrs durch einen unglücklichen
Schuß sein Leben verlohr. Allein was Hertzog Ernestus Pius rühmlich angefangen
hatte, das continuirte dessen Sohn und Nachfolger Hertzog Franciscus Otto, bald
hernach mit gleichem Eifer und noch glücklicherm Success; denn nun mit der Zeit
gingen

giengen etlichen im Cloſter ſelbſt die Augen auf, daß ſie die göttliche Wahrheit der evangeliſchen Glaubenslehren allmählig zu erkennen anfiengen, wozu, nächſt göttlicher Hülfe, dieſes wol das meiſte beytrug, daß ſie, bey denen damals allenthalben wüthenden Kriegesflammen, weder von dem Kayſer den gehoften Schutz, noch von ihrem Biſchof den benöthigten Beyſtand mehr haben konten, hingegen aber von ihren Angehörigen auſſerhalb des Cloſters durch allerhand nachdrückliche Vorſtellungen und bewegliche Zuſchriften zu Annehmung der Augſpurgiſchen Confeßion ermahnet und gebeten wurden. Die Frau Abbatißin ſelbſt wurde endlich von ein und andern Wahrheiten der Lutheriſchen Religion überzeuget, wozu derſelben ihr Bruder, Herr Nicolaus von Stöterogg, von vornehmen adelichem Geſchlechte in Lüneburg, welcher, nebſt der wahren Gottesfurcht auch zugleich groſſe Gelehrſamkeit beſaß, durch ſeine bewegliche und lehrreiche Sendſchreiben Anleitung gab, von welchen wir unten eines, ſeiner Merkwürdigkeit halben, mit anführen wollen.

Bey ſolchen Umſtänden nun wurde Ao. 1546. wiederum ein neuer Hauptmann, Namens Franciſcus Enghuſen hieher geſetzt, und demſelben zugleich von hoher Herrſchaft die Ordre mitgegeben, ſo viel immer möglich, ein gutes Vernehmen mit dem Cloſter zu unterhalten. Dieſes fruchtete ſo viel, daß die ohnedem ſchon einigermaſſen gewonnene Gemüther endlich die heilſame Intention der hohen Landesherrſchaft bey dem vorhabenden Reformations-Werk mehr und mehr einzuſehen begunten. Die Frau Abbatißin von Stöterogg, da ſie durch göttliche Erleuchtung ſchon ziemlich weit in der Erkentniß der Wahrheit kommen war, half nunmehr auch ſelbſt die evangeliſche Lehre mit eben ſo groſſem Fleiß und Eifer in ihrem anvertrauten Cloſter empor bringen, als ſie vorhin dieſelbe darin zu unterdrücken ſich bemühet hatte. Dadurch kam es denn endlich ſo weit, daß Ao. 1550 zu allererſt ein beſtändiger lutheriſcher Prediger, Namens Bierwirt, mit der Conventualinnen Bewilligung, hieher beruffen, und auf Johannis zum Beichtvater und Seelſorger unſers Cloſters inveſtiret ward. Nun hatte dieſer gute Mann zwar wol Gelehrſamkeit genug, die Grundſätze der evangeliſchen Religion gründlich vorzutragen und die Irthümer der römiſchen Kirche zu widerlegen; allein weil ſeine Conduite dabey gar zu hitzig und zu eifrig war; ſo fehlte nicht viel, daß er nicht beynahe das ganze Reformations-Werk damit wieder umgeſtoſſen hätte; denn ſo bald er nur ſein Amt hieſelbſt angetreten; wolte er gleich auf einmal die ganze Kirchenpraxin abſchaffen, und durchaus eine neue Liturgie einführen; und wie die hieſigen Conventualinnen ſich ſämmtlich dawider ſetzten; vergieng er ſich ſo weit, daß er etliche mal auf der Canzel mit groſſer Heftigkeit davon redete, und alle, ſo ihm in dieſer Sache zuwider waren, öffentlich verdammte und mit Leib und Seele dem Satan übergab. Ja überdies war er auch dem Cloſter in allen äuſſerlichen weltlichen Angelegenheiten immer entgegen, und richtete dadurch eine ſolche Mißhelligkeit und Verbitterung an, daß endlich keine einzige Conventualin mehr in ſeine Predigten kommen, noch das heilige Sacrament von ihm nehmen wolte. Weil nun aber die Frau Abbatißin von Stöterogg nicht ohne Urſach beſorgte, daß dieſe Zwiſtigkeit endlich zu groſſem Hinderniß der angefangenen Reformation ausſchlagen möchte, ſupplicirte ſie Ao. 1553 an die fürſtliche Regierung zu Zelle, um Hinwegnehmung dieſes gar zu ſcharfen Geſetzpredigers, ſchlug zugleich einen andern geſchickten Theologum zu dieſem Amte vor, und deprecirte dabey die von Herr Bierwirten vorgehabte gänzliche

U

Abſchaffung

Abschaffung ihrer alten gewöhnlichen Liturgie. Die deswegen eingegebene Supplique ist folgendes Inhalts:

Gestrenge Ernthveste hochgelarte Erbare günstige gebedende Herenn, unße pflichtwillige Gruth sie Juwe gestrengen und Erbaren stedes voran Bereidd, Günstige Gebebende Herrn. Wii können Juwer Gestrengen Erbar nicht vorentholden, sunder in aller Demoidicheyt clagenn, Wo unße predicant Her Berwerd, de uns upp düssen thokämpstigen Johannis 3 jar hefft prediceret, dar wii mit flite hebben na gehördt, doch leyder gar wennich uth gebetherth, wo wol vaker nütte leve geförth, doch jümmer vele unnütte sage manck gemenget, vormalebget, vordömet, und dem sothan mit leve und Zele henne geven, und noch vele gruwelicke worde, de wii tho male nicht mögen anthen, wo franß (*) düsses orts Bevelhebber und de jenen so danß gehördt, können bethügen, wy derhalven vorbittert, dat wy synen sermon nicht mer können hören, iß ock nementh de sick tho öme wyl geven und dat sacramenth van öme nemen, Sso hebben wii hörth van enem tho Ulßen mit namen Her Johan tynden de den wol prediceren schal, den sülvigen hebbe wy her gefodert uppet alverflitigeste gebeden, sick hir mögte her geven und officium predicationis et confessionis annemen, so hefft he sik beswerth sacramentum under ener gestalt tho ministrerende. Wau wy den syne sermones öbelißcker mäthe hebben gehördt, möchte wy üns samtlick wol mit der tydt dar tho geven, Bidden averst missam, Introitum Kyrieleyßon Gloria in excelsis prefationem und in latino wyllet singen laten, dat wy schölden bübesch singen, alße de senge wo düsse geddan hefft, denke wy nicht tho donde, denne wy der lattinschen senge geworth, bidden in aller demodicheyt, Juwe Gestrengen Erbaren hie willen inne raden, wil düsses predicanten, alße Her Berwerdes, mochten qwith werden, wente he uns nicht allene mes lestert in synen sermonen, sunder ock in andern donde entjegen iß, wo franß düsses ortes bevelhebber jum wyder bericht werde gevende, Derhalven iß unße hoge beger und demodige bede hir mit dem besten willen tho behälplich syn, düsse predicant möge von hir und de vorbevörde her Johan uth Juwer Gestrengen Erbarn bevel und bewillinge hir wedder kamen und besorget werden mit temelicker besoldinge beqwemer weninge fryger Kost alße thor tafelen tho gande, und mit ander nottrofft, wo ermals hir wontlick gewest iß, Düsses und alles guden vorsee wy uns gentlicken to Juwer Gestrengen Erbaren, wes wy nicht können vorschulden, möte godt de here, de dar iß dat högeste gudt, vorgelden an lyff und Zele, dem in sückßeligen regementh bevalen. Datum Medingh die corporis cristi anno LIII.

Juwer Erbaren Gestrengen Demodige Domina und ganße
Samminge des Closters Medinghe.

Die Auffschrift lautete folgender gestalt:

Denn gestrengenn Erenthvesten hochgelahrtenn und Erbarnn Herrn Herrn Stadholder und Redenn tho Zelle Unßenn günstigenn gebedenden Herrn tho handen.

Diese Bittschrift des Closters richtete nun so viel aus, daß ohnverzüglich Herr Bierwirt von hinnen berufen, und der verlangte Herr Linde von Ulßen aus hieher vociret, und zum Seelforger unsers Closters, an des vorigen Statt, eingesetzet wurde. Dieser Mann brachte nun durch seine sanftmüthige und liebreiche Vorstellungen alles wieder

(6) Der vorgedachte fürstliche Hauptmann hieselbst, Herr Franciskus Enghusen.

wieder in guten Stand, und schaffte nach und nach verschiedene durch das Alterthum tief eingewurzelte Mißbräuche mit Güte und Gelindigkeit aus der Kirche ab, wieder welche sein Antecessor mit seinem übereilten Eifer nichts hatte ausrichten können. Sol- thergestalt ferng denn, durch Gottes gnädige Mitwürkung, die in unserm Closter so lang unterdruckte, evangelische Religion endlich von Tage zu Tage an mehr und mehr empor zu kommen, bis endlich ao. 1554. im Monat Junio die Fr. Abbatißin, nebst dem grö- sten Theil des Convents zum allererstenmahl unter beyderley Gestalt communicirte und sich damit öffentlich zur lutherischen Religion bekannte, nachdem an diesem hochwichti- gen Werke von ao. 1529 bis 1554 bey 25 Jahr lang war gearbeitet worden.

Gleichwol aber war hiemit noch nichts, alles geschehen, denn ob zwar wol der mehreste Theil unsers Closters nunmehro die augspurgische Confeßion völlig angenom- men hatte, so waren doch noch verschiedene übrig, die in ihrem Herzen noch gut papi- stisch, oder, wenn sie gleich einige Ueberzeugung von der Wahrheit der evangelischen Religion hatten, gleichwol dieselbe noch nicht annehmen oder sich öffentlich dazu beken- nen, sondern erstlich den Ausspruch eines zukünftigen Reichstages abwarten wollten. Mit dieser Art von Interimisten hatte die Fr. Abbatißin eine geraume Zeit hindurch viel Mühe und Arbeit; sie consulirte auch deswegen verschiedene gelehrte und gottesfürchtige Männer, welche ihr denn nach allem Vermögen hierin behülflich und beyräthig waren. Absonderlich that sich hieben ihr bereits oben mit Ruhm gedachter Hr. Bruder, Nico- laus Stôterogg hervor, welcher, nachdem er von ihrer Bekenntniß zur evangelischen Religion benachrichtiget, und zugleich um guten Rath in jetztgedachter Sache gebeten war, ihr in einem besondern Sendschreiben seine Gedanken davon ausführlich eröffnete, und ihr die schönste Anleitung gab, wie sie mit dergleichen Leuten verfahren sollte. Es wird nicht überflüßig seyn, dieses ruhmwürdige theologische Consilium von einem gelehr- ten und gottesfürchtigen ICto aus dem noch vorhandenen Originale anzuführen, allwo es folgender gestalt lautet:

Bröderlike leve myt wünschinge und beger alles guden von godt dorch Christum voran, Erwerdige Frowe, hertelewe Szhster. Juwer Werden und ganzer Szammne- linghe gesuntheit und gelücklige wolfart erfare Ick allewege gerne, hebbe Juwer werden breff vor gistern entfangen und sines Inholtes vornamen. Und nach darupp J. Wer- den to bröderliker truwer antwordt nicht bargen, dat ick myt besundern hogen herzligen frewden gerne vormerckt hebbe, dat Juw Werden sampt dem meren dele der Szamme- linge utz anreginge drüwinge und werckinge des Werdigen Hilligen Gestes syck na ordening stiffting und bovele unsses Herrn und Heylandes Jesu Christi, des Szones des almechti- gen Vaders, under beyder gestalt dat Hochwerdige hillige Sacrament synes lyves und blodes genamen und entfangen hebben. Szo vel belanget Juwer Werde to vormelden vam Rykesdage wes Ick des bynnen lübeck upp Jüngester dagefart, dar to vele Stede vorstundet, erfaren hebben mochte, schall Juw Werde weten, dat by alle den gesammten der erbarn Stede ock den van lübeck sülves, alse enner Rykesstadt, van deme Rykes- dage noch nichtes bewust, so hebbe Ick ock Jnn dyse hütigen stunde dar van nichtes er- faren konnen, he If woll vorm jare utzgeschreven und folgendes to mhermalen van ey- ner tydt upp de anderen vorschaven und vorstrecket worden, aber van ynen verfolge und heldunge Is mn nichtes bewust, van de wyle Keyserl. Majest. swecklich, Is vermoth- lich ße werde noch wol enne tydt wyder vorschaven werden. Nu versta Ick utz Juwer

Wer-

Werden breve dat etlige der Szammelinge fyck to der Communion fub. utraque fpecie nichr können ebber wyllen bogeten, der orffake dat Sze upp folcken Ryfeßbach und fyner Uthfprake, worinebe fe boftebigen werden dat Inne wes im negeften Concilio gflaten rc. Harren und vorwachten wyllen, und alfo under Juw twivell und bekummeringhe ftifften und anrichten, O arme elenbe blinde unvorftenbige herten, be fyck an Jres Jnigen hern und menfters bovele und ordenunge, be dar Js des levenbigen gabes Szone, den uns be Baber myt fyner ftemmen dam Hemmel to hörende bevalen hefft, nichte Können genögen und febigen laten, wyllen noch Jn fo hogen götliken ßaken dar uns gabes clare helle wordt und bevell gebůt wes und wo wy uns verholden fchollen an den armen mynften Knyve ren, an benen boch Keyn heyll, fyck hangen und holden, Wy wyllen den allmechtigen godt bibben he wolle fe borch fynen billigen geft umme fynes leven Szones wyllen, uth folcker dicken blinthenbt röten und Jrlůchten ore hartte, dat Sze ören heylanbt und falich macket recht mögen Jrkennen, und öme fyne gebörende ehre geven, eme geloven und fol gen, he iffet jo allenne borch den wy be ewigen Salichheyt Jrlangen de he uns fo důer er kofft und erlöfet hefft, des he uns fyne funderlige gebechteniffe, uns barinne Chriftlich myt danckbarheytt to brende alfo under beyder geftalt in fynem billigen Teftament bera len Jngefettet und nagelathen hefft, wo be verfch des olben hynni denst melden und be Chriftlige Kercke fynget.   Quibus fub bina fpecie carnem dedit et fanguinem ut dupli cis fubftantiae totum cibaret hominem.   Wer wyll boch dem Szone gabes hir inne manfteren, dat moet jo eyne uthgefchamebe vormetene Dorheytt fyn und blyven, wor fyck be mynfche gabes worth werck bevell und ordeninge nichte wyll gefallen lathen, und baren fynen fchepper und erlöfer Jn fyner wollgeordenben ftifftunge und bvele eyn hulff willige ánderungh und vorbeteringh to makende vormeynen. Er is und ghext dar me be wo be here Chriftus fechte.   luftificata eft fapientia a filiis fuis.   Jck wet my to er innern des Ryfeß avefchedes to Aufßborch anno 30 wat is aver erfolgeth, godt hefft und wert de fynen woll erholden, an beme mag Keyn Chrifte twivelen, gabes Rabe wert ewichlick beftann rc.   Sende beßwegen pro Jnformatiuncula Juwer Werbe eyne Schrifft, wannachen ick (be Jck vortyben ock iin büftern und blintheyt gewandert) et wan bekeret und underrichtet worden, dar mebe wyll fyck Juw Werbe fampt dren mynth genoten tröften, So wyllet der ock to underrichtunge und belerunge der webberfpennigen gebruken, beth Juw Werbe hir nha inßer troftes und berichtes averkannen werden. Jtem eyne Korte Schrifft dar mebe fick Juw Werbe mit ben webberfättigen Jnn befragunge begeven Kan, defülven Jn örer antwort, wo fe anberst Chriftlich befunden, to beflu tenbe und to gewinnenbe.   Jobem eyn Bökefchen, vom aventmale des Hern Dorch D. Urbanum Reglum.   Des wyllen Juw werbe gebrucken beth dat ick alhi: eyn bekamen Kan, dat will ick alfebenn overfenben.   Dat vormeinte Concilium barupp etlike hopen bat et boch Jrclerung des Ryfeßbages fcholle manberet publiceret und bekrefftiget werben, bat fülve Js van etligen Drefsliken hochgelarten Theologen und lerern götliker Schrifft ftabelich mit gabes wordt und beftenbigem grunbe der götliken Schrifft Jn velen artike len (barunber bnfe ock begrepen) Vorlecht und vorworpen, bat my ißunber in ber yle to beclarerenbe nicht Donlich.   Hirmebe wyl Jck Juw Werbe fampt der ganzen Szamme linge beme allmechtigen bevalen hebben Jn fyne gnabe, bibbenbe he wylle Juw Werbe ßampt den be myt götliken worbe averrebet und berichtet dar by gnebichlick und beftenbi gen Jrholben, den anbern Jn geliken fynen hilgen geift vorteilen, fe ock to rechter erfänt niffe niſſe kamen mögen, dat wy alleſſampt den Waber aller barmhertichept borch Chriſtum mpth danckbarem herten alhir und dort ewichlick prpſen loven erheven und benedigen mögen Amen. Ilende den frigdach nha Vincula petri, den 3. Auguſti anno 1554.

Claws Stöterogge Juwe leve Brober.

In dieſen Brief waren noch 2 beſondere Beplagen eingeſchloſſen, folgendes Inhalts:

1.

Dewile ſick etliche beropenn up ein Concilium ebber Rykeßbach kan Juw Werde bne bericht unnd anthwort geven nha diſſer Wpſe. Wol hefft juw vorwiſſett, wol hefft juw breve unnd Segel gegeven, dath gp ſo lange levenn werdenn, dath ein Concilium geholdenn werde, Worupp wille gp doch denn vann hir ſcheidenn, wenn morgenn ebber overmorgen Gott juw eſchen worde, ahne der Szelen ſnpſe, Inn deme ungehorſame Gades, und vorachtinge ſines hilligenn Teſtaments unnd hogen dürenn befhels? Ock wannehr ſchone wi dath Concilium overlevenn werden, Watt were uns darmede gehülpenn, Denn ſe worden jo bann bepdenn ein dhon möteñ, ebber bepde geſtalbt des hilligen Sacraments tholatenn unnd gebedeñ ebber vorbedeñ, Szo ſe Ibt nu tholatenn werdenn, alſe Rechtt, wath dürffe wi denn leuger bepdenn und vorwachten, dat ſe Ibt uthſprecken Rechtt ſpn, dath doch vorhen ehr ſe gebaren ſindt vor voffteinhundert Jaren her Rechtt iß geweſt, unnd noch nicht umine Jeniges Conciliums willenn, ſunder darumme, dath Jeſus Chriſtus de Szone des levendigen gades ſülveſt Rechtt geſprakenn, Ingeſettet unnd verordent hefft, Rechtt iß, Dartho wenn wp bepde geſtalbt gelovenn Rechtt to ſinde umme des Conciliums willenn, darinne doch Idel menſchen ſinbt, Szo iß Jo ſolck gelove nenn Chriſtlick gelove, Wente de Chriſtlike gelove henget nicht an minſchen gutbünckeñ, autoritet ebber decret, ſunder allene am Gadeß worde, darumme ein ſolck gelove up Concilium unnd Rykeßdage Iß nenn gelove ſunber ungelove, Allent watt nu nicht uth dem loven Iß, Iß ſünde. Rom. 15.

Szo averſt ein Concilium bepderlep geſtalt des h. Sacraments worde vorböñeñ, unnd Chriſtum mith ſineñ Sacramentte bar tho, So hebbe wp St. Paulum, de mit dürenn wordenn vermannt, verbannet hartlike unnd ewichlick alle de ſpn Evangelium änbernn, denn edt Jo ein ſchrecklich wort Iß, dath he thom Galatern ſechtt, Unnd efft ein engel vam himmel ein anber Evangelium leret, de ſchal vorbanneth ſpn. Ja ſpricktt he, Efft ick ſülveſt ein anbers lehrenn worde, ſchall men mp nicht gelovenn, Unnd Iß Jo woll tho merkenbe, dath he ſechtt, Ein engel van Himmel, baruth wen lhevenn ſchal, dath webber Gotts wortt ebber befehll nichts angenamen ſchal werbenn, ebber ichtes geldenn, Wenner Ibt ock In einem Engenſchenn unnd hemmelſchen ſchine vorgebragen worden, Darumme wy up gades worde blpven und uns keine Menſchen, noch Im Concilio noch up Rykeßdagenn, wo hochgelert unnd billig ſe ümmer ſchinen mögen, darvan lathen affhören, Wente den, de ſolckeß änbernn, nicht ein ſlicht tidtlick vorderventh ſunder ewige Vorbanninge unnd Vorſtötinge, Ja de ewige unnadlatige thorn Gades gebrowet wertt, dath ſick billich van herttenn entſetten ſcholden alle, de ſolcke Inſettinge Chriſti nicht allene geänbert hebben, ſunder ock ſo gruwlick noch darover holbenn, dath ſe de leven Chriſten, ſo ſick an der Inſettinge Chriſti webber de Voränderinge holbenn, hir tidtlick an liff unnd levende ſtraffenn.

U 3 Erſt

Erſtlich de Subſtantz des Sacraments bedreyende, handelnn de Papiſten Jo wedder de helle klare ſchrifft, denn Chriſtus hefft dath Sacrament allen Chriſten gegeven. So bruken averſt de Preſter alleine beide geſtalde, dath Iß, des gantzen Sacraments, unnd geven denn leyenn nicht mher, denn dath halve Sacrament, dath geſegende Brodt. Dath ſe averſt hierinne handeln wedder de h. Schrifft, Iß dar uth av tho nemende, den de ſtede des h. Evangelii In welckernn wii hebben die Inſettinge des h. Sacraments nemlich Matth. 26. Marci 14. Luca 22 redenn entweder alleine vann der leienn Sacrament, ebber alleine van der preſter Sacrament, ſo frage Ick, Wor denn Chriſtus den leyenn datt Sacramenth hebbe Ingeſettet, denn Jo nenn ander ortt des Evangelii vann der Inſettinge des Sacraments redet, denn de boven gemelkenn. Reden ſe alleine vann der leienn Sacrament, wert wedderumme gefragett, wor denne der preſter Sacrament Ingeſettet ſy? Dar ſe averſt eines nicht werden können antogenn, darumme mott gewiſſe unnd-unwedderſprecklich folgen, dath gemelte Orde eine gemeine Inſettinge des h. Sacraments vor Preſter unnd leienn Inneholdenn. Darentbaren ſchrift S. Paulus 1 Corinth. 11. ſo klar van der Inſettinge des hochwerdigen unnd hilligen Sacraments, dath Jo neinandt daraнn twiveln kan ebber ſchall, Chriſtus hebbe dat gantze Sacrament Brodt unnd Wynn, dath iß liff unnd Blodt, Inn beyder geſtalt underſchedentlich allen Chriſten ock denn leienn gegeven, denn S. Paulus In gemeldenn orde nicht alleine den preſterenn tho Corintho ſchrift, Sunder der gantzen Chriſtliken gemeine, wo denn de anfanck der ſülvenn epiſteln bewyſett. Ock ſüht men klarlick Inn 11 Capittel, wo Ick de gantze Kercke tho Corinthen gebruckett hefft, unnd rhömet ſick S. Paulus, he hebbe ſulckenn bruk ſülveſt nicht erdachtt, ebber den Bruk Chriſti vorändertt, ſunder betüget dreplikenn, he hebbe Idt vann Herrn entfangenn, wo he Idt ſülveſt geleret unnd önen averanthwordett, wo he Idt vann Herrn enthfangenn hebbe. Dartho betügenn Jo klarlick alle olde Veber unnd Patres Inn öhren Böfernn, dath Inn anfange der Kerckenn unnd vele hundert Jar darnha, dat gantze Sacrament, dath Iß, wo mens nömett, beyderley geſtaldt, leienn unnd preſtern gerekett ſy wordenn, Welcker tüchniſſe Ick dürthmal nicht will antheen, bewilen ſe der gantzen werlt bekannt, unnd bewuſt ſhinn.

To den tidenn S. Ambroſii hebben de leienn nicht alleine beyderleie geſtalde enthfangen, ſunder dath brott des lichnams unnd den Kelck des blodes ock inn öre eigene Hende genamenn. Theodoritus lib. 5. c. 18.

Idt hebben Jo ock allrede de Papiſten ſülveſt up dem Rikeßdage tho Außborch geholdenn Anno 30 denn unſern wollenn tholatenn, dath wy unſenn leyenn, alſe Rechtt, beyde geſtaldt des Sacraments geven mochten, So ferne men ohne darjenenni ock, alſe rechtt, nhalatzen wolde, unnd billigenn, ſo ſe öhren leienn alleine eine geſtaldt geven mochten. Nhu wordenn de Papiſtenn ungetwivelt ſick ſo ferne nicht begeven hebben, wo ſe nicht vor gewiſſe wüſtenn unnd heldenn, dath Idt Rechtt, Chriſtlich und der h. Schrifft gemete were, den leyenn beyde geſtalt des Sacraments tho reckende.

Idt ſchal hir ock nicht geltenn, philoſopheren eſte Sophiſterie bruckenn, dath den leienn Inn live ock dath blodt Chriſti gerekett wer, dewile nenn liff ahne blodt möge ſynn, denn wy ſcholenn ſolcke boge henimelſiche myſteria nicht nha Ariſtotelis philoſophienn nehmetenn, ſunder nha lude des wordes unnd befehls Jeſu Chriſti dürth Sacrament geneten holdenn unnd bruckenn.

Die

Die 2te Beylage.

Juwe Werde möchten eyn Christlich Examen unnd Underredinge myt den noch webberspennigen holden, unnd Se nachfolgender Wyse fragen, wor se ock loven,

1) Wor Christus ock dath hillige Sacrament Inn teyder gestaldt hebbe Ingesettet unnd verordenth?

2) Wor men ock sick nha dem befehle Christi holdenn schall ebder nhalatenn schall?

3) Wor Idt Cristlich ebder Unchristlich sy, de lüde myth gewalt, alse de Papistenn Dohnn, vann Christi bosehl dwingenn, unnd darumme de gelovigen würgen unnd döbenn?

4) Efft Christi befehl Retterye und Christus sülvest sampt allenn de sinenn besebch folgenn, billig Retter hetenn unnd syn schollen?

5) Wor Idt ock mögelick Iß, dath dat konne sur de hillige Christlike Kerke, bede dwinget vann Gott ebder vann sinem worde?

6) Gelick alse de Kerke Gades nicht dodt de sünde, dath se scholde de lüde vann den tein gebaden, Vader unse, und dem geloven dwingen, sunder holdt se dartho, unnd Iß sülvest hirinne underdann unnd gehorsam;

7) Nu Iß beyderlen gestaldt des Sacramentes evenn so wol gades wort ebder befehl, alse de teyn gebade, Vader unse, Döpe unnd dergeliken 2c.

Dieses lehrreiche Sendschreiben ihres Hrn. Bruders nahm die Fr. Abbatißin von Stöterogg mit vielen Freuden auf, und unterredete sich, nach dessen Anweisung, fleißig mit ihren Conventualinnen über die streitigen Religionspuncte, ließ auch zugleich einen zulänglichen Vorrath teutscher Bibeln ins Closter bringen, und ermahnete sie aufs nachdrücklichste darin zu forschen, um unter herzlicher Anrufung GOttes den Weg GOttes daraus erkennen zu lernen: zu welchem allen denn die göttliche Barmherzigkeit so reichen Segen gab, daß nach und nach die Wiederspenstigen gewonnen, und endlich die reine evangelische lehre von allen und jeden angenommen ward.

Und so wurden denn endlich die so weit aussehenden Angelegenheiten unsers Closters glücklich zu Ende gebracht, eben in dem Jahre, da die gesammte Christenhelt durch den weltbekannten Religionsfrieden in Ruhe gesetzet wurde. Unterdessen hatte doch das gute Closter nunmehr Ursach genug, seine bisherige langwierige Wiedersetlichkeit zu bedauren, massen es davon den Schaden hatte, daß es aller seiner liegenden Güter und jährlichen Einkünfte war verlustig, auch sonst an Conventualinnen um ein merkliches schwächer geworden. Die Fr. Abbatißin zwar supplicirte deswegen etliche mal an den damals regierenden landesherrn; allein sie erhielt damit nichts weiter, als daß die zerbrochenen Clostergebäude, deren die Jungfräul. Versammlung benöthiget, wiederum repariret, und, anstatt ihrer vorhin besessenen Güter, ihnen gewisse Gelder und andere nothdürftige Victualien von der hohen Herrschaft assigniret wurden.

Von dieser Zeit an lebte die Fr. Abbatißin von Stöterogg noch etliche Jahre in guter Ruhe und Vergnügung, bis sie endlich ao. 1567. den 1ten Octobr. im wahren Glauben an Christum ihren Erlöser seliglich entschlief, nachdem sie ihre mühselige lebens-Walfahrt auf 74 Jahr gebracht, und dem Closter, unter den grösten Troublen über 43 Jahr treulich und rühmlich vorgestanden hatte. Ihr entseelter leichnam wurde unten

ten im Closter in der zum Begräbniß derer Abbatißinnen gewidmeten Capelle beerdiget, und dabey zu ihrem Gedächtniß ein Epitaphium aufgerichtet, mit folgender Inscription:

Anno domini 1567. in die Remigii obiit in vera invocatione filii Dei reverenda Abbatissa Margareta Stöterogge, cujus anima requiescat in pace.

4.
Gertrudis von Löbing
erwählt 1567. starb 1588. den 26sten Jun.
dem Closter vorgestanden 21 Jahr.

Sie wurde sehr jung, und ehe sie noch das 20ste Jahr ihres Alters zurück gelegt hatte, von der Jungfräulichen Versammlung unsers Closters zur Abbatißin erwählet, und nicht mehr wie vormals, von dem Werdischen Bischof, sondern von der hohen Landesherrschaft in solcher Dignität confirmiret, auch nachmals durch einen fürstl. Commissarium eingeführet. Von Abkunft war sie eine vornehme adeliche Geschlechterin aus Lüneburg, woselbst ihr Vater, Georg von Löbing, eine zeitlang das Amt eines Burgermeisters geführet, und dabey um unser Closter sich sowol verdient gemacht hatte, daß man nach seinem Absterben jährlich den 10ten Julii sein Gedächtniß hieselbst feyerlich begangen hat; welche besondere Meriten ihres Hrn. Vaters, nebst ihren eigenen rühmwürdigen Eigenschaften, ohne Zweifel verursachten, daß sie schon bey so jungen Jahren zu einer so grossen Würde gelangte.

Es fand aber diese gute Fr. Abbatißin bey dem Antrit ihres Amtes, unser Closter in schlechtem Stande, maßen alle dessen Güter unter der vorigen Fr. Abbatißin eingezogen; und hingegen die benöthigte Lebensmittel auf andere Art, aber eben nicht gar zu reichlich, demselben wieder angewiesen worden waren: dieserwegen bemühete sie sich äussersten Fleisses, dies vorhin so reiche und nunmehr so tief in Abnehmen gerathene Closter einigermassen wieder empor zu bringen; sie that auch wirklich deswegen allerley schriftliche Vorstellungen bey etlichen Grossen des zellischen Hofes, und ersuchte dieselben um Beystand in dieser wichtigen Sache. Allein wie sie von denenselben nur lauter langwierige Vertröstungen bekam, so fassete sie endlich die Resolution, den Landesherrn, Herzog Wilhelmum Iuniorem, selbst ihres Closters halben anzureden. Sie bewerkstelligte solches auch ohne Säumniß, und zwar mit recht erwünschtem Success. Denn wie einst hochgedachter Herzog hieselbst auf der Nachbarschaft war; und sie dabey Gelegenheit bekam vor demselben zur Audienz gelassen zu werden; so wuste sie ihm die Angelegenheit ihres Closters auf eine so lebhafte Art vorzustellen, und ihre Bitte so nachdrücklich anzubringen, daß Herzog Wilhelmus daran ein gnädiges Wohlgefallen bezeugete, und sie mit erwünschter Resolution von sich ließ. Worauf auch wirklich ein und andere Sülzgüter, Zehenden, Meyerhöfe, und mehrere dergleichen liegende Güter, dem Closter nach und nach zurück gegeben wurden, welche denn dasselbe von der Zeit an, bis auf diese Stunde allemal in ruhigem Besitz behalten hat. Zu ihrer Zeit ao. 1574. gab Herzog Wilhelmus eine Closterordnung heraus, welche denn auch hieselbst eingeführet,

und

und verschiedene aus dem Pabstthum noch übergebliebene Misbräuche darnach abgeschaffet wurden. Wir wollen diese Verordnung unten mit beyfügen.

A. 1588. überfiel die Fr. Abbatißin Gertrudis von Töbing eine schwere Kranckheit, woran sie auch den 26sten Jun. des gedachten Jahrs dieses Zeitliche gesegnete, nachdem sie das 41ste Jahr ihres Alters noch nicht völlig erreicht und der Jungfräulichen Versammlung unsers Closters ins 21ste Jahr rühmlichst vorgestanden hatte.

Ihr entseelter Leichnam wurde, wie gewöhnlich, in des Closters Creutzgange beerdiget, und um ihre Grabstätte folgende Inscription gesetzet:

Anno domini 1588. die 26. Iun. obiit in vera invocatione filii Dei Reverenda
Abbatissa Gertrudt töbinges cujus anima requiescat in pace.

Gleich daneben zur Seite ist ihr folgendes Epitaphium aufgerichtet:

Epitaphium reverendissimae Abbatissae in Meding, D. Gertrudis Töbinges, natue ao. Christi 1548. pie vero defunctae ao. 1588.

Ex Töbingorum Gertrudis stemmate nata,
   Cui genitor Lunae Consul in urbe fuit,
Mortalis vitae quatuor bis lustra recensens
   Occidit, at vivit spiritus ante Deum;
Cujus in his terris vero flagravit amore,
   Quem cunctis mundi praeposuitque bonis,
Illius et quicquid verum spectabat honorem
   Effectum summa sedulitate de it.
Viginti nondum vitae confecerat annos,
   Quando Abbatissae nomina digna subit;
Hoc et in officio totidem confecerat annos,
   Extremum quando clausit in orbe diem
Praestitit interea summa pietate fideque
   Munia et ante homines debita et ante Deum.
Irrigat ergo piis lacrymis sua lumina coetus,
   Rectricem tantam dum periisse dolet.
Sed numquid periit cui tot bona morte relicta?
   Fama bona ante homines, vita pia ante Deum.
Ante Deum quodsi mors est pretiosa piorum,
   Hujus erit coram mors pretiosa Deo.

5.
Elisabeth von Töbing,
erwählt 1588. starb 1630.
dem Closter vorgestanden 42 Jahr.

Sie war eine leibliche Schwester der vorhergehenden Fr. Abbatißin Gertrudis von Töbing, und wurde nach deren tödtlichem Hintritt Ao. 1588. den 27sten Jul. von dem gesammten Convent einhellig wieder zur Abbatißin erwählet, wie sie eben das

X

32ste Jahr ihres Alters erreichet hatte.   Unter ihrem langwierigen Regiment sind aber-
mals verschiedene merkwürdige Dinge bey unserm Closter vorgegangen.

Zu Anfang des 17ten Seculi wurde unserm Closter von der hohen landesherr-
schaft die Veränderung des Habits anbefohlen; denn obgleich schon vermöge der Ao. 1574
von Herzog Wilhelmo juniore publicirten Closterordnung die alten päbstischen Scapula-
ria, Weicheln und Creuße, sammt den abergläubischen Ceremonien bey deren Einwey-
hung, völlig abgeschaffet worden; so hatten doch die mehresten Clöster unsers Landes, in-
sonderheit auch das unsrige, den weissen Cistercienserhabit annoch aus dem Pabsthume
behalten.   Weil aber der Herzog auch dieses abgeschaffet wissen wollte; so wurde, wie
in andern, also auch in unserm Closter Ordre gestellet, daß die jeßigen Conventualinnen
zwar noch vors erste bey ihrem weissen Habit gelassen, inskünftige aber alle Jungfrauen
schwarz eingekleidet werden sollten.   Damit wurde auch Ao. 1605. in unserm Closter
wirklich der Anfang an den beyden Fräul. Anna und Barbara von Tßarstedt (wovon die
erstere nachmals Abbatißin worden) gemacht, und dieselben, auf ausdrücklichen fürstl.
Befehl, am Sonntage Quasimodogeniti zu allererst in schwarzem Habit eingekleidet;
wobey denn zugleich die wirkliche Solennität nicht mehr, wie vormals, auf dem Jung-
frauenchor, sondern zum erstenmal auf dem Capittulhause vor sich ging, um dadurch
allem aus dem Pabstthum noch übrig gebliebenen Aberglauben desto besser vorzubauen.

Ao. 1615. den 25sten Febr. verstarb hieselbst die durchläuchtigste Fürstin und
Fräulein Catharina, des weltberühmten Herzogs Ernesti Pii 3te Princeßin Tochter, wel-
che auf dem von hochgedachtem ihrem Hrn. Vater Ao. 1531. hieselbst erbaueten fürst-
lichen Hause, nach dessen Absterben, über 60 Jahr gewohnet ('), und ihr ganzes Alter
auf 78 Jahre gebracht hatte.   Diese einzige fürstl. Person hat hieselbst residiret, und
nach deren Absterben ist gedachtes Herrenhauß zu anderm Gebrauche bestimmet worden.
Ihre Exequien wurden den 24sten Mart. gedachten Jahrs mit Christfürstlichem Geprän-
ge angestellet, und der entseelte Cörper bey dem Altar in der Kirche, gegen Norden zu
beerdiget, allwo man auf ihrem Leichsteine in der Mitte das Fürstl. Braunschw. tüneb.
Wapen, über demselben den Spruch Hiob am XIX.   Ich weiß, daß mein Erlöser le-
bet rc. unter demselben den Spruch Johan. III.   Also hat GOtt die Welt geliebet rc.
und auf dem Rande umher folgende Inscription findet:

Die weyland durchleuchtige hochgebohrne Fürstin und Fräwlein Frewelin Catha-
rina gebohrne Herzogin zu Braunschw. und Lüneb. ist ao. 1537. am 9 Decemb.
an diese welt gebohren, Ao. 1615 am 25sten Febr. gottselig endschlafen und am
24sten Mart. Christ- und Fürstlich begraben.

Sonst ist bey dieser Fr. Abbatißin Zeiten Ao. 1617. zu der noch jeßo am grünen Don-
nerstage gewöhnlichen Speisung der Armen, der erste Grund geleget worden, wovon
unten bey den Ritualibus unsers Closters mehr Nachricht vorkommen wird.   A. 1618.
wurde in des Closters Haushaltung eine grosse Aenderung gemacht; denn da von Alters
her alles Backen, Schlachten, Einsalzen und Räuchern, zum Behuf der gemeinsamen
Speisung des Closters, auf der ehemaligen Pröbsten und nachmaligem Amthofe jeder-
zeit geschehen war; so wirkte der damalige Hauptmann, Hr. Wilhelm von Hadenberg,
einen fürstlichen Befehl aus, kraft dessen das Amt dieser Mühe enthoben und selbige
                                                                                        dem

(1) Siehe davon oben.

dem Closter anheim gegeben wurde.   Zugleich aber wurde auch das Deputat an baß-
rem Gelde, Saltz und Brennholtz, welches vorhin das Amt dieserwegen gehoben, dem
Closter zugelegt, und dabey verordnet, daß die Zufuhr und Einlieferung des Holtzes
dem Closter, ohne Entgeld, durch fürstliche Herrendienste geschehen sollte; bey welcher
Verordnung es beständig bis auf den heutigen Tag geblieben ist.

Die übrige Zeit ihres Amtes brachte die gute Fr. Abbatißin in lauter Unruhe
unter mancherley widrigen Schicksalen zu; denn als Ao. 1620 der unglückliche 30jähri-
ge Krieg in Böhmen seinen Anfang nahm, und die Protestanten dabey den kürzern zo-
gen, die protestantische Fürsten aber bey solchen betrübten Umständen auf ihre Defen-
sion bedacht seyn musten; so wurde Ao. 1623. durchgehends im ganzen lüneburgischen
lande von allen Gütern der 100te Pfennig eingefordert, wobey denn unser Closter von
seinen vorhandenen Baarschaften, jährlichen Revenüen und liegenden Gründen eine
schwere Geldsumme entrichten muste.   Bald nachher als Ao. 1625. unter den Nieder-
sächsischen Mächten die bekannte Crenßverfassung zu Lauenburg geschlossen worden, der
Kayser aber dieser Ursache halber seine Truppen nach den Niedersächsischen Ländern mar-
chiren ließ; hatte unser Closter abermals sich nicht viel gutes zu versehen.   Die Fr. Ab-
batißin von Löbing bemühete sich zwar in Zeiten um Schutz und Salveguarden für ihr
anvertrautes Closter und dessen angehörige Personen, erhielt auch dieselbe mit grosser
Mühe und Unkosten bey der kayserlichen Generalicät; allein dem ohngeachtet ging es bey
diesen unglücklichen läuften nicht allemal ohne Verdrießlichkeit und Anlauf ab. Abson-
derlich hatte unser Closter nach der unglücklichen Schlacht bey Lutter Ao. 1626. den
18ten Septemb. den Verdruß, daß ein Troß kayserlicher Reuter, von Bleckede kam,
hieselbst einfiel, die Kirche erbrach, und was darin Geldes werth war, mit sich
hinweg nahm.   Von da ging es nach dem Closter zu, da diese Raubvögel zuförderst
den Jungfrauenchor spoliirten, und allen dessen vorhandenen Schmuck hinweg raffeten,
was nicht bey Zeiten in Sicherheit gebracht worden war.   Wie sie daselbst fertig waren
so durchstreiffeten sie das ganze Closter, erbrachen Stuben und Kammern, nahmen al-
les daraus was sie mit sich fortbringen konnten, und wie ihnen durch einen Unglücksfall
etliche Conventualinnen in die Hände geriethen, die sich in der Angst nicht frühzeitig ge-
nug hatten verbergen können, gingen sie mit ihnen ziemlich barbarisch um, und quäleten
die von Schrecken halb erstorbenen leute so, daß sie eine Summe Geldes von 40 Rthlr.
zusammen bringen, und ihnen mit auf den Weg geben musten; worauf sie endlich nach
vielen ausgestossenen Flüchen und Drohworten ihren Abschied nahmen.   Darauf ging
es über die andern Einwohner unsers Orts her; absonderlich überfielen sie den damaligen
Prediger, Benedictum Wießendorff, in dessen Wohnung sie nicht allein ziemlich auf-
räumten; sondern noch dazu diesen frommen beynahe-90 jährigen Greiß so unbarmher-
zig tractirten, stiessen und schlugen, daß er wenig Monat nachher seinen Geist aufgab.
Nach welchen verübten Greuelthaten diese Mordgeister endlich unter vielem Geschrey
und Tumult wieder von hinnen ritten.   Dieser unglückliche Zufall jagte unserm Closter
ein solches Schrecken ein, daß die Conventualinnen unverzüglich den grösten Theil ihres
Hauß- und Küchengeräthes in die Au an einen gewissen Ort versenken liessen, das übri-
ge aber in Säcke und Matten vernäheten, und zu Schiffe nach Lüneburg schickten.   Die
Fr. Abbatißin gebrauchte eine gleichmäßige Präcaution mit des Closters Archiv und deß-
sen noch übrig gebliebenen pretiosis, welche nach und nach mit ziemlicher Gefahr in das

- Mediu-

Medingſche Cloſterhaus zu Lüneburg verſandt, und daſelbſt verwahrlich angenommen
wurden. Die Conventualinnen ſelbſt ſuchten ihre Sicherheit in den Kellern unter dem
Cloſter und andern verborgenen Winkeln, ſchickten auch täglich ihre Kundſchafter aus,
und kamen nicht eher ans Licht, als bis ſie von denſelbigen vergewiſſert waren, daß ſie
keine Gefahr zu beſorgen hätten. Unter ſolchen betrübten Umſtänden brachte unſer
Cloſter das 1620ſte Jahr zu Ende, bis endlich die Sachen mit der Zeit ein beſſeres
Anſehen zu gewinnen begunten. Unterdeſſen hatte doch die Fr. Abbatiſſin von Löbing
bey dieſen unglücklichen Läuften durch öfteres Schrecken und ſtetige Furcht ſo viel von
ihrer Geſundheit zugeſetzet, daß ſie ihre übrige Lebenszeit faſt in beſtändiger Leibes-
ſchwachheit zubringen muſte, bis ſie endlich Ao. 1630 den 9ten Auguſt vollends dieſes
Zeitliche geſegnete, nachdem ſie 74 Jahr in dieſer mühſeligen Welt gelebet, und das
Cloſter unter mancherley widrigen Zufällen über 42 Jahr rühmlich regieret hatte. Ihr
entſeelter Leichnam wurde in der Capelle, an der Ecke des Creutzganges mit chriſtlichen
Ceremonien beſtattet, und um ihre Grabſtäte nachfolgende Inſcription geſetzet:

Anno domini 1630. die 9. Auguſti obiit in vera invocatione filii Dei Reverenda
Abbatiſſa Eliſabet Tübinges, cujus anima Requieſcat in pace.

Gleich daneben ſiehet man ihr zu Ehren folgendes Epitaphium aufgerichtet:

Epitaphium reverendae Abbatiſſae in Meding D. Eliſabethae Tübinges, natae
anno Chriſti 1556. pie vero defunctae 1630. die 9. Auguſti.

Ecce ſub hoc ſaxo decus Eliſabetha Tübingum
Hujus coenobii ſuncta Abatiſſa jacet!
Tres et quadraginta quidem dum praefuit annos
Officio ſumma laude fideque ſuo,
Annoſa exceſſit, nunc ſpiritus incolit aſtra,
Corpus in adventum ſtat, pie Chriſti tuum.

6.
Anna von Tzarſtedt,
erwählt 1630. ſtarb 1635 den 6ten November,
dem Cloſter vorgeſtanden fünf Jahr.

Sie ſtammete von einer in Lüneburg berühmten adelichen Familie derer von Tzar-
ſtedt her, und war Ao. 1605 von der vorhergehenden Fr. Abbatiſſin Eliſabeth
von Löbing zu einer Conventsfräulein unſers Cloſters, und zwar zu allererſt in ſchwar-
zen Habit eingekleidet worden, wie ſie eben das 20ſte Jahr ihres Alters erreichet hatte.
Durch ihre rühmliche Eigenſchaften brachte ſie es dahin, daß ſie von jetztgedachter Fr.
Abbatiſſin nachgehends zu einer Priöbrin unſers Cloſters eingeſetzet, und endlich nach
deren tödlichem Hintritt Ao. 1630. den 6ten September im 50ſten Jahr ihres Alters
von dem geſammten Convent einhellig wieder zur Abbatiſſin erwählet ward. Dieſe
Dignität bekleidete ſie 5 Jahr lang in der trübſeligen Zeit des damals noch währenden
dreyßigjährigen Krieges, darin ſie doch, ſo viel ſich nur immer thun laſſen wolte, den
Wolſtand ihres Convents zu befördern ſich angelegen ſeyn ließ, ob es gleich dazumal in
der

der ganzen Chriſtenheit ziemlich verwirret und gefährlich ausſahe.   Mitten unter ſol-
cher ruhmwürdigen Bemühung entſchlief ſie Ao. 1635 den 6ten November im 56ſten
Jahr ihres Alters, und wurde gleichfals in der oftgedachten Capelle im Cloſter begra-
ben, allwo man ihr zu Ehren ein Epitaphium aufgerichtet findet, mit folgender In-
ſcription:

Zum ewigen Gedächtniß der hochwürdigen in Gott Edlen, Ehr- und Tugendrei-
chen Frauen Annen, gebohrnen von Tjarſtedten, Abbatißin und Dominæ des
löblichen Jungfern Cloſters Meding, welche, nachdem ſie dieſem Cloſter treu
heilſahmlich fünf Jahr vorgeſtanden, am 6ten November 1635. ihres Alters im
56ſten Jahre ſeelig in Gott eingeſchlafen.

> Das Regiment hab ich erlanget,
>   Nun tauſendmal ein beſſeres noch,
> Weil meine Seel im Himmel pranget
>   In ſtolzer Ruh und Frieden hoch.
> Mir iſt nun alles wol gelungen,
> Darnach ich oft allhier gerungen.

7.
Margareta von Daſſel I.
erwählt 1636. ſtarb 1667. dem Cloſter vorgeſtanden 31 Jahr.

Sie war ebenmäßig aus Lüneburg bürtig, woſelbſt ihr Vater, Herr Georg von
Daſſell, ein vornehmer Patritius und zugleich Bürgermeiſter war. Ao. 1624
im 18ten Jahr ihres Alters wurde ſie von der damaligen Fr. Abbatißin Eliſabeth von
Töbing zu einer Conventualin eingekleidet, und endlich Ao. 1636. den 12ten April
von dem Convent einhellig zur Abbatißin erwählet, nachdem dieſes Amt, ſeit dem
tödtlichen Hintritt der Fr. von Tjarſtedt, wegen der damaligen Kriegesunruhe, über
5 Monat vacant geweſen war.   Unter dieſer langwierigen Vacanz hatte unſer Cloſter
abermals das Unglück, von feindlichen Truppen überfallen und geplündert zu werden.

Dann wie damals eben unſere regierende Landesherrſchaft, und abſonder-
lich der tapfere Fürſt, Herzog Georgius beſchäftiget war, die fremde Völker aus den
Braunſchweigiſchen und lüneburgiſchen Landen zu bringen; wandte ſich einſt unter die-
ſen Troublen, zu Anfange des 1636ſten Jahrs eine Parthey Schwediſcher Reuter ge-
gen unſer Cloſter, trieb das Vieh aus dem Vorwerke hinweg, und plünderte das Clo-
ſter ſo rein aus, daß faſt nicht das geringſte an Meublen darinnen übrig blieb; wobey
gleichwol dieſes noch das beſte war, daß die beſten Sachen und Koſtbarkeiten des Clo-
ſters nicht daheim, ſondern zu Lüneburg in guter Verwahrung waren.   Unterdeſſen
fanden dieſe Raubvögel doch auf eine beſondere Art noch verſchiedene Sachen von ſehr
hohem Werth, wovon die Conventualinnen ſelbſt nicht einmal wuſten, daß ſie im Clo-
ſter vorhanden wären. Denn wie ſie nirgends wo etwas beträchtliches von Kirchenge-
räthe hatten aufſpüren können, ſo geriethen ſie endlich auf die Gedanken, es müſte
nothwendig irgendswo etwas vermauret ſeyn: Dieſerwegen fiengen ſie an hie und da

Mauren

Mauren und Pfeiler einzuschlagen, und funden endlich unten im Creutzgange, was sie gesucht hatten; denn als sie daselbst in den Pfeilern kleine Schränke, die von aussen mit hölzernen Klappen verwahret, aber unter solchen drey Pfeiler wahrnahmen, die gantz dichte zugemauret waren; brachen sie dieselben mit grosser Gewalt auf, und funden in einem jedweden ein heimliches Behältniß, so drey Viertheil Ellen in die Höhe und 1½ Viertheil in die Breite ausgemauret, und mit einem breiten Stein von gleicher Proportion zugesetzet war. In diesen verborgenen Schränken fanden sie viel kostbare Sachen, wie denn ein dabey anwesender Schwedischer Officier sich hernach selbst gegen den bießigen Prediger, Rudolph Wletzendorff, hat vernehmen lassen, daß sie allhie eine beträchtliche Beute gefunden, welche so wol und heimlich verwahret gewesen, daß die Conventuallinnen selbst nichts davon gewußt. Und dies war auch freylich eben zu bedauren, daß die Vorfahren von diesem verborgenen Schatze den Nachkommen gar keine Nachricht hinterlassen hatten, sonst es leicht gewesen wäre denselbigen, wie die andern Pretiosa des Closters, bey Zeiten wider allen feindlichen Anfall in Sicherheit zu bringen. Bey solchen unglücklichen und gefährlichen läuften trat die Fr. Abbatißin von Dassel die Regierung unsers Closters an, und muste sich gleich Anfangs vor allen Dingen bemühen, das so rein ausgeplünderte Closter wieder mit benöthigten Mobilien und das Vorwerk mit Vieh und andern zur Haushaltung gehörigen Sachen zu versehen. Wie sie aber eben damit beschäftiget war, und eine ziemliche Summe Geldes darauf verwandt hatte, fand sich bald noch etwas mehreres für sie zu arbeiten; denn Ao. 1637 fiel das gantze Siechenhaus des Closters ein, das der ehmalige Probst von Bülow Ao. 1503 hatte erbauen lassen. Weil nun die Clostercasse durch die unglücklichen Kriegestroublen bisher ziemlich war erschöpfet worden; muste die Fr. Abbatißin die hochnöthige Reparation dieses Gebäudes einige Jahre anstehen lassen, bis endlich Ao. 1640 die hohe Landesherrschaft zutrat, und das verfallene Siechenhaus wieder aufrichten ließ. Ao. 1654 wurde unserm Closter der sogenannte Riesselgarte geschenket, die Stäte hatte der damalige fürstliche Hauptmann, Herr Gerhard Becker, von der Herrschaft gekauft, ließ dieselbe nachgehends zum Garten aptiren, und schenkte selbigen endlich dem Closter zu Erb und eigen, wie denn das Closter denselben auch noch bis auf den heutigen Tag im Besitz hat.

In eben demselben Jahre starb hieselbst eine reiche und wol begüterte Priorin, Fr. Gertrudis von Többing, welche in ihrem Testamente dem Closter eine ansehnliche Summe Geldes vermacht hatte, wofür die Fr. Abbatißin in dem folgenden 1655. Jahre die Orgel in der Kirche gantz neu aufbauen ließ. Ao. 1657 machte sie einst den Ueberschlag, wie viel Conventuallinnen und Layschwestern all über all in den 429 Jahren, so lange damals unser Closter gestanden, mögten gewesen seyn. Und ob sie gleich von den allerersten Zeiten nach der Stiftung unsers Closters keine genugsame Nachricht aufzufinden wuste, so kam sie doch mit ihrer Rechnung auf 610 Conventualinnen, die damals lebenden mit darunter gezählet, welche mehrentheils von den adelichen Geschlechtern in Lüneburg entsprossen waren. Und nebst diesem Calculo der Conventualinnen brachte sie eine Zahl von 95 Layschwestern zusammen, welche in 429 Jahren nach und nach in dem Closter gedienet hatten. Ao. 1659 ließ die Fr. Abbatißin von Dassel das sogenannte Haus der Abbatißin im Closter repariren, und zugleich die mehrgedachte 15 Tafeln, welche der Probst von Bülow Ao. 1499 zu einem Unterrichte für die

ble Nachkommen in einem Vorgemache aufstellen lassen, wieder mit neuen Farben an-
streichen, nachdem sie in einer Zeit von 160 Jahren ziemlich unbeutlich und schmutzig
worden waren. Ungeachtet aller Sorgfalt aber, welche sie deswegen vorkehrete, gieng
es doch nicht so genau zu, daß der dabey gebrauchte Mahler in der unter den Tafeln
gesetzten alten Mönchsschrift nicht dann und wann einen Buchstaben verzogen, oder ei-
ne Abbreviatur unrecht nachgemahlet hätte; daher kommt es, daß der Sensus an etli-
chen Orten ziemlich schwer und unverständlich worden ist. Wir wollen diese Tafeln,
zum Beschluß dieses Ersten Theils mit mehrerm anführen, und zugleich diejenige Stel-
len, welche von dem Mahler corrumpirt worden, ans dem alten Originall, wonach
die Tafeln zuerst verfertiget, corrigiren.

   Es starb endlich diese ruhmwürdige Abbatißin Ao. 1667 den 6ten April,
nachdem sie ihr ganzes Alter auf 61 Jahr gebracht, und dem Closter 31 Jahr lang mit
vielem Nutzen vorgestanden. Ihr entseelter Leichnam wurde unten in der Capelle ge-
gen dem Altar zu beerdiget, allwo man auf ihrem Leichsteine folgende Inscription lieset:

Christus ist mein Leben.

Die Hochehrwürdige Woledelgebohrne Frau Margareta von Dassel, Abbatißin
in Mebing, ist gebohren den 29sten October Ao. 1606., in dieses Closter kom-
men Ao. 1619., zur Abbatißin erwählet Ao. 1636., und seelig gestorben den
6ten April Ao. 1667.

8.

Margareta von Dassel II.

erwählt 1667. gestorben 1680.

dem Closter vorgestanden 13 Jahr.

Sie stammete von eben der vornehmen Patritien Familie aus Lüneburg her, davon
  die vorige Fr. Abbatißin entsprossen war. Ao. 1650 den 16ten Jull wurde sie
hieselbst zu einer Conventualin eingekleidet, und signalisirte sich in kurzer Zeit so wol,
daß sie Ao. 1667 nach tödtlichem Hintritt der vorigen Fr. Abbatißin von Dassel wieder
an deren Stelle erwählet, und den 2ten May gedachten Jahrs von einem fürstlichen
Commissario introdukiret ward, nachdem sie das 27ste Jahr ihres Alters noch nicht er-
reichet hatte. Allein ihre Regierung hieselbst war mehr rühmlich, als langwierig, denn
ehe sie noch zu dieser hohen Würde gelangte, war sie schon eine Zeit her mit einem affe-
ctu hypochondriaco behaftet gewesen, wozu in die Länge gar die Epilepsie schlug, da-
ran sie auch zuletzt Ao. 1680 den 21sten October sanft und seelig verschied, nachdem sie
ihr ganzes Leben auf 40 Jahre und 12 Tage gebracht, dem Closter aber 13 Jahr und
etliche Monat vorgestanden. Ihr entseelter Leichnam wurde in des Closters Creutz-
gange, gleich vor dem Eingange zur Capelle, der ersten Fr. Abbatißin Margareta
Duffen zur Seite beerdiget, und lieset man daselbst auf ihrem Leichsteine folgende
Inscription:

Die

Die Hochwürdige Frau Margareta von Daſſel, Abbatißin in Meding, iſt geboren im Jahr Chriſti 1640 den 2ten November, zur Abbatißin erwählet 1667 den 2ten May, geſtorben 1680 den 21ſten October, ihres Alters 40 Jahr. Ihrer Regierung 13 Jahr. Und erwartet allhie der Frommen Auferſtehung.

Gleich daneben ſtehet ihr Epitaphium, worauf ſich oben eine Lampe zeiget, mit dem Cemmate:

Indem ich andern diene
Zehr ich mich ſelber auf.

Darunter lieſet man folgendes:

Hier
in dieſe Grufft
hat
Die Hoch-Ehrwürdige
F r a u   M a r g a r e t a   v o n
D a ſ ſ e l,
Aebtißin in Meding,
im Jahr Chriſti 1680.
ihr Zergängliches einzuſenken
befohlen,
als ſie 40 Jahr gelebet
und
über 13 Jahr dem Cloſter
vorgeſtanden.
Der Welt zum Vorbilde,
daß
wider den Todt
Kein Adel oder Jugend
Keine Klugheit oder Tugend
Keine Emſigkeit noch Ehre
etwas könne wirken,
ſondern
wir
alle   alle
b a l d   f o l g e n
müſſen.

Unten ſtehet ihr Geſchlechtswapen, ſo ein drey doppeltes Blatt vorſtellet, mit der Beyſchrift:

Das Lob bleibt dennoch grüne
Bis währt der Sternen Lauf.

9. Catha=

9.
Catharina Priggen,
erwåhlt 1681. gest. 1706.
dem Closter vorgestanden 25. Jahr.

Sie stammete mütterlicher Seits aus Lüneburg von einem adelichen Patritiengeschlechte her, und wurde nach tödtlichem Hintritt der letztern Fr. Abbatißin von Dassel Ao. 1681. den 3ten Januar im 50sten Jahr ihres Alters wieder erwählet, auch nicht lange hernach von einem fürstl. Commissario solenniter eingeführet. Die Zeit ihres geführten Amtes über hat diese Fr. Abbatißin dieselbst viel gutes und löbliches gestiftet. Ao. 1686. ließ sie dem damaligen Prediger, Hrn. Falkenhagen, die jetzige Sacristey an der Südseite der Kirche erbauen, weil die alte Capelle an der Nordseite, so A. 1453. von dem Probst Lützken erbauet, und bisher zur Sacristey gebrauchet worden, gar zu dunkel und sumpficht war. Ao. 1690. ließ sie auch noch ein und anders in der Kirche repariren, und zugleich den Gaststuhl an der Südseite für die Fremden des Closters verfertigen. Zu ihrer Zeit wurde noch an hohen Festtagen, nebst andern Kirchenschmuck, ein kostbares Marienbild ausgesetzet, worunter mit alter Mönchsschrift folgende Worte gesetzet waren: Ave sanctissima Maria, Mater Dei, Regina coeli, porta paradisi, Domina mundi, tu es singularis virgo pura, tu concepisti Christum sine peccato. Tu peperisti creatorem et salvatorem mundi, in quo ego non dubito. Ora pro me Christum dilectum filium tuum, et libera me ab omnibus malis. Amen. Weil nun aber die letzten Worte insonderheit nicht wol zu dulden waren; so ließ die Fr. Abbatißin Priggen, auf des Hrn. Pastoris Falkenhagens Einrathen, dieselbe hinweg thun, und an deren statt aus Hebr. XII. 14. den Spruch: Nachdem die Kinder Fleisch und Blut haben ꝛc. darunter setzen, und nach solcher Veränderung das Bild, hergebrachter Gewohnheit nach, wieder nebst anderm Schmuck auf das Jungfrauen Chor setzen.

Ao. 1692. schrieb die damalige Abbatißin von Wolmerstädt, Fr. Sibylla Catharina von Borsteln, an unsere Fr. Abbatißin, und bat um Communication der hiesigen Closterstatuten, weil die ihrigen Ao. 1631. bey der Zerstörung der Stadt Magdeburg verlohren gangen; womit denn die hiesige Fr. Abbatißin ihr um so viel besser dienen konnte, weil nicht allein unser Closter anfänglich aus jenem gepflanzet, sondern auch wirklich nach den wolmerstädtischen Closterstatutis eingerichtet worden.

Ao. 1698. ging eine grosse Veränderung in unserm Closter vor, denn damals wurde um Michaelis die gemeinschaftliche Speisung abgeschaffet, welche Ao. 1479 von dem Probst von Bavenstedt eingeführet war, und schon über 219 Jahr gewähret hatte. Es ergieng deswegen eine ausdrückliche fürstliche Verordnung, deren zu folge alle Victualien, so das Closter jährlich dazu verbrauchte, zu Gelde angerechnet, und einer jeden Conventualin ins künftige ihre Portion an baarem Gelde vermacht ward, dafür sie nach eigenem Gefallen, jede für sich, ihren besondern Tisch halten könnten, bey welcher Constitution es noch bis auf den heutigen Tag sein Verbleiben hat.

Es gesegnete endlich die Fr. Abbatißin Priggen dieses Zeitliche Ao. 1706. den 3ten Jul. nachdem sie beynahe das 75ste Jahr erreichet und das Closter 25 und ½ Jahr

Y

löblich und treulich regieret hatte. Ihr entseelter Leichnam ward den 13ten Jul. mit vieler Solennität öffentlich beerdiget, und in die oftgedachte Capelle zu ihren Vorfahrinnen gesetzet, allwo man auf ihrem Grabsteine folgendes lieset:

Die hochwürdige Frau Catharina Priggen, Abbatißin in Meding, ist gebohren in Lüneburg A. 1631. den 4. Augusti. Den 2. Januarii 1681. zur Abbatißin erwählet. Seelig gestorben Anno 1607. den 3 Julii.

Gleich daneben ist ihr zu Ehren ein ansehnliches Epitaphium aufgerichtet, dessen Inscription aber mit der, so auf dem Leichsteine befindlich, einerley Inhalts ist.

10.
Clara Anna von Lüneburg,
erwählt 1707. gestorben 1719.
dem Closter vorgestanden 12 Jahr 9 Monat.

Diese Fr. Abbatißin war Ao. 1645. an diese Welt gebohren, und wurde Ao. 1668. im 23sten Jahr ihres Alters von der 2ten Frau Abbatißin von Dassel zu einer Conventualin eingekleidet, in welchem Staube sie 13 Jahr zubrachte. Ao. 1681. wurde sie hieselbst zur Priorin eingesetzet, und legte in solcher Würde wiederum 26 Jahr zurück, bis sie endlich Ao. 1707. den 11ten Mart. nach einer 3 vierteljährigen Vacanz, zur Abbatißin erwählet wurde, da sie bereits das 62ste Jahr ihres Alters erreichet hatte. Sie war die allererste von auswärtigen Adelichen, welche zu dieser hohen Ehrenstelle gelangete, massen sonst vom Anfange her keine andere, als allein die adelichen Geschlechter der Stadt Lüneburg dieselbe bekleidet hatten. Es wurde aber bey ihrer Einsetzung zugleich von der allergnädigsten Landesherrschaft ein neues Reglement in unserm Closter gemacht, welches darin bestund; daß ins künftige 2 Theile unsers Closters mit lüneburgischen adelichen Geschlechtern, der 3te Theil aber mit auswärtigen Adelichen, und vornehmer fürstlichen Bedienten, auch wol angesehener Bürger der Stadt Lüneburg Töchtern besetzet werden sollte. Und nach dieser neuen Verfassung wurde auch die Wahl einer Abbatißin also eingerichtet, daß 2 mal nach einander Abbatißinnen aus den lüneburgischen Geschlechtern, und zum 3ten mahl eine von den andern Conventualinnen gewählet; auch wenn eine Abbatißin aus den Patriciengeschlechtern die Priorin jedesmal aus den Conventualinnen andern Standes, hingegen wenn die Abbatißin andern Standes, die Priorin alsdenn aus den Patriciengeschlechtern genommen werden sollte. Bey welchem Reglement es nunmehro beständig sein Verbleiben hat.

Wie nun die Fr. Abbatißin von Lüneburg solchergestalt die Regierung unsers Closters übernommen hatte, erinnerte sie ihr zunehmendes Alter und einige ihr zugestoßene Unpäßlichkeiten an ihr bevorstehendes Sterbstündlein, dieserwegen nahm sie sich vor bey Zeiten einen Ort zu ihrer künftigen Ruhestädte bereiten zu lassen. Weil nun aber eben die alte Capelle, neben dem Altar, welche vormals den hiesigen Predigern zu einer Sacristey gedienet, nicht mehr gebraucht wurde, erwählte sie diese dazu, und ließ A. 1707. darinnen ein Begräbnißgewölbe für sich und 3 ihrer vertrautesten Conventualinnen, von auswertigem Adel, verfertigen, deren Gebeine auch nun sämtlich darin verschlossen sind.

Das

t: Das merkwürdigſte, welches die Fr. Abbatißin von Lüneburg während ihres geführten Amtes, verrichtet hat, iſt die Aenderung der Chorſtunden, worinnen ſie eine ſolche Einrichtung machte, daß inskünftige zufördern des Dienſtages, denn auch des Freytages, Sonn- und Feſttages morgends die Chorſtunde, wegen des bald darauf folgenden öffentlichen Gottesdienſtes, ganz eingeſtellet, insgemein aber dieſelbe nicht mehr wie vormals um 7, ſondern allezeit um 8 Uhr des Morgens gehalten werden ſollte, welches alles noch jeßo in Obſervance blieben iſt.

Es geſegnete endlich dieſe Fr. Abbatißin das Zeitliche A. 1719. den 5ten Decemb. nachdem ſie 74. Jahr gelebet und das Cloſter 12 Jahr und 9 Monat löblich regieret hatte. Ihr entſeelter Leichnam wurde den folgenden 20ſten Decemb. in das von ihr ſelbſt erbauete Gewölbe beygeſeßet, nachmals an dem Eingange zu dieſer Capelle ein Epitaphium zu ihrem Andenken aufgerichtet, mit folgender Inſcription:

Hier ruhet die Hochwürdige und Hochwohlgebohrne Frau Clara Anna von Lüneburg, Abbatißin zu Meding, welche Ao. 1707. den 11ten Mart. zur Abbatißin erwählet, und 1719. den 5. Decemb. ſelig geſtorben ihres Alters 74 Jahr.

II.
Anna von Laffert,
erwählt 1720. geſt. 1721.
dem Cloſter vorgeſtanden 1. Jahr 4. Monat.

Sie wurde Ao. 1658. den 20ſten Jan. von einem vornehmen adelichen Patritien-geſchlecht in Lüneburg gebohren, und Ao. 1674. im 17ten Jahr ihres Alters von der damaligen Fr. Abbatißin, Margareta von Daſſel, der II. dieſes Namens, zu einer Conventsfräulein eingekleidet. In ſolchem Stande lebte ſie 33 Jahr, und ſtiftete während der Zeit ihres Namens Gedächtniß, da ſie Ao. 1692. den ſchönen groſſen Altar unten in unſerer Kirche aus ihren Mitteln erbauen ließ. Ao. 1707. den 11ten Mart. wurde ſie zur Pridrin unſers Cloſters beſtellet, in welcher Würde ſie wiederum 13 Jahre zubrachte, und während der Zeit ihre Chriſtliche Mildthätigkeit abſonderlich gegen die benachbarte Pfarrkirchen erwieß. Endlich Ao. 1720. den 6ten Maj wurde ſie von dem Jungfräulichen Convent, nach einer 5 monatlichen Vacanz, an der ſelig verſtorbenen Frau von Lüneburgen Stelle einhellig zur Abbatißin unſers Cloſters erwählet, wie ſie das 62ſte Jahr ihres Alters erreichet hatte. Nach Erlangung dieſer Ehrenſtelle legte die Fr. Abbatißin von Laffert wiederum eine rühmliche Probe ihres liebreichen und wolthätigen Gemüthes ab, maſſen ſie ein anſehnliches Capital an einen ſichern Ort belegte, wovon die hieſigen Predigerwittwen jährlich die Renten zu ihrem Unterhalt genieſſen ſollten. Fürnemlich aber ſorgete und arbeitete ſie unabläßig für die Wolfahrt ihres anvertrauten Convents, und würde der Nachwelt davon genugſame Merkzeichen vor Augen geleget haben, wenn ſie nicht ſchon im Anfange dieſer ruhmwürdigen Bemühung vom Tode wäre übereilet worden. Allein da ſie ſchon vor ihret Promotion zur Abbatißin mit einer ſchwächlichen und baufälligen Leibesconſtitution behaftet war, ſo nahm dieſe Schwächlichkeit bey Vermehrung der Arbeit und Amtsgeſchäfte auch von Tage zu

Tage

Tage mehr zu, bis sie endlich Ao. 1721. den 17. Sept. das Zeitliche mit dem Ewigen verwechselte, nachdem sie 63 Jahr gelebet, und das hiesige Closter 1 Jahr und 4 Monate löblich regieret hatte.

Ihr entseelter Leichnam wurde mit der ihrem Stande gemässen Solennität vorne im Creußgange beerdiget: und liefet man daselbst auf ihrem Grabsteine folgendes Madrigal:

Wir armen Sterblichen, was sind wir? Asch und Staub;
Daraus wird unser schlecher Leib gebaut,
Dem man oft so und so viel Jahr zutraut,
Und doch wie Espen Laub
Von der subtilen Luft erbebet,
Und wie die loderasch vom Wind zerstäubet,
Daß nichts, als Staub und Aschen, übrig bleibet.
Drum wol und aber wol, der so gelebet,
Daß er für Asch und Staub sich immer hat geacht
Und an das End gedacht,
Das ihn zu Aschen macht,
Wie ich lebend gethan:
Drum wird aus meinem Aschenhauffen
Ein neuer Phönix einst gewißlich herfür lauffen.

Gleich daneben zur Seiten ist ihr zu Ehren ein kostbares Epitaphium von Marmor, mit ihrem Brustbilde, aufgerichtet, und darunter folgende Inscription zu lesen:

Hier ruhen die Gebeine der hochwürdigen und hochwolgebohrnen Frauen Annen von Laffert, welche den 20. Jan. 1658. in Lüneburg gebohren ao. 1674. den 20. Sept. in Meding als Conventualin eingekleidet, ao. 1707. den 11. Mart. daselbst zur Priorin und ao. 1720. den 6. Maj zur Abbatißin dieses Klosters erwehlet worden, und endlich Anno 1721. den 17. Sept. das Zeitliche mit dem Ewigen verwechselt hat.

12.
Fr. Elisabeth Catharina von Stöteroggen,
erwählt 1722. gestorben 1741.
dem Closter vorgestanden ins neunzehente Jahr.

Die Fr. Abbatißin von Stöterogg ist die 12te in der Ordnung der hiesigen Abbatißinnen. Sie wurde Ao. 1679. den 13ten Febr. in Lüneburg von einer vornehmen adelichen Patritienfamilie an diese Welt geboren, und ihr Hr. Vater war der weiland hochwolgebohrne Hr. Brand Ludolph von Stöterogg, der Stadt Lüneburg ältester Bürgermeister und zugleich Churfürstlicher Braunschw. Lüneb. Rath. Ao. 1704. im Februario wurde dieselbe von der damaligen Fr. Abbatißin unsers Closters eingekleidet, und lebte in solchem Stande 9 Jahr. Ao. 1713. im Januario vertraute ihr die wolsel. Fr. Abbatißin von Lüneburg das wichtige Amt einer Kornschreiberin des Closters an, welches sie gleichfalls 9 Jahre mit vielem Segen und unermüdetem Fleiß führete, bis
sie

sie endlich Ao. 1722, nach ehelichem Hintritt der wolsel. Fr. Abbatißin von Jasfert, von dem gesammten Jungfräul. Convent einhellig zur Abbatißin erwählet und von Ihro Königl. Maj. und Churfürst. Durchl. unserm allergnädigsten Hrn. in solcher Würde confirmiret, nachmals den 21sten Februar des gedachten 1722sten Jahrs durch den wohlsel. Hrn. Landschaftsdirectorem, Freyherrn von Spröcken, introduciret, und zu gleich unter Anrufung GOttes eingesegnet ward.

Sie war aufgeweckten Gemüthes, in ihrem Umgange zwar etwas zurückhaltend, doch zugleich gegen jedermann freundlich und holdselig. Ob sie gleich in der teutschen und lateinischen Sprache eine grosse Fertigkeit, und in der griechischen, auch hebräischen eine gute Kentniß, sich auch überhaupt in den schönen Wissenschaften wol umgesehen hatte: so war sie doch darauf nicht stolz.   Die Zeit, welche sie dem Closter überaus rühmlich vorgestanden, erwarb sie sich allgemeine Liebe und Ehrfurcht. Sie vermehrete die Einkünfte des Closters dadurch beträchtlich, daß sie viel unnöthige kostbare Sachen, welche seit dem dreyßigjährigen Kriege in Kasten eingepackt gestanden, dem Closter zum Besten verkaufte, und das Geld zu Capitalien machte. Sie dienete GOtt mit redlichem Herzen, und führete die sämtliche Conventualinnen so wol zu Beobachtung der Closterordnungen, als des wahren Gottesdienstes an, und hielt sehr genau auf deren sittsames und tugendhaftes Betragen.   Die noch aus dem Alterthume eingeführte und übliche runde Kragen schafte sie, wegen ihrer Beschwerlichkeit ab. Sie starb den 19ten April 1741 an einer Brustbeschwerde, nachdem sie das Abendmal den Tag vorher mit ausnehmender Andacht empfangen, und sich zu ihrem Ende christlich und gelassen zubereitet hatte.

Ihrem Verlangen gemäß, wurde sie in der alten Capelle des Closters, wo bereits einige ihrer Vorweserinnen begraben worden, des Abends beygesetzet; nachdem die Leiche so lange in der Kirche niedergesetzet war, daß einige Sterbelieder nebst einer Collecte und dem Seegen abgesungen werden konte.   Ihr ruhmvolles Andenken wird bey dem Closter unvergeßlich bleiben.

13.

Frau Sophia Catharina von Meiseburg,

erwählt 1741. den 19ten Sept. gestorben 1750. den 16ten Septemb.
dem Closter vorgestanden beynahe 9 Jahr.

Die Frau Abbatißin von Meiseburg, die aus einem alten adelichen Geschlechte im Hessencasselschen entsprossen, war 1689 gebohren, und kam 1707 ins Closter, wurde 6 Monate nach der Fr. von Stöteroggen Absterben, von den Conventuallinnen, und in Gegenwart des damaligen Herrn Hofrichters und Auskeuters des Closters zu Lüneburg, Herrn von Groten, als Königl. und Churfürstl. Commissarii, den 19ten Septbr. 1741 einmüthig zur Abbatißin und Domina des Closters Meding erwählet, und mit den gewöhnlichen Feyerlichkeiten eingeführet.   Der Closter-Prediger ermunterte sie in einer Anrede, nach Anleitung der im Buche Joh. cap. I, 7. 9 befindlichen Worte zur freudigen Führung ihres Amtes, und Ausübung der ihr obliegenden Pflich-

ten,

ten, worauf sie den ihr schriftlich überreichten Abbatißineyd, in Gegenwart des Königl. Commissarii und ganzen Convents, mit lauter Stimme ablaß. Nachdem sie von wohl gedachtem Herrn Commissario die ihr überreichte Insigula des Closters, nemlich den Bischofsstab, und die Schlüssel desselben, in Empfang genommen: wurde sie in der Kirche in den Abbatißinstand geführet. Sie war belebt, und munter, doch mit einem ihrer Würde gemässen Anstande und Sittsamkeit; und erwarb sich daher die allgemeine liebe und Hochachtung. Während ihrer Regierung fiel in dem Closter nichts erhebliches und merkwürdiges vor. Sie starb den 16 Sept. 1750 an einem Schlagflusse, und wurde hinter dem Altare der Closterkirche in einem Gewölbe beygesetzet.

14.

Fr. Sibylla Hedewig von Laffert,
erwählt 1751 den 16ten Februar, gestorben 1755 den 5ten Januar,
dem Closter vorgestanden beynahe 4 Jahr.

Sie stammete aus einem alten lüneburgischen Patriciengeschlechte, war den 17ten Martii 1695. gebohren, kam 1713. ins Closter, und wurde unter der vorigen Fr. Abbatißin, Priorin. Der sämtliche Convent erwählte sie, in Gegenwart des Herrn Landschaftsdirectoris von Groten, als dazu verordneten Königl. Commissarii, den 16ten Febr. 1751. einmüthig, worauf sie, hergebrachtermassen, sogleich eingeführet wurde. Ihre ungeheuchelte Gottesfurcht und Tugend war ein Muster, welchem das ganze Convent freudig nachfolgete. Sie genoß einer stillen und ruhigen Regierung, nahm den 6ten Jan. 1755. ein erbauliches und seliges Ende, und wurde in der bey dem Closter befindlichen Capelle beygesetzet.

15.

Fr. Margaretha Elisabeth von Braunschweig,
erwählt 1755. den 24sten Julii.

Diese noch jetzo rühmlich regierende Fr. Abbatißin und Domina stammet aus einem alten Patriciengeschlechte zu lüneburg, wo sie den 14ten October 1698. gebohren ist. Sie ging 1726. den 23sten Septbr. ins Closter; und wurde durch Mehrheit der Stimmen, unter Vorsitz des damaligen Herrn Landschaftsdirectors von lüneburg, als Königl. und Churfl. Commissarii, von den Conventualinnen den 24sten Julii 1755. erwählet, und bey Beobachtung des gewöhnlichen Ceremoniels eingeführet. Ihr besonderes liebreiches Bezeigen, und die ihr eigene Güte und Sanftmuth hat ihr alle Herzen der Conventualinnen verbindlich gemachet. Ihr vornehmstes Augenmerk gehet auf die Erhaltung des Closters, und die Vermehrung dessen Einkünfte. Die vorhin langherabhängende Schleyer hat sie in kürzere, bequemere, und dem geistlichen Stande anständigere verwandelt. Sie verdienet den aufrichtigen Wunsch, daß der Höchste derselben in ihrem hohen Alter, da sie bereits im 71sten Jahre stehet, eine dauerhafte Gesundheit, und hinreichende Gemüthskräfte verleihe, damit ihre löbli-

che

che Absicht, nemlich die zeitliche und geistliche Wolfart des Closters, vollkommen errei-
chet werde.

Da bey den Abbatissinnen auch der Priörinnen verschiedentlich Meldung geschehen:
so werden zur Vollständigkeit der Geschichte, auch die Namen der letztern mit angeführet.
Die unter der Fr. Abbatißin von Stöterogg gewesene Priörin war Fr. Ursula
Catharina von Stillen, starb den 9ten Julii, 1732. Hierauf wurde Frl. Sophia
Catharina von Meiseburg den 12ten October desselben Jahres dazu erlesen; und als die-
se den 19ten Sept. 1741. zur Abbatißin erwählet wurde, erwählte sie Frl. Dorothea
Magdalena von Töbing, die aus den Geschlechtern von Lüneburg stammet, eine recht-
schaffene und christliche Person zur Priörin. Diese ging den 16ten Febr. 1748 mit
Tode ab; daher so fort Frl. Sibylla Hedwig von Laffert den 22sten Sept. 1748 er-
nannt wurde. Diese wurde 1751 Abbatißin, und Frl. Sophia Christina von Heim-
burg, die aus einem alten adelichen hantöverischen Geschlechte den 11ten Junii 1699
gebohren worden, ward den 16ten Febr. 1751 Priörin, welche diese Würde noch jetzo
bekleidet, und unter göttlichem Beystande noch viele Jahre im Wolergehn bekleiden möge.

Die Conventualinnen im 1727sten Jahre waren folgende:

1) Die Fr. Abbatißin Elisabet Catharina von Stöterogg.
2) Die Fr. Priörin, Ursula Catharina von Stillen.
3) Fr. Cäcilia Margaretha von Dithmar.
4) ‚ ‚ Margaretha von Töbing.
5) ‚ ‚ Dorothea Magdalena von Töbing.
6) ‚ ‚ Maria Sophia von Elvern.
7) ‚ ‚ Catharina Elisabet Weichmans.
8) ‚ ‚ Anna Dorothea Boyen.
9) ‚ ‚ Sophia Catharina von Mesebuchen.
10) ‚ ‚ Anna Helena Alewins.
11) ‚ ‚ Catharina Maria von Stöterogg.
12) ‚ ‚ Christina Helena von Cannen.
13) ‚ ‚ Sibylla Hedewig von Laffert.
14) ‚ ‚ Anna Christiana Henrietta von Baar.
15) ‚ ‚ Eleonora Sophia Scotten.
16) ‚ ‚ Sophia Christina von Heimburg.
17) ‚ ‚ Eleonora Charlotte Ebeln.
18) ‚ ‚ Catharina Elisabet von Stafforst.
19) ‚ ‚ Elisabet Anna von Wietzendorff.
20) ‚ ‚ Dorothea Juliana von Laffert.
21) ‚ ‚ Elisabet Anna Louise von Wensen.
22) ‚ ‚ Johanna Elisabet Christina von Belange.
23) ‚ ‚ Esther Elisabet von Schützen.
24) ‚ ‚ Esther Elisabet von Posten.
25) ‚ ‚ Sophia Charlotte von Wietzendorff.
26) ‚ ‚ Margaretha Elisabet von Braunschweig.
27) ‚ ‚ Christina Elisabet von Daffel.

Die

Die jetzige Conventualinnen von 1769sten Jahre sind nachstehende:

Die obenbenannte Frauen Abbatißin Margaretha Elisabet von Braunschweig und Pridrin Frau Sophia Christina von Heimburg.

Frl. Sophia Charlotte von Witzendorff.
  ' ' Rahel Dorothea von Müthern.
  ' ' Catharina Margaretha von Witzendorff.
  ' ' Margaretha Elisabet von Töbing.
  ' ' Clara Margaretha von Estorff.
  ' ' Sophia Eleonora von Töbing.
  ' ' Clara Eleonora von Wenkstern.
  ' ' Anna Carolina Louisa von Witzendorff.
  ' ' Christina Margaretha Elisabet von Lassert.
  ' ' Dorothea Brigitta von Schulenburg.
  ' ' Henriette Maria von Bilderbeck.
  ' ' Rahel Catharina von Töbing.
  ' ' Eva Dorothea von Schnetzing.
  ' ' Sophia Maria Ebell.
  ' ' Christina Dorothea Hedewig von Post.
  ' ' Henriette Dorothea von Töbing.
  ' ' Anna Elisabet von Dassel.
  ' ' Charlotta Louisa von Heimburg.
  ' ' Levina Charlotte Elisabet von Dassell.
  ' ' Rahel Charlotte von Töbing.
  ' ' Catharina Margaretha von Dassell.
  ' ' Johanna Louisa von Dassell.
  ' ' Johanna Wilhelmina von Dassell.

Davon beyde letzte nur halb geistlich die übrigen alle aber in ganzen Schleier sind.

Der

Der zweyte Theil.

Von den fürnehmsten Gebräuchen und andern Merkwürdigkeiten des Closters Meding.

Da in diesem 2ten Theil der historischen Nachrichten vom Closter Meding die vornehmsten Gebräuche dieses Closters abgehandelt werden sollen, so wird es nöthig seyn, zugleich die merkwürdigsten Umstände der ehemals daselbst gewesenen Pröbsten, so viel davon bekannt ist, mitzunehmen. Es soll dieserwegen alles, was hieher gehörig, in 2 Sectionibus abgehandelt, und in der 1ten die vornehmsten Gebräuche und Umstände der Pröbsten, in der 2ten aber die Ritus und andere Merkwürdigkeiten des Closters dem geneigten Leser mitgetheilet werden.

Sect. I.

Von den vornehmsten Ritibus und andern Umständen der ehemaligen Pröbstey.

Cap. I.

Von der Erwählung, Confirmation und Introduction eines Probstes.

Wenn vor Zeiten die hiesige Pröbsten durch das Absterben eines Probstes vacant worden, so wurde vor allen Dingen die vorgefallene Vacanz der hohen Landesherrschaft unverzüglich von dem Closter kund, und zugleich um Ernennung etlicher tüchtigen Subjectorum zu hiesiger Pröbstey, gebührende Ansuchung gethan.   Auf

B   welche

welche Supplique des Closters denn insgemein in wenig Tagen von der Herrschaft ein schriftliches Verzeichniß etlicher angesehenen Männer, welche mehrentheils Fürstl. Räthe und Bedienten waren, eingesandt zu werden pflegte, mit Befehl, daß das Closter einen von ihnen zum Probst erwählen sollte.

Wenn nun die Präsentation solchergestalt von dem Landesherrn geschehen, so wurde von dem Jungfräulichen Convent ein Tag zur Wahl eines neuen Probstes angesetzet, und den nächst vorhergehenden Sonntag ein eigenes Gebet, um glücklichen Succeß der vorhabenden Wahl, beym öffentlichen Gottesdienste abgelesen, auch sonst in den Chorstunden deswegen andächtige Fürbitte gethan. Unterdessen bemühete sich die Fr. Priörin, oder in den neuern Zeiten die Fr. Abbatißin, auch um auswärtige Assistence zu diesem wichtigen Werke, und invitirte insgemein einen von den benachbarten Aebten oder Pröbsten, und eine Abbatißin aus den umherliegenden Clöstern, um die hieselbst anzustellende Wahl zu dirigiren: wiewohl auch dann und wann der Werdische Generalvicarius selbst jemanden diese Commißion aufzutragen pflegte. Zugleich wurde auch im Closter alle zur bevorstehenden Wahl nöthige Anstalt vorgekehret, und auf dem Capitelhause (a) aus den sämmtlichen Conventualinnen ein engerer Ausschuß gemacht, welcher im Namen des ganzen Convents die Wahl verrichten sollte, damit dieselbe so viel geschwinder von statten gehen möchte. Dieser Ausschuß bestand insgemein aus 15 Personen, und wurden selten andere dazu genommen, als solche, die bereits ein ziemliches Alter, und zugleich ein Amt im Closter zu verwalten hatten; diesen aber ward alsdenn ernstlich eingebunden, ohne alle Nebenabsicht die Wahl treulich, zum Besten des Closters zu verrichten, wogegen auch die übrige Conventualinnen sich verpflichten musten, mit der von diesen Compromißariis anzustellenden Wahl ohne Einrede und Weigerung zufrieden zu seyn. So bald nun die Compromißariae solchergestalt ausgesuchet, so wurde ihnen die landesfürstliche Präsentation insgeheim vorgeleget, und musten sie sich alsdenn bemühen, so viel möglich, genaue Kundschaft von den vorgestelleten Männern einzuziehen, was eines jeden Umstände, und welcher unter ihnen absonderlich der beste Haushalter sey, als auf welches Requisitum man bey der Wahl insgemein am meisten zu reflectiren pflegte (b). Wenn nun endlich unter solchen Vorbereitungen der würkliche Wahltag herbey kam; stelleten sich des Abends vorher der eingeladene auswärtige Prälat und die fremde Abbatißin, mit einer ihrem Range anständigen Begleitung, absonderlich von geistlichen Personen, ein, und wurde sobann der erstere auf der Pröbsten, die letztere aber im Closter logiret. Des folgenden Morgens wurde die Mette und Prima, wie sonst gewöhnlich, gesungen, um 6 Uhr aber, gegen die Tertie, gieng der fremde Prälat, nebst der Abbatißin mit zu Chor, und wurde alsdenn, statt der gewöhnlichen Chorstunde, eine solenne Messe

vom

(a) Das Capitelhaus ist dasjenige Gemach im Closter, wo man zusammen zu kommen, und gemeine Clostersachen abzuhandeln pfleget; es hat den Namen Capitolium, Capitulum und Capitelhaus daher, weil man daselbst von Alters die Capitula der Ordens-Reguln zu verlesen pflegte. Vid. Dn. Ab I. A. Schmidii Lex. Eccl. min. P. I. p. 121.

b) Was sonst einer für Requisita an sich haben müssen, daß er zum Probst erwählet werden können, nemlich deß er wenigstens 25 Jahr alt, von ehrlichen Eltern gezeuget, in eben dem Orden erzogen seyn müssen rc. Das erzehlt der Länge nach Asc. Tamburinus in seinem Tr. de jure Abbat. Abbatiss. Prælat. & Monialium.

vom heil. Geist, um dessen Beystand zu erbitten, gesungen, während welcher zugleich die ganze anwesende Versammlung das heil. Abendmahl empfieng. Nach Vollendung dieses Gottesdienstes verfügte sich der Prälat mit dem ganzen Jungfräulichen Convent auf das Capitelhaus, stellete ihnen in einer freundlichen Ansprache die Ursache vor, warum gegenwärtige Versammlung angestellet worden, ließ demnächst das 64te Capitel aus der Regul S. Benedicti, de ordinando Abbate, wie auch was sonst aus dem Cistercienser-Ordens-Statutis hieher gehörig, ablesen, wobey er hie und da die nöthige Erklärung und Application auf den gegenwärtigen Zustand hinzu that, und endlich mit einer Ermahnung an die sämmtliche Conventualinnen beschloß. Nachdem dies alles verrichtet war, fragte der Prälat die Fr. Priörin, oder in den neuern Zeiten die Fr. Abbatißin: ob sie bereits einen engern Ausschuß gemacht, und tüchtige Personen zu Anstellung der Wahl, mit Genehmhaltung der übrigen Conventualinnen, ausgesucht habe? worauf diese von ihrem Stuhl aufstund, mitten unter die Versammlung trat, und aus einem Zettul die Namen der erwählten Compromissarinnen öffentlich herlas, welche sämmtlich, eine nach der andern, von dem Prälaten herzugerufen wurden, und nebst der Fr. Priörin in der Mitte der Versammlung stehen blieben. Hiernächst fragte der Prälat bey der Versammlung herum, ob sie auch alle mit diesen zur Wahl bestimmten Personen zufrieden seyn? oder ob jemand auf eine oder die andere von ihnen etwas erhebliches zu sagen habe, weshalb sie die bevorstehende Wahl nicht mit verrichten könne, daß man solches anjetzo frey öffentlich vermelden sollte, damit hernachmals die Wahl in ihrer Gültigkeit bleiben möchte. Wenn sich nun keine Contradiction fand; fragte der Prälat ferner, ob sie denn mit der von diesen Personen anzustellenden Wahl zufrieden seyn, und denjenigen, so von ihnen erwählet würde, für ihren rechtmäßigen Probst erkennen wollten? Und nachdem sie alle diese Fragen mit Ja! beantwortet, wandte er sich zu den Wahlpersonen, und ermahnte sie öffentlich, in Kraft des heil. Gehorsams, und mit Vorstellung des zukünftigen allgemeinen Weltgerichtes, daß sie mit Zurücksetzung aller Affecten und Nebenabsichten, in der Furcht Gottes einen solchen Mann zu ihrem künftigen Probst erwählen sollten, davon sie überzeuget wären, daß er dem Closter in geistlichen und weltlichen Angelegenheiten nützlich seyn könnte. Wenn dieses alles vollendet war, gieng endlich der Prälat mit den Wahlpersonen auf den Jungfrauenchor, und ließ sie allesammt, eine nach der andern, einen förmlichen Eid abschwören, daß sie mit aller Treue und Sorgfalt, zum Besten des Closters, wählen wollten; wornächst denn eine jede insbesondere ihr Votum schriftlich von sich gab. Wenn nun alles damit seine Richtigkeit hatte; verfügte sich der Prälat mit denen, so die Wahl verrichtet wieder nach dem Capitelhause, wo die übrige Conventualinnen so lange versammlet blieben waren, und entdeckte dem gesammten Convent, auf welchen von den Praesentatisdie meisten Vota gefallen, und was für ein Probst erwählet worden sey. Nach welcher fröhlichen Botschaft der gesammte Convent mit dem Prälaten wieder nach dem Chore gieng, und das Te Deum laudamus anstimmete, nach dessen Endigung der Prälat die jungfräuliche Versammlung ernstlich ermahnete: diesem ihren neu erwählten Probste die gebührende Ehre und schuldigen Gehorsam zu erweisen: womit die Versammlung für dasmal wiederum auseinander gieng. Noch desselben Tages wurde dem Erwählten die auf ihn gefallene Wahl durch eine versiegelte Zuschrift vom Closter zu wissen gethan, welche insgemein einer von den hiesigen

sigen

figen Capellanis überbringen mußte; nach deren Erhaltung der Electus sich zwohl zum
erſten oder andern mal höflich zu entschuldigen pflegte, aber ſich doch gemeiniglich bald
bewegen ließ, und deswegen in einem freundlichen Antwortschreiben dem Cloſter Ver-
ſicherung gab, daß er die ihm aufgetragene Würde auf ſich nehmen, und ſelbige zum
Nuß des Cloſters zu führen, ſich unabläßig bemühen wollte. Etliche Tage nach der
Wahl wurde der Electus von dem jungfräulichen Convent gegen einen gewiſſen Termin
anhero erbeten; da denn, nach deſſen Ankunft wiederum eine Verſammlung auf dem
Capitelhauſe gehalten, und ihm von der Fr. Pröbrin oder Abbatißin gewiſſe Puncte
und Conditiones schriftlich überreichet wurden, welche er aufs genaueſte zu beobachten
in Gegenwart Notarii und Zeugen dem Convent angeloben muſte; über welchen Ver-
g'eich alsdenn ein förmliches Inſtrument aufgerichtet wurde. Wenn nun der erwählte
Probſt alſo die ihm vorgeschriebene Conditiones angenommen hatte; wurde vom Clo-
ſter ſo gleich die gewöhnliche Supplique an den Verdischen Biſchoff, um Confirmation
des Electi, aufgeseßet, und ſelbige dem Candidato eingehändiget. Mit dieſer Sup-
plique reiſete er ehnverzüglich (c) nach Verden, oder ſchickte zum wenigſten einen Pro-
curatorem mit genugſamer Vollmacht dahin ab, die Confirmation zu ſuchen; da denn
der Biſchoff dieſe Verrichtung dann und wann ſelbſt zu übernehmen, mehrentheils oder
ſolche ſeinem Vicario generali aufzutragen pflegte, daher auch unſer Cloſter ſeine Sup-
pliquen in dieſem paſſu gemeiniglich an den Biſchoff und deſſen Vicarium zugleich zu
richten die Gewohnheit hatte. Bevor aber dem Electo die Confirmation würklich er-
theilet ward; ſandte der Biſchoff oder Vicarius vorher eine Citation aus, worinn er
die geſch.hene Wahl öffentlich kund machte, und allen denjenigen, ſo etwa mit derſel-
ben nicht zufrieden, oder an der Perſon des erwählten etwas auszuſeßen fänden, anbe-
fahl, zu gewiſſer Zeit an einem beſtimmten Orte zu erſcheinen, und ihre Einwendun-
gen vorzubringen. Dieſe Citation wurde durch einen biſchöflichen Bedienten an die
Medingiſche Kirchthür genagelt, welcher ein Certificat von dem Cloſter an den Bi-
ſchoff oder Vicarium deshalben zurück bringen muſte. Wenn nun der den Opponen-
ten beſtimmte Tag angebrochen, meldete ſich der erwählte Probſt, oder deſſen Procu-
rator wieder bey dem Biſchoffe oder Vicario, und bat, daß die Opponenten dreymal
möchten öffentlich gerufen werden, wenn ſolches geschehen, klagte er dieſelben Contu-
maciae an, und bat, daß die Confirmation ihren Fortgang haben möchte. Zugleich
überreichte er des Cloſters Supplique wegen der Confirmation, nebſt einer vom No-
tario und Zeugen aufgeseßten ſummariſchen Nachricht von der geſchehenen Wahl, Ein-
willigung und dem Vergleich über die vorgegebene Conditiones, welches alles der Bi-
ſchoff oder Vicarius annahm, und auf des Erwählten Anſuchen, einen Tag zum end-
lichen Schluß und würklichen Ertheilung der Confirmation mit nächſtem anzuſeßen,
decretirte. Wann nun auch dieſer Termin herben kommen, und der erwählte Probſt
wiederum vorgelaſſen wurde, begehrte dieſer wie vorhin, daß alle Opponenten abereinſt
aufgefodert werden möchten, wenn dieſes dreymal öffentlich geschehen, und gleichwohl
niemand erſchienen; ſo wurden endlich alle Opponenten für Contumaces erkläret, und
verordnet, daß inskünftige keiner mehr zugelaſſen werden ſollte: auch zugleich decreti-
ret, daß dem Electo die Confirmation ohne weitern Anſtand zu ertheilen ſey. Nach
kurzer

(c) Daß ein erwählter Prälat nicht länger, als   schöſlichen Confirmation verliehen dörfen, erhel-
dum höchſten drey Monat mit Einholung der bi-   let aus dem Ceremoniali. Rom. L. 1. Sect. 10.

kurzer Frist wurde er vom neuen vorgeschlagen, unt muste so dann vor dem Bischoff oder dessen Vicario, den Eid des Gehorsams, ohngefähr in folgenden Formalibus abschwören:

Ego N. N. electus prepositus monasterii medinge, ordinis Cisterciensis, subjectionem, reverentiam et obedientiam a sanctis patribus constitutam, secundum regulam Sti Benedicti, Reverendissimo Domino N. Episcopo Verdensis ecclesiae, ejusque successoribus, salvo ordine nostro, perpetuo me exhibiturum promitto. Ita me Deus adjuvet.

Nach Abstattung dessen wurde ihm das würkliche Confirmations-Diploma auf Pergament geschrieben, und mit unten angehängtem Siegel des Bischoffs oder Vicarii bekräftiget, ertheilet, wofür er eine gewisse Summe Geldes entrichten muste.

Nachdem nun der erwählte Probst solchergestalt confirmiret war, muste er, wenn er vorher kein Prälat gewesen, sich erstlich durch Auflegung der Hände, Ueberreichung des Ringes, der Regul, des Stabes und andere gewöhnliche Ceremonien dazu consecriren lassen; wofern aber solches schon vormals geschehen; ceßirte es vor jetzo größtentheils, und erfolgte so dann nichts weiter, als die Introduction, diese wurde nun von dem Bischoff entweder dem General-Vicario, oder dem Archi-Diacono von Bevensen, oder einem andern angesehenen Prälaten aufgetragen, und gieng solche insgemein an einem Sonn- oder heiligen Tage vor sich, wobey sich verschiedene geistliche Herren aus der Nachbarschaft, auch sonst andere weltliche Standespersonen, absonderlich E. E. Raths der Stadt Lüneburg Deputirte mit einzufinden pflegten. Die würkliche Solennität wurde mit einer besondern Litaney, Collecten, Antiphonis und Gebetern angefangen, nach deren Endigung muste der neue Probst, auf Befragen des bischöflichen Comissarii verschiedene Dinge öffentlich angeloben; absonderlich, daß er auf der Pröbstey seine Wohnung haben, die Gebräuche der Kirche beobachten, und des Closters Wohlfahrt mit allem Fleisse befördern wolle. Hierauf wurde ihm das Pedum pastorale übergeben, und zugleich sein künftiger Sitz auf dem Chor und in der Kirche angewiesen, mit diesem Seegenswunsch: Ego auctoritate mihi commissa induco et inthronico (b) te in Praepositum. Dominus custodiat tuum introitum et exitum ex hoc nunc et in seculum! Hierauf wurde das Te Deum laudamus etc. solenniter abgesungen, und nebst etlichen andern Gebetern endlich eine Collecte für den neuen Probst, worinn er mit Namen genennet, hergebetet, und zuletzt mit dem Seegen beschlossen. Nach vollendetem Gottesdienste führte der Commissarius den neuen Probst auf das Capitulhaus, ließ ihn allda wiederum den gewöhnlichen Sitz des Probstes einnehmen, und zugleich die ganze Versammlung vor ihm erscheinen, wovon eine jede Person ihm den canonischen Gehorsam zu leisten versprechen muste. Zugleich wurden ihm daselbst die Schlüssel des Closters eingehändiget, und über diese ganze Handlung von einem dazu requirirten Notario ein förmliches Instrument aufgerichtet. Nachgehends führte der Commissarius den neuen Probst nach dem Pröbstenhause, woselbst er nicht allein von der Wohnung, sondern auch absonderlich von dem Archiv und vorhandenen Pretiosis Possession nehmen, und alle sowohl geistliche als weltliche Pröbstey-Bedienten

Z 3 -ihm

(b) Inthronizare heisset hier so viel als einen Probst in seinen Sitz einweisen, denn daß man vor Zeiten nicht allein die Bischöfe, sondern auch geringerer Prälaten Sitze Thronos genennet hat, zeiget der Herr Abt Schmid in seinen Lex. Eccl. m. P. III. p. 86.

ihm Treu und Gehorsam angeloben musten. Nach solcher Verrichtung wurde endlich der bischöfliche Commissarius nebst den andern anwesenden Herren auf der Probsten wol tractiret, und zugleich im Closter denen sämtlichen Conventualinnen, Lehrkindern und Layschwestern eine Gasterey auf des Probstes Unkosten gegeben, womit denn endlich die ganze Solennität geendiget ward.

Cap. 2.
Von dem Amte und Bedienten eines hiesigen Probstes.

Wenn ein Probst auf vorbeschriebene Art erwählt, confirmiret und introduciret war; so bestand sein ganzes Amt, kürzlich darinne, daß er das ihm anvertraute Closter regieren, und dessen Wohlfarth in geistlichen und weltlichen Angelegenheiten besorgen muste (e). Zuförderst dependirte von ihm die ganze Einrichtung, so wohl des öffentlichen, als des besondern Gottesdienstes; jenen muste er in der Kirche und Capellen durch seine Vicarios bestellen, auch an den höchsten Festtagen in der Kirche selbst Messe lesen, diesem aber auch zu gewissen Zeiten beywohnen, und sorgen, daß alles das bey ordentlich zuginge. Im Closter stellete er Conventus capitulares an, so oft was wichtiges abzuhandeln war, führte dabey das Præsidium, bestellete die Aemter unter den Conventualinnen, und was dergleichen Amtsverrichtungen mehr waren. Die Lehrkinder, welche ins Closter wollten aufgenommen werden, musten sich bey ihm melden, einschreiben, crönen, und die so genannten ordines minores conferiren lassen, wobey er aber gleichwohl auch die Amtspersonen des Closters zu Rath zu ziehen verbunden war; und wenn sie nachmals ein sattsames Alter zur würklichen Einkleidung erreichet hatten; musten sie ihm auf dem Capitelhause das 3 fache Gelübde ablegen, (f) welches alles aber in den letztern Zeiten der Fr. Abbatißin heim gegeben wurde. Nicht weniger stand es bey ihm den Conventualinnen Buße, ja wohl gar suspension, und Bann aufzulegen, ausserhalb des Closters geistliche und weltliche Bedienten, nach seinem Gutbefinden anzunehmen und abzuschaffen, bey Annehmung der Layschwestern aber, muste er die Conventualinnen wieder zu Rathe ziehen. Die Schlüssel des Closters hatte er beständig in Verwahrung, so daß Niemand ohne sein Vorwissen, aus und ein kommen konte; ja wenn auch die benachbarte Dorfleute etwas zu Kauffe brachten, konnten sie mit den im Closter verschlossenen Conventualinnen nicht eher handeln, bis der Probst erst durch einen seiner Bedienten das so genannte Werbefenster aufschliessen ließ. Wenn die Conventualinnen spatzieren, oder verreisen wollten; musten sie erstlich bey ihm dazu Erlaubniß suchen: wie denn auch sonst insgemein alle Dispensation in diesen oder jenen Dingen allein bey ihm beruhete. (g) Ausser diesem hatte der Probst auch alle des Closters liegende Güter, Herrendienste, und jährliche Revenuen in seiner Disposition, davon er einer jeden Conventualinn ihre gemessene Portion an baaren Gelde theilete, für das übrige aber, alle zur gemeinsamen Speisung nöthige Victualien einkauf

(e) Von dem Amte eines Probstes kan man mit mehrerem nachlesen in Asc. Tamburini weitläuftigem Buch de jure Abbatum, Abbatissarum, Prælatorum & Monialium.

(f) Alles dieses gehörte zur potestate ordinis.
(g) Hierinn bestand die so genannte Potestas jurisdictionis.

i

einkauffen, und auf der Pröbstey zum Behuff derselben schlachten, brauen und backen ließ. Zugleich exercirte er über die Eloster- und Pröbsteyunterthanen die Untergerichte, auch Schutzschutz- und andere Gerechtigkeiten; jedoch stand es nicht in seiner Gewalt, eigenmächtiger weise von diesen Gütern etwas zu veralienisren, sondern wenn das geschehen sollte, muste er den dazu benöthigten Consens erstlich von der Jungfräul. Versammlung und von den Superioribus einholen, wie er denn auch überdem gehalten war, von des Closters Einnahme und Ausgabe jährliche Rechnung abzulegen. Endlich war er auch kraft seines Amtes, verbunden, des Closters Güter im guten Stande, und alle zu demselben behörige Gebäude in Bau und Besserung zu erhalten. (b)

Um nun aber allen diesen weitläufftigen Amtsgeschäften desto besser vorzustehen; hielt der Probst allemahl eine ziemliche Anzahl geistlicher und weltlicher Bedienten. Die Geistlichen waren folgende:

1) Der Vicepræpositus, welcher sonst auch wohl des Probstes Schreiber genennet wurde, dieser muste Rechnung führen, abcopiren, den Probst wo er in Amtsgeschäften hinging, begleiten, und sonst demselben in allerley geistlichen und weltlichen Verrichtungen hülfliche Hand leisten, wofür er ein ziemliches Salarium, nebst freyer Kost an des Probstes Tische bekam, und auf der Pröbstey, Stube und Cammer zur Wohnung hatte. Diese Station, weil sie unter dem übrigen die Beträchtlichste, wurde gemeiniglich dem geschicktesten unter den Vicariis aufgetragen.

2) Der Confessor oder Beichtvater des Closters, dessen Amt in Beicht sitzen und Messe lesen bestand. Derselbe hatte seine eigene Wohnung auf dem Pröbsteyhofe und gieng bey dem Probst zu Tische.

3) Der Prædicant, welcher im Closter predigen und catechisiren muste. Selbiger hatte ebenfals ein eigen Hauß auf dem Kirchhofe, speisete aber mit an des Probstes Tische.

4) Der Magister Scholarium, welcher die Scholares in seiner Aufsicht und Information hatte, sonst aber ein ordinairer Vicarius war, und seinen Tisch auf der Pröbstey, die Wohnung aber auf der Capellaney hatte.

5) Die Vicarii oder Capellani, welche eigentlich bey gewissen Capellen und Altären bestellet waren; daselbst wöchentlich etliche mahl Messe zu lesen, wofür sie auch deren Auflünfte genossen; sie wurden aber auch zugleich von Probste mit gebrauchet, den öffentlichen Gottesdienst zu verrichten. Solcher Vicariorum waren nach Beschaffenheit der Zeiten, bald mehr, bald weniger. Ihre Præsentation geschahe gewöhnlich von dem Fundatore des Vicariats, wo derselbe noch am leben, und von dessen Nachkommen, wofern es bey der Stiftung mit eingedungen war; wo aber solches nicht geschehen, oder die Familie ausgestorben war; fiel damit das jus Patronatus dem hiesigen Probst anheim. Die Confirmation muste ein solcher Vicarius ordentlicher weise bey dem Archidiacono zu Bevensen suchen; wie aber dessen Auctorität bey den bekannten grossen Revolutionibus im XVIten Seculo gewaltig in Verfall gerieth, so gar, daß auch der letztere Archidiaconus Ao. 1553. sich heimlich aus Bevensen retiriren muste; so ertheilte von der Zeit an der Werdische Generalvicarius den hiesigen Vicariis selbst die Ordines und Confirmation. Das Salarium eines solchen Vicarii betrug selten

(b) Diese Vothmäßigkeit hieß potestas oeconomica Conf. Abb. Schmidii Lex. Ecclef. min. p. 3.

ſelten viel über 10. zum höchſten 20. Maß, wobey ſie aber beſto beſſere Accidentia hatten? Sie ſpeiſeten ſämtlich mit an des Probſtes Tiſche, und hatten ein eigenes Hauß in der ehemahligen Pröbſtey, und ietzigem Amtsgarten, unten am Waſſer belegen, in welchem Hauſe ein ieder ſeine beſondere Stube und Cammer hatte.

6) Die Scholares waren junge leute, mehrentheils von guter Extraction, welche bey dem Gottesdienſte, Proceßionen und andern ſolennen Handlungen ein und anders zu verrichten hatten, auch dem Probſte, und in den neueren Zeiten, der Abbatiſſin, das Petum paſtorale vortragen muſten. Einer von ihnen pflegte auch wol dem Herrn Probſt im Hauſe aufzuwarten, und wofnete desweegen auf der Pröbſtey; da hingegen die übrigen bey den Vicariis auf der Capellancy ihre logimenter hatten. Dieſe Scholares waren alleſamt dem vorgedachten Magiſto Scholarium untergeben, welcher ſie abſonderlich in der Latinitet informiren muſte. Sie ſpeiſeten, eben wie die Vicarii, mit an des Probſtes Tiſche, und bekamen jährlich von der Pröbſtey 2. Kleidungen; eine graue, darinn ſie beym Gottesdienſte erſchienen, und eine couleurte, welche ſie täglich im Hauſe trugen. Von 2. ſolchen Scholaribus, des Herrn Bürgermeiſters Hoyken Söhnen aus Lüneburg, findet ſich noch ein Contract de Ao. 1314. ſo bey ihrer Aufnehmung zwiſchen ihrem Vater und damahligen Probſt, Herrn Ludolpho von Lüneburg, errichtet worden, wovon nur ſoviel, als zur Erläuterung der Sache dienet, le folgenden anführe:

Nos Ludolfus Dei gracia prepoſitus. Elyzabeth Prioriſſa. Totiusque Conventus Ancillarum Chriſti in Medinghe. Preſentibus. Recognoſcimus & teſtamur. Quod unanimi conſilio & concordi voluntate Dedimus & damus in hijs ſcriptis Syfrido & Nicolao Fratribus. Filiis domini Nicolai Hoyken proconſulis in Luneborch Amici noſtri ſpiritualis. Fraternitatem & prebendam (1) Sacerdotalem jam plene percipiendam (†). Ad menſam domini prepoſiti qui pro tempore fuerit equaliter noſtris Capellanis conſedendo. manſio eis aſſignabitur ſpecialis de qua non debent amoveri. Ubi eis applicabitur unus de noſtris prebendariis qui ipſis pueris diligenter preſit regat & informet. eisdem in manſione commorando. Potus capellanorum eis miniſtrabitur cum requiſierint ad neceſſitatem. Diebus tamen jejunii de veſpera Dimidia ſtopa (‡) de cereviſia domini prepoſiti & melioris eis debet propinari. Unicuique eciam omni anno dabuntur due tunice, una griſea & una colorata. Preterea ſi gracia majoris ſolacii aut infirmitatis cauſa menſam prepoſiti viſitare nenuerent vel non poſſent, prebenda eorum ad manſionem ubi habitaverint eis porrigetur. Eciam ſi contigerit quod ipſi aut alter eorum exceſſum corrigibilem fecerit, per prepoſitum corrigetur. Iure aliorum prebendariorum debent uti. Ad labores tamen nullos preterquam ad diviuum

(1) Das Wort præbenda wird alhier in ſeiner erſten gemeinen Bedeutung genommen, von einer freyen Wohnung, Kleidung und einer gemeſſenen Portion an Speiſe und Trand, welche man geiſtlichen Perſonen vormahls in natura zu reichen pflegte, wie ſolches aus dem nachfolgenden erhellet.

(†) Man hatte auch Semipræbendas, womit man ſonſt insgemein die Scholares abzuſpeiſen pflegte, damit man, ohne groſſe Koſten, derſelben ſo viel mehr halten könnte. vid. D. L. A. Schmid. Lex. Eccl. min. p. 238.

(‡) Stopa, Staupa oder Staupus iſt eine vox barbara, und bedeutet eine gewiſſe Maaſſe Getrancks, nach dem Niederſächſiſchen Wort Staop, ein Stoop Weins. conf Carol. du Freſne gloſſar. p. 954. Meines Erachtens ſoll das Wort Stopa alhier ein Stübchen bedeuten.

num officium in quantum eis possibile fuerit debent coartari, nec obedienciam facient (ᵐ) quia non possunt uti racione &c.

7) Der Custos, welcher beym Gottesdienste, wie gewöhnlich, die benöthigte Handreichung thun muste (ⁿ). Die weltlichen Bedienten der hiesigen Pröbstey waren folgende:

1) Der Monitor, welcher die Closter- und Pröbsteyintraden einfordern muste.

2) Der Müller, welcher damals die hiesige importante Mühle vom Closter auf Rechnung inne hatte.

3) Der Koch auf der Pröbstey, mit seinen Gehülffen.

4) Der Closterkoch, mit seinen Gehülffen, welche gleichfals auf der Pröbstey ihre Wohnung hatten, und von dem Probste salariret wurden.

5) Der Brauer, welcher das benöthigte Geträncke für das Closter und die Pröbstey brauete.

6) Der Becker, welcher Closter und Pröbsten mit einer gewissen Quantität Brodts versehen muste.

7) Der Werber, welchen das Closter, wie noch ietzo gebräuchlich, in allerhand Gewerben und Angelegenheiten ausschickte.

8) Der Kuhlenheitzer, welcher die gemeine Stuben und Reventer im Closter heitzen, und unter denselben nach alter Manier, in den so genannten Kuhlen Feuer machen muste.

9) Der Hovemeister, welcher die Aufsicht über den Hof, und mit der Bestellung des Feldes zu thun hatte.

10) Der Schünemeister, welcher die Feldfrüchte einsammlen, ausdreschen lassen, und das Getrayde auf- und abmessen muste.

Ausser diesen hatte der Probst noch seine eigene Diener, Kutscher und Reitknechte, von welchen letztern insonderheit wenigstens 3 oder 4 ihn allemahl zu Pferde begleiten musten, so oft er ausritte oder ausfuhr. Ferner unterhielt er so wohl auf der Pröbsten, als in des Closters Vorwerck eine nicht geringe Anzahl Closterhaus- und Ackerknechte, einige Hirten zu allerley Vieh, auch endlich etliche Voigte und einen Schliesser oder Pförtner, deren er bey Exercitung seiner habenden Untergerichte benöthiget war. Aus welchem allen denn sattsam erhellet, daß das Ansehen eines hiesigen Probstes vormahls ziemlich groß, und dessen Staat und Haußhaltung nicht weniger weitläuftig gewesen sey.

Cap. 3.

(m) Die Redensart obedientiam facere, bedeutet alhie der Pröbsten und dem Closter Dienste thun, wie es denn in jenen Zeiten gewöhnlich war, die Aemter und Dienste unter den Closterleuten obedientias zu nennen, weil ihnen solche von den Obern in virtute sanctæ obedientiæ aufgeleget wurden. Ja man kan erweisen, daß vor Alters auch so gar diejenigen Oer-

ter, wo die Closterbedienten ihren Beruf abgewartet, als Küche, Keller, Scheuren, Vorwerck und dergleichen, obedientiæ sind genennet worden, weil die Closterleute vi ejusdem obedientiæ dahin geschicket wurden. Conf. Greg VII. L 6. ep. 36.

(n) Von dessen Amte handelt die Regula Isidori c. 9.

Aa

Cap. 3.
Von den Ceremonien bey der Krankheit, Tode und
Begräbniß eines Probstes!

Wenn einem hiesigen Probst eine schwere Krankheit befiel, notificirte er solches gleich des folgenden Tages dem gesamten Jungfräulichen Convent, und ließ die Fr. Priörin, oder in den neuern Zeiten die Fr. Abbatißin, zu sich bitten, welche denn auch unverzüglich in Begleitung einiger 8. bis 10. von den ältesten Conventualinnen sich zu ihm verfügte, und sich nach seinem Zustande erkundigte. Fand sie nun denselben etwas gefährlich; so befragte sie ihn bey zeiten um die Closterrechnungen, ob das Closter Ueberschuß an Geldern, oder Schuld auf sich habe, und bat zugleich, daß der Herr Probst auf allen Fall seinen letzten Willen aufsetzen mögte. Wenn er sich dazu entschloß, wurde unverzüglich ein Notarius erbeten, welcher nebst dazu erforderten Zeugen ein Testament aufsetzen, und mit seinem Insiegel bekräftigen muste; nach welcher Verrichtung die Fr. Priörin oder Abbatißin alle des Probstes Domestiquen ermahnete, daß sie sich getreu bezeigen, und wohl zusehen sollten, damit ja von des Probstes Gütern und Mobilien nichts von Handen käme. Von der Zeit an giengen die ältesten Conventualinnen bey eins und zweyen ab und zu, den kranken Probst zu besuchen, ihm etwas vorzulesen und mit christlichen Unterredungen die Zeit zu kürzen, die Layschwestern des Closters aber waren beständig auf der Probsten, etliche Vormittages, andere Nachmittages, etliche vor Mitternacht, andere nach Mitternacht, damit die jungfräuliche Versammlung bey zeiten Nachricht bekommen könnte, wenn es sich etwa mit der Krankheit verschlimmern sollte. So bald sich nun ein und andere gefährliche Zufälle bey dem Patienten eräugeten; meldeten es die Layschwestern so gleich im Closter an, da denn die Fr. Priörin oder Abbatißin mit den ältesten Conventualinnen wieder nach dem Probste gieng, wenn es gleich mitten in der Nacht war, da unterdeß die übrigen alle aufgeweckt wurden, und im Creutzgange nach eigenem Gefallen allerley Gebete für den kranken Probst lesen musten, so lange biß entweder die Fr. Priörin wieder kam, oder ihnen zu entbieten ließ, daß sie sich nur wieder zur Ruhe begeben könnten. Wenn die Krankheit weiter zunahm, wurde ihm das heil. Abendmahl, und endlich die letzte Delung ertheilet (*), von welcher Zeit an die älteste Conventualinnen nebst den Layschwestern nicht wieder von der Probsten giengen, bis es zu einem Ende ausgeschlagen war; die übrige Conventualinnen setzten auch ihre Devotion unten im Creutzgange beständig fort, und giengen nicht von dannen, als wenn sie zu bestimmter Zeit auf dem Chore ihre Horas halten wollten.

Wenn denn endlich der Probst würklich dieses Zeitliche gesegnet hatte; wurde solches denen im Creutzgange versammleten Conventualinnen zu wissen gethan, die sich sämtlich nach dem Chor verfügten, und daselbst etliche Psalmen Davids nebst den dazu verordneten Gebeten und Collecten lasen, da unterdessen die Conventualinnen, die bey des Probstes Absterben zu gegen gewesen, auf der Probsten eben dieses thaten. Unterdeß wurde ausser- und innerhalb des Closters zu 9. unterschiedlichen mahlen mit allen Glocken

---

(*) Solches verrichtete der Confessarius oder Beichtvater des Closters. Mit was Ceremonien   solche geschehen, davon siehe unten Sect. II. Part. II. c. 9.

cken geläutet, und während des Geläutes 4 geweyhete Lichter vom Closter nach der Pröbsten gesandt, welche Tag und Nacht bey dem verblichenen Leichnam brennen musten. So bald die erste Seelmesse im Closter geendiget war; verfügte sich die Fr. Pribrin oder Abbatißin wieder nach der Pröbstey, und versiegelte alle des Probstes Zimmer und Meublen mit des Closters Pittschier, machte auch nachgehends unter den Conventualinnen eine Eintheilung, wie viel ihrer zugleich bey dem erblaßten Cörper bleiben, und wie oft sie abgewechselt werden sollten, so daß von der Zeit an, da er verstorben, bis auf die Stunde da er in die Kirche getragen wurde, bey seinem todten Leichnam immer Tag und Nacht gelesen und gebetet wurde.

War nun der Sarg verfertiget, und der Cörper hinein geleget; so wurde derselbe mit vielen Solennitäten in die Kirche getragen, und daselbst bis zur Beerdigung noch etliche Tage zum Gepränge ausgesetzet. Wenn dieser Actus angehen sollte, wurde wieder mit Glocken geläutet, und gieng alsdenn die ganze Jungfräuliche Versammlung mit den Novitiis und Lehrkindern durch das grosse Hoffthor des Closters in Procession nach der Pröbstey, da denn bey ihrer Ankunft bey dem Leichnam die so genannte Commendationes oder Gebete für den Verstorbenen abgelesen, und nach deren Endigung von der Jungfräulichen Versammlung folgende Antiphona gesungen wurde:

Libera me domine de viis inferni,
Qui portas æreas confregisti & visitasti
infernum & dedesti eis lumen ut viderent te, qui erant in poenis tenebrarum.
Clamantes & dicentes: advenisti redemtor noster,
Qui portas æreas &c.
Kyrie eleyson. Christe eleyson. Kyrie eleyson.

Hierauf wurde das Vater unser gebetet, und alsdenn die Leiche in folgender Ordnung weggetragen: Voran gieng der Küster mit einem geweyheten Lichte; darauf folgete die Leiche, welche von den hiesigen Vicariis getragen wurde; und nach derselben kamen die übrige geistliche Bedienten der Pröbstey, diesen folgten die Scholares nebst allen geistlichen Lehrkindern des Closters mit geweyheten Wachslichter in den Händen; und endlich folgete die Fr. Abbatißin oder Pribrin mit dem gesammten Convent Paarweise nach. So bald sie in die Kirche kamen, wurde die Leiche vor dem hohen Altar nieder gesetzet, und mit 2. kostbaren Leichentüchern und einem mit Gold gestickten und mit Perlen reichlich ausgesetzten Crucifix bedecket; zum Haupte wurde ein schönes silbernes Bild des alten Simeonis auf den Sarg, und um denselben von den Küsterinnen des Closters 8. grosse 2. Pfündige Wachslichter gesetzet, welche den ganzen Tag über biß gegen die Nacht, nach Vollendung des Completorii vespertini, brennen musten, da an ihre Stelle 4. kleine geweyhete Lichter gesetzet wurden, welche die Nacht hindurch, bis des Morgens um 5. Uhr brannten; alsdenn die grossen wieder angezündet wurden. So lange die Leiche in der Kirche stund, wurde von den Conventualinnen dabey wechselsweise Gottesdienst und Wache gehalten, wobey die Fr. Pribrin oder Abbatißin selbst fleißig ab und zu gieng. Auf dem Chore wurden in den Horis allerley Todtengesänge, Collecten und Antiphonæ gesungen, wie denn auch die Vicarii mit Seelmessen und vigilien sich nicht säumig finden liessen. In solchem Zustande blieb die Leiche insgemein biß an den 3ten Tag in der Kirche stehen, da denn endlich zu der

würk-

würklichen Beerdigung Anstalt gemacht wurde.   An gedachten Begräbnißtage kam,
auf Ansuchen unsers Closters, ein fremder Prälat nebst etlichen Predigern aus der
Nachbarschaft hieher; nach deren Ankunft so gleich Capitul gehalten, und alles wegen
der Beerdigung verabredet wurde.   Nachdem solches geschehen, wurden noch 6. grosse
Lichter zu den vorigen um die Leiche gestellet, daß ihrer zusammen 14. waren; zugleich
legte man den besten Bischofsstab nebst dem kostbarsten Meßgewande auf den Sarg,
und stellete, an statt der vorigen, silberne Leuchter mit Wachskerzen auf den Altar.

Wenn nun die Beerdigung würklich angehen sollte; erschien der fremde Prä-
lat nebst den hiesigen und auswärtigen Priestern, so nicht zum Tragen bestellet waren,
auch den Scholaribus der Pröbsten allesamt in weissen Chorhemdern, da denn der frem-
be Prälat mit den Commendationibus den Anfang machte, worauf die Vicarii die vor-
gedachte Antiphonam anstimmeten : Libera me Domine &c.

Hiernächst sang der Abt vor dem Altar folgende Collecte:

Oremus Commendamus (p) tibi domine animam servi tui N. N. precamur-
que ut, propter quem ad terras tua pietate descenderas, Patriarcharum tuorum fini-
bus insinuari non renuas, salvator mundi, qui vivis & regnas deus per omnia secula &c.

Darauf antworteten die Priester mit dem Lobgesange Simeonis :   Nunc
dimittis, Domine, servum tuum in pace &c. desgleichen mit der Antiphona :   In
paradisum perducant te angeli &c.   Unter welchem Gesange die Fr. Abtatißin nebst
dem ganzen Jungfräulichen Convent, in ganz weissen Trauerhabit gekleidet, vom Chor
herab unten in die Kirche kam, und sich nach der Ordnung in einer langen Reihe zur
Seiten der Leiche setzten.   So bald sie sich nun niedergelassen, fingen sie an folgende
Antiphonam zu singen :

Subvenite sancti Dei, occurrite angeli domini, suscipientes animam ejus,
Offerentes eam in conspectu altissimi,
Suscipiat eam Christus qui vocavit !
Et in sinu Abrahæ angeli deducant !

Darauf wurde von der Jungfräulichen Versammlung folgende 7. Psalmen
Davids lesen :

1) Der 41te, nach der vulgata, quem admodum &c.   2) der 113te, In exi-
tu &c.   3) der 117te, Confitemini &c.   4) der 13 te, Memento &c.   5) der 158te,
Domini probasti me &c.   6) der 140te, Domine clamavi ad te &c.   Und endlich 7)
der 141te, voce mea &c.   Nach deren Verlesung sangen sie folgende Antiphonam :

Reqviem æternam dona ei domine.
Et lux perpetua luceat ei.
Chorus angelorum te suscipiat & in sinu Abrahæ ibi te collocet,
Ut cum Lazaro quondam paupere æternam habeas reqviem.

Nach deren Endigung laß der fremde Prälat noch etliche Gebete, und segnete
darauf das Grab mit folgendem Gebet ein :

Deus, qui fundasti terram & creasti coelos, qui omnibus nomina sideribus in-
didisti ; qui captum laqueo mortis hominem alluvione reparasti, qui sepultos Abra-
ham,

(p) Es ist wol vermuthlich, daß von dieser
und andern dergleichen Collecten, die sich mit den
Wort Commendamus anfangen, die sämtlichen
Gebete für Verstorbene den Nahmen Commen-
dationes bekommen haben.

ham, Isaac & Iacob in spelunca duplici libro vitae & totius ecclesiae principes annotasti benedicendos; quaeso benedicere digneris hunc tumulum famuli tui, ut eum hic requiescere facias, & in sinu Abrahae collocare digneris, qui dominum nostrum Iesum Christum filium tuum, victis laqueis inferorum, esurgere fecisti, & suorum in se credentium membra jussisti resuscitare. Respice quaeso domine super hanc fabricam sepulturae! descendat hic spiritus tuus sanctus, ut te jubente sit ei in hoc loco quieta dormitio, & in tempore judicii cum sanctis omnibus vera resurrectio, te praestante, qui vivis & regnas per omnia secula seculorum! Amen.

Nach solcher Einsegnung des Grabes wurde erstlich die Leiche und nochmals das Grab mit Weyhwasser besprenget, hiernächst die Leiche beräuchert, und darauf einer mit der Rauchpfanne in das Grab geschickt, welcher auch dasselbe ausräuchern muste. Wenn das geschehen, so wurde die Leiche von der Bahre abgesetzet, der Sarg eröffnet, und der todte Cörper von dem fremden Prälaten mit Weyhwasser besprenget, und von den Geistlichen, der noch im Grabe stund, beräuchert. Darauf wurde dem todten Probst ein gülbener Kelch zu 3 unterschiedlichen mahlen auf die Brust gesetzet, wobey jedesmahl von der anwesenden Versammlung aus Ps. 161, 14. gesungen wurde: Calicem salutaris accipiam & nomen Domini invocabo. Endlich ward der Sarg wieder zugeschlagen, und in die Gruft gelassen, da unterdessen die Jungfräuliche Versammlung die mehrgedachte Antiphonam: Libera me domine &c. sang, nebst einer andern, folgendes Inhalts:

Clementissime domine, qui pro nostra miseria ab impiorum manibus mortis supplicium pertulisti,
Libera animam ejus de inferni voragine & de ministris tartareis absolve,
Et cuncta ejus peccata oblivione perpetua dele.
Eam ad lucem tuam angeli tradant, paradisique janua introducant!
Ut dùm corpusculum pulveri traditur, ad aeternitatem perducatur.
Domine miserere super peccatore!

beßgleichen diese Antiphonam:
Non intres domine in judicium cum servo tuo,
Quia non justificabitur in conspectu tuo omnis vivens.
A porta inferi erue domine animam ejus.
Ne tradas domine bestiis animam confitentem tibi.
Domine exaudi orationem meam,
Et clamor meus ad te veniat!

Nach Endigung dieser Gesänge laß der fremde Prälat noch etliche Gebete, worauf die Priester wiederum aus Hiob 11, 10. anstimmeten: Si bona suscepimus de manu Dei, mala quare non suscipiamus?

beßgleichen folgende beyde Antiphonas zu der Jfr. Maria:
Alma redemtoris mater, quae pervia coeli
Porta manens & stella maris, succurre cadenti
Surgore qui curat populo, tu quae genuisti
Natura mirante tuum sanctum genitorem,
Virgo prius ac posterius, Gabrielis ab ore
Sumens illud ave, peccatorum miserere!

Aa 3

Und:

Unb: Ave regina coelorum, Ave domina angelorum! salve radix sancta, ex qua mundo lux est orta. Gaude gloriosa, super omnes speciosa. Vale valde decora, & pro nobis semper Christum exora!

Nachdem dieses gesungen, so sang endlich der fremde Prälat vor dem Altar folgende Collecte ab:

Oremus. Satisfaciat tibi quaesumus, domine Deus noster, pro anima fratris nostri, beatissimae Dei genitricis Mariae & sanctissimi confessoris tui Benedicti, ac omnium sanctorum tuorum oratio, & praesentis familiae humilis supplicatio, ut peccatorum omnium veniam, quam procamur, obtineat, nec eum patiaris gehennalibus flammis cruciari, quem filii tui, domini nostri Iesu Christi, pretioso sanguine redemisti. Qui recum & cum spiritu sancto vivit & regnat, Deus per omnia secula seculorum. Amen.

Dominus vobiscum.

Requiescat in pace. Amen!

Worauf denn endlich die Fr. Abbatißin mit dem gesamten Convent, in voriger Ordnung wieder aus der Kirche ins Closter, der fremde Prälat aber mit allen seinen geistlichen Gehülffen in Procession nach der Probsten ging.

Wenn nun die Begräbniß eines Probstes solchergestalt verrichtet war; wurde so wohl denen Conventualinnen im Closter, als den Leuten auf der Probstey eine Mahlzeit von der Verlassenschaft des verstorbenen Probstes gegeben, auch nach Disposition des Testaments, wenn dasselbe eröffnet, etwas gewisses an Gelde ausgezahlet. Dafür wurde denn dem Verstorbenen eine Anzahl Seelmessen und Vigilien so wohl vom Closter in den gewöhnlichen Chorstunden, als von Vicariis in der Kirche und Capellen nachgehalten. Gemeiniglich pflegte auch wohl ein hiesiger Probst mit Vermachung gewisser jährlicher Einkünffte noch bey Lebzeiten sich eine oder mehr Memorien zu stifften, welche alsdenn nach seinem Absterben zu gewissen Zeiten im Jahre, von dem Jungfräulichen Convent auf dem Chore, und den Vicariis unten in der Kirche feyerlich begangen wurden.

Nach der Beerdigung eines Probstes muste 4. Wochen lang, von dessen die emortuali an zu rechnen, auf seinem Grabe ein grosses 1. Pfündiges Wachslicht brennen, und endlich am 30ten Tage nach seinem Absterben ward das so genannte Tricenarium (q) wieder mit vielen Solennitäten gehalten. Den Abend vorher hielt die Jungfräuliche Versammlung dem verstorbenen Probst eine Seelmesse auf dem Chor, und kamen alsdenn wieder ein oder mehr Prälaten und verschiedene Pastores von den benachbarten Dörffern anhero; gemeiniglich stelleten sich auch die Verwandten des Verstorbenen, und sonst andere Leute ein, dieser Solennität mit beyzuwohnen. An dem Tage des Tricenarii wurde die Todtenbahre wieder mit einem seichlacken und Crucifix, wie vormahls bey der Beerdigung, bedecket, und um selbe 4. brennende geweyhte Wachslichter gesetzet, auch des Probstes kostbarster Bischofsstab darauf gelegt. Alsdenn fieng man die Commendationes und Officia für den Verstorbenen von neuem an, welche der fremde Prälat in der hohen Messe, vor dem hohen Altar, die Vicarii aber in ihren Capellen und vor den kleinern Altären lasen. Mit solchen Messen und officiis wurde der ganze Tag zu gebracht, und damit endlich die Solennität beschlossen.

(q) Von den Tricenariis und deren Haltung findet man mehrere Nachricht bey Alchino in seinem Buch de divinis officiis, cap. de exe-   quiis mortuorum. Conf. Amalarius de Ecclesiast. offic. l. 3. c. 44.

SecT. II.

Sect. II.
Von den vornehmsten Cäremonien und Merkwürdigkeiten des hiesigen Closters.

Pars I.
Von der Abbatissin.

Cap. 1.
Von der Erwählung, Confirmation, und Introduction einer Abbatißin.

Wenn vor Zeiten die erledigte Stelle der Abbatißin wiederum sollte besetzet werden; so geschahe die Election mit eben solchen Ceremonien und Formalität, als bey der Erwählung eines Probstes gewöhnlich war, davon wir bereits zulängliche Nachricht gegeben haben. Nur fand sich nach geschehener Wahl darinnen einiger Unterscheid, daß die erwählte Abbatißin, weil sie allemahl in loco, also fort von dem anwesenden Prälaten herbey geruffen, mitten unter die Versammlung gestellet, und befraget wurde: ob sie die geschehene Wahl genehm zu halten, und die ihr aufgetragene Würde anzunehmen gedenke? Worauf sie sich anfänglich einigemahl höflich zu weigern, aber auf vieles Zureden des Prälaten endlich dazu zu verstehen pflegte. Nachdem sie nun deßfals ihre Entschliessung von sich gegeben: gieng sie, nebst der ganzen anwesenden Versammlung, in die Kirche, wo das Te Deum laudamus solenniter abgesungen wurde. Wenn solches geschehen; wurde sie von dem Prälaten wieder nach dem Capitelhause geführet, und muste daselbst vor ihm das bereits oben angeführte Juramentum fidelitatis & obedientiae Canonicae, mutatis mutandis, ablegen: worauf er ihr die Cistercienser- Ordens-Reguln, nebst des Closters Insiegel übergab, und sie damit dem gesammten Convent, als eine rechtmäßige Abbatißin vorstellete, mit zu gefügter Ermahnung: daß sie sich bemühen mögte, ihrem Closter wohl vorzustehen, die Conventualinnen hingegen allemahl bedacht seyn sollten, ihr den gebührenden Respect und Canonischen Gehorsam zu leisten. Hiernächst wurde sie von ihm, in Begleitung des ganzen Convents, zu dem Abbatißinhause geführet, und ihr daselbst die Schlüssel zum Capitelhause, Archiv, Capellen und andern allgemeinen Zimmern des Closters eingehändiget.

Mit solchen Ceremonien geschahe die Wahl einer Abbatißin vormahls, bis auf die Zeiten der Reformation. Heutiges Tages aber hat es damit in vielen Stücken eine ganz andere Beschaffenheit. Denn da vor Zeiten selten eine längere, als 8. oder 14. tägige Vacantz dieses Amts statt hatte: so wird dasselbe anietzo insgemein ein viertel Jahr lang offen gehalten. Etliche Sonntage vor der anzustellenden Wahl wird um deren glücklichen Success, folgendes Gebet bey öffentlichem Gottesdienst abgelesen:

Weil der allerhöchste GOtt, wie Euer Liebe bekannt, nach seinem unwandelbaren Rath und Willen die hochwürdige Fr. Abbatißin des hiesigen Closters durch den zeitlichen Tod von dieser Welt gefordert, und dahero nöthig seyn wird, daß die erledigte adeliche Ehrenstelle wieder besetzet werde. So wollen wir den frommen GOtt, den

Stifter

Stifter und Erhalter aller Ordnung, von Herzen bitten, daß er dieses dem Closter hochangelegenes Werk ihm wolle in Gnaden lassen befohlen seyn, es nach seinem gnädigen Willen so dirigiren, und eine solche Person mit seinen werthen Gaben hinwieder ausrüsten und dazu erwählen lassen, welche dem Closter und ganzen Convent mit sonderbarem Nutzen vorstehen möge, damit vornemlich, alles zu seines heil. Namens Ehre, dem ganzen Closter zur guten Aufnahme, und endlich auch der erwählten Person zum gewünschtem Nachruhm, und zu ihrer Seelen Seligkeit gereiche. Solches wolle er thun, um JEsu Christi seines lieben Sohnes willen. Amen

Wenn nun die Wahl würklich vor sich gehen soll, und der Tag dazu angesetzet ist, so schicket die hohe Landesherrschaft den Herrn Landschafts-Directorem als Commissarium ab, welcher das ganze Werk dirigiren muß. Die Wahl selbst geschiehet heutiges Tages nicht mehr durch gewisse Compromissarias, sondern alle Conventualinnen, von der ältesten bis zur jüngsten geben ihre Vota schriftlich von sich, welche der herrschaftliche Commissarius einsamlet; und alsdenn, nach derselben Durchlesung, dem Convent eröffnet, auf was für eine Person die meiste Vota gefallen, und welche des Closters zukünftige Abbatißin sey. Wenn die Wahl nun solcher gestalt ihre Richtigkeit hat; wird der göttlichen Fürsehung für den verliehenen glücklichen Fortgang, erstlich von der Jungfräulichen Versammlung auf dem Chor, und nachmahls, den nächst kommenden Sonntag, bey öffentlichem Gottesdienste folgender gestalt gedanket:

Weil der allerhöchste GOtt unsere demüthige Fürbitte, die wir eine Zeithero für eine Abbatißin-Wahl zu ihm hinauf geschicket, dahin in Gnaden erhöret, daß er solche nicht allein glücklich und nach Wunsch vor sich gehen, sondern auch eine recht gottselige und verständige Person zu diesem wichtigen Amte erwählen lassen; so sind wir schuldig demselben hierfür unterthänigsten Dank abzustatten, und seinen väterlichen Zug in tiefster Demuth zu erkennen, dabey aber von Grund unserer Herzen nochmals zu bitten, daß er der erwählten Person mit seines Geistes Gnade und Kraft beystehen, sie bey allen leibes- und Seelenwohlseyn väterlich erhalten, und ihr anvertrautes Amt so führen lassen wolle, daß alles zu seines heil. Nahmens Ehre, der Gottseligkeit Beförderung, und dieses ganzen Closters Besten hinausschlagen möge, um JEsu Christi unsers obersten Bischoffs willen, Amen.

Nach geschehener Wahl muste vor Zeiten die Confirmation bey dem Verdischen Bischoff gesucht werden; wie solches auch die 3. ersten Abbatißinnen vor der Reformation gethan haben. Nach der Reformation aber behielt sich die hohe Landesherrschaft dieses Regale billig bevor, und bestehet also heutiges Tages die Confirmation einer erwählten Abbatißin darinnen, daß der regierende Landesherr die geschehene Wahl approbiret, und dazu den benöthigten Consens ertheilet.

Bey der Introduction einer Abbatißin gieng es vormahls in den Römisch-catholischen Zeiten, mehrentheils auf eben solche Art zu, als bey der Introduction eines Probstes. Heutiges Tages aber hat es damit folgende Beschaffenheit:

Tages vorher kommt der Königl. Commissarius der Hr. Landschaftsdirector anher, welchem die Verrichtung dieses solennen Actus von der hohen Landesherrschaft aufgetragen ist. Derselbe verfüget sich alsdenn am Tage, da die Introduction geschehen soll, nebst der ganzen Jungfräulichen Versammlung auf den Jungfrauenchor, also mit dem Gesange: Komm heiliger Geist, Herre GOtt etc. der Introductions-

Actus

Actus angefangen wird. Nach Endigung solches Gesanges frägt der königl. Commissarius nochmals öffentlich herum, ob die Conventualinnen auch allesamt in die geschehene Wahl vollborten? Wenn sie nun darauf ihre Antwort von sich gegeben; tritt der Pastor loci vor den Altar, und hält einen kurzen auf gegenwärtigen Actum eingerichteten Sermon; wenn derselbe geendiget, wird die erwählte Fr. Abbatißin von dem Herrn. Commissario vor den Altar geführet, woselbst sie der Pastor folgender gstalt anredet: /

Hochwürdige Fr. Abbatißin, Fr. N. N. Nachdem Sie von GOtt dem HErrn, und unserm allergnädigsten König und Landesvater, mittelst dessen anhero abgeordneten und bevollmächtigten Herrn Commissario, Herrn N. N. alhie zugegen, wie nicht weniger von denen sämmtlichen Conventualinnen dieses Closters zur Abbatißin und Domina bestellet erwählet und bestätiget seyn; So will im Nahmen GOttes, in Gegenwart Sr. Königl. Majest. hochverordneten Herrn Commissarii, und dieses gantzen löblichen Convents, ich als ein Diener JEsu Christi, und dieses Orts Pastor, Sie als eine Abbatißin und Dominam dieses Jungfräulichen Closters Mebingen, krafft meines Priesterlichen Amts einsegnen (mit Auflegung der Hand) und thue solches im Nahmen GOttes des Vaters, des Sohnes und des heiligen Geistes!

Hierauf wird Sie nach uhraltem Gebrauch, und zu desto genauerer Erfüllung Ihrer obliegenden Pflichten, den vorgeschriebenen Abbatißin-Eyd selbst herzulesen und abzulegen sich nicht weigern. Unter diesen Worten überreichet der Pastor der Frau Abbatißin den Eyd, welche denn denselben annimmt, öffentlich herlieset, und darinn beschwöret, dem Closter nach allem Vermögen wohl vorzustehen.

Nach Ablegung des Eydes überreichet ihr der Herr Commissarius den geistlichen Regentenstab nebst den Schlüsseln des Closters, und führet sie darauf in ihren Chorstand, woselbst sie der Pastor wiederum folgender gstalt anredet: Hochwürdige Fr. Abbatißin, dieser Stand ist Ew. Hochwürden zugeordnet, darinn stehe Sie im Nahmen des HErrn! GOtt stehe ihr bey mit Gnade, mit Kraft, mit Freudigkeit, daß Sie viel gutes möge stiften zu seines heiligen Nahmens Ehre, dem ganzen Closter und sonsten frommen Herzen zum Besten, und endlich zu Ihrer eigenen Seligkeit, um JEsu Christi willen! Wenn dieses alles solcher gstalt verhandelt, so wird darauf von der ganzen anwesenden Versammlung das Te Deum laudamus angestimmet, und nach dessen Endigung von dem Pastore vor dem Altar folgende Collecte abgesungen:

Lasset uns beten: O ewiger und barmherziger GOtt, der du nach deinem väterlichen Rath und Willen, alle Obrigkeit ordnest und giebest, sie auch ab- und wiederum einsetzest; der du also die selige Abbatißin durch den zeitlichen Tod abgefodert hast, und auf unser inständiges Flehen, nach deiner gnädigen Fürsorge, gegenwärtige wieder erwählen und bestätigen lassen. Für solche väterliche Gnade sagen wir von Herzen Lob und Dank, und bitten dich demüthiglich, du wollest ihr mit Kraft deines Heil. Geistes beywohnen, sie mit Weisheit und Verstand begaben, heilsame Anschläge und Friede verleihen, bey beständiger Gesundheit und langem gedeyhlichem Leben erhalten, damit sie ihr aufgetragenes Amt fruchtbarlich führen möge, daß alle ihr Vornehmen und Thun zu Lob, Ehre und Preiß deines göttlichen Nahmens, zu Nutz und Frommen des ganzen löblichen Convents, auch endlich zu ihrer Seeligkeit gereichen möge, um JEsu Christi unsers HErren willen.

Darauf wird der Seegen gesprochen, und endlich zum Beschluße: gesungen: Sey Lob und Ehr mit hohem Preiß.

B 6   Cap. 2.

Cap. 2.
Von den Amtsverrichtungen und Insignibus einer Abbatißin.

Das Amt einer hiesigen Abbatißin war vor Zeiten lange nicht so ansehnlich und wichtig als heutiges Tages, massen, so lange die Pröbsten hieselbst noch im Stande war, eine Abbatißin ausserhalb des Closters, fast nichts ohne des Probstes Mitwissen, unternehmen durfte. Nachdem aber die Pröbsten von hoher Herrschaft eingezogen war; fiel damit das ganze Pouvoir an die Fr. Abbatißin, so daß sie nach der Zeit allein des Closters Oberhaupt blieb.

Die Amtsverrichtungen einer hiesigen Abbatißin bestehen kürzlich darinnen, daß sie das ganze Closter regieret, und alle in- und auswärtige Angelegenheiten desselben theils allein, theils mit Zuziehung der Juratinnen, besorgen muß. Zufoderst stehen alle Güter des Closters unter ihrer Einrichtung, wovon sie die jährliche Aufkünfte einhebet, und nachmals den Conventualinnen davon ihre Salaria auszahlet.

Wenn Lehrkinder sich ins Closter begeben wollen, beruhet es bey der Frau Abbatißin, dieselben aufzunehmen, und in des Closters Register einzuschreiben; und wenn ihnen mit der Zeit eine Stelle im Closter zufällt; ertheilet sie ihnen erstlich den halben, und nachmals den ganzen geistlichen Habit. Die Chorstunden besuchet die Fr. Abbatißin nur allein des Vormittages, und führet alsdenn dabey das Directorium; Nachmittags aber kommt sie nur zu gewissen Zeiten dahin, da denn unterdessen in ihrer Abwesenheit, die Fr. Priorin dirigiret, und wenn etwa eine Veränderung dabey vorgegangen, der Fr. Abbatißin davon Nachricht bringet. Die Aemter in Closter theilet sie nach ihrem Gutbefinden aus; wiewohl doch auch bey etlichen die Amtspersonen des Closters zu Rathe gezogen werden. Vormahls hatte auch eine hiesige Abbatißin das Privilegium, den Conventualinnen in gewissen Fällen einige Dispensation, ja wohl gar beym Capitul halten Absolution von ein und andern Sünden zu ertheilen; zugleich führte sie die Macht allen denjenigen, die sich wider die Closterreguln versündiget hatten, eine gewisse Disciplin und Strafe aufzulegen, ja dieselben, wo keine Besserung erfolgte, eine Zeitlang zu suspendiren, jedoch war es ihr, als einem Frauenzimmer nicht erlaubet, mit dem Bann wider sie zu verfahren. Ferner gehörte auch dieses vor Zeiten mit zu dem Amte einer Abbatißin, daß sie auf Lichtmessen Lichte, auf Palmarum und Ostern die Palmen, Osterkerzen, Wasser und Feuer weyhen durfte; welche abergläubische Dinge aber bey der Reformation von dem hochseel. Fürsten und Herrn, Herzog Francisco Ottone, durch eine besondere Closterordnung verboten wurden. Heutiges Tages ist eine von den ansehnlichsten Amtsverrichtungen der hiesigen Abbatißinnen, das Capitul halten, welches darinn bestehet, daß sie wenn neue Conventualinnen halb oder ganz einzukleiden, Clostersachen abzuthun, oder sonst etwas vorzunehmen ist, etliche, oder auch nach Beschaffenheit der Umstände, alle Conventualinnen des Closters auf das Capitulhaus zusammen beruffen lässet, ihnen daselbst die vorhabende Sache vortränget, und ihre Meynung darüber vernimmt. Dabey präsidiret sie auf einem erhabenen Stuhle mit ihrem Bischofsstabe, und hält eine Rede an die Jungfräuliche Versammlung, davon wir unten, bey Gelegenheit ein und anderes

For=

Formular communiciren wollen. Vor Alters, zu den Zeiten des Pabstthums, gien-
gen bey solchen Conventibus capitularibus allerley abergläubische Ceremonien vor, ab-
sonderlich pflegten die Conventualinnen, wenn sie auf das Capitulhaus kamen, vor der
Fr. Abbatißin nieder zu knien, und allerley Kleinigkeiten, so zum Theil lächerlich,
und in der That keine von GOtt verbotene Sünden waren, mit vielen Worten zu
beichten; worauf alsdenn die Fr. Abbatißin ihnen eine förmliche Absolution ertheil-
te; es wurde aber solcher Mißbrauch zu erst von hochgedachtem Herzog Francisco Ot-
tone, und nachmahls Anno 1574. von Herzog Wilhelmo jun. in einer besondern Clo-
sterordnung abgeschaffet, und den Conventualinnen anbefolen, ohne alle andere Cere-
monien das Capitul mit allein mit dem Gesange: Komm, heiliger Geist, HErre
GOtt ꝛc. anzufangen.

In diesen und dergleichen wichtigen Verrichtungen bestehet der vornehmste
Theil von dem Amte einer Abbatißin. Bey solchen ansehnlichen Functionibus aber
wird dieselbe auch durch besondere Amts Insignia distinguiret. Unter diese gehöret:
1) Der Bischoffsstab (r); dessen unterste Stange ziemlich stark von massivem Silber,
das böerste Theil aber von lauterem Golde mit vielen Edelgesteinen versetzet, von
künstlicher Arbeit und sehr hohem Werthe ist. Diesen Stab trug die Abbatißin vor-
mals zu den Zeiten des Pabstthums an nachgesetzten Festtagen, als am Weyhnachts-
Feste, am Tage der Erscheinung, am heil. Osterfeste biß zu der Octava desselben', am
Himmelfarthstage, am heil. Pfingstfeste, am Frohnleichnams und Trinitatisfeste,
am Tage der Himmelfarth Marie, am Kirchwenhungsfeste, desgleichen an den Ge-
dächtnißtagen S. Benedicti, Mauritii und aller He ligen. Ausser diesem aber hatte
man vor Zeiten noch einen andern Stab, nur von Holz (s) mit zierlichem Schnitzwerk
und übergüldet, welchen die Abbatißin damals an geringern Festtagen, als am Neuen-
Jahrs, den übrigen Marientagen, am Palmsonntage, desgleichen am S. Johannis,
Petri Pauli, Bernhardi und Michaelis Tage, auch sonst wohl bey andern öffentlichen
Amtsverrichtungen zu führen pflegte. Heutiges Tages ist nur der erste allein im Ge-
brauch, und wird er noch ietzo an den höchsten Festtagen allemahl vor den Chorstand
der Fr. Abbatißin gesetzet, auch sonsten von derselben bey öffentlichen Solennitäten
gebrauchet.

2) Des Closters Insiegel. Dieses stellet die Jungfrau Mariam sitzend vor,
welche in einer Hand 3. Rosen, auf dem andern Arm aber das Christkindlein hält, in
einem Felde mit Herzen bestreuet, um welches vor Alters die Umschrift stand: Sigil-
lum ecclesiae Sanctae Mariae in Meding, welche aber heutiges Tages weg gelassen wird.
Dieses Insiegel wird der Abbatißin bey ihrer Introduction eingeliefert, und versie-
gelt dieselbe damit alle das Closter angehende gemeine Sachen und Brieffschaften (t).

Bb 2 3) Die

(r) Die Gestalt und Bedeutung der Bischofs-
stäbe zeiget der bekannte vers: Curva trahit;
quos virga regit, pars ultima pungit. Conf.
Gemm. antiqu. rit. Missae. l. 1. c. 218.
(s) Daß dieses die aller erste und älteste
Art von Bischofsstäben gewesen sey, zeiget

der Herr Abt Schmid in s. Lex. Eccl. m.
P. I. p. 81.
(t) Es verdienet hiebey angemerket zu wer-
den, daß unser Closter noch bis auf den heutigen
Tag die Gewohnheit hat, alle seine gemeine
Schriften mit Wachs zu siegeln.

3) Die Schlüssel des Closters, welche ihr ebenfalls bey ihrer Introduction eingehändiget werden, davon sie etliche selbst in Verwahrung behält, etliche aber denen Amtspersonen des Closters, nach Beschaffenheit der ihnen conferirten Aemter, wieder anvertrauet.

Endlich hat eine hiesige Abbatißin auch sonst zu ihrem Gebrauche noch viele Kostbarkeiten, absonderlich an güldenen und silbernen Service, welches zu Vermehrung ihres Ansehens ebenfals nicht wenig beyträgt.

Cap. 3.
Von den Ceremonien bey der Beerdigung einer Abbatißin.

Zu den Papistischen Zeiten wurde es bey der Krankheit, Absterben und Begräbniß einer hiesigen Abbatißin, in den mehresten Stücken, eben wie bey der Beerdigung eines Probstes gehalten; heutiges Tages aber sind die viele dabey vormahls gewöhnliche abergläubische Ceremonien gänzlich abgeschaffet, und wird es bey dem Absterben einer Abbatißin folgender gestalt gehalten: So bald dieselbe von der Welt geschieden, werden sowohl ihre eigene, als des Closters unter ihrer Aufsicht und Verwahrung gestandene Sachen versiegelt, die Amtsinsigna und Schriften aber von denen Amtspersonen des Closters in Verwahrung genommen, der entseelte Leichnam zugleich unter einem langen Geläute in die Todtenkammer getragen, und darinn Tag und Nacht von gewissen dazu verordneten Leuten bis zu der instehenden Beerdigung verwahret. Gleich darauf wird dieser Sterbensfall der hohen Landesherrschaft von der Fr. Pribtin und sämtlichen Convent notificiret, und zugleich um landesväterlichen Schutz und Handhabung ihres alten Herkommens suppliciret.   Den nächsten Sonntag geschiehet bey dem öffentlichen Gottesdienste nicht allein hieselbst, sondern auch in den benachbarten Pfarrkirchen zu Bevensen, Römstedt, Höber, Altmeding und Wichmannsburg eine christliche Danksagung für die der seelig Verstorbenen widerfahrne gnädige Auflösung. Alsdenn wird mit der Zeit zu der Beerdigung selbst Anstalt gemacht, und geschiehet dieselbe entweder öffentlich oder des Abends in der Stille, nachdem es die verstorbene Abbatißin in ihrem Testament geordnet, oder die hinterbliebne Angehörigen es begehren.

An dem Tage, da die Beerdigung geschehen soll, wird der verblichene Cörper in der Mittagsstunde von 12. bis 1. unter Läutung der Glocken aus der Todtenkammer in die Kirche getragen, und zu beyden Seiten eine Reihe grosser schwarzer Wachslichter auf schwarzen mit Flohr behangenen Geridons gesetzet, auch sind alsdenn Cantzel und Altar mit schwarzem Boy bezogen. Geschiehet die Beerdigung öffentlich und bey Tage, so werden die benachbarten Herrn Prediger von oben genannten Pfarrkirchen anhero erbeten, welche nebst dem Pastore loci selbige zu ihrer Ruhestätte begleiten, wobey die ganze Jungfräuliche Versammlung der Leiche Paar weise nachfolget; da denn nachgehends in der Kirche eine Trauermusic aufgeführet, und der seelig Verstorbenen eine christliche Leichpredigt gehalten wird. Geschiehet aber die Beerdigung des Abends, so wird nur allein eine Trauermusic gemacht, von dem Pastore loci vor dem Altar eine Collecte gesungen und der Seegen gesprochen, da unterdessen die ganze Jungfräuliche Versammlung unten in der Kirche, zur Seiten der Leiche, auf denen

dazuges

dazugesetzten Stühlen in einer langen Reihe sitzet, und sobald die Leiche aufgehoben, und zu der Grabstätte getragen wird, derselben wiederum Paarweise nachfolget. Von denen benachbarten Herren Predigern aber ist alsdenn keiner dabey zugegen.

Der Ort, wo die hiesigen Abbatißinnen begraben worden, ist die Capelle unten im Creutzgang selbst, alwo sie von der Abbatißin Margareta Puffen an, sämtlich begraben liegen, ausgenommen der Fr. Abbatißin von Lüneburg, welche sich in der Kirche eine Ruhestätte erwählet hat.

Pars II.
Von denen Conventualinnen.

Cap. 1.
Von der Ablegung ihres Closter = Gelübdes.

Wenn vor Zeiten eine neue Conventualin einzukleiden war; wurde einige Zeit vor der würcklichen Einkleidung über dieselbe Capitel gehalten, wobey die Fr. Abbatißin erstlich an die Novitiam eine Rede hielt, und nachmals mit Fassung ihrer Hand in ihre beyden Hände, folgendes Gelübde ablegen ließ.

Ego N. N. abrenuntio omnem proprietatem, & promitto vobis obedientiam & castitatem usque ad finem, et quod res officiorum non dissipabo, si mihi commissa fuerint, & fidelem computationem inde faciam, cum requisita fuero, & secreta mihi commissa non revelabo, & istam reformationem (u) firmiter ac jugiter tenebo. Sic me Deus adjvet!

Es waren auch sonst noch verschiedene Ceremonien dabey, welche aber mehrentheils nach der Reformation abgeschaffet worden. Wir wollen dem G. Leser zur Nachricht einen solchen Actum capitularem mittheilen, welcher nach der Reformation Anno 1614. von der Fr. Abbatißin Elisabeth von Jbbing bey Ablegung des Closter-gelübdes angestellet worden, um daraus von der Beschaffenheit dieser Handlung sich einen desto eigentlichern Begriff zu machen. Es verhielt sich damit folgender gestalt.

Anfänglich hielt die Fr. Abbatißin folgende Rede an die Novitias.

Carissimae filiae. It schrifft de h. Apostel Petrus in siner Epistel, Christus passus est pro nobis, vobis relinqvens exemplum, ut seqvamini vestigia ejus; wormit he uns vormanet, dat wy bedencken shollen de depen gehorsam des Sones godes gegen sinen Hemmelschen Vader, und de grote leve Christi, de ehr uns bewiset hefft, in dem dat he sine Zele um unsent willen in Dot gegeven hefft, und des alter bittersten Dodes gestorven is, und uns den Wech des Lydens und des gehorsams vorgegahn, dar wy in sine Voetstappen treden shollen, unschuldig, rein und frömlick leven, dewile uns godt, neven allen Christlovigen, so hoch erwehlet hefft, und den ock sin hillige Göddliche Wille, underdanig und gehorsam to synde aller minschlichen ordenung um sinet, nemlich des Herrn Christi, willen. Des gy denn nu hüte gebrück-

Bb 3　liche

(u) Dieser Eyd ist nach Einführung der Speisung in Gebrauch gewesen, wie diese Ver Haushaltungs=Reformation und gemeinsamen bewährt bezeuget.

liche löffte von werden, de vornemlich in 3. Puncte gedelet werden alß proprietas, casti-
tas & obdientia (**), und dat gy in künfftlich in officiis richtig, flietig und unvorbroten
syn und hanndeln wollen, alse jum godt helpen shal!   So iß solckes und dersülven kenes
wedder unse Döpgelöffte; denn efft vor Jaren dat wort proprietas wol getagen und
gedübet up armott, so dörve gy den, gr. gratia bei, in nenen Dingen liden, werden ock
nicht genödiget nottrofft to liden, sonder werden angemanet, jum vor gnrichelt to hören,
und allen averflott to miden, und nicht we einen egendom to heffen und to gebruken;
erkennet und bedencket sien, we gy mit aller nottrofft besorget werden, und derwegen
nicht nödig heffen, unmätiger wyse hille aver ju wein fast egenmüttigen arbeyde to syn.
Nicht aver iß die meynung, dat gy leddich sitten shollen, den leddig ganck iß aller un-
do geven anfanck, dargegen arbeit iß vor vele sünde und ock vor vele Kranckheit gut,
wennt mit mate und nicht uth gnrichelt geshüt, de nur allene en wortel alles bösen iß,
wenn se des Minschen Hertz recht innnympt.

        Thom andern so iß de Küscheit jo eine eddele Godt wolgefellige Dogel, und
van allen minshen hoch gerdinet, und godt hat gefallen an tüchtigen Herten und godts-
seligen wandel, darum gy bedlickes bidden shollen um ein rin Hertz, und den lieff
und dat Hertz rin, alß einen tempel der hilligen Dresoldicheit, unbeflecket bewaren,
und allen bösen shin miden, nicht rede und geberde heffen, de jum nicht temen, ock nicht
mennerley personen gunst und früntschop au jum tken, so doch nicht anders denn der
lüde verdacht hinder sick leth, worher denn ock dat Sprickwort erwaßen: wer will un-
vordacht sin, de myde allen bösen Schin.   Derhalven gy Godt tho ehren, jum sülven
tho rhom und to fromen, tyd juwes levends, beyde binnen und buten Closters, ein stil-
les si:tsames wesen fören shollen.

        Thom brüdden hefft uns Godt der almechtige mit dem verden gebabe horsamlich
tho synde bevolen, in allem, dat nicht wedder ohn, sine ehre und de leve des Nege-
sten is, so wert jum solckes ock nicht geheten, sondern vel mer wat darto befödderlich iß,
derhalven gy gerne mit otmodicheyt gehorsam sin shollen, to fulborden und vorrichten,
wes jum bevolen werden mögte, und dat sülve richtig, flitig und unverbroten uth rich-
ten, wachten, waßren, hegen und betern, und jo nicht gebrucken, als were it jow, son-
dern als geschencke fromer Christen uns gegeven, gode darth tho denen; derhalven gy
jum den gemenen Godesdenst und Arbeit den ock dat vornehmste syn laten, und nicht
jum egen sonderlicke Gebet und Arbeit; denn offt wol alle Christen erwehlde Kinder
des hemmelschen Vaters sin, unn sines leven Sons willen, so hefft he uns doch sonder-
lich uth mennigen Ortt hir versamlet, dat wy ohn indrechtig mit Hertz und mund loven
sollen, und besorget uns ock derhalven gantz veterlich mit einem gemenen Dische, und
wes wy mehr van Nöden; dat latet uns jo erkennen und fliett dohn, in deme dat wy
to geeßhet sin, und ock ein Schwesterlick Hertz ein jegen den andern dragen, und uns
hödell, dat wy ein von andern und ein jegen den andern nicht gwades reden, wat wahr,
vel weniger wat unwahr, und weltlichen Personen de Swackheit edder Gebrechlicheit
unsre Mitswestern nicht entdecken, ock wes enem jedern in sinem ampt, oder sunst, tho
getruwet wert, Nicht apembaren, wente Vorswegenheit ein eddel Doget iß, de alle
                                                                            Minschen

    (**) Hieraus erhellet, daß auch noch eine   beßern Auslegung, wie aus dem nachfolgenden
Zeitlang nach der Reformation das 3 fache Vo-   abzunehmen.
tum im Gebrauch gewesen, wiewol mit einer

Menschen, sonderlich Junfferen, ganß wol Zpret, und maket besülgen angenem beg flofen und Godtfrüchtigen lüden; wederum iß it ein böse kaster, de nichts bg den Herren beholden können, und seggen allent, wes se weten, ja dat herte ganß up der tungen heffen, wo men seggt. Solckes stegen und mgden hoge und neddrige minschen.

So hape ik um dat gy juw na disser forten und ringen Vermanung, mit Gades Hülpe, ock aller gewanheit des Closters, juwen Gelöffte na, gerne schicken willen, und godt bidden, dat he juw wolle geven eine unsedelike egrichelt riek tho werden in allen Dögeden und guden werken.

Ideo vultis libenter obfervare omnia quae dixi vobis, & haec jugiter adimplere ?

Die Novitiae antworten : Libenter adjuvante Deo.

Die Fr. Abbat. Dominus det vobis perfeverantiam usque in finem

Novit. eine nach der andern : Reverenda & dilecta domina mater, ego peto humiliter propter Deum, quatenus ignofcatis mihi reverentiam veftram multoties offendiffe, & fufcipiatis me in filiam & congregationem veftram.

Abbat.   Ego te fufcipio in filiam & fororem in nomine Patris & Filii & Spiritus fancti.

Novit.   Ego promitto vobis obedientiam ufque ad mortem.

Abbat.   Dominus det vobis perfeverantiam ufque in finem.

Darnach spricht eine-jedwede Novitia zu der ganzen Jungfräul. Versammlung. Dilecte matres, petimus humiliter propter Deum, ut ignofcatis nobis omnem offenfam, & fufcipiatis nos in fpirituales forores.

Darauf antwortet eine von den ältesten Conventualinnen:

Sufcipimus vos in forores, in nomine Patris & Filii & Spiritus Sancti:

Hiernächst redete die Fr. Abbatißin die Novitias weiter also an :

Cariffimae, Albiwiel wg juw heffen angenamen in filias & forores, und gy den ock gewdntlike löffte gedan, und angelovet underdan und horsamich to sinn; so shall düt nu juw erste horsam (x) sin, dat gy lesen septem Veni sancte Spiritus und 3. Pater nofter, tho ehren der billigen Drefoldicheit, und herßlich bidden, daß se wollen tho juw kamen und in juw krefflich sin und bliven, und in juwen ganßen leven de regeren, leiden und foren, so alß it bnen beheglich, und juw selich und denstlich iß, Et fic ite feffum.

Endlich redete die Fr. Abbatißin die ganße Jungfräul. Versammlung folgender gestalt an :

Dilectae forores, Alße gy gegenwardigen angehöret, dat novellae forores noftrae vota gedan heffen, so wollet godt den Herrn mit flite vor fe bidden, dat fe ehnen ein beftendlich vernünfftich und gehorsam herte geven wolle, dat fe perfeverantes bliven mögn ufque in finem, & velitis legere hympnum Veni creator &c. cum dominica oratione & collectam de Spiritu fancto.

Cap. 2.

(x) Hieraus siehet man, daß die sogenannte obedientia prima da man neu antretenden Clofterleuten eine gewiffe Anzahl Gebeter zu lesen auferlegt, auch noch nach der Reformation eine Zeitlang in Obfervanß bliehen fey.

Cap. 2.

Von der Einkleidung der hiesigen Conventualinnen.

Nachdem eine Conventualin auf vorbeschriebene Art ihr Clostergelübde abgelegt hatte, erfolgete alsdenn die würckliche Einkleidung. Diese geschahe vor Alters zu den Zeiten des Pabsthums, entweder von dem Bischöfflichverdischen Generalvicario selbst, oder von einem benachbarten Prälaten, welcher deswegen Commißion von ihm erhalten hatte. Dieser solenne Actus wurde auf dem Jungfrauenchor vollzogen, und muste dabey nicht allein die ganze Jungfräuliche Versammlung, sondern auch der hiesige Probst mit allen seinen Vicariis und Scholaribus zugegen seyn. Der Anfang wurde mit dem Papistischen Gesange: Alma redemtoris mater &c. gemacht, nach dessen Endigung der fremde Prälat das Veni sanctæ Spiritus &c. anstimmete, worauf die sämtlichen anwesenden Vicarii mit einstimmeten: Reple tuorum corda &c. darauf fing der Prälat die Antiphonam an: Haec est generatio quaerentium dominum, quaerentium faciem Dei Iacob. Sela. Wornach die anwesenden Vicarii den 24ten Psalm Davids von forn anfiengen: Domini est terra &c. bis zu den 6ten vers: Haec est generatio &c. Unter solchen Singen traten 2 von denselben vor den Altar, und sungen die Litaney knieend ab, da immer die anwesenden geistlichen Herren antworteten. Zu dem Anfange der Litaney setzte sich der Prälat vor seinem Stuhle, gegen dem Altar zu, auf die Knie nieder, welches auch die einzukleidenden Conventualinnen thaten, uud da wurde alsdenn folgendes abgesungen:

Die beyden Vicarii vor dem Altar.	Die ganze anwesende Clerisey.
Kyrie Christe } Eleyson. Kyrie	
Christe Audi nos.	
Sancta Trinitas unus Deus,	Miserere nostri.
Sancta Maria Sancte Michaël Sancte Gabriel Sancte Raphaël }	Ora pro nobis.
Omnes sancti angeli & Archangeli	Orate pro nobis.
Sancte Iohannes Baptista,	Ora pro nobis.
Omnes sancti Patriarchae & Prophetae,	Orate pro nobis.

Die bey-

Die 2. Vicarii.   Die ganze Clerisey.

Sancte Petre,
S. Paule,
S. Andrea,
S. Iacobe,
S. Iohannes,
S. Philippe,
S. Iacobe,   Ora pro nobis.
S. Bartholomaea,
S. Matthaee,
S. Thoma,
S. Simon,
S. Thaddaeo,
S. Matthia,

Omnes fancti Apoftoli & Evangelistae,   Orate pro nobis
Sancte Stephane,   Ora pro nobis.
Sancte Laurenti,
S. Mauriti cum fociis tuis,   Ora pro nobis.
S. Vincenti,
Omnes fancti martyres,   Orate pro nobis.
Sancte Martine,
S. Nicoläe,
S. Benedicte,   Ora pro nobis.
S. Bernharde,
S. Roberte,

Omnes fancti confeffores,   Orate pro nobis,
Sancta Anna,
S. Maria Magdalena,
S. Catharina,
S. Barbara,
S. Agnes,   Ora pro nobis.
S. Agatha,
S. Caecilia,
S. Scholaftica,
S. Urfula cum fodalibus tuis,

Omnes fanctae virgines,   Orate pro nobis.
Omnes fancti,   Orate pro nobis.
Propitius efto,   Parce nobis Domine!
Propitius efto,   Libera nos Domine
Ab infidiis diaboli
A tentationibus malignis   Libera nos Domine!
Ab omni malo.

Die 2. Vicarii.

Per incarnationem & nativitatem tuam,
Per paſſionem & crucem tuam,
Per reſurrectionem & aſcenſionem tuam,
Per adventum ſancti ſpiritus Paracleti,
In die judicii,

Die ganze Clerisey.

Libera nos Domine!

Peccatores

Te rogamus, audi nos!

Ut pacem nobis dones;
Ut gratiam ſancti ſpiritus cordibus
noſtris clemente infundere dig-
neris,
Ut congregationem iſtam merito &
numero augeas,

Te rogamus, audi nos!

Hier ſtund der Abt wiederum auf, und ſang die Litaney ferner folgender geſtalt fort:

Der Abt.

Die Clerisey.

Ut famulas tuas religionis monaſticae habitum
petentes benedicere (†) & conſecrare (†)
digneris,
Ut eis in hoc ſancto propoſito perſeve-
rantiam dones,
Ut eas perfecte ſeculo renuntiare facias,
Ut profeſſionis ſuae fideles executrices
exiſtant,
Ut ad promiſſum gloriae tuae praemi-
um nos perducere digneris,
Ut nos exaudire digneris,

Te rogamus, audi nos!

Alsdenn ſingen die beyden Vicarii wieder an das übrige vollends abzuſingen:

Die 2. Vicarii.

Fili Dei,
Agne Dei, qui tollis peccata mundi,
Agne Dei, qui tollis peccata mundi,
Agne Dei, qui tollis peccata mundi,

Die Clerisey.

Te rogamus, audi nos!
Parce nobis, domine,
Exaudi nos, Domine,
Miſerere nobis!

Die beyden Vicarii.

Chriſte,
Kyrie,
Chriſte,
Kyrie,

Die Clerisey.

Audi nos!

Eleyſon!

Amen!

Darauf fing einer an zu beten: Pater noſter &c.
Der Prälat: Et ne nos inducas in tentationem,
Die andern: Sed libera nos a malo!

Hierauf

Hierauf stimmeten die Priester wiederum folgende Antiphonam an : Salvas fac, domine, ancillas tuas, sperantes in te. Mitte eis, Domine, auxilium, et de Sion tuere eas. Nihil proficiat inimicus in eas, Et filius iniquitatis non noceat eis! Domine exaudi orationem meam, Et clamor meus ad te veniat!

Hiernächst wurden folgende Gebete abgelesen: Deus, qui beatum Benedictum electum tuum abstractum a mundi turbinibus tibi soli militare jussisti, Tribue quaeso his famulabus tuis sub ejus magisterio ad tuum servitium festinantibus & perseverandi instantiam & perfectionis usque ad finem victoriam, per Dominum nostrum Iesum Christum &c.

Deus indulgentiae pater, qui severitatem tuae districtionis temperans indulsisti ne filius portet iniquitatem patris ; & qui mira dispensatione etiam malis bene utens tuae dignationis gratiam frequenter operaris.

Quaeso clementiam tuam, ut his famulabus tuis non obsistat, quod habitum religionis per nos, tanta ac tali re indignos, accipiunt, sed ministerium, quod per nos exterius exhibetur, In interius per donum sancti Spiritus exsequaris, Per Dominum &c.

Da quaeso, domine, famulabus tuis inchoati operis consummatum effectum, & ut perfectam tibi offerant servitutem, initia mereantur perducere ad finem. Per dominum &c.

Nach Endigung dieser Gebete musten die einzukleidenden Novitiä, welche bisher auf den Knien gesessen, aufstehen und vor den Altar treten, da sie denn der Prälat folgender gestalt öffentlich befragte:

Prälat : Vis ab hodierna die mente mortua esse huic seculo ?

Novit : Volo.

Prälat : Vis huic mundo crucifixa esse & eum tibi crucifixum habere?

Novit : Volo.

Prälat : Vis Abbatissae tuae obediens esse & stabilis in hoc monasterio, secundum regulam S. Benedicti Abbatis ?

Novit : Volo.

Prälat: Augeat in te dominus gratiam suam, ut opere impleas, quod ore professa es !

Darauf fingen die Priester an zu singen : Qui me confessus fuerit coram hominibus, confitebor & ego eum coram patre meo. Hallelujah !

Zugleich ward folgende Collecte gelesen : Domine omnipotens, qui tibi famulantibus salutarem aditum ostendis, concede quaeso his famulabus tuis quae se veste religionis cupiunt indui vitam servare religiosam, ut tua protectione defensae aeternam mereantur percipere claritatem. Per dominum nostrum Iesum Christum &c.

Hierauf überreichte ihnen der Prälat die Regul S. Benedicti, mit nachfolgender Ermahnung : Accipe regulam, & vide, ut non solum auditrix, verum etiam satagas esse illius factrix.

Nachhero wurde folgendes Gebet gelesen : Te, optime & piissime deprecamur domine, has famulas tuas propitius intuere, ut, gratia tua adjuvante, in sua conversatione praecepta regulae efficaciter studeant adimplere, ut transacto vitae suae tempore perpetua potiantur beatitudine. Per dominum &.

Cc 2   Hierauf

Hierauf fingen die Priester wieder an zu singen: Qui vult venire post me, abneget semetipsum, & tollat crucem suam, & sequatur me, dicit dominus. Hallelujah.

Einer von ihnen laß folgendes Gebet: Domine Iesu Christe, qui es via, sine qua nemo venit ad patrem; quaeso benignissimam clementiam tuam, ut has famulas tuas, a carnalibus desideriis abstractas, periter disciplinae regularis deducas, ut qui peccatores vocare dignatus es, dicens: Venite ad me, omnes qui laboratis & onerati estis, & ego reficiam vos. Praesta, ut haec vox invitationis tuae in eis ita convalescat, quatenus peccatorum onera deponentes, & quam dulcis es gustantes, tua refectione sustentari mereantur; & sicut attestari de tuis ovibus dignatus es, agnosce eas inter oves tuas, & ipsae te agnoscant, ut alienum non sequantur, sed te, neque audiant vocem alienorum, sed tuam, qui dicis: Qui mihi ministrat, me sequatur. Qui vives & regis &c.

Nach Vollendung dieses Gebets muste eine jede von den Novitiis ihr Clostergelübde, mit eigener Hand geschrieben, öffentlich herlesen, ohngefehr in folgenden Formalibus:

Ego, soror N. promitto stabilitatem meam & conversionem morum & obedientiam S. Benedicti, Deo & sanctis ejus, quorum reliquiae hic asservantur &c.

Nachdem solches abgelesen, so muste eine jede von den einzukleidenden Novitiis ein Creutz vor sich machen, und das Zettul, worauf das Gelübde geschrieben, auf die rechte Seite des Altars legen, von wannen es aldenn der Prälat herab nahm, und es der Fr. Abbatißin einhändigte, um solches bey dem Closter Archiv verwahrlich bey-zubehalten.

Wenn das geschehen, so musten die Novitiä 3 mahl mit gebogenen Knien laut herbeten: Suscipe me, Domine, secundum eloquium tuum, & vivam, & non confundas me ab exspectatione mea!

Auf welchen Spruch der gesammte Convent jedesmahl eben dasselbe wiederhohlte, und zum 3ten mahl das Gloria Patri & Filio &c. hinzufügte. Darauf wurde noch einst das Pater noster gebetet, da der Prälat, wie gewöhnlich, das: Et ne nos inducas in tentationem, die anwesenden Priester aber: Sed libera nos a malo! sprachen.

Wenn das geschehen, stimmete eine von den Sangmeisterinnen den 51 Psalm Davids an: Miserere mei Deus &c. welcher wechselweise von beyden Chören, mit Hinzufügung des Gloria Patri &c. gesungen wurde. Unter solchem Singen musten die einzukleidende Novitiä erstlich vor dem Prälaten, eine nach der andern, darauf vor der Fr. Abbatißin eine tiefe Neigung machen. Folgends gingen sie erstlich durch der Fr. Abbatißin, und nachmals durch der Fr. Priörin Chor, da sie denn vor einer jeden Conventualin ein gleiches thaten. Wenn sie die Reihe herum waren, so musten sie aldenn vor dem Altar wiederum nieder knien, allwo der Abt die Collecte: Salvas fac Domine &c. Die Priester aber das letztere: Domine exaudi &c. herlasen, nebst folgendem Gebet:

Suscipe quaeso, Domine sancte, pater omnipotens, has famulas tuas, quas de hujus seculi naufragiis & periculis eruere & ad monasticam vocare dignatus es gratiam, & concede propitius, ut artem & angustam viam, quam professae sunt, jugiter diligant, teneant atque sectentur, quatenus ad aeternam, quam in te perseverantibus promittere dignatus es, gloriam pervenire mereantur. Per dominum &c.

Hierauf fing der Prälat vor dem Altar die gewöhnliche Präfation an:

Dom-

Dominus vobiscum!

Die Priester antworteten: Et cum spiritu tuo.

Der Prälat: Surfum corda!

Die Priester :   Habemus ad Dominum.

Der Prälat :   Gratias agamus!

Die Priester :   Dignum & justum est.

Der Prälat :   Vere dignum & justum est, aequum & salutare, nos tibi semper & ubique gratias agere, Domine sancte, Pater omnipotens, aeterne Deus, Totius sanctae religionis origo, omnique profitenti te vitae aeternae salvatio.   Suscipe quaeso propitius votum professionemque famularum tuarum, quae de hujus seculi vanitate ad te confugium faciunt.   Sint quaeso, te adjuvante, ab omni negotiorum secularium strepitu exutae, a delectationibus spectaculorum evulsae, a cunctis mundi occupationibus extraneae, ab antiqui hostis insidiis ereptae, mundo huic mortuae, mundi blandimentis & illecebris crucifixae, remotae a secularibus pompis, remotae a praesentis vitae contagiis, remotae ab omnibus pravorum retinaculis, remotae a cunctis hostis insidiis.   Domine doce eas omnia hujus vitae contemnere prospera, non timere adversa, injurias non inferre, sed aequanimiter tolerare, inimicos diligere, pro persequentibus & calumniantibus suppliciter deprecari.   Non eas superbia inflet, non ardor avaritiae succendat, non incentiva luxuriae inflamment, non vana gloria turpiter jactet, non gula aut ebrietas praepediat, non ambitio ventosi praecipitet, non ardor animosae contentionis exagitet!   Non eas desiderium humanae opinionis elevet, non diabolus, auctor proditionis laedat aut perdat, sed tuae pietatis dextera, elementissime Deus, a cunctis eruat malis, easque in praesenti & in futuro seculo protegat, regat atque gubernet, ut te timeant, imitentur & diligant, Per dominum &c.

Hierauf stimmeten die Priester an :   Qui odit animam suam in hoc mundo, in vitam aeternam custodit eam.   Hallelujah.

Und einer von ihnen las folgendes Gebet :   Oremus: Dignare quaeso domine famulabus tuis, renuntiantibus secularibus pompis, gratiae tuae januas aperire, quae despecto diabolo confugiunt ad titulum Christi ; & venientes ad te sereno vultu suscipe, ne de eis inimicus valeat triumphare.   Tribue eis brachium infatigabile auxilii tui, mentes earum lorica fidei circumda, ut felici muro vallatae mundum se gaudeant evasisse.   Per dominum &c.

Darauf fangen die Priester wieder an zu singen :   Si quis per me introierit, salvabitur & pascua inveniet.   Hallelujah !

Und einer von ihnen las folgendes Gebet :   Deus, qui per coaeternum tibi filium cuncta creasti, quique mundum in peccatis inveteratum per mysterium sanctae incarnationis ejus renovare dignatus es ; te suppliciter exoramus, ut ejusdem domini gratia super has famulas tuas, abrenuntiationem seculi profitentes, respicere dignetur, per quam in spiritu mentis suae renovatae veterem hominem exuant cum actibus suis, & novum, qui secundum Deum creatus est, induere mereantur. Per Dominum &c.

Ferner wurde also gebetet :   Clementissime dominator domine, tuam invocamus pietatem super has famulas tuas, quas a seculo conversas in numerum sanctorum accensere dignatus es ; quaeso ut conversionis suae fidem digne custodiant, & quicquid pro salute animae deprecate fuerint, obtineant. Sint vita probabiles, sint sapi-

entes

entes & humiles, fint fcientia verae, obedientia clarae, convenientes in doctrina, increpationibus immobiles, in gravitate decorae, in compaffione piiffimae, in operatione cautae, in difpenfatione follicitae, in Injuriis pacientes, in pace fixae, in eleemofynis promtae, in orationibus frequentes, in mifericordia efficaces, in fubditis piae! Ne fint immemores, quod a te de fuis erunt factis tuo judicio judicandae. Harum quoque, domine, precamur, ut munera placatus accipias, & eis, quicquid petierint a te, clementer impartias.

Deßgleichen folgendes Gebet: Sancte Spiritus, qui te Deum ac Dominum revelare dignatus, es mortalibus; immenfam tuae pietatis gratiam poftulamus, ut ficut ubivis fpiras, fic et his famulabus tuis affectum devotionis indulgeas, &, cum tua fapientia conditae funt, tua quoque provident gubernentur, eafque juxta confuetam gratiam unctio tua de omnibus doceat, & per interceffionem beati Benedicti, quem hujus fanctae inftitutionis doctorem & legislatorem dedifti, nec non aliorum fanctorum, ad quorum nomina petitionem faciunt, eas a vanitate feculi veraciter converte; & ficut es omnium peccatorum remiffio, deprimentes impietatis obligationes in eis diffolve, & ad obfervantiam fancti hujus propofiti fac eas certatim fervere, in tribulationibus & anguftiis tua indeficienti confolatione valeant refpirare, & jufte & pie per veram humilitatem & obedientiam in fraterna caritate fundatae, quod te donante promiferunt, felici perfeverantia compleant. Quod tu praeftare digneris, qui cum Deo patre unigenitoque filio ejus, domino noftro Iefu Crifto, vivis et regnas per infinita fecula feculorum. Amen!

Nach Endigung diefer Gebete ftanden die Novitiä wieder auf, und fetzten fich auf ihre gewöhnliche Chorftellen nieder, unterdeffen wurden die Schleyer, welche ihnen aufgefetzet werden follten, nach dem Altar gebracht, wofelbft fie der Prälat annahm, und mit folgenden Gebete einfegnete:

Domine Iefu Chrifte, qui tegmen noftrae mortalitates induere dignatus es, obfecramus tuae largitatis abundantiam, ut hoc genus veftimenti, quod fancti patres ad innocentiae & humilitatis indicium abrenuntiantibus feculo ferre fanxerunt, tu ita benedicere (†) digneris, ut famulae, quae hoc indutae fuerint, te induere mereantur, qui vivis & regnas &c.

Deus qui veftimentum falutare & indumentum jucunditatis aeternae tuis fidelibus promififti, clementiam tuam fuppliciter exoramus, ut haec indumenta humilitatem cordis & contemtum mundi fignificantia, quibus famulae tuae fancto funt informandae propofito, propitius benedicas (†) ut beatae profeffionis habitum, quem te infpirante fufcipiunt, te protegente cuftodiant, Per Chriftum dominum noftrum &c.

Domine Deus, virtutum dator, benedictionum omnium largus infufor, exaudi preces noftras, & haec vella (†) benedicere (†) fanctificare digneris, quibus famulae tuae pro confervandae religionis figno indui expofcunt, ut inter reliquos homines tibi cognofcantur dicatae, Per &c.

Darauf ftimmete die gantze Verfammlung den Gefang an: Veni creator fpiritus &c. unter welchem die Novitiä wieder vor den Altar traten, und fich auf die Knie niederliessen, da denn der Prälat, nach Endigung des Gefanges, eine jede unter ihnen insbefondere folgender geftalt anredete:

Exuat

Exuat te Dominus veterem hominem (v) eum aſtibus ſuis, & induat te novam hominem, qui ſecundum Deum creatus eſt in juſtitia & ſanctitate veritatis!

Darnach ſetzte er einer nach der andern den Schleyer auf, mit dieſen Worten:

Accipe hoc velum ſalubre, mundi hujus contemtum ſignificans, quod perferas ante tribunal Chriſti!

Wenn ſie nun alle nach einander den Schleyer empfangen, ſang der Prälat allein:

Tollite jugum meum ſuper vos, quia mitis ſum & humiles corde.

Darnach ſang er folgendes Gebet: Deus aeternorum bonorum fideliſſime promiſſor, certiſſime perſolutor, qui indumentum jucunditatis fidelibus tuis promiſiſti; clementiam tuam ſuppliciter exoramus, ut famulas tuas propitius (†) benedicere & (†) conſecrare digneris, quatenus hunc religionis habitum, quem te inſpirante ſuſcipiunt, te protegente cuſtodiant, & quas veſtibus venerandae profeſſionis temporaliter induiſti, beata facias immortalite veſtri, Per Chriſtum &c.

Darauf ſungen die Prieſter wiederum: Qui ſequitur me, non ambulabit in tenebris, ſed habebit lumen vitae dicit dominus. Hallelujah!

Einer von ihnen laß folgendes Gebet: Deus miſericors clemens & pius, cui cuncta placent, ſine quo nihil ſanctum inchoatur nullumque bonum perficitur; adſint noſtris humillimis precibus aures tuae pietatis, & has famulas tuas, quibus in tuo ſancto nomine religionis habitum impoſuimus, a mundi impedimento & ſeculari deſiderio defende; & concede eis, ut in hoc ſancto propoſito devote perſiſtere, & remiſſione accepta peccatorum ad electorum tuorum valeant conſortium pervenire.

Die Prieſter ſungen ferner: Confirma hoc Deus, quod operatus es in nobis a templo ſancto tuo, quod eſt in Jeruſalem, Hallelujah!

Hiernächſt wurde folgendes Gebet verleſen: Deus caſtorum corporum benignus inhabitator & religioſarum amator animarum, reſpice ſuper hos famulas tuas, quae te inſpirante tibi devotionem ſuam obtulerunt, & praeſta, ut in eis ſit per donum ſpiritus tui prudens modeſtia, ſapiens benignitas, gravis lenitas, caſta libertas; ſerveant in caritate & nihil extra te diligant: laudabiliter vivant! Tu eis honor, tu gaudium, tu in moerore ſolatium, in tribulatione patientia, in paupertate abundantia, in jejunio cibus, in infirmitate medicina. Per te, Domine, quod ſunt profeſſae, cuſtodiant, ut & hoſtem antiquum devincant, et vitiorum ſqualores expurgent, quatenus per gratiam religionis virtutum floribus adornatae in ſanctarum monacharum & omnium electorum tuorum conſortio, te donante, mereantur pervenire, per dominum &c.

Deßgleichen auch folgendes: Omnipotens ſempiterne Deus, cujus caritatis ardore hae famulae tuae ſtabilitatem ſuam in hoc monaſterio tibi promittendo legis tuae jugo colla ſubmiſſerunt; concede propitius, ut in ultimo examinis die cum ſanctis omnibus in dextera judicis locatae cuncta ſuae devotionis promiſſa ſe adimpleſſe laetentur Per dominum &c.

Nach Endigung dieſer Gebete ſingen die eingekleideten Novitiä den Hymnum! Regnum mundi &c. an, worauf der Prälat folgende Collecte abſang.

Oremus: Actiones noſtras quaeſo Domine aſpirando praeveni & adjuvando proſequere, ut cuncta noſtra operatio & a te ſemper incipiat & per te incepta finiatur, per Dominum noſtrum &c.

Hierauf

(v) Unter dieſen Worten ſchüttelte und zupfte er ſie nach einander bey dem Mantel.

Hierauf wurde ein Sermon von der Beschaffenheit des Closterlebens gehalten, nach dessen Endigung musten die Novitiä den Gesang zu Ehren des heil. Benedicti anstimmen:

> O coelestis norma vitae,
> Doctor & dux Benedicte
>
> Worauf die gantze Versammlung mit einstimmete
>
> Cujus cum Christo Spiritus
> Exultat in coelestibus;
> Gregem, pastor alme, serva,
> Sancta prece corrobora;
> Via coelos clarescente
> Fac te duce penetrare!

Nach dessen Endigung der Prälat endlich die Messe vollends auslaß.

Wenn alles solchergestalt vorgegangen war; wurden endlich die Novitiä, in Begleitung des gantzen Jungfräulichen Convents nach dem Capitulhause geführet, und daselbst dem silbernen Bilde des heil. Mauritii durch Ueberreichung eines geweyheten güldenen Ringes, welchen sie Zeit lebens am Finger behalten musten, verlobet, und endlich der gantzen Versammlung, auf der Novitiarum Unkosten ein Gastmahl gegeben, womit denn diese geistliche Hochzeit beschlossen wurde.

Alle diese zum Theil abergläubische und unchristliche Ceremonien sind bey der Reformation abgeschaffet, und geschiehet heutiges Tages die Einkleidung neuer Conventualinnen von der Fr. Abbatißin auf dem Capitulhause, in Gegenwart der gantzen Jungfräulichen Versammlung, und zwar solcher gestalt, daß denen geistlichen Kindern, wenn ihnen eine Stelle im Closter zufällt, vors erste der halbe geistliche Habit, und wenn mit der Zeit solcher Halbgeistlichen mehr beysammen sind, alsdenn ihnen sämmtlich der gantze geistliche Habit ertheilet wird; bey welchem Actu der Einkleidung sonst keine grosse Ceremonien mehr vorgehen, als daß die Fr. Abbatißin dabey eine Rede, und nachmahls der Pastor loci bey dem öffentlichen Gottesdienste eine besonders darauf eingerichtete Predigt hält.

Cap. 3.
Von dem privat Gottesdienste der hiesigen
Conventualinnen.

Vor Alters, zu den Zeiten des Pabstthums, hielten unsere hiesige Conventualinnen, ausser dem den öffentlichen Gottesdienste, die 7. gewöhnlichen Horas Canonicas, nemlich die Mette, Prime, Tertie, Sexte, None, Vesper und Complet (t).

1) Die Mette (a) wurde gewöhnlich um Mitternacht gesungen, nach dem Exempel Davids, welcher um Mitternacht aufgestanden, GOtt zu loben, und nach dem
Beyspiel

(t) Die Ursach davon giebt Reg. Benedict. c. 16.

(a) Von der Mette, welche in den alten Documentis bald Matutinum, bald Nocturnum,

bald vigilia nocturna genennet wird, besiehe mit mehrern Gavant. thes. sacr. rit. T. 2. p. 44. seqq.

Beyspiel der klugen Jungfrauen, welche den Bräutigam um Mitternacht empfangen; ja an den Sonn-Fest-und Aposteltagen fieng man dieselbe noch früher an, damit die 4. ersten Horae desto füglicher vor dem öffentlichen Gottesdienste könnten zu Ende gebracht werden. Bey dieser Mette beobachtete man folgende Liturgie: Zuerst wurde der so genannte Versus aperitionis (b) gesungen: Deus in adjutorium meum intende &c. Darauf 3 mahl nacheinander: Domine, labia mea aperies &c. Darnach der 3te Psalm Davids: Domine quid multiplicati sunt &c. mit dem Gloria Patri & Filio &c. darauf der 94te Psalm: Venite exultemus Domino &c. mit der Antiphonia (c) Exaltare qui judicas terram &c. oder auch, nach Beschaffenheit der Umstände, wol ohne dieselbe. Nach dessen Endigung wurde der bekannte Hymnus Ambrosii angestimmet: Aeterne rerum conditor &c. darauf 6. Psalmen gelesen, und allemahl so viel Antiphona dazwischen gesungen. Wenn dieses zu Ende gebracht; gab der Probst die Benediction, nach denen in seinem Breviario vorgeschriebenen Formularibus. Darauf wurden 3. lectiones aus dem Alten und Neuen Testament gelesen, und jeder lection ein Responsorium (b) zugefüget, unter welchen das letztere mit dem Gloria patri &c. beschlossen wurde, dabey die Jungfräuliche Versammlung, der allerheiligsten Dreyfaltigkeit zu Ehren, aufstehen muste. Wenn das geschehen, so wurden wieder 6. Psalmen theils gelesen, theils gesungen, darauf das Capitulum (e) oder Spruch aus der Bibel vorgebetet, und endlich mit dem so genannten Versu clusore (f) und Kyrie eleison geschlossen. Auf solche Art wurde die Mette an den gemeinen Werkeltagen gehalten (g). Allein an den Sonn-und Festtagen hatte es damit in verschiedenen Stücken eine andere Beschaffenheit, (h) massen dieselbe alsdenn nicht allein früher angieng, sondern auch mit mehreren Solennitäten und Ceremonien gehalten ward. Denn nach dem gewöhnlichen versu: Domine in adjutorium &c. und nach Absingung des 94ten Psalms: Venite exultemus &c. und des Hymni: Aeterne rerum conditor &c. auch nach Ablesung der gewöhnlichen 6. Psalmen wurden am Sonntage 4. lectiones aus dem Alten

Testament

(b) Dieses Gebet wird versus aperitionis genant, weil damit die Devotion in der Hora angefangen, und der Mund zum Lobe Gottes geöfnet wurde. Conf. de versu aperit. Amalarius de ecclef. offic. l. 3. c. 9.

(c) Antiphona ist ein Gesang, welcher wechselsweise von einem Chor um den andern gesungen wird, diese aber wird zum Unterscheid von andern Antiphona invitatoria genannt. Conf. Amalar. de ordin. Atiphon. c. 9.

(b) Responsorium ist ein Vers, welchen man in den Horis nach Vollendung einer Lection zu sprechen pflegte. Es ist also das Responsorium darinn von dem Antiphonis unterschieden, daß jene von einem ganzen Chor wechselsweise gesungen, dieses aber nur von einer einzigen Person gesprochen wurde; auch war dieses insgemein nur ein einiger Vers, da jene hingegen aus etlichen Sätzen zu bestehen pflegten. Von

solchen Responsoriis handeln die Scriptores divinorum officiorum. als Isidorus Hispalensis, Gavantus, Amalarius und andere mehr.

(e) Capitulum ist eine ganz kurze Lection oder Vers, welchen man in den Horis Canonicis allemahl nach Vollendung der Lectionen und Psalmen aus heil. Schrift zu verlesen pflegte. Wenn und wie dieses Capitulum gelesen werden, kan man umständlich bey denen Autoribus finden, welche de divinis officiis geschrieben haben.

(f) Versus clusor war vor Zeiten in den Horis ein Vers aus einem Psalmen, welcher zu Ausgange der Chorstunde gesprochen, und damit der Gottesdienst geschlossen wurde, eben wie es noch heutiges Tages an etlichen Orten gewöhnlich ist, Benedicamus Domino &c. zu Ausgange des öffentlichen Gottesdienstes zu singen.

(g) Vid. Reg. Bened. cap. 3. 9.

(h) Vid. Reg. Cened. c. 11.

Testament abgelesen, da jede lection mit einem dazu gehörigen Responsorio, das letzte Responsorium aber mit dem Gloria Patri beschlossen ward, bey dessen Anstimmung die gantze Jungfräuliche Versammlung auffstehen muste. Nach Endigung dieser lection wurden 6. Psalmen verlesen, davon nach einem jeden wiederum eine besondere Antiphona gesungen ward. Darauf wieder 4. lectiones aus dem Alten Testament mit Responsoriis und dem Gloria Patri rc. Darauf wurden 3 Cantica ([1]) aus der heil. Schrift mit dem Hallelujah gesprochen, und hatte der Probst, oder nachmahls die Fr. Abbatißin Freyheit dieselbige auszusuchen; gemeiniglich aber pflegte man wol den lobgesang Mosis, Deuteronom. 32. Audite coeli &c. mit seiner Abtheilung, und den lobgesang Zachariä, Luc. 1. Benedictus Dominus, Deus Israel rc. zu nehmen. Nach deren Verlesung folgte das Capitulum, so wie es in dem Breviario ordinis Cisterciensis auf diesen oder jenen Sonn- und Festtag angeordnet war, worauf der Probst die Benediction ertheilte. Alsdenn wurden wieder 4. lectiones aus dem Neuen Testamente vorgenommen, und wenn diese zu Ende; stimmete der Probst mit der gantzen Versammlung das Te Deum Laudamus an; nach dessen Endigung laß einer von den Priestern das Evangelium des vorhandenen Sonn- oder Festtages ab, unter welchem Vorlesen die gantze Versammlung wieder stund, und zum Beschluß mit lauter Stimme Amen! sagte. Endlich wurde der Hymnus gesungen: Te decet laus &c. und darauf nochmals die Benediction gegeben. Auf solche Art wurde es mit denen Metten allemahl gehalten, ausser daß es dem Probst oder nachmahls der Fr. Abbatißin frey gegeben war, in den kurtzem Sommernächten von Ostern an bis zu dem Fest aller Heiligen, nach ihrem Gutbefinden die lectiones und Responsoria einiger massen in die Kürtze zu ziehen.

War nun die Mette selbst auf solche Art geendiget; so wurde gleich dahinter an die so genante laudesmette ([f]) gesungen. Diese fing man so gleich nach der ersten mit dem 66ten Psalm an Deus misereatur nostri &c. Darauf laß man den 50ten Psalm: Miserere mei Deus &c. mit dem Hallelujah und der dazu gehörigen Antiphona. Darauf verlaß man 2. Psalmen, nemlich am Sonntage den 108ten Confitemini Deo &c. und den 62. Deus, Deus meus &c. Am Montage den 5ten: Verba mea &c. und den 35. Dixit injustus &c. Am Dienstage den 42. Iudica me Deus &c. und den 55. Miserere mei, Deus, miserere mei &c. Am Mittwochen den 63. Exaudi orationem meam &c. und den 40. Te decet &c. Am Donnerstage den 87. Domine Deus salutis &c. und den 89. Domine refugium &c. Am Freytage den 75. Notus in Iudaea &c. und den 91. Bonum est &c. Am Sonnabend aber den 54. Domine exaudi orationem &c. und das lied Mosis aus Deut. 32. Audite coeli &c. in 2. Abtheilungen, welche beyde mit dem Gloria Patri rc. beschlossen wurden. Nach Verlesung der beyden Psalmen wurde Sonntages der lobgesang der 3. Männer im Feuerofen, vom 52ten Vers an; Benedicite omnia opera &c. an den Werkeltagen aber ein ander Canticum aus den Propheten gesungen. Darauf folgete der 148. Psalm Davids: Laudate

---

(1) Cantica werden in der Römischen Kirche die Lobgesänge in der h. Schrift genannt. deren sie aus dem A. Testament 7, aus dem Neuen 5. genommen. Hymni aber sind andere Gesänge von den Vätern der ersten Kirche, und andern gottseeligen Leuten zum Lobe GOttes aufgesetzet.

Brude sind der Ordnung nach in dem Breviario ord. Cist. auf einen jeden Tag und Stunde vorgeschrieben.

(f) Siehe von derselben in der Reg. S. Bened. das 13. und 13te Cp.

Laudate Dominum de coelis &c. von welchem Psalm dieser ganze Gottesdienst eigent-
lich den Nahmen der Laudesmetten führte (1). Hierauf wurde das Capitulum mit
seinem Responsorio abgelesen, folgends der Hymnus Ambrosii nebst noch einem Can-
tico abgesungen, und endlich mit der Litanen geschlossen. Zu Ende der Metten wurde
von einem Priester das Pater noster gebetet, aber nicht weiter, als bis an die 5te Bit-
te: Et dimitte nobis debita nostra &c. denn wenn er dahin kam; muste ein jeder
den übrigen Theil in der Stille vor sich beten, um dadurch GOtt um Verbung seiner
Sünden anzuruffen. Und damit war alsdenn die Mette zu Ende gebracht. Auf
dieselbe folgete denn:

2) Die Prima, diese wurde früh Morgens, um die Zeit des Hahnen Geschrey-
es, etwa zu 3. Uhr gehalten, und hat das christliche Alterthum dabey sein Absehen auf
den um diese Zeit des Tages geschehenen Fall Petri gehabt (m). Dieselbe nun wurde
wiederum mit dem gewöhnlichen Versu aperitionis: Deus in adjutorrum &c. ange-
fangen, und darauf allemahl (wo nicht etwa an einem Sonn- oder Festtage ein ande-
rer besonderer Gesang vorhanden) folgender Hymnus gesungen:

Iam lucis orto sidere Deum precemur supplices, ut in diurnis actibus nos ser-
vet a nocentibus.

Linguam refraenans temperet, ne litis horror insonet! visum sovendo conte-
gat, ne vanitates hauriat.

Sint pura cordis intima, absistat & vecordia, carnis terat superbiam potus ci-
bique parcitas. Ut cum dies abscesserit noctemque sors reduxerit mundi per absti-
nentiam Ipsi canamus gloriam.

Deo Patri sit gloria, ejusque soli filio, cum Spiritu paracleto et nunc et in perpetuum.

Nach diesem Gesange wurden 3. Psalmen gelesen, nemlich am Montage der
1te Beatus vir qui non &c. Der 2te Quare fremuerunt &c. und der 6te Domine ne
in furore &c. Am Dienstage der 7te Domine Deus meus &c. der 8te Domine, Do-
minus noster &c. und der 9te Confitebor tibi &c. bis an den 20ten Vers. Am Mitt-
wochen aus dem 9ten Psalm vom 20ten Vers: Exsurge Domine &c. bis zu Ende,
ferner der 10te In Domino confido &c. und der 11te Salvum me fac &c. Am Don-
nerstage der 12te Usque quo Domine &c. der 13te Dixit insipiens &c. und der 14te
Domine quis habitabit &c. Am Freytage der 15te Conserva me &c. der 16te Ex-
audi Domine &c. und der 17te Diligam te Domine &c. bis zum 26ten Vers. Am
Sonnabend aus gedachtem 17ten Psalm, vom 26ten Vers an Cum sancto sanctus
eris &c. bis zu Ende, ferner der 18te Coeli enarrant gloriam &c. und der 19te Exau-
diat te Dominus &c. Am Sonntage aber wurde ein Stück von dem 68ten Psalm:
Beate immaculati, vom 1ten bis zum 32ten Vers in 4. Abtheilungen und 4. Gloria
Patri re. gelesen. Darauf folgte das Capitulum mit dem dazu gehörigen Responsorio,
und endlich der Versus clusor mit dem Kyrie eleison. Zum Beschluß der Primen, wie
auch der Tertien, Sexten und Nonen wurde das Pater noster von einem Capellano
gantz hergebetet, bis auf die letzte Bitte, welche die gantze Jungfräuliche Versammlung

Dd 2   laut

(1) Vid. I. A. Schmidii Lexe. Eccl. min. behaupten, daß sie zum Andencken der Aufer-
P. II. p. 78. stehung Christi sey gehalten worden. Beydes
(m) Die Canonistae c. 1. de celebr. Missae aber kan wol zusammen stehen.

laut betete.   Sed libera nos a malo &c. (n) Wenn nun die Prime solcher gestalt geendiget war, so folgte bald darauf

3) Die Tertia, welche des Morgens, ohngefehr um 6. Uhr, zum Andencken der Auferstehung Christi, gehalten wurde.   Bey derselben nun ging es eben wie bey der Primen zu, denn zu erst wurde wiederum der versus aperitionis gesungen, und darauf, wenn kein Gesang de tempore vorhanden war, folgender Hymnus:

Nunc sancte nobis spiritus Unus Patris cum filio dignare promtus ingeri nostro refusus pectori !

Os, lingua, mens, sensus, vigor, confessionem personent; flammescat igne charitas ! Accendat ardor proximos !

Praesta, pater piissime, patrique compar unice, cum Spiritu paracleto regnans per omne seculum !

Nach Endigung des Gesanges wurden wieder 3. Psalmen verlesen, wie dieselbe in dem Breviario des Cistercienserordens auf jeden Tag in der Woche bestimmt sind. Am Sonntage aber wurde wieder ein Stück aus dem 69ten Psalm, vom 33ten Vers: Legem pone mihi, domine, viam &c. wo man in der Prime war stehen blieben, bis zum 57sten Vers in 3. Abtheilungen, und mit 3. Gloria Patri gelesen.   Und weil dieser Psalm am Sonntage nicht gantz kommte zu Ende gebracht werden; laß man das übrige am Montage vollends aus, nemlich in der Tertien das Stück vom 105ten Vers: Lucerna pedibus meis &c. bis an den 129ten. Das andere wurde bey (o) der Tertien eben wie bey der Primen gehalten.   Auf diese folgte ferner.

4) Die Sexta, welche des Vormittages um 9. Uhr, zum Andenken des ungerechten Gerichts, welches Pilatus um die Zeit über den HErrn Christum geheget, und der ersten Apostolischen Predigt, welche S. Petrus in dieser Stunde des Tages abgeleget, gehalten wurde.   Bey diesem Gottesdienste ging es eben, wie bey der Prima und Tertia zu.   Nach dem Anfangsverse war dieser der gewöhnliche Hymnus:

Rector potens, verax Deus, qui temperas rerum vices, splendore mane instruis et ignibus meridiem.

Extingue flammas litium, aufer calorem noxium, confer salutem corporum, veramque pacem cordium !

Praesta, pater piissime &c.

Nach diesem Gesange wurden eben wie bey der Prime und Tertie 3. Psalmen nach der Ordnung des Breviarii gelesen, am Sonntage aber an deren statt ein Stück aus dem 69ten Psalm, vom 57ten Vers: Portio mea, Domine, dixi &c. wo man in der Tertie aufgehöret hatte, bis zum 81ten, in 3. Abtheilungen, und mit 3. Gloria Patri rc.   Der Schluß war eben, wie bey der Tertie und Prime.   Am Montage wurde in der Sexte wiederum ein Stück aus dem 69ten Psalm gelesen, nemlich vom 129ten Vers an: Mirabilia testimonia tua &c. bis zum 153ten, in 3. Abtheilungen (p). Einige Zeit nach der Sexte wurde ferner

5) Die Nona gehalten, zum Andenken der Creutzigung Christi, und zwar geschahe solches des Mittages um 12. Uhr.   Es ging dabey wieder eben als bey den vorigen

gen

(n) Von Haltung der Prima handelt die   (o) Vid. Reg. Bened. c. 17.
Reg. Bened. c. 17.   (p) Vid. Reg. Bened. c. 17.

gen Horis zu, und war folgendes der Hymnus, welcher insgemein in der Nona ge-
braucht wurde:

Rerum Deus tenax vigor, immotus in te permanens, lucis diurnae tempora
succeſſibus determinans,

Largire clarum veſperem, quo vita nuſquam decidat, ſed praemium mortis ſa-
erae perennis inſtct gloria!

Praeſta, pater piiſſime &c.

Nachhero wurden wieder 3. Pſalmen geleſen, am Sonntage aber ſtatt derſelben
aus dem 69ten Pſalm, vom 81en Vers: Defecit in ſalutare tuum anima mea &c.
dabey man in der Sexte war ſtehen geblieben, bis an den 105ten Vers. Des Montages
in der None wurde gleichfals an ſtatt der andern Pſalmen, das letzte Stück des 69ten
Pſalms, vom 135ten Vers an: Vide humilitatem meam &c. bis zu Ende, in 3.
Abtheilungen, und mit 3. Gloria Patri geleſen (q). Auf dieſen Gottesdienſt folgete:

6) Die Veſper, ſelbige wurde Nachmittags um 3. Uhr gehalten, zum Gedächt-
niß des Todes Chriſti (r). Der Anfang dazu wurde wiederum mit dem gewöhnlichen
Verſu aperitionis gemacht, und eine dazu gehörige Antiphona geſungen. Darauf wurden
4. Pſalmen Davids (s) geleſen. Z: E. am Sonntage der 60te: Dixit Dominus Do-
mino meo &c. der 61te: Confitebor tibi, domine &c. der 62te Beatus vir, qui ti-
met &c. und der 63te Laudate pueri &c. jeder zum Beſchuß mit Gloria patri ꝛc. dar-
auf ward die Antiphona geſungen: Dixit Dominus Domino meo &c. aus dem 60ten
Pſalm ferner ward folgendes Capitulum geleſen: Benedictus Deus & Pater Domini
noſtri Ieſu Chriſti, Pater miſericordiarum & Deus totius conſolationis qui conſulatur
nos in omni tribulatione noſtra.

Darauf folgte das Reſponſorium.

Quam magnificata ſunt opera tua, domine! Omnia in ſapientia feciſti, re-
pleta eſt terra &c. Nach dieſem wurde, wenn kein ander Geſang de tempore da war,
des Sonntages ſo wohl, als an den Werkeltagen der bekannte Hymnus Ambroſii ge-
ſungen: Deus, creator omnium, Polique rector, veſtiens &c. Hiernächſt der Verſus
cluſor: Dirigatur, Domine, oratio mea Sicut incenſum in conſpectu tuo; und endlich
die litaney, worauf denn zum Beſchluß das Pater noſter eben auf die Art, als bey
der Mette gebetet wurde. Auf ſolche Weiſe ward die Veſper des Sonntags gehalten,
und eben alſo ging es auch dabey an den Werkeltagen, nur daß auf einen jeden Tag
neue und beſondere Pſalmen, Antiphona, Capitula, Reſponſoria und Verſus geordnet
waren, z. E. am Montage zur Veſper, der 63. 64. 65. und 66te. Am Dienſtage
der 79. 80. 81. und 82te. Am Mittwoche der 84 s 87ten. Am Donnerſtage der
88 s 140. Am Freytage der 141. 142. 143. und 144. bis an den 10ten vers; und
endlich am Sonnabend der 144te vom 10ten vers an, darnach der 145 146. und 147te
Pſalm. Auf die Veſper folgte denn endlich:

7) Das Completorium (t) veſpertinum, welches gegen Abend, insgemein um
6. Uhr gehalten wurde. Dieſes wurde wiederum mit dem Verſu angefangen; darauf
der 4te Pſalm: Cum invocarem &c. und der 40te: Qui habitat in adjutorio Altiſſimi &c.

Db 3   geſun-

(q) Vid. Reg. Bened. c. 17.
(r) Vid. L A. Schm d Lex. Ecc. m. P. III.
p. 110.
(s) Reg. Bened. c. 17.

(t) Der Nahme Completorium kommt da-
her, weil durch dieſe Horam der Gottesdienſt
deſſelben Tages beſchloſſen und erfüllet ward.
Amalar. de ecclef. off. L 4. c. 8.

gesungen. Als denn wurden wieder 3 Psalmen gelesen, aber ohne Antiphonen; darauf wurde, wenn es ein Sonn= oder Festtag, der bekannte Hymnus Ambrosii: Christe, qui lux es & dies &c. an gemeinen Werkeltagen aber nur folgender kurze Hymnus gesungen:

Te lucis ante terminum rerum Creator poscimus, ut solita clementia sis praesul ad custodiam.

Procul recedant somnia, et noctium phantasmata, hostemque nostrum comprime, ne polluantur corpora.

Praesta, pater piissime, per Iesum Christum Dominum, qui tecum in perpetuum regnat cum Sancto Spritu.   Amen!

Nach Endigung solches Gesanges wurde wieder ein Capitulum gelesen, und endlich mit dem Versu clusore, Kyrie eleyson und Pater noster geschlossen (n).

Auf solche Art wurde der Gottesdienst von unsern Conventualinnen zu den 7 Zeiten an Sonn= und Werkeltagen gehalten: an den Festtagen aber ging es wiederum in vielen Stücken anders zu, ja ein jedes Fest durch das ganze Jahr hatte seine besondere Liturgie: weil aber solches alles hiesigen Ortes viel zu weitläuftig anzuführen seyn würde; wollen wir den S. Leser auf die Breviaria ordinis Cisterciensis, und absonderlich auf dasjenige verweisen, welches Anno 1521. zu Paris, opera & impensis Iohannis Kerbriant, alias Huguelin, in 8vo heraus kommen, und vollständig ist.

Zu diesem ordentlichen Gottesdienste der hiesigen Conventualinnen gehöret auch noch die Fürbitte für die verstorbenen, welche nicht allein zu gewisser Zeit von den Conventualinnen bey den Vigiliis auf dem Chore, sondern auch zu anderen Zeiten von den Capellanis in der Kirche und Capellen, unter der Messe, abgelesen wurde. Wie wollen ein Formular davon specificiren, welches mit dem letzten, kurz vor der Reformation, hieselbst gebräuchlich gewesen. Es lautet dasselbe folgender gestalt:

Doch dorch god und bydder flitigen vor alle Christlövigen de in god verstorven syn, und in besundern, de uns in unse beth bevalen.

Am ersten vor alle Heren und Fürsten des fürstendhomes lüneborch und Brunsswich, alsse namliken vor Hern Hertogen Otten (unses gnedigen Hern Hertog Henricks Vaders) Zele und vor Annen syner moder Zele, dat önen god gnedich sy.

Byddet ock in geliker andacht und flite vor de werdigen heren prövveste unses Closters in god verschieden, alsse

Vor Hern Provest { tudelevds, de düsses Closters ein erst anstichter is gewest
Dyrick Bromes
Dyrick langhelen
Johann Ostermann
Dyrick Branth
Johann Gerdwen
lüderingh Tôllener
lüdeley lütheken
Oylen van Bavenstedt
Ulrick van Bülauen
Brunn van Alten } Zele

mit al den Jennen öres slechtes in god verscheden.

Fädder

(n) Reg. Bened. c. 17.

Fûdder bÿbbet vor de prester und Wicarien Dûßes Closters in god verstorven, vor Hern Johan Honen Wicarien, Vor Hern Carsten botter Wicarien und Confessor, und alle unses Closters Kerckheren und Capellane in Christum verscheden.

Bÿbbet fûrder milder andacht vor de Erwerdigen Ghenstliken abbatißen Marghareten puffen und Elÿzabeth elvers Zelen und aller ghenstliken Junckfrouwen Zelen hir, und besunders in Korten verstorven, alße vor

Marghareten Hafielhorst	
Hillorch Wÿtzenhusen	
Magdalenen thôbinges	
Hillen Bôbeckers	
Geschen Stôteroggen	Zelen
Cathrinen Sanckensteden	
Cathrinen Stôteroggen	
Druten Breÿden	
Metten Hoppen	
Geschen Rederwoldes	

Dem geliken willet truwer toversicht got den allmechtigen bÿbben vor alle de Jenne utß dem Erßamen rade der stad lûnetorch verstorven, besundern vor Her Cord langen und Gebeten syner Hußfrouwen Zele, den god gnedich sy.

Vor brôder und sûstern vam Hove verstorven, besundern in Kortes vor Obteken Wervers Zele.

Bÿbbet ock vor Hern Johan ebbeberen und vor Heÿnen von der môlen und Johan smet van Golste de dre milden gaben tÿ unße closter gegheven. Den god alle mÿt den dren ock unßen, alße Vader und Moder Sûster und Broder und allen Christlôvigen gnedig und barmhartig sy!

In solcher Verfaßung blieb überhaupt der Gottesdienst unserer hiesigen Conventuallinnen bis auf die Zeiten der Reformation. Wie aber der Hochseel. Hertzog Ernestus Pius Anno 1529. den Anfang machte, das Closter zu Annehmung der Augspurgischen Confeßion anzuhalten; änderte er auch zugleich, die von Alters her gewöhnliche liturgie, und ließ durch etliche geschickte Theologos die Breviaria und Chorbücher unsers Closters verbeßern, die abgöttische Invocationes Sanctorum, und andere unchristliche Gebete und Collecten theils umschmeltzen, theils gar wegnehmen, auch an die sämmtliche Conventualinnen unsers Closters Befehl ergehen, daß eine jede von diesem corrigirten Exemplar eine Abschrift nehmen, und bey dem Gottesdienste sich darnach richten solte. Mit den Chorstunden selbst aber blieb es damahls noch, wie es von Alters her gewesen war.

Allein dieses glorwürdigen Fürsten Sohn und Nachfolger, Hertzog Franciscus Otto, machte nicht lange hernach auch dieserwegen eine neue Ordnung, und gab denen hiesigen Abbatißinnen Frenheit, daß sie, bey etwa vorfallenden Verhinderungen, zu Zeiten die Primam, Tertiam, Sextam oder Nonam, ja auch wol 2 derselben entweder gar einstellen, oder doch wenigstens einige Psalmen und Gesänge, nach ihrem Gutbefinden, daraus zurücke laßen sollten, damit die Conventualinnen des vielen Lesens und Singens nicht überdrüßig werden, sondern hernach die übrige Horas mit desto größerer Devotion halten mögten (F). Einige

(5) Siehe davon ein mehreres in der unten angeführten Ordnung.

Einige Zeit nachher that Herzog Wilhelmus junior in einer besonderen Closter-
ordnung de Anno 1574. der Chorstunden halber weiter Verfügung, und verordnete,
daß die Mette hinfort nicht mehr, wie zu den Zeiten des Pabstthums, um Mitter-
nacht, sondern zur Sommerzeit des Morgens um 4, zur Winterzeit aber um 5 Uhr
gehalten, und in derselben nicht mehr als 3 lateinische und 1 teutscher Psalm gesungen,
2 lectiones aus dem neuen Testament, jede ohngefehr von einem halben Capitul gele-
sen, und eine christliche Collecte aus dem corrigirten Chorbuche dabey gelesen oder ge-
sungen werden sollte.   Ferner sollte, sogleich nach der Mette die Prime und Tertie
gehalten, und in jeder derselben ein lateinischer und teutscher Psalm gesungen, zum Be-
schluß aber wieder eine von obberührten Collecten gelesen werden.   Deßgleichen sollten
auch die Sexte und None gleich nach einander, und zwar sowol Winters als Sommers
um 8 Uhr Vormittages, jede mit 2 lateinischen und 1 teutschen Psalm und Collecte
gesungen werden.   Endlich sollte auch die Vesper und Complet gleich wieder nach ei-
nander zu der gewöhnlichen Zeit, Nachmittages um 3 Uhr gehalten, und in der ersten
3 Psalmen, ein Hymnus, das Magnificat, eine Collecte, nebst dem Benedicamus rc.
gesungen, das Completorium aber mit einem einzigen Psalm, dem verteutschten Hym-
no: Christe, der du bist Tag und Licht rc. und einer Schlußcollecte vollendet werden (v).
    Bey diesen 3 Chorstunden nun hatte es wieder eine geraume Zeit unveränderlich
sein verbleiben.   Nach der Hand aber wurde die Mette, des Morgens um 4 Uhr, end-
lich völlig abgeschaffet, und blieben also nur überall noch 2 Horä im Gebrauche, davon
die erstere Morgens von 7 biß 8, die andere des Nachmittages von 3 biß 4 Uhr gehal-
ten ward.   Und diese Einrichtung der Chorstunden ist nun annoch bis auf unsere Zei-
ten geblieben, auffer das vor etlichen Jahren die Wolsel. Fr. Abbatißin von Lüne-
burg in so weit eine Aenderung gemacht hat, daß heutiges Tages die Chorstunde des
Morgens eine Stunde später, nemlich um 8 Uhr angefangen, am Dienstage aber,
wie auch am Freytage und Sonntage, wegen des gleich darauf folgenden öffentlichen
Gottesdienstes, gänzlich eingestellet wird.
    Die liturgie, welche bey diesen Horis heute zu Tage beobachtet wird ist folgende:

Des Morgens.

    Am Sonntage wird die Chorstunde wegen des öffentlichen Gottesdienstes
eingestellet.
    Am Montage wird zuerst ein Morgengesang gesungen, darauf 3 Psalmen Da-
vids gelesen, als denn ein anderer Gesang, darauf ein bekanntes Gebet für das Sülz-
wesen in Lüneburg gelesen, hiernächst 2 Verse aus einem Gesange gesungen; darauf
das Gebet zu Anfang der Wochen, nach welchem wieder etliche sich dazu schickende
Verse aus einem Gesange, nebst dem Lobgesange Zachariä gesungen werden.   Zum
Beschluß wird eine Collecte gelesen, und der Segen stehend von der Jungfräulichen
Versammlung gesungen.
    Am Dienstage fällt die Chorstunde aus.
    Am Mittwochen wird es eben wie am Montage gehalten, auffer das anstatt des
Sülzgebetes 1 Capitel aus dem neuen Testament, und anstatt des Wochengebets ein
anderes für unsere allergnädigste Königl. Landesherrschaft gelesen wird.

                                                                    Am

(v) Die ganze Ordnung ist unten zu lesen.

Am Donnerstage wird die Chorstunde eben wie am Mittwochen gehalten, ausser daß man als denn wiederum das Sültz Gebet lieset.

Am Freytage cessiret die Chorstunde wegen des Gottesdienstes unten in der Kirche.

Am Sonnabend wird es wieder wie am Mittwochen gehalten.

Des Nachmittages

wird folgende liturgie beobachtet:

Am Sonntage, gleich nach vollendetem Gottesdienste wird die Chorstunde angefangen mit dem Gesange Herr GOtt dich loben wir rc. Darauf werden 3 Psalmen Davids gelesen, ferner ein Gesang de tempore gesungen, und nach dessen Endigung ein Gebet gelesen. Darauf werden etliche Verse aus einem Gesange, so sich auf das verlesene Gebet beziehen, nach demselben der Lobgesang Mariä und der 91te Psalm wechsels weise von beyden Chören gesungen. Darauf wird ein Abendgesang angestimmet, gegen dessen Ende die Jungfräuliche Versammlung auffstehet. Zum Beschluß wird eine Collecte gelesen, und endlich der Segen abgesungen.

An den übrigen Tagen wird es eben also gehalten, ausser daß man nur an denselbigen die Chorstunde nicht, wie am Sonntage, mit dem Te Deum Laudamus &c. sondern mit einem andern willkührlichen Gesange anfänget.

An den Apostel- und Festtagen fället ebenmäßig nichts veränderliches vor, ausser daß man alsdenn Gesänge und Lectiones de tempore aussuchet.

Unter solchen Chorstunden wird zu gewissen Zeiten die Orgel gespielet, als nemlich des Nachmittages vor einem jeden Aposteltage, an allen hohen und geringen Festen, den Tag selbst sowol, als den Nachmittag vorher in den Zwölften, von Weyhnachten biß Epiphaniä, und endlich in der Osterwoche alle Tage, nachmahls alle Sonnabend und Sonntage Nachmittages biß an das Fest der Himmelfahrt.

Ebenmäßig wird zu gewissen Zeiten, althergebrachter Gewohnheit nach, auf dem Chor unter der Hora licht gebrannt. Es geschiehet solches zuförderst an den 3 hohen Festen, Weyhnachten, Ostern und Pfingsten, da den Tag vor dem Feste und an 1ten Feyertage 3, an den beyden letzteren aber 2 lichter unter der Chorstunde brennen. An dem jährlichen Danckfeste, welches die Wohlseelige Fr. Abbatißin von Dassel, die 1te des Nahmens, wegen glücklicher Endigung des 30 jährigen Krieges auf den 2ten Januar. zu feyren verordnet, brennen 2 lichter. Am grünen Donnerstage, Abends um 4 Uhr wird 1 groß licht angezündet, welches den gantzen stillen Freytage über brennet, des folgenden, als nächsten Tages vor Ostern, wird wieder den gantzen Tag über licht gebrannt. Alle Sonnabend und Sonntage von Ostern biß Himmelfahrt, brennen 2 lichter. Auf Clementis Tag, welcher den 23ten Nov. einfället, brennet den gantzen Tag ein licht. An allen Apostelabenden und Tagen unter der Nachmittageschorstunde allemahl 2 lichter. Insgemein in der Woche wird alle Donnerstage Abends um 4 Uhr nach vollendeter Chorstunde, 1 licht auf dem Chor angezündet, da die Conventualinnen alsdenn für sich noch etliche Gebete von dem leyden Christi lesen. Alle Freytage Morgens brennet unter dem öffentlichen Gottesdienste auf dem Chor 1 licht, wie auch an allen Sonnabend und Sonntagen, Nachmittags, unter der Chorstunde.

Endlich

Endlich ist auch dieses noch bey dem Gottesdienste der Conventualinnen zu mer-
ken, daß die eine Reihe derselben, welche der Fr. Abbatißin zur Rechten sitzet, der
Abbatißin Chor, die andere aber zu ihrer linden der Priörin Chor genennet wird.

Cap. 4.
Von dem öffentlichen Gottesdienste der hiesigen
Conventualinnen.

Da wir bisher von der vormahligen und jeßigen Verfassung des Privat-Gottes-
dienstes in unserm Closter gehandelt haben; so erfordert die Ordnung unsers
Vorhabens, auch von dem öffentlichen Gottesdienste einige Nachricht zu ertheilen;
weil es aber viel zu weitläuftig fallen würde, die sämtlichen Kirchenagenda durch das
ganße Jahr zu specificiren: so wollen wir in diesem Capitel nur allein die vornehmsten
Solennitäten, nach der Ordnung der jährlichen Feste, kürßlich abhandeln, wie diesel-
ben vormahls zu den Zeiten des Pabstthums in unserm Closter gebräuchlich gewesen
und in einem alten Ordinall von dem Werdischen Bischof unserer Kirche geschrieben
sind.   Was nun

1) Das heilige Weyhnachtsfest anlanget, so wurde dasselbe zwar vor Alters
im Pabstthum mit vielem Pomp gefeyret, und absonderlich der Jungfrauenchor mit
vielen Lichtern, güldenen und silbernen Bildern ausgeschmücket, in der Liturgie selbst
aber ging nichts ausserordentliches vor, ohne das nur allein am heil. Christabend in der
Vesper und am 1ten Feyertage in der hohen Messe der Probst unten in der Kirche
das Bild der Jungfr. Mariä hervor langete, dasselbe vor dem Altar den Anwesenden
zeigete und dabey sang:

O mundi Domina, die ganße Clerisey stimmete mit ein: Regio ex semine orta, die-
ses wurde 3 mal wiederholet, und alsdenn vollends ausgesungen: Ex tuo jam
Christus processit alvo, tanquam Sponsus de thalamo. Hic jacet in praesepi
qui & sidera regit.

2) Das Fest der Reinigung Mariä oder Lichtmessen wurde gleichfals
mit vielen Solennitäten gefeyret, unter welchen absonderlich die Besprengung mit dem
Weyhwasser, die Einweyhung der Lichter und die Procession merckwürdig sind.   Die
Besprengung mit dem Weyhwasser verrichtete der Probst sowol oben auf dem Chor,
als unten in der Kirche, und wurde währender Zeit gesungen.

Asperges me domine Ysopo, & mundabor, lavabis me, & super nivem dealba-
bor. Miserere, mei Deus, secundum magnam misericordiam tuam.

Domine, apud te est fons vitae &.

Wenn der Probst damit fertig war, so laß er unten in der Kirche vor dem
Altar folgende Collecte:

Oremus. Praesta quaesumus, omnipotens Deus, per hujus aquae aspersionem sa-
nitatem mentis, integritatem corporis, tutelam salutis, securitatem spei, cor-
roborationem fidei, hic & in aeterna secula seculorum. Amen.

Darauf wurde von etlichen Kirchen- und Closterbedienten eine Parthey Wachs-
lichter hergebracht, welche der Probst empfing und vor sich auf den Altar legte.
Darauf fing er an folgender Gestalt zu beten:

Sancta

Sancta Maria, mater Domini nostri Iesu Christi, pia & perpetua virgo, regina coeli, mundi domina, cum omnibus sanctis intercedere dignare pro nobis ad Deum, Patrem omnipotentem, ut mereamur ab eo adjuvari & salvari, qui vivit & regnat, Deus per omnia secula seculorum. Amen!

Darauf fing er die würckliche Einweyhung an, mit folgenden Worten :

Exorcizo te, creatura cerae, in nomine † Patris, & † Filii, & † Spiritus Sancti, ut fias exorcizata contra omnem virtutem inimici, ut, in quocunque loco accensa fueris, fugiat & contremiscat diabolus cum omnibus suis phantasiis & illusionibus, adjuratus per virtutem Domini nostri Iesu Christi, qui venturus est judicare vivos & mortuos & seculum per ignem. Amen!

Oremus. † Benedic Domine Iesu Christe, hanc creaturam cerae, supplicantibus nobis, & infunde ei per virtutem sanctae crucis † benedictionem coelestem, qui eam ad repellendas tenebras humano generi tribuisti, talem signaculo sanctae crucis tuae fortitudinem & benedictionem accipiat, ut in quibuscunque locis accensa sive posita fuerit, discedat diabolus & contremiscat, & fugiat cum omnibus ministris suis de habitationibus illis, nec praesumat amplius inquietare vel illudere servientes tibi. Qui cum P. & Sp. S. vivis & regnas &c.

Darauf segnete er die Lichter folgender gestalt ein:

Bene † dico te, creatura cerae, in nomine sanctae Trinitatis, ut sis ubique diaboli effugatio atque omnium contubernalium suorum exterminatio, adjuvante eadem sancta & individua Trinitate, quae in unitatis essentia vivit &c.

Oremus. Domine Iesu Christe, lux vera, qui illuminas omnem hominem venientem in hunc mundum, effunde † benedictionem super hos cereos, & † sanctifica eos lumine gratiae tuae, & concede propitius, ut sicut haec luminaria igne visibili accensa nocturnas depellunt tenebras, ita corda nostra invisibili igne, id est Spiritus Sancti splendore, illustrata, vitiorum omnium coecitate careat, ut purgato mentis oculo ea cernere possimus, quae tibi sunt placita & nostrae saluti utilia, quatenus post caliginosa hujus seculi discrimina ad lucem indeficientem pervenire mereamur, per Dominum nostrum &c.

Oremus. Domine Deus omnipotens, creator coeli & terrae, Rex Regum & Dominus dominantium, exaudi nos indignos famulos tuos clamantes ad te. Precamur ergo te, Domine sancte, Pater optime, aeterne Deus, qui omnia creasti ex nihilo, & jussu tuo per opera apum hunc liquorem ad perfectionem cerei evenire fecisti, & qui hodierna die petitionem justi Simeonis implevisti, te humiliter imploramus, ut has candelas ad usus hominum & sanitatem corporum & animarum sive in aquis sive in terra, per invocationem sanctissimi nominis tui, & per intercessionem sanctae Mariae virginis, genitricis filii tui, cujus hodie festa percolimus, & per intercessionem omnium sanctorum tuorum † benedicere & † sanctificare digneris; & hujus plebis tuae, quae illas honorifice in manibus portare disiderat, cantando teque honorifice laudando, exaudi voces de coelo sancto tuo, & de sanctitatis tuae habitaculo, & propitius sis omnibus clamantibus ad te, quos redemisti pretioso sanguine filii tui, qui tecum vivit &c.

Oremus. Supplices te rogamus, Domine, ut mittas sanctum angelum tuum Raphaelem, ut, qui repulit a Tobia & Sara daemonem eos infestantem, per hujus cerae

sanctifica-

sanctificationem conterat illum & disperdat de cunctis habitationibus colentium Deum, de basilicis, de domibus, de angulis, de lectulis, de refectoriis, & de universis locis, in quibuscunque famulantes Deo habitant & requiescunt, dormiunt, vigilant, ambulant & consistunt, nec audeat ille malignus amplius inquietare vel pavores immittere super eos, quos sancti chrismatis tui unctione fecisti esse munitos. Per Dominum nostrum Iesum Christum, qui tecum vivit & regnat in unitate Spiritus Sancti Deus.

Darauf sing er an zu singen:

Per omnia secula seculorum. Dominus vobiscum. Sursum corda! Gratias agamus Domino Deo nostro. Vere dignum & justum est, aequum & salutare, nos tibi Deo omnipotenti rerumque omnium creatori laudes assiduas persoliare, & munificentiae tuae indefessas semper gratias persolvere, qui inter ceteras mundanae conditionis creaturas de liquore aereo per apum efficaciam cerae pretiosam voluisti fieri substantiam, ut tibi inde debiti honoris famulatus existeret, & nobis usus necessarius pervenerit. Proinde immensam clementiam tuam Domine suppliciter exoramus, ut super has candelas benedictionis tuae munus infundas, ut omnes eas in Christi vice manibus portantes ejusdem sacri spiraminis gratia, qua beatus Simeon impletus fuerat, imbui mereamur, qvi hodierna die unigenitum tuum, Dominum nostrum Iesum Christum, lumen aeternum, a parentibus in templo praesentatum in ulnas suas accipit, ac, revelante Spiritu Sancto ita prophetando benedixit: nunc dimittis servum tuum, Domine, secundum verbum tuum, in pace, quia viderunt oculi mei salutare tuum, qvod tibi aeterno Patri Sanctoque Spiritui coaeternum & coaeqvale vivit & regnat in secula seculorum. Amen!

Als denn sing er wiederum an folgende Collecten zu lesen:

Omnipotens sempiterne Deus, qui hodierna die unigenitum tuum ulnis Simeonis in templo sancto tuo suscipiendum praesentasti, tuam supplices deprecamur clementiam, ut hos cereos, quos nos, famuli tui, in tui nominis magnificentia suscipientes gestare cupimus, luce supernae † benedictionis accendere ac sanctificare † digneris, qvatenus eos tibi, Domino Deo nostro offerendo digni, & sancto igni tuae dulcissimae caritatis accensi, in templo sancto gloriae tuae praesentari mereamur. Per eundem Christum Dominum nostrum.

Oremus. Omnipotens sempiterne Deus, qui per Moysen famulum tum purissimum olei liquorem ad luminaria ante conspectum tuum jugiter accendenda praeparari jussisti † benedictionis tuae gratiam super hos cereos benignus infunde, quatenus sic administrent lumen exterius, ut, te donante, lumen Spiritus tui non desit mentibus interius, per Dominum &c.

Et benedictio † Dei Patris omnipotentis, & † Filii & † Spiritus Sancti descendat super hos cereos. Amen!

Darauf wurden die Lichter beräuchert, mit Weyhwasser besprenget und nach einander angezündet während der Zeit sang die Jungfräuliche Versammlung:

Lumen ad revelationem gentium & gloriam plebis tuae Israel.

Nunc dimittis servum tuum, Domine, secundum verbum tuum, in pace.

Lumen ad &c. und so ferner einen Vers um den andern. Wenn das geschehen war, so laß der Probst noch zum Beschluß folgende Collecte:

Ore-

Oremus. Erudi quaeso, Domine, plebem tuam, & quae extrinsecus annua tribuis celebritate venerari, interius assequi gratiae tuae luce concede, per Dominum &c.

Wenn nun die sichtmesse solchergestalt geendiget war! wurde darauf eine solenne Procession gehalten; in solcher führte der Herr Probst die Vicarios und Scholares, die Fr. Priorin, oder nachmahl die Fr. Abbatißin, den gesammten Jungfräulichen Convent. Die Tour wurde allemahl unten aus der Kirche durch das Closter, von da durch den grossen Thorweg in das sogenannte Parables genommen, und daselbst eine kleine Halte gemacht; alsdenn kam die Procession wieder durch den so genannten Büchhoff über den Platz in die Kirche zurück.

An diesem Feste der sichtmessen nun wurde bey dem Ausgange aus der Kirche, wenn die Procession anfing, von der Clerisey folgendes Lied gesungen:

Ave gratia Plena Dei genitrix virgo, ex te enim ortus est sol justitiae, illuminans quae in tenebris sunt! Lactare & tu, senior juste, suscipiens in ulnas liberatorem animarum nostrarum, donantem nobis aeternam resurrectionem!

Adorna thalamum tuum, Sion, & suscipe regem Christum, amplectere Mariam quae est coelestis porta, ipsa enim portat regem gloriae novi luminis, subsistit virgo, adducens manibus filium ante luciferum, quem accipiens Simeon in ulnas suas praedicabat populis, Dominum Deum esse vitae & mortis & salvatorem mundi.

Wenn sie unter solchem Gesange in das Parables kommen waren; wurde daselbst Halte gemacht, und während der Station folgendes aus dem Evangelio gesungen.

Responsum accipit Simeon a Spiritu Sancto, non visurum se mortem, nisi videret Christum Domini. Et cum inducerent puerum in templum, accipit eum in ulnas suas, & benedixit Deum, & dixit: Nunc dimittes, Domine, servum tuum in pace.

Darauf sing der Probst an zu beten:

Notum fecit Dominus salutare suum. Illumina quaeso, Domine, populum tuum, & splendore gratiae tuae cor ejus semper accende, ut salvatorem suum & incessanter agnoscat & veraciter apprehendat. Per eundem &c.

Alsdenn gieng die Procession wieder fort unter folgendem Gesange:

Gaude, Maria virgo, cunctas haereses sola interemisti, quae Gabrielis Archangeli dictis credidisti, dum virgo Deum & hominem genuisti, & post partum virgo inviolata permansisti:

Gabrielem Archangelum credimus te divinitus esse affatum, uterum tuum credimus de Spiritu Sancto impraegnatum. Erubescat Iudaeus infelix, qui dicit Christum ex Iosephi Semine esse natum.

Bey der Zurückkunft in die Kirche wurde folgendes gesungen:

Cum inducerent puerum Iesum parentes ejus accipit eum Simeon in ulnas suas, & benedixit eum, dicens. Nunc dimittis, Domine servum tuum in pace.

Darauf trat der Herr Probst in der Kirche wieder vor den Altar, und betete den Vers.

Benedictus qui venit in nomine Domini! nebst folgender Schlußcollecte;

Oremus. Domine Iesu Christe, qui hodierna die in nostrae carnis substantia inter homines apparens, a parentibus in templo es praesentatus, quem Simeon, venerabilis senex lumine Spritus tui irradiatus, suscepit, agnovit & benedixit: praesta quaeso ut ejusdem Spiritus Sancti gratia illuminati atque edocti te veraciter cognoscamus

mus

mus & fideliter diligamus, qui cum Deo Patre & eodem Spiritu Sancto vivis & regnas Deus per omnia secula seculorum.   Amen !

3) Die Faßnacht wurde vor Zeiten im Pabsthum auch alhier mehr mit eitelen Lustbarkeiten als mit Gottesdienste zugebracht, daher man eher Comoedien und lieber als Gebete und Collecten davon aufzuweisen hat.

4) Am Aschermittwochen fiel sonst eben nichts besonders vor, ausser die Cäremonie mit der Asche ; selbige bestand darin, das der Probst nach Verlesung etlicher Gebete und Bußpsalmen auf den Jungfrauenchor ging, und einer jeden Conventualin ein wenig Asche auf das Haupt streuete, mit diesen Worten :

Memento quia cinis es, & in cinerem reverteris.

5) Das Fest der Verkündigung Mariä hatte zwar etliche eigene Gebete aber keine besondere Solennitäten vor andern Festtagen.

6) Am Palm-Sonntage wurde die Gemeine wiederum mit Weyhwasser besprenget, eine gewisse Anzahl Zweige und Sträuche geweyhet, und endlich eine solenne Procession gehalten. Bey der Ausprengung des Weyhwassers ging es eben, wie auf Lichtmessen zu, mit der Einweyhung der Palmzweige aber wurde es folgender gestalt gehalten :

Zuerst, wenn der Probst die Zweige vor sich hatte, betete er dabey nachfolgender massen :

Deus quem amare & diligere justitia est, ineffabilis gratiae tuae dona in nobis multiplica, & qui fecisti nos in morte filii tui sperare, quae credimus, fac nos eodem resurgente pervenire, quò tendimus.   Per eundem &c.

Alsdenn ward das Evangelium auf den Palmsonntag verlesen, nach dessen Endigung fing der Probst den Exorcismum über die Zweige an, folgender Gestalt :

Exorcizo te creatura florum & frondium, in nomine † Patris omnipotentis, & in nomine Iesu Christi † Filii ejus, & in virtute † Spiritus Sancti Paracleti.   Exorcizo te, omnis virtus adversarii, omnis exercitus diaboli, omnis spiritus inimici, omnis incursio daemonum, eradicare & explantare ab hac creatura florum & frondium, ut ad Dei gratiam festinantium vestigia non sequaris.   Per eundem &c.

Oremus. Deus, qui per olivae ramum terris pacem redditam nuntiare columbam jussisti, praesta quaeso, ut hos olivae multigenarum arborum ramos coelesti benedictione sanctifices, ut cuncto fidelium populo proficiant ad salutem perpetuam. Per Christum &c.

Deus, cujus filius pro salute humani generis de coelo descendit ad terras, & appropinquante hora passionis suae Hierosolymam in asino sedens venire & a turbis rex appellari voluit, † benedicere dignare hos palmarum ceterarumque arborum ramos, ut omnes, qui eos laturi sunt, ita benedictionis tuae dono repleantur, quatenus & in hoc seculo hostis antiqui tentamenta superare, & in futuro cum palma victoriae & fructu bonorum operum tibi valeant apparare.   Per eundem &c.

Hiernächst wurde noch eine Collecte von derselben Art gelesen, und darauf die gewöhnliche Präfation angestimmet : Dominus vobiscum &c. bey welcher folgende Collecte vorkam ;

Vere dignum &c. Mundi conditor omniumque creaturarum mirabilis dispositor, Deus, qui inter ipsa mundi primordia, cum ex nihilo cuncta conderes, ligna quoque

fruct-

fructifera & diverso usu congrua terram producere jussisti, ac post maledictum inter-
dictae arboris universa nobis per obedientiam unigeniti tui in benedictionem conver-
tisti, † benedic etiam hos multigenarum arborum ramos, inter quas praecipue arbor
olivae pinguedine cunctas praecellit, per quam etiam, cum mundi crimina diluvio
quondam expiarentur effuso, columba ramum ejusdem deferens pacem terris reddi-
tam nuntiavit, nec non & innocens turba, Spiritu Sancto afflata, unigenito tuo Do-
mino nostro Iesu Christo, pro totius mundi salute passuro, obviam currens palmarum
& hujus arboris ramos abscindens, ac vestigiis ejus sternens, jam quasi triumphato-
rem de mortis principe ostendebat. Te Domine, suppliciter deprecamur, ut qui an-
nua devotione ejusdem redemtoris nostri sacratissimam passionem praevenire nitimur,
ipso adjuvante palmam victoriae tenentes, atque oleo misericordiae intrinsecus reful-
gentes, in sancta ejus resurrectione praemium vitae & immortalitatis coronam per-
cipere mereamur.

Hier hörete er auf zu singen, und betete das übrige mit leiser Stimme: Per
eundem &c.   folgents laß er noch diese Collecte:

Oremus.   Deus, qui filium tuum unigenitum pro redemtione nostra dignatus es
dirigere, ut populum tuum, ab initio in peccati profundo demersum, a morte revo-
cares ad vitam, & chirographo letali deleto, sanguine filii tui gentibus innovares reg-
num; Deus, qui dispersa congregas & congregata conservas, qui populis obviam
Christo ramos portantibus benedixisti; † benedic etiam ramos palmae & arborum,
quos tui famuli ad nominis tui benedictionem fideliter suscipiunt, ut, in quocunque
loco introducti fuerint, benedictionem consequantur, ut, omni adversa valetudine
effugata, dextera tua protegat, quos redemit. Per eundem &c.

Et benedictio † Dei Patris omnipotentis, & † Filii & † Spiritus Sancti descendat
& maneat super hos arborum ramos!

Nach vollenbeter Einsegnung wurden die Zweige beräuchet, mit Weyhwasser be-
sprenget, und barauf sowol unten den Geistlichen als auch oben auf dem Chor den Con-
ventualinnen ausgetheilet, währender Zeit folgendes gesungen wurde:

Turba multa, quae convenerat ad diem festum, clamabat Domino: Benedictus
qui venit in nomine Domini, Hosianna in excelsis!

Alsbenn laß ber Probst vor dem Altar noch folgende Collecte:

Oremus.   Auge fidem in te sperantium, Deus, & supplicantium preces clemen-
ter exaudi, & veniat super nos multiplex misericordia tua, & sicut in figura ecclesiae
multiplicasti Noe egre aientem de arca, Mosen excuntem de Aegypto cum filiis Israel,
ita nos, portantes palmas vel ramos arborum, cum bonis actibus occurramus obviam
Christo, & per ipsum in gaudium introeamus aeternum. Per eundem &c.

Darauf wurde eine solenne Procession angestellet, wobey derjenige Vicarius,
welcher basmahl das Amt hatte, nebst noch einem anbern, ein grosses mit einem weis-
sen tachen bebecktes Crucifix vor der Procession her, der Herr Probst aber mit seinen
Leuten, und bie Fr. Abbatißin mit den ihrigen geweyhete Zweige in den Händen tru-
gen. Bey dem Ausgange aus der Kirche wurbe das Evangelium auf bem Palmson-
tag: Cum appropinquasset Dominus Hierosolyman &c. nicht allein nach dem Matthäo,
sonbern auch nach ben anbern 3 Evangelisten gesungen. Wenn sie nun unter solchem
Gesange

Gesänge in das Parables kommen waren, so stand die Procession daselbst, wie gewöhnlich, stille, und wurde alsdenn folgendes von der ganzen Versammlung gesungen:

Occurrunt turbae cum floribus & palmis Redemtori Domino & victori triumphanti digne dant obsequia, filium Dei gentes praedicant, & in laudem Christi voces tonant per nubila. Hosianna!

Darauf traten 2 Scholares vor das Creutz und sungen folgendes:

Gloria, laus & honor tibi sit, Rex Christe clementis,
Cui puerile decus promsit Osanna pium.
Israel es tu Rex, Davidis & inclyta proles,
Nomine qui in Domini, Rex benedicte, venis.
Coetus in excelsis te laudat coelicus omnis,
Et mortalis homo, & cuncta creata simul.
Plebs Hebraea tibi cum palmis obvia venit.
Cum prece, voto, hymnis assumus ecce tibi!
Hi tibi passuro solvebant munia laudis.
Nos tibi regnanti pangimus ecce melos!
Hi placuere tibi, placeat devotio nostra,
Rex pie, Rex clemens, cui bona cuncta placent!

Nach Endigung solches Gesanges traten 2 andere Scholares hervor, warffen ihre Kleider vor dem Creutz nieder und sungen dabey:

Pueri Hebraeorum vestimenta prosternebant in via, & clamabant, dicentes: Hosianna filio David, benedictus qui venit in nomine Domini!

Darauf kamen 2 andere Scholares, warffen geweyhete Zweige vor dem Creutz nieder, und sungen dabey:

Pueri Hebraeorum tollentes ramos olivarum obviaverunt Domino, clamantes & dicentes: Hosianna in excelsis!

Wenn das geschehen war, so trat der Probst hervor, nahm die Decke von dem Creutz und sang dabey aus Matth. 26. 31. 32.

Scriptum est enim, percutiam pastorem &c.

Alsdenn fingen die sämmtlichen Vicarii an zu singen:

O crux, ave, spes unica,
Hoc passionis tempore,
Auge piis justitiam
Reisque dona veniam!
Te, summa sancta Trinitas,
Collaudat omnis Spiritus,
Quos per crucis mysterium
Salvas rege per secula! Amen!

Unterdessen fiel der Probst vor dem Creutz nieder, und betete 3 kurtze Gebeter vor sich in der Stille, nach deren Endigung las er folgende Collecte laut:

Oremus. Deus, qui miro dispensationis modo ex rebus sensibilibus dispositionem nostrae salutis ostendere voluisti, da quaeso, ut devota tuorum corda fidelium salubriter intelligant quidnam mysticè designetur in facto, quod hodie, coelesti lumine afflata, redemtori obviam currens cum ramis palmarum turba processit, nam

pro

pro totius mundi vita cum mortis principe cirius pugnaturo, ac moriendo triumphaturo talia obsequens administravit, quae in illo triumphum victoriae declararent: quod nos quoque plena fide & factum & significatum retinentes, te, Domine sancte, Pater omnipotens, aeterne Deus, per eundem Dominum nostrum Iesum Christum suppliciter exoramus, ut in ipso atque per ipsum, cujus nos membra fieri voluisti, de mortis imperio victoriam reportantes, ipsius etiam gloriae resurrectionis participes esse mereamur. Qui tecum &c.

Darauf trat er wieder an seinen Ort, die Procession aber ging in voriger Ordnung wieder fort, noch der Kirche zu, und wurde bey dem Aufbruch folgendes gesungen:

Coeperunt omnes turbae descendentium gaudentes laudare Deum voce magna super omnibus, quas viderant virtutibus, dicentes; benedictus qui venit Rex in nomine Domini. pax de coelis & gloria in excelsis!

Bey der Zurückkunft in die Kirche wurde gesungen aus Joh. 12, 12, 13.

Cumque audivissent, quia Iesus venit &c.

Endlich trat der Probst vor dem Altar, und beschloß die gantze Solennität mit folgender Collecte:

Oremus. Omnipotens sempiterne Deus, qui Christi filii tui beata passione nos reparasti, conserva in nobis opera misericordiae tuae, ut in hujus celebritate mysterii perpetua devotione vivamus. Per eundem &c.

7) Am grünen Donnerstage war die vornehmste Ceremonie die Einweyhung des Brodes, welche der Probst in der Kirche mit folgenden Gebetern verrichtet:

Oremus. Deus, qui discipulorum pedes abluens pio affectu illis exemplum humilitatis praebens mandatum dedisti, concede propitius, ut obsequii mandatorum tuorum obtentu de tuo sine fine laetemur aspectu. Per Christum &c.

† Benedic, Domine, creaturam istam panis, sicut benedixisti quinque panes in deserto, ut omnes ex eo gustantes accipiant tam corporis quàm animae sanitatem!

Descendat benedictio † Patris & † Filii & † Spiritus Sancti super hanc creaturam panis, ut, quicumque ex eo sumserint, accipiant sanitatem mentis, tutelam salutis integritatem spei, corroborationem fidei, & consolationem Spiritus Sancti! Amen!

8) Am stillen Freytage war die vornehmste Ceremonie die Anbetung und nachmahls die Begrabung des heil. Creutzes; dabey ging es folgender gestalt zu:

Nachdem ein Theil des an diesem Tage gewöhnlichen Gottesdienstes vollendet war; ging der Probst mit 2 Vicariis, welche zu dem mahl das Amt hatten, hinter dem Altar in die so genannte Kleiderkammer, langeten daselbst das heilige Creutz hervor, und hatten erstlich ihre Devotion dabey; alsdenn nahmen die beyden Vicarii dasselbe, hielten es mitten zwischen sich, und traten damit an eine Seite des Altars; wenn nun die Gemeine bey Erblickung desselben sich auf die Knie niedergelassen, so fingen sie beyde an zu singen:

Popule meus, quid feci tibi, aut in quo contristavi te? responde mihi, quia te eduxi de terra Aegypti, parasti crucem Salvatori tuo?

Darauf antwortete die Jungfräuliche Versammlung singend.

Ayos o theos! Ayos ischyros! Ayos athanatos! eleyson ymas! (1)

Die beyden Vicarii fuhren fort: Quia

(1) Ἅγιος θεός, ἅγιος ἰσχυρός, ἅγιος ἀθάνατος ἐλέησον ἡμᾶς.

Ff

Quia eduxi te per desertum quadraginta annos, & Manna cibavi te, & introduxi in terram satis opimam parasti crucem Salvatori tuo?

Die Jungfrauen antworteten wiederum: Ayos o theos &c.

Die Vicarii fuhren fort:

Quid ultra debui facere tibi & non feci? Ego quidem plantavi te vineam meam fructu decoram, & tu facta es mihi nimis amara, aceto namque sitim meam potasti, & lancea perforasti latus Salvatoris tui!

Die Jungfrauen antworteten nochmahls das vorige: Ayos o theos &c.

Alsdenn wurde die Decke, so bisher über dem Crucifix gelegen, abgenommen, daß selbe in die Höhe gehalten, und dabey gesungen:

Ecce lignum crucis, in quo salus mundi pependit; venite, adoremus!

Hierauf wurde der 1te Psalm, und sonst noch ein und anders gebetet und gesungen, während solcher Zeit der Herr Probst mit allen seinen Vicariis und Scholaribus nach einander vor dem Creutze niederfielen und daßselbe anbeteten. Wenn das geschehen war, so nahm ein Vicarius daßselbe auf und stellete es auf den Altar, zu beyden Seiten aber wurden 3 Wachslichter angezündet, und vor demselben allerley gebetet und gesungen.

Hiernächst ging der Herr Probst auf den Jungfrauenchor und administrirte daselbst das heil. Abendmahl, doch waren die Hostien schon Tages vorher consecriret, weil solches an diesem Tage nicht erlaubet war. (a)

Nach Vollendung aller dieser Solennitäten wurde, so bald der Probst vom Chor wieder unten in die Kirche kam, das Crucifix vom Altar genommen, mit der vorigen Decke wieder eingehüllet, von den beyden Vicariis, die es hergebracht, weggetragen, und in das so genannte heil. Grab geleget, unter folgendem Gesange:

Ecce quomodo moritur justus, & nemo percipit corde, & viri justi tolluntur, & nemo considerat. A facie iniquitatis sublatus est justus, et erit in pace memoria ejus. In pace factus est locus ejus & in Sion habitatio ejus.

Dann auch dieses aus den Evangelisten von der Begräbniß Christi:

Sepulto Domino signatum est monumentum, volventes lapidem ad ostium monumenti, ponentes milites qui custodirent illud, ne forte veniant discipuli ejus & furentur eum, & dicant plebi, surrexit a mortuis.

Endlich schloß der Probst mit dem versiculo: Christus factus est pro nobis obediens patri usque ad mortem.

Und mit folgender Collecte:

Respice quaeso, Domine, super hanc familiam tuam, pro qua Dominus noster Iesus Christus non dubitavit manibus tradi nocentium & crucis subire tormentum. Qui tecum vivit &c.

Damit war dieser Gottesdienst geschlossen, und muste von der Zeit an, bis auf den heil. Osterabend keine Glocke, auch nicht bey der Schlaguhr, gehöret werden.

9) Am Sonnabend vor Ostern ging wiederum etwas besonders mit Einweyhung des Feuers, Wassers und der Osterlichter vor.

Vor der Einweyhung des Feuers, welche des Abends um 9 Uhr ihren Anfang nahm, wurde erst Procession im Closter gehalten, nachmahls bey derselben Wiederkunft

(a) Vid. Dn. D. I. A. Schmid. L. E. m. P. II. p.

kunft die 7 Bußpsalmen gelesen nebst dem vorgedachten versic. Christus factus &c. alsdenn trat der Probst, mit einem kostbahren Meßgewande bekleidet, hervor, und fing die Einweyhung mit folgenden Collecten an:

Oremus. Domine Deus, Pater omnipotens, aeterne Deus, † benedicere dignare istum ignem, quem nos indigni per invocationem unigeniti filii tui, Domini nostri Iesu Christi, benedicere praesumimus ; tu clementissime eum tua benedictione † sanctifica, & ad profectum humani generis provenire concede. Per eundem &c.

Domine sancte, Pater omnipotens, aeterne Deus, in nomine tuo, & in nomine filii tui, Domini nostri Iesu Christi, & Spiritus Sancti † benedicimus hunc ignem cum cera & omnibus alimoniis ejus, sanctificamus & signo crucis Christi filii tui altissimi signamus, ut intus vel foris accensus non quod noceat accendat, sed omnia ad usum hominum calefaciat sive illuminet, & quae ex hoc igne fuerint conflata vel calefacta, sint benedicta & omni humanae saluti utilia, ut non cum Nadab & Abihu, ignem tibi offerentibus alienum, incendamur, sed cum Aaron Pontifice & filiis ejus, Eleazaro & Ithamaro, hostias tibi pacificas, Spiritus S. igne assatas, immolare valeamus ; & semper ejusdem Spirtus Sancti igne vitia nostra ure, cordaque nostra luce scientiae tuae illumina, & animas nostras fidei calore clarifica, Per eundem &c.

Deus, qui filium tuum, angularem scilicet lapidem, caritatis ignum tuis fidelibus contulisti, productum e silice, nostris profuturum usibus, noum hunc ignem † sanctifica, & concede nobis per haec festa Paschalia coelestibus [desideriis inflammari, ut ad perpetuae claritatis puris mentibus valeamus festa pertingere. Per eundem &c.

Darauf wurde das grosse Osterlicht geweyhet (*) mit folgendem Gebet:

Domine sancte, Pater omnipotens, lumen indeficiens, qui es conditor omnium luminum, † benedic hoc lumen, quod a te sanctificatum atque benedictum est, qui illuminasti omnem mundum, ut ab eo lumine accendamur & illuminemur igne caritatis tuae ; & sicut illuminasti Mosen, ita illumines corda & sensus nostros, ut ad lucem & vitam aeternam pervenire mereamur, Per Dominum &c.

Ferner wurde das Rauchwerck eingeweyhet, folgender gestalt:

Oremus. Veniat quaeso, omnipotens Deus, super hoc incensum larga † benedictionis infusio, & hunc nocturnum splendorem, invisibilis Regnator, accende, ut non solum sacrificium, quod in hac nocte litatum est, coelestis luminis admixtione refulgeat, sed in quocunque loco ex hujus aliquid sanctificationis mysterio fuerit apportatum, ex pulsa diabolicae fraudis nequitia, virtus tuae majestatis assistat! Per Dominum &c.

Et benedictio Dei † Patris omnipotentis, † Filii, & Spiritus Sancti descendat et maneat super hunc ignem, & super hoc lumen, atque hoc incensum ! Amen!

Nach Endigung dieser Gebeter wurde dieses nunmehr heilige Feuer beräuchert, mit Weyhwasser besprenget, und die Lichter in der Kirche dabey angezündet. Während der Zeit sang die Versammlung folgendes lied:

Inven-

(a) Von der Einweyhung des Oster-Lichts siehe Ennodii opusc. 9. und 10. Man pflegte solchen Wachsstichtern auch insgemein einen Zettul anzuhefften, darauf die Zahl desselben Jahrs, die Indictio, Concurrens, Epacta, das Jahr des Pabstes, Bischoffes, der Einweyhung der Kirche, und andere dergleichen Dinge mehr verzeichnet waren, welchen Zettul man chartam Paschalem nennte. Conf. Beda de temp. rat c. 47.

Inventor rutili, Dux bone, luminis,
Qui certis vicibus tempora dividis,
Merſo ſole chaos ingruit horridum ;
Lumen redde tuis, Chriſte, fidelibus!

Darauf ſang der Probſt vor dem Altar eine Collecte auf das Oſterfeſt, und um göttlichen Beyſtand zu ſeiner vorhabenden Verrichtung : alsdenn folgte die gewönliche Praefation : Dominus vobiscum. nebſt folgender Collecte:

Vere dignum & juſtum eſt, inviſibilem Deum Patrem omnipotentem, Filiumque ejus unigenitum, Dominum noſtrum Ieſum Chriſtum, toto cordis & mentis aſfectu & vocis miniſterio perſonare, qui pro nobis aeterno Patri Adae debitum ſolvit, & veteris piaculi cautionem pio cruore deterſit ; haec ſunt enim feſta Paſchalia, in quibus verus ille agnus occiditur, ejusque ſanguine poſtes conſecrantur. Haec nox eſt in qua primum patres noſtros, filios Iſrael, eduxiſte de Aegypto, quos poſtea rubrum mare ſicco veſtigio tranſire feciſti : Haec igitur nox eſt; quae peccatorum tenebras columnae illuminatione purgavit. Haec nox eſt, quae hodie per univerſum mundum in Chriſtum credentes a vitiis ſeculi & caligine peccatorum ſegregatos reddit gratiae ſociatque ſanctitati. Haec nox eſt, in qua deſtructis vinculis mortis Chriſtus ab inferis victor aſcendit. Nihil enim nobis naſci profuit, niſi redimi profuiſſet. O! mira circa nos tuae pietatis dignatio ! o! inaeſtimabilis dilectio caritatis ! ut ſervum redimeres filium tradidiſti. O vere beata nox! quae ſola meruit ſcire tempus & horam, in qua Chriſtus ab inferis reſurrexit. Haec nox eſt, de qua ſcriptum eſt: & nox ut dies illuminabitur, & nox illuminatio mea in deliciis meis. Hujus igitur ſanctificatio noctis fugat ſcelera, culpas lavat & reddit innocentiam lapſis, moeſtis laetitiam, fugat odia, concordiam parat & curvat imperia. In hujus igitur noctis gratia ſuſcipe, ſancta Pater, (unter dieſen Worten ſtreuete er Rauchwerck auf die Kohlen in der Form eines Creutzes:) incenſi hujus ſacrificium veſpertinum, quod tibi in hac cerei oblatione ſolemni per miniſtrorum manus de operibus apum ſacro ſancta reddit eccleſia. Sed jam columnae hujus praeconia novimus, quam honorem Dei (hier ſteckte er die groſſe Wachskerze an:) rutilans ignis accendit, qui, licet diviſus in partes, mutuari tamen luminis detrimenta non novit. Alitur liquentibus aereis, quas in ſubſtantiam praetioſae hujus lampadis apis mater eduxit. O vere beata nox! quae exſpoliavit Aegyptios, ditavit Hebraeos. Nox, in qua terrenis coeleſtia, humanis divina junguntur. Oramus ergo te, Domine, ut cereus iſte, in honorem nominis tui conſecratus, ad noctis hujus caliginem deſtruendam indeficiens perſeveret, & in odorem ſuavitatis acceptus ſupernis luminaribus miſceatur ! Flammas ejus Lucifer matutinus inveniat, ille, inquam, Lucifer qui neſcit occaſum, ille, qui regreſſus ab inferis humano generi ſerenus illuxit. Precamur ergo te, Domine, ut nos famulos tuos, omnem clerum & devotiſſimum populum, una cum Papa noſtro & glorioſiſſimo Rege noſtro, nec non & Antiſtite noſtro quiete temporum confeſſa in his feſtis paſchalibus conſervare digneris, Per Dominum &c.

Darauf wurde auch das Waſſer im Taufſtein geweyhet mit folgenden Solennitäten :

Zuerſt wurde ein Geſang geſungen, darauf betete der Probſt folgendes Gebet:

Omnipo-

Omnipotens sempiterne Deus, adesto magnae pietatis tuae mysteriis, adesto Sacramentis, & ad creandos novos populos, quos tibi fons baptismatis parturit, Spiritum adoptionis emitte, ut, quod nostrae humilitatis gerendum est ministerio, tuae virtutis impleatur effectu, per Dominum &c.

Darauf folgte die Präfation mit folgender Collecte:

Vere dignum &c. Qui invisibili potentia sacramentorum tuorum mirabiliter operaris effectum, &, licet nos tantis mysteriis exequendis sumus indigni, tu tamen gratiae tuae dona non deferens etiam ad nostras preces aures tuae pietatis inclines. Deus, cujus Spiritus super aquas inter ipsa mundi primordia ferebatur, ut jam tunc virtutem sanctificationis aquarum natura conciperet. Deus, qui nocentis mundi crimina per aquas abluens regenerationis speciem in ipsa diluvii effusione signasti, ut unius ejusdemque elementi ministerio & finis esset vitiis & origo virtutibus. Respice, Domine, in faciem ecclesiae tuae, & multiplica in ea regenerationes tuas, qui gratiae tuae affluentis impetu laetificas civitatem tuam, fontemque baptismatis aperis, toto orbe terrarum gentibus innovandis, ut tuae majestatis imperio sumat unigeniti tui gratiam de Spiritu Sancto, (hier machte er mit den beyden vörder Fingern ein Creutz in das Wasser:) qui hanc aquam, regenerandis hominibus praeparatam arcana sui luminis admixtione secundet, ut sanctificatione concepta ab immaculato divini fontis utero in novam renata creaturam progenies coelestis emergat, & quos aut sexus in corpore, aut aetas discernit in tempore, omnes in unam pariat gratia mater infantiam. Procul ergo hinc, jubente te domine omnis spiritus immundus abscedat, procul tota nequitia diabolicae fraudis absistat! nihil hic loci habeat contrariae virtutis admixtio! non insidiando circumvolet, non latendo subrepat, non inficiendo corrumpat; Sit haec sancta & innocens creatura libera ab omni impugnatoris incursu, & totius nequitiae purgata discessu! Sit fons † vivus, aqua † regenerans, unda † purificans, ut omnes hoc lavacro salutifero diluendi, operante in eis Spiritu Sancto, perfectae purgationis indulgentiam consequantur. Unde † benedico te, creatura aquae, per Deum † vivum, per Deum † verum, per Deum † sanctum, per Deum qui te in principio verbo separavit ab arida, cujus Spiritus super te ferebatur in mundi creatione, qui te de paradiso manare & in quatuor fluminibus (unter diesen Worten sprützte er mit der Hand auf allen 4 Seiten etwas Wasser aus den Tauffstein auf die Erde, in der Gestalt eines Creutzes:) totam terram rigare praecepit, qui te in deserto amaram suavitate indita fecit esse potabilem, & sitienti populo de petra produxit. Benedico † te per Iesum Christum, filium ejus unicum, Dominum nostrum, qui te in Cana Galilaeae signo admirabili sua potentia convertit in vinum, qui pedibus super te ambulavit, & a Iohanne in Iordane inde baptizatus est, qui te una cum sanguine de latere produxit, & discipulis suis jussit, ut credentes baptizarent inde, discens: Ite docete omnes gentes baptizantes eos in nomine Patris, & Filii & Spiritus Sancti; (hier hörte er auf zu singen, und fing an zu lesen:) Haec nobis praecepta servantibus tu, Deus omnipotens, clemens adesto, tu benignus aspira, tu has simplices aquas tuo ore benedicito, ut praeter naturalem emundationem, quam lavandis possunt adhibere corporibus, sint etiam purificandis mentibus efficaces! (Hier legte er ein geweyhetes Wachslicht in das Wasser, und fing darauf an wieder mit heller Stimme zu singen:) Descendat in hanc plenitudinem fontis virtus Spiritus tui (diese Worte wiederhohlte er 3 mahl,

　und

und bließ jedesmahl in das Wasser, das erste mahl von oben, und dann von beyden Seiten :) totamque hujus aquae substantiam regenerandi foecundet effectu ! Hic omnium peccatorum maculae deleantur (unter diesen Worten zog er die Wachsferze wieder heraus :) hic natura ad imaginem Dei condita & ad honorem sui reformati principii cunctis vetustatis squaloribus emundetur, ut omnis homo hoc sacramentum regenerationis ingressus in verae innocentiae novam infantiam renascatur! Per Dominum &c.

Nach vollendeter Einsegnung wurde noch ein und anders gebetet und gesungen, und darauf diese Solennität beschlossen.

In eben derselben Nacht fiel noch eine besondere Ceremonie mit Aufhebung des Creußes aus dem heil. Grabe vor, wobey es folgender gestalt gehalten wurde:

Um Mitternacht kamen nicht allein alle geistliche von der Probstey mit lichtern und Rauchfässern, sondern auch die sämmtliche Conventualinnen, lehrkinder und lagschwestern, ja auch die ganße auswärtige Gemeine in der Kirche zusammen, alsdenn wurde unter dem Geläut aller Glocken das Creuß von dem Probst und des Closters Beichtvater aus dem Grabe genommen, durch die Kirche vor den hohen Altar getragen, und dabey von den anwesenden geistlichen gesungen:

Cum Rex gloriae Christus infernum debellaturus intraret & chorus angelicus ante faciem ejus portas principum tolli praeciperet, sanctorum populus, qui tenebatur in morte captivus, voce lacrimabili clamaverat:

Advenisti desiderabilis, quem exspectabamus in tenebris, ut educeres hac nocte vinculatos de claustris ! Te nostra vocabant suspiria, te larga requirebant lamenta, tu factus spes desperatis, magna consolatio in tormentis!

Qualia tunc fuerunt gaudia de sanctae trinitatis gloria, dum de limbo eduxit electos Rex gloriae Christus triumphali cum pompa, a se ultra nunquam separandos! omnis creatura jubilabat, chori angelorum psallebant laudes & jucundum Allelujah!

Wenn das geendiget war, so hoben der Probst und Beichtvater das Creuß in die Höhe, und sungen dabey 3 mahl nacheinander:

Surrexit Dominus de sepulchro !

Die andern Geistlichen antworteten:

Qui pro nobis pependit in ligno. Hallelujah !

Darauf wurden so wol von den Geistlichen, als auch von der Gemeine noch etliche Gesänge gesungen, und endlich schloß der Probst mit folgender Collecte:

Oremus. Concede quaesumus, omnipotens Deus, ut, qui gratiam Dominicae resurrectionis agnovimus, ipsi per amorem Spiritus a morte animae resurgamus, per Dominum &c.

10) Am heiligen Osterfeste bestand die vornehmste Solennität in Einweyhung allerley Victualien ; das geschahe am ersten Feyertage, nach der hohen Messe, und sind dazu in dem Ordinali unserer Kirchen folgende Gebeter vorgeschrieben:

Bey der Einweyhung eines lammes.

Post celebratam sancti Paschae solennitatem & post transactos jejuniorum dies, animabus spiritualibus dapibus refectis de mensa tuae majestatis, offerimus famuli tui, pro hujus fragilitate corpusculi aliquantulum reparandi, huic usui nostro concessam creaturam agni, poscentes, ut eum proprio ore nobis signantibus benedicas, ad dextera tua sanctifices, & universis ex eo ministrata munuscula grata effici praestes, atque

his

his cum gratiarum actione peractis, te Deum, qui es cibus animae & vitae nostrae; magis & inhianter desideremus & indefesse fruamur, per Christum &c.

Eine Einsegnung des Fleisches:

Deus universae carnis conditor, qui Noae & filiis suis de mundis & immundis animalibus praecepta dedisti, quique sicut olera herbarum humano generi quadrupedia munda edere permisiste, quique agnum in Aegypto Moysi & populo tuo in vigilia Paschae comedere praecepisti, in figura agni, Domini nostri Iesu Christi, cujus sanguine omnia primogenita tibi de mundo redemisti, & in nocte illa omne primogenitum in Aegypto percudere praecepisti, servans populum tuum agni sanguine praenotatum, dignare Domine, Deus omnipotens, † benedicere & † sanctificare has ovium mundarum (sive aliorum animalium) carnes, ut quicunque ex eis de famulis & famulabus tuis fidelibus comederint, omni benedictione coelesti & gratia saturati repleantur in bonis, per Christum &c.

Ein Segen über Speck.

Omnipotens & misericors Deus, qui necessitatem humani generis praevidens adminicula temporalia contulisti, te humiliter imploramus, ut † benedicere digneris hoc lardum famularum tuarum, ut quod hic tua misericordia nobis contulit, nostro merito non depereat, per Christum &c. ,

Ein Segen über Käse und Butter.

Dignare, Domine Deus omnipotens † benedicere & † sanctificare hanc creaturam casei & butyri, quam, ex adipe animalium producere dignatus es, ut, quicunque ex populis tuis fidelibus inde comederint, omni benedictione coelesti & gratiae tuae salutaris saturitate repleantur in bonis per Dominum &c.

Ein Segen über Eyer:

Subveniat quaeso, Domine, tuae † benedictionis gratia huic ovorum creaturae, quam de pullis gallinarum dignatus es procreare, ut cibus salubris fiat tuis fidelibus in tuarum gratiarum actione sumentibus, per Christum &c.

Ein Segen über Brodt.

Domine sancte, Pater omnipotens, aeterne Deus, † benedicere digneris hunc panem novum tua sancta benedictione spirituali, ut sit omnibus cum fide & reverentia ac gratiarum actione sumentibus salus mentis & corporis, atque contra omnes morbos & universas cunctorum inimicorum insidias tutamentum, per Dominum nostrum, Filium tuum, panem vitae, qui de coelo descendit & dat vitam mundo ac salutem, qui tecum vivit &c.

Ein Segen über Aepffel.

Bene † dic, Domine, hos fructus pomorum, quos tu, Domine, rore coeli & inundatione pluviarum, & temporis serenitate atque tranquillitate ad maturitatem perducere dignatus es, & dedisti eos ad usus nostros, cum gratiarum actione percipere in nomine D. n. I. C. qui tecum &c.

Ein Segen über Kräuter.

Supplices mahi, Domine, subnixis precibus deprecamur omnipotentiam, qui mirabiliter cuncta creasti ex nihilo, quique terra edita diversa proferre germina praecepisti, atque uninscujusque semen in semetipso manere super terra indidisti; & quia diversa medicamentorum genera ad sanandum humani generis corpora imposuisti, ut

† benedi-

† benedicere & † sanctificare has diversi generis herbas digneris tua clementia, ut quicunque ex eis aliquid sunt sumturi, tam animae quam corporis sanitatem percipiant, &, intercedente beata Maria cum omnibus sanctis, de universis germinibus salubriter sumamus, quatenus in tuorum odore unguentorum paradisi mereamur adire januas, praestante Domino &c.

Ein Segen über Honig.

Benedic, Domine, hanc creaturam mellis, ut sit remedium salutare generi humano, & praesta per invocationem sancti nominis tui, ut quicunque ex ea gustaverint corporis sanitatem & animae tutelam percipiant, per Christum &c.

Ein Segen über Fische.

Creator & conservator humani generis, dator gratiae spiritualis, largitor aeternae salutis, tu Domine, mitte Spritum Sanctum tuum in hanc creaturam piscium, ut, armata virtute coelestis benedictionis, qui ex eis gustaverint, proficiant, ad sanitatem, per Dominum &c

An eben demselben Tage wurde auch die gantze Gemeine mit Weyhwasser besprenget, und darauf eine solenne Procession gehalten, womit man hernach alle Sonntage hindurch biß auf das Fest der Himmelfahrt continuirte, absonderlich aber wurde solche Solennität am Sonntage Rogate und an den beyden nächstfolgenden Werckeltagen angestellet.

11) Am Fest der Himmelfahrt Christi wurden die Solennitäten des öffentlichen Gottesdienstes erst Nachmittages nach vollendeter Nona angefangen. Zuerst stimmete der Probst den bekannten Himmelfahrtsgesang an: Summi triumphum Regis prosequamur laude, welchen die geistlichen vollends aussungen; alsdenn kam folgender Hymnus:

Festum nunc celebre magnaque gaudia
Compellunt animos carmina promere,
Cum Christus solium scandit ad arduum
    Coelorum pius arbiter.
Conscendit jubilans laetus ad aethera,
Sanctorum populus praedicans inclytum
Concinit pariter angelicus chorus
    Victoris boni gloriam.
Qui scandens superos vincula vinxerat,
Donans terrigenis munera plurima,
Districtus rediet arbiter omnium,
    Qui mitis modo transiit.
Oramus, Domine, conditor inclyte,
Devotos famulos respice, protege,
Ne nos livor edax Daemonis obruat,
    Demergat vel inferos!

Unter diesem Verse gieng der Probst nebst dem Beichtvater hin, hohleten beyde das heilige Creutz her, trugen solches mitten durch die Kirche biß vor den hohen Altar, und blieben daselbst so lange damit stehen, biß das übrige Theil des Hymni vollends ausgesungen war, folgender gestalt:

Ut,

Ut, cum flammivoma nube reverteris,
Occulta hominum pandere judicans,
Ne des supplicia horrida noxiis,
    Sed justis bona praemia.
Praesta hoc, genitor optime, maxime,
Hoc tu, nate Dei, & bone Spiritus,
Regnans perpetuo, fulgida Trinitas,
    Per cuncta pie secula. Amen!

Nach Endigung dieses Gesanges hob der Probst, mit Hülffe des Beichtvaters, das Creutz in die Höhe, und sang dabey:

Ascendo ad Patrem meum & Patrem vestrum!

Der gantze Chor antwortete:

Deum meum & Deum vestrum Hallelujah!

Dieses wurde 3 mahl nach einander wiederhohlet, und darauf das Creutz auf den Altar gestellet, wobey der Probst anfing zu singen:

O Rex gloriae, Domine virtutum, die gantze Versammlung stimmete mit ein: qui triumphator hodie super omnes coelos ascendisti, ne derelinquas nos orphanos, sed mitte promissum Patris in nos Spiritum veritatis! Hallelujah.

Alsdenn fing einer von den Vicariis allein an zu singen:

Viri Galilaei, quid aspicitis in coelum, hic Iesus, qui assumtus est a vobis in coelum sic veniet. Hallelujah!

Gleich darauf fing ein anderer an:

Non vos relinquam orphanos, Hallelujah!
Vado & venio ad vos, Hallelujah!
Et gaudebit cor vestrum. Hallelujah!

Zum Beschluß wurde von der ganzen anwesenden Geistlichkeit noch ein Gesang gesungen, von einem Vicario ein Sermon gehalten, und endlich die gantze Solemnität von dem Herrn Probst mit einem Versu und Collecte geendiget.

12) Am Frohnleichnams-Feste, welches allemahl den Donnerstage nach Trinitatis gefeyret wurde, fiel sonst eben nichts besonders vor, ausser daß alsdenn eine 2 fache Procession mit der Monstrantz gehalten ward. Die erste ging, wie gewöhnlich, durch das Closter ins Paradieß, und von da wieder in die Kirche, es wurde auch bey derselben die gewöhnliche Station gemacht, und wenn der Probst dabey die Monstrantz in die Höhe hob, so muste alles was zugegen war sich auf die Knie niederwerffen. Wenn diese Procession geendiget war, ging der Probst mit der Hostie auf den Jungfrauenchor, wobey alsdenn die Jungfräuliche Versammlung ihre abergläubische Devotion verrichtete. Hiernächst wurde noch einst eine Procession durch die Creutzgänge des Closters gehalten, und dabey von den Conventualinnen gesangen: O sacrum convivium &c Wenn das geschehen war, so ging alles wieder nach der Kirche zu, woselbst alsdenn der Probst mit seinen Capellanis Messe hielt.

13) An den übrigen Festtagen, als Pfingsten, Johannis, Michaelis ꝛc. fielen keine besondere Ceremonien bey dem öffentlichen Gottesdienste vor.

14) Am Tage S. Mauritii, als des hiesigen Closter-Patroni, dessen Gedächtniß auf den 22ten Septemb. einfällt, wurde wieder ein feyerlicher Gottesdienst gehalten,

ten, und absonderlich nach vorgeschriebener Besprengung der gantzen Gemeine mit Weyhwasser, eine solenne Procession mit dem Bilde dieses Heiligen angestellet.

Bey dem Ausgange aus der Kirche wurde folgendes gesungen.

Sanctus Mauritius legionem sanctam praemonuit, ut ad coelestia regna properaret.

Beatus Exuperius miles, Candidus & victor, & beatus Innocentius junctis meritis se sociaverunt.

O viri fortes in armis, sed fortiores fide, sanctus Mauritius cum sociis suis, qui sub Maximiniano coronam martyrii susceperunt!

In dem Peradies wurde die gewöhnliche Station gehalten, und auf der Retour der bekannte Hymnus, so dem heiligen Mauritio zu Ehren gemacht, abgesungen : Alma Christi quando fides &c. bey dessen letzterm Verse. Nunc quapropter supplicantes &c. die Procession wieder in die Kirche kam. Alsdenn ward noch ein kurtzer Gesang angestimmet, nach dessen Endigung schloß der Probst mit folgender Collecte :

Oremus. Annue, quaesumus, omnipotens Deus, ut sanctorum martyrum tuorum, Mauritii & sociorum ejus, nos laetificet festiva solennitas, & quorum suffragiis innitimur, eorum natalitiis gloriemur, per Dominum &c.

Was endlich

15) Die Festtage, so der Jungfrau Mariä gewidmet, anbetrift, so wurde an denselben allemahl Procession gehalten, ausser allein an dem Tage ihrer Empfängniß nicht, hingegen hatte das Fest ihrer Himmelfahrt dieses wieder voraus, daß alsdenn Kräuter geweyhet wurden. Wir wollen von allen noch eine kurtze Nachricht beyfügen.

Wie es am Tage der Reinigung Mariä zugegangen sey, davon ist oben bereits sattsame Nachricht ertheilet.

Am Tage der Verkündigung Mariä wurde unter der Procession folgendes lied gesungen :

Ave maris stella, Dei mater alma, atque semper virgo, felix coeli porta.

Sumens illud ave, Gabrielis ore, funde nos in pace, mutans nomen Evae.

Solve vincta reis, profer lumen coecis, mala nostra pelle, bona cuncta posce.

Monstra te esse matrem sumat per te precem, qui pro nobis natus tulit esse tuus.

Virgo singularis, inter omnes mitis, nos culpis solutos mites fac et castos.

Vitam praesta puram, iter para tutum, ut videntes Iesum semper collaetemur.

Am Tage der Heimsuchung Mariä :

Veni, praecelsa Domina Maria, tu nos visita, aegras mentes illumina per sacrae vitae munera.

Veni, salutrix seculi, sordes aufer piaculi, in visitando populum poenae tollas periculum.

Veni, Regina gentium, dele flammas reatuum, dele quocunque devium, da vitam innocentium.

Veni, ut annum visites, Maria, vires robores, virtute sacri impetus, ne fluctuetur animus.

Veni lux, stella marium, infunde pacis radium, exultet cor in gaudium Ioannis ante Dominum.

Veni,

Veni, virga regalium, reduc fluctus errantium ad unitatem fidei , in qua fal-
vantur coelici.

Veni, deposce Spiritus sancti dona propensius, ut dirigantur rectius in hujus
vitae actibus !

Am Tage der Himmelfahrt Mariä wurden unter der Procession die Lieder: Be-
ata es &c. Felix namque &c. und Alma redemtoris mater &c. gesungen, nach Vol-
lendung derselben aber die Kräuter geweyhet, wobey man folgendes Gebet zu gebrau-
chen pflegte :

Domine sancte, Pater omnipotens aeterne Deus, qui in initio fecisti hominem
ad imaginem tuam coelum & terram & lumen, & omnia coelestia & terrestria condi-
disti, tu dominaris potestati maris, tu habes potestatem abyssi magni, tu condidisti
omnia elementa. Tu † benedicere & sanctificare digneris has creaturas herbarum,
sicut benedixisti quinque panes & duos pisces in deserto, & satiasti ex eis quinque
millia hominum ; omnesque qui utuntur ex eis, † benedicere & sanctificare digneris,
ut sit eis sanitas animae & corporis, in nomine † Patris, & † Filii, & † Spiritus San-
cti : et ab omnibus hominibus pecoribusque omnem putredinem, omne phantasma
diaboli, omnem morbum, omnemque pestilentiam, & omnem dolum expellere dig-
neris, qui in trinitate perfecta vivis & regnas, Deus, in secula seculorum. Amen!

Et benedictio Dei † Patris omnipotentis, & † Filii, & † Spiritus Sancti descen-
dat super has herbas & maneat semper!

Am Tage der Geburt Mariä war bey der Procession dieser der Hauptgesang:

Te nunc suppliciter, sancta Theotoces
Regis perpetui sponsaque, poscimus,
Ut nos semper ubique
Miti munere protegas !
Sanctis obtineas, virgo, precantibus
Pacis praesidium, dilue crimina,
Nobis adde beati
Regni dona perennia!

Dabey wurden auch folgende Antiphona gebrauchet:

Sancta Maria, succurre miseris, juva pusillanimes, refove flebiles, ora pro po-
pulo, interveni pro clero, intercede pro devoto foemineo sexu.

Haec est Regina virginum, quae genuit Regem, velut Rosa decora, Dei geni-
trix, per quam reperimus Deum & hominem, alma virgo, intercede pro nobis
omnibus.

Virgo prudentissima, quae progrederis quasi aurora valdae rutilans, filia Sion,
tota formosa es, suavis & pulchra ut luna, electa ut Sol.

Nativitas tua, Dei genitrix virgo, gaudium annuntiavit universo mundo, ex
te enim ortus est sol justitiae, Christus Deus noster, qui solvens maledictionem dedit
benedictionem donavit nobis vitam sempiternam.

Auf das Fest der Opferung Mariä findet man in unserm Ordinali keine besonde-
re Hymnos und Collecten, vermuthlich hat der Probst dabey die Freyheit gehabt aus
den gemeinen Lobgesängen Mariä etliche nach seinem Gutdünken, zu erwählen.

U ter

Unter die Solennitäten unsers ehemahligen öffentlichen Gottesdienstes verdienet auch endlich noch die Publicirung der Päbstlichen Indulgentien gezählet zu werden, wobey es folgender gestalt zuging:

Wenn die Fr. Abbatißin einen Ablaßbrief für ihr Closter erhandelt hatte; that sie solches unverzüglich der Jungfräulichen Versammlung auf dem Chor zu wissen, und einer von den Capellanis muste solches ebenmäßig der untersten Gemeine bey dem öffentlichen Gottesdienste verkündigen, und dabey einen Tag zu desselben Publicirung bestimmen. Wenn nun derselbe angebrochen war, wurde vor allen Dingen erst der gewöhnliche Gottesdienst gehalten; nach dessen Endigung trat einer von den Vicariis auf, und verlaß den erhaltenen Indulgentzbrief in Gegenwart des Jungfräulichen Conbents sowol, als der übrigen Gemeine.

Wenn das geschehen war, so stimmeten die Conventualinnen solenniter das Te Deum laudamus &c. an, nebst noch etlichen andern Lobgesängen z. E. Advenisti desiderabilis, quem exspectabamus in tenebris &c. Te decet laus &c. Alsdenn verlaß der Probst, oder des Closters Beichtvater etliche auf die vorhabende Solennität sich schickende Collecten, nach deren Endigungen trat die Fr. Abatißin vor den Altar auf die rechte Seite desselben, die Conventualinnen aber stunden auf, stelleten sich in eine lange Reihe gegen den Altar zu, und traten, eben wie bey der Communion, alle nach einander hinzu, da ihnen denn die Fr. Abbatißin den Brief zu küssen überreichte.

Wenn nun solches geschehen, und sie sich alle wiederum nieder gesetzet hatten; ward gleich darauf, nach dem es in der Zeit war, Chorstunde gehalten; nach deren Endigung nahm die Fr. Abbatißin, wiederum den Ablaßbrief mit grosser Reverentz vom Altar zu sich, und wurde derselbige nachmahls mit vieler Ehrerbietung in des Closters Archiv beygeleget, und als ein köstlicher Schatz aufgehoben.

Cap. 5.
Von den guten Wercken unserer Conventualinnen.

So viel Vollkommenheit und Verdienste die Conventualinnen dieses Closters ehemahls, zu den Zeiten des Pabsthums, ihrem vielen Gebete und überhäufften Gottesdienste zuschrieben; so grosses Vertrauen setzten sie auch auf ihre übrigen guten Wercke, deren sie nicht wenige, theils nach Anweisung ihrer Ordensreguln, theils aus eigenem freyen Willkühr auszuüben sich beflissen. Sie hatten zwar dieses alles mit andern Clöstern ihres Ordens gemein: weil sich aber doch hie und da bey denen Umständen noch etwas besonders eräugnet, so wird es nicht überflüßig seyn, auch diesen Punct kürtzlich zu berühren. Es gehöreten also zu ihren guten Wercken fürnemlich folgende Stücke:

1) Die ewige Keuschheit. Diese musten sie vor Zeiten bey ihrer Einkleidung mit einem theuren Endschwure lebenslang zu halten angeloben, und wurden deßwegen im Closter, fast als Gefangene, verschlossen gehalten; so gar daß sie auch kaum mit ihren nächsten Verwandten durch ein Gitter, und im Beyseyn etlicher Aufseherinnen, sprechen durften.

2) Die freywillige Armuth. Diese bestand darin, daß keine Conventualin das allergeringste eigenthümlich haben oder für sich besitzen durfte, es wäre denn, daß ihr

ihr solches von den Obern selbst gegeben, oder wenigstens zu haben erlaubet worden. (b) Es kam solche erst Anno 1479, bey der von dem Verdischen Bischoff Bertholdo angestelleten Visitation, in unserm Closter recht auf, dauerte aber nicht länger, als biß gegen die Hälfte des 16ten Seculi, da sie durch die vorgehende Religionstroublen anfänglich gestöhret, und nachmahls, bey Annehmung der Augspurgischen Confeßion, als eine in GOttes Wort nicht gegründete und zu nichts, als zur Schein- und Werck-heiligkeit anleitende Sache, vollends verworffen und abgeschaffet ward.

3) Der heilige Gehorsam, welchen die Conventualinnen ehemahls nicht allein ihrer Ordensregul, sondern auch ihren Obern (c), ja auch unter sich einander (b) lei-sten musten, und ging er so weit, daß sie schlechterdings, ohne einzige Weigerung, zu gehorchen verbunden waren, wenn sie gleich eine lautere Unmöglichkeit der von ihnen erforderten Sache vor Augen sahen (c).

4) Das Stillschweigen, welches ehemahls so strenge gehalten ward, daß sie nicht allein zu ihrer Veränderung gar keine Unterredungen unter einander anstellen, sondern auch bey Tische (f) oder anderswo ohne besondere Erlaubniß, welche doch nur gar selten ertheilet wurde nicht mit einander sprechen durften (g). Absonderlich wurde nach dem Completorio vespertino das Schweigen am allerstrengsten beobachtet, so gar, daß auch ein einziger Discurs, welcher alsdenn, ausser den Fall der höchsten Noth, oder ohne speciale Erlaubniß angestellet ward, mit der schärffsten Busse be-strafet wurde (h).

5) Die Demuth, welche ihre besondere 12 Gradus hatte, und wie in andern Stücken, also absonderlich in der äusserlichen Stellung mit allezeit geneigtem Haupte und zur Erde niedergeschlagenen Augen muste bewiesen werden (i).

6) Das Fasten, das sie theils mit der gantzen Römischen Kirche, theils nur mit etlichen Clöstern ihres Ordens zugleich hielten. Die Fasten von der ersten Art, welche gemeiniglich jejunia instituta oder indicta genennet wurden, waren folgende: Das Jejunium quadragesimale, da sie biß um die Vesperzeit sich alles Essens enthiel-ten. Desgleichen das Fasten an den Quatembern an den Abend vor Weyhnachten und Mariä Himmelfahrt, den Abend vor allen Aposteltagen (Johannis des Evange-listen und Philippi Jacobi Tag allein ausgenommen:) den Abend vor aller Heiligen, Johannis des Täufers und Laurentii Tag.

Die übrige Fasten waren nicht præcepti, sondern nur consilii, oder auch votiva, wozu sie durch ihre Ordensreguln verbunden, und welche auch von andern Clöstern mit gehalten wurden. Dergleichen waren die Fasten zu Adventszeit, am Sonntage Rogate, den Heiligenabend vor Pfingsten, den Montag und Dienstag nach Quinqua-gesimä, und sonst an allen Mittwochen, Freytagen und Sonnabenden. Zuweilen stelleten sie auch jejunia assumta, oder selbst erwählte Fasten an, welche manchemahl mit mehrerem Ernst und Eyfer, als die vorerwähnten, gehalten wurden, massen bey jenen noch mancherley gute Bissen an Gebackens, Fischen und dergleichen mit vorka-men: bey diesen aber das Essen, Trincken und Schlaffen entweder gar eingestel-let.

Gg 3

(b) Vid. Regul. S. Benedicti cap. 33.   (f) Ibid. c. 38.
(c) Reg Ben. c. 5.   (g) Ibid. c. 6.
(b) Ibid. c. LXXI.   (h) Ibid. c. 26.
(e) Reg Bened. c. 68.   (i) Ibid. c. 7.

let, oder doch wenigstens um ein mercklliches eingeschräncket wurde. Bey allen diesen Fasten behielten die hiesigen Abbatißinnen das Privilegium, daß sie nicht allein alte, abgelebte und krancke, sondern auch andere Closterpersonen davon zu gewisser Zeit dispensiren, und ihnen besonders, in einem eigenen Reventer, Fleischspeisen durften auftragen lassen (¹).

7) Die Verpflegung der Krancken. Diese geschahe nicht allein an den krancken Conventualinnen innerhalb des Closters von der Siechenmeisterin, und andern dazu verordneten Personen; sondern die Wohlthätigkeit unsers Convents gieng von Alters her in diesem Stücke so weit, daß sie auch für andere auswärtige leute durch eine dazu geschickte Conventualin auf des Closters kosten eine gewisse Medicin bereiten, und selbige jedermann, welcher dessen bedürftig war, ohne Entgeld geben liessen, welches noch biß auf heutigen Tag gebräuchlich ist.

8) Die Allmosen für arme Leute. Diese wurden vor Alters von den Conventualinnen selbst alle Tage in einer gewissen Stunde, ausgetheilet; da denn der Probst, oder nachmahls die Fr. Abbatißin, um selbige Zeit das Werbefenster des Closters aufschliessen ließ, daß die Armen, davor kommen konnten: Heutiges Tages aber geschiehet solches nicht mehr von ihnen selbst, sondern durch die gewöhnlichen Mittelspersonen. Das vorzüglichste Liebeswerk, womit unser Closter heut zu Tage seine Wohlthätigkeit gegen die Armen beweiset, ist die grosse Spende, welche jährlich am grünen Donnerstage ausgetheilet wird. Es kommet dazu eine gewaltige Menge armer leute von allen Orten zusammen, daß man derselben gemeinlich viel 100 zählet. Gegen Mittag, nach vollendetem Gottesdienste, werden sie eingelassen, da sie sich denn auf dem Closterplatze bey 10 und 20 an die Erde lagern; daselbst wird ihnen das Essen in etlichen Schüsseln, das Bier aber in grossen Kesseln so lange zugetragen, biß sie alle gesättiget sind. Wenn das Essen geschehen, kommt eine von den Conventualinnen aus dem Closter in das Gasthaus, und theilet einem jeden Armen, nach Beschaffenheit seines Zustandes, noch etwas an Gelde und Victualien zu, wobey sowol die Closter- als Amtsbedienten zugegen sind, und unter den Armen leuten Ordnung und Steuer halten. Diese Speisung der Armen rühret zwar ursprünglich noch aus dem Pabstthum her, da man jährlich am grünen Donnerstage den Armen einiges Geld und Brodt ausgetheilet hat; nach der Reformation aber ist doch dieser gute Gebrauch mit beybehalten, und absonderlich im vorigen Seculo durch verschiedene neue legata Christlicher Hertzen vollends so empor gebracht worden; daß anjetzo eine ziemliche Menge armer leute dieser Wolthat geniessen kan. Die erste, welche nach der Reformation zu solcher Speisung etwas vermachte, war die Wolgeb. Fräul. Elisabeth von Ebbing damalige Küchenmeisterin des Closters, welche Anno 1617. ein ansehnlich Capital dazu hergab. Ihrem Exempel folgte An. 1628. eine andere Conventualin Fräul. Barbara von Tzarstedt, und bald hernach derselben Fr. Schwester, die damahlige Fr. Abbatißin Anna von Tzarstedt; biß endlich die folgende Fr. Abba. Margaretha von Dassel die 1te das Werck nicht allein in bessere Verfassung setzte; sondern auch zu Vermehrung der Allmosen selbst ein Capital von dem Ihrigen vermachte.

Hierinnen bestunden vormahls die guten Wercke unserer Conventualinnen, welche man in jenen Zeiten GOtt theuer genug anzurechnen wuste. Nachdem Anbruch des

(¹) Siehe davon im 1ten Theil.

des evangelischen Lichtes aber hat man sie nicht gäntlich abgeschaffet, sondern nur einige davon, die durchaus eitel und unvernünftig waren, abgethan, andere aber beybehalten, nachdem sie erst gegen der Richtschnur des göttlichen Wortes geprüfet, nach den Reguln des Christenthums und der Vernunft besser eingerichtet worden.

Cap. 6.
Von dem leiblichen Unterhalt der Conventualinnen.

Für den schweren Gottesdienst und die strenge Lebensart, welche die Conventualinnen des Closters, gedachter massen, vor Alters führen musten; hatten sie weiter nichts zu geniessen, als nur nothdürftigen Unterhalt; Nahrung, Kleidung und Wohnung.

Ihre Nahrung betreffend, so hatte in den ersten Zeiten von der Stiftung des Closters an, biß auf das Jahr 1479. eine jede Conventualin ihre eigene Menage vor sich, und wurde dazu jährlich etwas gewisses an Gelde und Victualien gegeben; daher speiseten sie sonst niemals auf dem Reventer zusammen, als wenn ihnen etwa ein Probst bey seiner Introduction, oder zu Anfange der Fasten, oder sonst bey anderer Gelegenheit eine allgemeine Refection gab. Allein bey der in gedachtem 1479ten Jahr von dem Verdischen Bischoff Bertholdo angestelleten Reformation wurde, nächst der freiwilligen Armuth, auch zugleich die gemeinsame Speisung eingeführet, welche letztere biß auf unsere Zeiten, über 200 Jahr, beständig gedauret hat. Es ging dabey folgender gestalt zu:

In dem Reventer waren 2 lange Tische gesetzet, an deren einem sassen die Conventualinnen, so zu der Abbatißin Chor, an dem andern die, so zu der Priorin Chor gehörten, daher auch jener der Abbatißins, dieser aber der Priorin-Tisch genennet wurde. Doch war nur allein die eine auswärtige Seite der beyden Tische besetzt, die innere hingegen, wo das Essen aufgetragen wurde, blieb allemahl ledig. Oben in dem Gemach, zwischen den beyden langen Tischen, stand eine andere kleinere Taffel, voran vorzeiten die Fr. Abbatißin, nebst der Priorin und Seniore des Convents speisete; nach der Religionsreformation aber blieb dieser Tisch der Fr. Priorin fast gantz allein zu eigen, massen die Fr. Abbatißin von der Zeit an, mit der Capellanin, Küchenmeisterin und Kornschreiberin, allemahl allein unten in ihrer besondern Eßstube speisete, und nicht anders, als nur an den 3 höchsten Festen, den Abends vorher und den ersten Feyertag, öffentlich mit der gantzen Versammlung zu Tische ging. Unten stand noch ein besonderer Tisch, woran die geistliche Kinder, nebst einer Conventualin zur Aufsicht, und der Beschliesserin des Closters speiseten, welche letztere, weil sie dann und wann unvermuthete Amtsverrichtungen bekam, an dem fordersten Tische blieb, um allemahl, auf erfordertem Fall, desto eher bey der Hand zu seyn. Ausser diesen stand zur Seite noch ein besonderer Tisch woran das Gesinde speisete.

Die ordentliche Essenszeit war allemahl des Vormittags um 10 Uhr, nach vollendeter Sexten, und des Abends um 5, vor dem Completorio, wie solches in der Regul Benedicti angesetzet, ist; (1) an den Sonn-Fest und Fasttagen aber wurde zuweilen erst nach der Nonen, zuweilen erst gar nach der Vesper zu Mittag gegessen.

Wenn

(1) Reg Bened. c. 41.

Wenn nun die Jungfräuliche Versammlung bey einander und das Essen aufge-
tragen war; klingete die Fr. Priorin, oder auch die Fr. Abbatißin selbst, wenn sie
gegenwärtig war, mit einer kleinen Glocke: Darauf traten 2 von den geistlichen Kin-
dern vor den Tisch und beteten. Nach verrichtetem Gebet fing man an zu essen, und
warteten dabey allemahl 2 Conventualinnen, eine von den ältesten, und eine von den
jüngsten, nebst einer Layschwester auf; eine andere Conventualin saß auf einem erha-
benen Ort vor einem Pulpet, und las 4 oder 5 lectiones nach einander. Zu den Zei-
ten des Pabstthums wurden solche lectiones aus den Vitis Patrum und andern derglei-
chen Büchern genommen: nach der Reformation aber gebrauchte man dazu in der
Woche die heil. Bibel, des sel. Herrn Johann Arnds Wahres Christenthum, Ejusd.
Auslegung über die Psalmen und Valer. Herbergers grosse Thaten GOttes. Am
Sonnabend ward die Epistel des folgenden Sonntages nebst der Auslegung aus Bu-
cheri, oder Stebings Epistelpredigten, am Sonntage aber das Evangelium nebst der
Erklärung aus des sel. Joh. Arnds Postille gelesen, und an den ersten hohen Festtagen
pflegte man wiederum Val. Herbergers Postille zu gebrauchen. Zu solchen lesen so
wol, als zu der Aufwartung, wurden in den Catholischen Zeiten alle Wochen neue
Conventualinnen von der Fr. Abbatißin, nicht nach der Ordnung, sondern bloß nach
ihrem Gutbefinden verordnet, und von der gantzen Versammlung durch eine besondere
Benediction eingeweyhet; (m) nach der Reformation aber thaten es die Conventua-
linnen allesammt, eine nach der andern, wie sie die Ordnung traff.

Wenn die Versammlung abgespeiset hatte, wurde wieder ein Zeichen mit der
Glocke gegeben, da denn die beyde vorige geistliche Kinder das Gratias nach Tische
beten musten. Nach völlig aufgehobener Taffel wurde von neuem ein kleiner Tisch
gedecket, an welchem alsdenn die beyden Conventualinnen speiseten, welche bey der
Mahlzeit die Aufwartung gehabt, nebst derjenigen, so das lesen verrichtet hatte.

Solche Beschaffenheit hatte es vorzeiten mit der gemeinsamen Speisung nach-
dem diese aber An. 1698. durch eine besondere Fürstl. Constitution abgeschafft ist;
hat nunmehro eine jede Conventualin wiederum, wie im Anfange, ihre eigene Menage,
und bekommt zu deren Unterhaltung, jährlich gewisse Kostgelder vom Closter.

Was ferner die Kleidung unserer Conventualinnen anbetrifft, so bestand selbige
vor zeiten aus einem Schepler, Gürtel, Mantel und Schleyer.

Das Scapulare oder Schepler war ein Stück schwartzes Tuch, welches von den
Schultern über die Brust und Rücken herab hing, und an beyden Seiten, fast auf die
Art wie ein Meßgewand, offen stand; anfänglich wurde dasselbe nur kurtz, in den neu-
ern Zeiten aber etwas länger getragen.

Um solches wurde ein Gürtel gebunden, welcher mit besondern Ceremonien und
Gebetern geweyhet, und ein Zeichen ihres geistlichen Standes war. Ueber dem Sca-
pular trugen sie den sogenannten Mantel, welcher ein weisses wöllenes Gewand mit
sehr langen und weiten Ermeln, fast wie ein Schlafrock gestalt war. Auf dem Haup-
te hatten sie den geistlichen Schleyer, welcher vor Alters, auch noch einige Zeit nach der
Reformation, gantz anders aussahe, als heutiges Tages, wie man aus dem Gemähl-
de der oben angeführten 14ten Tafel ersehen kan.

Dieser

(m) Reg. Bened. c. 38.

Dieser geistliche Habit wurde ihnen vor der Reformation alle Jahr vom Closter neu gegeben, und noch ein anderer dazu, dessen sie sich des Nachts bedienten; so oft auch der neue ankam, musten sie alles Alte wieder herausgeben und auf die Kleider-kammer des Closters liefern (n). Wie aber nach der Reformation den Conventualin-nen jährliche Aufkünfte an bahrem Gelde vermacht wurden; hörte damit die Austhei-lung der Kleider auf, und muste nun eine jede von der Zeit an sich ihre benöthigte Klei-dung auf ihre eigene Kosten verfertigen lassen.

Heutiges Tages bestehet der Habit der Conventualinnen aus einem schwarzen Kleide, einem weissen linnen Schleyer auf dem Haupte, und einem gefalteten Kragen um den Halß, zu welcher Zeit diese Veränderung gemacht worden, ist bereits in dem 1ten Theil gehörigen Orts Meldung geschehen.

Was endlich die Wohnung der Conventualinnen anlanget; so hatten sie vor Zei-ten zwar allesammt ihre besondere Zimmer oder Cellen, aber offen und ohne Thüren, welche auch nicht vonnöhten waren, weil keine unter ihnen, kraft des gethanen Gelüb-des, etwas eigenthümliches besitzen durfte. Die Fr. Abbatißin allein nebst ihren Ca-pellaninnen hatten verschlossene Zimmer, die übrigen Conventualinnen hingegen mu-sten, absonderlich zur Winterszeit, in einem allgemeinen Gemach bey einander woh-nen, welches, nach altem Gebrauche, von unten geheizet wurde. Als aber zu Anfange des 16ten Seculi die freywillige Armuth einiger massen ins Stecken gerieth: wurden An. 1518. zu allererst Thüren vor die Zellen gemacht, daß von der Zeit an eine jede Conventualin ihre Sachen verschließen haben konnte. Dabey blieb es, bis zur Zeit der hiesigen Reformation: als aber bey den bald darauf vorgehenden Troublen die Conventualinnen zerstreuet, und ihre Anzahl über 2 Drittheil verringert wurde; be-kam seit der Zeit eine jede ihre eigene Stube und Kammer oder Celle, daß sie nunmeh-ro ihr Wesen vor sich allein haben konnte: Ja den Amtspersonen wurden über die ordentliche noch andere Stuben eingegeben, und einem jeden Amte eine eigene Stu-be bestimmet, welches alles noch bis auf den heutigen Tag so geblieben ist. Weil indessen vor Alters nur die Fr. Abbatißin nebst ihren Capellaninnen in eigenen verschlossenen Zimmern, die übrigen aber alle zusammen in einem Gemach bey einan-der gewohnet; so ist solches die Ursach daß noch auf den heutigen Tag nur die erstge-dachten, nicht aber die letztern jährlich ein Deputat Brennholz aus den herrschaftlichen Holzungen bekommen.

Cap. 7.
Von den geistlichen Brüderschaften des Closters.

Gleichwie zu den Zeiten des Pabsthums fast alle Clöster mit andern ihres gleichen eine genaue Verbindung und geistliche Brüderschaft zu unterhalten pflegten; so hat unser Closter von Anfange her auch diese Gewohnheit gehalten; und bestand diese geistliche Brüderschaft darin, daß die Clöster einander ihren Ablaß und gute Wercke mittheileten, ein ander in zweifelhaften Vorfällen mit Rath und That beystunden, für einander beteten, einander als geistliche Brüder liebten, einen freyen Zutritt in ihr Closter verstatteten, und darin nach Vermögen bewirtheten, ja endlich, daß sie auch,

(n) Reg. Bened. c. 55.

wenn in einem Closter jemand verstorben, es mochte eine Conventualin oder Laychwe-
ster gewesen seyn, so gleich, nach erhaltener Nachricht von ihrem Absterben, für die-
selbe Vigilien und Seelmessen anstelleten, nicht anders, als ob die verstorbene Person
in allen diesen Clöstern, ein wirckliches Mitglied gewesen wäre (o).   Eine solche geist-
liche Brüderschaft unterhielt das Closter vor Zeiten nicht allein mit den einheimischen
Jungfrauenclöstern unsers Landes, als Ebstorff, Lüne, Wienhusen, Isernhagen rc.
sondern auch mit auswertigen, absonderlich im Brandenburgischen mit dem Closter
Arnesee, im Braunschweigischen mit dem Closter Marienberg bey Helmstädt, und
im Hildesheimischen mit dem Closter Derneburg.   Der Nutzen davon war sehr groß,
massen gleichwie unser Closter der andern, also alle die andern hinwiederum unsers
Closters Wohlfahrt ihres Orts, nach allem Vermögen zu befördern sich musten an-
gelegen seyn lassen.

Ja es war, wie andern, also auch unserm Closter nichts ungewöhnliches, auch
weltliche Standesperionen in ihre geistliche Brüderschaft aufzunehmen, und dieselben
der Verdienstlichkeit ihrer guten Wercke theilhaft zu machen, welche denn ihre schuldige
Danckbarkeit dafür mit mancherley schönen Donationen und ansehnlichen Stiftungen
erwiesen.   Absonderlich haben die Adelichen Geschlechter der Stadt Lüneburg mit un-
serm Closter vor Zeiten die geistl. Brüderschaft fleißig unterhalten, und demselben da-
für so nachdrücklichen Beystand geleistet, daß es ihnen noch jetzo den grösten Theil sei-
nes Wolstandes zu dancken hat.   Wie aber der Aberglaube diese geistlichen Verbünd-
nisse aufs höchste getrieben hatte; war deren Fall vor der Thür, massen sie durch die
Reformation Lutheri dergestalt in Abnehmen gerathen sind, daß heutiges Tages noch
kaum das Andencken mehr davon übrig ist.

Cap. 8.
Von den Aemtern unter den hiesigen Conventualinnen.

Weil in einer so grossen und zahlreichen Societät, als die Jungfräuliche Versamm-
lung unsers Closters, absonderlich vor Alters, gewesen, mancherley wichtige
Angelegenheiten, sowol bey dem Gottesdienste, als auch sonst in ihrem Leben vorzu-
fallen pflegten; hat man, zu deren besserer Beobachtung und zu Erhaltung guter Ord-
nung, den Conventualinnen von Anfange her biß auf den heutigen Tag verschiedene
Functiones und Aemter aufgetragen.   Weil aber einige unter diesen von grösserer
Wichtigkeit, als andere sind; hat man auch darinnen jedesmahl einen Unterschied be-
obachtet, daß man, bey Ertheilung der erstern, zugleich ein förmliches Capitul ge-
halten, die andern aber ausserhalb des Capituls, und ohne so viele Ceremonien zu
vergeben pflegte.

Die Amtsperionen, welche unter Haltung eines Actus capitularis installiret wur-
den, sind folgende:
1) Die Priorissa, welche absonderlich mit der Direction des Gottesdienstes zu
thun und ihren eigenen Chor hat.   Sie vertrate vor Zeiten bey der gemeinsamen
Speisung, und auch noch jetzo in verschiedenen Angelegenheiten die Stees der Abbatißin.
2) Die

(o) Von solchen geistlichen Brüderschaften ist oben im 1ten Theil ein und anders Document
angeführet.

2) Die Subprioriſſa, war vor Zeiten eine Gehülfin und Subſtituta der Prioderin, welche, in deren Abweſenheit ihre Stelle verwalten muſte; heutiges Tages aber iſt dieſes Amt eingegangen.

3) Die beyden Capellaninnen, deren Amt beſonders anſehnlich war, maſſen ſie der Abbatißin in allen Cloſterſachen bergäthig ſeyn, die wichtigſten Briefe und Schriften ausfertigen, Rechnung mitführen helffen, und ihr in allen Amtsverrichtungen beyſtehen, auch wo ſie Amts halber hingingen, ſie allemahl begleiten muſten, daher ſie auch von Alters her insgemein Domina-Jungfrauen genennet wurden. Heutiges Tages iſt nur eine Capellanin, welche der Fr. Abbatißin in vorerzählten Stücken Hülfe leiſtet; es vertrit aber anießo die Kornſchreiberin des Cloſters in ſo ferne die Stelle der vormahligen 2ten Capellanin, daß ſie die Fr. Abbatißin, wo dieſelbe in Amtsverrichtungen aus- und eingehet, mitbegleiten hilft; daher auch noch den Titul der andern Domina-Jungfer führet.

4) Die beyden Circumitrices (p). Ihr Amt beſtand vor Zeiten darinnen, daß ſie auf aller Conventualinnen Leben und Wandel Acht geben, und ſo etwa eine oder andere wieder die Ordensregel peccirte, dieſelbe insgeheim zur Rede ſtellen, und wo es öfter geſchahe, bey der Abbatißin deßwegen verklagen muſten. Ferner wenn ein Fremder eine der Conventualinnen zu ſprechen begehrte; muſte allezeit eine von den Circumitricibus mit ins Sprachhaus gehen, und auf ihre Diſcurſe acht haben, ja wenn auch eine Conventualin von den Ihrigen Briefe empfing, durfte ſie dieſelbe nicht eher annehmen, durchleſen und beantworten, als mit Vorwiſſen oder im Beyſeyn einer Circumitricis. Weil dieſe aber auf ſolche Art ein ſehr ſchweres und mit vieler Verdrießlichkeit beladenes Amt auf ſich hatten, pflegte man dieſelben alle 2 Jahr abzuwechſeln, und an ihrer ſtatt andere zu ſetzen. Um eine ſo viel genauere Vorſtellung von dieſem heutiges Tages ganz abgekommenen Amte zu geben: wollen wir eine kurße Rede beyfügen welche die Abbat. Eliſabeth Elvers An. 1518. bey Inſtallirung 2 neuer Circumitricium gehalten, woraus ſich die eigentliche Beſchaffenheit dieſes Amtes gar füglich erkennen läſſet. Sie lautet aus ihrem Concepte folgender Geſtalt:

Zu den beyden abtretenden Circumitricibus. Dilecte ſorores, Gy ſynt ſere vorſümlich geweſt beſſe 2 jare over, dewile juw cura-animarum is befahlen weſt, in ſtraffende und vormanende, und hebet nicht ſere groot geachtet infirmitates egrotancium, ſunder ſe vüſte vorſümet in medicinalibus, dat aſummo medico wel ſere geſtrafft werden,, wannehr dat de tyd kumpt gy werden racionem gevende billicacionis beſtre, des gy ſynt geweſt ſaue miniſtre, na dem juw dat is befahlen geweſt, So habbe gy vüſte mannigerleye ſimuliret, dat gy hebben mede aber geſeen und nicht geſtrafft, dat gy billiken ſchollen proclamationes van dann hebben, und dat gept to male upp juw, und moten dat ſwarliken betheren na beſſem levende, nachdeme dar is graviſſimum periculum weme dar wert befalen cura animarum, und iß dar nicht blitlich inne, de ſynt quaſi mercenarii, bede vleem wan ſe ſeen dat de Wülve komen, und de ſchape vorſprenden und to rüten. Alſo hebbet juwer en beis ock rüſte ban, wan juw etlike adverſitates ſynt wedderfahren, ſo ſynt gy blint und doeff geweſt, und fugam genamen, und oves paſſue Domini horlaten, dat gy ſcholden liff und levent by ſetter hebben, alſo

Hh 2   criſtus

(p) Sie werden ſonſten auch Cireatrices genannt, von ihrem Amte handelt Lanfranc. in ſtatut. pro ord. S. Benedicti c. 4.

cristus unse leve here bede. Darumme hebben gy swarlike gebraken, und were wol van nöden sere tho bethernde, na deme wy können nümmer vor uns sülven bul don, wo vel met den noch vor en anderen. So möge gy summum medicum bidden, bede langvorns nostros hefft gedragen, dat he per meritum sud amarissimâ passionis und dorch sine groten grundlosen barmhertichet wille vor vull und alle unse vorsämenisse gnedichliken vorgeven.

Dat gy denne ock nu wollen denken, gy weren frisch, und wollen nu jück nergen mer an kernn, wan gy segen dat strafflick were, dat en shollen gy nicht don, gy shollen allike wol noch straffen dat dat contra regulam et contra statuta is, daren jewelck to bringende. Sitis absolute, et legite septenam (q) pro negligentiis vestris, et accipite una vice disciplinam tempore vacante, et ite sessum.

Zu den beyden neuen Circumitribus. Dilecte sorores, gy hebben gehöet, dat he circuitrices synt absolvert ab officio, so möten dar jo wolcke wedder wesen, de dar curam animarum respiceren. Suss committere ick jum wedder officium circuitricum, und geve jum vocem in capitulo in singulis casibus officio vestro congruentibus in nomine patris et filii et spiritus sancti.

So shollen gy dyt officium entfangen in sodaner leve und gehorsam, alse cristus Jhesus hefft entfangen den swaren balcken des hilgen crüces up sine schulderen, den he patienter broch uspe ab montem calvarie dar he do inne negelt wart vor des minschen salichet, und hefft dar so lange inne gehanget, dat he vollenbrocht hatte dat bod sones hemmischen Vaters, und is dar inne gestorven, do wart he affgelecht allen rum manibus, und is nicht von dem crüce gestegen alse he bespottet wart van den Joden, de eine seden, Si filius dei est descendat nunc de cruce etc. so he doch propria potestate wol mochte gedan hebben. Also sholle gy ock nu patienter crucem obedientie upp jum nemen, und caritative dragen, so lange gy dar van gelöset werden und de gebrecklicheyden junves nev mynschen straffen in leve, so dat gy enen andern ock mögen brinen an den rechten wech, und nicht syn canes muti non volentes latrate, sunder syn boni canes, bede fideles son even heren, und vormelden dat jene dat unschicklick is. Gy sholt ock wesen ministri summi medici, wen gy vernemet infirmitates tam corporum quam morum, so shollen gy den Kranken remedia geven, et de Krankheyt tho grob werde, wente de brischen wunden synt lichtliker tho helende, alse bede to lange vor beydet sie, wente de werden gerne mutert in fistulam vel in aliam incurabilem infirmitatem. Alsus is et ock mit den sünden, it sy denne sake, dat se tho Hand nicht gestrafft werden, so inficeren se den ganzen minschen und vorhinden eme den weg der ewigen salichet. Worumme sholle gy gerne allen junven flit don, dat gy straffen dat strafflick is, dar mewas bevt contra regulam, contra statuta ordinis und wedder alle dat vorboven is in capitulo, und diligenter respectum hebben super omnes vobis commissas, und nicht straffen in ira et odio, ebber van ungunst iste egener bitterchet, sunder in vera caritate in guder andacht, und shollen de worte to synne nehmen, de de here hefft gesproken ab Ezechielem prophetam: Fill hominis, speculatorem dedi te
Domui

(q) Septena bedeutet sonst eigentlich ein 7 tägiges fasten, da man am 4ten und 6ten Tage sich blos mit Wasser und Brode behelffen muste, und wurde solches ehemahls den Closterleuten als eine Buße aufgeleget; alshier aber werden wol ohne Zweifel die 7 Buß-Psalmen darunter verstanden.

Domui Israel ꝛc. und secht vorban. Morte morieris ſi non annunciaveris ei, ut avertat a via ſua impia et vivat. Sanguinem ejus de manu tua requiram. Dat ſynt greſelike worde, de eme to malen wol mögen ghan per medulam. Doch wan gy juwen ſlith von und de brecklifen den ſick dar nicht na richten willet, ſo hebbe gy juwe ſele vorlöſet, und ſtaht wol vor gode. Iſt ſake dat ſick wer vorſüth, ſo ſhal men ent edder twige admoniciones von ſecrete ſecundum regulam, iſt me ſick denne nicht bethert, ſo ſhal men dar proclamaciones van don, und de prioriſßen und ſupprioriſßen, upp dat dat emendoret werde und de wunde gehelet. Der ſholle gy Juw den nu mit allem flite na ſhicken, upp dat gy mögen criſtum imiteren, bede is gekomen animam ſuam ponere pro ovibus ſuis, upp dat he uns alle mochte bringen ad eternam vitam, dar uns god alle to helpe. Und Omnia adverſa, de gy propter juſticiam lyden werden, ſhollen vor alle juwe ſünd ſtan, und juw na beſſem levende to grotem Vordenſte kommen in ſuperna patria ergo faciatis diligentiam, et ite ſeſſum.

Zu der ganzen anweſenden Verſammlung. Dilecte ſorores, So gy wol weten, dat dar is nen ſloth iſte ſtad, dar möten jo wechters weſen, bede vigileren, up dat dar nen ſhade ſhee, und wede bricht in den ſaken de vorboden ſynt, de wert angegrepen, und eme wert ſin recht geven. Alſo is cenobium ock en caſtrum, darinne ſhollen weſen circuitrices, deſe ſhollen vigilanciam hebben, wer alle ding ock recht tho geyt, ſhickelken und ordinate alſe ſick dat bört, und is ſake dat dar we reprehenſibilis geſunden wert, den ſhal me ſtraffen und congrua ſatisfactione emendoren laten. Dat me denne den perſonen de dar to ſhicket ſyn behörlich ſy, und gerne van jüm höre admoniciones et correctiones. Se doch it wol ſo ungerne, alſo me it ungerne nymt, und weren wol unbeworen, averſt wen ſe vörlet und mercket de borden de jüm uppelecht is, dat de ehre ſele andript, ſo möten ſe des don und können des neuen uinnegands hebben. Darumme höre men ſe gerne caritative und vorſambe ſie nicht, wente dat ſteyt jo ge- ſcreven. Qui vos audit me audit, et qvi vos ſpernit me ſpernit. Dat ſynt verba criſti, dar mede he uns vormanet, dat, wy nümmeden ſhollen verſmaden, anders ver- ſmade wy eme, dat to malen grot were. Darumme ware ſick dar en jewelck vor, dat en anders nichts bo membris criſti, wente alſe wy ſülven gerne nemen wollen, wente alſo ſhud uns ſülven wedder. Und bede ſo ſuperbâ et elatâ ſyn, dat ſe nene correctio- nes können lyden und ſupporteren, de ſhollen ſick dar ock vorbewaren, und ſo maken, dat des nen noth were, ſo were men der wol mit freden. Und wan en jewelck ſick ſül- ven alle Dage in ſeiner conſciencien argueret, ſo were des nen noth, dat en van den andern geſtraffet und argueret würde. Adverſarius noſter dyabolus ſo he mercket dat de mynſche ſyn herte beredet ad tolleranciam, ſo lecht he laqveos temptationis upp dat he ſe bedröve per impatientiam, ſo ſholle wy viriles weſen, und ſecundum admo- nicionem ſancti petri maken, dat wy nicht comprehenderet werden ſuis inſidiis ꝛc.

So weit gehet dieſer Capitularſermon, woraus man zur Gnüge erſiehet, wie ſehr viel zu den Zeiten des Pabſthums, von den Circumitribus ſey erfordert worden. Es gehörete aber auch)

5) Die Cantrix mit unter die Amtsperſonen, welche innerhalb des Capituls inſtalliret wurden; dieſe hatte ihren Siß in der Fr. Abbatißin Chor, und beſtand ihre Function darin, daß ſie die Geſänge und Antiphonas anheben muſte. Heutiges Ta- ges ſind 3 ſolcher Sangmeiſterinnen in der Fr. Abbatißin Chor.

6) Die

6) Die Succentrix war in der Fr. Priorin Chore, und führte nur allein das Responsorium. Heutiges Tages sind derselben ebenmäßig 3, wie in dem andern Chore.

Wenn diese 6 Aemter denen alten Officialibus abgenommen, und andern conferiret werden sollten; muste, erwähneter massen allemahl Capitul dabey gehalten werden, und wurde es damit folgender gestalt gehalten:

Solte eine von gedachten Officialibus ihres Amtes erlassen werden; so muste die Fr. Abbatißin beßhalben erstlich mit etlichen von den Aeltesten des Convents Rath halten, und nach gefaßtem Schlusse einen Tag dazu ansetzen, auch solches denen, so bey dem Capitul erscheinen sollten, in Zeiten bekant machen. Wenn nun der angesetzte Tag herbey kam; musten die beruffene Conventualinnen sich auf dem Capitelhause versammlen, wo zuletzt auch die Fr. Abbatißin in ihrem Pontificalibus erschien, und in der Mitte des Zimmers sich auf ihren Thron setzte, da die Conventualinnen zu beyden Seiten sich niederliessen. Alsdenn entdeckte sie der Versammlung ihr gegenwärtiges Vorhaben, sammt den vornehmsten Ursachen. War dis geschehen; so rieff sie die Amtspersonen, welche ihre Dimißion haben sollten mit diesen Worten zu sich: Soror N. venias huc!

Nachdem nun diese aufgestanden und vor die Fr. Abbatißin getreten; warb sie mit folgenden Worten ihres bisher getragenen Amtes erlassen: Dilecta Soror, absolvimus vos ab officio N. in nomine Patris & Filii & Spiritus Sancti; und die gantze anwesende Versammlung sprach das Amen! dazu. Wenn das geschehen, so erinnerte die Abbatißin die erlassene Officialin, daß sie ohngeachtet der Absolvirung von ihrem Amte dennoch Zeit ihres lebens noch einige Aufsicht mit haben, des Convents Wolfahrt fleißig beobachten helffen, und nach wie vor einen Sitz und Stimme im Capitul behalten sollte. Worauf ihr befohlen ward sich wiederum an ihre Stelle, so ihr nach ihrem Alter zu kam, nieder zu setzen.

Nachdem die alte Officialin solchergestalt erlassen war, wurde zugleich eine neue an ihrer statt substituiret, mit folgenden Ceremonien:

Zuförderst ermahnte die Abbatißin alle Anwesende, daß sie zu Bestellung der neuen Amtsperson GOttes Beystand und des Heil. Geistes Gnade erbitten mögten. Darauf stand sie selbst nebst der gantzen Versammlung auf, und fing an den Hymnum zu beten: Veni creator Spiritus &c. welchen die Versammlung wechselsweise einen Vers um den andern vollends zu Ende brachte. Dann folgte das Kyrieleison nebst dem Pater noster, wozu die Abbatißin das: Et ne nos inducas in tentationem betete. Alsdenn fing sie noch etliche Collecten an, z. E. Salvam fac famulam tuam &c. Deus meus sperantes in te &c. und andere mehr, welche die Versammlung alle vollends zu Ende beten muste.

Wenn sie ihre Gebete geendiget, setzten sie sich alle wiederum nieder, und sodann rieff die Abbatißin diejenige Conventualin, welcher sie das erledigte Amt conferiren wollte, folgender gestalt zu sich: Soror N. venias huc! Nachdem diese aufgestanden und vor sie getreten; erzählte sie kürzlich, was für Ursachen sie bewogen, die gegenwärtige Veränderung vorzunehmen, und dieß Amt gegenwärtiger Person zu conferiren. Alsdenn trug sie der Conventualin das erledigte Amt wirklich mit folgenden Worten auf: Dilecta soror, committimus vobis officium N. et damus vobis vocem habendi in capituto in singulis casibus officio vestro congruentibus, in nomine Patris &
Filii

Filii & spiritus sancti. Die gantze Versammlung sprach das Amen! dazu. Ferner fügte die Abbatißin folgenden Wunsch hinzu: Dominus Deus det vobis suam gratiam & constantiam! Die gantze Varsammlung sprach wiederum: Amen! Darauf hielt die Abbatißin eine Ermahnungsrede an die neue Officialin, daß sie sich bemühen sollte, ihr anvertrautes Amt mit Nutzen zu führen; hiernächst wieß sie dieselbe mit folgenden Worten in ihren Platz: Tenete locum N. in choro, refectorio & aliis locis, et habeatis respectum super conventum in omnibus locis, dat spiritualis vita möge progressum hebben, und nicht balvellich werden. Zum Beschluß erinnerte sie auch die anwesende Jungfräuliche Versammlung, daß sie diese neue Officialin für rechtmäßig erkennen, und ihr alle gebührende Ehre und canonischen Gehorsam erzeigen sollten. Darauf wurde das Capitul geendiget, und nahm alsdenn die Abbatißin die neue Officialin desselbigen Mittages mit an ihre Taffel, um dieselbe noch ferner in ein und andern Dingen, ihr anvertrautes Amt betreffend, unterweisen zu können.

Eine solche Beschaffenheit hatte es vor Zeiten mit Austheilung etlicher Closter-ämter bey einer Capitular-Versammlung. Ausser diesen jetztgedachten aber waren noch verschiedene andere Officialinnen, welche zwar auch auf dem Capitulhause, aber nicht unter einem Actu Capitulari, sondern nur bey einer andern gemeinen Zusammenkunft etlicher Conventualinnen von der Fr. Abbatißin installiret wurden. Selbige waren die nachfolgende.

1) Die Juratinnen, welche insgemein des Closters Wolfahrt zu beobachten, und der Fr. Abbatißin in allen das gantze Closter angehenden Sachen mit Rath und That beyzustehen verpflichtet waren. Vor Alters hat man derselben bald mehr, bald wenigere gehabt; heutiges Tages aber sind ihrer allezeit 4, und werden gemeiniglich die ältesten unter den Conventualinnen dazu genommen. Der Eyd, welchen sie vormahls bey ihrer Introduction vor der Fr. Abbatißin ablegen mußten, war folgender: Reverenda Domina Mater, Ego promitto vobis, pro posse meo, consilium dare, & secreta consilii non revelare, fideliterque vobis astare. Sic me Deus adjuvet!

2) Die Cellaria; diese hatte vor Zeiten ein sehr wichtiges und mühsames Amt, (r) maßen sie nicht allein über des Closters Küche und Keller, auch alle Victualien, Küchen- und Tischgeräthe Auffsicht haben, sondern auch bey der gemeinsamen Speisung alles anordnen muste. Heutiges Tages aber, da die gemeine Speisung abgeschaffet worden, hat diese Officialis nicht so viel Müße und Beschwerde mehr; sondern ihre Function bestehet nur allein in der Auffsicht über die grosse Küche, und das darin dienende Gesinde; daher sie auch anjetzo den Nahmen der Küchenmeisterin oder Küchenjungfer führet.

3) Die Cameraria, muste die Revenüen des Closters, welche jährlich vom lande umher an Korn und Gelde entrichtet werden, einheben und davon Rechnung führen. Heutiges Tages wird diese Officialis des Closters Kornschreiberin genennet, und ist zugleich die andere Dominajungfer; so anstatt der ehemahligen 2ten Capellanin substituiret ist, die Abbatißin, wo sie in Amts Affairen hingehet, zu begleiten.

4) Die Sacrista oder Küsterin, welche Vasa Sacra und andern Kirchenschmuck des Closters in Verwahrung hatte, auch die auf dem Chor zu brennen gewöhnlichen lichte

_____

(r) Siehe daven die Reg. S. Bened. c. 31. Vor Zeiten pflegte dieselbe auch insgemein zugleich Magistra Conversarum zu seyn.

Lichte anschaffen, zur bestimmten Zeit herbringen, anzünden und wieder abnehmen muste. Heutiges Tages sind dieser Sacristarum oder Küsterinnen 3, welche für jetzt gedachte Dinge sorgen, der ältesten aber von ihnen ist auch zugleich die Aufsicht über die Schlaguhr und Geläute mit anvertrauet.

5) Die Infirmaria, oder Siechenmeisterin, deren Amt bestand vor Zeiten darin, daß sie der krancken Conventualinnen pflegen, einige Artzeney bereiten, die verstorbenen in der Todtenkammer bewachen lassen, auch nachmahls bey deren Beerdigung das Leichgepränge anordnen muste. Heutiges Tages sind 2 solcher Siechenmeisterinnen, welche, wenn eine Conventualin verstorben, die Trauer anordnen, und zu derselben Beerdigung alle nöthige Anstalt machen.

6) Die Portaria, oder Beschliesserin des Closters, deren Amt war vor Zeiten eines von den wichtigsten, und musten sie die Thüren des Closters bewahren, die ausserhalb des Closters arbeitende Layschwestern zu bestimmten Zeit aus- und einlassen, auch zu andern Leuten die etwas nothwendiges im Closter zu bestellen hatten, vor das Werbefenster gehen, und ihr Anbringen vernehmen. Weil nun aber solcher gestalt die vormahls so hoch gehaltene Verschliessung des Closters größtentheils auf die Accuratesse der Portariä ankam, so wurde zu solchem Amte vor Zeiten immer eine alte, erfahrne und sittsame Conventualin genommen (*). Diese hatte ihre Wohnung zunächst an der Thür, und sobald sie jemand vor der Thüre klopfen oder klingen hörte, muste sie mit lauter Stimme Deo gratias! ruffen, auch alsobald zusehen, wer da sey, und sein Anbringen, vernehmen. Wenn auch manchesmahl Frembde zu gegen waren, oder sonst bey anderer Gelegenheit viel Ansprache kam; wurde ihr auf einige Zeit eine junge Conventualin zur Gehülfin gegeben. Heutiges Tages, da die unnöthig strenge Verschliessung des Closters abkommen, hat die Portaria dergleichen Amtsverrichtungen nicht mehr, sondern ihre Function erfordert nur, daß sie das Closter des Abends zur bestimmten Zeit zu- und des Morgens wieder aufschliessen lässet, die Fremben, so die Fr. Abbatißin besuchen zu derselben bringet, die so das Closter besehen wollen, darinnen herum führet, und daß sie auch endlich auf das Gasthauß, wo die Fremden accommodiret werden, mit Achtung giebet.

7) Die Magistra Scholarium, welche über des Closters Lehrkinder die Aufsicht hatte, und selbige im Christenthume, Latein und Jungfräulicher Arbeit unterwieß. Heutiges Tages cessiret dieses Amt, und stehet nunmehro einer jeden Conventualin frey, eines oder mehr Lehrkinder in ihre Kost und Information zu nehmen.

Alle diese Aemter wurden ausserhalb des Capitels vergeben, und ging es dabey folgender gestalt zu:

Die Abbatißin ließ diejenige Conventualin, welcher sie ein erledigtes Amt von den jetztgedachten zu conferiren beschlossen, nebst noch etlichen von den ältesten Officialinnen zu sich aufs Capitulhauß beruffen. Wenn sie alle daselbst erschienen, berief sie die Candidatin mit folgenden Worten zu sich: Soror N. veniatis huc! Alsdenn ging diese hinzu und setzte sich vor der Fr. Abbatißin auf die Knie nieder, welche sie folgender gestalt anredete: Dilecta soror, committimus vobis officium N. in nomine Patris & Filii & Spiritus sancti. Die dabey zu beyden Seiten stehenden Conventualinnen sprachen sämmtlich das Amen! dazu. Alsdenn gab die Fr. Abbatißin ihr etliche

zu ihrem

(*) Reg. S. Bened. c. LXVI.

zu ihrem Amt gehörige Schlüffel, oder wenigftens einen Zettul, darauf alle ihre künf-
tige Amtsverrichtungen verzeichnet ftunden, mit zugefügter Ermahnung: Committi-
mus vobis has claves (hanc fchedulam) cum ceteris rebus omnibus, quas fideliter ad
ufum & profeđum monafterii & regimen officii veftri fecundum Dei timorem expen-
dendo refervetis; hierauf antwortete die neue Officialin: libenter! Hiernächft über-
reichte die Fr. Abbatißin ihr einen gefchriebenen Eyd, welchen fie laut herlefen, und
mit Legung ihrer Hand in die beyden Hände der Fr. Abbatißin folgendes Inhals ab-
fchwören mufte: Reverenda Domina Mater, ego promitto de rebus mihi commif-
fis facere juftam & fidelem confervationem, eas ad officii mihi commiffi regimen &
monafterii profeđum expendendo, et hoc officium ad veftrum juffum abfque quacun-
que contradiđione dimittere, non opponendo repugnationis obftaculum, vel defenfi-
onis praefidium procurando. Sie me Deus adjuvet! Nach Ablegung diefes Eydes
that die Fr. Abbatißin folgenden Wunfch an fie: Dominus Deus det vobis conftan-
tiam! und die dabey ftehende Verfammlung fprach: Amen! War alles diefes gefche-
hen, fo führte die Fr. Abbatißin, nebft den übrigen Anwefenden, die neue Officialin
in die zu ihrem Amte gehörige Stube, und ließ fie von derfelben fowol, als von an-
dern zu ihrem angetretenen Amte gehörigen Dingen Poffeffion nehmen, wonächft fie
wieder aus einander gingen.

    Wenn eine von diefer letztern Sorte der Officialinnen ihres Amtes erlaffen wer-
den follte, ging es dabey folgender geftalt zu:

    Die Abbatißin hielt erftlich mit etlichen von den älteften Officialibus auf dem
Capitulhaufe der vorhabenden Sache halber Rath, und war der Schluß gefaffet; fo
wurde die zu caffirende Officialin vorbefchieden, und fogleich bey ihrem Eintritt von
der Fr. Abbatißin angeredet: Soror N. veniatis huc! Nachdem fie nun mit der
gewöhnlichen Reverence vor die Fr. Abbatißin getreten, wurde ihr von derfelben ihre
Dimiffion in folgenden Terminis ertheilet: Dileđa Soror abfolvimus vos ab officio
N. in nomine Patris & Filii & Spiritus fanđi: und die Anwefenden fprachen wie ge-
wöhnlich Amen! Darauf mufte fie die Schlüffel welche fie bey ihrem Amte bisher
geführet, oder auch das fchriftliche Verzeichniß ihrer Amtsverrichtungen, welches fie
bey ihrer vorigen Inftallirung bekommen, der Fr. Abbatißin wieder aushändigen, wel-
che folches mit folgender Dankfagung annahm: Dileđa Soror, grates plurimas refe-
rimus vobis pro diligentia & follicitudine in officio habitis, Remunerator fanđae obe-
dientiae fit aeterna merces veftra. Alsdenn nahm die erlaffene Officialin ihren Abtrit,
und brachte ihre Schriften, Rechnungen, und was fonft zu ihrem geführten Amte ge-
hörig in Richtigkeit, um folches alles ihrer Nachfolgerin in gutem Stande überliefern
zu können.

Cap. 9.
Von den Ceremonien bey der letzten Krankheit, Abfterben und
Beerdigung der Conventualinnen.

Wenn vor Zeiten eine Conventualin krank wurde, erfoderte das Amt der beyden
    Siechenmeiſterinnen, diefelbe nicht allein leiblich zu verpflegen, fondern auch
abfonderlich ihr mit Troft und Gebet bey zuftehen, daher fie auch zu folcher Zeit von
allen Horis exemt waren.

                                               Nahm

Nahm die Kranckheit überhand, daß es sich zum sterben anließ; so wurde der Probst oder Beichtvater des Closters herberuffen, die letzte Oelung mit der Patientin vorzunehmen. Selbige geschahe mit folgenden Ceremonien:

Sobald der Probst in das Closter kam, that er den Wunsch:

Pax huic domui, & omnibus habitantibus in ea.

Wenn er in der Patientin Zimmer getreten war, fing er seine vermeinte heilige Handlung mit etlichen Gebeten an, worauf die 7 Bußpsalmen, nebst der Kranken-litaney und etlichen andern Gebeten gelesen wurden. Nach deren Endigung er die Patientin und ihr gantzes Zimmer mit Wehywasser, unter folgendem Gebet besprengete:

Deus, qui per Apostolum tuum locutus es! infirmatur quis in vobis, inducat presbyteros ecclesiae, & orent pro eo, ungentes eum oleo sanctificato in nomine Domini, & oratio fidei salvabit infirmum, & si in peccatis sit, dimittentur ei. Cura, quaeso, Redemtor noster, gratia Spiritus Sancti languores istius infirmae, & sua sana vulnera, ejusque dimitte peccata, atque dolores cunctos cordis & corporis expelle, plenamque ei interius & exterius sanitatem misericorditer redde, ut ope misericordiae tuae restituta & sanata ad pristina reparetur officia per Christum &c.

Ausser diesem laß er noch etliche andere Gebete gleiches Inhalts. Darauf muste die Patientin, wo sie anders noch so viel Kräfte hatte, das Pater noster &c. nebst dem Credo in Deo &c. herbeten, und darauf ihre Beichte ablegen; alsdenn absolvirte sie der Probst gewöhnlicher massen, und nachdem er sie erstlich ermahnet, wo sie etwa gegen jemanden einige Feindschaft im Hertzen trüge, selbige völlig abzulegen, nahm er die Oelung selbst vor, und machte der Patientin erstlich ein Creutz mit Oele vor die Stirn, unter folgenden Worten:

In nomine Patris & Filii & Spiritus Sancti Accipe sanitatem! Pax tibi!

Ungo te oleo sanctificato in nomine Patris, & Filii, & Spiritus Sancti, ut non lateat in te spiritus immundus, neque in membris, neque in medullis, neque in ulla compage membrorum tuorum sed habitet in te virtus Christi altissimi & Spiritus Sancti, quatenus per hujus operationem mysterii, & per hanc sacrati olei unctionem, atque nostram deprecationem, virtute sanctae Trinitatis mediata sive fota, pristinam & melioratam recipere merearis sanitatem in nomine Patris & Filii & Spiritus Sancti. Amen!

Darauf salbete er das Haupt mit folgenden Worten:

Accipe sanitatem! Pax tibi!

Ungo caput tuum oleo sanctificato In nomine Patris & Filii & Spiritus Sancti, ut, more militis uncti, praeparata ad luctamen possis aereas superare catervas, per Christum &c. Quatenus per hujus operationem mysterii &c. wie bey vorigem Gebet.

Ferner salbte er die Ohren, und sagte dabey:

Accipe Sanitatem! Pax tibi!

Ungo aures has sacrati olei liquore, ut, quicquid delectatione nocivi auditus admissum est, haec medicina spiritualis evacuat, per &c. Quatenus per hujus &c.

Denn auch die Augen, mit folgenden Worten:

Accipe sanitatem! Pax tibi!

Ungo oculos tuos oleo sanctificato, ut, quicquid illicito visu deliquisti, hujus olei unctione expietur, per Christum &c. Quatenus &c.

Bey

1. Bey Salbung der Nasen sagte er folgendes:

Accipe &c.   Pax tibi!

Ungo has nares oleo sacrato, ut quicquid noxio vapore contractum est, vel odore superfluo peccasti, ista evacuet medicatio, per Christum &c. Quatenus &c.

Bey Salbung der Lippen:

Accipe sanitatem! Pax tibi!

Ungo labia ista consecrati olei medicamento, ut quicquid otiosa vel criminosa peccasti locutione, divina clementia miserante expurgetur hac unctione, per Christum &c. Quatenus &c.

Bey Salbung der Brust:

Accipe &c.

Ungo pectus tuum oleo sanctificato, ut, hac unctione protecta, festiter stare valeas adversos catervas aereas, per Christum &c. Quatenus &c.

Bey Salbung der Schultern:

Accipe &c.

Ungo has scapulas, sive medium locum scapularum sacrato oleo, ut, ex omni parte spirituali protectione munita, jacula diabolici impetus viriliter contemnere ac procul possis, cum robore superni juvaminis, repellere, per Christum &c. Quatenus &c.

Bey Salbung der Hände:

Accipe &c.

Ungo has manus oleo sanctificato, ut, quicquid illicito vel noxio opere peregerunt, per hanc unctionem evacuetur per Christum &c. Quatenus &c.

Bey Salbung der Füsse:

Accipe &c.

Ungo hos pedes oleo benedicto, ut, quicquid superfluo vel nocivo incessu commiserunt, ista aboleat peructio, per Christum &c. Quatenus &c.

Nach vollendeter Oelung verlaß er noch verschiedene Gebete, unter welchen folgende die merckwürdigsten sind:

In nomine Patris & Filii & Spiritus Sancti sit tibi perunctio olei sanctificati ad purificationem mentis & corporis, & ad absolutionem omnium culparum, custodiatque te in hoc seculo, & perducat te in vitam aeternam.   Amen!

Signum Sanctae crucis Christi sit tecum!   Signo Salvatoris, Domini nostri Iesu Christi, Signare! Signo Redemtoris, Dni. nostri I. C. signare! Signo te in nomine Iesu Christi in fronte, ut confidas in eo.   Bendico tibi oculos, ut videas claritatem ejus, aures, ut audias verbum veritatis ejus, nares, ut percipias odorem suavitatis ejus, pectus, ut credas in illum, os, ut confitearis illi.

Benedicat te Deus Pater! Sanet te Deus Filius! illuminet te Spiritus Sanctus! Omnibus diebus vitae corpus tuum salvet, animam tuam custodiat, cor tuum irradiet, sensum tuum dirigat & ad vitam aeternam te perducat! Per Christum &c.

Benedicat te Deus Pater, qui te creavit in carne! Benedicat te Dei Filius, qui pro te passus est in cruce! Benedicat te Spiritus Sanctus, qui in te infusus est in baptismo! Benedicant te angeli & archangeli, principatus & potestates! Benedicant te novem ordines angelorum regni coelestis! Benedicant te throni, Cherubim & Seraphim & omnes virtutes coelestes! Benedicant te Patriarchae & Prophetae, A-

postoli,

poſtoli, Martyres, Confeſſores, Virgines! Dei ſcripta ſuper te veniant! Per Dominum &c.

Darauf wurde das 1te Cap. aus dem Evangelio Johannis geleſen, und endlich mit folgendem Gebet geſchloſſen:

Deus, qui culpas deliquentium diſtricte feriendo percutis, fletus quoque ingentium non recuſas, ut, qui pondus tuae animadverſionis cognovimus, etiam pietatis gratiam ſentiamus, per Dominum &c.

Divinum auxilium maneat ſemper tecum! Amen!

Hatte nun die kranke Conventualin nach empfangener letzten Oelung wirklich dieſes Zeitliche geſegnet, ſo wurde der entſeelte Cörper unter läutung der Glocken, in die Todtenkammer getragen, und daſelbſt biß zur Beerdigung verwahret, welches noch biß auf den heutigen Tag gebräuchlich iſt.

Was man übrigens zu den Zeiten des Pabſtthums vor der Beerdigung für Commendationes, und auch bey und nach derſelben für Ceremonien, Gebete, Antiphonas u. d. g. gebrauchet hat, wird alhier unnöthig ſeyn anzuführen, weil ſolches nicht allein in den Breviariis des Ciſtercienſerordens nach der länge zu leſen, ſondern auch der fürnehmſte Theil davon ſchon oben in dem Cap. von der Beerdigung eines Probſtes ſpecificiret iſt.

So viel endlich die Verlaſſenſchaft einer verſtorbenen Conventualin anbetrift; ſo nahm vor Zeiten, wie die freywillige Armuth noch währete, das Cloſter alles zu ſich; weil keine Conventualin etwas anders beſaß, als was ihr vom Cloſter gegeben war. Dabey blieb es noch eine geraume Zeit nach Abſchaffung der freywilligen Armuth; ja auch nach der Reformation fiel alles noch immer dem Cloſter zu, und wurden die Conventualinnen auch deswegen auf des Cloſters Unkoſten begraben. Heute zu Tage aber wird alles den Erben und Angehörigen extradiret, und ſind dieſelben folglich auch verbunden, die Begräbniß dafür zu veranſtalten.

Das Leichgepränge ſelbſt, es geſchehe Abends in der Stille, oder öffentlich bey Tage, wird jetzo in allen Stücken eben alſo gehalten, als wir oben bey Beerdigung der Abbatißinnen gedacht haben; nur allein mit dem Unterſcheide, daß Cantzel und Altar nicht mit ſchwartzem Boy bezogen werden, als welches bey den Abbatißinnen allein voraus haben. Gleicher geſtalt werden auch die Conventualinnen nicht im Creutzgange oder in der Capelle, ſondern auf ihrem eigenen Kirchhofe, mitten zwiſchen dem Umgange des Cloſters gelegen, beerdiget.

Pars III.
Von den Lehrkindern des Cloſters.

Nachdem bißher die vornehmſten Merkwürdigkeiten bey den Conventualinnen des Cloſters angeführet ſind; wird es der Ordnung gemäß ſeyn, auch von den Lehrkindern einige Nachricht mit beyzufügen, aus welchen die erledigten Stellen der Conventualinnen nach und nach wieder beſetzet wurden.

Dieſe Kinder werden insgemein, weil ſie in der Schola Monaſtica erzogen werden, Scholares auch wol Lehr- und Koſt-Kinder genannt, und waren ohndem verſchiedene

dene Arten derselben : etliche wurden zu den Zeiten des Pabstthums von ihren Eltern bey noch zarter Kindheit, ja manchesmahl noch in der Wiege, dem Closter gewidmet, und, sobald sie nur einer Wärterin entrathen konnten, dahin gebracht, in die Kirche vor den Altar geführet, ihre beyden Hände in einen Zipfel von dem Altarlacken einge= wickelt, auch dabey von den Eltern zugleich, in ihrem Nahmen, das Votum abge= legt (ᵗ), und wenn solches geschehen, muste das Kind zeit lebens im Closter bleiben, es mogte hernach bey den Annis discretionis Lust dazu haben, oder nicht. Ja damit das= selbe nicht wieder aus dem Closter gehen könnte, wurde es gemeiniglich von dem Eltern bey der Oblation zugleich Erbloß gemacht, und ihm damit völlig alle Gelegenheit entzo= gen in der Welt ausserhalb des Closters zu subsistiren.

Diese Kinder wurden insgemein Pullae oblatae, (ᵘ) und der Actus ihrer Darstel= lung im Closter Oblatio genannt. Eigentlich aber gehören sie nicht mit zu den rechten Lehrkindern, davon alhie die Rede ist; massen diese nur um guter Erziehung willen von ihren Eltern ins Closter geschickt wurden, und die darin biß an das 1ste Jahr ihres Alters, als welches nach Einsetzung der meisten Canonum und vieljähriger Beobachtung unsers Closters, der so genannte Annus discretionis war, aufhalten musten. Fand sichs alsdenn, daß sie Lust hatten im Closter lebenslang zu bleiben, so wurden sie ge= crönet, nachmahls zu Novitiis angenommen, und endlich vollends eingekleidet (ᵀ): hatten sie aber keine Lust dazu ; so wurden sie alsdenn nicht länger im Closter gelitten, sondern ihren Eltern wieder zugeschicket.

Wir wollen um besserer Ordnung willen, beydes absonderlich abhandeln, wie es mit diesen Lehrkindern vor und nach der Reformation gehalten worden.

Cap. I.

Von den Umständen der Lehrkinder in den Päbstischen Zeiten vor dem Anno discretionis.

So lange diese Kinder das 1ste Jahr noch nicht erreichet hatten, wurden sie in ziemlich strenger Zucht und Aufsicht gehalten, wie denn ihre Lehrmeisterin sie nicht allein den gantzen Tag über vor Augen haben, sondern auch an einem eigenen Ti= sche auf dem Reventer mit ihnen speisen, und in einem besondern Zimmer des Nachts bey ihnen schlaffen muste. Die Disciplinen, welche mit ihnen täglich tractiret wurden, waren vor allen Dingen das Christenthum, lesen, Schreiben, allerley Frauenzimmer= Arbeit, und die lateinische Sprache, welche letztere, wegen des Gottesdienstes auf dem Chor, fleißig mit ihnen getrieben wurde, damit sie zum wenigsten die Gebete, lectiones und Collecten aus dem Breviario, wo nicht völlig verstehen, doch mit lesen und Beten könnten. Ja diese Anführung der Kinder zur lateinischen Sprache ist un= serm Closter noch eine geraume Zeit nach der Reformation im Gebrauche blieben ; wie denn absonderlich noch der weltgepriesene Hertzog Wilhelmus junior in seine An. 1574. ausgeschriebenen Closterordnung unter andern verfüget: „daß die Lehrkinder, wie von „Alters her gewöhnlich, zu Erlernung der lateinischen Sprache fernerhin angehalten, Jl 3 „und

(ᵗ) Vide Reg. S. Bened. c. 59.   (ʳ) D. M. Chemnit Exam. Conc. Trid.
(ᵘ) Vid. D. I A. Schmid. L. Eccle. m.   P. III, Loc. de Coelibatu & virginit. c. 9.
P. II. p. seq.   p. m.

„und diejenigen, welche dazu ungeschickt, im Closter nicht bleiben, sondern den ihrigen „wieder zu Hause geschickt werden sollten.„ (v)

Zum Gottesdienste und zu den Horis wurden diese Kinder, nach Beschaffenheit ihres Alters, mehr oder weniger angehalten:

Die noch unter 7 Jahren waren, wurden mehrentheils mit dem Chor gehen noch gantz verschonet.

Die von 7 biß 12 Jahren musten alle Charfreptage mit zur Laudesmette kommen, durften aber nach deren Vollendung sich wieder zu Bette legen: ja in der gantzen Hebdomade majore, oder so genannten Marterwoche musten sie sich sämmtlich zur Prima, obschon nicht gleich bep dem Anfange derselben, auf dem Chor einfinden. Wiederum in der Osternachte, da das Creutz aus dem heil. Grabe genommen wird, (1) musten sie alle zu gegen sepn, durften aber nach Vollendung dieser Ceremonie wieder zu Bette gehen. Endlich musten sie auch auf Wephnachten zum wenigsten an den bepden ersten Fepertagen mit zur Prime gehen.

Die Kinder von 12 Jahren musten, ausser vorbesagten Tagen, auch am Frohnleichnams- S. Mauritii, aller Heiligen- und aller Seelentage zur Laudesmette kommen, und daneben allen Vigilien und Seelmessen, welche im Sommer einfielen, mit bepwohnen.

Die von 13 Jahren musten schon mit in alle hohe Festvigilien und Laudesmetten, die gantze Christwoche hindurch zu der so genannten Commemoratione (a) und an den 4 höchsten Festen zur Tertie gehen.

Die von 14 Jahren musten, ausser den vorbesagten Festen selbst, auch schon die Octavas mit fepren, bep den Festvigilien und Laudesmetten früher, als vormahls und schon zu der ersten Lection kommen, absonderlich aber an den Tagen, da sie communicirten, der Mette mit bepwohnen; jedoch durften sie niemahls gleich mit der Jungfräulichen Versammlung auf den Chor gehen, sondern musten so lange vor der Thür stehen bleiben, biß die erste Lection angefangen wurde. Bep allen diesen Horis musten sie nicht allein Zuhörer abgeben, sondern auch selbst mit singen und beten, ja auch dann und wann wol eine Lection, die kurtz und leicht dabep öffentlich vorlesen.

Von dem 12ten Jahre an waren sie auch verpflichtet, bep der gemeinsamen Speisung auf dem Reventer einige Handreichung zu thun, und absonderlich vor und nach Tische zu beten, welches immer 1 und 2 nach der Ordnung verrichteten.

Zum heil. Abendmahl wurden sie gemeiniglich sehr frühe gelassen, jedoch ehe sie das 12te Jahr noch nicht zurück gelegt, im Jahr nicht mehr, als einmahl, am heil. Osterfeste. Im 13ten Jahr ihres Alters aber gingen sie nicht nur alsdenn, sondern auch auf Wephnachten und Mariä Himmelfahrt, und im 14ten Jahr über die vorigen Termine auch am Frohnleichnams- und Kirchwephungsfeste.

Der

(v) Siehe davon unten.

(1) Von diesem Ritu siehe oben P. II. c. 4. von dem öffentlichen Gottesdienste.

(a) Das Wort Commemorata bedeutet in der Römischen Kirche die Hernennung einiger Heiligen, welche zu gewissen Zeiten bep der Lytanep zu geschehen pfleget. Der um die Kirche GOttes hochverdiente D. M. Chemnitius führet davon einige Exempel an in s. Ex. Conc. Trid. P. III. de invocat. Sanctor. c. 3. und zeiget wie dieselben vor Alters in Gebrauch gewesen, wie aber aus solchen Commemorationibus mit der Zeit Suffragia und endlich gar Invocationes Sanctorum worden sepn.

Der benöthigte Unterhalt im leiblichen wurde ihnen sämmtlich vom Closter gege-
ben: wie sie denn auf dem Reventer bey der gemeinsamen Speisung ihren eigenen Tisch,
und alles eben so gut, als die Conventualinnen selbst hatten.   Ihre Lehrmeisterin
wurde jährlich vom Closter salariret, wiewol auch die Eltern derselben dann und wann
ihre Erkentlichkeit zeigten.

Alle Jahre bekamen die Lehrkinder 2 Habite vom Closter, deren eine grau der
andere weiß war.   Denn grauen trugen sie an den 4 hohen Festen im Jahre, an allen
Marien- des Kirchenpatroni und der vornehmsten Aposteltagen, sammt den dazu ge-
hörigen Vigilien wiewol doch den ganz jungen Kindern erlaubet war, diesen Habit
unter Mahlzeit ab- und andere gemeine Kleider anzulegen.   Ferner trugen sie ihre an
allen Octavis, die ganze Marterwoche hindurch, alle Sonntage zwischen Ostern und
Pfingsten; Exaudi allein ausgenommen, am Gedächtnißtage St. Johannis, Petri
und Pauli, auch sonst allemahl, wenn der Kinder Eltern, oder Angehörige, oder auch
sonst nur andere Fremde im Closter vorhanden waren.

Den weissen Habit hingegen trugen sie an den 4 hohen Festen nur allein bey der
Mette, sonst aber gewöhnlicher massen am Tage der Kirchwehe und Mariä Verkün-
digung, auch am Frohnleichnahmsfeste, doch nur allein diejenige welche alsdenn com-
municirten. Deßgleichen erschienen sie auch allemahl in weissem Habit, so oft sie, com-
municirten, wenn neue Lehrkinder ins Closter gebracht, die alten gecrönet und zur Ab-
legung des Gelübdes gebracht, Processiones gehalten, oder auch eine zum Closter ge-
hörige Person beerdiget wurde.   Doch wurde dabey noch dieser Unterscheid beobachtet,
daß zu solchen Zeiten die etwas erwachsenen den ganzen Tag über, den weissen Habit an
behalten musten, die aber noch unter 8 Jahren, Freyheit hatten, denselben nach vollen-
deter Solennität wiederum abzulegen.

Nebst dem hatten sie auch ihre Schleyer und Hauben, doch nicht auf solche Art,
wie die Conventualinnen; diese musten sie absonderlich auf Weyhnachten, Lichtmessen und
in der stillen Woche vor Ostern tragen; durften sie aber nach vollendeter Mittagsmahl-
zeit wieder absetzen; am grünen Donnerstage und Charfreytage aber war es keinen,
als nur den ganz kleinen Kindern unter 6 Jahren erlaubet, sie eher, als des
Abends beym Schlafengehen abzulegen.   Diese Schleyer hatten sie auch allemahl auf,
so oft sie zu Chore gingen, bey Tische beteten und aufwarteten, auch sonst, wenn das
Closter geistliche oder weltliche Fremden hatte.   Dann und wann muste auch wol ein
noch ungecröntes Lehrkind ausserordentlich auf Befehl der Fr. Abbatißin, den Schleyer
aufsetzen, wenn die Anzahl der Gecrönten Kinder ungerade, und bey vorkommenden
Falle ein Platz unter diesen auszufüllen war.

Cap. 2.

Von den Umständen der Lehrkinder im Pabstthum bey
und nach dem Anno discretionis.

Hatte ein Lehrkind das 15te Jahr seines Alters, als das so genannte Annum discre-
tionis erreichet; so wurde es nicht allein von seinen Eltern, sondern auch abson-
derlich von der Lehrmeisterin, und andern Superioribus des Closters fleißig auf die Pro-
be gestellet, ob es Lust und Geschicklichkeit bezeige sich vollends dem geistlichen Stande

zu

zu widmen. Fand sich dergleichen nicht an ihm, so wurde es in diesem Jahre von den andern Lehrkindern ausgeschlossen, und wieder aus dem Closter nach Hause geschicket: hatte es aber Lust und Geschicklichkeit zum geistlichen Stande ; so wurde es im Closter behalten, und durch die Crönung in dem geistlichen Orten aufgenommen. Diese Crönung geschahe im Beyseyn des Jungfräulichen Convents mit vielen Ceremonien, und bestand darin, daß einem solchen Kinde vors erste mit einem Scheermesser die Haare oben vom Haupt gantz abgenommen, und unten her nur ein schmaler Streif von Haaren gelassen wurde, welchen Actum man insgemein primam tonsuram zu nennen pflegte.

Darauf erfolgte die Crönung, welche entweder von dem Bischoffe selbst, oder von dessen Officiali, oder auch von einem andern dazu ernannten Prälaten verrichtet ward. Die Solennitäten und Ceremonien dabey waren folgende:

Zuerst trat der Prälat unten in die Kirche in seinen Pontificalibus vor den Altar, und hielt einen kurtzen Sermon von der geistlichen Vermählung Christi mit der Kirche, seiner Braut; war derselbe geendiget ; so kamen die Coronandae, so viel ihrer waren, in Procession Paarweise von dem Jungfrauenchore unten in die Kirche, mit brennenden Wachslichtern in den Händen, (b) und stelleten sich mitten auf dem Chöre gegen dem Altar. Alsdenn wurde der Gesang Veni sancte Spiritus &c. von der gantzen Gemeine gesungen ; nach dessen Endigung kehrte sich der Prälat vor dem Altar um, sahe die Kinder an, und sang Cantic. VI. 9. Quae est ista, quae sicut aurora progreditur, pulchra ut luna, electa ut sol, terribilis, ut castrorum acies ordinata? Darauf antwortete der gantze Chor aus dem vorhergehenden 8ten Vers. Ista est speciosa inter filias Ierusalem. Viderunt eam filiae Sion, & beatissimam praedicaverunt, & Reginae faciem ejus laudaverunt. Unterdessen dieses gesungen wurde, trat ein Kirchenbedienter mit einem Rauchfaß hervor, und räucherte hinter dem Prälaten, welcher sich darauf umwandte, und die Coronandae 3 mahl nach einander (c) zu sich rief, folgender gestalt:

Der Prälat.   Venite !
Die Kinder antworteten : Benedicam Dominum.
Der Prälat.   Venite !
Die Kinder : In domino laetatur anima mea.
Der Prälat.   Venite filiae, audite me, timorem Domini docebo vos !

Darauf

(b) Alle diese Dinge hatten ihre sonderliche geistliche Bedeutung, wie eine alte Urkunde davon folgender gestalt zeuget. Processio ista, in qua binae & binae conjunctae videntur in uno collegio, signat eas in unitate fidei ferventes, & per duo praecepta caritatis ad Deum proficisci. Cerei vero accensi Christum significant, qui dicit: Ego sum lux mundi. Cera significat ejusdem carnem, ellychnium deitatem, flamma vero, quae de se duo reddit, splendorem & colorem, significat ejus animam, i. e. Spiritum S. per quem alluminamur & accendimur in amore ejus. Quod cereum gestant in manibus insinuat, quod per opera lucis proximis exempla bene vivendi praebere debeat.

(c) Von diesem 3 mahligen Ruffen wird in einem alten Capitularsermon eines hiesigen Probstes folgende Ursach angegeben : Pontifex trina vocatione ad trium beneficiorum perceptionem, quae sunt peccatorum remissio, creaturarum sanctificatio, & divina clarificatio, eas invitat cantando : Venite ! venite ! quasi dicat: Venite filiae ad Patrem, a quo estis creatae ! Venite Sponsae ad sponsum, a quo estis electae ! Venite delectae ad dilectum, a quo estis amatae ! Vel sic: Venite de peccatis justificandae ! Venite Spiritualibus donis gratificandae ! Venite aeterna gloria beatificandae ! Vel sic: Venite hominibus praeferendae : Venite angelis coaequandae ! Venite Deo desponsandae ;

Darauf sungen alle anwesende geistliche : Accedite ! Die Kinder antworteten:
Et ecce venio ad te, quem amavi creatorem, quem quaesivi redemtorem, quem optavi amatorem.

Der Prälat sang ferner : Qui sequitur me, non ambulat in tenebris, sed habebit lumen vitae.

Die Kinder antworteten : Et nunc sequimur te in toto corde, & timemus te quia non est confusio confidentibus in te.

Alsdenn setzten die Coronanda sich auf ihre Knie vor dem Altar nieder, während Zeit sang die anwesende Versammlung die litaney, der Prälat aber laß noch etliche Collecten und Gebete ab. War er damit fertig, so wandte er sich zu den Coronandis, und befragte eine nach der andern folgender gestalt :

Der Prälat. Vis sacrum velamen, quod contentum mundi significat, suscipere?

Die Coronanda. Volo !

Der Prälat. Vis coronari in signum conservandae castitatis, annuloque Christi, ut ejus sponsa dicaris & sis, insigniri?

Die Coronanda. Volo !

Der Prälat. Augeat in te Dominus gratiam suam, ut opere impleas, quod ore professa es !

Wenn der Prälat die Reihe herum war, so beteten darauf die Kinder 3 mahl : Suscipe me, Domine secundum eloquium tuum, & non confundas me ab exspectatione mea ! und zum 3ten mahl setzten sie das Gloria Patri &c. hinzu.

Darauf legte der Prälat einer nach der andern die Hand auf das Haupt, mit folgenden Worten : Despondeo te Iesu Christo, unigenito Dei filio, qui immaculatam te conservet & ab omni malo defendat !

Hiernächst steckte er ihnen nach einander einen güldenen Ring mit einem Edelgestein an den Finger, (b) unter folgendem Wunsch.

Accipe annulum in signum fidei, quod te significavit Spiritus sanctus, ut illi fideliter serviens vocabulo sponsae insigniri merearis !

Nach dessen Empfang stimmeten die Kinder an : Annulo suo subarrhavit (desponsavit) me sibi, & tanquam sponsam decoravit me.

Nach geschehner Austheilung der Ringe langete der Prälat auch die so genannten Coronas hervor, welches kleine schmahle Bänder waren, von einer weissen Wolle gemacht, und in Gestalt einer Crone zusammen Geheftet ; denn ein Streif davon ging rund um das Haupt, 2 andere aber, welche unten an den runden Band genehet, gingen creutzweise über das Haupt, und vornen war noch ein kleines Creutzgen von rothem

---

(b) Die geistliche Bedeutung dieses Ringes wird in oben angeführten Capitularsermon folgender gestalt vorgestellet: Annulus, qui digitis puellarum imponitur, significat fidem sive fidelitatem, aurum vero caritatem. Gemma significat Christum, circulus vero aureus circa gemmam notat aeternam ipsius caritatem.

Manus, cui imponitur, significat opera fidei & dilectionis, per circulum autem qui utrobique ad gemmam protenditur innuitur, quod principalis & finalis intentio bonorum operum ad laudem Christi & ad spem aeternae retributionis debet dirigi.

rhem Scharlach), welches vor der Stirn zu hängen kam (e). Diese Crone setzte der
Prälat ihnen nach einander auf das blosse Haupt, mit folgenden Worten:

Accipe coronam, signum Christi in capite, quo te insignivit, ut sponsa ejus ef-
ficiaris, & ab eo diligaris, & gloriae corona in perpetuum coroneris.

Wenn sie alle gecrönet waren, so stimmeten sie an: Posuit signum in faciem me-
am, ut nullum, praeter eum, amatorem admittam.

Wenn die Crönung solchergestalt verrichtet war, wurden endlich die Schleyer
hergebracht. Diese waren von schwarzer reiner Wolle gemacht, und hatten 4 Zipfel,
davon die beyden vördersten oben auf dem Haupte mit einem Faden zusammen gebunden
wurden, daß sie spitz in die Höhe stunden, die beyden andern aber frey biß auf die
Schultern herunter hangen musten (f). Diese Schleyer weyhete der Prälat erst mit
etlichen Gebeten ein, und setzte sie hernach den Kindern nach einander auf, mit folgen-
der Erinnerung:

Accipe hoc velamen sacratum, puritatis & humilitatis indumentum significans,
quod sine corruptela peccati mundum servare satage, ut, in conspectu tremendi judi-
cis irreprehensibilis apparens, stolam jucunditatis accipere merearis!

Wenn dieser geistliche Schleyer allen Kindern nach der Reihe aufgesetzet war,
fingen sie alsdenn an zu singen aus Esa. LXI, 10. Induit me vestimentis salutis, & in-
dumento justitiae circumdedit me, quasi sponsum decoratum corona, & quasi spon-
sam ornatam monilibus suis.

Nach Endigung dieser Ceremonien laß der Prälat noch etliche Gebete und Col-
lecten, welche alle dahin gingen, daß GOtt sie in dem angefangenen Guten stärcken
und beständig erhalten wolle. Zuletzt ertheilte er ihnen die Benediction, und ging
darauf wieder in die Sacristey; die nunmehr gecrönte Kinder stunden gleichfalls auf,
und traten etliche Schritte von dem Altar zurück. Unterdessen wurde das so genannte
Offertorium (g) gesungen, gegen dessen Ende der hiesige Probst oder auch des Closters
Beichtvater vor den Altar trat, und diesen gecrönten Kindern das heil. Abendmahl
reichte.

(e) Die geistliche Bedeutung dieser Crone
wird in gedachtem Sermon mit folgenden Wor-
ten ausgedrücket: Corona parata est de lana
munda & alba, hoc significat, quod vir-
go debet habere munditiam simplicitatis in
mente, & albae divinae castitatis in corpo-
re. Habet etiam corona circulum rotundum,
per quem capiti imponitur, & hoc significat,
quod virgo omnes sensus, qui in ca..ire con-
tinentur, ad aeternitatis debet dirigere de-
siderium. Hic etiam circulo in modum cru-
cis affiguntur duo alia frusta ejusdem formae,
crucis similitudinem in summitate verticis
exprimentes, & in interiori parte habet cru-
cem coccineam rubri coloris; per hoc innu-
itur. quod virgo crucem debet gestare in
corde. ner devotam meditationem, in ore,
per sedulam laudationem, in opere, per studi-
osam imitationem.

(f) Von der geistlichen Bedeutung dieses
Schleyers handelt oftgedachter Sermon mit fol-
genden Worten: Velamen, quod capiti vir-
ginis imponitur, est ex munda nigra lana
contextum, habens 4 cornua, duo in sum-
mitate capitis filiis connexa, & duo separatim
ad scapulas dependentia. Et lana nigra &
munda significat puritatem & humilitatem;
duo vero cornua, quae conjuncta sunt, cog-
nitionem Dei & sui ipsius, quae filio discre-
tionis retinenda est; alia vero duo & ad sca-
pulas dependentia separata, sunt fortia opera
justitiae, quae praescribunt homini duo: aut
facere, quod debet, aut pati, quod metuit.

(g) Offertorium oder Offerenda heisset Me-
jense Antiphona, welche vor Haltung des heil.
Abendmahls gesungen wird. Conf. Rubert. de
viv. off. l. 2. c. 2.

reichte. Wenn sie dasselbe genossen hatten, knieten sie wieder vor dem Altar nieder, und fingen an zu singen: _Regnum mundi & omnem ornatum seculi contemsi, propter amorem Domini mei Iesu Christi &c._

Zum Beschluß der Communion trat der Prälat wieder vor den Altar, hielt noch eine kurße Nachrede und empfahl die gecrönten Kinder darin der Fr. Abbatißin aufs beste, daß sie über dieselben, durch die Seniores fleißige Aufsicht halten, und sie zur Beständigkeit, Gehorsam und andern Clösterlichen Tugenden fleißig anweisen laßen wolle. Darauf ertheilte er der gantzen anwesenden Versammlung die Benediction, und wurde endlich mit dem _Te Deum laudamus_ geschloßen. War alles zu Ende, so musten die gecröbnten Kinder, nach ihrem Vermögen, noch etwas, zum Behuf der Armen, opfern, und endlich wieder in voriger Ordnung, Paarweise, mit brennenden Wachskerßen aus der Kirche auf den Chor, und von dannen vollends ins Closter nach ihrer Wohnung gehen.

Nach Vollendung dieser Cröbnungssolennitäten wurde der frembde Prälat auf der Pröbstey wol tractiret, und allen Closterpersonen zugleich ein ansehnliches Gastmahl angerichtet, welches man die geistliche Hochzeit zu nennen pflegte. Wenn das alles geschehen, war damit ein solches Kind dem Closter völlig gewidmet, und wurde von der Zeit an nicht mehr ein Lehrkind, sondern eine Coronate oder gekröbnte genannt. Bey solcher Cröbnung war es auch gebräuchlich, daß die dazu bestimmten Kinder entweder an dem nächst vorhergehenden oder nächstfolgenden Festtage öffentlich communiciren, auch alle hernach folgende Jahre den Gedächtniß-Tag der Cröbnung feyren, und an demselben wiederum gehen musten. Und von der Zeit der Cröbnung musten diese Kinder, so bald sie das erstemahl wieder zu Chore gingen, das so genannte Invitatorium (b) nach dem _Venite exsultemus_ &c. singen, und nicht allein dabey, sondern auch hernachmahls beständig den geistlichen Schleyer der Coronatarum tragen, daneben waren sie auch verpflichtet, nunmehro öfter zu Chore zu gehen, wo nicht allemahl in der Woche, doch wenigstens an allen Sonn- und Festtagen, wobey ihnen auch dann und wann Psalmen und Collecten in den Horis abzulesen aufgegeben wurde. Zum heil. Abendmahl musten sie sich von der Zeit an auch fleißiger einfinden, und zwar wurden ihnen, über die vorgedachten Termine, bey zunehmenden Alter noch folgende Tage dazu vorgeschrieben: als

Im 16ten Jahr Lichtmeßen und Mariä Verkündigung.

Im 17ten Jahre das Fest der Weisen und etliche Gedächtnißtage der Jungfr. Mariä.

Im 18ten Jahr endlich das Fest der Heimsuchung Mariä, 1 Sonntag in der Quadragesimalfasten und das heil. Michaelsfest.

Auch sonst in andern Dingen wurden die Coronatä nunmehr den übrigen Lehrkindern vorgezogen, gleichwol aber blieben sie noch immer unter der Aufsicht ihrer Lehrmeisterin, so lange, biß sie zu _Novitiis_ angenommen wurden.

Das geschahe nun sobald etliche Stellen unter den Conventualinnen erlediget wurden, denn da pflegte man 3 oder 4 von den ältesten Coronatis auf einmahl auszu-

Kk 2

sondern

(b) Dieses Invitatorium ist eben die Antiphona invitatoria, deren wir oben Sect. II. not. (c) bey dem Gottesdienste der Conventualinnen gedacht.

sondern, selbige wurden vor die Fr. Abbatißin auf das Capitelhauß geführet, woselbst sie das 3fache Votum ablegen musten, und alsdenn von derselben, nach vorgängiger erstlichen Ermahnung, in den geistlichen Orden als Novitiå aufgenommen wurden. In solchem Stande musten sie wiederum ein gantzes Jahr zubringen, welches man Annum probationis, oder das strenge Jahr zu nennen pflegte, nach dessen Vollbringung sie denn endlich von einem Bischöflichen Commissario mit den oben angeführten Ceremonien zu wircklichen Conventualinnen eingeleibet wurden.

Cap. 3.
Von den Lehrkindern unsers Closters nach der Reformation.

Nachdem das helle Licht des Evangelii durch die Reformation Lutheri endlich aufgegangen; wurde, wie in andern Sachen also auch absonderlich in Erziehung der Lehrkinder eine grosse Veränderung gemacht; denn ausser dem, daß die aberglaubische Ceremonie der Crönung, die gar zu frühzeitige Communion und anderes mehr abgeschaffet wurde, fing man auch nunmehr an die Kinder bey der Information auf nöthigere und bessere Sachen, als vormahls, anzuführen. Noch eine geraume Zeit nach der Reformation hatte unser Closter eine eigene Magistram Scholarium, welche die Lehrkinder unterrichten und erziehen muste; mit der Zeit aber ist dieses Amt abkommen, und stehet es nunmehr einer jeden Conventualin frey wenn sie dazu belieben hat, eines oder mehr Kinder in ihre Kost und Information zu nehmen.

In der kurtz nach der Reformation von Hertzog Francisco Ottone, und in der bald nachher von Hertzog Wilhelmo juniore ausgeschriebenen Closterordnung wurden wegen der Lehrkinder verschiedene Dinge verfüget, welche dem Gebrauch der vorigen Päbstischen Zeiten zum Theil völlig entgegen liessen. Denn da man vordem sonst keine Kinder angenommen, als von welchen man wenigstens hoffen können, daß sie im Closter bleiben würden; so wurde nunmehr verordnet, daß man ohne Bedencken auch weltliche Kinder, welche nicht im Closter zu bleiben gesonnen, zu guter Erziehung annehmen, doch daß deren niemahls über 10 zugleich, und keines länger als 3 Jahr, ohne besondere Herschaftliche Erlaubniß, im Closter bleiben sollte. Ferner da vorzeiten alle, auch noch gantz junge und ungecrönte Kinder, gleichwol zu gewissen Zeiten die Horas zu besuchen schuldig waren; so wurden dieselben hingegen anietzo nur auf den öffentlichen Gottesdienst verwiesen, die Besuchung der Horarum aber in ihr und der Lehrmeisterin Willkühr gestellet. Jedoch blieb dazumahl noch dieses aus dem Pabstthum übrig, daß die Kinder, welche im Closter zu bleiben gesonnen, wegen der noch im 17ten Seculo in den Horis gebräuchlichen lateinischen Gebeten und Gesänge, die lateinische Sprache bey der Lehrmeisterin tractiren, und alle Tage ein paar Stunden zu deren Erlernung anwenden musten. So musten dieselben auch, sobald sie das 12te Jahr ihres Alters erreicht, sich aller bunten Kleider und Weltlichen Schmucks enthalten, und nichts anders, als ihren vor Alters gewöhnlichen weissen Habit tragen. In solchem Stande musten sie 3 Jahr zubringen, und während der Zeit fleißig mit den Conventualinnen zu Chore gehen. Doch durften sie nicht gleich im Anfange mit hinauf gehen, sondern musten draussen vor der Thür so lange warten, biß man erst zu singen angefangen, alsdenn gingen sie hinein, setzten sich vor der Fr. Abbatißin Stuhl

auf

auf eine Banck nieder, und gingen sobald die Chorstunde geendiget, noch vor den Conventualinnen wieder hinaus. Die andere weltliche Kinder hingegen, wenn sie die Horas mit besuchten, konnten wol gleich Anfangs hinein gehen, sie durften aber mit den rechten Lehrkindern nicht auf der Banck sitzen, sondern musten in die Stände treten, deren sich die Fremden, die etwann aufs Chor kamen, zu bedienen pflegten. Nach ausgehaltenen Lehrjahren konnten die Lehrkinder wieder so lange zu den ihrigen gehen, biß ihnen eine Stelle im Closter zufiel, alsdenn sie von der Fr. Abbatißin erstlich halb eingekleidet wurden, nach welcher Zeit sie wiederum ein strenges Probejahr aushalten musten; wenn solches verflossen, und ihrer etliche Halbgeistliche beysammen waren, wurden sie endlich völlig in den geistlichen Orden eingekleidet und zu würcklichen Conventualinnen angenommen.

Fast alles dieses ist noch biß auf den heutigen Tag im Gebrauche nur darin gehet die jetzige Verfassung von der Gewohnheit des Alterthums ab, daß Lehrkinder nicht mehr 3, sondern nur 1 Lehrjahr im Closter auszuhalten (†) und in demselben nicht öfter, als nur an den Sonn-Fest- und Aposteltagen die Horas zu besuchen verpflichtet sind. Ebenmäßig werden sie auch jetzo nicht mehr zur Latinität angeführet, weil man diese Sprache nicht mehr, wie vormahls, beym Gottesdienste gebrauchet; und endlich haben sie auch keinen besondern Habit mehr, sondern sind als andere weltliche Kinder gekleidet, nachdem es ihr Stand und Herkommen erfordert.

✛✚✛✚✛✚✛✚✛✚✛✚✛✚❉✚✛✚✛✚✛✚✛✚✛❉✚✛✚✛✚✛✚✛✚✛✚✛✚✛

Pars VI.
Von den Lay-Schwestern.

Cap. I.
Von ihrer Aufnehmung in den geistlichen Orden.

Die Conversae oder Laußschwestern waren nichts anders als gemeine Mägde, welche, sie einige Zeit im Closter treu und ehrlich gedienet, endlich in den geistlichen Orden aufgenommen, und mit einem sonderlichen Habit eingekleidet wurden. Der lateinische Nahme, *Conversa*, schreibet sich noch aus dem Aberglauben der vorigen Päbstischen Zeiten her, da man den Eintritt ins Closterleben den Leuten unter dem Nahmen einer sonderlichen Bekehrung anzupreisen pflegte (1). Die teutsche Benennung Layschwester aber stellet sie als solche Leute vor, die zwar ihrer Herkunft und Stande nach gemeine Layen, aber von den Conventualinnen zu geistlichen Schwestern und Mitgenossen angenommen worden. Wenn nun dergleichen Clostermägde zu Layschwestern angenommen werden solten, wurde dabey folgender Proceß beobachtet:

Die Magistra Conversarum, welches gemeiniglich die Celleraria zu seyn pflegte, brachte ihr Anliegen, in den geistlichen Orden aufgenommen zu werden, sowol bey der

Kk 3

Fr. Abba-

(†) Jedoch wenn die Eltern und Angehörigen 3 Jahr verlangen, wird ihnen solches auch zugestattet, aber nicht länger.

(1) Daß man vorzeiten das gesammte Closterleben conversionem genennet, zeiget der Herr Abt Schmid aus den Capitul. Carol. M. Lex. Eccl. Min.

Fr. Abbatißin, als bey den übrigen Superioribus des Closters an; darauf wurde nicht allein von ihrem bißherigen Verhalten in des Closters Dienste, sondern auch von ihrer vorhin geführten Lebensart genaue Kundschaft eingezogen; und wenn denn gute Zeugnisse einlieffen auch sonst keine Hinderniß im Wege stand, ward endlich ihre Aufnehmung von der Fr. Abbatißin resolviret und ein gewisser Tag dazu angesetzet. An denselben wurde die gantze Jungfräuliche Versammlung auf des Capitulhauß zusammen beruffen, allwo auch die sämmtlichen Layschwestern erscheinen musten. Nach gehaltener Deliberation führte die Magistra Conversarum die Candidatinnen herein, an welche die Fr. Abbatißin eine ernstliche Ermahnungsrede hielt, auch ihnen gewisse Puncte vorlegte, welche sie zu beobachten mit einem Handschlage und öffentlicher Erklärung angeloben musten. Nach Vollendung dieses Actus wurden sie wieder dimittiret, und musten erst noch ein gantzes Probejahr aushalten, ehe sie völlig angenommen und eingekleidet wurden.

Zu mehrerer Erläuterung wollen wir einen dergleichen Actum mit allen dabey gehaltenen Reden hieher setzen, welcher noch nach der Reformation bey einer solchen Gelegenheit angestellet worden. Es ging dabey folgender gestalt zu:

Die Fr. Abbatißin hielt an die Candidatinnen folgende Ermahnungsrede.

Leve Süstern, Als gy flitich hebben bidden laten, dat gy möchten angenomen werden, also de andern junge mitsüstern, de conversen, gethan worden sind, So will ick juw in willfaren, und gelik den andern olden, so vor juw tho genamen, eine Mentel und Stelken (m) geven, jedoch mit dem bescheide dat gy ock des willens und guden vorsates sin, juw de gantze tydt juwes levendes, mit Vorlegung göttliker hülpe, frömlik tüchtich und erlik, vornünfftlich bescheden und denstbafftlich, truw flitich und gehorsam tho verholden, alß enem christen und dartho genstliken personen wol anstelt, und ock van god dem Herrn in synem hilligen worde geboden wert; den it is dar nicht genog mit, dat me den namen enes christen und genstlichen minschen heffe, sonder dat man solcken namen ock im Wercke und in der daht bewise. So sholle gy ersten dachlick mit vlite bedencken, wat gy in der hilligen döpe gelovet, alß dat gy an en geloven wollen, und juw an alle ansündinge des bösen geistes nicht keren, sonder by dem levendigen god und synem worde bliven wollen. Darum sholle gy synen göddliken furchten alletiet in dem herten und vor ogen heffen, gy sin binnen oder buten closters, so sholle gy anders nicht reden und dohn, alß gy vor god und den minschen können und wollen bekannt stahn, den er süt und weth alle Ding, und vor sinen ogen kan men nichtes wes verbergen effte vertalen, sonder de dyet will kamen, dat wy em van allen unsen gedanken worden und wercken rede geven möten, deßwegen gy den furchten und de leve godes in juw heffen shollen, und sin hillige wort leff und werth holden, und dat sülve mit andacht in der predige anhören, und daruth leren, wo gy christlick leven und entlich selich sterven können; dat hochwerdige sacrament ock offt gebruken mit hertlicker betrachtung, wat und wo veel de sone godes an uns gewendet heffet, und wo sur it eme geworden ist, uns to erlösen, und welcke unuthsprecklike leve er an uns bewiset heffet, und eme des van herten dancken, mit dem ernstlichen Vorsathe, juw sämelike levent tho betern, und mit juwen mitsüstern, und allen minschen, in leve frede und einheit tho leven, alß uns christus sülvest gebüdt und spricht: Dat gebede ick juw, dat gy jück
unter

____

(m) Ist der gewöhnliche geistliche Habit der Layschwestern, davon bald ein mehres.

unber enander levet, alse id jum gelevet heffe; Darum sholle gy jum unber enander
le en, und dat beste alletit en vam andern reden und dohn, alß gy gerne wolden dat
men jum dohn sholde, und höden jum vor haßlichheyt und torn, den des minschen torn
deit nicht, wat vor godt recht is; men segt offt in haßtigem mode und bösem sinne wes
hen, des men kenen grund hefft, welches nene ringe sünde is, den godt wert dardorch
vertörnet und de negeste bedröbet.   Derhalven bedencket wat gy willen, und doet ju
wort alse gy ringest können, up dat gy dorch richtent und snähent, haden und niedt,
sanck und Kleff nicht gades torn up jum laden.

Gy shollen ock nemant verachten, sonder alle minschen in ehren und vor gut hol-
den, sonderlich alhier de oversten und oeldesten, und öhnen gern tho willen sin, doch
dergestalt, dat nicht dat gemene arbeyt darover versümet werde, worto gy gekamen
und angenomen worden, und nicht etwa 2 oder 3 minschen tho benen, um jumes ge-
netes und vordels willen.

Und alß gy den ock, nha Billichkeit und guder gewontheit, gebrücklike löffte
dohn werden, und

1) Erstlich laven Stedichheyt an dißer stede, so sholle gy jum solches herna-
mahls um nener orsake willen rewen laten, sondern bedencken, de welt und minschen
findet men allen enden, und godt kan uns ock an allen steden finden, mit glück oder
unglück heimsoböken, ja offt mit Hunger und Kummer, den gy doch hier nicht liden
dörfen, dewile gy tho goder wise mit Kledung und Födung versorget werden.

2) Thom andern lave gy ein Küsch tüchtig levent tho fören bet an jum ende;
solches sholle gy ock billig nha dem bevele gades dohn, ein rein herte heffen, und den
liff unbesleckt bewaren, und lichtsinnige worte vormiden, ock unnödiger wise mit man-
nes personen nicht vel wort heffen, shimpen oder grote früntschop holden, den solches
bringet verdacht, wenn it schon ene arch is.

3) Thom drüdden lave gy truwen willigen Denst nha aller juwer möglichheyt
beth an jum ende, und dat gy dem closter nichts tho shaden reden und dohn wollen.
Solches is ock nicht mehr alß billig, dat gy truw und flitich in des closters arbeyde sin
und befunden werden, und jum egen arbeyt demsülven nicht vortheln, alß hir leider
sere in gebruk kumpt, dat en jeder sinen egen nutt und vordel socht, und wat dem closter to-
stendich, welnich achtet und tho rade helt, ja dörch unachtsahmkeit wol shaden geschehn
leth, welches vor god unrecht.   Derhalven wenn gy in Köken, Keller, Brauhuß und
andere orde verordnet werden tho arbeyden, so weset billig flitig truw, und holtet alles
wol to rade, und gevet nicht, dar sick nicht höret tho geven.   Dar gy on nha oldem
gebruke wes geven möten, so doth it mit mate und beshedenheit, und fanget nichts
nies an.   In juwen worden weset ock vorsichtig und bedachtsahm, dat gy dem closter
nicht to shaden und nadel reden, und juwen mirsüstern ock nichts tom ungelimpe; denn
wer enen andern lästert, und sine gebreke fromden lüden uth verkent, de lovet sick sül-
vest nicht.   Solches mercket und beholdet tor warnung.

4) Thom verden und lesten lave gy gehorsam wente an den doet, (vorstaht so
lange alß jum god dat levent günnet).   Dat geloffte is an sick ock nicht unbillich, den
god hefft allen minschen geboden, dat jederman siner Overicheit gehorsam sin shal in
allen Dingen, so nicht wedder sin wort sint; nu wert jum nicht mehr geheten alse
allerhant Hußarbeyt tho verrichten, und solches hefft god dem mischen uperlecht. Derd-
wegen

wegen sholle gy unverbroten sin in allem dat gy dohn sholten, und mit willen verrich-
ten wes juw geheten wert.   Wen gy den also dohn, so werde gy befinden, dat de leve
god juw helpen wert in aller Arbeyt; und ick hope gy werden juw nha disser Vermna-
nung richten und schicken, und ein dem andern in leve und frűntschop denen, also de
ewige Son gades gedenet hefft.

Dieses und alles, wat juw itzt gesecht, will ick von juw gedahn und gelathen
heffen, darup wille gy juw mit einem dätlichen Ja erkleren!

Die Layschwestern: Ja! wie willen mit gades Hülpe!
Die Fr. Abb.   Gott sie juw Helper!
Die Layschw. eine nach der andern: Werdige Domina, ick love juw ge-
   horsam beth in den doet.
Die Fr. Abb.   Gott geve die beständigeyt werde ant Ende!

Und dewile gy juw den nu mit einem dätliken Jawort vernemen laten, dat gy
alles, wat juw itzund vorgeholden, gerne dohn, und juw Christlich und löfflich ver-
holden willen, so biddet flitich, dat juw Gott sine gnade und hilligen Geist geve, so
wert juw der Her uth gnaden endlich nha disser arbeyt mit allen getselligen to der ewi-
gen Raume komen lathen.   Also möge gy nu vor ditmal hengahn, Gott sie mit juw!

Als nun nach Endigung dieser Rede die Candidatinnen abgetreten waren,
hielt die Frau Abbatißin an die übrigen noch anwesenden Layschwestern folgende
Nachrede:

leve Süstern, Alß gy jegenwarbigen angehört hefft, wo de jungen Sorores
Wormanet worden sin; efft ehn solckes wol nha older gewohnheit insonderheit gesegt,
so iß doch juw disse Vormaninge mit geshen und gethan, juw darben und dorch juwes
vorlängst gedahnen gelofftes jegen god und juwe overicheit daruth tho erinnern, und
demsűlven christlich träwlich und flitich nha tho levende, in gudem frede und einicheit.
So doe gy offt dat jegendeil, alß dat gy habern, sancken und Kiven, und ein dem an-
dern vorwerpen, wes juw men in de Mund kummt; und wen gy dorch de öldesten
under juw to besondern arbeyde angeordent werden, solckes is etlichen selten even und to
mate, könnet se beter bedencken, (alß se meynnen) und willen de arbeyt sűlven weten;
dat kan und mach nicht sin, darvon gevet juw fulbort mit willen und bescheden worten.
Thor Mahltit kame gy mit toreten shwarten Wümpelen und Schörtelböken an den
Disch, und an stede der Steelken olde Schlatten oder andere kiene Plünden upp den
Kopp.   Settet doch untoretene Wümpel und höret böse upp, latet de Plünden vom
Koppe, bindet ock heile und reinliche Schörtelböse vor, der gy nevenst andern linnen
gerede genoch heffen.

Wenn gy denen, so kamet und gaht mit nichte sunder Steelken mit hogen Up-
shortelse manck de versammlung, sonder settet up und gaht, wo ein Gebruck genesen,
un twar en gut gebruck, de nun juwer Fuelheit willen nich nahbliven shal.   Je wert
ock nu de Truchheit und Verdrotsambeit in den hogen Festdagen und vornemsten Fier-
dagen in den Chor tho kamen by juw so grot, dat gy vorshenen Sommer upp der hilli-
gen Drefoldicheyt Tag und Kerckmissen dage nicht in de Metten gekamen sint den Go-
desdeinst antohören   Sholde et nochmals von juw geshen, so weret frey, dat gy sel-
ten Avertritt darmit beteren und verfüllen shollen, dat gy upp alle slichte Sondage
   in te

in de Mette komen und gahn schollen (n) ; darum set hir vor gewarnet, und segget it denen, so hir jegenwardig sint, und levet frödelich und Süsterlich under en ander: ein vordrage den andern en Wort. In des Closters Arbeyd weset truev, verunradet und verwarloset nichts, und latet nicht schaden geschen: so wert Godt nha disser Arbeyd juw eine stille Ronwe utß gnaden bestheren, und vor allen Dingen betet flitich one under-latß, dat Godt der aller almechtige uns vor schaden bewahren, und wat uns van min-schen qwades togedacht, ock gnedich und Väderlich affwenden wolle !

Hirkßp sprete ein jeder en andächtich Vader unser, und gaß den wedder an sine Arbeyt !

Mit solchen Ceremonien wurden vor Zeiten die Layschwestern in den geistlichen Orden aufgenommen ; da aber dieser Layschwester-Orden schon seit dem Anfange des 18ten Seculi gäntzlich abgekommen ist, so cessiret heutiges Tages dieser und auch die andern folgenden Gebräuche,

Cap. 2.
Von der Layschwestern Einkleidung.

Wenn eine junge Layschwester auf vorbeschriebene Art in den geistlichen Orden auf-genommen war, und nach solcher ihrer Aufnehmung das strenge Probejahr ausgehalten hatte ; wurde sie alsdenn von der Fr. Abbatißin, auf ihr billiches An-halten, völlig in den geistlichen Süsterhabit eingekleidet. Bey solcher Einkleidung wurde ehedessen zu den Zeiten des Pabstthums folgendes Ceremoniel beobachtet:

Am Tage da die Einkleidung geschehen sollte, kam die Fr. Abbatißin von dem gantzen Jungfräulichen Convent begleitet, auf das Capitulhauß, und musten auch alle Layschwestern des Closters zu solcher solennen Handlung sich einfinden. Bald nachher, wenn die Versammlung völlig bey einander, ward die Candidatin von der Magistra Scholarium herein geführet, welche, sobald sie in die Capitulstube getreten, zu dem Sitz der Fr. Abbatißin gehen, und vor derselben sich auf die Knie niedersetzen muste. Wenn das geschehen, so fragte

Die Fr. Abbatißin: Wat bidde gy?
Die junge Layschwester: De Barmhertichent Godes und juwe.
Die Fr. Abbatißin: Staht up.

Darauf richtete sich die Candidatin auf, die Fr. Abbatißin aber hielt eine kurtze Rede von der Strenge des Ordens, und dem 3 fachen Gelübbe der Keuscheit, Ar-muth und des Gehorsams, welches sie ablegen und Zeit lebens beobachten muste. Nach Endigung solcher Rede fragte sie endlich die junge Layschwester: Will gy düt so holden?

Die Layschwester: Mit godes Hülpe und juwer.
Die Fr. Abb. Got de here de id hefft angehaven de vullenbring et an juw!
Die gantze anwesende Versammlung sprach Amen! dazu.

Darauf

(n) Hieraus erhellet, daß die Layschwestern nach der Reformation nicht anders, als nur an dem hohen Festtagen, mit zur Mette gegangen sind.

Darauf sagte die Fr. Abbatißin weiter: Doct be bmlen (a) und we willet antropen de hülpe godes, dat he jück gebe de gnade fines hilgen-geistes.

Alsdenn setzte sich die Candidatin wieder auf die Knie, und die Fr. Abbatißin fing an zu beten:

Veni creator Spiritus et Kyrieleiſon, Chriſte eleiſon, Kyrieleiſon! Et ne nos inducas in tentationem.

Ferner fing sie die Antiphonam an:

Salvam fac ancillam tuam, die gantze Versammlung betete ferner: Deus meus fperantem in te. Mitte ei, domine auxilium de Sancto, et de Sion tuere eam! Eſto ei turris fortitudinis a facie inimici! Emitte spiritum tuum & creabuntur, et renovabis faciem terrae! Confirma haec Deus quae operatus es in nobis a templo fancto tuo quod eſt in Ierufalem! Domine exaudi orationem meam, et clamor meus ad te veniat!

Darnächſt wurden folgende Collecten abgelesen:

Oremus! Deus qui corda fidelium fancti Spiritus illuſtratione docuiſti, da famulae tuae in eodem Spiritu recta fapere & de ejus femper confolatione gaudere! Per Dominum &c.

Der gantze Convent: Amen!

Oremus! Actiones noſtras quaeſo Domine afpirando praeveni & adjuvando profequere, ut cuncta noſtra operatio a te femper incipiatur, & per te incepta finiatur! Per Dominum &c.

Der Convent: Amen!

Oremus! Praetende quaeſo, Domine, famulae tuae dexteram coeleſtis auxilii ut & te toto corde perquirat, & quae digne poſtulat aſſequatur! Per Dominum noſtrum &c.

Der Convent: Amen!

Nach Endigung dieser Collecten ſtand die einzukleidende Laufchweſter auf, trat vor die Fr. Abbatißin und zog einen von ihr selbst entweder gantz geschriebenen, oder wo sie solches nicht konnte, nur unterzeichneten Zettul hervor, auf welchem ihr Gelübbe enthalten war; selbiges laß sie öffentlich her folgendes Inhalts:

„Ich Süster N. lobe Stedigheyt an desser Stede, und Küschheyt wente an min „Ende. Ich vorfake alles Egendomes,, (unter dessen sie diese Worte sagte, nahm sie ein Fäsichen von ihrem Kleide und warff selbiges von sich, um damit eine völlige Ver- „läugnung alles Eigenthums anzudeuten) „und love willigen Armod um de leve willen „mynes Heren JEſu Chriſti. Ich love truwen und willigen benſt, nha aller myner „mögelicheyt wente an myn Ende. Und dat ich de verborgen fake des Capittels und „des Cloſters nicht wil openbaren, des mich god helpe!,,

Die Fr. Abbatißin antwortete darauf mit folgendem Wunsch: Gott gebe dick Bulßerdicheyt wente an dat Ende dynes levendes;

Die gantze Versammlung sprach: Amen!

Alsdenn

(a) Vmias thun hieß vor Zeiten unter den Cloſterperfonen so viel, als eine Meigung machen, oder sich auf die Knie niederlassen, welches ihnen wie bey anderer Gelegenheit, also abfondert lich bey solchen Actibus zu einer Poenitentz für ihre begangenen Sünden von den Superioribus pflegte anbefohlen zu werden. Vid. D. L A. Schmid. L. E. m.

Alsdenn zog die Fr. Abbatißin der jungen Layschwester das *Scapulare* (p) an, mit folgendem Wunsch:

In dem Namen des Baters und des Sohnes und des hilgen Geistes thee ick by an den nyen minschen, de nha gode geshapen is in rechtichept und Hillichept der Warhept.

Ferner unter dem Anzlehen:

Nym die Heylsame Kled, dat unse hilge Bater sünte Benedictus hefft angesettet in en Teken der Othmodighept und der leve.

Der Convent: Amen!

Darauf Band die Fr. Abbatißin ihr den Gürtel (q) um den leib mit folgenden Worten:

Ick görde dy in dem Namen des Baters und des Sones und des hilgen Ghestes, dat du andechtig sirst, wo du vorbunden bist mit enem drevoldigen repe, also der Küschhept des Armodes und des Horsames, dar du nicht magst van verlöset werden, so lange, dat unse Her God dy het uplösen dorch sine Hillige Engelen in der Stunde dines Dodes.

Der Convent: Amen!

Dann that sie ihr das Ueberkleid an, oder Mantel (r) um, mit diesen Worten:

See dat Kleed der leve do ick dy um, dat du tho allenthalven siehst umnebahn mit der leve gades und dines Negesten, und in der Andacht, also sick de Sohne Godes verothmodige und verhobde in dem mantele unser Minschhept, dar he uns inne beenede dre und dröticli Jar in velen Arbende und Schwete, dat du in dersülven leve dien horsamen Denst und Arbept truwliken ervüllest.

Der Convent: Amen!

Endlich setze sie ihr die geistliche Haube, oder das so genannten Steelken (s) auf mit folgenden Worten

Nym desse Bedeckinge dynes Hövedes und Angesichtes, in en Teken dat bu sholt desser Werlde dot wesen, und dat du dat Angesichte diner Sele bewarest reine und unbeflecket vor Sünden.

Der Convent: Amen;

Wenn die Einkleidung also geschehen war, muste die neue Layschwester ihre beyden Hände in die Hände der Fr. Abbatißin legen, und nachmahls den Canonischen Gehorsam angeloben, mit folgenden Worten:

Ick love jück horsam in allen guten Dingen wente an den dot.

Darauf antwortete die Fr. Abbatißin: Godt de Here geve dy dat ewige levent!

Der Convent begleitete diesen Wunsch wieder mit dem gewöhnlichen: Amen;

War alles auf die Art geschehen, so befahl endlich die Fr. Abbatißin der nunmehr eingekleideten Layschwester zur ersten Bezeigung ihres Gehorsams so und so viel Gebete um Beystand Gottes und Stärckung ihres guten Vornehmens herzubeten.

Darauf führte die *Magistra Conversarum* sie von dem Capitulhause auf den Jungfrauenchor, alwo sie wieder eine Zeitlang ihre Devotion haben, und folgends den ganzen Tag mit beten, lesen und andern geistlichen Dingen, sowol in- als ausserhalb

Ll 2   des

(p) Von der Gestalt und Beschaffenheit des Scapularis siehe oben.
(q) Ibid.

(r) Siehe auch hievon oben l. c.
(s) Von den Steelken siehe unten c. 4.

des Chors zu bringen muste. Gemeiniglich pflegten auch die Layschwestern an dem Tage ihrer Einkleidung, oder, wo derselbe vielleicht nur ein gemeiner Werckeltag war, doch gewiß an dem nächstfolgenden Sonn=Fest=oder Aposteltage zu communiciren.

Eine solche Beschaffenheit hatte es ehedessen mit der Layschwestern Einkleidung vor der Reformation; nach derselben aber gewann es damit ein gantz anderes Ansehen, massen man damahls nicht allein die jetzt erzählten abergläubischen Anreden und zum Theil unchristliche Ceremonien abschafte, sondern es wurden auch mit der Zeit den Layschwestern keine Scapularia und Gürtel mehr gegeben, so daß ihr Habit nur bloß aus dem so genannten Mantel und Steelken bestund. Ja zuletzt kam es gar dahin, daß man den gantzen Orden aussterben ließ, und dafür rechte gewöhnliche Mägde annahm, welche nach Gutbefinden der Obern in Dienste genommen und auch wieder abgeschaffet wurden.

Cap. 3.
Von dem Gottesdienste der Layschwestern.

Die Layschwestern, da sie den geistlichen Orden mit den Conventualinnen gemein hatten, waren auch wie sie gewisse Horas zu halten verbunden.

Vor der Reformation gingen sie, wo nicht öfter, doch wenigstens alle Sonn= Fest= und Aposteltage mit zu Chore, und wenn die Conventualinnen ihren Gottes= dienst vollendet hatten; fingen sie noch zum Beschluß an, allerley lateinische Gebete und Lectiones zu lesen, zuweilen geschahe solches auch wol unter der Chorstunde.

Nach der Reformation aber waren die Layschwestern nur allein des Festtages Horas zu halten schuldig, und weil die guten Leute von der lateinischen Sprache gemei= niglich nichts, als kaum die Buchstaben wusten, wurde ihnen damahls eine Liturgie in ihrem gewöhnlichen Niedersächsischen Dialecto vorgeschrieben, welche in folgenden Stücken bestand.

Zur Mette.
Wurden von beyden Chören wechselsweise gebetet:

Here öpene myne lippen, und myn mund shal verkündigen byn loff.

Unse Hälpe stehet in dem Namen des Herrn, de Hemmel und Erde gemaket hefft.

Godt will an myne Hälpe gedencken, Her snelle di mi to helpen.

Ehre sy dem Vader und dem Söne und Got dem hilligen Ohenste.

Alse dat was in dem Anbegin, und nu is, und blifft in Ewichheyt. Amen!

Vader unse, du du bist im Hemmel rc.

Darauf fing die Aelteste an zu beten:

Dat erste Deel des hilligen Catechismi, de tein Gebode Godes, dat erste Gebot. Du shalt nene ander Gode hebben beneven my.

Die jüngste.
Dat is, wi shollen Godt boven alle Ding früchten, leven und em vortruwen.

Wenn dieses Hauptstück also wechselsweise gantz zu Ende hergesagt war, so fing die jüngste von den Layschwestern ferner folgenden Gesang an:

Godt der Vader wahne uns by, und lath uns nicht verderven:

Jesus Christus wahne uns by rc.

De hillige Gheyst de wahne uns by ꝛc.

Darzu folgendes Gebet:

Ick dancke dy min hemmelsche Vater, dorch Jesum Christum dinen leven Sone, unsen Heren, dat du my deße Nacht aver vor allen Schaden und Vare behöbet und bewaret hefft, und bidde dy, du wollest my dessen Dach over ock behöben vor sünden und allem övel, dat gy alle myn doent und levent gefalle, wente ick bevele my, myn lieff und Zele, und alle Ding in dyne Hende, dyn hillige Engel sy mit my, dat de böse vient nene macht over mi finde Amen!

Die Aelteste setzte hinzu:

Dat gesche und warde wahr, O gnedige Vater dy tho ewigen love und Prise, dorch Jesum Christum dinen leven Sone, unsen Heren. Amen!

Zur Prima.

Unse Hülpe ꝛc.   Vader unse ꝛc.

Die älteste.

Dat ander Deel des hilligen Catechismi. De Hövet-Artikelen des christlichen Gelovens. De erste Artikel, von der Scheppinge. Ick gelove an God den Vader, almechtigen Schepper Hemmels und der Erden.

Die jüngste.

Dat is. Ick gelove dat my God geschapen hefft samt allen creaturen ꝛc.

Nach Vollendung dieses Hauptstückes betete die jüngste ferner folgendes Gebet:

Her JEsu Christe, von wegen dynes groten lidendes und Smerten, de du in diner lesten Stunde geleden hefft, erbarme dy miner, wen sick myne Zele van dessen lyve affscheiden schal: Amen!

Die älteste.

Dat gescheh und werde wahr ꝛc.

Zu der Tertien.

Unse Hülpe ꝛc.   Vader unse ꝛc.

Die älteste.

Dat drübbe Deel des hilligen Catechismi, das hillige Vader unse. De Ingang. Vader unse de du bist im Hemmel ꝛc.

Die jüngste.

Dat is, Godt wil uns barmede locken, dat wy geloven schollen, he sy unse rechte Vader, und wy sine rechte Kinder ꝛc.

Darauf folgendes Gebet:

Her Godt hemmelische Vader, de du nicht lust hefft an der armen Sünder Dode, lesst se ock nicht gerne verderven, sunder wilt, dat se bekehret werden und leven: wy bidden di van Herten, du wollest de wol vordeenten Straffen unser Sünde gnedichlick affwenden, und uns verban tho beeren dine barmhertichent mildichliken vorlehnen, um Jesus Christus unses Hern willen. Amen.

Die älteste.

Dat gescheh ꝛc.

Zu der Sexten.

Unse Hülpe ꝛc.   Vader unse ꝛc.

Ll 3   Die

Die Aelteste.   Dat veerde Deel des hilligen Catechismi.   Dat Sacrament
der Dhpe.   Saht hen in de gantze Welt ꝛc.

Die Jüngste.   Wol dar gelovet und geboʃʃt wert be wert ʃallch, wol averʃt
nicht ꝛc.   Darauf dieʃes Gebet:

O Her JEʃu Chriʃte, alle de in by geboʃʃt ʃint, die ʃint in dinen Doet geboʃʃt.
Jck arme Sünderinne bin in di geboʃʃt, darum bin ick ock in dinen Dot geboʃʃt; ick
wil ock mit diner Hülpe frölick gerne ʃterven, in der Hopeninge, dat gelick alʃe ick
der Drößniʃʃe delhaftig ʃy, alʃo ʃhall ick ock diner ewigen Herlicheyt delhaffilich wer-
den.   Amen!

Die Aelteste.   Dat geʃheh und werde wahr ꝛc.

Zu der Nonen.

Unʃe Hülpe ꝛc.   Vader unʃe ꝛc.

Die Aelteste.

Dat vöffte Deel des hilligen Catechismi.   Dat Sacrament des Altars.

Die Jüngste.

Jt iß dat wahre lieff und Brot unʃes Herrn Jeʃu Chriʃti ꝛc.

Die Aelteste 3 mohl.

O Lamm Gades unʃchuldig am Stamm des Creutzes geʃchlachtet ꝛc.

Darauf betete die Jüngste.

O Her JEʃu Chriʃte, du heffʃt am Creutze geʃproken, Vater vergiff en, wente ʃe
weten nicht, wat ʃe don; O Here, ick bidde dy, verlene my dine Gnade, dat ick alle
den von Herten möge vergeven, de wedder my gehandelt hebben, upp dat my ock alle
mine Sünde uth Gnaden vorgeveʃt.   Amen!

Die Aelteste.   Dat geʃheh und werde wahr ꝛc.

Zu der Veʃper.

Unʃe Hülpe ꝛc.   Vater unʃe ꝛc.

Uth der Düpe rope ick Her tho di ꝛc

Die Aelteste.   Alʃo hefft Got de Werlt gelevet ꝛc.

Darnach wurde von beyden Chören wechʃelweiʃe gebetet:

Myne Zele erhevet den Herren ꝛc.

Darauf betete die Jüngste.

Gegrötet ʃieʃtu Jeʃu, ein Könick der Barmhertichept, unʃe levent, Sötichept und
Hopen, wes gegrötet! Tho dy rope wy elenden Kinder, tho dy ʃüchte wy bedröveten und
wenenden in deʃʃem Dahle der Trahnen. Hirum, o unʃe Vorʃprake, wende tho uns dine
barmhertigen Ogen, und wiʃe uns in deʃʃem Elende dinen und unʃen benedyeden Vater,
o gühdige, o truwe, o truwe, o ʃöte Jeʃu Chriʃte!

Die Aelteste.   Dat geʃhe und werde wahr ꝛc.

Darauf wurde der Nachtgeʃang angeʃtimmet:

Chriʃte, de du biʃt Dach und liche ꝛc.

Die Jüngste betete den Abendʃegen:

Jck bidde, Her JEʃu Chriʃte, du willeʃt deʃʃe Nacht by mi ʃin, und wen dat lieff
ʃlept, willeʃtu min Herte di laten waken, dat ick di ʃtedes in minen Herten und Gedan-
ken beholde, die ʃtedes vor Ogen hebbe, und vor allem böʃen mi mahge behöden. Din
hilligen

hilligen Engel behöde mi, dat sick de böse vient nicht to mi nahe, funder du Her alleene bey mil siest. Du willest di geister mathe ock laten bevalen sin alle de mynen, und uns sämmtlick in dyne beschüttinge nemen, vor allem Devel behöden, und to der ewigen Salicheyt bewahren. Amen!

Die Aelteste: Dat gescheh und werde wahr ec.

Zu dem Completorio.
Die Jüngste.

Giff, leve Her Got, dat alle unse Wercke und Vornement van die alletiet beginnen, und dorch dine Hülpe alletiet geendiget werden. Amen!

Her Jesu Christe, benedyge und fördere de Arbeyt unser Hende, giff dat wir ben na dinem Bevele mit lust und leve don, und am ersten söfen mögen nach dat Ryck der Hemmele und syne Gerechticheyt, dat wy di und unsen Regesten nümmer vortörnen. Amen!
Die Aelteste.

Christus secht: Dat gebede ick juw, dat gy juw under ein ander leven, alse ick juw geleevet hebbe. Wat gy nicht willen, dat juw de lüde don schollen, dat doth gy en ock nicht.
Die Jüngste.

O Her, almechtige Vater, die sie loff und Prieß vor alle dyne Gaven. Ich bidde di ock vor alle Minschen die mi gut gedahn, de mi förderlick gewesen mit Worten und Wercken, ock vor welcke ick sunst schuldich bin to bidden, der Namen und Anliggent dy wol bekannt syn; du woldest se di, leve Gott alle laten bevalen sin, enen wedderumme gut dohn an lieff und Zele, hier tietlick und hernha ewichlick, dorch Jesum Christum dynen leven Son unsen Hern. Amen!

Die Aelteste. Dat gescheh und werde wahr ec.

Nach dieser Vorschrift sind alle Chorstunden von den Layschwestern nach der Reformation gehalten worden. Als aber mit der Zeit die 7 Horæ abgeschaffet, und daraus nur 2 gemachet wurden; ward ihnen auf jedwede ein grösseres Pensum vorgegeben, so 1 aß gleichwol von den vorgedachten Gebetern und Hauptstücken nichts zurück blieb. Endlich in den neuern Zeiten ging zwar der gantze Convent enorden ein, die Mägde und Closterbedienten aber, welche an ihrer statt auffkommen, sind doch biß auf heutigen Tag noch verbunden, zu gewissen Stunden, an den Sonn-Fest-und Aposteltagen mit zu Chore zu gehen, wiewol sie dabey keine eigene Liturgie mehr haben, sondern nur Zuhörer abgeben, und dasjenige, was die Conventualinnen vornehmen, für sich mit beten und singen.

Cap. 4.
Von etlichen andern Umständen der ehemahligen Layschwestern.

Was sonst noch von den Layschwestern merckwürdiges vorkommt, wollen wir in diesem Capitel kürtzlich anführen.

Ihre Dienste, welche sie dem Closter leisteten, bestanden in gemeiner Handarbeit, welche sie nicht allein für das gesammte Closter insgemein, sondern auch auf Erfordern, für eine jede Conventualin, so viel sich thun ließ, besonders verrichten musten. Dafür bekamen sie vom Closter kein Geld, sondern völligen Unterhalt an Nahrung, Kleidung und Wohnung.

Ihre

Ihre Nahrung bestand darin, daß sie mit den Conventualinnen Mittags und Abends zugleich auf dem Reventer, aber an einem besondern Tische, speiseten, und ihre Speise und Getränke fast eben so gut, als jene selbst hatten. Allemahl zu Anfange der Wochen wurden einer jeden unter ihnen 16 kleine Brödte ausgetheilet, welche, wenn sie selbige nicht consumiren konnten, ihnen zwar nicht zu verkauffen, aber doch Armen oder auch ihren Angehörigen zu geben frey stand. Wenn sie Zusprache bekamen, war ihnen erlaubet dieselben mit des Closters eingebrauten Bier zu tractiren, und sie pro Hospite mit an ihren Tisch zu bringen, welches doch aber auch nicht zu oft geschehen muste.

Ihre Kleidung bestand, wie bereits oben gedacht worden, aus einem Schepeler, Gürtel, Mantel und Steelken. Die 3 ersten Habite hatten sie mit den Conventualinnen gemein, jedoch mit dem Unterschiede, daß ihre Schepeler grau waren, da die Conventualinnen hingegen schwarze trugen. Die Steelken aber waren ihr rechtes eigentliches Zeichen, welches sie vor den Conventualinnen besonders hatten. Diese waren weisse Linnene Hauben, fast auf die Art, wie sie noch heutiges Tages die Wendischen Bauerfrauen im Lüchowischen District zu tragen pflegen; die so lang und weit, daß ob sie gleich unter dem Halse zugebunden wurden, der Schweiff davon doch zugleich den Halß und Schultern mit bedeckte. Solche ihre geistliche Kleider und andere zur Bedeckung des Leibes gehörige Stücke, ja alles Linnengeräthe daß sie zur Kleidung gebrauchten, wurde ihnen jährlich vom Closter gegeben, und bestand eben darin ein Theil des Lohns, welchen sie mit ihrer Handarbeit verdieneten.

Zu ihrer Wohnung hatten sie eine eigene Stuben im Closter, worin sie, wenn aussen herum nichts mehr zu verrichten war, zusammen kamen und arbeiteten; daher dieses Zimmer im Closter noch heutiges Tages die Werckstube genennet wird. Ausser dem hatte oben noch eine jede ihre besondere Schlafkammer, an einem Orte den man gemeiniglich das Süstern Schlaphuß nannte, und welcher noch jetzo im Closter unter solchem Nahmen bekannt ist.

Ueber diese Laynschwestern hatte zwar der gantze Jungfräul. Convent zu befehlen, es führet aber doch insonderheit eine Officialin des Closters, und zwar gemeiniglich die Cellaria, Aufsicht über sie, daher man sie auch in diesem Betracht Magistram Conversarum zu nennen pflegte. Diese wieß ihnen nicht allein täglich ihre zu verrichtende Arbeit an, sondern bestrafte sie auch dann und wann, entweder für sich, oder mit Zuziehung der Superiorum, wenn sie sich etwan ungebührlich aufgeführet hatten. In solchem Zustande wenn sie einmahl darein getreten, musten sie die gantze Zeit ihres Lebens, eben wie die Conventualinnen selbst, zubringen. Und wenn sie endlich dieses Zeitliche gesegneten; wurde der erblaßte Cörper unter dem gewöhnlichen Geläute in die Todtenkammer getragen, daselbst einige Zeit bewacht, und endlich mit Ceremonien zur Erde gebracht. Zu den Zeiten des Pabstthums hielt man den Laynschwestern, eben wie den Conventualinnen selbst, nicht allein in hiesigen, sondern auch in allen umliegenden Clöstern, so mit dem unsrigen geistliche Brüderschaft hielten, verschiedene Vigilien und Seelmessen, so bald deren Absterben von der Abbatißin notificiret wurde. Das Begräbniß selbst geschahe, nicht auf dem Closter, sondern auf dem gemeinen Kirchhofe, wo noch heutiges Tages die Closterbedienten beerdiget werden.

Anhang.

Anhang.

Zum Beschluß dieses Wercks wollen wir den Gen. leser noch einige Closterordnun-
gen so von Hoher landesherschaft an unser Closter ergangen, aus dem Originali
communiciren. Die ıte davon ließ der Hochsel. Hertzog Franciscus Otto, des
Weltgepriesenen Fürsten Ernesti Pii Sohn und Nachfolger, an unser Closter abge-
hen, sobald das hiesige Reformationswerck einiger massen zu Stande gebracht war.
Es lautet dieselbe folgender gestalt also:

P. P.

Nachdem aus ungleichheit der Gottesdiensten und Ceremonien, als in etlichen
Clöstern dieses Fürstenthums gehalten, nicht geringer unwill zwischen den Closterperso-
nen, auch sunst allerlei unrichtigkeit erfolgen, zudem auch und fürnemlich des almäch-
tigen göttlicher und unwandelbarer will ist, das alle Gottesdienst und Kirchen gebrauch
nach seinem wort und bevelig sollen gehalten werden, So ist GOtt zu ehren und zu
pflantzung und erhaltung guts freuntlichen willens und einigkeit zwischen den Closterper-
sonen, auch zu wolfart und gedein der Clöster, ordnung gemacht, wie es mit dem
Gottesdienst und Ceremonien in den Closterkirchen, auch mit einnemung der Kinder
in die Clöster und sunst in der versammlung gehalten werden solle, wie folget.

Erstlich Weil der Almechtig liebe Gott durch sein wort und heilige Sacrament
mit dem menschen handelt, und durch den heiligen Geist zum glauben und ewiger selig-
keit führet, So soll Gottes wort mit fleiß gepredigt, und die heiligen Sacrament mit
großer andacht und ehrerbietung administriret, aufgetheilt und empfangen werden.

Und in sonderheit soll auf alle Sontag und andre Fest, auch dazu in der Wo-
chen aufs wenigst einmahl gepredigt werden.

Und so dan der mensch das verdienst Christi und ewige seligkeit allein durch den
glauben an Christum erlangt, wie S. Paulus zum Römern am 4. und 7. Capitel und
zum Galatern am 2. und zum Ephesern 2. lehret. Auch Joannis am 3. und Actorum am
10. und 13. Capitel geschrieben ist. Und dan der glaub aus dem gehör des worts Gottes
Kömmt, zun Röm. am 10. So sollen die Closterpersonen, Junckfrauwen, Megde und
Kinder, als in dem Closter sein, in die predigen gehen, und mit fleiß und hertzlichen begirden
gottes wort hören, nicht zweivelend, der Almechtige werde seinen heiligen geist darzu
geben, das es in ihnen krefftig und frucht schaffen werde, wie er selbs durch den Pro-
pheten zugesagt hat, das sein Wort nicht sol ledig und one frucht abgehen, sondern das
außrichten, darzu ehr es gesendet hat.

Denn also schreibet auch S. Paulus zu Galatern am 3. Capittel, das die Ga-
later huben den heiligen geist empfangen, durch das gehör des glaubens, das ist durch
die predigt,

So ist in Actis am 10. ein öffentlich Exempel, das der heilig geist durch ge-
hör und predig Gottes worts komme, dan do Petrus dem Cornelio und seinem Haus
predigte, das alle Propheten bezeugten, das wir vergebung der sünden durch Christum

M m

haben,

haben, do fiel der heilig geist sichtbarlich auf die Zuhörer solcher predige, damit anzuzeigen, das ehe stets, wan man gottes wort predigt, etzlichen auch unsichtbarlich geben werde.

Und hat Gott selbs den Cornelium Centurionem (Acto. am 10. (und Paulum Act. 9.) zur predig und dem gehör gottes worts gewiesen, und ihnen gesagt, der apostel und prediger werde ihnen anzeigen, was sie thun und laßen sollten, darumb sagt der Ananias zum Paulo, Saul lieber Bruder, der Her der dir uf dem wege erschinen ist, hat mich zu dir gesand, auf das du den heiligen Geist empfangest.

Demnach sollen sich die Closterpersonen auch mit fleis zu der predig gottes worts fürbern, und es gerne hören, domit sie den seligmachenden glauben, heiligen geist und ewiges leben erlangen mögen, und also werden sie auch anzeigen, das sie rechte geistliche und aus Gott sein, Dan Christus selbst saget, Wehr sein wort höret, der sei aus Gott, wehe aber sein wort nicht höret, der sey nicht aus Gott, sonder aus dem Teuffel.

Und sollen alle Kinder, die im Closter erzogen und gehalten werden, in die predigen Feiertag und wercktag gehen, Derwegen ihnen zu der Zeit soll zu eßen gegeben werden, das sie dadurch die predige und gottesdienste nicht versäumen.

Es soll auch keiner Junckfrawen, die nicht in die predig gehen will, gestattet werden, das sie Kinder bei sich habe.

Zum andern soll an allen Sonntagen und Festen, wan Communicanten vorhanden seyn, Meß gesungen, und das Sacrament des leibs und bluts Christi außgeteilt werden.

Und soll das heilig Sacrament des Altars nach der einsetzung Christi, und wie es Gott lob in diesem Fürstenthumb gebreuchlich ist, Nemlich der leib und blut Christi den Communicanten gegeben werden, dan ehr selbs es also eingesatzt, und zu genießen bevolen hat, do ehr also sagt, Nemet hin und eßet, das Ist mein leib der für euch gegeben wirdet, Und ferner, als ehr Ihnen den Kelch dargereichet, brindet alle daraus, das Ist der Kelch des Newen Testaments In meinem blutt, das für euch und vil vergoßen wirdet zu Vergebuug der sünden,

Also ist es auch viel hundert Jar in der Kirchen und Christlichen gemein gehalten und gebraucht worden. So hat es auch Paulus den Corinthern (1 Cor. 11. cap.) also gegeben, und sagt, Ehr hab es also vom Herrn empfangen, Und wan ein Engel vom Himmel keme, und letzte anderst, dan ehr gelert hat, der solle verbannet sein. zum Galat. am 1.

So hat Gott bevolen Deute. am 4. Cap. Das der mensch sol nichts zu seinem wort thun, auch nichts darvon nehmen, Also sagt er auch Deute. am 12. Cap. Alles was ich euch gebiete, das sollet ihr halten, und nichts darzu thun, Und Christus beviellet seinen Aposteln und sagt, Gehet hin und lehret alle Völcker halten, was ich euch bevolen hab, Auch sagt ehr Joan. am 8. Wan ihr pleibet bei meinen reden, so werdet ihr meine Jünger sein, darumb wollen wir Christen und Christi Jünger sein, so müssen wir bei seiner einsetzung wort und bevelich pleiben, Dan ehr ist der gliebte son, an dem gott vatter ein wolgefallen hat, den sollen wir hören, Matth. 17.

Darumb soll sich nymants daran hindern oder ergern laßen, das der Babst vor wenig Jahren geordnet, das die laien allein die eine gestalt des sacraments, nemlich den leib Christi nemen sollten, dan solchs hat er zu verordnen und GOttes einsetzung

und

und bevelich zu verändern nicht macht, ehe ist ein sündiger mensch, Christus aber ist die ewige weißheit des Vatters, und Gott selbs, der hat es also geordent, das wir seinen leib essen, und alle sein blut drincken sollen, und bevohlen, wir sollen solchs zu seiner gedechtnüß thun, und dabei seinen tode verkündigen, biß ehe wiederkommet, das ist biß an den jüngsten tag. Des sollen wir uns gehalten, und nyemands hören, der uns anderst lehren oder heißen wollte, ob er gleich ein prophet oder engel were, wie gebt selbs bewilcht Jere. am 23. und 29. Do er sagt, Ihr solt nicht hören die wort der propheten, so euch Ihrer Hertzen gedancken sagen, und nicht nach des Herrn Munde reden, sondern dieselbigen sollen verbannet seyn, ob es gleich engel weren, wie Sanct Paulus zu den Galat. am 1. sagt.

Weil dan Christus bewilligt und gebeut, das wir seinen leib essen und sein blut drincken sollen, So sollen wir uns als gehorsame Kinder darinne gehalten, und offt zum heiligen Sacrament gehen, damit wir also seines todes und Verdienstes offt eingedenck sein, und sterckung unsers glaubens erlangen und bezeugen, das wir in der gemeine Gottes sein.

Wiewolniger sollen diejenigen, die sich zu dem Sacrament nicht begeben wollen, die andern Junckfrawen, megde und Kinder davon halten, oder ihnen derhalben weltgern und ungünstig sein.

Und weil vermerckt worden, das etliche megde und Kinder, die zuvor ehe sie in das Closter kommen sein, haben das Sacrament under beiderlen gestalt empfangen, und als sie in das Closter kommen sein, sich darvon enthalten, Daraus zu Vernemen ist, daß sie darvon geraden oder gehalten werden, So sol solches hinfürder nachpleiben, und die megde und Kinder bei berürtem Christlichem geprauch des heiligen Sacramentes pleiben, wie sie zuvor, ehe sie in das Closter kommen sein, gewesen, Welche aber derselbigen in einem Jar nicht zu dem sacrament gehet, die soll in dem Closter nicht gelitten, sondern wider daraus gewiesen werden, sie sei magd oder Kind, darinne dan der Predieant soll ein fleißig auffsehen haben.

So auch eine Jungfraw, Kind oder Magd wolte den predicanten umb unterrichtung ansprechen, oder ihme beichten, und absolution und trost aus göttlicher schrifft suchen, das soll ihr nicht geweigert werden, sondern frei stehen, und soll solches uff dem Chor oder bey dem Fenster geschehen.

Zum Dritten sollen die Closter Junckfrawen GOtt mit lesen und singen loben und ehren, und vor die zeitliche und ewige wolfärt bitten, Und derwegen sollen sie alle Tag etliche Zeit in der Kirche zusammen kommen, und in den Metten, Prim, Tertz, Sext, Non, Vesper und Complet die Christliche gesenge und lectiones de tempore, und von den hohen Festen, auch de sanctis, doch mit der Christlichen Correction und veränderung, wie die sonderlich beschrieben und verodnet sein, singen, und lesen,

Die Prim, Tertia, und Sexta sollen vor der Predigt volendet werden. Wollen die Junckfrawen auch die Monam zuvor singen, soll zu ihrem Gefallen stehen,

Aber sie sollen ihre gesang darnach richten, das am sontag und festen die meß, und am wercktag die predigt zu 8 uhren, wegen angefangen werden.

In der Messe sol gesungen werden Introitus, Kyrie eleison, Gloria in excelsis, Et in terra pax &c. oder Allein gott in der höh 2c. einen sontag umb den andern, Eine Collecta, darnach die Epistel teutsch, und am sontag O adoranda trinitas &c.

Das Evangelium teutſch, das patrem, oder den glauben teutſch, einen ſontag und feſt umb das ander darnach ſol geprediget und das gemein Gebet gehalten werden.

Sein von Communicanten verhanden, ſoll eine kurtze Vermanung derſelbigen geſchehen, darnach das Vatter unſer, und folgents die wort der Conſecration teutſch, durch den prieſter geſungen, und darnach das Sacrament ausgetheilt werden, Under des ſoll das Sanctus und Agnus Dei, oder JEſus Chriſtus ꝛc. einen ſontag umb den andern geſungen werden, darnach die Teutſche Collect, Wir Dancken dir Allmechtiger GOtt ꝛc. und darnach der ſegen, der HErr ſegne ꝛc.

Wenn aber keine Communicanten vorhanden ſein, ſo ſoll nach der predig das Vatter unſer, und verleihe uns friede ꝛc. Teutſch durch die gemeine geſungen, und mit einer Teutſchen Collecten durch den Prieſter beſchloſſen werden.

In den groſſen Feſten Oſtern, Pfingſten und Weihnachten ſollen auch die ſchönen geſenge von ſolchen Feſten geſungen werden, als Chriſt iſt erſtanden, Chriſt lag in todes banden, Nuhn bitten wir den heiligen geiſt ꝛc. Ein Kindelein ſo löbelich ꝛc. Dies eſt lætitiæ, In dulci jubilo, Puer natus &c.

Und ſollen alle Junckfrawen, die nicht amptes, alters, ſchwachheit oder anderer erheblichen urſachen halber entſchuldigt ſein, ſolche obbemelte Ceremonien halten, und ſingen und leſen helffen.

So aber der Chor-Junckfrawen wenig, und eins teils Ampts alters und ander erheblichen urſachen halber ſolchen Ceremonien und Kirchen geſengen nicht alzeit bey ſein können, ſo mögen des Wercktages zu Zeiten die prima, tertia, ſexta oder nona, oder auch derſelbigen zwei oder aus Jeder oder etlichen etliche pſalmen oder ander geſenge unterlaßen werden, damit es die perſonen ertragen, und das ander beſto mit meherem fleiß ſingen und leſen mögen, und ſoll ſolches zu bedencken und Verordnung der Domina und Subpriorinnen, die den Chor regieret, ſtehen.

Weil dan die Domina ein Zeitlang die Palm, Oſterkertzen, Waſſer und Fewer geweihet hat, und aber ſolchs ihr nicht gepühret, dan es one das Gottes gute Creaturen ſein, und kein bevelich in heiliger ſchrifft davon iſt ſondern derſelbigen mehr zuwider, ſoll ſolchs fürder unterlaßen werden.

Gleichergeſtalt ſoll auch geſchehn mit andern Ceremonien, die Göttlicher ſchrifft nicht gemeß ſein.

Unter der malzeit ſoll ein Capitel aus dem Newe Teſtament teutſch und lateiniſch eine malzeit umb die ander geleſen, und am Evangelio Matthei angefangen, und alſo nach der ordnung durch das gantz Newe teſtament furtgefaren, und ein Züchtig ſtill weſen unter der malzeit gehalten, damit die lectio möge gehört werden.

Weil dan in haltung des Capitels allerley fürlauffet, das groſſen unwillen und haß zwiſchen den perſonen geberet, auch etliche unchriſtliche Ceremonien mit unterlauffen,

So ſoll hinfürder das Capittel, wie es bißher gehalten worden, unterlaßen, und folgender geſtalt damit gehalten werden,

Erſtlich ſo eine perſon etwas thut, das ihr nicht gepüret, ſoll ſie nach der lehre Chriſti durch die Dominam darumb angeſprochen, und zur beſſerung vermanet werden, So ſie dan ſich nicht beſſert, ſoll ſie vor die Domina und ſammlung geſtalt, und darüber rath gehalten werden, wie die ungehorſam perſon zu Beſſerung möge gebracht werden,

Alſo

Also sol es auch gehalten werden, wan eine person etwas hochstrefflichs geübet hette.

Wan auch etwas fürfällt, daran dem Closter gelegen, so mag es die Domina mit etlichen oder allen Junckfrawen, nach gelegenheit der sachen, in gemeiner versammlung reden, handeln und davon rathschlagen,

Hat auch die Domina den Junckfrawen in gemein was anzuzeigen, mag sie zu solcher notturfft auch eine Versammlung machen,

Und sollen solche Zusammenkünffte und Versammlung ausserhalb der Zeit, wenn in der Kirchen gottesdienst, gehalten werden, damit niemants an demselbigen verhindert werde,

Es sollen auch solche Versammlunge one die Ceremonien, die zuvor bei den Capiteln gehalten sein worden, geschehen, es mag aber im Anfang gesungen werden, Veni Sancte Spiritus.

Zum Vierten weil auch im Zeitlichen etliche Unrichtigkeit gefunden worden, so ist darinne auch notturfftige Versehung geschehen, Und demnach weil aus dem vielen außfaren, sonderlich so one wissen und willen der Domine des Closters und freundschafft geschehen, ergernüs erfolge, auch sich sunst geistlichen Junckfrawen nicht gepüret, so soll hinfürder keine Junckfraw, die in das Closter begeben ist, aus dem Closter faren, es sei dan das sie ihre freunde holen lassen, und der Domina angezeigt werde, und mit ihrem Vorwissen geschehe.

Es sollen sich aber diejenige, so außfaren und wieder zu Closter wollen, nach außgerichten ihren geschefften wider zu Closter begeben, welche aber über vier wochen uf einmahl one bewilligung der Dominae aus dem Closter pleibet, die soll fürder nicht wieder darin genommen werden.

Zum Fünfften Nachdem allerlei ansuchung von einnemung der Kinder geschehen, Und aber die vilheit der Kinder dem Closter beschwerlich, und den Closter personen zu unruhe gelanget, So sol hinfürder folgende maß darinne gehalten werden, Nemlich, daß keine außlendische Kinder sollen in die Closter dieses Fürstenthumbs one bevelich der Herrschaft genommen werden.

Aber weil die Clöster anfencklich zu Zucht- und Lehrschulen, darinne die Jugent uffgezogen mochte werden, gestifftet sein, So mögen Kinder, die ihre Eltern im Fürstenthumb gehapt, oder noch haben, Zur lehre und Zucht in die Clöster genommen und gelehrt werden, Es soll aber darinne die maß gehalten werden, das auf eine Zeit und zugleich nicht über zehn Kinder in einem Closter sein,

So soll auch kein Kind, das im Closter nicht pleiben wirdet, über drei Jar im Closter gelassen werden, damit andere solcher gutthat auch geniessen mögen,

Und sollen solche Kinder zu Christlicher lehre Zucht und Junckfrawen arbeit durch diejenigen, denen sie bevolen werden, gehalten und underwiesen, und ihnen der Catechismus das newe Testament, Psalm und ander Schristliche bücher zu lesen fürgegeben werden.

Solche Kinder sollen allezeit in die predig gehen und mit fleiß underwiesen werden, das sie das Heilig Sacrament nach der einsetzung und bevelich Christi empfahen.

Welche Kinder dan von ihren eltern in das Closter gethan werden, das sie darinne pleiben sollen, und über zwölff Jar alt sein, die sollen einem weissen Rock, wie gewöhnlich, tragen, und sich der bundten Kleider und geschmuckes eussern, Jedoch

soll

foll denſelben unbenommen ſondern frey ſein, das ſie das Cloſter wider verlaſſen, und ſich in andern Chriſtlichen ſtand begeben mögen..

Zum ſechſten ſollen die Megde des Cloſters gemein und der Domina und bey nen Junckfrawen, die ampte und bevelch haben, gehorſam ſein, Und ſol keine gemeine Junckfraw eine eigen magd haben, ſonder der Megd in gemein, zu einer Jeden notturfft gebrauchen, damit ungleichheit und widerwill verhütt pleiben,

Aber die megbe, die in die Küchen, oder ander ſonderliche Ampt oder Dienſte verordent ſein, die ſollen deſſelbigen mit fleiß wahren, und der Domina und Küchenmeiſterin, und andern Junckfrawen, ſo über ihr Ampt bevelch haben, gehorſam ſein, und ſich ihres bevelichs gehalten,

Und ſol bei der Domina ſtehen, die gemeine megbe anzunemen und zu beurlauben, Aber die in der Küchen und andern bevelichen ſein, ſollen mit wiſſen und rath der Küchenmeiſterin und dero, ſo ihres ampts halber bevelch über ſie haben, angenommen und beurlaubet werden:

Zum Siebenten gebüret ſich in ſolchen groſſen Verſammlungen etliche Ampte zu haben, damit die Hauß haltung in guter ordnung ſtehen, die notturft gehapt, und das übrige zu rath gehalten werden möge, So ſoll eine oder zwo Junckfrawen verordent werden, welche Butter, Keſe, eiger, hering, treuge Diſchwerck, geſaltzen und treug fleiſch, und dergleichen Wittalien in ihrer beſchloſſen Verwarung habe, und was nöthig in die Küchen, und wie es ſich gebüret, reichen, und das ander verwaren möge, Dieſelbig ſollen auch ufzeichnen, was wochentlich verſpeiſet werde, und von ihrer eins name und aufgaben der Dominae und Zweien oder Dreyen Junckfrawen, welche die Domina ſol zu ſich zu nemen haben, rechenſchafft thuen.

Was den des alles nötig, ſollen ſie der Dominae zeitlich anzeigen, damit ſie es zu rechter Zeit zu beſtellen hab.

Alſo ſol auch die Domina verſehung thun, das das gewürtz und Kräbe verwaret, und allein zur notturfft gereichet und gebrauchet werde.

Letzlich ſoll in alwege zwiſchen allen denjenigen, ſo im Cloſter ſein, einigkeit, guter will und fridlich weſen gehalten, und ein jede perſon ihres Ampts und Deinſtes mit getreuem fleiß gewarten, und alle Junckfrawen Megbe und Kinder obbeſchriebener ordnung folg thun, und der Dominae gehorſam leiſten,

So auch irrung oder unwill zwiſchen den perſonen des Cloſters fürfallen würde, ſo ſol die Domina fleis für wenden, dieſelbig beizulegen, und den Unwillen abzuſchaffen, So ſie auch etliche alte Junckfrawen, auch den predicanten dazu ziehen wolte, damit ſie ſo vil mehr folge bei den zanckenden perſonen haben möchte, das ſol zu ihrem Bedencken ſtehen, Da aber ihr auch hirüber entſtünde die ſachen zu vergleichen, ſol ſolches an den amptman oder unſere gnedige Herrſchaft ſelbs gelangen, damit notdürftig einſehen und Verſchaffung in ſolchen ſachen geſchehen möge.

Dieſe ordnung ſol alſo gehalten werden, Es würdet aber vorbehalten, dieſelbig nach gelegenheit zu verändern zu mehren und zu mindern.

Die andere Cloſterordnung gab Anno 1574. Hertzog Wilhelmus junior Hochſeligen Andenckens heraus, und lautet dieſelbe folgender geſtalt :

Wiewol verruckter Jahre aus Chriſtlichem eiver GOtt dem Allmechtigen zu lobe und Ehre, und förderung Unſer von Gottesgnaden Wilhelmen des Jüngern Hertzog

tzog zu Braunschweig und Lüneburgk, Closter Persohnen Seelen Heill und Seligkeit auch ihrer zeitlichen Wolfarth, eine Christliche ordnung gemacht, wie es in unsern Clöstern soll mit Christlichen Gesängen, lection und Ceremonien auch in Haußhaltung gehalten werden, So befinden wir doch, das daßelbige in vielen Puncten durch etliche übell gehalten, Ja auch in Ihrer Blindtheit verstockung und Gottlosen wesen verharren, Gottes wort nicht wollen hören, noch das Sacrament des wahren leibes und Bluts Christi empfahen, und endlich ohne trost Beicht und Sacrament hinsterben wie das Viehe, daraus zu besorgen, daß sie gar übell fahren.

Nun wollen wir obgenanter Hertzogk Wilhelm aus Christlicher gnediger liebe und Trewe nochmals alle und Jedern Closter Personen ermahnet und gnediglich begeret haben, das sie sich der hiebevor aufgerichten Ordnung und Unterrichtes GOtt zu Ehren und Ihnen selbst zu guten gehorsamblich wollen gehalten.

Inn die Predigte gehen und Gottes wort fleißig hören, und GOtt umb seinen Heiligen Geist bitten, daß er daßelbige crefftig in ihnen machen, und sie in rechtem glauben, vertrauen, furcht und liebe führen, und darin erhalten wolle.

Das sie die Lectiones, Gesänge, Collecten, Hymnos und Gebete nach dem gedrückten und Ihnen itzundt zugestalten Buche singen lesern und betten wollen, damitt GOtt seine Ehre gegeben, und der rechte Gottesdienst geleistet werde,

Das sie auch die gnade GOttes und vergebung der sünden, die Ihnen in der Absolution und dem hochwürdigen Sacrament des leibes und blutts unsers Hern und Heilands JEsu Christi angebotten wirdt, nicht verachten noch verseumen, sondern sich zum höchsten befleißigen dieselbige offt zu empfahen, dann dadurch wirdt der Mensch gewiß gemacht, das Ihme seine sünde umb des Verdienstes JEsu Christi willen vorgeben werden, Nicht weniger alse Spreche GOtt selbst die Absolution, wie dann Christus sagt, Wehm Ihr die Sünde vorgebet, dem sein sie vorgeben, Item was Ihr löset auf Erden das soll auch gelöset sein im Himmel,

So hat Christus seinen Aposteln und allen Christen befolen seinen leib zu essen und sein Blutt zu trincken, und darbei seines Todtes zu gedencken, das ist vestiglich geleubet, und Ihme dafür von Hertzen Dancken, das er sein leib für uns gegeben und sein Blutt für uns vergossen hat zu vergebung der Sünden, welches wir also durch Nießung seines leibes und Bludts sollen vorgewissert und vorsichert sein,

Wer nuhn solchen Befehlich Christi nicht will gehorsam sein, der ist nicht Jünger, den er selber sagte Johan. 8. Wann ihr bleibet in meinen Reden, So werdet ihr meine Jünger sein, Und soll sich niemandt daran hindern oder ergern lassen, das der Bapst hatt verordnett das die laien sollen allein den leib aber nicht das Blutt Christi empfangen, dann er alß ein Sündiger Mensche nicht macht hat, das Testament JEsu Christi zuvorendern, welches auch in eines schlechten Menschen Testament nicht gestattet würde, wie Sanct Paulus sagt, viellweniger in GOttes unsers erlösers Testament,

Christus hat beides befohlen den leib zu essen und das Blutt zu trincken, und bei dem Kelche gesagt trincket alle daraus und S. Marcus sagtt sie haben alle daraus getruncken,

Weil nun dieser Artikell vom Sacrament und andere von Anruffung der Heiligen, und das Christus allein unser Fürsprach und Mittler ist zwischenn GOtt

und

und Menschen, in obberürter Ordnung weitleufftiger ausgeführet sein, So wollen wir die Closter Personen ann dieselbe hierinne gewiesen haben, und befehlen der Dominae und Prädicanten hiemit Ernstlich, daß solche und diese Ordnung dreimall im Jahr, Nemblich den Montagk nach Palmarum, den Montagk nach Pfingsten, und den Montagk nach Michaelis öffentlich und lauth auffm Chor gelesen werde, darzu auch alle Closter Personen Junckfrawen, Conversen Mägbe und Kinder kommen und sie anhören sollen, Welche aber über so vielfeltige Christliche ermahnung Ihre sünde nicht bekennen, beichten und das Sacrament empfahen wirbt, und darüber hinstirbet, die soll mit keinem Gesange noch Procession begraben werden, Sonderlich aber sollen alle die das Evangelium bekennen und unser wahren Christlichen Religion zugethan sein, mit denselben nicht zu Grabe gehn, sondern solche Gottlose durch Gottlose Gesellschafft ohne Gesenge zur Erde bringen lassen, den geschrieben ist Sinite mortuos h. e. impios sepelire suos mortuos id est suos impios, Ein Gottloser den andern.

Alß auch in den Clösteren viell gesenge und lectiones in den sieben Zeiten, wie die Mette, Prim, Tertz, Sext, Nona Vespera und Complet genandt wirdt werden, gesungen und gelesen werden, und solches zu unterschiedlichen stunden und beschwerlichen Zeitten geschicht und den auch durch wenig der Closter Personen verstanden wirbt, was sie singen und lesen, und dasselb also mehr aus gehör dan aus andacht, mehr mit Verdruß dan mit willen geschicht, Und mehr GOtt dem Allmechtigen zuwieder den zu willen ist, zudem die Chor Jungkfrawen Elter und unvermüglicher täglich werden, So wollen wir das hinfüro die Mette nicht zu Mitternacht, sondere zu Sommerzeiten des Morgens zu vier und zu Winterzeitten zu fünff uhrenn soll gesungen werden.

Und damit sie vielmehr ohne verdruß geschehen mögen, so sollen in der Metten nicht mehr dan drei lateinische und ein Teutscher Psalm und zwo lectionis, dero eine soll ein halb oder drittheil vorn einem Capittell im Newen Testament Teutsch sein und die Collecte und was sonst mehr gewöhnlich und Christlich ist, dabei zu singen gesungen und gelesen werden,

Wann aber sonst Festtage sein, sollen sie vier lateinische und zwei Teutsche Psalmen und drei lectionis dero eine ein gantz oder halb Capittell nach gelegenheitt aus dem Newen Testamente sein soll, singen und lesen,

Und soll mit den Teutschen lectionen angefangen werden am Evangelio Matthäi und also nach einander biß zum Ende des Newen Testaments und dann wieder angefangen werden Und alsobalde nach der Metten sollen sie die Prim und Tertz singen, und in jeder derselben einen lateinischen und teutschen Psalmen und Collecte singen, Die Sext und Nona sollen alßbalbt nach einander Winter und Sommer zu 8 Uhren gesungen werden, Die Vesper und Complet sollen zu gewöhnlichen Zeiten, und zu der Vesper drei Psalmen ein Hymnus das Magnificat Collect und Bendicamus, und in der Complet ein Psalm, der Hymnus Christe der du bist Tag und licht teutsch und ein Collect gesungen werden. Und zu diesen Sieben Zeiten sollen auch allein die Gesänge und Collecten de tempore und andere die Christlich und nicht auf fürbitte und verdienst der verstorben heiligen gestalt sein gesungen und gelesen werden.

Inn hohen festen, Als Weinachten Ostern und Pfingsten, sollen auch die Christliche Gesenge, Ein Kindelein so löbelich, Gelobet seistu JESu Christ, vom Himmell Hoch da komm ich her rc. In dulci jubilo &c. Puer natus &c. Dies est laetitiae &c.

Christ

Chriſt iſt erſtanden ꝛc. Chriſt lag in Todtes Banden ꝛc. Kom heiliger Geiſt ꝛc. und dergleichen Chriſtliche lobgeſenge geſungen werden,

Inn der Meß ſollen ſie das Et in terra &c. und Patrem das iſt Wir geleuben all an einen GOtt Teutſch und andere Pſulmen der Gemein helffen mit ſingen Aber auſerhalb des weder Freytag noch Wercketag Meſſe ſingen,

Es ſoll unter jeder Malzeit ein Capittel aus den Epiſtolis S. Pauli geleſen, und an der Epiſtolen zu den Römern angefangen und langſſam geleſen werden, damit die Zuhörer verſtehen und etwas wo nicht mehren theill daraus behalten mügenn, Und ſollen alſo fürder durch alle Epiſtolen S. Paull, und dan S. Petri und ander im Newen Teſtament begriffen vortfahren, und wan ſie ausgeleſen ſein wiederumb an der Epiſtolen zum Römern angefangen und für und für alſo gehalten werden, Aber an Feſten und Sontagen ſoll das Evangelium deßelben Feyertags mit der außlegung Lutheri in der Hauß Poſtill, oder Viti Theodorici geleſen werden, Die Helffte der außlegung unter der Mittages Malzeit, und die ander helffte unter der Abendt Malzeit,

Und nachdem wir befunden, das im Capittelhauß die Jungfern für der Domina niederfallen und eine lange Beicht von Narrenteidingen, aber von keiner Sünde die GOtt verbotten hatt, thun ſo ſoll hinfürder ſolches unterlaſſenn werden, Und ſo eine Cloſter Perſohn ſich ihrer ſünden halber beſchwerett befindett, ſo ſoll ſie Ihrem Paſtor und Seelſorgern ſolches anzeigen, beichtenn und Abſolution bitten, und empfangen auch das heilig Sacrament des leibs und Blutts Chriſti, zu Sterckung Ihres glaubens und troſt Ihrer Conſcientien und ſoll ſonſt mit Capittel halten wie ſolches unſer hievor aufgerichte Ordnung außweiſett, gehalten werden,

Dieweill dan auch von Alters her die Kinder ſo im Cloſter pleiben ſollen, haben latein müſſen lehrnen, So wollen wir daß ſolches fürder geſchehe, und in Jedem Cloſter durch vorſtendige gelerte Jungfern ſchull gehalten werde, und die Kinder ſo im Cloſter pleiben darin etliche ſtunden gehen und die lateiniſche ſprache lehrnen ſollen, damit ſie auff dem Chor mügen helffen ſingen und leſen und ſo viell GOtt gnade gibt es verſtehen.

Und weil müße und Arbeit den lehr Jungfern obliget, So ſollen ſie ſonſten mit andern Embtern, Arbeit auch ſtetigen Chorgehent verſchonet werden.

Welch Kind und Jungfer aber nicht lateiniſch lehrnen, das ſie zu Chor ſingen und leſen kann, dieſelbe ſoll im Cloſter nicht pleiben, ſondern ihren Eltern und freunden wieder zu Hauß geſchickt werden, wir verordnen dan aus urſachen ein anders.

Waß dan die Haußhaltung im Cloſter anlangt, ſoll es auch mit Verordnung der Aembter und befehlich habern, auch den Mägden gehalten werden, wie in obberürter und hievor gemachter Ordnung verſehen iſt,

Weill aber der Dominá ſchwer die Hauß- und Gemeine ſorge alleine zu tragen, ſo ſoll ſie zwo Jungfern erwelen, die ihr ſolche ſorge helffen tragen, rath geben und einvetig ſeyn,

Und ſoll in beiſein derſelben beiden Jungfern und noch zween welche die Verſammblung auch mit Rath der Dominá dazu verordnen ſoll, jährlich zu gelegener Zeit Rechenſchafft des vergangenen Jahrs einkommen und außgaben gethan werden, damit zu ſpüren, ob etwas erobertt, oder mehr den des einkommens iſt außgeben ſei, und ſich fürder darnach zu richten und zu bedencken haben, wie des Cloſters beſte müge geſucht werden.

So soll es auch mit Einnehmung der lehr-Kinder nach berürter ordnung gehalten werden, und kein Kindt bei den Papistischen Jungkfrawen sein, damit sie nicht mit Gottlosen lehren beschmitzet werden.

Und soll von jedem Kinde, weil all dingk teur ist, des Jahrs S:chs taler für die Kost gegeben werden, und werden ungezweifelt die Eltern und freunde es sunst umbs Closter und die Chor Jungfern danckbarlich zu erkennen wißen, So soll auch kein Kinde und Junckfraw eingekleidet werden, ohne unserm Vorwißen und befehlich.

Und weil die Kappen und Schäpler und Weichell und Creutz auf dem Heubt, wie sie die Closter Persohnen tragen vielen frommen Christen Ergernüß geben, und dieselbigen mit sonderlichen Gotteslesterlichen gebeten geweihet werden, alß solten sie die Sünde bedecken, und die werck in solcher Kleidung Gott gefelliger sein, denn sonst, So sollen fürter keine Jungkfrawen in Kappen und mit Weichell und Creutz bekleidet werden, sondern sie sollen Ehrliche schwartze oder weiße Röcke von einerlei Arth und Wande, und auf dem heubt weiße tücher, wie sie itz haben, ohne Seiden, burtten oder gewirckten Hauben tragen, aber keine Weichell oder Creutz,

Welche Jungkfraw auch die Karpe itz auß ziehen und schwartzen Rock tragen wollte, das soll ihr frei sein, welche auch die Kappen behalten wollen, das mügen sie auch thun, aber keine weichell oder Creutz aufm Kopffe tragen,

Es soll auch keine Closter Persohn in Kappen Schepler, Weichelln sondern wie andere Christen in leinen tacken begraben werden.

Alß wir dan vermercken, das alle tage und fast alle stunde viell ein und ausgehen ist, So soll daßelbige fürter nachbleiben, und die Closterthür zugeschloßen sein, und niemants darin gestattet werden, er habe dan darin zu thun.

Welche Jungkfraw auch im Closter zu beharren nicht bedacht, die soll es der Domina und Prädicanten anzeigen, die sollen es Ihren nehisten freunden vermelden, und da es ihrer freunde wille ist, oder sie sonsten aus guten Ursachen und nicht leichtfertigkeit aus dem Closter begeret, so soll ihr daraus zu ziehen, doch mit unserm Vorwißen, erlaubet, und so viell vom Closter gegeben werden, alß sie darein gebracht hat.

Und damit diese unsere Christliche Ordnung dem Allmechtigen zu lob und Ehren, und der Menschen Heill und Seligkeit auch zeitliche wolfarth so viell mehr erhalten werden, Sein wir bedacht Järlich ein oder mehr mall mit unsern Consistorii Räthen, oder durch dieselbe allein zu visitiren, und die Mängell in einem und andern zu hören und in beßerung zu richten.

Zu Urkunt haben wir diese Ordnung mit unsern Händen unterschrieben und mit unserm Secret besiegeln laßen. Gegeben am 11ten Maji. Anno rc. 74.

       Wilhelm der Jünger, Hertzogk zu Braunschweig
        und lüneburgk manu propria subscripsit.

Außer diesen sind zwar in den folgenden Zeiten noch ein und andere Closterordnungen ergangen, welche aber sämmtlich alhie anzuführen überflüßig seyn würde, maßen dieselbe nicht allein überhaupt alle Clöster unsers landes angehen, sondern auch größtentheils im öffentlichen Druck jederman vor Augen liegen. Jedoch wird es viel leicht dem Gen. leser nicht unangenehm seyn, wenn wir zum Beschluß noch diejenige Verordnung mit beyfügen, welche Anno 1706. Ihro Königl. Maytt. von Groß-Britannien tannten und Churst. Durchl. von Braunschw. lünebl. Unser jetzt regierender allergnädigster landes-Herr in specie an unser Closter ergehen lassen, dadurch nicht allein der ganße Closterstaat in gegenwärtige Verfassung gesetzet, sondern auch absonderlich den Adelichen Geschlechtern der Stadt lüneburg 2 Drittheil von Closterstellen und 2 Turni der Abbatißin-Wahl, denen andern fremden Famlien aber 1 Drittheil und 1 Turnus zuerkannt worden. Es lautet dieselbe aus dem Original folgender gestalt:

Von Gottes Gnaden Georg Ludewig, Hertzog zu Braunschweig und Lüneburg, des heil. Römischen Reichs Chur Fürst.

Demnach Unsers weiland freundlich geliebten Vettern, Herrn Georg Wilhelms, Hertzogen zu Braunschweig und lünebl. Christseel. Andenckens liebden der Nothdurfft zu seyn befunden, die bey dem Closter Medingen wegen schlechter Speisung einige Jahr her geführte querelen, auch sonst in einem und andern eingerissene Unordnung abzustellen, dero Behuff auch zuförderst gemeldten Closters Zustand untersuchen, und die dabey interessirte über ein und andern punct vernehmen lassen, Und wir dan, als jetziger Regierender landes-Herr des Fürstenthums lüneburg, dergleichen nützliche und heilsame Ordnungen zu befördern und zum Stande zu bringen nicht minder gnädigst geneigt seyn, So haben Wir, nachdem Uns davon zuförderst umständlich referiret worden, gestalten Sachen nach gnädigst resolviret, daß

I.

Der ganße Convent Unsers Closters Meding vorerst, und so lange biß diejenigen, welche von Closters wegen bereits erspectiret, und bey eräugenten vacantzen, Ihrer Ordnung nach, eingenommen sind, solchergestalt, wie es anjetzo ist, verbleiben, so bald aber die erspectirten ihre Stelle erhalten, der ganße Convent

1) bestehen und reduciret werden soll auf Eine Abbatißin und Priörin, und 22 Conventualinnen, also inclusivé der Abbatißin und Priörin aus 24 Personen, überdem

2) sollen drey also genannte geistliche Kinder, welche auf ein oder andern Fall zu Conventualinnen zu nehmen, bestellet, und

3) Neun lehr-Kinder von Zeit zu Zeit in unserm Closter Meding zur Erzieh- und Anführung zur wahren Gottesfurcht, auf- und angenommen werden, Und stehet zuförderst denjenigen so ihre Kinder und Anverwandtinnen in das Closter zur Erziehung zu geben gewillet, frey, selbsten eine von den Conventualinnen zu erwehlen und anzusprechen, zu welcher Sie das Vertrauen solcher Erziehung halber gestellet: Auf den Fall aber, da eine oder andere der Conventualinnen sich dergleichen lehr-Kinder, ohne besondere Ursach anzunehmen weigern würde, soll die Abbatißin deßhalb, dem Befinden nach, zu disponiren Macht haben. Wo beneben Wir für des Closter Sieben, für die Abbatißin aber zwo Mägde, jede a 30 thlr. lohn und Kostgeld, und Sechß Himbten Rocken paßiren lassen; denen Conventualinnen aber soll entweder ihrer Zwoen zusammen, oder auch einer jeden absonderlich und für sich allein, auf ihr eigene, nicht aber auf des Closters Kosten, eine Magd zu halten frey stehen.

II.

Die Wahl der Abbatißin und Priorin soll hinkünftig allemahl von dem gantzen Convent, welcher zufoderst dahin zu erinnern, daß bey der vorseynaben Wahl eine jede ihre Absich: auf GOttes Ehre und des Closters Beste richten solle, geschehen, auch dazu die Vota, mittelst verschlossenen Zetteln, colligiret, und darauf soban diejenige, worauf die meisten Stimmen gefallen sind, sofort für eine Abbatißin oder Priorin declariret, bey der Wahl aber ferner dieses beobachtet werden, daß zwen Turni der Abbatißin Wahl vor die Conventualinnen der Patricien Geschlechter in Lüneburg, der dritte Turnus aber vor die andern Conventualinnen reserviret seyn, und wan eine Abbatißin aus den Patricißin Geschlechtern in Lüneburg ist, die Priorin jedesmahl aus den Conventualinnen andern Standes erwehlet und angenommen, und hingegen wan eine Abbatißin andern Standes ist, die Priorin aus gedachten Patricien Geschlechtern erwehlet werden solle. Es ist daneben, so viel in specie die bevorstehende Wahl der Abbatißin betrift, Unser gnädigster Wille, daß, weil nun eine geraume Zeit hero aus den Patricien Geschlechtern in Lüneburg die Abbatißin gewehlet worden, diese jetztbevorstehende Wahl aus den Conventualinnen, andern Standes geschehen, die beyden folgenden Turni aber denen gesagten Patricien gelassen, und von hernächst bey der Wahl vorerwehnte Ordnung ohnverrückt observiret werden soll; von der Conventuasinnen sowol, als auch der Geistlichen und Lehrkinder Stellen aber sollen hinkünftig für der Patricien Töchtere in Unserer Stadt Lüneburg zwey Drittheil, ein Drittheil aber für andere, und in sonderheit Unserer Räthe, Secretarien, auch anderer vornehmer Bedienten Töchtere bleiben, und solche damit besetzet werden; jedoch daß auch der wol angesehenen Bürger in Lüneburg Töchtere davon nicht ausgeschlossen seyn sollen. Wan

III.

Von denen Patricien Töchtern aus Unserer Stadt Lüneburg, so im Closter erzogen, so viel nicht vorhanden, oder des Alters seyn sollten, daß entweder der Conventualinnen, oder auch Geistlicher Kinder ihnen gnädigst gegönnete zwey Drittheilstellen damit zu ersetzen; So sollen aus denen Töchtern der Patricien, welche sich zu verheurathen nicht gedencken, und gegen deren leben und Wandel mit Fug nichts wiebriges zu sagen ist, und von denen Consulibus Patriciis und Baarmeistern zu den vacanten Stellen präsentiret werden, ob selbige gleich in den Clöstern nicht erzogen, noch die geistlichen Lehr- und Kinderjahre ausgehalten haben, auch schon von 40 oder 50 Jahren seyn möchten, angenommen werden; Wan aber auch dergleichen nicht vorhanten seyn, oder deren keine Belieben zum Closter haben würde, alsdenn sollen eine oder zum höchsten zwo Stellen, dem Closter zum Besten, auf zwey Jahre für Sie, der Patricien Töchter, offen gelassen, nach deren Ablauff aber die vacirende Stellen mit andern aus der Bürgermeistere, Syndicorum, Rathsverwandten und vornehmer Bürgere daselbst Töchtern, wieder ersetzet, der Lehrkinder Stellen aber, in Ermangelung der Patricien Töchter, so fort mit andern ergäntzet, diejenigen aber, welche bey eräugenden Vacantzen, oder sonst auf einige Stellen vertröstet sind, zufoderst ihrer Ordnung nach, wie Sie expectiret, und ohn einigen regard, wes Standes sie seyn, nach und nach ins Closter aufgenommen und eingekleidet werden.

IV.

IV.

Soll, gleich die letzte Zeit her bereits geschehen, also auch hinkünfftig, die gemeinsahme Speisung und der Haußhalt cessiren und aufgehoben seyn, auch das allgemeine Backen eingestellet, hingegen das Vorwerck, wie Flachs= und Kornzehenden, mit zuziehung des Wercks verständiger, so gut und hoch als immer möglich dem Closter zum Besten, verpachtet, das grosse Closterküchengeräthe, so jetzo nicht mehr gebraucht wird, wie auch was von Linnen, Flachs und Garn annoch vorhanden, dem Closter gleichfals zum Besten verkauft, das Geld dafür zu einem Capital gemacht, und also berechnet werden. Und weil zu dem allgemeinen Brauen das benöthigte Geräthe vorjetzo bey Handen ist, soll dem gantzen Convent frey stehen, solch Brauen, im Fall es vorträglich ermessen werden sollte, ferner zu continuiren, oder zu verpachten; jedoch daß solch Brauen weiter nicht, als allein zu Behuff des Closters, wie bißhero, geschehe. Und weil das alte Linnen, kleine Küchen= und Tischgeräthe unter die Conventualinnen bereits getheilet, lassen Wir es zwar dabey bewenden, jedoch soll eine jede Conventualin schuldig seyn von demjenigen, was Sie solchergestalt, es sey an silbernen Löffeln, Zinn, Meßing und Kupfer, oder sonsten von Closter wegen zum Gebrauch empfangen, in eine Specification zu bringen, und solche der Abbatißin, unter Ihrer Hand, sofort auszuantworten, diese auch, und deren Nachfolgerinnen, dahin sehen, daß dieselben Stücke bey jedesmahligen Absterben einer Conventualin, ohne Mangel wieder geliefert, und derjenigen, welche in ihre Stelle wieder tritt, zu gleichmäßigem Gebrauch, gegen Ihre Specification, abgefolget werde.

V.

Eine jede portion der Closter Conventualinnen soll hinkünfftig bestehen aus Einhundert Rthl. bahren Geldes (welches alle Viertthel Jahr, wo immer möglich, voraus zu reichen) Drey Wichhimbten Rocken, und Sechs Himten Haber; Gleichwie nun aber die Abbatißin solche Geld= und Kornportici Dreyfach zu heben hat, Also soll auch über die einfache portiones die

                Prilbrin   .   .   .   .   20 thlr.
                Capellanin   .   .   .   20 thlr.
                Korn=Schreiberin   .   12 thlr.

zu einer Ergetzlichkeit für ihre absonderliche Mühe, über dem jährlich an bahrem Gelde die drey geistliche Kinder zusammen 1½ portiones, und ein Lehrkind von Closters wegen jährlich Acht thlr. an Gelde, und Sechs Himten Rocken zu geniessen haben.

VI.

Die gestifftete Memorien sollen, wie verhin, also auch hinkünfftig, bleiben, und an denen Tagen, auf welche sie gestifftet sind, so fern es immer möglich ist, über die einer jeden Conventualin determinirte 100 rthlr. an Wein, Brode, Essen und Trincken, so viel eines jeden portion betragen wird, in natura ausgetheilet, und angedachten 100 rthlr. nicht decourtiret, nicht weniger was denen Armen an dergleichen Memorien vermacht ist, denenselben nach wie vor, jedesmahl zu bestimmter Zeit in natura gleichfals gereichet werden. So viel

VII.

Die Reception der Lehrkinder, deren Einkleidung, Clösterliche disciplin und Auffsicht anbetrifft, soll solche der Abbatißin nach wie vor allein verbleiben; Wobey

Nn 3   dieselbe

dieselbe insonderheit dahin gebührende Obsicht zu tragen hat, damit die Sültz- und übrige Clostergefälle jedesmahl zu rechter Zeit eingetrieben, dem Convent und dessen Angehörigen dasjenige, was jedem gebühret, zu bestimmter Zeit gereichet, der Gottesdienst hergebrachter massen gehalten, die Conventualinnen sowol, als auch übrige des Closters Angehörige, in gewöhnlicher ehrbahrer, und ihrem geistlichen Stande gemässer Tracht und Kleidung sich ehrbahr bezeigen, die Lehrkinder treulich sowol in der Gottesfurcht als Jungfräulicher Zucht und Arbeit erzogen und unterwiesen werden, den Conventualinnen das Ausreisen an Oerter, wo sie nicht zu verrichten haben, untersaget, im übrigen aber, wan Sie nöthig zu reisen haben, ihnen solches zwar auf gewisse Zeit vergönnet, das gantze Jahr durch aber länger nicht als ein Vierthel Jahr zu den ihrigen zu reisen verstattet werde, Wobey dan auch der Abbatißin frey stehen soll, dem befinden nach zu gebieten, daß Sie solche vorhabende Reise biß auf eine andere Zeit verschieben müssen. Sollte dan eine Conventualin über bestimmte Zeit eines Vierthel Jahres ausbleiben, soll deren quota an Gelde und Korn, so viel als die Zeit über austräget, inne behalten, und dem Closter zum Besten berechnet werden. Was

VIII.

einer jeden Conventualin oder Closterbedienten an Korn vermachet, soll sofort, wan es einkommet, gegeben, das übrige aber verkauffet und gehörig berechnet, auch Einnahme und Ausgabe, insonderheit dessen, was so wol den Armen an ordinair- und extraordinair-Posten, wie auch dem Prediger, dessen Wittiben, wan eine vorhanden, auch Closter- und andern Bedienten gegeben, und wohin ein jedes in specie verwandt worden, ordentlich, vollenkömmlich und richtig unter gewisse Rubriquen gebracht, und unter der Direction der Abbatißin von der sogenannten Capellanin zusammen getragen, der Vorrath anders nicht, als zu höchstnothwendigen Baukosten angegriffen, und dabey aller möglicher Fleiß angewandt werden, daß die Ausgaben, dem Closter zum Besten, menagiret werden, damit das nöthige quantum auf kommen, der Ueberschuß aber allemahl auf Zinse beleget werden möge, und bey abschlägigen Jahren daher eine Zubusse genommen werden könne. Und gleichwie

IX.

alle Sachen, welche das Closter concerniren und von sonderbahrer Importantz seyn, vor den gantzen Convent gebracht werden sollen, Also soll hingegen unter der Direction der Abbatißin, und in Gegenwart derselben, wie auch mit zuziehung der zeitigen Priörin und jedesmahliger ältester der Conventualinnen, oder Juratin, welchen die von denen lüneburgischen Patricienfamilien zwo, und die übrigen auch noch eine Conventualin aus ihrem Mittel beyzufügen Macht haben sollen; nicht weniger in Beyseyn Unsers Deputirten, wozu Wir vorjetzo den Bürgermeister Brand Ludolph Stöterogge in lüneburg, oder wen Wir hiernächst gnädigst dazu committiren werden, welche jedoch, ausser der Speisung, auf ihre eigene Kosten dabey zu erscheinen haben, hiermit und Kraft dieses gnädigst verordnet haben wollen, von dem Vorhergehenden Jahre, allemahl zwischen dem darauf folgenden neuen Jahr und Ostern, die Einnahme und Ablegung der Rechnung, sowol von Gelde, als Korn, geschehen, und alles, so weit immer möglich, mit documenten und quitungen gehörig beleget, auch derer Anwesenden, zu des Closters Besten und Aufnahme, dabey thuende nütze und

und ersprießliche Monita attendiret und beobachtet werden, und wollen wir solchem
nächst was bey Einsehung solcher Rechnungen nöthig gefunden werden mögte, zu
remediren bedacht seyn.

X.

Diejenige Apothequen-Rechnungen, welche von der letzten Kranckheit her, darin
eine ohnbemittelte Conventualin verstirbet, annoch unbezahlet nachstehen, sollen von
Closters wegen abgeführet und bezahlet werden; wan aber die verstorbene Mittel hin-
terlässet, werden sie davon billig gestanden.

XI.

Die Beerdigung der verstorbenen Abbatißin, Priörin und Conventualinnen
soll von Closters wegen geschehen; jedoch weiter nicht, als was zum Sarge, Predi-
ger- und Kirchengebührnissen erfodert wird, dahingegen nach erfolgter Vacantz solche
Stelle jedesmahl ein Vierteljahr, dem Closter zum Besten, ohnbesetzt bleiben, Uebri-
gens aber nach tödtlichem Hintritt der Abbatißin, und Sede vacante, keine Verände-
rung vor- auch keine Kinder ins Closter genommen, noch einige Expectantien er-
theilet, sonsten auch der Priörin die Direction nicht allein gelassen, sondern alles, was
immittelst vorfället, mit jedesmahliger Zuziehung der Juratinnen und zwar Conven-
tualinnen aus den Geschlechtern, und einer aus den übrigen, überleget und beschlossen,
getreulich annotiret, was an Einnahme aufkommt in die verordnete mit dreyen Schlös-
sern verwahrte Cassam gesetzet, und die nöthigen Ausgaben, auf Erfordern daraus
genommen, die Schlüssel dazu aber, und zwar zween zwoen Conventualinnen Patri-
cien Geschlechts, und der dritte einer der übrigen eingehändiget, und von denselben ver-
wahret werden. Und weil dan

XII.

auch billig, daß das Closter von denenjenigen, welche so viele Jahre, auch wol
die meiste Zeit ihres Lebens, ihre gute Subsistentz darin gehabt haben, einiger Bey-
hülffe und Andenckens sich zuerfreuen haben, Und dan zwar selbiges in solchen Fällen
bißhero einige Kleinigkeiten, welche aber demselben wenig zu statten kommen, zu ge-
niessen gehabt, so können diese hinkünfftig cessiren; Es sollen aber die Erben der Ver-
storbenen, im Fall Sie die Verstorbene bey Ihrem Leben, und aus eigener Bewegung
das Closter, Ihrem Vermögen nach, nicht mit einem ansehnlichen Legato bedacht
haben, demselben, hergebrachter massen, nebst dem guten vollständigen Bette, wenig-
stens zwantzig Thaler ohnwegerlich und aus Ihrem geredesten Nachlaß abzuführen
schuldig und gehalten seyn, welche mehrgedachtem Unserm Closter Meding zu gute an-
geleget und berechnet werden sollen. Wir befehlen demnach Abbatißin, Priörin,
Conventualinnen, und sämmtlichen Angehörigen Unsers Closters Meding, daß Sie
sich nach dieser Unserer Verordnung in allen der Gebühr achten. Uhrkundlich Un-
sers Churfürstl. Handzeichens und aufgedruckten Secrets. Geben in Unserer Residentz
zu Hannover, den 10. August. 1706.

(L. S.)   **Georg Ludewig,**
                 Churfürst.

                               v. Hattorff.
                                 Ordnung

Ordnung,

Derer Herren Beamten, welche seit Anno 1529. da die Pröbsten reduciret worden, hieselbst gelebet haben.

1) Hr. Thomas von Göhrden, wurde Anno 1529. den 11ten Jul. von der Hohen-landes-Herrschaft auf die Pröbsten gesetzet, nachdem der letzte Probst, Herr Johan von Marenholt sein Cassement bekommen hatte. Er zog Ann. 1535. auf Ostern wieder von hier, nachdem er ins 6te Jahr alhie die Stelle eines Fürstl. Hauptmanns unter vieler Beschwerlichkeit bekleidet hatte.

2) Hr. Cord Rüsel, succedirte Ann. 1535. hatte aber keinen völligen Hauptmannsrang und Titul. Er arbeitete starck, aus Fürstl. Commission, an dem hiesigen Reformationswercke, konnte aber wenig ausrichten. Er ward Ann. 1546. am Mittwochen nach Mariä Heimsuchung auf dem Felde von einer reisenden Person erschossen, nachdem er das hiesige Fürstl. Ambt 11 Jahr verwaltet.

3) Hr. Franciscus Enghusen, trat An. 1546. an, und erlebte endlich die Ausführung des hiesigen Reformationswerckes. Er wurde An. 1556. von hoher landesherrschaft seiner Dienste erlassen, nachdem er 10 Jahr das hiesige Amt geführet hatte.

4) Hr. Wolff Rexen, wurde An. 1556. den 1ten Maj. von Hertzog Francisco Ottone, selbst introduciret, starb An. 1565. den 22ten Apr. im 9ten Jahr seines Amtes.

5) Hr. Otto Clammer, ein Sohn des damahligen Braunschw. lünebl. Cantzlers, Hrn. Balthasar Clammers, wurde An. 1565. von seinem Vater introduciret, er resignirte aber An. 1571 wieder, im 6ten Jahr seines Amtes.

6) Hr. Rudolph von Bothmer, succedirte dem vorigen An. 1571. resignirte An. 1591. Alters und Unvermögens halber, und begab sich auf seine Güter, nachdem er dem hiesigen Fürstl. Amte 20 Jahr vorgestanden.

7) Hr. Lippolt von Bothmer, trat An. 1591. an, resignirte aber gleich in folgendem Jahre.

8) Hr. Heinrich Schmid, wurde An. 1592. von dem Zellischen landrentmeister und Amtmann zu Ebstorff introduciret. Er war zugleich Hauptmann zu Winsen und Oldenstadt. Er starb An. 1604. den 2ten Novemb. im 12ten Jahr seines hieselbst geführten Amtes.

9) Hr. Wilhelm von Hodenberg, ward An. 1604. von dem damahligen Zellischen Großvogt, Hr. Rudolph von Bünow, introduciret. Er starb in Zelle An. 1635, im 31ten Jahr seines Amtes.

10) Hr. Werner von Meding trat An. 1635. an, resignirte aber An. 1640. wieder, und zog nach Ratzeburg, da ihm eben ein Canonicat zugefallen war. Er ist hieselbst nur ins 5te Jahr Hauptmann gewesen.

11) Hr. August Friederich Cammann, war erstlich Amtschreiber, wurde darauf An. 1640. nach dem Abzuge des vorigen, zum Amtmann angenommen. Er starb An. 1654. den 4ten Jun. im 14ten Jahr seines Amtes.

12) Hr.

12) Hr. Gerbard Becker, war zuerst Kornschreiber und wurde An. 1654. von hoher Landesherrschafft zum Amtmann gesetzet. Er starb An. 1656. den 3ten August nach dem er diese Ehrenstelle nur 2 Jahr bekleidet hatte.

13) Hr. Ludolph Banse, trat An. 1656. den 18ten Octobr. an, wurde aber schon An. 1659. im 3ten Jahr seines Amtes von hoher Landesherrschaft seines Dienstes erlassen.

14) Hr. Friederich Elebrecht, trat An. 1659. hieselbst an, ward aber An. 1674. nach Ebstorff translociret, nachdem er hieselbst 15 Jahr dem Fürstlichen Amte vorgestanden.

15) Hr. Johann Martin Mohr, wurde An. 1674. auf Michaelis von hoher Herrschaft hieselbst zum Amtmann gesetzet. Er starb An. 1707. im April in 33ten Jahr seines Amtes.

16) Hr. Heinrich Johann Saringbausen, zeitiger Amtmann hieselbst, wurde An. 1707. den 1ten Maji von hoher Landesherrschaft dem hiesigen Amte vorgesetzet, welches er, 26 Jahre verwaltet hat. An. 1721. wurde derselbe von Ihro Königl. Majest. von Großbrit. und Churfl. Durchl. von Braunschwei. lüneb. zum Oberamtmann allergnädigst ernannt, welche Dignität er 12 Jahr geführet. Er starb den 9ten Julii 1733, und wurde in die Closterkirche begraben.

17) Hr. Christian Diederich Knoche, folgte ihm 1733. als Oberamtmann, verwaltete dieses Amt mit größter Treue und vielem Ruhm bis 1726, in welchem Jahre er Alters halber in Pension trat, und nachdem er sich zu Secklendorf aufgehalten den 13 Jun. 1771. in seinen 84ten Jahr selig verstorben.

18) Hr. Johann Conrad Habn, wurde 1753. als Amtschreiber nach Medingen gesetzt, und einige Jahre darauf daselbst zur Würde eines Amtmanns erhoben, welche er noch verwaltet.

19) Hr. Anton Günther Ferdinand, von Omoteba wurde 1762. als Drost dahin gesetzet, aber 1766. in solcher Dignität nach Rethem translociret, woselbst er noch stehet.

20) In demselben 1766. Jahre kam Hr. Georg Ludwig von Harling, den 18ten Septembr. als Königl. Großbrl. und Churfl. Drost an dessen Stelle, welche er rühmlichst bekleidet; und wenn redliche Wünschung in Erfüllung gehen, noch viele Jahre im Segen bekleiden wird.

Verzeichniß,
der Prediger zu Medingen nach der Reformation bis 1769.

1) Bierwirt, ward An. 1551. am Johannis Feste von hoher Landesherrschaft dahin gesetzet, als die Religionsreformation mehrentheils zu Stande gebracht war: weil er aber mit unzeitiger Strenge viel Erbitterung anrichtete, so ward er An. 1554. an einen andern Ort befördert.

2) Johannes Linde, ward An. 1554. hieher berufen, und half unter göttlichen Segen viel dazu, daß das Closter endlich die Augspurgische Confeßion annahm. Er starb An. 1562. den 14ten April, nachdem er das evangelische Predigtamt hieselbst ins 8te Jahr geführet hatte.

3) Hen

3) Henricus Bock, ward An. 1562. hieher berufen; starb An. 1573. den 6. Sept. im 12ten Jahr seines Amtes, und im 46ten seines Alters.

4) Bendictus Wiezendorf, folgete ihm An. 1573, starb An. 1627. den 16. Maii, nachdem er 89 Jahre gelebet. Er hatte das evangelische Predigtamt vorher an einem andern Orte 8, und darauf allhier noch 54, zusammen 62 Jahre geführet.

5) Rudolph Wiezendorf, ein Enkel des vorigen, trat An. 1627. an, stand während seines hieselbst geführten Amtes unter den 30 jährigen Kriegstroublen viel Ungemach aus, und starb endlich An. 1653. im 26ten Jahr seines Amtes.

6) Ernst Christian Bolte, wurde dem vorigen An. 1650. adjungiret, lebte in solchem Stande erst 3 Jahre, führete nachgehends das Predigamt hieselbst noch 33 Jahr, und starb endlich An. 1686. den 13ten Jan. im 67ten Jahr seines Alters, und im 36ten seines Amtes.

7) Johann Georg Burmeister, war von schwacher Leibsconstitution, starb An. 1688. den 7ten Jan. im 2ten Jahr seines hieselbst geführten Amtes, und im 34. seines Alters.

8) Gerhard Balthasar Falkenbagen, wurde An. 1688. von Kirchhorst im Zellischen hieher berufen. Kurz vor seinem Ende wurde ihm die erledigte Probstey zu Uitzen aufgetragen. Er starb aber An. 1703. den 11ten Aug. ehe er sie antreten konte. Sein ganzes Alter hat er auf 55 Jahre gebracht, und der Kirche Gottes zu Horst 13, zu Medingen 14, zusammen 27 Jahre gedienet.

9) Christoph Bernhard Crusen, ward An. 1703. zum hiesigem Pastorat vociret, und den 4ten Nov. des gedachten Jahres introciret. Er führte dieses Amt bis An. 1711, da ihm von Churfl. landesherrschaft die Superintendur zu Danneberg aufgetragen wurde. Von da ist er An. 1724. zur Harburgischen Generalsuperintendentur, und endlich An. 1725. zur Superintendentur nach Bremen vociret worden, wo er 1744 den 29ten November. verstorben.

10) Balthasar Friederich Lindes, wurde An. 1711. den 27. May hier introduciret, und hat das hiesige Pastorat ins 11. Jahr verwaltet. An. 1721. bekam er von Königl. landesherrschaft Vocation zur Nienburgischen Superintendentur, welche er auch den 25. Nov. des jetzt gedachten 1721. Jahres würklich angetreten, wo er 1746. gestorben.

11) Johann Rudolph Lyßmann, hatte vor 8 Jahren der Kirche Gottes zu Altennedingen gedienet; von daher wurde er An. 1721. den 10ten Nov. nach Medingen vociret, und den 30ten ejusd. als am 1ten Adventssonntage als Prediger hieselbst introduciret. An. 1731. den 19ten Octob. wurde er nach Fallersleben als Superintendent berufen, und Jubilate 1732. daselbst eingeführet, wo er 1742. verstorben.

12) Philip Heinrich Saringhausen, geboren den 15ten Junii 1696, wurde 1733. Dom. V. post. Trinit. vom sel. Probst Bußmann in Uitzen daselbst eingeführet, nachdem er der Gemeinde daselbst 37 Jahr gedienet, starb er den 16ten Oct. 1770. in seinem 75. Jahre. Sein Herr Sohn wurde ihm 4 Wochen vorher adjungiret, welcher nun auch als Prediger bey dem Closter stehet. Er war den 11ten Aug. 1738. gebohren, hat zu Jena studiret und einige Jahre die Pagen zu Hannover unterrichtet.

❧❀❧

Anhang
der funfzehn Tafeln,

in welchen die vornehmste Begebenheiten unsers Closters
von dessen Stifftung an, bis auf das Jahr 1449.
kürtzlich verfasset sind.

Diese funfzehn Tafeln sind A. 1499. durch Veranstaltung des Probstes von Bülow und der Abbatißin Margaretä Pussen in dem Hause der Abbatißin, der Nachwelt zum Unterricht aufgestellet, und A. 1659. von der damahligen Abbatißin Margareta von Dassel, der ersten dieses Nahmens reparixet worden, wie davon bereits an gehörigem Orte Meldung geschehen ist. Weil aber diese Tafeln heute zu Tage nicht mehr völlig in demjenigen Stande sind, als sie zuerst entworffen worden, wollen wir die verderbte Stellen aus dem von dem Probst von Bülow verfertigten ersten Aufsatze, welcher noch im originali vorhanden ist, verbessern, und zugleich einer jeden Tafel die alte Platteutsche Version beyfügen, welche in jetzt gedachtem originali enthalten ist.

Die

Anno millesimo ducentesimo vicesimo octavo. Fuit quidam conversus (¹) ordinis Cisterciensis (²) nomine Johannes. Hic audivit vocem dicentem sibi sic: vade & eme faba & pisa. ac imple duos saccos magnos. & quot faba & pisa in numero. tot electe persone erunt in novo monasterio. cujus tu eris inicium. & ego auctor perficiam. Qui respondit. Quomodo fiet istud. quia pauper sum & ydiotus. Et dominus vt volo ita fiat. & conversus fecit sicut audierat.

Na Cristi Bort so men screff dusent twe hundert achte und twyntich jar. Do was en goblick godedrüchteren man, gheheiten Johan, und was eyn leybroder in den orden Cistercien. de hörde tho ener tyd ene stempne, de sprack tho em und sede. Gha und kope erweten und bonen und vülle twe grote secke. und so vele der synt in dem talle. so mennich utherloten persone schal in dat nye Closter dat ick wil ghebuwet werden laten. du scholt des syn en anbegyhn, und ick wil dat vullenbringhen. Do antworde de leybroder und sede. Wo schal dat tho ghan, wente ick byn en arm ungeleret man. De stempne sprack. Alse ick wil so muth dat scheyn.

Die

---

(1) Von der Bedeutung des Wortes Con- (2) Von dem Ursprung und Beschaffenheit des
versus siehe oben p. 41. Not. (r).   Cisterlenser Ordens siehe oben p. 2. Not. (b)

Hic cum implevisset saccos fabis & pisis, imposuit curru, quem abbas suns sibi con-
tulerat. & perrexit in dyocesin Magdeburgensem ad monasterium Wolmerstede &
petiit ac optinuit quatuor personas simplices & indoctas, ut per eas novum domino
construeretur monasterium.

De leybroder ghinck tho synem Abbete, und gaff eme tho vorstande, wat eme gesecht
was. Also gaff eme syn abbet ennen wagen mit perden und bar lede he de twe secke mit
ben erweten und bonen upp, und vorede in dat stichte tho Meyeborch tho dem Closter
Wolmerstede, und bath daruth veer personen upp dat dorch jüm mochte gode tho eren
en nye Kloster ghebunet werden.

1

Wolmerstede

Zacharia. anthonia Floria Clementa.

Johanes couerfus

Hic educit Johannes conversus ordinis Cisterciensis quatuor virgines ejusdem ordinis de monasterio wolmerstede, quarum nomina Clementa. Floria. Anthonia & Zacharia. vestite cucullis albis (³). que secum deferentes patronum suum Sram. Mauricium (⁴) cum sociis suis (⁵).

Alse nu de leybroder Johannes veer simpel und entvoldighe junckvrouwen uth dem Closter Wolmerstede habbe kreghen, der ere namen alsus synt ghewest. De erste hete Clementa. De ander Floria. De drudde Anthonia, und de veerde hef Zacharia und weren ghekleved mit wytten cappen und brochten mit sik eren hövetheren Sten Mauricium eyn holten bilde.

Die

(3) Die Cistercienser Ordens-Leute trugen zu allererst, eben wie die alten Benedictiner, grauen Habit. Aber wie Bernhardus Abt zu Clairvaux Ao. 1113 den beynahe verfallenen Cistercienser-Orden wieder erneuerte; so verordnete er ihnen zum Ordens-Habit einen weissen Rock, mit einem schwartzen Scapulari, wie solches in den Gemählden dieser Tafeln hin und wieder angemercket wird.

(4) Wer dieser Mauritius gewesen, und durch was Gelegenheit er zum allgemeinen Schutz-Heiligen des Magdeburgischen Ertz-Stiffts worden sey, davon siehe oben p. 2. Not. (b) (c).

(5) Unter diesen Sociis des H. Mauritii wird entweder die gantze Thebanische Legion, oder in specie die vornehmsten Officierer derselben verstanden, welche nach Aussage der alten Legenden, Candidus, Innocentius, Exuperius, Victor und Constantinus sollen geheissen haben.

Hic perduxit eas in quendam locum qui dicebatur Redekestorpe. ubi cum pro nimia inopia manere nequivissent. reduxit eas in locum alterum.

Hir vorde he se tho enem Dorpe Redekenstorppe dar konden se vorn groten armode nicht blyven also brochte he se sübber nha plate.

Johanes couerſ Plate vidua

Hic deducit eas in locum qvi dicitur plote (⁶). Ibi a qvadam vidua benigne ſunt recepte & favorabiliter pertracte. Et ibi eodem loco Johannes converſus vitam preſentem finivit.

Alſe deſſe junckvrouwen nu tho Plate qwemen, worden ſie gütliken entfangen van ener vramen erliken weberen. Un dar tho Plate ſtarff Johannes de lepbrorer. De Weberſe was jüm do vor und beſorghede ſe de tyd eres levendes mit all dem dat ſe vormochte. Un in korten tyden do ſtarff de weberſe ock in God den Heren.

Die

(6) Dieſes Plote iſt allem Vermuthen nach das Dorff Plate, in der alten Mark Brandenburg, jenſeit Calbe gelegen.

Anno domini MCCXXXVII. Conradus Abbas Raftadenfis cum vniverfali capi-
tulo, poft mortem Johannis converfi ac viduæ in plote. contulit eis fundum in
Badendorpe (7) de pura libertate. ad edificandum in eo oratorium cum ceteris
ædificiis fibi neceffariis. ut orationum & elemofinarum ac premiorum mererentur
fieri participes. qui fe bonorum operum conftituerunt adjutores.

Do men ſchreff na Crifti boet duſent twe hundert ſoven un dörtich. Alſe na
de Wedewe tho Plate in god vorſtorven was, do gaff de abbet von Raſtede, ghe-
nömet Conradus, mit ſynen ghantſen Cappitel den Junckvrouwen de Kercken tho
Babendorppe uth egenen frꜩen willen. Und do koren ſe enen provest, ghenömet
her helmeke, de halede und brochte jüm de allmiſſen. broet und beer. van den Rid-
dern tho olden Medingh, un de ſülve provest leth jüm dar enen klenen chor ma-
ken und eyn hus. dat was dat Cloſter und hadde nenen namen. men me nömede
dat tho dem dynghe.

Die

Hic flavi (*) interfecerunt primum prepositum Helmericum. transfodientes eum per mandibula in silva proxima ante villamBadendorppe. propter eleemosinas quas eis deferebat. Et in tempore illo probatum est, qui vexabantur dolore dentium. lectis in eadem silva vesperis vigiliarum in memoriam presati prepositi, liberati sunt ab omni dolore dencium.

Do de vorbenömede provest, her helmolth, enes daghes in dem holte ginck, harde vor badenborppe, und wolde den juncfrouwen ethen halen so he plach. Do qwemen de argen wenden un stecken den provest dorch de kenebacken, dat he dot bleff bellg ghende in demsülven holte. umme detwillen dat he den juncfrouwen de almissen ha leve van dem ridder tho olden Medingh, des ghönden se jüm nicht. Un in dersülven tyd is dat vorsocht de seene de de wedaghe der tenen hadde, und in demsülven holte dem vorbenomeden provste ene yele vesper las, de wart vorlöset van aller wedaghe der tenen.

Die

(a) Die Slavi, welche sonsten auch bey den Historicis unter dem Nahmen der Venetorum, Henetorum oder Wenden bekannt sind, stammen, wie bekannt, eigentlich aus dem Orient her, von dannen sie zu Anfange des 6ten Seculi heraus gebrochen sind, und länger als 600. Jahr an der Ost-See in Liessland, Preußen, Mecklenburg und Pommern dominiret haben. Als aber im 11ten Seculo der Sächsische Hertzog Henricus Leo diese barbarische Nation gäntzlich ruinirte; so retirirten sich einige über die Ost-See nach Dännemarck, einige in die benachbarte March und Laußnitz, einige kamen auch dißseits über die Elbe, und liessen sich alhier in unsern Lüneburgischen Landen nieder, daher man noch heutiges Tages gantze Districte zeigen kan, die mit würcklichen Nachkommen der ehemahligen Wenden besetzet sind. Solche schlimme Nachbarn hatte denn auch unser Closter, als es noch zu Bodendorff und Alt-Meding war; und ob zwar wohl diese Wenden damahl schon eine geraume Zeit unter christlicher Obrigkeit gestanden hatten, so hieng ihnen doch die Barbarey ihrer Vorfahren noch sehr an, wie davon die in dieser Tafel erzehlte Mordthat eine sattsame Probe giebt.

Dekerke — Dat closter to oldemedige — ij Nycolaus provest. Uva dambeke

Anno domini M.CC.XLI. cepit monasterium in antiqvo medinge conftructum a militi-
bus Gevehardo juveni & Wernero de Meding (9). Tunc elegit fibi conventus (10)
in prepofitum Dom. Nicolaum. qui magnis precibus eduxit materteram fuam de Dam-
beke (11) qve erat veftita grifea cuculla (12). deferens fecum regulam Sti Benedicti &
duos antiphonarios (13) & unum Gradalem (14) ligatos in corio crinofo. Et prepofitus
conftituit eam in Priorillam. Ex illo tempore vacavit officium Abbatiffe usque ad annos
domini MCCCCXCIV.

Da de provest her helmoith dot was, do bath der Erbare Margarete, herrn Geverdes van Medyng
elike huszvrouwe. he de junckvronwen wolde tho fik nemen. nachdem fe nene Kynder habben.
So nemen fe be junckvronwen an er erve, un leten dar tho olden Medyngh ein Closter buwen. dat
nu all vorstöret is. do foren die junckvronwen enen provest, de hete her Clawes. de habbe ene mod-
deren in dem Closter tho Dampfe, de brochte he tho den junckvronwen tho olden Medingh. un defe
brochte mede fünte benedictus regelen und fangböke. und defülve Junckvronwe gronn in ener grawen
cappen. un de dar tho olden medyng weren, de droghen wyt. wente fe helden fünte bernharbue orden,
und habben fünte benedictus regeln nicht. Un na velen jaren ftarff de provest her Clawes, do foren
fe enen andern ghenömet her Carften.

Pp 2
Die

(9) Von der Erbauung des Alt-Medingfchen Clofters
fiehe eben p. 6 feq.
(10) Aus diefer Stelle fiehet man, daß das Clofter
von Anfang her das Recht gehabt habe, einen Probst
zu erwählen.
(11) Von diefem vormals berühmten Clofter fiehe
oben p 10. Not. (m).
(12) Sie trug grauen Habit, weil fie noch eine
alte Benedictinerin war.
(13) Liber antiphonarius bedeutet in der Römifchen
Kirche entweder überhaupt ein Chor-Gefang-Buch, oder
in engerem Verstande, nur dasjenige volumen alfeia,
darinnen die antiphonae enthalten find, auffer Gelchen
man auch noch die libros gradales und refponforiales
hat, welche partes alle drey zufammen est ein voll-

ftändig Chor-Buch ausmachen. conf. Car. du Fresne
Gloffar. Gregorius M. wird insgemein für des libri
antiphonarii Auctorem gehalten. vid. Diecon. in vi-
ta Gregor. M. l. 2. c. 6. St. Rupert. de divin. offic.
l. 2. c. 21.
(14) Gradale oder Graduale war vorzeiten dasjenige
Refponforium, welches man nach der Epiftel graduatim
oder Stuffenweise abzufingen pflegte, unterdeffen daß
der Diaconus die Stuffen des ambonis hinaufstieg, das
Evangelium der Gemeine vorzufingen. vid. Rupert.
de div. offic. l. 2. c. 11. It. Honor. Augustodun. l. 1.
c. 56. It. Amalarius lib. de ord. Antiphon. in prologo.
Dasjenige Buch nun, worin folche gradualia en:balten
waren, hieß liber gradalis oder gradualis. conf. Hoff-
mannii Lexic. fub d. v.

Anno domini M.CCCXI. poſt deceſſum Hartvici propoſiti. Suſcepit regimen in antiqvo medinge dom. Chriſtianus prepoſitus qvartus. qui anno prelature ſue qvinto vidit in ſompnis beatam virginem. oſtendens ſibi annulum aureum dicens. Quod creditum eſt tibi &c. Qui mane ſurgens referebat congregationi qve viderat. Tunc ymma prioriſſa & maxima pars conſentit. Sed qvedam triſtabantur dicentes Cum monaſterium clauſum eſt. illi de villa amplius non dabunt nobis lacticinia &c: & iſta clauſura contingit xx annos ante transmigracionem de antiqvo medinge &c.

Do dat Cloſter tho olden Medingh boven vefftich jar gheſtan hadde un de verbenomede proveſt h. Carſten ſijn 5. jar hadde vorweſen. ſach he enes nachtes, alſe he in dem bedde lach, de modder godes, de helt eme tho enen gülden ring um ſede. See tho, wes by belovet is, dat dat gheſloten werde. ic wil dat van dy eſchen. Des morgens ſede de proveſt der ſammelinge, wat he ſeen hadde, und ſe vorborden dat althomalen in, an ſloten dat Cloſter tho. dpe ſchüle 20 jar tho voren, er dat nye Cloſter bowet wart, dar it nu jtzundes tho Medling is. Un do dat Cloſter ſloten was, qvemen vele uth den ſteden ſloten und dörpen, un ghevem ere Kynder in dut Cloſter, un god vormerede eren tal, dat ſijm dat cloſter tho enge wart, dat ſe muſten trachten dat Cloſter upp ene ander beqveme ſtede tho leggende, umme mennigherleye orſacke willen wo hir na volghet.

Thom erſten umme des ghemeynen weghes willen, ſo it eyn herſtrate was, is dat ghemeyne Volck dorch eren hoff ghan tho vote. tho wagen un tho perde alſe dorch eyne ghemeyne un apenbare ſtrate. ſo dat ſe nümmer mit fredeſamigen herten konden ſitten ab menſam, ſunder ſtedes muſten ſitten in dem angheſicht derſennen de dar vor over ghan. Thom andern umme der Wenden willen, bede van böſen un alder argheſten willen ſint gheweſt. wente ſe weren leider mit dem alder argheſten ſlechte der buren allenthalven umme den. Wenn ſe worden dorch recht edder richte ſtraffet, browwden ſe mit tove vorbſlage un brande, dat gans beſwerlick was. Them brudden umme ghebreckes willen des heltes. wente de holtinge umber belegen was alle vorwöſtet ſo begort, dat dat nicht en toeff gevunden wart. Thom verden umme der velen goeſte willen, bede van allenthalven qvemen. un by jüm benachteden. ſe waren ſwar liken bemoggebra vordeneden un bedrowwden. Thom vofften umme afliegendes wegen un entberinge der mölen, dar ſe moſten den ſenden veer ene halve mile hen, un ene halve mile her, dat was ene herle mile. dat moſten ſe alle weken dre mal don. Thom ſöſten wente ſe weren ene maderen gheſeten. ſo dat en wyde edder en heer toch qveme. dat god afftere. ſo weren ſe gantz elende un verlaten. Thom ſöwenden amme ghebreckes willen des waters. van veler anderen unbeqvemicheyt willen wy ſwygen. wolde wele tho langh un vordretlick ſyn tho ſcrivende.

Die

Anno domini M.CCC.XXIII. prefatus prepofitus dominus Criftianus emit locum iftum qvi tunc tzellenfen vocabatur nunc vero meding. cum tota villa molendino. aqva. pifcatura. ceterisque attinenclis fuis pro xxc marcis (15). a militibus dno. Wernero & dno. Gevehardo cognominati de grote (16). Et in ifto loco priusquam clauftrum hic edificaretur. Stus Johannes baptifta veftitus ut facerdos & longam habens barbam purgavit locum iftum & fe- cans arbufta fepe vifus eft a qvodam ruftico ibidem habitans in villa qui femel acceffit ad illum & interrogavit eum qvis effet. & qvare fic laboraret. At ille refpondens ait. Ego vox clamantis in deferto ifte locus. ut fupra.

Alfe te provest her Carften fach un marckede de grote noth un unbeqwemichent, de fe tho olden Medingh hadden, koffte he van den beyden ridderen alfe herrn Werner und hern Gheverde. Der ere thonamen weren van groten, deffe ftede, dar wy ithundes fyn. un hete tho der fyd tzellenfen. koffte he mit dem dorpe, mit der mölen, un mit dem wa- ter, dat tho der fyd Dunfedal heet. men nömet dat nu Elmenouw. Dar na fo büße ftede koft was, wart hir vaken ghefeen en man. de was mit enen langhen klede gekle- det alfe eyn prefter, un hadde enen langhen bart. un radede uth alle bäfche un rümede de ftede. So dat eyn Dorpman ene vaken fach. ghinck ock the ener tho em. un vra- gede ene we he were, un worumme he dar fo arbeyde. Do antworde he un fede. Ick byn de ftempne dede ropt in der woftenie. Deffe ftede fchal in kort herten eyn porte des hemels.

Die

(15) Von diefem Kauff fiehe oben ein mehrere v. 17. fqq.

(16) Diefe beyden Ritter waren Söhne Ge- vehardi Magni oder Groten, welcher A. 1313. verftorben. Sie waren beyde angefehene Herren, der erfte Wernerus Herhog Ottonis und Wil- helmi Rath, der jüngere Gevehardus aber Drot- fetus Ducis Luneburgenfis, wie fein Sigillum bezeuget.

Ludolfus ppts secunda tor hun mo:

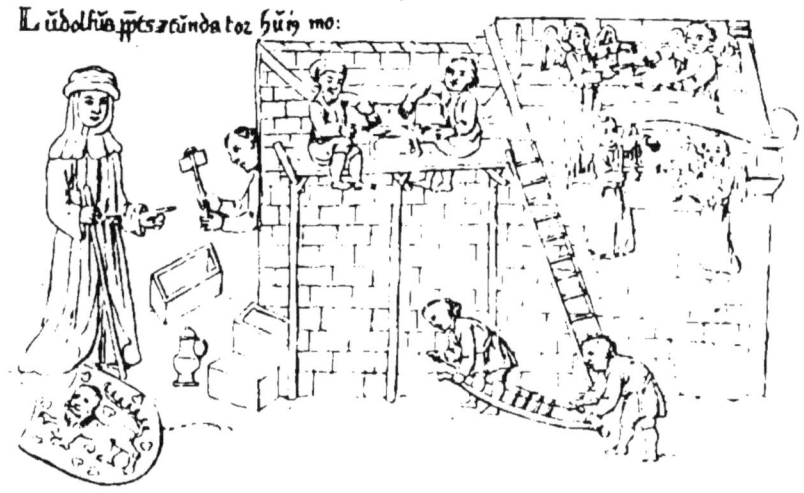

Anno domini M.CCC.XXVI. prepofitus dom. Criftianus propter debilitatem fuam cum
confenfu refignavit & regimen dimifit domino Ludolfo fundatori hujus ecclefie. cujus
etiam cum confenfu & concordia omnis congregationis electus ad prepofitum hujus mu-
nafterii. qvi fimiliter Anteceffori confiderat graviffimum incommodum clauftri antiqvo me-
ding. videlicet aqvarum penuriam. molendini carentiam &c. omni parte predonum inva-
fionibus. Slavorum nocturnis incendiis ceteraqve moleftum coactus eft monafterium in
antiqvo meding confractum transferre in prefenti loco. & monafterium novum cepit con-
ftrui. Anno dni M.CCCXXXVI. perfectum eft (17). Et cum edificaretur ecclefia omni
nocte. excepta dominica auditi funt laborantes & cantantes: Laudem dicite domino &c.
ita fepe qvod indocti docuerunt Ac comentarli de mane venientes femper tres lapides
altius muratum invenerunt. tamen de fuis lapidibus non muratis carentiam non habuerunt.

Ni Crifti bort fo men fcreff dufend drehundert fõß un twontich wart gheforen tho
enem provefte de Crafftige her ludolfus van tzelle. Fuit illegitimus frater der ir-
lüchtighen Förften und hertogen heren Otten und Wilhelm tho brunfwick und lüneborch.
hadden den vorghenanten ludolfum ghang leff. deden em grote hülpe un bestanc. deffen
Hoff an tho buwende. So men fcreff dufent drehundert dre und dörtich upp Martini
wart dyt jegenwardighe Clofter ghebuwet und wart geendighet binnen deen jaren. Um-
me dat Clofter weren nene müren funder mit planken un thünen was dyt umme dahn.
Alfe men de Kercke buwede. worden dar alle nachte arbeydeslüde gehehret. und wan de
mürlüde des morgens qwemen. fo vunden fe de muren fo drier ftene högher ghemuret.
ane det Sondaghes nicht. ock nicht myt eren ftenen. Ok wart dar vaken eyn fang ghe-
hört na de Wife fo men fynget in alle godes hilge daghe. Segget loff gode ufem heren.
So dat ben fang ungelerte lüde fonden fyngen.

Die

(17) Diefer letzte Periodus ift auf dem Geinählde in der Fr. Abbatißin Haufe gantz wegge-
laffen.

Die zwölfte Tafel.

Anno domini M.CCC.XXXVI. cum monasterium esset edificatum miserunt juvenes cum artoriis (18) & supellectilibus. ut secundum ordinem omnia disponerent. Interea seniores erant in fletu, qvia eorum magistras ibidem sepultas. deliciosam terram & consortia hominum relinqvere oportebat & hic. qvasi heremum intrahere. Et tunc seria qvinta ante dominica Vocem jucanditatis ordinatis omnibus & pulchre preparatis, ipse pius pastor Ludolfus fundator agnas Christi cum summa reverentia, prout decuit, in istam locum transportavit. qvas juvenes, qve precesserant, processione sollempni obviantes. cum vexillis crucibus & patronis, pulsantibus campanis & cantantibus organis seniores suas flentes receperunt letanter & introduxerunt in monasterium presentem. sit laus deo.

Alse dat Closter mit aller thobehöringe ghebuwet was, do senden se de junghen vorthen mit aller raschopp. un se weren ghebrouwet ghans sere dat se in eyn nye Closter scholden then. sunder de olden weren dar hoghe umme bedröbet. wente de eren weren dar upp den Kerchhove begraven dar se ere bed plegghen tho sprekende. Alsus lovede jüm de provest, se scholden dar alle jar ins hen then und nemen twe Capellane mede, de jüm mißen helden. Tho babenborpe scholden se singhen: Salve sancta parens. un gahn den vort nha olden Medingh, un synghen dat Si enne credimus. un virgilias de functorum, un komen des sülven daghes wedder tho huß. Alse nu alle dinge wol besteth was, do halde de Provest de olden junckvrouwen mit den Kynderen von olden Medyngh. Do se uth dem Closter ghan scholden, weneden se sere und weren ghans wemödich. Alse se nu tho nyen Meding qwemen. gunghen de junghen junckvrouwen jüm entjegen mit vanen. erüße un eren patronen alse de moder godes um sünte Mauricius. un halden se vrblicken in mit orghelen sange und alle Klocken klyngheten. dyt was de tyt alse se uthgynghen. des bonnerdages vor der Hymmelvart. Sünte Philippus und Jacobus habben des vorigen daghes ghewesen so dat de lustigheste mene tyd was un de alder vröllikeste semmer tyd. al de börne bloyeden de vogele sunghen un schalleben zc.

Die

(18) Artoriis soll ohne Zweifel heißen armariis. Armarium aber bedeutet proprie einen Ort, wo man die Waffen verwahret. Improprie ein Behält. niß der zu dieser oder jener Kunst gehörigen Werkzeuge. Alhier aber soll es wie das französische Armoire insgemein einen Schrank bedeuten.

Anno domini M.CCCLXXX. in nocte nativitatis domini sub missa qve cantatur in
in galli cantu ([19]) infra Kyrieleison ([20]).   vidit prepositus Tidericus Stum Mau-
ricium contra se stantem cum evaginato gladio dicens sibi.   Da filiabus meis ad qvod
teneris ([21]).   At ille perterritus mox surrexit de sede sua & flectens in terra genua &
omnes virgines cum eo. qvamvis nihil viderunt sed ipse solus.

Alse de vorige Provest vorstorven was, koren se wedder Herrn Dyderick Brant bede
tho ener tyd den junckvrouwen in den avventen ere prövene vor enthelt un jüm nen
eten gaff.   So is id geschen tho Wynachten under des hilgen Kerstes misse, alse de
provest upp synen stole sath by dem altare.   Sach he vor sick stande Stm Mauricium
mit enen openbaren swerde, un sede tho em alsus.   Giff mynen Kynderen wes du jüm
plichtig bist.   Do stunt de provest upp un vell upp syne Knye und al de ghantze samme-
linge mit em. men se seghen en nicht averst de provest allene.

Die

(19) Dieses war die andere von den Horis
Canonicis, welche vor dem anbrechenden Tage,
bey dem andern Hahnen-Geschrey, zum Andencken
des Falles Petri pflegte gesungen zu werden.

(20) Mit dem Kyrieleison pflegte man vor
Zeiten insgemein die Horas zu beschliessen: ist
also die vorgegebene Erscheinung zum Beschluß
der Chor-Stunde geschehen.

(21) Der gute Hr. Probst muß gegen seinen
Convent nicht gar zu liberal gewesen seyn, weil
derselbe ihm so schlechte Personalien aufgesetzet
hat.   Eben diese Geschichte ist auch unten im
Creutz Gange in der Begräbniß Capelle auf einer
Fenster-Scheibe abgemahlet zu sehen, mit der
Umschrifft: Hic Stus Mauricius in ecclesia
in sororum missa qve cantatur in galli can-
tu admonuit prepositum Tidericum ut vir-
ginibus annonam daret.

Anno domini M.CCCCLXXIX. in die Sti Blasii Episcopi. Reverendus in Christo pater & dominus dom. Bertoldus Episcopus Hildensemensis & verdensis dyocesis administrator perpetuus Visitavit & reformavit (22) monasterium nostrum. Et in sexta feria ante dominicam Letare sedebamus ad communem mensam (23) comedentes de una olla. Et tunc elegimus in proviforem (24 noftrum circumspectum (25) virum dom. Conradum Langen proconsulem Luneborgensem. qvi procuravit nos cum omni diligentia ut pius pater. & fecit nobis plurima beneficia in clenodiis. In edificiis & variis donis, ut in legenda (26) sua habetur.

Ju godes bort dusent verhundert un in dem negen soventlgesten jare des andern dages tho lichtmissen wart dat Closter tho Meding reformert van dem erwerdighen in gob vader und herrn hern Bartholt von Landsberge, bischopp tho hildensem und verdeschen stichtes. Un am Brydage vor mild vasten ete wy uth enen grapen, un god de here gaff in dem jare syne benedinginge oveblobigen, also dat alle wuchte des errtryfes un der bömen enen mahnt tho voren ripeden. Un alse Maria tho hemmel vor tho eren leven sone, legsen al de appelen rede upp usen bönen. Prowest her Tyle van bavensstede de habbe west en Rath hertogen Otten van brunswolck un lüneborch un de gaff erne enten louwen in syn schilt mit den strangen, de bede groten vlith und vorderde de reformacien un vorkoffte syn vederlide erve un gaff dat by dat Closter. he gaff ock VI sangbofe de leth he scriben tho hyldensem dar he börblich uth was.

Die

(22) Von dieser Visitation und Reformation siehe oben p. 69. seq.

(23) Wie es bey dieser gemeinsamen Speisung in unserm Closter zugangen sey, davon wird unten P. II. bey den Ritualibus unsers Closters mehrere Nachricht vorkommen.

(24) Worin vorzeiten das Amt eines Provisoris bestanden, davon siehe oben p. 33. Not. (b).

(25) Dieses war ehemals der Titul eines Bürgermeisters, die Raths-Herren hingegen wurden viri providi, discreti und honesti tituliret. vid. P. Lambec. rer Hamb. Lib II. p. m. 195.

(26) Legenda heiset sonst eigentlich ein Buch, darin die Acta der Heiligen verzeichnet. Durand. l. 6. c. 3. n. 29. Alhier aber bedeutet es den Lebenslauff des Hrn. Conrad Langens, welchen das Closter zu seinem Gedächtniß aufgesetzet hat.

Q. 4. e

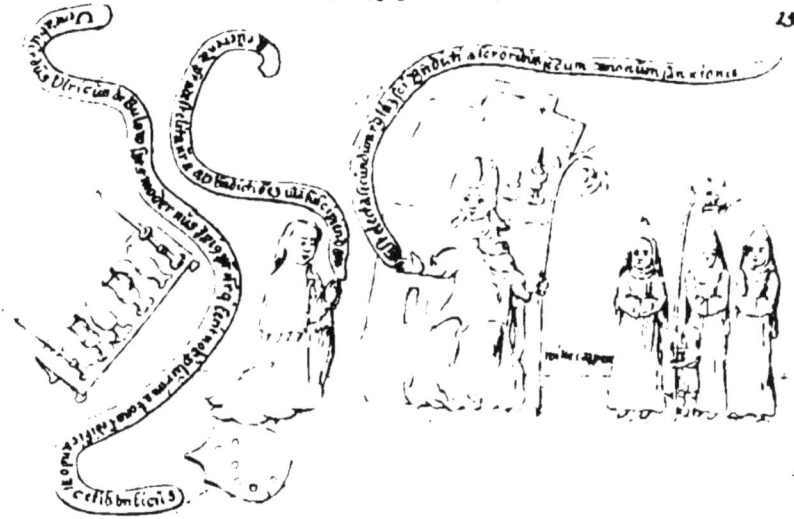

Anno domini M.CCCC.XCIV. venerabilis domina Margareta prioriſſa prima in reforma-
cione concorditer & canonice eſt electa in abbatiſſam. Et in die viſitationis Marie
glorioſe virginis conſecrata & baculata (27). Hec cum omni manſuetudine & pietate
nos Criſti ancillas ſanctam reformacionem & obſervanciam edocebat. Et omne vicium
proprietatis obſtruebat. Vere religionis (28) & reformacionis ſparſit flores. Et reproba-
vit omnes errores. Omnia predeceſſarum ſuarum facta factis ſuis inauravit. & qvaſi ange-
lus domini inter nos ambulavit. atque die ac nocte pro nobis laborare nunqvam ceſſavit.

(Weil hieſelbſt die Plattteutſche Verſion fehlet, wollen wir ſolche im hochteutſchen Dialecto
beyfügen.)

Im Jahr Chriſti 1494. iſt die Ehrwürdige Jr. Margareta, die erſte Priorin ſeit der
Haußhaltungs-Reformation, einhellig und regelmäßig zur Abbatißin erwählet,
und am Tage der Empfängniß der gebenedeyten Jfr. Maria eingeſegnet und eingefüh-
ret worden. Dieſelbe hat nun uns Mägde Chriſti mit aller Sanftmuth und Fröm-
migkeit die heil. Reformation und Ordens-Obſervanz gelehret, und dem Laſter alles
eigenthümlichen Beſitzes vorgebauet. Sie hat das rechte Cloſter-Leben und die Ordens-
Reformation in Gang gebracht, und alle dawider ſtreitende Jrthümer abgethan. Alle
löbliche Thaten ihrer Vorfahrinnen hat ſie in ihrem Wandel noch herrlicher vorgeſtellet,
und gleichſam als ein Engel Gottes unter uns gewandelt, auch niemahls aufgehöret
Tag und Nacht für uns zu arbeiten.

(27) Baculare ſoll ſo viel heiſſen, als intro-
duciren, weil die Ueberreichung des baculi paſto-
ralis die fürnehmſte Ceremonie bey Einführung
einer Abbatißin zu ſeyn pfleget.

(28) Das Wort religio wird bey den Scripto-
ribus medii ævi vielfältig für das Cloſter-Leben
gebrauche, daher auch das Wort religioſus, &
eine Ordens-Perſon bedeutet. conf. Car. du
Freſn. Gloſſar. p. 633. Und ſolchen Verſtand
ſoll ohne Zweifel das Wort Religio auch alhier
haben.